新文化史名著译丛

蒙 塔 尤

1294－1324 年
奥克西坦尼的一个山村

〔法〕埃马纽埃尔·勒华拉杜里　著

许明龙　马胜利　译

商务印书馆
The Commercial Press

Emmanuel Le Roy Ladurie
MONTAILLOU, VILLAGE OCCITAN DE 1294 À 1324
© Éditions Gallimard, 1975, Édition revue et corrigée en 1982
据法国伽利玛出版社 1982 年修订版翻译
本书由法国文化部资助出版

中文版前言

埃马纽埃尔·勒华拉杜里

　　小题材有时也能写出好书，至少我们应希望如此。我国一个伟大的诗人不是就"捉虱子的女人"写出过优美的诗作吗？法语中最成功的"喜剧史诗"之一难道不是布瓦洛的《经台吟》吗？它描写的是 17 世纪的一件区区小事：在巴黎的一座教堂里，人们为如何摆放阅读圣经的斜面桌所发生的争吵。我之所以讲这些，是为了回答中国读者可能提出的异议。中国读者尽管人数有限，但却代表着 10 多亿人口的泱泱大国。我这部著作描述的是中世纪时法国南部的几百个村民，它会引起中国公众的兴趣吗？中国读者可能对此表示怀疑，并认为这是古怪的想法。我觉得回答这种异议并不难。的确，在无数雷同的水滴中，一滴水显不出有何特点。然而，假如是出于幸运或是出于科学，这滴特定的水被放在显微镜下观察，如果它不是纯净的，便会显现出种种纤毛虫、微生物和细菌，一下子引人入胜起来。我相信，中国科技史专家会对这一论据有很深的感受。因为，完全由该国制造的第一台显微镜从 19 世纪 60 年代便开始展示在欧洲的万国博览会上！我们这里要谈的不是水滴与显微镜，而是教区与宗教裁判所：不知是幸

中文版前言

运还是不幸,蒙塔尤这个法国小村庄受到宗教裁判所法官无情的探测和翻弄,并被强迫招供和"吐出真相"。其中一个法官表现了特殊的智慧,这实际是警察的智慧。此人便是雅克·富尼埃,帕米埃的主教,当地宗教裁判所的"机关"首长!他精通教民使用的方言(奥克语)。这位重要教士不甚明确的"功绩"(对不起,这太少了!)在后来的教皇选举中得到了报偿。雅克·富尼埃因此而当上显赫的教廷主宰——伯努瓦十二世。他本人还意外地成了关于基督教灵魂在人死后犹存这一问题的专家。我们看到,由于一个"资深"法官受命出任罗马教廷的最高职务,长年被遗忘在比利牛斯山中的蒙塔尤村开始与世界联结起来。

关于我上面暗示的宗教裁判所文件,其作者是雅克·富尼埃,这是他与蒙塔尤村民残酷合作的产物。我并不是这些文件最初的和后来的发现者。最先注意到伯努瓦十二世这些古老文书的,是德意志天主教神学家多林格尔。这位德意志教士丰富的活动生涯似乎表明他强烈地反对教皇无谬误论。但他的非凡之举却在于发掘了富尼埃的宗教裁判记录簿。后来出现的是维达尔阁下,他也十分熟悉蒙塔尤的文件,但其作用不如前者。这位教会高级人物在1917年俄国革命期间曾作为法国教士在莫斯科任职。除了对蒙塔尤的著述外,他还在多种出版物中介绍了自己这段难忘的经历。最后一位是让·迪韦尔努瓦,他是位主要为法国电力公司服务的法学家和律师。从20世纪后半期起,让·迪韦尔努瓦出版了上面提到的雅克·富尼埃关于异端村民文件的拉丁文原本。正是在上述各种成果的激励下,我也投入到这项事业中,并至少希望能写出独具特色的著作。

我从基本资料出发,试图把构成和表现14世纪初蒙塔尤社区生活的各种参数一一揭示出来。我们首先注意到那里存在着大一统和支配性的大小权力：首先是法兰西国王的代理人。如果当时的法兰西可称为"国家"的话，国王本人便是"全国的"统治者；其次是富瓦伯爵的代表，伯爵本人则是当地名副其实的统治者。

从这一政治角度入手，我打算最贴近地观察基本细胞，或者说是观察（通过聚合其他同类原子）构成该村庄大分子的原子。这里所说的原子并非不可分割，因为和它相对应的是农民的家庭，更确切地说是农业和农村的家庭。蒙塔尤的这种家庭与附近比利牛斯山的家庭差别不大。宗教裁判所的录事或师爷用拉丁语称这种家庭为"多姆斯"，法国南部方言，即该地区农民所讲的奥克语，称之为"奥斯塔尔"。家庭同时控制着男女之间、父母与子女之间，还可能包括主仆之间的各种关系，同时还控制着这一小批人与农田牧场的关系，无论是在平原还是在山区。在这个"家"的框架中，我特别观察了一个占主导和统治地位的家庭——克莱格家族，它能对村里的生活及该村与外界的关系起到决定性的、有时是压迫性的作用。20多年前，我曾有幸与密特朗总统谈到克莱格家族，那是在瓦莱里·吉斯卡尔·德斯坦任总统期间，他当时还只是左翼反对派的领袖。密特朗先生很喜欢这本刚以法文出版不久的《蒙塔尤》。他和我不谋而合，我们都认为：本堂神甫克莱格，这个蒙塔尤村民的首领、古怪人、私通者、自信和霸道的家伙，是乡里"与敌合作者"的典型：14世纪初时蒙塔尤人所遇到的人和我们在法国二战期间所见过的人同属一类。当时的与敌合作者是本堂神甫皮埃尔·克莱格，他的家族在当地颇有权势。他所效力的主子是来自附近朗格多克地区的法国占领军。法国占领者牢牢控制着富瓦伯爵领地，使之成为强大的卡佩王朝的附庸。

中文版前言

这些法国人还操纵着可怕的卡尔卡松宗教裁判所，它使村民们感到恐惧。对于受临近地区法国占领者威胁、压迫的当地居民和蒙塔尤教民来说，与敌合作者克莱格还担负着保护他们利益的责任。因此，他必须牢牢抓住链条的两端：既要设法维持与法国的关系，又要保护当地百姓。

这一社区并非与世隔绝，除了我在上面提到的与外界的有害关系外，它还与外部世界保持着其他一些更令人激动、更加丰富、同时又充满另一种危险的联系，这便是远程转场：蒙塔尤的羊群冬季在平原上放牧；到了夏天，当冰雪暂时融化露出草场时便到山上放牧。这有利于高山地区畜牧活动的开展。转场活动使蒙塔尤村的居民，至少是以放牧为业的人认识了富瓦伯爵领地之外遥远的不同地区，例如加泰罗尼亚。此外，这还使他们冲破了地方主义的束缚，这种束缚会使他们的思想和心态极端封闭。

另外，和当时的许多地方一样，蒙塔尤还是一个浪漫的社区：伟大的爱情或庸俗些的情感可以在这里爆发和自由发展。宗教裁判所中那些热衷粗俗玩笑的录事们时常以白纸黑字将此记录下来。德尼·德·卢日蒙和菲利普·阿利耶斯的陈旧理论认为，男女爱情和对儿童的特殊情感是最近的发明。这一理论在宗教裁判所档案反映的事实面前难以成立。这些档案并不全面，且缺乏宽容，但它们以其特殊的方式揭示了客观事实。当时的天主教拥有独尊地位，只在少数地方受到纯洁派异端的抵制和反对。因此在蒙塔尤周围地区，人们对死亡的解释自然是基督教式的。他们往往相信：人死后还会有新的生命或灵魂；他们在人世间表现得有德还是有罪，这将决定其死后上天堂还是下地狱，或是到炼狱。然而也存在别的看法：赞同纯洁派或阿尔比教派理论的人不大相信天

中文版前言

堂和地狱，而是相信转世再生的可能性。我们读了富尼埃的档案便会惊奇地发现，在蒙塔尤以至其他地方，广泛流行着关于人死后灵魂可以复生，会在人或动物身上获得转世的信仰。这种信仰肯定不是来自中国，但却来自东方，大概是印度，它影响了我们印欧大陆西端一隅的普通村民。最后还有关于死后鬼魂和幽灵的古老民间意识，我们认为这是从异教或史前期流传下来的。但这些关于鬼魂的意识在蒙塔尤一直很活跃。因此可以说，蒙塔尤社区的"信仰方式"是多种层次的重叠，是由许多不同年代的异质观念构成的，有点像北部的阿基坦盆地和巴黎盆地那种因地层迭复而形成的大型沉积"盆地"。关于这些"地质性"和观念性的大型结构，在宗教裁判所生硬乃至恶劣的光线强烈照射下，蒙塔尤仿佛成为一座灯塔，至少像是一面庞大的反光镜，它将光束扫向各个方向，从而照亮和揭示了我们以前人类兄弟的意识和生存状况。

最后我想说的是，这本书曾经在法国、美国、荷兰、英国、瑞典等国成为畅销书。因此，20多年前我有些出乎意料地创作出一本发行量颇大的著作。之所以说出乎意料，是因为获得出版上的成功完全不是我的初衷。我最初唯一的目的是写一本关于一个村庄的枯燥乏味的专著，并预计它最多能卖出几百本。无心插柳柳成荫，我意外地撰写出版了一本畅销书，这给我既带来了好处，也造成了坏处。坏处是它难免引起同事乃至朋友们的嫉妒……至于这本书在中国被译成这个大国的文字后其前景将会怎样，我并不奢望它在西伯利亚与越南之间的广阔空间能够大量销售。我只是希望：这个大国众多有文化的公众或其中的一部分人能够读到这本书。我们知识的普遍性是没有限度的，但愿亚洲、欧洲或美洲所有关注人类命运的有识之士能从这本书中获得一些启发。

献给马德莱娜

  孩子,通过一团泥便可以了解所有泥制品,其变化只是名称而已,只有人们所称的"泥"是真实的;孩子,通过一块铜可以了解所有铜器,其变化只是名称而已,只有人们所称的"铜"是真实的;同样,通过一个指甲刀可以了解所有铁器,其变化只是名称而已,而人们所称的"铁"才是真实的,这便是我对你说的……

《奥义书》

目 录

前言　　　　　　　　　　　　　　　　　　　　001

第一部分　蒙塔尤的生态：居所与牧羊人

第一章　环境与权力　　　　　　　　　　　　017
第二章　家和家庭　　　　　　　　　　　　　047
第三章　居统治地位的克莱格家族　　　　　　088
第四章　普通牧民　　　　　　　　　　　　　111
第五章　长途转场放牧　　　　　　　　　　　140
第六章　比利牛斯山牧羊区的人种志　　　　　160
第七章　牧羊人的心态　　　　　　　　　　　187

第二部分　蒙塔尤考古：从举止到神话

第八章　举止与性行为　　　　　　　　　　　217
第九章　克莱格家人的性欲　　　　　　　　　240
第十章　露水夫妻　　　　　　　　　　　　　268
第十一章　婚姻和爱情的规则　　　　　　　　284
第十二章　婚姻和妇女地位　　　　　　　　　311
第十三章　对儿童的情感和对人生的划分　　　335

目 录

第十四章	村子里的死亡	362
第十五章	文化网络和社会结构：书籍与夜晚聊天	387
第十六章	社会结构：女人、男人和青年	426
第十七章	小酒店、弥撒、小集团	453
第十八章	心态工具——时间与空间	478
第十九章	对于自然和命运的态度	511
第二十章	巫术与灵魂拯救	531
第二十一章	圣母与圣人	557
第二十二章	宗教实践	574
第二十三章	沾染异端思想的人和纯洁派教士	600
第二十四章	羞耻心和犯罪	623
第二十五章	贫穷、施舍、劳动	638
第二十六章	民俗与鬼魂	661
第二十七章	死后与彼岸世界	679
第二十八章	家与彼岸世界	702

资料来源和鸣谢	717
参考书目	719

前　言

从宗教裁判所到人种志学

如果有人想了解很久以前旧制度下的农民，他们并不缺少关于某一地区、全国以至整个西方范围的重大综合性研究成果，例如古贝尔、普瓦特利诺、富尔甘、福西埃、杜比、布洛克等人的著作。[①] 人们所缺少的是直接的观察，即由农民自己直接提供的证据。我从1500年后的回忆录作者那里曾获得过这种视角。他们中一个属于最"土"的乡村贵族，即1550年前后的古贝尔维尔老爷；另一个属于识字最多的富农，即200年后拉布雷托纳的尼古拉·勒蒂夫。这两人的回忆录使我在他们的"陪伴下"深入观察了"我们失去的世界"，以及在这个"旧日美好年代"中生活的庄稼汉们。[②] 我由此又产生出一种欲望：继续深入这种调查，寻找关于有血有肉的农民更加详细和具有内省性的资料。在人口迅速增长的14世纪，有一个人给了村民们以至全村讲话的机会。这对我们是一大幸事，但对村民们来说却是莫大的不幸。事情发生在奥

---

① 参见书后的书目。
② 参见勒华拉杜里1972年的著作，以及乔治·杜比主编的《法国农村史》，第二卷，待出版，瑟伊出版社。

前 言

克西坦尼南部的一个地方。这是一项涉及法国农业史的研究。我们知道,"无论其是否自愿",奥克西坦尼后来归入了法国领土,所以它也往往被列入研究的范围。上面提到的人物便是 1317 年至 1326 年在帕米埃担任主教的雅克·富尼埃。这位机敏过人并充满宗教裁判热情的高级教士属于奥克语区新一代精英,他们后来掌握了阿维尼翁教廷的大权。雅克·富尼埃本人则在这个伯爵领地成了教皇——伯努瓦十二世。他之所以著名不仅是由于对享见天主的理论做出了巨大贡献。在任主教期间,他像人种志学者和探长一样聆听了富瓦伯爵领地,尤其是上阿列日地区农民的讲述。他让他们吞下了痛苦的面包和磨难的饮水,但很少对他们施加酷刑。他长时间一丝不苟地审讯,以便从他们中查出纯洁派异端或偏离正统天主教的教派。这份厚厚的用拉丁文记录的"审听"手稿流传了下来。让·迪韦尔努瓦最近将其整理后全文出版。[①] 于是,历史学家和拉丁文读者便可以充分利用这份奥克语地区自身的见证了。这一份见证大大超出了异端迫害的范围。如果雅克·富尼埃仅限于执行宗教裁判所法官的使命,他本应该把自己局限在这一范围内。除了对纯洁派的追查以外,迪韦尔努瓦出版的三卷本记录实际上还涉及物质生活、社会、家庭和农民文化方面的问题。从这些资料中,人们可以得到在契约文书以至公证文件中找不到的"彩点"和真实情节。

* * *

[①] 见迪韦尔努瓦 1965 年和 1966 年出版的著作。迪氏在 1966 年的著作中翻译了记录簿中的一些文件。这些文件译得很好,不过我没有使用。本书所引用的文件是由我根据拉丁文原件翻译的。

前言

任何历史研究都应当从分析原始资料开始。简要地说，我们这本书也将遵照这一原则。首先有必要简单介绍一下雅克·富尼埃，他是本书的"作者"，至少也应对我们的原始资料负责。富尼埃大约于13世纪80年代生于富瓦伯爵领地北部的萨韦尔顿（在今天的阿列日省）。无人知道他的父亲是农民、面包师还是磨坊主。传记作家关于他父亲职业的说法纯属按其家族姓氏所作的猜测。然而可以肯定的是，我们这位人物不是皇亲国戚，他的出身比较卑微。即使成为教皇后，他依然意识到自己的门第平平。据说，他曾拒绝把侄女嫁给一个显赫的贵族。他用通俗的奥克语说，"这具马鞍配不上这匹马"。然而实际上，雅克·富尼埃家族的社会地位在他出生前已经历过几次明显上升。他的叔叔阿尔诺·诺韦尔是丰弗鲁瓦德的西都会修道院院长。在他的"榜样"鼓舞下，年轻的雅克·富尼埃也当上了西都会修士。他到北方去了一段时间：人们发现他成了巴黎大学的学生，后来又成了博士。1311年，他获得了继承其叔叔职位的机会，被选中为丰弗鲁瓦德的修道院院长。1317年时，以博学和严谨著称的他又被任命为帕米埃的主教。在担任这一新职务期间，他利用宗教裁判所追查异端分子和各种非正统教派，这些活动使其开始出名。在他任教职的城市中，他同富瓦伯爵和法兰西国王的官员们始终保持着相互尊重的关系（在此期间，他属于讲奥克语人中的亲法派）。1326年，教皇约翰二十二世发来贺信，表彰他在帕米埃地区追查异端分子的活动中卓有成效的努力，随信赠送了一批赎罪券。富尼埃在其教区的活动并不局限在迫害异端倾向方面，他还加重了农业什一税的负担，对奶酪、萝卜等产品也开始征收什一税。

但是，命运对这个人物还有其他的安排。1326年，他被派往

前言

帕米埃以东的米尔普瓦担任主教。传记作家会问，这是否说明他的失宠？实际上，由于雅克·富尼埃对可疑分子一律采取一丝不苟和穷追不舍的态度，在原来的教区内他已成为遭人憎恶的对象。可是，米尔普瓦的堂区数量比帕米埃还多。所以，这似乎不是他的失宠，而是一种荣升。此后的几次升迁更加荣耀：1327 年，雅克·富尼埃当上了枢机主教；1334 年，他当选为阿维尼翁的教皇，称号为伯努瓦十二世。据说，他以其一贯的谦虚态度对选举他的枢机主教们说："你们选了一头驴子。"然而，这位自谦的教皇很快就表现出他的卓越能力。[1] 他奉行反对任人唯亲的态度。作为一个苦行僧，他试图提高修道院的德行；作为一个笨拙和刻板的知识分子，他的对外政策方面并不成功，但在教条方面却感到十分自如。他纠正了其前任约翰二十二世关于死后享见天主的神学幻想。关于圣母，他站在非圣洁派一边，即反对关于玛利亚圣洁受孕的理论（这一理论后来占了上风）。他在教条方面进行的多种干预为其漫长的精神生涯增添了光彩：在整个一生中，他坚持因循守旧，一旦发现谁偏离了罗马的正统观念便和他展开激烈论战。受到他抨击的有约阿基姆·德·菲奥尔、埃卡尔大师和奥坎等各类思想家。雅克·富尼埃还是个建设者，他在弗内森伯爵领地的都城修建了教皇宫殿，还邀请画家西莫内·马丁尼来绘制壁画。

*　　　*　　　*

让我们再回到当初。在伯努瓦十二世的一生中，我们所感

---

[1] 参见勒努阿尔:《阿维尼翁的教皇们》，巴黎，1954 年，1969 年版，第 30—34 页；莫拉:《阿维尼翁的教皇们，1305—1378 年》，巴黎，1949 年版，第 68—83 页；吉耶曼:《阿维尼翁的教廷》，巴黎，1962 年，第 134—136 页。

兴趣的是他在帕米埃的时期。更确切地说，是雅克·富尼埃作为一个重要宗教裁判法庭中的教区主持所从事的活动。在1318年至1326年间，当地这个法庭的存在全然不是一种必然的现实。当然，本书故事发生的地点——富瓦伯爵领地的南部在一百多年来一直是"邪说的滋生地"。阿尔比的异端分子从13世纪起就在那里蠢蠢欲动。"纯洁派"的最后堡垒蒙塞居陷落时曾引起巨大轰动（1244年）。此后，那里在1240—1250年间盛行宗教裁判活动。宗教裁判所的法官在1265年和1272—1273年间重新在富瓦地区出现。"在帕米埃平原上，镇压活动波及一切角落，所有信仰都受到检验，任何背叛行为都遭到了惩罚。"①

后来，异端又如雨后春笋般冒了出来。1295年，教皇卜尼法斯八世建立了包括富瓦伯爵领地南部和北部的帕米埃教区。这一行政区的建立旨在更方便地控制异端倾向。在经过一段相对的缓和之后（持续了四分之一个世纪），宗教裁判所又于1298—1300年和1308—1309年发动了两次新的进攻。1308年，卡尔卡松的宗教裁判所法官若弗鲁瓦·达布里在蒙塔尤逮捕了除孩子以外的所有村民。

这些反异端的攻势是卡尔卡松的多明我会法庭所为。该法庭既不了解新的帕米埃教区，也不熟悉富瓦的传统教区。帕米埃的主教们尽管在原则上也承担着这项任务，但他们在很长一段时间里不动声色，对教徒中的异端倾向只字不提。高级教士佩尔福尔·德·拉巴斯唐（1312—1317年）整天与他的议事司铎争吵不休，根本无暇维护本教区的思想正统性。但自1317年雅克·富尼

---

① 参见 J.M. 维达尔：《帕米埃的宗教裁判所法庭》。

前 言

埃继任后,这种情况就基本改变了。新主教充分利用了1312年维也纳主教会议的一项决议。该决议规定:在主持宗教裁判所法庭的任务方面,当地主教的权力和多明我会教士的权力应当结合起来,以便实现有益的合作。在此之前,一直是多明我会单独承担镇压异端的任务。因此,雅克·富尼埃得以在1318年建立了他自己的宗教裁判所"裁判处"。他和加亚尔·德·波米埃修士密切合作,共同领导着这个机构。波米埃本人是卡尔卡松宗教裁判所负责人让·德·博纳委派的代表。他们两个都是多明我会的成员。

帕米埃的新法庭在其创建人在职期间表现得十分活跃。当雅克·富尼埃于1326年到米尔普瓦出任主教后,帕米埃的"裁判处"仍然没有撤销。但是,由于雅克·富尼埃懒惰的继任者们不明言地宣扬"多一事不如少一事"的信条,当地的镇压机构不久便"软化"了。它不再干扰富瓦伯爵领地的人民,这真是他们的一大幸事!只是在富尼埃任主教期间,法庭才为我们提供了最可触知的材料。这些琐碎和"吹毛求疵"的行径是在何种条件和怎样的领导下进行的呢?

*　　　*　　　*

雅克·富尼埃本人当然是"裁判处"的第一把手。无论是哀求还是贿赂都不能打动他。他极善于弄清事实真相,被他审过的人说,"他能让雌羊羔生出小羊"。雅克·富尼埃还能够在几分钟内判断出谁是异端分子,谁是正统的天主教徒。被他测试过信仰的人都承认,他是个名副其实的宗教裁判魔王。他如同具有强迫性冲动的梅格莱探长,依靠在审讯中施展魔鬼般的顽强机敏推动办案的进展和成功,而较少使用严刑拷打。他有了解细节的怪癖,几乎每次都亲自出庭。他力图事必躬亲,至少是亲自指挥一切。

其他的宗教裁判所法官往往漫不经心，把案子交给属下、录事或公证人去处理。而雅克·富尼埃则从不这样。帕米埃的《宗教裁判记录簿》处处都能反映出他所作的经常性干预。由此可见，这份史料的"质量"不同一般。

布道兄弟会（即多明我会）修士加亚尔·德·波米埃在雅克·富尼埃身边担任着"助手"、"代理"或"副官"的角色。他之所以屈居第二把手，是由于这位本地主教在当地的影响和他极强的个性。在教区之外，贝尔纳·居伊、让·德·博纳和诺曼底人让·迪普拉等几个强有力的宗教裁判所法官也时常亲自光临帕米埃，出席该"裁判处"最重要的审理。陪审团中还有当地和本区的各类代表人物：各门派的议事司铎和修士，扎根于主教府的法官和法学家。他们有时能积极参与审理，有时则起到装点门面的作用。负责起草案卷（从不负责决策）的下一级人员是由公证人和录事组成的一个班子，共 15 人左右。其中较为突出的是公证员－神甫纪尧姆·巴尔特，以及后来的让·斯特拉博和巴塔耶·德·拉佩纳先生。此外，还有富瓦伯爵领地的几个缮写员。在最下层是宣过誓的小办事员，其中包括被称作"仆人"的执达吏、信差和狱吏。狱吏不可避免地由他们的妻子所陪伴，因为她们担任着女狱吏。在这一群下属人员中还包括暗探，他们中不乏精明强干之辈，例如阿尔诺·西克尔。

关于裁判处活动的"统计资料"先是被人们编纂起来，后来于 1910 年在维达尔杰出的著作中公开发表。[①] 有关这些史料产生的条件有如下内容：帕米埃的宗教裁判所法庭从 1318 年到 1325

---

① 维达尔前引书。

前 言

年共工作了370天。这370天中总共进行了578次审讯。这些审讯中有418次属于被告到庭应审，有160次属于听取证词。这几百次开庭总共涉及98桩诉讼案件或卷宗。最高工作记录是在1320年创下的（106天）。按顺序排列，1321年的工作日为93天，1323年为55天，1322年为43天，1324年为42天，1325年为22天。裁判处大多数时间都设在帕米埃，但有时也设在富瓦伯爵领地的某个地方，这主要是随着主教的移动而定。

上述98桩案件共使114人受到追究或起诉，其中绝大多数人属于阿尔比教派的异端倾向。在这114人中有94人确实曾经出庭受审。在"受追究者"中有几个贵族、教士和公证人，但是绝大多数为农民、工匠、小贩等平头百姓。受到传讯或追究的114个人中有48人是妇女。这些男男女女中的大部分人都生活在富瓦南部，即"萨巴泰"，他们主要是受了奥蒂埃兄弟宣传的影响。后者是纯洁派的传教士，住在一个名叫阿克斯累太姆的小城里。萨巴泰人构成的多数共有92人，其中仅蒙塔尤村就有25名被告。而且，蒙塔尤村还派出了几个出庭作证者！此外，还有3个被告来自与蒙塔尤毗连的普拉德村。由蒙塔尤和普拉德组成的这个小地方叫埃荣，来自埃荣的这28名被告每人都提供了一份内容丰富、甚至非常详尽的证词。我们的这部专著便以此地为落脚点。

蒙塔尤或其他地方的被告之所以受到起诉，最初一般都是由一次或几次告密所引起的。他们被告发后便会被帕米埃的法庭传讯。传讯通知由当地的神甫到嫌疑犯家中和在主日说教时宣布。如果被传唤者本人不去帕米埃到庭应审，当地的领地法官（伯爵或领主的官吏）便会助教会一臂之力。他对被告进行搜查，必要时还将其带到主教府。被告到达主教的法庭后，先要把手放在福音书上宣誓,然后便开始了一种不平等的对话。雅克·富尼埃连续地提出各种问题,并且要求对方讲清楚某一点或某一"细节"。被告回答问题并滔滔不绝地讲述。一篇供词的内容很容易占满《记录簿》的 10 页到 20 页大纸,甚至更多。接下来,被告不一定非被长期拘留不可。在审讯期间,他可能被关进主教在帕米埃所设的一所监狱中,也可能享受到较长时间的假释。在此期间,他所受的限制仅仅是不得离开其住地的堂区或教区。相反,如果实行羁押的话,旨在迫使被告尽早招认的各种高压手段有时会恶化羁押环境。这些高压手段似乎主要不是严刑拷打,而是将被告逐出教门,对其实行"严格的"或"特别严格的"监禁(关小号,戴脚镣,只供黑面包和水)。在实行逼供信方面唯一的案例是:法兰西的代理人强迫雅克·富尼埃起诉麻风病患者,于是富尼埃便命人对这些受害者用刑,逼他们作出谵妄和荒谬的供词:他们把癞蛤蟆粉投入水源,为的是毒害他人等等。在作为本书主要内容的其他案件中,主教仅限于追查真正的异端倾向(按我们的观点看,这些往往是微不足道的东西)。被告还描述了大量的日常"生活片段",以此来支持和证实他们的供词。他们之间还要进行对质。一旦发现说法不一,雅克·富尼埃就要想方设法排除矛盾。他要求不同的被告提供细节。我们这位高级教士所热衷的是搞清事实的"真相"(因此这种做法令人发指)。按照他的观点,他的目标是发现错误的行为,然后便是挽救这些灵魂。为了达到这些目标,主教表现出了"繁琐哲学家般的吹毛求疵"。他毫不犹豫地展开无休止的讨论。在百忙中,他不惜用 15 天时间来说服被法庭起诉的犹太教徒巴卢奇相信三位一体的奥秘,又用 8 天时间使他接受基督的人神二性。关于摩西的降临,雅克·富尼埃花了三个

前　言

星期对他进行了解释，连巴卢奇本人也没要求这么多时间。

　　这些诉讼结束时，出庭受审者便被判处各种刑罚（不同程度的监禁、佩戴黄色十字标志、进行朝拜、没收财产等）。他们中间"只有"5个被处以火刑，即帕米埃的4个伏多瓦派教徒和蒙塔尤屡教不改的阿尔比教派分子纪尧姆·福尔。①

　　当所有这些都完成后，雅克·富尼埃的诉讼和审讯资料被编成若干卷。如今，有两卷已不知去向，其中一卷记载着最后的判决。但值得庆幸的是，由兰勃尔什编纂的版本使我们得以了解其中的内容。另外，被保留下的还有一部由对开羊皮纸钉成的大本记录簿。这部资料当初制作时经历了三个步骤：先是由一名录事听取审讯和供词，并快速写出"记录"或草稿。这名录事不是别人，正是纪尧姆·巴尔特。他是主教的公证人，当他偶尔缺席时便由其同事进行替补。然后，纪尧姆·巴尔特还负责根据现场记录草稿"在纸制的记录簿上"起草一份"原稿"……"这份记录要提交给被告，让被告对一些措辞进行修改。"②最后，再由几个录事把上述原稿从容地抄写在羊皮纸上。③

---

① 我在其中没有算上纪尧姆·贝利巴斯尔特。他经人告发后被捕，后来在这一教区以外被处以火刑。
② 以上都引自维达尔前引书。
③ 《雅克·富尼埃宗教裁判记录簿》的拉丁文最后定稿（即人们在梵蒂冈图书馆中看到的第4030号抄本）经过了我在上面描述过的几个阶段：它提出了许多翻译问题。被告一般用奥克语表达（有时也会用加斯科尼方言）。因此，录事要在某些时候将被告的话译成拉丁文。这项工作或是当场做（第一阶段），也就是即席翻译，或是稍后在起草底稿时（第二阶段）再做。这种翻译与最终的拉丁文定稿"大致"相符（第三阶段）。为了让被告了解记录内容，还需要对底稿进行反向翻译。此时仅以口头方式把拉丁文译成"土语"。

前言

实际上，我们所拥有的这本资料是 1326 年雅克·富尼埃出任米尔普瓦主教后才全部完成的。这也说明，主教是多么想为他在帕米埃宗教裁判所取得的成就留下这份证据。雅克·富尼埃当上教皇伯努瓦十二世后，该记录簿又被他带到了阿维尼翁。后来，它又从那里被收藏到梵蒂冈图书馆，并且和其他拉丁文手稿一起始终留在那里。它的编号是：4030。

一个世纪以来，许多博学家和历史学家都了解到帕米埃的这份重要资料。他们中有德国的多林格尔，与罗马教皇的冲突和对中世纪异端的杰出研究使他成为著名人物。另外还有法国的几位研究中世纪的博学家，如20世纪初以来的夏尔·莫利尼埃、杜埃和维达尔，以及后来的许多人。对这部手稿本身作了最深入广泛研究的当数维达尔。《雅克·富尼埃宗教裁判记录簿》的全文出版应当归功于让·迪韦尔努瓦（1965年）。该版本并不是完美无缺的，东丹神父对其进行了激烈的批评。然而，它的存在完全有必要，同时也不排除查阅原件的做法。①

* * *

由于富尼埃所作调查具有偶然性，以及异端分子分布不均衡，记录簿上有28个被告人来自蒙塔尤和普拉德，而其中25个是蒙

---

① 关于雅克·富尼埃本人和《雅克·富尼埃宗教裁判记录簿》，还可参阅雅克布（1910年）、多林格尔（1890年）、杜埃（1900年）、莫利尼埃（1887年）等人的研究，以及维达尔前引书和他在1909年、1913年、1929年及1932年的著作，如《14世纪法国宗教裁判所的教皇谕旨集》等。另参见《新编天主教百科全书》（1967年），以及《教会历史与地理辞典》（博德里亚尔主编，1935年）中的"伯努瓦十二世"条目。本前言中的上述内容在很大程度上应归功于维达尔和迪韦尔努瓦的杰出工作。

前言

塔尤人。这种状况无疑是该地村民的莫大不幸。但在另外一方面，它又是历史学家的万幸。人们知道，自从莱德菲尔德和怀利等人的研究成果问世后，直观和如实地考察农民社会已成为研究村落的最佳方式。我们的研究也不应违背这一黄金法则：资料的偶然性为我们选择了蒙塔尤作为研究对象。它海拔1,300米，邻近埃尔河的源头，处于上阿列日河谷东部不远的地方。雅克·富尼埃在当时的审讯中认为，矗立在高地上的蒙塔尤在1290—1320年间担任着多种角色：该社区为行脚修道士的异端提供避难所。这股异端在下部地区被摧毁后便到上阿列日进行"光荣的战斗"。该地方的畜牧业为到加泰罗尼亚、奥德地区或比利牛斯山方向转场放牧提供了条件。最后，那里还有玛利亚的众多女信徒朝拜圣母的活动。

让我们首先抓住最关键的异端问题。在本书涉及的这一时期，以帕米埃为首的南部村镇几乎已全部被正统观念所征服。托钵修会的宣传和警方的骚扰基本上清除了纯洁派乃至伏多瓦派的脓肿。从此以后，雅克·富尼埃便可以在其主教府"精心策划"了。他镇压了一个同性恋的"四人帮伙"，还在教堂的阴影下围剿了关于鬼魂的民俗。然而，蒙塔尤连同其周围的埃荣以及上部邻近的萨巴泰地区却是另一番局面。[1]蒙塔尤远离各种治安人员，它从1300年起便为奥蒂埃兄弟等人复兴纯洁派的传教活动提供了较安全的场所，后来则进一步成为纯洁派的温床。这种局面在奥蒂埃兄弟死后并未马上改变，它从1319年持续到1324年。但是好景不长，

---

[1] 即上阿列日地区，位于巴尔的南部。

前　言

为了进行反击，[1] 卡尔卡松的宗教裁判所法官组织了几次毁灭性的清剿。雅克·富尼埃也对奥蒂埃一伙造成的不可容忍的局面做出了强硬反应。他对这个犯罪村庄的居民进行了大量的传唤和审讯。他终于弄清了这个地方从 1290 年以来异端活动的来龙去脉。由于他具有细节癖，所以除了信仰和异端以外，他还揭示了社区的生活本身。这便是雅克·富尼埃的调查中显现出的自在与自为的蒙塔尤。而我所做的，只是在研究村落的动机支配下对这些调查进行了汇总和重新组织。

---

[1] 参阅 III. 97（参考第 16 页的注释 [见法文原书。余同。——译者]）：1308 年的圣母升天节（8 月 15 日），卡尔卡松的宗教裁判所对蒙塔尤居民进行了大逮捕。

第一部分

蒙塔尤的生态:居所与牧羊人

第一章

环境与权力

　　我首先要说明两点：关于这个村庄的人口状况，我打算先做一简要介绍，然后在后边另辟一章再谈村民的构成。蒙塔尤不是个很大的堂区。在富尼埃所调查的那些事情发生时，当地共有居民 200—250 人。14 世纪末发生了黑死病，英格兰战争也直接和间接地波及这里。富瓦伯爵领地的户籍册和年贡名簿显示，这一社区后来仅剩下一百多人，分散在 23 个家庭里。[1] 这种人口下降并非特殊现象：在 14 世纪后半期的灾难打击下，法国南部大部分地区的人口都减少了一半以上。然而，这种情况在镇压纯洁派的时候还尚未发生。

　　"埃荣地区在埃尔河的源头，是一块由牧场和森林环绕的美丽高原。"[2] 蒙塔尤村位于这块高原的最高处，房舍的布局也呈阶梯形：1320 年时，城堡耸立在该社区所分布的山丘顶部。如今这座

---

① 参见迪福·德·马吕凯的著作，1898 年。
② 埃荣地区由相互毗邻的村庄蒙塔尤和普拉德构成。

第一部分 蒙塔尤的生态：居所与牧羊人

城堡已成为一片废墟。在城堡下面是高低错落的房屋。这些房屋大都彼此毗连，有的相互之间隔着放养猪只的小园子、院落和场院。居民区本身没有修筑防御工事（出现危险时，人们随时可以躲到高处城堡的围墙后面）。然而，最下面的房屋之间靠得比较紧密，所以它们朝下面的外缘形成了一种天然屏障。这一屏障中部开了一个被称作"寨门"的入口。到了近现代，蒙塔尤村已不再紧紧簇拥着城堡，而是安顿在略靠下面的坡地上了。

14世纪时和今天一样，呈坡状的街道从高处通向坐落在居住区下面的教堂。再往下便是圣母小教堂，它建筑在与地面齐平的岩石上，并服务于当地的民间崇拜。墓地位于圣母小教堂的两旁。这两处用于宗教活动的建筑是1300年之前建成的，它们至少在某种程度上具有罗曼建筑风格。

在当时，蒙塔尤的四周有许多大致呈长方形的地块，像是一幅棋盘。[①]这些地块覆盖着高地的中生代石灰岩层，有一部分向上延伸到附近山上的古生代地层。每块地的面积都不大（20—30公亩）。当地的两种农业经营活动即农田和牧场各自占有一部分地块，分布在整个地区。人们耕种时使用的是由牛、骡或驴拉的摆杆步犁。小地块之间被土坎加以分隔。冬季下雪时，这些土坎更显突出，像是一道道"帘子"。由于这里大部分是坡地，一道道"帘子"便沿着梯田的走势绵延。这种现象是地中海地区常见的。边缘地带由两种地块组成，一种称为"凡尔塞纳"，即种植较为经常、实行有限休耕的地块；另一种称为"布奇格"，即以砍伐或烧

---

① 参见谢瓦利埃：《比利牛斯山阿列日地区的人类生活》，第104页，图六。

第一章　环境与权力

荒方式开垦的临时用地。①

由于蒙塔尤的地势过高，气候过于寒冷，所以无论在雅克·富尼埃时期还是在今天都未种植葡萄。这里生产谷物，如燕麦和小麦，但不产大麦和黑麦。由于气候寒冷，这些作物仅能勉强维持当地人的生存，且不说遇到歉收的年景。在1300年时，人们也种植萝卜，这大大早于英国农学家在18世纪将其作为"芜菁"再次引入大陆的时间。这里也许还种植"青苗"，即在成熟前收割，用作牲畜饲料的谷物。这里宝贵的大麻田中肯定生产大麻。在冬季，妇女们负责碎茎和梳麻的活计（I.337）。至于亚麻，根据地名学家对当时的研究，这种作物不大可能在这种海拔的地区生长。在牲畜中，除了上面谈到的牛、驴、骡等驮拉牲畜外，还包括家猪和家禽（母鸡、鹅）。此外，当然还有几百只绵羊和数千只山羊。1310年时，以从事转场放牧著名的蒙塔尤人每年都把这些山羊赶到罗拉盖和加泰罗尼亚的冬季牧场。关于牛马类牲畜还应当补充一点，当时的蒙塔尤村还不知用车轮作拖拉和运输的工具：那里有摆杆步犁，但没有带轮的犁，也没有车。只有山下地区或阿列日河谷才使用这些工具。

当地禁牧的草地和草场有"看青人"护卫，他们是领主或居

---

① II.311。

　　在本书的注释或正文中，凡是没有标明作者名和著作的附注（如 I.128、II.51 等）都是指《雅克·富尼埃宗教裁判记录簿》（三卷本）的卷数和页码。该资料以拉丁文写成，由让·迪韦尔努瓦编辑出版。本处的 II.311 即为《雅克·富尼埃宗教裁判记录簿》第二卷第311页。另外还需指出，"根据史料"，我有时用"异端"一词指阿尔比地区的纯洁派信徒。另外，我还经常使用"天主教的"或"罗马的"指当时的正统教会，这也是上述史料中的词汇（例如 II.513）。

· 019 ·

第一部分 蒙塔尤的生态：居所与牧羊人

民们指定的村镇职员。我们对指定他们的方式一无所知。休耕有时三年轮一次，因为在这一海拔高度，春麦和冬麦同时生长：冬麦需占地整整一年，从第一年9月到第二年9月。但是，多数休耕为两年轮一次，贫瘠地块的休耕甚至会持续几年。在这里，似乎不能把一块耕作面积分成两块或三块轮作田。①

依照年龄和性别的分工得以保证各项活计的落实：男人们负责耕地、割麦、收萝卜（I.340）。他们还要去打猎和捕鱼，因为在激流中有许多鳟鱼，在森林中有不少松鼠和大松鸡。大些的孩子们替父亲放羊。女人们则负责打水、生火、种菜、砍柴和做饭。她们还采摘卷心菜，为麦田锄草，打麦捆，编簸箕，在泉水边洗罐，或头顶面包，陪伴流动劳力去收割。她们经受了许多磨炼，尤其是在年轻的时候。

农业用地集中在住家周围，其中一部分用篱笆隔起来圈养牲畜。冬天，不转场放牧的绵羊、牛、猪、骡都拥挤在毗连主人住房和厨房的牲畜圈里。富裕人家会修建一个专门养牲畜的羊圈或牛栏，并借助院落将它与住房分隔开。然而，除了几个牧羊人的小屋外，我在蒙塔尤四周居民点外的旷野中未发现用于经营的建筑物。我们在下面还会谈到这种牧羊人的小屋。

蒙塔尤的东西南北四面都紧靠森林，这是异端派教长们隐藏的地方，②里面时常传出伐木和锯树的声音。人们在林子里放牲畜，制作屋顶上的盖板。尤其在南面和靠近高山一边，高海拔的

---

① 关于离此不远的加泰罗尼亚比利牛斯山地区土地缺乏的情况，可参阅博纳西的国家博士论文，第二卷，第289页。
② "异端派教长"或"善人"组成阿尔比教派总体中纯洁派的精英。

第一章 环境与权力

牧场构成了牧羊人的世界。这个世界有其自身的规则：思想、人员、畜群、货币从一个小屋到另一个小屋实现远距离流通。这和村子里低微收入的经济形成鲜明反差。此种经济建立在以物易物、借出借入和相互赠与的基础上。由于当地的货币流通量小，邻里之间只能互相借用麦子、青草、干草、木柴、炉火、骡子、斧子、锅、白菜、萝卜等。"富人"向穷人出借实物，还可能在万圣节对他们施舍面包。如果长大成人后出了嫁或成为寡妇的女儿家比娘家贫苦，其母亲便会把一些物品或干活用的牲口借给她们。村民中还有不同的借贷方式，例如以物品作抵押、转让债权等。

当地的货币匮乏是经常性的。雷蒙德·维塔尔曾讲道："我丈夫阿尔诺·维塔尔是蒙塔尤的修鞋匠。女顾客把她们丈夫的鞋拿来让他修。但她们只能在圣灵降临节卖掉家禽后再付给他钱。"（I.346）

尽管有个修鞋匠，这个村的手工业和山下的村镇相比仍算不上发达。[①] 晚上，当妇女们在自己或别人家聊天时自然要纺线。即使被宗教裁判所法官关进监狱时，她们这种活计也没有停止过。但是，当地织的布显然都是供本地人穿的。蒙塔尤有个名叫雷蒙·莫里的织布匠。他的工作要求一定的湿度，所以他在家里用木料修建了一个半地下的圆形房间并在那里织布。但他同时也养羊，他的孩子们后来都成为牧羊人。只有和蒙塔尤邻近的普拉德村才有较富裕的织布匠：这个堂区的人口比蒙塔尤多，因此纺织品市场更加有利可图。与当地同名的织布匠普拉德·塔弗涅在那

---

① 与库雷研究的普罗旺斯（在这方面类似）乡村相比。见库雷在《农村研究》上的文章，1973 年 7 月。

第一部分　蒙塔尤的生态：居所与牧羊人

里生活得很不错。他出卖织布工具的钱"甚至满足了他逃到加泰罗尼亚的花费"。在这次逃亡中还有一位高贵的异端夫人与他相伴（I.335—336；及皮埃里的著作，第48页）。

　　在蒙塔尤，只有路过的异端派教长承担裁缝的工作。作为杰出的纯洁派，他们以缝制上装和制作手套来养活自己和扩大影响。当异端分子来充当大裁缝或小裁缝时，堂区的女人们便跑来观看。她们嘴上说是来帮助修改某件衬衣，实际上是想让他们帮助剪裁一件围裙（I.373）。在女人开店方面值得一提的还有，蒙塔尤有个酒店女老板——法布里斯·里夫。但是，没有顾客到她那里喝酒聊天，因为她仅向各家出售和送葡萄酒。这些葡萄酒是用骡子从下面驮上来的。她干活的效率不高，时常不带着量酒的器具。① 需要补充的是，在工匠与农民之间，工匠与市民之间，甚至工匠与贵族之间并没有绝对的区别。所有的人都干些零活，甚至成为当地出色的修理匠。一个公证人可以当裁缝，公证人的儿子可以做修鞋匠；农民的儿子可以是牧羊人，然后又去制作羊毛梳子。货郎的职业要求能挑重担，娇生惯养的贵族肩膀稚嫩，所以只有这种行业是他们难于承担的。

　　我们曾经指出，这里没有车，只有在其他地方，例如山下和接近城市的地区才能找到车。这些车或是真实的，或是在鬼魂传说中想象的鬼车。在蒙塔尤，人际间的交往比较频繁。这是由于羊群和牧人都具有长途跋涉的能力，他们与乡土观念格格不入。羊群是一种四条腿的商品，如果排除这种商品的流动，我们只能承认，通过商业活动和运输流通的物品数量极少。女人们承担运

---

① 关于法布里斯·里夫，参见 I.325—326。

第一章 环境与权力

水的工作,她们把盛满水的坛子顶在头上。许多运输是以人背肩扛进行的。出门上路的人把装衣物的包袱穿在木棍上扛在肩头(I.312)。伐木人把斧子架在脖子后面,借助它扛着巨大的柴捆。人们还使用背篓和褡裢(I.308)。货郎把枯茗果和缝衣针送到村里,他们还承担着"出口"羊羔皮和松鼠皮的任务。这些经济活动在可携带的范围进行,而不局限于可耕地范围。

由于有了驴、骡这些驮运牲畜,人们得以从塔拉斯孔和帕米埃运进葡萄酒,从鲁西荣运进海盐和橄榄油:这可以在礼拜日宴请亲朋时派上用场。铁制工具稀少,它们来自邻近的维克德梭河谷,因此属于家庭之间借用甚至出租的物品。蒙塔尤没有铁匠铺,也没有磨坊(这些在近代以后才建立起来)。女人们把母鸡和鸡蛋卖掉后换些零用钱。除了母鸡和鸡蛋以外,人们还把麦子运到阿克斯累太姆,在伯爵领地的磨坊里磨成面。但这样做费用太高,很不合算。遇到灾荒年景,人们就用骡子从帕米埃运进粮食。与此同时,蒙塔尤、上埃尔和上阿列日也用骡子或借助溪流向山下地区输出木材。这些木材主要用于取暖而不是建筑。离这里最近的集市在阿克斯累太姆(在那里,男人们可以顺便光顾一下拉德尔盆地的妓女)。其次,在塔拉斯孔、帕米埃和拉洛克多尔姆也有粮食市场和绵羊交易会。

一些食品少量从外面输入,其他大部分食品由当地生产。我们对蒙塔尤、埃荣和萨巴泰地区村民们的生物环境从食物方面了解得最多。[①] 饥荒在 13 世纪时很少发生,但到 14 世纪初便开始频

---

① 参见书目中迪韦尔努瓦关于当时上富瓦伯爵领地的食品的文章。

第一部分　蒙塔尤的生态：居所与牧羊人

繁出现。因为奥克西坦尼的人口稠密达到了荒谬的程度。[1] 此时的人口密度和 19 世纪的一样，而 19 世纪的生存和就业条件要大大优于美男子菲利普统治时期。蒙塔尤的人口数量还保持在合理的水平上，[2] 但当出现周期性的麦子匮乏时，山下饥民的需求大增便会使它处于不利的竞争地位。迁移造成的人口流失并不能持久缓和这种周期性的紧张。因此，在蒙塔尤周边地区，生存危机很久以来第一次开始出现，这是在 1310 年和 1322 年……[3]（在法国北部，严重饥荒发生的时间有所不同，是在 1316 年。这是因为，影响小麦的气候在南方和北方不尽相同。在巴黎地区，对麦子的威胁是大雨洪涝造成麦穗腐烂；在南方，人们担心的主要威胁是干旱和暴晒。在上述不同气候下，天灾袭击收成的时间当然也不一致。）

粮荒虽然难熬，毕竟不常发生。在正常年景里，人们吃得大致还行。在村里，小麦做的面包偶尔加上黍子面的馍构成居民的"植物"主食。我们看到，人们用驴或骡把麦子送到山下阿克斯累太姆的伯爵领地磨坊，然后又用牲口驮着面粉返回山上，到村里再把面粉在家中过箩。村中的妇女们可以在"自己家"烤制面包，因为萨巴泰的领主权一点也不符合法兰西岛的"经典"模式（为什么一定要符合这种模式呢？）。关于使用领主烤炉或上税烤炉的规定执行并不严格。但这并不是说蒙塔尤的每个家庭都拥有自己的烤炉。家有烤炉是财富的内在象征。没有烤炉的人家便拿着事先在家和好的面团到较富裕的邻居和朋友家去烤制。村里有个名

---

[1] 参见格拉曼记录的这一时期人口极为稠密的情况（1972 年文章；与《论文》，未发表）。
[2] 同上。
[3] 参见迪韦尔努瓦，上引论文。

叫布律纳·普塞尔的穷妇，她是个私生女，当过女仆，后来又成了寡妇。她烤面包的条件便是由阿拉扎依·里夫提供的。还应当指出，蒙塔尤富裕农民的面包炉具有多种功能：不点火的时候人们就用它贮藏多余的鱼和捡拾的蜗牛，尽管它并不能制冷！

　　作为面包佐餐的有时是羊肉，但更经常的是熏制或腌制的猪肉。流亡加泰罗尼亚并生活在小城市的南奥克西坦尼工匠们每星期买两次肉。在蒙塔尤，食猪肉好像是习以为常的事，历史学家对此有不少十分详细的描述。冬季，屠宰生猪过后，熏制肥膘便成为邻里互助的内容。如果某家的炉膛大，炉火旺，能多"处理"一些肉，那么这一家就会让较穷的人家把宰好的猪肉块拿来熏制。雷蒙德·贝洛在1308年前后的生活很贫苦，[1]她在1323年讲道："15年前，在封斋期，大约是在晚祷祷的时候，我把两扇腌猪肉扛到蒙塔尤的纪尧姆·贝内家，想在那里用烟熏干。我看到纪耶迈特·贝内（纪尧姆的妻子）和另一个女人正在炉边烤火。我把腌肉放进了厨房，然后就出来了。"

　　其他蛋白质来自牛羊奶，尤其是奶酪。亲友间相互送奶，并在友好交往中饮用；奶酪是高山牧场的牧民制作的。一般来说，在实行高山放牧和制作奶酪的山区不会缺乏含氮的食物，即便日常的伙食并不太好。对蒙塔尤来说，生计和面包的危机并不构成难以解决的问题。相反，这种危机却在14世纪和17世纪对单一产粮的巴黎乡下造成了问题。

　　阿列日地区的肉汤里配有猪油和面包，当时的这种汤里还应

---

[1] III. 67（关于贝洛的妻子雷蒙德的不幸及其贫困的婚姻，可参见下文；她与较富裕的"贝洛家族"只在名义上是一家人）。

第一部分　蒙塔尤的生态：居所与牧羊人

有绿色的卷心菜和大葱。是否应当指出，从新石器时期便开始种植的卷心菜是唯一赋予人们情感字眼的蔬菜。今天，人们仍然把自己钟爱的朋友称作"我的卷心菜"，这如同称他为"我的兔子"一样。由于山区的海拔高和种植粗放，古老的蒙塔尤的菜园中还没有阿拉伯人和十字军带来的礼物。在加泰罗尼亚和孔塔，人们从14世纪起便开始种植他们引进的蔬菜了。因此，蒙塔尤的居民还不知道或只是听说过朝鲜蓟、甜瓜和桃子。地里种的蚕豆和萝卜是对菜园中卷心菜和大葱的补充。采收核桃、榛子、蘑菇和捡拾蜗牛增加了人们的收入，这大都属于大自然的慷慨赠与。除猎物以外，居民们吃的食物还有激流中的鳟鱼，也许还有海边产的、用骡子驮上山的咸鱼。由于没有种葡萄，所以葡萄酒的数量不多。只有在重要场合，人们才在晚上聊天时传递着杯子喝一点葡萄酒。总之，这一时期和其他时代一样，南方人向来不擅长酗酒。在奥克西坦尼没有保护酒鬼的神灵。食糖十分罕见，只能从伊斯兰世界输入。因此，有"路子"的人便时常把搞到的一块糖送给他心爱的妇人。

　　在食物方面有何禁忌？在理论上，纯洁派的伦理在蒙塔尤很盛行。这种伦理容忍人们吃鱼，但禁止吃屠宰动物的油脂和肉：在阿尔比教派看来，依据灵魂转世法则，灵魂一般都寄生在鸟类、哺乳类动物和人类的身上。因此，吃食动物便等于破坏了灵魂的广泛循环。异端分子对动物的不干预态度比我们破坏环境的做法要更有益。但实际上，蒙塔尤的纯洁教派或所谓纯洁派分子并不真正重视这种拒绝食肉的态度：信仰异端教条的一般"信徒"仅满足于让少数异端派教长等精英去享有拒食羊肉和野鸡等飞禽走兽的特权……

第一章 环境与权力

我们对蒙塔尤一般居民其他方面的"生物"生活所知甚少：肺结核（咯血）、癫痫、眼痛等疾病曾被直接或间接地多次提到。在不能画出发病率图表和准确估计死亡率的情况下，我们只能简单地说：这些病大多是流行性的，而且死亡率，尤其是在婴儿中的死亡率很高。毫不奇怪的是，村里人的身上都有跳蚤和虱子：人们经常依照社会、友情和家庭中的等级，自下而上地相互抓痒和捉虱子（正如今天类人猿在相互友好的气氛中所做的那样）。正因为如此，奥克西坦尼文明中把细小的手指称作"虱子刀"便毫不奇怪了。情妇为情夫捉虱子，女仆为主人捉虱子，女儿为母亲捉虱子。这也是聊天的好机会，人们东拉西扯无所不谈。他们谈论女人，谈论神学，或是谈论异端派教长们在受火刑时的表现。遇到闹跳蚤、闹苍蝇、闹虱子或闹蚊子的年景，上述活动也会异常活跃。相反，在其他时期则比较平静。在当时，人们已无暇顾及那些体外寄生虫，而是越来越担心宗教裁判所了。在后面的章节里，笔者还会谈到蒙塔尤生活中这些纯"生存"的方面。

* * *

以上简单介绍了在动植物方面的物质生活和生物环境，我们下面自然要对蒙塔尤村进行一番社会和社会政治研究。

作为研究古老蒙塔尤的社会学家，我打算先分析一下控制该地方的权力是如何分配的。我首先要探讨的是外部权力的作用和影响，因为在原则上它们是决定性的。这些权力源于大一统社会，该社会通过"领导中心"来控制和影响蒙塔尤。这些"领导中心"一般设在靠北部的城市里，无论是否有理由，它们总是趋向于把自己看作名副其实的"决策中心"。

最突出的当然是政治权和领主权。在原则上，它们掌握着主

第一部分　蒙塔尤的生态：居所与牧羊人

要的控制力量。对蒙塔尤人来说，这两种统治已合二为一，并集中在一个人手中。他就是离此地不远的贵族——富瓦伯爵。伯爵是"整个"比利牛斯山公国的君主。富瓦伯爵领地是这一公国的名称，蒙塔尤处在它的管辖区内。另外，在这个整体内，伯爵还掌握着蒙塔尤的"特殊"领主权（在附近的其他堂区还有一些与伯爵并存的"领主大人"）。占支配地位的富瓦家族在当地有两名代表：城堡主和领地法官。[①] 城堡主是终身职务，也可以是临时性职务。他由伯爵任命，负责可能采取的"镇压"措施。城堡主还是掌握武装的人物，当领地法官在高山密林中追捕罪犯或所谓罪犯时，他可对其助以一臂之力。他同时还承担着典狱长的职务，主管城堡的地牢以及里边囚禁的戴镣犯人（I.406）。在13世纪90年代末，主宰蒙塔尤高处要塞的城堡主名叫贝朗热·德·罗克福尔。我们对他了解甚少，只知道他有一个年轻漂亮的夫人，他们有个管家，名叫雷蒙·鲁塞尔。这个雷蒙可能还负责管理属于城堡的领主保留地。包括田地和牧场（森林除外）在内的领主保留地大概不超过30公顷，其面积很可能小于这个数字。贝朗热死后，"副城堡主"接替了他的职务。这是个十分苍白的人物，和其前任没有亲属关系（这一职务最多只能是终身性的）。他所热衷的似乎只是对当地的富农们唯唯诺诺，因为帕米埃主教听信他们的话（I.406）。

至于领地法官，他的地位处在严格的领主权范围内。按照博纳西先生的定义，[②] 领地法官"是负责监督佃农正常交纳年贡或领

[①] 关于"城堡主"和"领地法官"二者的关系，见博纳西，上引书，第四卷，第688页及其他一些地方。

[②] 博纳西，上引书，第四卷，第688—690页。

第一章　环境与权力

主税的领地官吏……是税收核对人和征收人。他以伯爵的名义实行裁判权，甚至生杀大权"。掌握武装权力的"城堡总管"和负责司法的领主官吏①的二权分立可能会使孟德斯鸠欣喜若狂。然而我们不应夸大它的作用！事实上，根据我们掌握的资料，领地法官的司法、镇压和"保护"职能显得更强些（博纳西说，领地法官一词最初的意思是庇护和保护②）。我们通过富尼埃的资料了解到：乡村中的领地法官可能还负责派人逮捕异端分子，在城堡仆从的协助下到山里追捕各类罪犯，找回被盗物品，以及征收年贡甚至什一税！如果某个牧羊人遭到诽谤，他便可以向领地法官提出控告。在村中空地上设立的简易"法庭"上，领地法官并非能解决提出的所有纠纷。半官方的仲裁人有时会把事情办得更好。

"当我给梅朗斯的让·巴拉尼翁家放牧的时候，"蒙塔尤的纪尧姆·巴伊说，"他的女人布律纳·巴拉尼翁总是把我称作'异教徒'。有一天，我的老板让·巴拉尼翁的儿子让在牧场上也把我当异教徒对待。于是我向当地领地法官提出了控告。后来，由阿克斯累太姆的蓬斯·马莱从中调解，我和小让·巴拉尼翁之间实现了和解。"③

*　　　　*　　　　*

"第二种权力"在理论上与领主司法权不同，它来自卡尔卡松多明我会的宗教裁判所（II. 268）；宗教裁判所有自己的眼线、半官方治安人员、保镖和雇佣兵。这些人员被有节制地称

---

① 关于比利牛斯山东部权力系统中"司法"的根本性作用，尤其是关于土地和牲畜问题，参见博纳西，上引书，第二卷，第235—237页。
② 博纳西，上引书，第五卷，第822页。
③ II. 380。还可参见 II. 276（什一税等）；III. 160（乡村广场）。

作"仆人"。他们到埃荣地区传唤人犯时曾对当地村民动用过拳脚（II. 127）。宗教裁判所也有自己的公证人兼狱吏，是他们在1308年夏末指挥了对蒙塔尤纯洁教派的袭击和逮捕。宗教裁判所在俗间教士中也有自己的人，例如身兼村内本堂神甫、宗教裁判所公证人和当局公证人三职的让·斯特拉博（III. 88），以及我后面将多次提到的皮埃尔·克莱格。后者是蒙塔尤的本堂神甫、"领地法官"的兄弟和一个两面派。此外，卡尔卡松的宗教裁判所还向帕米埃的主教委派了一个既强有力又可怕的人物——布道兄弟会的加亚尔·德·波米埃修士。他一丝不苟地参加了雅克·富尼埃下令进行的所有调查和镇压。

"第三种权力"是帕米埃的主教。从理论上，他受上面教皇的控制，同时也领导着蒙塔尤的地方"等级"，即组成教区会议的本堂神甫及副本堂神甫们。富尼埃主教不仅是罗马教廷正统观念的精明捍卫者，而且也是教会财产的积极维护者。他千方百计地向上阿列日地区的村民征收羊羔什一税，这曾多次引发了乡村的冲突。年迈的富瓦伯爵罗歇-贝尔纳为保护他的臣民，曾长期抵制征收此税。他死后（1302年），羊羔什一税的征收从1310年起开始畅通无阻，从1317年起，即富尼埃任主教期间又盛行起来。从1320年到1324年，在卡尔卡松的密使加亚尔·德·波米埃修士的协助下，帕米埃主教的宗教裁判所法庭像一片黑云笼罩在蒙塔尤上空。通过他们两人，卡尔卡松和帕米埃对蒙塔尤村实行了宗教裁判所的共管。但是，在最高层中也时常出现相互争斗。

"第四种权力"离得很遥远，但全具有压倒的威慑力量，这就是法兰西王国。在这个强大的力量面前，富瓦伯爵实际处于依附的地位，并受到程度不同的种种压力。巴黎的君主可以发兵前来拯救"真正的宗教"。北方的王国越是强大,越是引起山民们的仇恨,尽管他们从未见过任何一个有血有肉的来自奥依语区的人。纪尧姆·莫尔最早是蒙塔尤的农民,后来成了牧民(II. 171)。他被流放时,村里本堂神甫的父亲对他喊道:"你难道以为自己能同教会和法兰西国王大人对抗吗?"异端派教长贝利巴斯特在斥责权威方面走得更远,并勾画出了"关照着"蒙塔尤的权力结构(II. 78—79)。他说:"有四个庞大的魔鬼统治着世界:教皇大人是最大的魔鬼,我称之为撒旦;法兰西国王大人是第二个魔鬼;帕米埃的主教是第三个魔鬼;卡尔卡松的宗教裁判所法官大人是第四个魔鬼。"

1320年前后在蒙塔尤出现了一种特殊局面:在"正常"时期,村里形成了山民的微型社会。他们一般比较贫穷,身上没有多少钱,既无名望也无权势。但作为补偿,这些人能不大费力地渗入各种外部或大一统权力的间隙和裂痕中。可惜的是,在富尼埃调查的时期,上述四种权力尽管有些裂痕,但仍然构成一个整体。当然,在比利牛斯山南麓,封建主间的私人战争仍在继续,蒙塔尤人在放牧过程中经常来到这里(III. 195)。但是,在比利牛斯山北麓,政权和教权结合在一起:富瓦的小伯爵以及主宰其宫廷的贵妇人们在法兰西国王和宗教裁判所代表面前俯首称臣。① 原先

---

① 富瓦伯爵领地的政治史和事件史不是我研究的主题。关于这方面,可参见19世纪地区史专家(如加里古)的著作,以及德维克和韦塞特1886年的综合性研究成果。由于他们的《朗格多克史》只附带涉及比利牛斯山诸公国,因而更显得有价值。在我们研究的这一时期,法兰西国王在朗格多克的代表对相邻的富瓦伯爵领地采取了极为粗暴的措施,将其置于实际的从属地位。只是到14世纪以后,伯爵领地才逐渐获得了一些行动自由。

第一部分　蒙塔尤的生态：居所与牧羊人

的伯爵还曾鼓励村民拒交什一税，并竭力抵制教会和王国的侵吞。然而，卡尔卡松的宗教裁判所和帕米埃的主教则与奥依语区的法兰西携手合作。法兰西王国也懂得如何报偿奥克西坦尼的教士们的合作。在巴黎的支持下，孔塔韦纳森的教廷因雅克·富尼埃从1334年当上教皇伯努瓦十二世而名声显赫。它后来成为使奥克语区的教士们获得无数高级神职或闲差的源泉。

对蒙塔尤农民的镇压源于这些权力的一致行动。农民们一旦成为异端并对宗教提出异议，或是以拖欠方式抵制什一税，镇压行动便会随之而来。在当时，该地区的人们时常在夜里迁移，因为他们感到被人追捕。无论在城里还是乡下，他们说话都得格外小心，生怕因言多语失而招来横祸。人们走在路上手里总握着刀剑，还以轻轻的口哨呼唤"熟人"。为了让朋友开门，他们先得向其家门或百叶窗投石子。整个权力机器还算不上现代意义的警察机器。但是归根结蒂，任何有丝毫不端行为的人都会处于卡夫卡式密探世界的包围中。即使在山区这个言论自由最后的避难所，人们动不动也会因言语不慎而被本堂神甫、领地法官、副本堂神甫或街坊四邻抓住把柄。说三道四的结果是被关进监狱，或者被戴上双黄十字标志。① 这是一种人为的、不正常的局面。它是由于：当地的纯洁派渗入山区现实生活后引起了教会一贯的排斥反应。对村民们来说，这种非正常局面是悲剧性的；然而在历史学家这些"冷血动物"看来，这种局面却有利于用组织学解剖其对象的方式勾画出蒙塔尤的社会轮廓，由此还可以分析出这一社会的细

---

① 在衣服上缝一个或两个黄布十字是宗教裁判所法官对异端分子实行的一种侮辱性惩罚（但比监禁要轻）。

第一章 环境与权力

胞间和细胞内部的结构。而这些在正常时期是很少能见到的。

关于权力问题，我下面所谈的将会减轻一些对其上述残酷性的评价。因为，蒙塔尤的农民和权力机构的关系不仅仅是由粗暴以及一方对另一方的高压所构成的。在统治者和被统治者之间还有一个由领主、有地位的贵族、有脸面的人物构成的说情人和中介人层次。当蒙塔尤的领地法官贝尔纳·克莱格试图解救被关进主教监狱的本堂神甫，即他的弟弟时，他便向能影响雅克·富尼埃决定的各种人物展开了说情活动。贝尔纳对米尔普瓦的世俗领主进行了贿赂，花费是300锂，并向米尔普瓦的夫人康斯坦斯太太献上一头母骡子。他还送给卢夫和雷蒙-罗歇的私生子卢·德·富瓦一大笔钱。此外，拉巴村的修道院院长、拉格拉斯修道院驻当地的代表和帕米埃的主教代理，即"主教的老熟人"热尔曼·德·卡斯泰尔诺也都收到数目不小的辛苦费。贝尔纳·克莱格说："为解救我弟弟，我在一年中总共花了14,000苏"（这对于蒙塔尤的首富来说也是个巨大的数目）(II. 282)。但这次的说情活动没有奏效：皮埃尔·克莱格一直被关在狱中，并最终死在里面。雅克·富尼埃表现出了不可腐蚀性。然而，说情人的这种层次的确存在，它在统治力量的镇压行动和被统治者的安全需求之间起到某种中介或屏障的作用。

*　　　　*　　　　*

从权力和统治问题过渡到与它部分相关的"等级社会"和"领主制度"问题，我们会发现一个明显的现象：名门贵族与乡村平民这一主要的阶层划分在社区内并不存在。首先是由于我研究的对象人少面窄。"三个等级"，即教士、贵族和城乡平民在整个上阿列日，尤其是萨巴泰地区的确存在，有关的研究可证明这一

·033·

第一部分　蒙塔尤的生态：居所与牧羊人

点。① 然而，蒙塔尤的居民数量太少，令人难以在堂区范围内进行这三个等级的划分。当时，出身当地乡村的本堂神甫是教士"等级"的唯一代表。当地的农民众多，几乎没有一个贵族等级能对他们"摆绅士架子"。当时只有一个贵族家庭在蒙塔尤短期生活过，这就是由城堡主贝朗热·德·罗克福尔伯爵和他的妻子贝阿特里斯·德·普拉尼索尔组成的家庭。贝朗热死得早，我们对他一无所知。但他的妻子却很有名：她的贵族身份源于她的出身和两次婚姻。和其他许多例子一样，她的例子也使人想起：贵族对非贵族最常见的歧视往往表现在婚姻上，尽管贵族间通婚不是必须的。此外，贝阿特里斯肯定在村里生活过，尽管只是临时性的。（她后来离开这里去了附近的埃荣的普拉德。她第一个丈夫去世几年后，她又去了南部地区。）这其中必能反映出许多引人关注的问题和活动。她通过自己的爱情生活、友好往来、日常社交和宗教崇拜融入蒙塔尤的社区中。总的看来，蒙塔尤的特殊性表现为：在法兰西王国普遍存在的贵族与非贵族间的严格区别，在贫穷的比利牛斯山富瓦地区并不流行，至少程度上有很大差距。1358年爆发农民起义时，巴黎周围出现了非贵族与贵族之间近乎种族冲突的尖锐对立。然而在上阿列日地区则没发生类似现象。在这里，以教会为一方与农民和贵族之间的激烈冲突是主要矛盾，农民和贵族结合起来反对教士。在比利牛斯山的这个小地方，不少贵族处境贫寒，并为此感到羞愧。他们和旧制度末期在布列塔尼

---

① 参见1311年的什一税文本，这三部分在其中都有如实反映。从富瓦契约集中摘录的这份文本被迪韦尔努瓦收录进《雅克·富尼埃宗教裁判记录簿》，第三卷，第337—341页，注509。另见该注释的第337、338和339页。关于萨巴泰，参见本书第十八章。

和普伊萨依横行霸道的傲慢破落贵族截然相反。① 在富瓦伯爵领地,没有钱的贵族威望也低。"由于贫困,我总是受到蔑视,"贝德亚克村的贵族阿尔诺·德·贝德亚克无精打采地说。又如吕兹纳克的贵族德·吕兹纳克一家,他们只吃得起牧羊人的食物:主食面包、有酸味的葡萄酒、奶和奶酪。为了谋生,他们的儿子皮埃尔到图卢兹去学法律,后来当了个微不足道的律师,为宗教裁判所干些杂活。② 除了一些山区贵族这种"超等级"的贫困潦倒以外,还应指出的现实是:在贵族和法律家、律师或公证人之间没有很大距离。总的来说,贵族与非贵族之间的界线很模糊。1311年一份关于上阿列日地区什一税的文件中谈到了"贵族"、"平民"和"正在或已经装成贵族的人":这第三种人被专门提到,是为了将他们纳入 1311 年的什一税协议中(III. 338)。是否有些拥有临街房子以至不动产的假贵族,他们完全被人们所承认,并被看作真正的,甚至是值得尊敬的贵族呢?在这种条件下,贵族与非贵族的关系在日常生活中,以及在男人之间,男女之间,尤其是女人之间的交往方面往往充满着微笑和轻松的气氛。这当然标志着某种起码的尊重。事实上,这种标志本身从来没构成任何问题。在贵族中,等级观念(如果有的话)只是表现在联姻方面。斯特法妮·德·夏多凡尔登曾经嫁给了一个贵族骑士。但后来她又和一个纯洁派的织布匠、一个牧鹅女的哥哥一起来到加泰罗尼亚。斯特法妮似乎诚心诚意地和这个织布匠追求完美的异端和同样完美的精神友谊(I. 223)。蒙塔尤的女城堡主贝阿特里斯·德·普拉尼

---

① 参见雷蒂夫·德·拉布雷多纳 1970 年出版的著作。
② III. 57(贝德亚克);参见迪韦尔努瓦 1961 年出版的著作,第 18 页(吕兹纳克)。

第一部分　蒙塔尤的生态：居所与牧羊人

索尔嫁的都是有贵族血统的男人。但她差一点向自己的管家表示爱情，后来又成为一个私生子和两个教士的情妇，他们都不是贵族。在感情发展的初期，她肯定千方百计地说服自己不要委身于那第一个教士，因为在教士中只有他的身份是平民。但她和他的确在倾向纯洁派的思想方面志同道合。总之，异端可以造就奇异的床上伴侣，所有等级的障碍都被轻而易举地跨越了。而第二个教士则不必为成为异端而自责，他低下的出身没有妨碍他把拥有贵族血统的贝阿特里斯搞到手，并与她姘居。在更经常性和习惯性的关系方面人们发现，领主夫人或城堡主夫人和农家妇女们见面时会毫无顾忌和没完没了地聊起天来。有时，贵族妇女还会和非贵族妇女像要好的姐妹一样亲吻和拥抱。我们不应当用现代思想去理解这些自然的动作，也不应当将其谴责为虚伪的父道主义或"妇道主义"，以为这是为了掩盖我们想象中的等级或阶级间不可逾越的鸿沟。实际上，直接的印象是准确的：这种鸿沟根本不存在，至少在人际关系准则方面是这样。此种情况下的人际关系准则，其特点是真诚地忽略等级和相互的差异。

没有明显隔阂的另一个证据是，雅克·富尼埃的详细日记反映出：贵族与非贵族之间的对立并不是主要的。当然，这种对立是存在的，而且还可能变得很严重。至少有两个贵族，朱纳克的城堡主（由于怕被告发是纯洁派）和贵族青年雷蒙·德·普拉尼索尔分别在朱纳克和高苏成了杀害其农民邻居的凶手。[1] 另外，1322年"人头税"的征收（有利于教会？）又在高苏引起了纪尧

---

[1] III. 276—277; III. 347。还应指出，阿克斯累太姆的城堡主西蒙·巴拉让人在蒂尼亚克溺死了他的领地法官（I. 281）。

姆·德·普拉尼索尔的一项未遂行为：他以自己的贵族地位为由，声称其享有免缴"人头税"的特权。这在平民中引起了种种议论……（III.351）

我在蒙塔尤没有发现任何此类冲突。克莱格的农民家族（其中一个成员担任过领地法官）与一部分居民之间确实存在对立，但这里完全没有反贵族的抗议方式，其原因自不必多说。在我们研究的这个时期，上阿列日地区非贵族反对贵族的斗争一般只是偶然或表面的现象。我们应当把这些归入同等或更为重要的、使一部分居民反对某种现实或神秘敌人的其他斗争中。这些敌人有时是麻风病患者，有时是犹太人，有时是纯洁派……或者是高利贷者、教士、高级神职人员、小兄弟会会士、法兰西人、宗教裁判所法官、女人、富人，以及最杰出者等等。因此，没有理由夸大这些村民对贵族的不满。这并不是造成社会紧张的主要因素。农民对贵族的此种非交战状态是由若干原因造成的，这些原因和奥克西坦尼文明在经济、社会、文化等方面的特殊性有关。例如，一般由贵族掌握的领主保留地比较少；南方贵族比较有吸引力，不令人反感，他们的言论和行为确实表现出了正面性。然而我要说明的是，这种过于一般化的解释已大大超出村落研究狭窄的范围，它们只能算作我们偶尔借助的研究手段。我认为，贵族和"平民"之间（相对）良好的关系构成了一种已知条件。作为等级和个人的贵族只能偶尔对蒙塔尤当地居民正常和非正常的生活作出出色的干预。所以，这种已知条件并不是决定性的（在其他村庄，由于领主和贵族是常住而不仅是偶尔露一下面，所以那里的情况有所不同）。

人们有时会感到，在比利牛斯山这个小角落，贵族与非贵族

第一部分　蒙塔尤的生态：居所与牧羊人

之间的斗争有些像今天荣誉军团中得勋章者和未得勋章者之间微不足道的冲突一样。这种比较可能由于时代不同和过分的程度而没有多少启迪价值：实际上，贵族的身份与受勋或得奖章没什么两样。那些富裕家族或曾富裕过的贵族往往以受勋者的内婚制将贵族称号代代相传。[①] 还应指出，在那些海拔1,300米的村子里，贵族和平民身上的虱子几乎同样多，贵族身份简直就像一枚巧克力做的奖章。它吃起来很香，[②] 但拥有这一微薄的标志不会引起强烈的社会嫉妒。这和塞纳河谷农村的情况迥然不同：40年后，那里反对贵族的冲突俨然成为一场种族战争……

　　阶层之间没有明显的界线，但同时又不排除差异和互相敬重。[③] 造成这种状况的原因在于山区贵族的相对贫困：上阿列日的贵族远不像巴黎或波尔多的贵族那样拥有大片价值千金的领主保留地和葡萄园。据人们所知，蒙塔尤城堡主的"保留地"只是略大于当地富农的地产而已。城堡总管像个普通家庭的管家，根据需要，他承担领地的活计，还向女主人调情。和贝济埃或博韦贵族领地上的情况完全不同，总管从来不起文化带头人的作用。一切都表明，只有大城市能够通过城市市场直接维持大面积领主保留地的存在。因此，远离大城市也有助于缓和并消除埃荣地区的贵族与农民的冲突。这里的贵族过于寒酸、小气；这里的农民是有实力的牲畜饲养者，他们在狭小活动范围和家中的地位过于稳固。因此他们之间不可能形成明显的实力差异和酿成公开的斗争。

---

① 当时的贵族首先是一个"继承者的社会"（见杜比，《年鉴》，1972年，第811和第822页；海尔：《中世纪的家族》，第23页）。
② 参见下文第九章。
③ 如牧羊人皮埃尔·莫里对某位老爷的问候（这些问候也得到相应的回报）……

总而言之，在那些农业贸易活跃和远离比利牛斯山和阿列日的地区，如巴黎、南方的博韦及佛兰德等地区，贵族借助市场提高了领地收益并赚进大笔金钱，农民则要求从蛋糕中分得比碎屑更多些的东西。只是在这种地区才产生出或酝酿着贵族和农民之间的冲突。

最后还应指出，把阶级斗争相对缓和说成是由于贵族两手空空、一无所有也是错误的。奥克西坦尼山区的贵族之所以能与庄稼汉和睦相处和亲切交往（在同庄稼汉相处中，贵族往往平易近人，但偶尔也会杀人）并非仅仅由于他们的贫困和土气。他们确实不富有，但不能说他们在物质和精神方面都一无所有。实际上，从十字军东征、纯洁教派传入（这与贵族的努力分不开）到行吟诗人的出现，奥克西坦尼的小贵族在促进文化……和女性魅力方面发挥了积极的作用。这种女性魅力颇受诗人和各种社会职业的情夫们赞赏。老百姓很乐于接受贵族在人际交往和乡村社交活动方面所起的主导作用，他们没有许多理由对这类主导作用发出埋怨。阿列日的贵族并不高贵，在这个几乎不存在农奴制的地方，他们很少欺压平民。在蒙塔尤，只是在欢乐的场合他们才短暂地抛头露脸。他们传播能被大多数人接受的文明模式。总之，贵族们懂得如何廉价地取悦于人。

*　　　　*　　　　*

和上述问题有关的还有领主权问题。在领主权的"框架"中包括土地制度和依附者的法律地位问题。另外的问题便是，这种土地制度和依附是否会酝酿摩擦和紧张关系。

我曾说过，在这方面，我们掌握的史料主要介绍了富瓦伯爵及其当地代表，即军事上的城堡主和法律上的领地法官（在原

第一部分　蒙塔尤的生态：居所与牧羊人

则上）所拥有的公共权力和地方领主权。然而，这些内容丰富的史料都未涉及蒙塔尤的领主权问题。因此，我们必须填补这一空白，为此便需要查询晚些时期的有关史料。1672年一份出色的调查资料表明[①]，法兰西国王已合法地继承了富瓦伯爵的权力，并成为蒙塔尤的领主。这位领主亲自或通过其代表（领地法官多年后的继任者）行使初级、中级和高级裁判权。他有权对财产征收相当其价值8.5%的继承与转移税，并且收取"放牧税"和"森林税"（1672年共为16锂至20锂图尔币）；交纳了这种税，居民们便能较自由地在250公顷森林和450公顷荒地和荒坡上放牧他们的牲畜。这些森林、荒地和荒原在名义上属于领主，领主将其交农民使用，收取费用。[②] 另外我们还发现，"领主每年向定居蒙塔尤的各家家长"征收一种"捐"（年数额：1672年为40锂）。过去的"财产接收"权规定，无直接或间接继承人者死后，领主有权接收其留下的财产（1672年，这项权利可以以每年5锂的微薄价格进行赎买）。此外，领主还有权征收"住所税"和一种以燕麦充当的捐税。据称，这两种捐税原用于安排伯爵或城堡主的住所及招待其属下的骑兵。这种理由至少成了他们进行勒索的借口。上述各

---

① 参见阿列日省档案，J79；还可参见巴利埃尔-弗拉维的著作，1889年。
② 这些森林、荒地和荒坡后来落入了王家和公社手中。根据现蒙塔尤村政府保留的1827年土地册，这包括国家水利森林部门的255公顷森林和属于"公社"的430公顷荒地、荒坡。过去由领主保留的土地和牧场（森林不包括在内，我没有将其算入）相当于37公顷地产（热利家族在1827年通过赎买和继承获得了这块地产）。相比较而言，其他十几个在1827年称得上"产业主"的蒙塔尤人（定居并一般从事经营），其中包括克莱格和巴伊家族，各拥有8—12公顷土地。"种植者"有2公顷土地，"小农"则只有1公顷以下的土地。在1827年时，"种植者"是大多数，"小农"则构成不容忽视的少数。

第一章　环境与权力

类捐税由来久远，它们和公元 1200 年到 1300 年时加泰罗尼亚比利牛斯山地区的捐税情况完全相符。① 这和我们关注的时期十分接近。在一个不大确定的时期，大概比本书涉及的时期要晚些，这些遭到异议的捐税大部分已可用货币支付了。所幸的是，它们后来又成为货币贬值的牺牲品。在 1672 年前后，蒙塔尤农民种植的 200 公顷到 300 公顷田地和草场能较容易地付清全部领主捐税。② 但在 14 世纪初，这些领主捐税的负担可能仍然很重，③ 比通货膨胀影响出现后的 1672 年要重得多。尽管捐税负担可能很重，1300 年前后的领主制度已不能或不再将蒙塔尤居民置于真正的奴役状态：蒙塔尤居民可以名正言顺地谴责领地法官及其家族在宗教裁判所纵容下所犯的恶劣罪行和践踏权利的行为。这些居民不再是农奴，也不完全依附于俗间领主了。总之，他们曾经是农奴，但 1300 年时已经不再是了。在此之前，他们很可能被置于严格的依附地位（在 11—12 世纪？但我们对此一无所知）。④ 在 1300—1320 年，蒙塔尤的农民家庭可以自由地拥有、转让和出售其土地（当然，出售土地的情况很少。因为在这偏僻的地区，土地市场很不活跃）。面对领主及其在当地的代理人——领地法官和城堡主，蒙塔尤的居民们在地理上享有很多活动自由。实际上，对于领主权来说，

---

① 博纳西：《论文》。
② 参考前文第 39 页注释 1。
③ 可惜，由于缺乏史料，我算不出 1300—1320 年蒙塔尤的领主抽取的数额。
④ 博纳西的研究通过比较史学给我们这样的启示。另外，在 1300—1320 年还存在人身依附的残余，甚至在富瓦伯爵领地的一些地方还有农奴制。关于这一点，参见书目中费利克斯·帕基耶的研究成果。在此之前，比利牛斯山脉是中世纪农奴制盛行的传统地区之一（福西埃：《西方中世纪的社会史》）。

第一部分　蒙塔尤的生态：居所与牧羊人

这种自由意味着人身依附的名存实亡（即使某些领主权仍属于此类依附的残余）。虽然如此，这种实际的"非依附"仍然伴随着不少"捐税"（见上文）和对（远处的）伯爵大人及其（当地的）代理人的"敬重"。在此期间，真正的压迫并非来自伯爵的领主权，庄稼汉们甚至对他怀有依恋之情。压迫力量来自其他方面，尤其是来自宗教裁判所的活动：宗教裁判法官毫无顾忌地利用俗间领主的代理人即领主地官来整治村民。

＊　　　　＊　　　　＊

关于"三个等级"，无论在蒙塔尤还是萨巴泰，不满和反抗都越来越指向第一等级（"教士"）而不是第二等级（无论是领主与否的"贵族"）。上阿列日的农民谴责的主要目标是富有的教会，而不是世俗的贵族。我们知道，在13—14世纪的奥克西坦尼，从阿尔卑斯山脉到比利牛斯山脉，教士形成了控制土地的强大势力。[①]正因为如此，什一税成为产生摩擦的主要焦点。1308年夏末，卡尔卡松的宗教裁判所下令逮捕了蒙塔尤十二三岁以上的所有男女居民。在这场大搜捕中，结束夏季转场后从高山草场回来的牧民们也难逃厄运。宗教裁判法官布置的这一行动只是个前奏：1311—1323年，帕米埃的主教重新确立了对山区牲畜征收什一税的规定，结束了以前征缴无效的现象。[②]雅克·富尼埃的前任已经对抗税发出过禁令，[③]他就任后便以刚柔相济的手法迫害异端教派，并以此保障这些繁重捐税的征收。1311年制定，1323年修改和补

---

① 参见杜比1958年的著作。
② I.209（迪韦尔努瓦所做的注释81）。
③ 约瑟夫·普1901年的著作，第6页。

第一章　环境与权力

充的税务协议规定：在"萨巴泰总堂区"属下的所有社区，包括蒙塔尤、阿克斯累太姆、塔拉斯孔和富瓦，对畜产品征收货币和实物的什一税，另外对粮食征收八分之一的什一税。这种过高的税率[①]激起了人们的愤怒，因为教士们从14世纪初已提出这一要求了。人们最终不得不交税，但免不了满腹怨言。直到18世纪，比利牛斯山地区惯有的高昂什一税率依然令观察家感到吃惊。[②]在1311—1323年，萨巴泰对粮食的什一税率定为收成的八分之一，这和"实物地租"几乎没什么两样。难怪它如此遭人反对。

　　这些税收的确不得人心，对它的不满一直扩展到我们考察的埃荣地区。织布匠普拉德·塔弗涅在（阿尔克的）纪尧姆·埃斯考涅陪伴下在山里长途跋涉，他写成了一篇声讨什一税并夹杂其他异端建议的檄文："因为神甫和教士十分卑鄙，所以他们向人民榨取劳动所得和什一税，这完全是不劳而获。"（II.16）普拉德·塔弗涅把什一税和洗礼、圣体圣事、弥撒、婚礼以及星期五的斋日统统归入卑鄙可耻的事物范围。在蒙塔尤，担任领地法官和本堂神甫的克莱格兄弟负责为自己和上司征收什一税。

　　与晚些时候即1560年前后的宗教改革时期类似，在1320年左右的萨巴泰，反抗什一税的活动时常和宗教异端混在一起。根据不可辩驳的逻辑，教会把强加什一税与整肃精神同步进行。然而在1313—1314年间，远在奥依语区的国王想限制一下富瓦地区教士们在这方面的胃口：他们若惹恼了老百姓，当地的公共秩序

[①]　III.337（在注释509中引用了这些文件，摘自《富瓦的契据集》）。
[②]　萨拉蒙：《1786年考曼日教区的堂区》，关于法国大革命经济史未曾公布的史料汇编，巴黎，国立图书馆，第18页及其他多处。

第一部分 蒙塔尤的生态：居所与牧羊人

和法兰西及其代表的存在便会受到威胁。[1] 但是，来自巴黎的警告如同耳旁风，对限制当地教会的贪婪没起到什么作用。当时的情况助长了这种贪婪。在山区，逃避什一税的行为，即使是部分和相对的也能永远继续下去。正如我们看到的，在中世纪重要的增长时期中，上阿列日及其他地区出现了人口、牲畜和货币的发展高潮。这为征收捐税创造了条件。当地的教士从此在幕后操纵着税收，反纯洁派的活动更使他们振作了精神。无论在中世纪还是在现代，南奥克西坦尼教士们的进攻是教士等级关于什一税总方针的组成部分。在心理分析咨询和高级饭店问世之前很久教会便相信：它越是通过什一税使信徒对其服务付出昂贵代价，它的威望便越加显赫。

但是，在埃荣和其他地方的许多人却不这样看。在蒙塔尤、瓦里尔和达卢，讽刺教士搜刮财富的笑话在夜晚聊天时总能引起人们开怀大笑……雅克·富尼埃主持的诉讼表明，在山里的反抗者就物质方面对教会的抱怨中，什一税是受攻击最多的目标：这位主教收集了89份有关厌恶政权和天主教正统观念的案件资料，其中至少有6份是因拒缴什一税而受到主控官或副控官的起诉。被告们在此问题上表达了激烈的言辞，他们尤其抨击对羊群征收的什一税。这种税激起了饲养者和牧民们的普遍不满。

住在城里的托钵修士引起的不满显得格外强烈：他们虽然在理论上讲究安贫善施，但实际上充当主教强化什一税政策的帮凶。

---

[1] 关于1313—1314年间美男子菲利普在萨巴泰什一税问题上的缓和作用，参见约瑟夫·普：《1313—1314年间美男子菲利普给萨巴泰方面的信》，载于《历史与哲学手册》，1900年。

他们概不收留因拒缴什一税而被逐出教门的农民（II. 317, 321）。

纪尧姆·奥斯塔兹在这方面提供的例子很能说明问题。他在萨巴泰的奥尔诺拉克担任领地法官，是村民中受纯洁派影响的精英代表。（可参见他在统计死魂灵方面提出的奇异理论〔I. 191〕……）这位领地法官反对教会，他声称："我在奥尔诺拉克唯一的敌人是本堂神甫和副本堂神甫，除此之外我没有别的敌人。"（I. 200）在村民中，他带头抗议对一名伏多瓦派信徒施以火刑。他说："在伏多瓦的这个广场上，应当被处以火刑的是帕米埃的主教本人。因为他向我们征收牲畜什一税，并使我们花费大量财产……主教征收什一税当然应根据普通法。但萨巴泰的居民有理由拒绝交纳此税，因为它违背了他们自身的习俗。"（I. 209）领地法官奥斯塔兹对教会和什一税的抨击很说明问题：当时的帕米埃是大一统社会的一个中心，教会权力是这种社会的强权主义表现。教会的横征暴敛遭到山里人强烈自主意愿的抵制，他们反对违反习俗的税收。饲养和放牧牲畜的人们构成一个单独的世界，他们从不受人摆布。在一般情况下，他们的反抗活动同样也属于朗格多克、比利牛斯山脉、地中海沿岸和塞文等地区反教会、反什一税传统的一部分。在13—17世纪奥克西坦尼不间断的异端史中，关于什一税的冲突表现隐蔽但反复出现。它像一根红线贯穿着农民的反抗活动，并构成了从纯洁派教义到加尔文教义的共同特点。这种冲突比抽象和连贯的教条更加明显：教条只在引人入胜但孤立存在的几点上现出锋芒。

总之，从"外部"镇压蒙塔尤、埃荣和萨巴泰的庄稼汉的，主要不是世俗社会，也不是单薄和开放性的贵族。这种镇压首先来自专制、野心勃勃和不容歧见的教会。它试图对山里人和社区

第一部分　蒙塔尤的生态：居所与牧羊人

征收沉重的什一税，并使其转变成实物地租。这造成了宗教和世俗方面的被奴役感。

蒙塔尤社区是个硬核，它对重压在身上的负担提出了异议。我打算对它进行近距离的观察，以便如实地了解它。

第二章

家和家庭

　　贵族、领主和教会，无论他们待人友好还是实行压迫，基本上都在蒙塔尤村之外。除了贝阿特里斯·德·普拉尼索尔和替代贝阿特里斯亡夫指挥当地要塞的生平不详的副城堡主以外，蒙塔尤的所有居民，包括本堂神甫在内，都出身于当地农民家庭。堂区的几个工匠也未完全脱离自己的"老家"，他们依然从事农业活动并保持农村的亲戚关系。在法国北部，自耕农和雇佣工的差异是农村分化的主要特点。在蒙塔尤，这种差异有其特殊的表现方式。① 在这个比利牛斯山的小村庄，克莱格、贝洛、贝内等两三个较为富有或不太贫穷的家族虽然地位显赫，但是有些因素缩小了条件方面的不平等。在巴黎盆地，大量的贫困青年集中在当地，在无产者或半无产者状态下成为雇佣工。在蒙塔尤则不同，贫困青年们被村庄的社会结构排除出去，他们在附近的山里或遥远的

---

① 自耕农和帮工之间的区别（除带有当时的特点外）大致相当于今天的农业经营者和农业工人。

第一部分 蒙塔尤的生态：居所与牧羊人

加泰罗尼亚成为牧民。

因此，要理解这些现象，最好是把该村的社会分层问题先放在一边（暂时搁置以便回过头来更好地解决之），并采取一种最简便的方法：对成为几十个样品和构成蒙塔尤的细小成分和基本细胞进行研究。这个基本细胞不是别的，正是农民的家庭。这种农民家庭表现为一座持久性的"住所"和在里面共同度日的一家人，当地的语言将这种实体称作"奥斯塔尔"①，宗教裁判所的拉丁文文件主要将其称作"多姆斯"，有时也称作"奥斯皮修"。值得注意的是，这几种叫法同时都有家庭和住所的意思，并将这两者不加区分地混淆在一起。在我们掌握的宗教裁判记录簿中，"法米里亚"一词几乎未使用过。在蒙塔尤人的语言中也没有这个词。对他们来说，以血肉组成的家庭和用木材、石块或柴泥建造的住所是同一事物。把家庭和住所两种观念区分开是我们当代的事。在富尼埃审问的那些人的思想中，这种区分尚未形成。②

许多文件不加掩饰地表明：在埃荣地区一般居民的心目中，"家"在情感、经济和门第方面是至关重要的。关于这一点，蒙塔尤的戈奇娅·克莱格和皮埃尔·阿泽马在宗教裁判过程中的一段

---

① 这一实体其实是一种基本居住单位或生态单位。我们知道，生态一词主要来自希腊文的 oikos，其意思是房子、住所。
② 关于拉丁文和奥克语的"家"，可参见 I. 226 中皮埃尔·克莱格的说法。人们总是不加区分地用"家"来指房屋和其中共同居住的家人。人们还使用这个词来表示有血缘关系但不住一起的亲属间的家族关系。关于家的基本功能，尤其在东比利牛斯山，它是感情、肉体、住所和乡土的中心。参见布特律什：《领主制与封建制》，第一卷，第 81 页，尤其是博纳西的著作第二卷，第 294 页。博纳西在书中强调了塞尔达涅人的"家"的永恒性和"近乎永久不变的家庭采地"。

· 048 ·

第二章　家和家庭

对话最能说明问题：戈奇娅是另一个贝尔纳·克莱格的妻子，她想向富尼埃主教交代一些她亲眼看到甚至参与的异端活动……[1] 皮埃尔·阿泽马警告她说："你这愚蠢和爱虚荣的东西，如果你承认所有这些事情，你将失去所有财产并灭了你家的炉火。你的孩子将满怀仇恨地沿街乞讨……不要惊醒熟睡的兔子，否则它会抓伤你的手。我劝你还是绕道走，以免惊醒兔子。"尽管戈奇娅的家族很不重要，（正因为如此）皮埃尔·阿泽马最后对她说："为了使你家能立起门户，我有个最好的办法。只要主教大人（雅克·富尼埃）活着，我就是他家的人。我能做许多好事，我可以把女儿许配给你的一个儿子。这样，你们家就会出人头地，也就是发家致富了（I. 367）。但是，如果你承认参与了异端活动，那么你自己、你的家和你的儿子都将遭到毁灭。"

戈奇娅·克莱格补充说："这些话是在没有人证的情况下皮埃尔·阿泽马对我说的。由于这番话，我决定不再（向宗教裁判所）坦白任何东西。"

这份材料充分说明，家族的兴旺代表最高价值，家族之间还可通过婚姻联系在一起。利益所在要求他们遵守沉默的法则。作为基本观念，"家"或朝夕相处、血肉相连的一家人由不同的中心或附属部分组成：灶火、财产、土地、孩子和联姻等。家是个脆弱的现实，它的每一代都受到疾病流行、导致夫妻离合的丧偶或再婚以及宗教裁判所法官的威胁，有时甚至会遭到毁灭。但是，在蒙塔尤一般人眼中，家也是一种参照性的理想。

---

[1] III. 366, 367。请不要把阿尔诺·克莱格的儿子贝尔纳·克莱格和蒙塔尤领地法官蓬斯·克莱格的儿子贝尔纳·克莱格混淆起来。

第一部分　蒙塔尤的生态：居所与牧羊人

我们在皮埃尔·阿泽马的谈话中可以发现，"家"一词有时派生出略带夸大的含义，即"亲戚关系"。当阿泽马宣称自己是主教家的人时，作为蒙塔尤的普通农民，他并不是说自己住在帕米埃的主教府，而只是强调他和富尼埃主教沾亲带故，是他的一个"小亲戚"。

*　　　　　*　　　　　*

"家"的观念把乡村的社会、家庭和文化生活统一起来。纯洁派在上阿列日和蒙塔尤形成和重建的过程中，家起到了基石作用，这充分表明了它的重要性。住在埃荣地区普拉德村（蒙塔尤邻近的村庄）的芒加德·布斯卡依讲道：

"一天，我在去本区教堂的路上遇见了我的表弟纪尧姆·布斯卡依（I.499）。

'你去哪儿？'纪尧姆问我。

'我去教堂。'

'呦，好呀！'纪尧姆反驳说，'你真成了好教士了！在自己家里祈祷上帝不是和到教堂祈祷一样吗？'

我对他说，在教堂比在家里更适合向上帝祈祷。

于是他低声埋怨我：

'你没有信仰的诚意。'"

由此可见，笃信纯洁派教义的纪尧姆·布斯卡依认为，阿尔比教派的信仰是在家里表现和实施的。（他曾让自己当奶妈的嫂子停止喂奶，以便对一个临终的异端婴儿实行禁食！（I.499））这与在教堂里宣传的罗马教义截然不同。这而且是一种很普遍的看法：一个农民对雅克·富尼埃说，异端一旦传入一个家，它就会像麻风一样扎根四代之久，或者永远存在下去（II.110）。梅尔维

·050·

第二章 家和家庭

尔的奥德·富雷患有神经官能症，她失去了对圣体圣事的信仰。当她向邻居和亲戚埃尔芒加德·加洛蒂表述了这种怀疑时，加洛蒂惊恐万分。她告诫这位失去信仰的妇人，一定要考虑到，这种怀疑行为对她所在的家和村子会造成什么恶果。加洛蒂对奥德说："你这个背信弃义的人，这个村和这个家从未受到过任何异端的玷污。你要当心，不要把别处的厄运带给我们，不要使我们这里倒霉。"（II. 87）照加洛蒂看来，异端的传播途径非常清楚：一个家的过失就会使全村烂掉。反之，宗教裁判所的暴力首先被受害者看成对异端家庭的进攻，而后才被视为对个人自由或生活的侵害。蒙塔尤的本堂神甫因被两个暗探揭发而被捕，贝尔纳·克莱格说："这两个叛徒给我们家和做本堂神甫的兄弟带来了不幸。"（II. 281）

皈依异端也以家为单位，一个接一个地整体进行，而不必逐个人地进行。萨巴泰的纯洁派传教士皮埃尔·奥蒂埃相信，信仰的转变主要应一家一户地不断扩展，而不是通过个人觉悟来实现。他对雷蒙·皮埃尔的全家说："上帝让我来到你们家，为的是拯救这个家中人们的灵魂。"（II. 406）皮埃尔·奥蒂埃认为，家庭是灵魂的组合，它可以整体地归附于这种或那种信条。蒙塔尤的皮埃尔·莫里举了阿尔克的一家人"像一个人似地"皈依异端的例子。他说："我认为，纪尧姆·埃斯考涅的妹妹、米歇尔·莱特的妻子和纪尧姆另一个约12岁的妹妹埃斯克拉蒙德是异端信徒。照我看来，纪尧姆的兄弟阿尔诺也和他们一样。他们全家，连同纪尧姆·埃斯考涅的母亲加亚尔德和姨母侯爵夫人，一起皈依了异端。"（III. 143）在蒙塔尤，奥蒂埃兄弟的传教行动以一些信徒的家作为据点。贝阿特里斯·德·普拉尼索尔讲道："我在蒙塔尤和埃

第一部分　蒙塔尤的生态：居所与牧羊人

荣的普拉德居住的时候，① 曾听异教徒们说，异端分子（主要是奥蒂埃兄弟）时常出入雷蒙·贝洛和贝尔纳·贝洛兄弟俩的家，那时他们住在一起。异教徒普拉德·塔弗涅的姐姐阿拉扎依·里夫的家，以及纪尧姆·贝内的家也是他们光顾的对象。纪尧姆·贝内是住在阿克斯累太姆阿尔诺·贝内的兄弟。（后者是纪尧姆·奥蒂埃的岳父）以上各家人都住在蒙塔尤。"精明的贝阿特里斯很清楚本村异端获得成功的秘诀：地方观念、兄弟情谊和"深入到户"的做法使危险思想得以扩展，像跳蚤一样从一户蹦到另一户，从一家跳到另一家。异端学说扎下根后，信徒的家便成为它的基地。作为自我封闭的单位，这些家庭会尽量限制与非异端家庭的接触，以免引起是非。人们躲在家里，关着门，悄声细语地谈论新信仰的奥秘，这使其得到最大程度的保护（II. 10）。把新信仰的奥秘封闭在家里的热气中不失为一种理想措施：在蒙塔尤，阿拉扎依·阿泽马只在家中和儿子雷蒙谈论异端问题（I. 319）。此外，她还同有联姻关系的贝洛家（贝洛家有三个兄弟：雷蒙、贝尔纳和纪尧姆，还有他们的母亲纪耶迈特）和贝内家的人（纪尧姆·贝内、他的儿子雷蒙和妻子纪耶迈特）谈论异端问题。（我们会发现，在阿拉扎依·阿泽马的列举的名单中，无论老幼，男人和女人相比总处于优先地位。）雷蒙德·利齐耶也是如此，她再婚后改名为雷蒙德·贝洛，并成为异端的中坚分子。"她和贝洛家的纪耶迈特、

---

① I. 233；参见 III. 161。1300 年，奥蒂埃兄弟通过纪尧姆·贝内家把异端传入蒙塔尤（确切地说是再次传入，因为根据贝拉特里斯·德·普拉尼索尔关于雷蒙·鲁塞尔的证词，早在 13 世纪 90 年代异端已在此有所表现〔I. 2193〕。）纪尧姆·贝内的兄弟是阿克斯累太姆的阿尔诺·贝内，后者又是纪尧姆·奥蒂埃的岳父，这种关系无疑促进了城乡之间和亲戚之间的相互接触。

第二章 家和家庭

雷蒙、贝尔纳和阿尔诺过从甚密，经常出入他们家并与他们进行长时间的密谈。"①在蒙塔尤和其他村庄，反映家庭这种特殊社交性的说法不胜枚举。这种秘密的和有征服力的社交性表现为同一种运动。②

由家庭构成的网络兼有沟通和隔绝的功能，它为纯洁派的秘密活动提供了后勤保障。这种功能来源于家庭先天的和特殊的社交性。这种社交性不是由网络所创造，但被网络所利用。例如，在蒙塔尤，一些非纯洁派的家成为少数虔诚天主教徒们（他们多少有些动摇）满足社交需要和进行发泄的场所。村里的牧羊人让·佩利西耶强调，他至少在年轻时不是异端分子。为表白自己坚信正统派的态度，他说："我经常和蒙塔尤的四家人来往，其中没有一家是异教徒。"（III.75）

在蒙塔尤，专门的集体组织，即家长大会也许存在。但这种家长大会即使还在运转也只是半死不活而已。宗教派别和家族之间的对立导致了村庄内部的分裂，家长大会也因此陷于瘫痪。至于行会、苦修团体和奥克西坦尼的其他社交形式，如果不能说它们在当时还未出现，至少可以说在这个山村没有发现它们的踪迹。③

在这种条件下，蒙塔尤特别像一个由许多个家庭构成的群岛。对异端流派来说，一些家的表现是正面的，另一些则是负面的。

蒙塔尤的农牧民深知这种局面。对此，务农的纪尧姆·贝洛

---

① II.223。阿尔诺·贝洛后来成了雷蒙德·利齐耶的丈夫。
② 例如 I.416：芒加德（普拉德人雷蒙·埃麦里克的妻子）当时常去雷蒙·贝洛家为异端分子做面包……并把面粉送到贝洛家。
③ 然而罗尔辛指出，这一时期在里昂农村有很多行会。

第一部分 蒙塔尤的生态：居所与牧羊人

和牧羊的皮埃尔·莫里、纪尧姆·莫里兄弟在散步时曾对全村做过一次非正式统计。他们认为，全村分成信教户和不信教户两大部分。在这里，"信教"自然是指信仰遭到非议的异端。被纪尧姆·贝洛和纪尧姆·莫里明确定为"信教户"的有莫尔家、吉拉贝尔家、贝内家、贝尔纳·里夫家、雷蒙·里夫家、莫里家、费里埃家、贝勒家、马尔蒂家、富雷家和贝洛家。① 这 11 个"信教户"大都属于核心家庭，每个都由一对夫妻及其子女组成。但其中有一个异端户与核心"模式"有较大差别，因为它"包括"一个老奶奶（绰号为"贝洛特"的纪耶迈特）和她 4 个尚未娶妻的成年儿子。上面所列举的这 11 个信教户共有 36 个异端信徒。但这个数字并不完全，因为贝洛和莫里兄弟在列举信教户时只提到了丈夫和妻子的名字，而他们子女的名字被舍掉了。这三个见证人可能认为这些子女的数量无足轻重。②

家庭和个人的信仰并不完全一致，下面的统计证实了这一点：莫里和贝洛兄弟指出，蒙塔尤还有一些"游动"的异教徒。这些"孤独者"不属于任何"信教户"。"在家庭以外"的异教徒（III. 162）共有 9 名，其中有两对夫妇（维塔尔夫妇和福尔夫妇），他们可能住在别人家里。另外还有两个已婚妇女（她们可能与丈夫的信仰不同）、一个私生女和上面单独提到的家庭的两个男孩。

蒙塔尤的其他家族不被看作"信教户"。可是它们对纯洁派教义都采取善意的中立态度。莫里和贝洛兄弟说，自从阿尔诺·利齐耶（他反对纯洁教派）被杀死后，利齐耶家（III. 162, 490）便没

---

① III. 161. 这份名单并不完全：莫里和贝洛没有提到有势力的克莱格家。
② 读者在本书第十三章还会找到一个更全的子女名单。

有什么可怕的了。实际上,阿尔诺死后,利齐耶家就投靠了克莱格家族,他的家甚至成了本堂神甫的私人府第:皮埃尔·克莱格使格拉齐德·利齐耶做了自己的女友。

在蒙塔尤,天主教的发展同样也"借助家庭"。当短工和牧羊人的让·佩利西耶指出,在村里有 5 户非纯洁派,其中有佩利西耶自己家。他家可能属于非核心家庭,因为其中有 5 个兄弟,他们中至少有几个已达到成人年龄。[①] 另外还有娜卡尔米纳加的家。她的全称是"卡尔米纳加夫人",是阿泽马兄弟的母亲(正因为如此,阿泽马兄弟对异端持缄默以至容忍的态度[②])。此外还有于连·佩利西耶家、皮埃尔·费里埃家(据莫里和贝洛说,这家人后来成了阿尔比教派的同情者)以及一个名叫娜隆加的妇人,她是戈奇娅·克莱格的母亲。戈奇娅本人虽然嫁到克莱格家,但不属于他们那样的异教徒。

所以,在被"统计"的家庭中,有 11 个异端户和 5 个天主教户。另外几户或是改换了信仰(如克莱格家族),或是处在混合、中立或分裂状态,再就是"脚踩两只船",摇摆不定,并随时准备背叛(II. 223)。以上这份清单并不全,因为蒙塔尤在 1300—1310 年间可能有 200 多居民,即至少有 40 户人家。但是,这 40 户人家大都对异端表示过同情和热衷。据纪尧姆·马泰和蓬斯·里夫这两个了解内情的见证人说,在蒙塔尤只有两户人家"没被异端触及"(I. 292)。纯洁派传教士纪尧姆·奥蒂埃对蒙塔尤、对本堂

---

① III. 75。核心式家庭仅由一对夫妻及其年幼的子女组成。如果有其他成年人以及直系或联姻亲属生活在一起,这个家庭便成为扩散式,而不成其为核心式家庭了。

② I. 279。

第一部分 蒙塔尤的生态:居所与牧羊人

神甫克莱格和克莱格一家十分迷恋(他说:"我对克莱格本堂神甫和克莱格家完全放心。如果天下的本堂神甫都像蒙塔尤的那样该有多好啊!……")。他从另一角度证实了马泰和里夫关于"只有两户反纯洁派"的看法①。他曾经宣称:"在蒙塔尤,我们只需提防两个人。"里夫和马泰提到的两户反对纯洁派就是纪尧姆·奥蒂埃指的那两个反纯洁派代表的家庭。

蒙塔尤的所有山民都令人信服地强调了家庭所具有的神秘宗教力量。它孕育了每个人的信念。同样,"就像一只患囊尾蚴的病猪可以传染全圈的猪一样",接受异端邪说的个人很快会影响全家。为说明这一点,见证人们大概会使用这样一句拉丁语:"告诉我哪个是你的家,我便能说出你信仰什么。"当然也有例外,但这种现象的普遍性是可以肯定的。从1308年起,宗教裁判所采取了大规模的镇压行动,这才瓦解了纯洁派在蒙塔尤建立的一套家庭网络,从而使全村陷入了互相倾轧的悲剧局面:每个人都千方百计把邻居推下水,以为这样就能使自己摆脱同样命运。

*　　　　　*　　　　　*

但是,无论这一悲剧的结局如何,可以肯定的是,蒙塔尤人都认为家在他们的财产中占有极其重要的地位。关于这一点,让我们听一下雅克·奥蒂埃是怎样说的。他在向阿尔克和蒙塔尤的牧民们讲述纯洁派关于从天上来到人间的神话时,力图使之适应他们的理解力:"撒旦来到圣父的天国,告诉天国的人们说,作为魔鬼的他拥有一个更加美好的天堂……他还说:我要把你们带到我的世界去,给你们耕牛、奶牛、财富和妻子,你们还会拥有自

---

① I.279。这里指的是皮埃尔·阿泽马和另一个不知名的人。

第二章 家和家庭

己的家和子女……你们得到一个孩子时,这带来的喜悦会超过在天堂享有的一切乐趣。"(III. 130; II. 25)在他对主要财产的排列中,家被排在牛和女人之后,但处在子女之前。

从巫术-司法的观点,或者应当说从人种学的观点看,阿列日人的家和安道尔人的家一样,它所代表的内涵都超过了组成各家各户的那些人。在比利牛斯山区,家相当于一个法人,与财产密不可分,[1]并拥有某些权利:有权拥有一块土地和使用森林、山里的公共牧场以及教区的坡地。所以,家是一个实体,它"能使死去的主人继续存在",它是"掌握所有遗产的真正主人"[2]。况且,在我们关注的蒙塔尤,农民们无论大小都是财产的所有者。不算森林和牧场,他们耕种的土地和草场占了已开发地区的大部分。他们是这些土地和草场的实际拥有者。[3]

* * *

在蒙塔尤,各家都有自己的"星座"和"运气","死去的人也在其中"(I. 313—314)。为保持这种星座和运气,一家之主死后人们便把他的指甲和头发珍藏在家中:指甲和头发若能在人死后继续生长,它们就可以带来极强的活力。由于这种习俗的流行,"人的神奇性渗透到"家庭中。接着,家便可以把这种神奇

---

[1] 参见 G. 普拉东的著作,1902—1903 年,第 16、49 页及其他地方。
[2] 同上书,第 16 页。G. 普拉东错误地忽略了家的不稳定性。
[3] 蒙塔尤的农民尽管要缴纳一些领主捐税,但他们实际上是其土地和草场的所有者(可参见博纳西的著作,第二卷,第 248—264 页)。当地的土地买卖不活跃,甚至根本不存在,这一事实不是否定而是证实了上述情况。当然应当从这些农民"地产"中排除领主保留的部分(30 公顷左右?)以及森林和荒地。领主司法特权和当地社区以我们不了解的方式控制着这些森林和荒地(参见上面第一章)。

第一部分 蒙塔尤的生态：居所与牧羊人

性传给其他成员。阿拉扎依·阿泽马讲道（I. 313—314）："蒙塔尤本堂神甫的父亲蓬斯·克莱格去世时，他的妻子芒加德·克莱格让我和布律纳·普塞尔从死者前额处剪下一绺头发，从手和脚上剪下所有指甲。这是为了使死者的家庭保持好运。停放遗体的克莱格家房门紧闭。我们剪下头发和指甲后，将其交给家里的女佣纪耶迈特，再由她交给芒加德·克莱格。在剪头发和指甲之前，要先在死者脸上洒些水（在蒙塔尤，人们从不清洗整个遗体）。"

这些做法最初是由蒙塔尤的农妇布律纳·维塔尔提出的。尊贵的蓬斯死后，她向他的遗孀芒加德·克莱格建议遵照本地这一习俗办："夫人，我听说，如果把死者的几绺头发和手脚上的指甲剪下来，他就不会把家里的星座和好运带走了。"（I. 313—314）蒙塔尤的另一个妇女——法布利斯·里夫对此补充了一些细节。她指出："本堂神甫的父亲蓬斯·克莱格去世时，埃荣地区的许多人都来到本堂神甫家。遗体安放在全家的中心——'厨房'里。当时，遗体还没有用白布裹起来。本堂神甫把所有人都请出去，只留下阿拉扎依·阿泽马和布律纳·普塞尔，后者是普拉德·塔弗涅的私生女。这两个女人和本堂神甫留在死者身边。他们从死者身上剪下了一些头发和指甲……后来有传言说，在本堂神甫的母亲去世时，他也对遗体进行了同样处理。"（I. 328）这些故事表明，为了不让死者把家里的任何好运带走，继承者们采取了种种措施：他们把前来吊唁的众多宾朋"请"出房间，紧闭家门，守护在作为"家中之家"的厨房里；他们不清洗整个遗体，因为怕死者皮肤和污垢上带的宝贵特征被水冲掉。这些预防措施可以同皮埃尔·布尔迪厄提到过的卡比尔人家的相比：卡比尔人也是采取一切手段,尽量不让死者在洗浴和出殡中把家里的"好运"带走。①

为了把重点放在比利牛斯山文明的"古伊比利亚"方面,我们不必扯得太远。可以肯定的是,巴斯克人同样在死者和家族之间建立了直接和持久的联系。科拉在他的著作《巴斯克人的坟墓》中写道:"死者不属于他的后裔,而是继续属于这个家。如果他的后裔离开了家,他便会与他们分开。"作者还指出,家族在墓地上保留着祖坟所有权。②蒙塔尤的居民也意识到死者和他的家之间存在的这种密切关系。在这里,"家"一词具有住所和家庭不可分割的双重含义。有一天,蒙塔尤的阿拉扎依·富雷头上顶着空口袋,在经过当地城堡附近的山梁时遇到了贝尔纳·贝内。贝内和她一样,也是蒙塔尤人(I.404)。他打算向卡尔卡松的宗教裁判法官揭发纪尧姆·吉拉贝尔(在生前)热衷搞"异端化"的事。阿拉扎依对此十分害怕,因为吉拉贝尔是她的兄弟。她立刻下决心,不惜一切代价保住兄弟的名誉。实际上,他的名誉若受到威胁也会影响到他的家。阿拉扎依说:"我告诉贝尔纳·贝内,这种诅咒会使我死去的兄弟和他的家遭到损害和厄运。只要能避免这种结果,我可以送给他六七只,甚至十几只绵羊,或者他想要的其他东西。"

利用人体的某些部分来保持家族和门第的延续,这种做法和类似的其他巫术礼仪有关,在奥克西坦尼的民俗中十分流行。贝阿特里斯·德·普拉尼索尔把她女儿的第一次月经保存下来,作

---

① 布尔迪厄:《一种实践理论的提纲》,日内瓦,德罗兹出版社,1972年。
② 科拉:《巴斯克的坟墓》,巴荣纳,1923年,第1卷,第46页。其中引用了迪·比勒多斯的著作《古尔·埃里亚》,1921年12月,《巴斯克人的心理》一节。

第一部分　蒙塔尤的生态：居所与牧羊人

为诱惑未来女婿的春药。她还把自己外孙的脐带作成护身符，以便保佑自己在诉讼中获胜。这两件事表明，这些人体组织和蓬斯·克莱格的指甲和头发一样，都被看作有生殖力的东西，它们可以保持家族的兴旺（女婿对女儿的爱情）和家业的繁荣（赢得诉讼）。在距今不远的时代，朗格多克的姑娘们还把自己的血或指甲屑放到点心和饮料中，以期借此获得小伙子的倾慕。①

在大多数情况下，蒙塔尤人把从家长遗体剪下的头发和指甲存放在家中。这些头发及指甲与家的关系便相当于圣骨与供奉圣骨的殿堂之间的关系："在有部分圣体的地方永远会有圣人存在。"②国王遗体永存论与王族延续相关，③此种理论同样被用到蒙塔尤的家长身上。他们身体的一小部分便足以维持家族血脉的延续和香火的兴旺。"蓬斯·克莱格死了，克莱格家族万岁！"所以，国王和农民、贵族和平民，这两种人的观念应产生于同一时代，基于同一种神奇心理。然而，我们对这一时代还很不了解。

最后需要指出的是：据法布利斯·里夫证实，皮埃尔·克莱格神甫把自己父母的头发和指甲屑都保存了下来。（对母亲的深厚感情甚至促使他将其葬在蒙塔尤教堂的圣母祭坛下。）

*　　　　　*　　　　　*

对家的关注不限于"父系家族"或"母系家族"，它具有双重性。当然，蒙塔尤及附近地方的居民在说起父亲的家时总是十分动情。克莱格神甫在谈到他父亲的家时宣称："男人娶进外人家

---

① 亨利·德·圣布朗卡提到了这种习惯，参见《人的生活》，阿谢特出版社，1972年，第42页。
② 安巴尔·德·拉图尔：《5—9世纪的农村教区》，第47页。
③ 坎托罗维奇：《国王的两个躯体》。

的女子为妻，女子出嫁时带走大笔陪嫁，这种制度还不如兄妹之间相互成婚，因为它实际会导致父亲的家破产。"（I. 225—226）父亲的家还是从蒙塔尤出嫁的姑娘患不治之症后回来等死的地方。"贝尔纳·克莱格（阿尔诺·克莱格和戈奇娅的儿子）的女儿埃斯克拉蒙德嫁给了科米①的一个男人。她得了一种不治之症，人们便把她抬回了她父亲家。去世前，她在这里整整卧床3年。在埃斯克拉蒙德临终前，另一个贝尔纳·克莱格，即本堂神甫的兄弟把一个异端分子带到家里，给她做了异端的临终慰藉。"（I. 416）此外，人们也常怀疑女人的异端思想是其父亲家所灌输的。雅克·富尼埃曾向一告发者追问："住在拉法热的富雷，是否有人证明他女人的父亲家有过异端劣迹？"② 母系家族在巴斯克地区更显重要。在阿列日的山区，由于很少发生继承权转移，所以母系家族的作用也很大。阿尔诺·西克尔之所以投身于密探生涯，就是为了恢复他的"母系家族"：由于他母亲的异端表现，富瓦当局抄了她的家，并将她处以火刑（II. 21）。这种"母系家族"建立后便会建立一种母权结构：继承这一权力并留在家中的儿子往往不姓父亲的姓，而是随其母亲家族的姓。③ 男到女家落户，常常是丈夫姓妻子的姓，而不是妻子姓丈夫的姓。

*　　*　　*

无论源于母系还是父系，蒙塔尤人的家和比利牛斯山区任何正经的家一样，都有一名"家长"。家长对他的妻子、子女，甚至

---

① 科米是蒙塔尤附近的一个地方。
② II. 92。拉法热是现在奥德的一个地方。
③ 见下文。

第一部分　蒙塔尤的生态：居所与牧羊人

母亲拥有司法权。阿拉扎依·阿泽马明确指出："过去，我儿子雷蒙常用褡裢或提筐把食品送给异端派教长。对此，他从来不征求我的同意，因为他是一家之主。"①

在这一点上，阿拉扎依·阿泽马丝毫不觉得受到了儿子的欺侮，因为她也非常喜欢异端派教长。无论在农民中还是在贵族中，"家长"有时会专横地对待他的母亲。饲养牲畜的雷蒙·皮埃尔信仰异端，他是斯特法妮·德·夏多凡尔登的老朋友。后者曾扑到他的怀里诉说道："我破产后卖掉了财物，典当了自己的东西，现在只能低声下气和悲惨地在儿子家度日。我甚至不敢随便走动。"（II. 417—418）

家长的压迫会同时针对妻子和年老的父亲。蒙塔尤的蓬斯·里夫在家里说一不二（I. 339—341）。他把妻子法布利斯赶出了家门，说是因为她受了魔鬼的差遣：自从她过门后，家里就不能再接待异端派教长了！至于蓬斯的老父亲贝尔纳·里夫，自从他的儿子统治全家后，他在家里便不敢吭声了。有一天，他的女儿，即皮埃尔·克莱格的妻子（不是本堂神甫皮埃尔·克莱格）纪耶迈特为了往塔拉斯孔运麦子而前来借骡子（她家没有骡子）。但贝尔纳·里夫只能告诉纪耶迈特："我儿子不发话，我什么也不敢做。你明天再来吧！他到时会把骡子借给你的。"贝尔纳的妻子，即蓬斯的母亲阿拉扎依·里夫也对"小霸王"十分恐惧。儿子成

---

① I. 308。妻子的服从使男子和家长的责任更显突出。关于这一点，可参见西比尔·皮埃尔和她姐夫的对话（II. 421）。关于11世纪加泰罗尼亚的类似制度或"家长制"，可参见博纳西的著作，第4章，第626页。布特律什也提到过波尔多地区的"一家之长"。

了名副其实的家庭暴君,[①] 她只能百依百顺。

一旦家长具备了足够的实力、吸引力和魔力,对他的顺从便转化为由赞美和爱戴营造的个人崇拜。本堂神甫皮埃尔·克莱格在年迈的蓬斯·克莱格去世前已经成为兄弟中名副其实的家长。得知皮埃尔的死讯,被监禁的贝尔纳·克莱格痛不欲生,他当着4个证人的面呻吟说:"我的上帝死了,我的主宰死了。是叛徒皮埃尔·阿泽马和皮埃尔·德·加亚克害死了我的上帝。"(II.285)由此可见,皮埃尔·克莱格在生前已经被他的兄弟神化了。

然而我们还应看到,尽管男权优势是无可争议的,但在蒙塔尤,家势显赫的女主人也有权获得"夫人"的称号:普通农妇阿拉扎依·阿泽马被卖奶酪的女商贩称作"夫人":"夫人,请买奶酪吧!"当然,女商贩此举的目的是让她买货。富裕农民兼显贵的妻子芒加德·克莱格也被村里的普通妇女们称作"夫人"(I.312—314)。

家庭虽然是可能永存的实体,但其领导者却不免一死。所以,每一代家长都享有指定或排除接班人选的权利。奥克西坦尼-罗曼传统中的先取权和优惠权似乎在这里有某种程度的体现。在这一点上,阿列日地区的父亲或家长的权力是无可争议的。这和诺曼人或昂热人的习俗中的平等传统截然相反。我们知道,这种平等传统强调在兄弟之间,甚至在兄弟姐妹之间(如安茹地区)平均分割遗产。[②] 在上阿列日,父亲的意志占主导地位,它可以决定家族的大事和不公平的继承:"在塔拉斯孔有姓当尼奥的两兄弟,其中一个和异端分子关系密切。他的两个儿子中有一个同情异端。

---

① 在 III.134 还提到蒙塔尤以外一个农民家长的情况。
② 参见伊维的著作,1966 年。

第一部分　蒙塔尤的生态：居所与牧羊人

父亲便将一大部分财产留给了他，并让他和贝尔纳·梅西埃的女儿成了婚，因为这姑娘的母亲是异教徒。"（II. 427）阿列日和安道尔地区的习俗建立在家长自由订立遗嘱的基础上。它旨在最大限度地保证家业不分化。但该习俗也要解决无缘继承家长地位的其他子女的难题。这些额外的子女只能在离家时带走一份陪嫁或"家产"。女子的陪嫁完全归本人所有，出嫁后便不再属于她先前的家。陪嫁是新婚家庭共有财产的补充，但并不融入其中。一旦丈夫去世，陪嫁依然是遗孀的财产，而不属于家庭的任何继承人。贝阿特里斯·德·普拉尼索尔在第一次守寡后曾说："皮埃尔·克莱格神甫让信差送来一份我第一次婚姻的契约，其中包括我陪嫁的数额。这契约是我先前存放在本堂神甫那里的。我从来没想让他归还这份契约，因为我早已（带着陪嫁）离开了第一个丈夫的继承人！"（I. 233）

如上所述，在一个较为贫困的社会中，陪嫁的问题是极其重要的。经济相对停滞的状况使每次姑娘出嫁都演变为家庭的一场悲剧：新娘用包袱带走的那份财产导致这个家丧失了部分生存条件。皮埃尔·克莱格极力维护家族的不可分割性。为此，他冥思苦想，夜不成寐，最后甚至发展到赞同乱伦的程度。这位本堂神甫在放纵感情、酝酿思想时对其漂亮的情妇说："你看，我们家有兄弟 4 个（I. 225）。（我是教士，因此不想娶妻。）假如我哥哥纪尧姆和贝尔纳娶了我妹妹埃斯克拉蒙德和纪耶迈特，我们家便不会因她们带走陪嫁而陷于破产了。为了使我们家保持完整，只需为贝尔纳①娶一个女人，家里的女人也就够了（原文如此）。如果这

---

① I. 225。陪嫁一词在当地语言中与拥有的意义相通，这说明陪嫁具有流动的特性。

样，我们家肯定会比现在更富有。"

以如此奇怪的方式颂扬乱伦，这对教士独身（不恪守）和蒙塔尤普遍的姘居现象也是一种肯定。产生这种态度的原因在于：具备自觉意识和紧密组织的所有家族都害怕丧失那"可分割的附属部分"，其中也包括姑娘出嫁时的"陪嫁"和那些因是非长子或其他原因当不上家长的男孩们应得的"兄弟份额"。这些男子没有继承主要家产的权利，于是家族或"家长"便以这种方式进行补偿。在加泰罗尼亚时，皮埃尔·莫里在一次交谈中对阿尔诺·西克尔说："我没得到我在蒙塔尤的兄弟份额，（由于宗教裁判所）我不敢回村去讨。"（II.30）

乔治·普拉东对18和19世纪安道尔的法律进行了民俗—司法性质的研究。他描述了家族的主导地位在现代社会中留下的后果。[①]这一研究表明，在"无遗嘱"继承的情况下，血亲关系优先于姻亲关系。（正因为如此，贝阿特里斯·德·普拉尼索尔在丈夫家未得到任何遗产。相反，如果按照巴黎地区，尤其是瓦隆地区的习俗，她将可以拥有夫妻共有的财产。[②]）研究安道尔地区的这位法学家在谈到偏重家族的种种表现时还指出，在向无继承权的子女分配其"合法"享有的少量家产时，家长享有专断权。第一婚所生子女的至上地位受到正式承认。这相当于全面的长子继承法，它有助于防止家族的土地分割成小块。第二婚和第三婚生的子女则只能指望在财产继承方面得到某些实惠。

在雅克·富尼埃时代，安道尔地区后来的这些规矩是否已在

---

① 参见普拉东，上引书。
② 参见伊维的著作，1966年。

第一部分　蒙塔尤的生态：居所与牧羊人

阿列日地区的家庭中通行，我们对此还不知晓。总之，家的至上地位突出体现了奥克西坦尼和山区自由的特点。在 13 世纪，朗格多克还有一些农奴制的遗迹。在马斯达齐尔和其他许多"村落"，农奴们一旦盖起了自己的房子，他们便自动成为自由人。①

尽管"家"在上阿列日地区的文化中占据中心地位，但它的市场价值却远不如人们在现实和感情方面对它的投入：村或镇里的一所房子值 40 锂图尔币，即只相当于两套圣经的价格，② 比雇佣一帮职业杀手的报酬多两倍。为了把做本堂神甫的弟弟从宗教裁判所的监狱里救出来，贝尔纳·克莱格花的所有费用几乎是一所房子价格的 20 倍。在家族成员的情感中，家是价值连城的，但在出售时它却卖不了很大价钱。尽管分割出的陪嫁和兄弟份额比重不大，而且还有反向的陪嫁作补偿，但这也会使一个家陷于拮据，甚至完全破产。另一方面，宗教裁判所的镇压机构对埃荣地区的社会结构了如指掌，它破坏、拆毁、焚烧或铲平了异教徒的房子。在埃荣的普拉德，如果一个长舌妇从一家的门缝中看到皮埃尔·奥蒂埃正在给这家的病人做临终慰藉，这个父系或母系制的家不久便会被宗教裁判所捣毁（I. 278）。所以在蒙塔尤，人们努力维护守口如瓶的原则。雷蒙·罗克和年迈的纪耶迈特·"贝洛特"（贝洛）严肃地警告那些多嘴的妇人："如果你不想让人把你家的房子拆掉就趁早闭上嘴。"（I. 310）要想保住家，切莫多说话。在最好的情况下，一个顽固异教徒的家并不被付之一炬，而是被听命

---

① 参见阿利斯·维米斯的著作，1961 年。
② II. 430。根据维达尔的著作（1909 年，第 2 卷，第 22 页），在上阿列日，一部圣经的价格在 1300 年时是 20 锂（维达尔引证的是拉丁文手稿，国立图书馆，4269，f°64）。

于宗教裁判所的富瓦当局没收。①

*　　　　　*　　　　　*

这些作为家的房屋在观念中具有永久性，但实际上却很容易被破坏。我们现在应当对它进行一番描绘。它中央的核心部分是厨房，厨房的搁栏上挂满火腿，火腿上有防猫偷食的护罩。邻居们常来这里借火，其中包括享有"夫人"称号但正直、淳朴的阿拉扎依·阿泽马。人们在晚间把这珍贵的火封起来，以免引起火灾，使家化为灰烬（I. 307, 317）。照看火的事由一女佣人承担，人称"火妇"，和帕拉尔教区神甫的姘妇的绰号一样。②男人并非把照看火的事全交给女人们：他们要负责劈柴。在火炉四周摆放着锅、盆、碗、罐等炊具，有的上面还有花纹。炊具总是不够用，尤其是金属器皿：按照蒙塔尤的习惯做法，缺少炊具都是去邻居家借。③一张吃饭桌，几条用于吃饭和夜晚聊天的板凳放在火炉旁。在这些家具周围的人们时常（但并非一贯）按性别和年龄互相分开，就像下朗格多克和科西嘉前不久还保留的习惯那样。牧羊人让·莫里是一个蒙塔尤农民的儿子，他讲述了一天晚上在父亲家厨房里吃晚饭的情形。这顿晚饭不同寻常，因为异端派教长菲利普·达莱拉克也在座："那是个冬天，蒙塔尤覆盖着厚厚的白雪。我父亲雷蒙·莫里、哥哥纪尧姆、异端分子菲利普·达莱拉克和纪尧姆·贝洛（陪坐的邻居）围着桌子吃晚饭。我和母亲及其他弟弟妹妹们坐在火炉旁吃饭。"（II. 471）正如我们在上文说过的，

---

① 西克尔的母亲西比尔·巴伊的家便是这种情况（II. 21）。
② I. 253。火好像不是与烟囱相连，而是置于房间当中。不知房顶上是否留有一个洞。
③ III. 156。迪韦尔努瓦：《纯洁教时期朗格多克的食品》，第 7 段；I. 317。

第一部分　蒙塔尤的生态：居所与牧羊人

厨房的确是"家中之家"，人们在这里吃饭，在这里死去，在这里接受异端，交流内心的秘密和村里的闲话（I. 268—269）。贝洛家的女佣人雷蒙德·阿尔森讲道："那时候，贝尔纳·克莱格（领地法官、本堂神甫的兄弟）来到雷蒙·贝洛的家，在作为厨房的房间里和他岳母纪耶迈特·贝洛谈话。他们时常把我支出房间（为的是不让我听到他们谈话的内容）。"（I. 372）

所以，在房子较宽大的家里，都有一个最富人情味的房间，即"厨房"，这就像俄罗斯的洋娃娃一样，一个套着一个。

人们可以在厨房睡觉，但更多情况下还是睡在厨房四周的其他房间或厨房顶部阁楼的床上。蒙塔尤在开阔的山区的住房是否很宽敞呢？它们似乎比勃艮第地区同类的房子宽敞些。佩泽和皮波涅的研究表明，勃艮第地区的住房十分狭窄。[①] 通过认真发掘，也许不难再现中世纪蒙塔尤房屋的布局，在城堡的墙下还能找出它们的遗迹。在进行这项研究工作之前，我们可以从一些文件中了解到房屋布局的情况。在埃荣的普拉德（和蒙塔尤完全类似的村庄。该村庄在地域上毗连蒙塔尤，其生活方式也一样），皮埃尔·米歇尔的女儿雷蒙德曾描述过他们的房子："我家房子的地窖里有两张床，我父亲和母亲睡一张，另一张是为过路的异端分子留宿用的。地窖连着厨房，两者之间有一扇门相通。地窖上面的阁楼没有人睡。我和我的兄弟睡在厨房另一边的房间里。因此，厨房处在子女的房间和父母睡觉的地窖之间。地窖有一扇门通向外面的打麦场。"[②]

---

① 参见佩泽等：《被弃村庄考古》。
② I. 401。像克莱格或贝洛这样较富有的家都拥有阁楼或若干上层房间。

贝阿特里斯·德·普拉尼索尔在第二个丈夫奥东·德·拉格雷兹的家便住在这样一个摆着木桶和床的"地窖"里。她也是在这里和从蒙塔尤化装前来的克莱格本堂神甫最后一次做爱。她的女仆西比尔·泰塞尔也是蒙塔尤人,作为女主人的同乡和同谋,她在地窖的门外望风。于是,贝阿特里斯在两个大木桶中间"把自己的肉体和教士的肉体紧贴在一起"。

许多资料证实,在厨房旁边有一个地窖,还有一些上了锁的房间,里面放置了床和板凳。每个房间都可以住一个或几个人,他们或是同睡一张床,或是分开睡。莫里一家都是普通农民、织布匠和牧羊人,兄长纪尧姆·莫里有自己的房间。年迈的寡妇纪耶迈特·"贝洛特"似乎在儿子家也拥有一个房间。同样,本堂神甫克莱格在其大家庭中单独住一套房间,这套房间很宽敞,二楼还有一间前厅。这些房间都开有窗口,但窗户没有装玻璃,而是用木制百叶窗封闭。夜里,人们为了悄然引起房内人的注意便向百叶窗扔一颗石子。像公证人和医生这类更重要和更有知识的人物(在蒙塔尤没有这类人)才在家中拥有一间书房。他们也在那里睡觉。

一般来说,阁楼(厨房上部的一层,上下通过梯子)是富裕的外在表现。如同修鞋匠阿尔诺·维塔尔所做的那样,[①] 人们修建一个阁楼是为了显示社会地位的上升,至少是有高人一等和炫耀身份的虚幻企图。据我们所知,在蒙塔尤只有克莱格、维塔尔和贝洛家有阁楼。作为家中的心脏,厨房是用沙石建造的;阁楼以

[①] 从地窖到阁楼,还可参见:I. 239(地窖);I. 403;III. 127, 128, 142, 157(房间、钥匙、木桶);III. 173(床);I. 375, I. 327, II. 471(其他房间);II. 209(窗户、百叶窗、工作室);II. 222;III. 178(阁楼)。

第一部分　蒙塔尤的生态：居所与牧羊人

及下层其他附属设施则是用木材和柴泥"简易地"盖起的。

厨房、阁楼、房间、地窖还不是全部，在蒙塔尤人的家中，房子的一部分是留给牲畜的。阿拉扎依·阿泽马说过："18 年前的一天，我把猪从家里赶出来，在（蒙塔尤）城堡的空场上遇到了拄着棍子站在那里的雷蒙·贝洛。他对我说：'到我家坐会儿吧！'我回答说：'不行，我家里的门还开着呢。'"

根据这份资料，人和猪是住在同一个房子里的。甚至人和猪粪也只有一个共同出口。贝尔纳·里夫的儿子蓬斯·里夫好像把骡子或驴也养在家里。天黑后，纪耶迈特·贝内便把耕完地的牛关进家里。纪尧姆·贝利巴斯特还打算在家里养一只羊羔。蒙塔尤的小牧羊人让·佩利西耶每天早上都把羊群从家里赶出来。人们，即使是病人也和牲畜睡在一起。（也许是为了从这些"天然暖器"中得到动物的热量？）贝尔纳·贝内讲道："纪尧姆·贝洛把异端分子纪尧姆·奥蒂埃领到我父亲纪尧姆·贝内的病床前。这事发生在我家圈养牲畜的地方。"①

房子还有其他附属部分，与其相连的是一个庭院或家禽饲养场：人们在这里和家禽一起晒太阳。这里一般都有一个粪堆，好奇的女佣人时常站到上面窥测主人和异端派教长在阁楼上的谈话。庭院以外是打谷场。最大的农庄，如马尔蒂家在朱纳克的农庄以及其他几个农庄拥有庭院和菜园。牛棚、鸽舍、猪圈设在菜园旁边，谷仓或草垛设在庭院的另一边或泉水旁。羊圈可以毗连也可

---

① 今天，在阿莱的老房子（15 世纪？）中仍可以看到用木材和柴泥造的阁楼；还可参见 I.311（阿泽马-贝洛）；I.340（里夫）；I.478（牛）；III.199 和 III.86（绵羊）；I.401（纪尧姆·贝内 1305—1306 年的重病）；I.337（人和牲畜粪共同的出口）。

第二章 家和家庭

以远离住家。但是，这些大型农庄在蒙塔尤并无典型意义。和今天一样，在屋外门口临街的一边，时常有板凳或桌子安放在露天，这是供人们晒太阳或与邻居聊天用的。① 住房与外部隔绝的问题远未解决：当房子只是一层时（大多数都是如此），来人可以用头顶起屋顶盖板伸出的边缘，以便偷看厨房里发生的事情（II. 366）。（房顶几乎是平的，上面可以放麦秸，也能成为长舌妇们东拉西扯的讲坛。只是从16世纪起，加泰罗尼亚的比利牛斯山区的房顶才变成现在这样。②）要想闯入房子，有时只需扒开栅栏或板条即可。房子的隔墙如此之薄，以至于在一个房间讲话，其中包括男女情人的谈话，在所有房间都能听到（I. 227）。在蒙塔尤，两座相邻的房子之间可能留有一个供人们串联的洞口。热衷告发别人的雷蒙·泰斯塔尼埃尔揭露说："由于是异端分子，纪耶迈特·贝内对此十分在行。当卡尔卡松的宗教裁判所对蒙塔尤进行大搜捕时，贝尔纳·里夫的家（那里设有异端派的礼拜堂）和纪尧姆·贝内的家之间早已挖了一个洞。那些异教徒便通过这个洞从一座房子穿到另一座房子。"从这一角度看，蒙塔尤俨然是个白蚁巢。还有另一条通道，它能使异端派教长们人不知鬼不觉地从贝尔纳·里夫的家来到雷蒙·贝洛的家。③

---

① I. 198—199, 383, 402, 458; II. 405; III. 277 和 260—280 各处，以及其他有关部分；关于远离住房的羊圈，参见本书第五至八章（皮埃尔·莫里）；比较博纳西的著作，第2卷，第289页，关于比利牛斯山加泰罗尼亚人的房屋、院落和仓房的描写；参见 III. 287：另表。
② I. 317。德封丹：《人与家》，第81页。
③ I. 463; I. 311；在物质条件方面还应指出，这些房子中没有"厕所"：人们在街上撒尿，在岩石上拉屎。

第一部分 蒙塔尤的生态：居所与牧羊人

*　　　*　　　*

家的物质外表并非无可指摘。但使我最关注的还是家里的人或灵魂：家里的人口常以不同方式突破本来意义上的"家庭"，即一对夫妇及其子女的严格框架。这首先是由于佣人在家中的存在：让·佩利西耶是生于蒙塔尤的牧羊人。为了学艺或在同行中出类拔萃，他曾在外村许多人家实习和受训。后来他回到了家乡，但他在3年中没有住在自己家中，而是以牧工的身份住在贝尔纳·莫尔和纪耶迈特·莫尔夫妇家。我们不知道他的工钱是多少。除了让·佩利西耶以外，住在莫尔家里的还有他的弟弟贝尔纳。他不是牧工，而是干农活的帮工。[①]在贝尔纳·莫尔家还有他的两个孩子和年迈丧夫的母亲纪耶迈特（III.161）。总之，这个家庭不是严格意义上的"核心"家庭：它包括一对夫妇，两个孩子，一位老人和两个佣人。仆役、家庭和邻里的混合型结构不仅表现在这些方面：皮埃尔·莫尔的家与其兄弟贝尔纳·莫尔的家毗邻，他的家也受到纯洁派的同化，并与教区本堂神甫克莱格公开宣战（后来，皮埃尔的妻子芒加德·莫尔由于咒骂本堂神甫而被割了舌头）。兄弟加邻居使这两家人组成了一个社会交往单位。作为牧工兼仆人的让·佩利西耶说："我住在贝尔纳·莫尔家时，经常与皮埃尔·莫尔家来往。"（III.76）

一个家里除了有夫妇、孩子、其他后代、老人和旁系亲属以及男性佣人外，还可能有一个或若干个女佣。某些女佣干脆就是私生女，例如克莱格家常年雇佣的几个女佣：布律纳·普塞尔

[①] III.76。还可以参考加纳克的牧工皮埃尔·阿塞的例子，他住在主人皮埃尔·贝尔纳的家里（III.462）。

第二章 家和家庭

是普拉德·塔弗涅的私生女。普拉德·塔弗涅原是信仰异端的织布匠,后来成了异端派教长(他经常按照纯洁派的礼仪,无所顾忌地培养她对自己的爱戴)。结束了在克莱格家的活计后,布律纳·普塞尔带着宗教裁判所感兴趣的一些细节离开了那里,并结了婚。后来她的丈夫去世了,于是,这个先前的女佣和可怜的女子便住进自己的家,过着极为贫困的日子。她靠乞讨、干杂活、小偷小摸度日,或是向乡亲们借干草、木柴、萝卜和筛面的箩。她热衷迷信:在克莱格家时,是她把主人遗体的头发和指甲剪下;她害怕猫头鹰和夜鸟,认为它们是从房顶或屋子上面飞来的魔鬼,为的是把刚去世的娜罗卡(罗克"夫人")的灵魂带走。(应当公正地承认,迷信绝不是布律纳这个私生女和女佣身上独有的特点,村里许多居民都宣扬迷信。①)

另一个女佣也带有非婚生的印迹,她便是芒加德。她是贝尔纳·克莱格的私生女。她住在自己父亲家,负责烤制面包。她还在溪水边为异端派教长洗衣服。他们穿的衣服比一般蒙塔尤农民的质地好(I.416—417)。后来,她嫁给了一个农民。

和在克莱格家干活的女佣相比,我们对贝洛家的(不是私生女)女佣了解得更多,②例如雷蒙德·阿尔森。由于和异端分子来往密切,她在1324年被判处戴双黄色十字标志。小雷蒙德出生在埃荣的普拉德(在蒙塔尤附近)一个较穷、但还算不上赤贫的家。蒙塔尤的修鞋匠阿尔诺·维塔尔是她的哥哥,也是全村的看

---

① 关于布律纳·普塞尔,参见 I.382 及以下各页。
② 关于其他村庄主人与女仆之间的关系,参见 I.153:有个可怜的姑娘,大概是个女佣,住在本堂神甫家里。

第一部分　蒙塔尤的生态：居所与牧羊人

青人。1306年，当雷蒙德还年轻时，她曾在城里给在帕米埃的博内·德·拉科斯特家当女佣（I.379及以下）。有一天，她在这位老爷家遇到了她的表兄雷蒙·贝洛（蒙塔尤人）（I.458）。他到市场来买一筐种子。于是，雷蒙向雷蒙德提议到他家去做女佣。贝洛家（I.371）被人们看作十足的富户（I.389）。雷蒙的兄弟是纪尧姆，姐姐名叫雷蒙德。他另一个兄弟贝尔纳正准备和贝内家的纪耶迈特结婚（纪耶迈特是纪尧姆·贝洛的女儿。她家离贝洛家只有几米远。这再一次表明，邻里、联姻、表亲和仆役等关系可以互相强化）。雷蒙·贝洛的寡母纪耶迈特也住在家里。所以，在这个家里总共包括一对夫妻、他们的孩子、丈夫的多个成年未婚的兄妹、丧夫的老母亲①和一个女佣。另外还有其他几个人，我们在下面将会谈到他们。

雷蒙德·阿尔森向雅克·富尼埃解释了贝洛家雇她当女佣的原因，她说："雷蒙和他兄弟们打算把他妹妹雷蒙德许配给本堂神甫的哥哥贝尔纳·克莱格。"（I.370）一家向另一家献出一个妹妹，贝洛兄弟和克莱格兄弟将因此结亲。这样一来，蒙塔尤两个最有影响的家族便结为一体了。这样做的目的还在于：以贝内－贝洛－克莱格三家联盟来补充上面提到的贝洛－贝内家族轴心（雷蒙德·阿尔森被雇佣后不久，这一计划才以联姻的方式实现）。在原来的友情关系上，又加上一层以联姻确立的更牢固的关系。实际上，在结下儿女亲家之前，芒加德·克莱格（贝尔纳的母亲）和

---

① 关于核心式之外的家庭结构，根据掌握的资料，主要表现为丧偶老妇与儿子们住在一起。但"母子"关系中也包括岳母和女婿住在一起的少数例子（I.260，以及其他一些地方）。

雷蒙德的母亲纪耶迈特·贝洛已是多年的老朋友了（I.393）。如同贝洛-贝内两家一样，这桩婚事再次发生在邻居之间：贝洛家和克莱格家之间只隔着一条街（I.372, 392）。但是，尽管有这些有利条件，同时又把邻里关系、联姻、认干亲和友谊等因素结合在一起，贝洛、贝内和克莱格的三家联盟（如果把异端派也算上，这便是一个四方联盟，因为贝内与奥蒂埃早已结为一伙了）还是未能抵住宗教裁判所的猛烈打击。[①]但这种联姻毕竟反映了该地区的某种婚姻哲学。

贝洛家雇一个女佣（雷蒙德·阿尔森）是为了顶替一个嫁出去的姊妹（雷蒙德·贝洛）：出嫁之前，这个姊妹在兄弟家中的角色与一个什么活都干的女仆别无二致。可以说，对雷蒙德·阿尔森的雇佣发生在家庭变化的特殊时刻（一个姊妹要离去）。而莫尔家对一名帮工和一名牧羊人（让·佩利西耶）的雇佣则发生在家庭变化的另一个特殊时期（一对年轻的农民夫妇和男方的母亲住在一起，他们的孩子尚小，还不能干活养家）。

在帕米埃，雷蒙·贝洛在博内·德·拉科斯特家向雷蒙德·阿尔森提出了雇佣建议。这是出于对家庭、联姻和事业等多方策略的交叉考虑。作女佣的雷蒙德·阿尔森没能作出明确答复。她对雷蒙说："我现在还不能接受这份工作。因为我和主人博内订的劳务契约到施洗圣约翰日（6月24日）才期满。现在刚是复活节……我想，到圣约翰日时我就知道能否去你家干活了。"（I.370）

[①] 请注意，1300年左右，奥蒂埃兄弟从伦巴第回来后便通过纪尧姆·贝内的家把异端再次传入蒙塔尤（I.471）。奥蒂埃兄弟通过联姻和贝内家紧密结合起来（I.233）。

第一部分　蒙塔尤的生态：居所与牧羊人

　　发生在复活节的这段对话表明，上阿列日地区的契约关系具有现代气息：在这里，农奴制已不复存在或微不足道。对领主的依附关系很少有强制性。6月底，雷蒙德·阿尔森作出了选择：她向主人博内辞了工，接着便到圣维克多去找她放在奶妈家的女儿（私生女）阿拉扎依。然后，她背着或顶着包袱，怀里抱着孩子，向帕米埃南边的山里走去。到了普拉德（蒙塔尤附近），她把女儿托付给名字也叫阿拉扎依的另一个奶妈。这位奶妈后来把孩子带到阿斯通村（在今天的阿列日）去照看。雷蒙德·阿尔森接着又下山向今天的奥德省方向走去，为的是去阿尔克河谷收庄稼。[①]此后，她又回到埃荣的普拉德收庄稼，由于海拔和气候的原因，这里的粮食成熟稍晚些。在这个短暂的夏季，雷蒙德·阿尔森整日在"家门之外"过着奔波的未婚母亲、割麦短工和社会边缘人的生活。只是到"雷蒙·贝洛及其兄弟的"[②]家再次当起女佣后，雷蒙德·阿尔森才结束了四处游荡的生活。正如预计的那样，雷蒙德·贝洛在夏收前刚离开这个家，嫁给了贝尔纳·克莱格。

　　雷蒙德·阿尔森在贝洛家干了一年（雇佣契约规定的期限）。在这里，她被排除在严格意义的"家"之外：她每晚睡觉的"床"是庭院尽头小谷仓里的干草堆。这小谷仓就是她简陋的房间。雷蒙德白天的活计主要是用家里的烤炉做面包和洗衣服。当然，主人的老母亲纪耶迈特·"贝洛特"也做些这类家务：她亲自为过路的异端派教长做精致的面包，并且对纪尧姆·奥蒂埃（贝洛家的

[①] I. 370—371：阿尔克与蒙塔尤和普拉德在夏收、转场放牧以及交流纯洁派思想方面具有互补性。
[②] 另一种说法是"贝尔纳·贝洛及其兄弟的家"（I. 458）。这样，家长之位便由雷蒙和贝尔纳两兄弟分享了。

常客)十分敬重。长期住这家阁楼的纪尧姆·奥蒂埃穿着深蓝和墨绿色的衣服(I.458)。

举行婚礼时,纪尧姆·奥蒂埃也在贝洛家。我们有必要描绘一下当时的"全家聚会"。作为仆人之一的雷蒙德·阿尔森也在其中。贝尔纳·贝洛和纪耶迈特·贝内的婚姻为这次聚会提供了机会(I.371)。正如人们所看到的,这桩婚事最终完成了此前逐步形成的整个关系网:新娘的父亲纪尧姆·贝内不仅是贝洛家的老邻居,而且很早以前便被新郎的兄弟纪尧姆·贝洛认作教父了(I.389)。家庭的婚姻庆典正式开始时,大家早已聚集在厨房里。此时,纪尧姆·奥蒂埃也从他住的阁楼爬下,来到人们中间。贝洛兄弟坐在一条板凳上。家里的女人们坐在另一条较矮的板凳上。雷蒙德·阿尔森站在靠后的地方,在炉火旁边,怀里抱着阿拉扎依的孩子(年轻的阿拉扎依是雷蒙·贝洛的另一个姊妹,她嫁到了外地,这一天专程来参加庆典(I.370—371))。

后来,雷蒙德·阿尔森离开了贝洛家,并和普拉德·德·阿尔森结了婚(她后来姓了丈夫家的姓,我们只知道她这个姓名):这一婚姻使雷蒙德·阿尔森终于结束了漂泊在外的生活,回到了家乡。她在埃荣的普拉德,即她丈夫的家定居下来。我们发现,她有私生女的事丝毫没影响她嫁人。

雷蒙德·阿尔森虽然走了,关于贝洛家"女仆人"的事还没有完:我们在贝洛家还发现了一个女佣兼姘妇的踪迹。她叫雷蒙德·泰斯塔尼埃尔,又称"维萨纳",蒙塔尤人,1304—1307年间在贝洛家待了3年(I.455—470)。作为主人贝尔纳·贝洛的情妇,她为他至少生过两个孩子,其中一个儿子名叫贝尔纳。主仆之间这种以同居正式化的爱情关系似乎没引起母亲、兄弟、姊妹等家

第一部分　蒙塔尤的生态：居所与牧羊人

人和村民们的大惊小怪。（维萨纳的情夫贝尔纳·贝洛是个胆大妄为之徒，他曾试图强奸其同乡纪尧姆·奥蒂埃的妻子。这个粗鲁的家伙因此受到监禁，他向富瓦伯爵领地的人交了20锂罚款[①]后才得以出狱。尤其是，这件事导致了贝尔纳·贝洛和纪尧姆·奥蒂埃两人关系的长期"冷淡"。）

和贝尔纳·贝洛这样的情夫、房东和主人在一起，雷蒙德·泰斯塔尼埃尔即维萨纳肯定不会有好运。她给他生了孩子，整日为家里人"操劳"，所指望的就是成为主人的妻子。但是，贝尔纳只想娶村里一个信仰异端的女子，即贝内的女儿，因为她比维萨纳更可靠。不幸的是，维萨纳当时与纯洁派没有任何来往……而且，泰斯塔尼埃尔家也不如贝内家富裕。

除了男女仆人外，在蒙塔尤这样的人家（如果较为富有）还常住有一个房客，他一般是未婚男子。阿尔诺·维塔尔就在贝洛宽敞和人口众多的家里住过。他是蒙塔尤的修鞋匠，女佣雷蒙德·阿尔森（上面提到过）的兄弟。阿尔诺是个异教徒，身穿一件蓝色"超级上装"，他经常在山里给异端派教长当向导。[②]在贝洛家，他或是交一份房租，或是帮着干一些活，这样便能住上一间房子或和谁挤在一张床上。他修鞋的铺面在堂区的另一人家。和许多修鞋匠一样，阿尔诺是村里的风流荡子。阿拉扎依·富雷是他的情妇，对他很钟情。他向她灌输了异端信仰。后来，阿拉扎依还使自己的父亲和兄弟皈依了异端信仰。有一天，住在贝洛家的阿尔诺·维塔尔教这家的女佣维萨纳·泰斯塔尼埃尔学"杀

[①] 相当于40只羊的价值或一所房子的一半价值。
[②] 关于阿尔诺·维塔尔，参见 III. 84—87; I. 392、456 和 458。

鸡术"：他让她宰一只母鸡（按照纯洁派关于灵魂转世的观点，这一行为是一种犯罪）。维萨纳试图把鸡脖子折断，但未能把鸡弄死。阿尔诺以这种方式树立了自己的威信，然后便企图在贝洛家强奸维萨纳。但她向他指出，这是乱伦行为，因而轻易地制止了他。她傲慢地斥责维塔尔说："你不感到耻辱吗？你难道忘了我是你表兄（房主）贝尔纳·贝洛的情妇，并给他生过孩子吗？"（Ⅰ.457—458）阿尔诺被这番话驳得哑口无言，便放弃了强奸的企图。后来，他继续住在贝洛家，甚至娶了这家的另一个女佣——雷蒙德为妻。这是一桩不幸的婚姻。按照比利牛斯山区一些已婚男子的传统，阿尔诺对年轻的妻子持一种令人不解的漠然态度。他精力十足，经常整晚不回家，跑到外面找新的情妇，例如雷蒙德·里夫和阿拉扎依·加夫拉等。① 至少，这桩婚姻标志着阿尔诺在贝洛家寄宿的日子要结束了。婚礼过后两个月，新婚的维塔尔夫妇离开了贝洛家，开始建立自己的家。他们的家后来也发达起来了。蒙塔尤的家有些不成文的规矩，其中一条便是可以容纳各种各样的成年人，但长期生活在其中的只能是一对夫妇。②

尽管有这种限制，贝洛的家依然是个对所有人都开放的家：女佣、房客和异端派教长与这家人摩肩接踵。这些人有的行为粗鲁甚至强暴，有的从谷仓到厨房、从地窖到顶楼时刻宣传异端。贝洛的家既富有又复杂，比蒙塔尤的其他大户，如莫里家更加热情好客。好客行为涉及双方的义务：客人威胁主人是不懂人情世故的表现。

---

① Ⅱ.221, 222, 223, 225; Ⅲ.506。维塔尔死后，雷蒙德嫁给了贝尔纳·吉乌（Ⅱ.221; Ⅲ.506）。她后来曾为芒加德·克莱格和她的儿子皮埃尔捉虱子，甚至在短期内成为皮埃尔的情妇（Ⅱ.223—225）。
② 这种一般性但非绝对的规矩是在家庭循环的长期结构中产生的。

第一部分　蒙塔尤的生态：居所与牧羊人

纪耶迈特·莫里与前来做客的小侄子让·莫里（蒙塔尤人）发生了争执，后者威胁说要把她投入监狱。纪耶迈特·莫里喝道："你竟敢在我家里威胁我！"（Ⅱ.484—485）为了对这一大不敬行为实行报复，纪耶迈特曾试图用汞盐把侄子毒死，但没有成功。

*　　　　*　　　　*

家的规模不仅关系到容纳多少仆人、佣人、宾朋和房客，还涉及它的主要结构：是扩散式家庭，还是核心家庭（"核心"家庭有一对夫妇，孩子一般很小）？从上面的介绍可以看出：蒙塔尤有残缺的核心家庭（带着孩子的独身寡妇），有和孩子同住的核心夫妇，有负担若干子女和老人（孩子的祖父，更多情况下是祖母）的夫妇，也有包括一两个老人和若干兄弟姊妹的大家庭。这种大家庭的兄弟中一般只有一个已婚的（在共同居住期间，其他兄弟姊妹成年后只能独身[①]）。尽管如此，纯粹的核心家庭仍占大多数。"兄弟同住的结构"在当地远不占主导地位。

实际上，影响家庭结构变化的因素是有"时间性"的。[②] 同一个家庭可以"连续地"变成扩散式、核心式、扩散式。我们把维达尔家作为一个典型实例，因为它和克莱格家、贝洛家、贝内家、里夫家，以及我们所知的其他蒙塔尤人家最为相近。最初，这个家是核心式的：维达尔夫妇和他们的孩子完全正常地住在一起。后来，做父亲的去世后，家庭核心便"残缺"了。随着子女的长大和老母亲的隐退，维达尔家很快成为了大家庭。也就是说，维达尔死后，他的妻子纪耶迈特很快有了受尊重的母权地位。后来，

---

① 贝洛家就是这样。在阿克斯累太姆还有一个类似的家庭（Ⅱ.334）。
② 贝尔克内的著作，1972年。

第二章　家和家庭

她不主事了（家里给她留了一个房间），但对家务依然十分留意。她的一个儿子取得了家长地位。

后来，这个家再一次"扩散"（有限的）：维达尔家的一个兄弟贝尔纳结婚了。新婚夫妇与其他兄弟和健在的老母共同居住了一段时间。最后，这个家又重新变为核心家庭：年迈的纪耶迈特死了，贝尔纳的兄弟们全离开了老家，到别处建了自己的家或到了别的家中（主要通过婚姻）。他们或是有了其他的家，或是做了牧羊人，或是被宗教裁判所抓走了。贝尔纳·维达尔、他的妻子和孩子共同组成了一个简单、完整的"核心"，他们单独住在原来的家里。

雇佣和辞退仆人、女佣的现象自然与家庭变化的"节点"和"特殊阶段"发生在同一时间。例如，这些节点和阶段表现为儿子的幼年时期、向体力劳动者过渡的阶段、女儿出嫁等等。

在极少数情况下会出现"全面"扩散即"多代式"的家庭，其中包括父母二人和准备继承家业的儿子夫妇（在蒙塔尤，只有里夫家符合这一定义，有两代夫妇，4个成人。但是，一次内部纠纷使这4口之家归于瓦解：儿媳妇由于与公婆脾气不和而被赶出了家门）。

另一种全面扩散式家庭是"多兄弟式"的：它包括两个各有配偶的兄弟或兄妹。他们4个人住在一起，身边还有各自的孩子（我在当时的蒙塔尤没有发现这种家庭，但在上阿列日的其他地方发现过几个真正的"多兄弟式"家庭）。

总之，家庭扩散的这些最高形式（多代式和多兄弟式）在构思上是可能出现的，但在现实中却不多见：死亡往往过早地夺去老人的生命（尤其是男性），使他们夫妇来不及和儿女的新家组成

第一部分　蒙塔尤的生态：居所与牧羊人

4口之家。另外，无论是习俗还是过小的农业经营规模都不大能允许组成多兄弟式的大家庭。当然，这种家庭后来有很大发展，例如在15世纪的南部区域和文艺复兴开始后的托斯卡纳和波旁内地区。这是因为南部区域因人口减少而相应扩大；托斯卡纳和波旁内地区出现了大规模的佃农经营。

*　　　　*　　　　*

如果没有家系网络，家也是不可设想的。这种网络通过"血亲"和"姻亲"把一个家同其他有亲戚关系和活力的家联系在一起。它还可以在家族的支持下把家做历史延伸，最多可以追溯一个世纪或4代人。

人们有时把家族看作古代社会的基本价值之一。对于贵族来说，这无疑是正确的。在蒙塔尤，延续家族的意义在当地农村只属于第二或第三位的价值。处在第一位的价值是家庭本身，即居住、生活在同一所房子的活人们。总之，在这个堂区以及在上阿列日地区，家族观念虽然较强，但也仅此而已：这里的农民们乐于谈论某人的"出身"是"本堂神甫"、"骗子"、"异教徒"、"恶棍"还是"麻风病患者"。（我这里使用常用词"出身"是为了方便表达"世家"一词。正确和科学的做法是用"本堂神甫的家族"等词来取代拉丁文的"世家"。）父母把麻风病传染给子女，这使富瓦伯爵领地的人相信，家族和遗传可延续4代。（实际上从科学的角度看，麻风不是遗传所致，因为它是靠感染传播的。但是村民们不了解这些细节……）普通人也有家族的意识。蒙塔尤的牧羊人皮埃尔·莫里曾明确说，家族不是极好便是极坏，不是纯洁派就是密探。然而，拉尔那的显贵和异端派教长雷蒙·伊索拉对他谈起出了密探高手的巴伊-西克尔家，并以哲学的口吻说："在

第二章 家和家庭

任何家族中都有好人和坏人。"

一般说来,家族(人们有时将它定义为长期和延续的家)是家庭姓氏的载体,这姓氏沿着父系或母系(如果缺少父系)向下流传。①

比家族更现实和重要的是"亲属"或"血亲",他们由住在本村或其他地方的各类亲戚组成。蒙塔尤的牧羊人皮埃尔·莫里的妹妹纪耶迈特常遭丈夫的殴打,而且她丈夫一点也不信仰异端。因此有一天,皮埃尔·莫里便在纪耶迈特的默许下将她抢走了(III.149—153)。"劫持"成功后,皮埃尔·莫里立刻考虑到一个可怕的问题:"她丈夫的亲戚如果追来抓回纪耶迈特,我们可怎么办?"②

总之,家集中了各种各样的关系,它们的重要性不尽相同。这其中包括亲属关系,也包括两家的联姻关系。此外还包括在共同对敌中产生的"友情"。这种友情可以通过教父或教母的身份具体化。最后还有邻里关系,但"最后的并不是最不重要的"。

*　　　　*　　　　*

所有这些关系都能形成势力集团。在邻里关系方面,为搞垮一个邻居,其他各家会紧密团结起来。塔拉斯孔的粉刷匠阿尔诺·德·萨维尼昂说:"我有4个邻居,其中有一个女人和一个本堂神甫。他们对我设下阴谋,以使我失去财产并作为异教徒被宗教裁判所追究。"(III.432)我感到,家庭的团结十分重要,这往往

---

① 关于"本堂神甫家族"、"麻风家族"、延续4代等,参见 II.110; III.59, 357 等。关于姓氏在母系方面的传递,参见 II.129。
② III.149—151; III.164; III.58:近亲的概念。

第一部分 蒙塔尤的生态：居所与牧羊人

和乡间关系的结构分不开。皮埃尔·卡扎尔认为纯洁派传教士皮埃尔·奥蒂埃和纪尧姆·奥蒂埃兄弟偷了他一头奶牛，他扬言对他们的告发是否会造成后果？通过联姻结成的贝洛一贝内一奥蒂埃家族集团对此怒不可遏，甚至对可能告发的人以死相威胁。蒙塔尤的阿拉扎依·阿泽马便是被威胁的对象之一。纪尧姆·贝内对她说："当心点儿，如果你要告发就要你的命。"雷蒙·贝洛更是厉害，他对这个女人吼道："过几天就让你的脑袋搬家！"[1]

纪尧姆·莫尔的族间仇杀行为是家庭团结的典型表现。克莱格家的人毁了他在蒙塔尤的家：1308年8月，纪尧姆·莫尔、他的父亲、兄弟以及"所有蒙塔尤人"都被宗教裁判所抓走了。造成这次逮捕的原因是克莱格本堂神甫告了密，他摇身一变，不再承认自己曾和纯洁派有密切往来。纪尧姆出狱后，他家的两个成员仍被关在里面。在蒙塔尤附近，他与本堂神甫狭路相逢，并借机怒斥了他的行为（II.171）。深谙家族凝聚力的皮埃尔·克莱格也采取了针锋相对的态度："我要让你们都死在卡尔卡松的大狱里，你、你父亲、你兄弟和你们全家！"

皮埃尔·克莱格所做的甚至超出了他的誓言。借助其兄弟领地法官的势力，他竟然以"提供伪证"的罪名，支使人割掉了纪尧姆的母亲芒加德·莫尔的舌头。在装扮成捕快的家人陪同下，克莱格本堂神甫想方设法要抓住纪尧姆·莫尔（II.176, 178）。他对莫尔家展开了一场族间仇杀：在蒙塔尤，这种族间仇杀带有更多的"家庭性"，后来科西嘉真正的族间仇杀则以"血亲"为主要特征。

让我们回到莫尔和克莱格的争执上来。其结果是纪尧姆·莫

---

[1] I.318; II.64：莫里和莫尔家的表亲关系（在原则上）是严守共同机密的保障。

第二章 家和家庭

尔发出了复仇宣言,他对本堂神甫吼道:"我一定要报仇,我和我的人会找你算账的!"这就是他们分开前说的话。此后,纪尧姆立即从家族、朋友以及朋友的姻亲中寻找帮手。

1309年,纪尧姆·莫尔在阿克斯累太姆避难。他弟弟雷蒙·莫尔和让·贝内与他聚合在一起。让·贝内的家也受到了克莱格家的伤害(尽管他们之间有联姻关系)。这3个人对着面包和葡萄酒盟誓,一定要报仇雪恨。他们要杀死本堂神甫,并把各自微薄的财产放到一起,以保障实现这一计划(II.171)。这是名副其实的结义盟誓(对着面包和葡萄酒盟誓,把财产放到一起)。从1309年到1317年,这些发誓复仇者本人或雇佣杀手对皮埃尔·克莱格进行了多次刺杀。被放逐的牧人纪尧姆·莫尔念念不忘复仇,以至于接受他忏悔的教士拒绝让他领圣体,认为他对皮埃尔·克莱格始终怀着刻骨仇恨(II.173)。他还在脸部涂上报仇的标记:如果他忘记了报仇,其他放羊的朋友们也会提醒他。一天,纪尧姆和皮埃尔·莫里争吵起来,后者立即提醒他别忘了为家人复仇的使命。皮埃尔对纪尧姆说:"要打应当和蒙塔尤的本堂神甫去打,而不应当和自己人打。因为给你带来麻烦的是他。"由于他们当中一个人的放弃(皮埃尔·莫尔还是不如科西嘉的复仇者坚韧)和找不到合适的复仇机会,对皮埃尔·克莱格的刺杀活动最后还是以失败告终了。他们并非没有努力:在最后一次刺杀行动中,纪尧姆·莫尔特意从热罗纳找来了两个加泰罗尼亚的刺客,事成之后的全部报酬是500苏……(II.190)

莫尔的家族复仇是个极端的事例。但家庭团结也在较乏味的事情上发挥作用。有人发动关系网,为被控强奸的亲戚向富瓦伯爵领地当局求情:"不管他对不对,他是我家人。"(I.280)皮埃

第一部分　蒙塔尤的生态：居所与牧羊人

尔·莫里买了一百只羊又不想立即付款，于是他就用自己的亲弟弟充当抵押和保证金（II.185）。此类事情，不胜枚举。

一个家可以在亲属的帮助下集中所有力量打击某个人、某件事或某个家。但是，它也可能在内部发生冲突和矛盾。当母亲与儿女之间在异端问题上发生分歧时，这种冲突和矛盾便显得格外严重。例如，阿尔诺·巴伊-西克尔对他母亲西比尔绝无好感：由于西比尔·巴伊的异端行为，宗教裁判所查封了他母亲主持的家。纪耶迈特·莫里的妹妹埃麦尔桑德是异教徒，她心甘情愿把虔诚信仰天主教的女儿让娜·贝费献给魔鬼。埃麦尔桑德甚至参与了一次阴谋活动：她的密友们打算把她女儿让娜从高高的"马拉毛勒"桥推下山涧摔死（II.64—65）。

这两个家的解体是由异教徒大批逃往加泰罗尼亚引起的家庭分化而造成的。在大量异端派从上阿列日向南撤离之前，让娜·贝费走的是正路。出于服从，她随父母亲一起信奉了纯洁派。在蒙塔尤，宗教裁判所或多或少能制造一些家庭间的对立，尽管它们有联姻关系：雅克·富尼埃成功地使克莱格家与贝内家反目成仇。但是，血亲要比联姻的抵御力更强些：卡尔卡松和帕米埃的当局没能使一个家截然分裂和使其成员自相残杀。在埃荣地区，村民家庭的团结十分紧密，因此分化瓦解的办法很难奏效。瓦解蒙塔尤的家纯属虚构的假设。皮埃尔·克莱格曾在消遣时发展了这种假设，其目的是取悦和教化其漂亮的女友。这位本堂神甫在炉边与贝阿特里斯·德·普拉尼索尔聊天时说："人类在世界之初，都是在兄弟姐妹之间发生性关系。但当许多兄弟只有一两个漂亮姐妹时，每个兄弟便都想独占她们，这便会导致凶杀。"蒙塔尤的这位让-雅克·卢梭最后还提出了自己的原始契约论："因此，必

第二章　家和家庭

须禁止兄弟姐妹之间发生性关系。"[1]实际上，皮埃尔·克莱格可以高枕无忧，因为富尼埃主教正准备摧毁蒙塔尤人的家。但是，尽管有宗教裁判所制造的严重灾难，尽管有本堂神甫荒诞离奇的乱伦假说，蒙塔尤人的家也不会从内部分化或瓦解。

总而言之，从物质现实和集体表象方面分析阿列日或蒙塔尤人的家，是否应当像中世纪史专家分析斯堪的纳维亚人的家那样，或者像韦尔南和布尔迪厄分析希腊人、卡比尔人和贝亚恩人的家那样？对此，我倾向于肯定的回答。当然，斯堪的纳维亚人的家与我们关注的伊比利亚-比利牛斯山相距太远。而且，他们关于家的概念是家族和土地的结合，不同于在蒙塔尤处于中心地位的"家"。苏联的中世纪史专家古莱维奇在研究斯堪的纳维亚人的家方面提出了杰出的理论，我对此不想过多强调。然而我认为，布尔迪厄对卡比尔人的研究成果[2]倒很适合用来在马格里布和比利牛斯山之间作一番论据对照。西地中海曾经存在统一的古代农业与山地文明，提出这种假设是合乎情理的。在过去，卡比尔人的家和阿列日人的家一样，都是超越其成员个人命运的。家长死后，其尸体会把家里的"好运"带走。男女角色在家族和村里的交叉点必然落实到家里。种种理由表明，西地中海两岸山区有着深层、古老和灿烂的农民文化，因此非常有必要将这种文化对家的表象作一番比较研究。尽管这类研究不属于本书的范围，因为本书是关于一个村庄的专著，但进行对比研究依然是应该的。

---

[1] I. 225。我们会发现本堂神甫自身的矛盾：以前，他曾经强调说乱伦可以加强家族。
[2] 参见布尔迪厄：《一种实践理论的纲领》，1972年，第一部分。以及古莱维奇的文章，1972年。

第三章
/
居统治地位的克莱格家族

蒙塔尤人的家在社会经济方面处于不同的层次。有的家比较宽裕，甚至富有（如贝内家、贝洛家、克莱格家），有的家则较为贫困或以贫穷著称（如莫里家、巴伊家、泰斯塔尼埃尔家、佩利西耶家和马尔蒂家）。贫困户在村里虽不占多数，但数量也不算少。由于没有土地册，所以很难对此进行统计。不少资料表明，在堂区内，一个穷汉与最富有的家（非贵族，如克莱格兄弟家）在财富上的差距是 1:50。富人家（都是相对而言）可拥有 8—10 公顷的土地和牧场；穷人家则只有 1—2 公顷，甚至更少。这种差别虽不妨碍社会阶层间的沟通，但即使在没有内部阶级斗争的情况下，也时常会使这种沟通变得不大自然。

当地的贫富差别有多种表现：拥有多少现金（很少，很多或根本没有），尤其是拥有多少土地和羊。（有几十只羊便可过上小康生活。除最贫困的寡妇家外，一般人家至少能有几只羊。羊群可以保障生活，并为家人提供起码的尊严。）富有还有其他重要标准：牲口棚里喂着耕地和运输用的牛、骡或驴；家里有男女佣

第三章　居统治地位的克莱格家族

人；不送孩子做牧羊人或帮工的学徒；家里建有阁楼或二层结构；厨房里有较多炊具；家中备有干草、种子、工具等。一个家若不符合或达不到这些标准便属于贫困户。没有继承权的子女和私生子只得相继沦为佣人或牧羊人。在滑向社会下层的过程中，他们最终可能会成为一个穷户的家长。无论如何，这里的贫富标准比法兰西北部自耕农与短工的差异更加复杂，内容也更广泛。在法兰西北部，有无耕马是区别自耕农和短工的标志。造成标准复杂性的地理差异可简单归结为两点：蒙塔尤不存在大农场；在农业经营方面，耕种土地不如养羊重要。还应指出，在这里耕种不使用马匹，而是用牛、骡或驴。用这些牲畜也反映了小规模经营的特点。

*　　*　　*

像网上的蜘蛛一样，克莱格家族在蒙塔尤位居社会最高层和家庭系统的中心。在人口上，村中也以克莱格家为最多：按照雅克·富尼埃宗教裁判记录簿的不完全统计，蒙塔尤至少有22人姓克莱格。"其他家族远不如克莱格家：姓莫尔的13人，姓马尔蒂的11人，姓巴伊的11人，姓贝洛、贝内、阿泽马和莫里的各10人，姓佩利西耶的8人，姓里夫和阿尔热利耶的7人，姓奥蒂埃和福尔的6人，姓巴尔和维塔尔的4人。"[1]当然，单靠人口统计本身并不能说明问题。家族的优势地位只能建立在财富、影响、靠山和"朋友"关系之上。克莱格家拥有所有这些王牌……[2]

要了解这个家族就要对其进行一番考察。但是，在对蒙塔尤

---

[1]　根据吉罗：《蒙塔尤的异端和农民社会》，巴黎第七大学，1971年。
[2]　参见皮埃尔·莫里的说法（III.193）。

第一部分　蒙塔尤的生态：居所与牧羊人

进行"发掘"之前，我们先看看村里的酒店女老板法布利斯·里夫对这个家的印象。她没有量酒的器具，于是到邻居克莱格家去借。在这家门口，她看到本村的三个老妇人正在晒太阳。她们是纯洁教派的坚强支持者，即本堂神甫的母亲芒加德·克莱格及其朋友纪耶迈特·贝洛和娜罗卡（I. 327）。法布利斯进屋后便爬到阁楼的前厅（在二层），这阁楼建在一个半地下的、被称作"地窖"的小库房上面。酒店女老板在这里见到了皮埃尔·克莱格。她看到量酒器就放在他房间的桌上……还发现了异端派教长纪尧姆·奥蒂埃：他虽然"躲"在那里，但并没有藏起来。

克莱格家有前厅、阁楼、大门（III. 58）和个人房间，它属于全村最宽敞的家。这个家还拥有很多土地，因为本堂神甫的兄弟、领地法官贝尔纳·克莱格也住在这里（I. 327）。他不仅经营着自己的土地，同时也经营着富瓦伯爵从蒙塔尤异端派农民那里没收的土地。这些土地实际上由他掌握，为他所用。贝尔纳十分热衷于代替伯爵掌管领主土地权和埃荣地区的"土地"，因为这些是"他"的土地。后来，他被宗教裁判所监禁在德意志人在帕米埃修的岗楼。每次放风时，他都满怀眷恋地遥望着这片土地（I. 279）。本堂神甫克莱格也照应着他亲属的土地。有一次，他侄女的丈夫，即普拉德的贝尔纳·马莱向雷蒙·皮埃尔的女婿雷蒙·马莱买地，克莱格便当了他侄女的代理人（III. 77）。克莱格家肯定有猪群和羊群：贝尔纳·克莱格曾把菜园圈起来，以防止自家的猪造成损害。被捕入狱后，"他向狱吏加尔诺送了4张羊皮。于是，这个狱吏便允许贝尔纳在监狱里为所欲为。狱吏的妻子奥诺尔甚至还把犯人房间的钥匙交给贝尔纳。"（III. 289, 274）最后，克莱格家还拥有金钱，向人放债：为了使钟爱的弟弟皮埃尔获得自由，领地法官

第三章　居统治地位的克莱格家族

对各种上层人物进行贿赂，并毫不犹豫地花费了 14,000 苏。① 这笔钱相当于雇佣一组杀手费用的 28 倍，一个牧羊人，如皮埃尔·莫里的财产的 7 倍（当皮埃尔·莫里挣得 2,000 苏时他便认为自己很富有了），一所房子价格的 36 倍，用这笔钱可以买 1,400 只母羊。

　　光有金钱还不够。尽管克莱格家属于地道的农民，却也有一些权势和过硬的关系：贝尔纳·克莱格认识富瓦伯爵府上有影响的人物，他以粗俗的方式向他们行贿（II. 282）。这家的权势表现在三方面：伯爵府里、地区教会中、蒙塔尤村及其周围。本堂神甫克莱格的手很长。纪尧姆·莫尔说："他在富瓦伯爵府和教会里拥有很大权势。他随时都能让人把我们抓起来并毁了我们。所以我只得离开法兰西王国去了普伊格塞尔达。"（II. 171—172）富瓦伯爵领地是法兰西王国的附庸，克莱格家的权势甚至超出了伯爵领地的范围，影响到卡尔卡松。那里的宗教裁判所不仅利用他们，有时也听取他们的主意。贝尔纳·克莱格曾经对贝尔纳·贝内说："如果你能到卡尔卡松的宗教裁判所，向法官承认我向你提示的这些罪行（臆想的），我不仅可以为你提供路费，而且还能让法官撤销对你作的戴黄十字标志的判决。"（I. 404）地区性的影响还与当地的势力结合在一起：皮埃尔·克莱格最得势的时候被人们称作埃荣的"小主教"（III. 182）。皮埃尔·莫里承认："克莱格家非常富有，并且掌握着埃荣的地方大权。"（III. 193）实际上，本堂神甫曾长期担任卡尔卡松与蒙塔尤之间诚实的中介人。他利用自己在山下的关系保护山上的教民。这使他得以在两方面都巩固和加强了自己的势力。1321 年，纪耶迈特·贝内讲道：

---

① III. 283。这甚至相当于一个富有教士的财产（II. 484）。

第一部分 蒙塔尤的生态：居所与牧羊人

"大约在12年前的一天，本堂神甫的兄弟纪尧姆·克莱格[①]的私生子阿尔诺·克莱格来到我家，他受本堂神甫的嘱托对我说：

'明天，本堂神甫要来通知你到卡尔卡松出庭受审。宗教裁判所法官将对你判处监禁。本堂神甫让你务必找个理由不去卡尔卡松。所以，明天你要躺在床上装病，说你在家从梯子上摔下来了，还要装成有多处骨折的样子。如若不然，你就得进监狱了。'

第二天，本堂神甫和证人来到我家时，我真地躺在床上，并对他说：

'我从梯子上摔下来，骨头断了好几处！'

他便这样为我找到了借口！"

皮埃尔·克莱格的好意虽然没能避免纪耶迈特·贝内在很久以后被判终身监禁，并过起整天戴着镣铐、以水和面包充饥的日子（I. 534），但他的帮助毕竟使这个与贝洛家有联姻关系（贝洛家又与克莱格家有联姻关系）的妇人赢得了12年的自由生活。于是，为保护本堂区的某个家庭，本堂神甫时常违背宗教裁判所的法制，尽管他在村里是这种法制的代表。为了保护他人和维持自己的势力，这难道不是最好的方式吗？被放逐多年并屡遭巡捕追踪的皮埃尔·莫里对此没有异议，[②] 他说："如果蒙塔尤的本堂神甫有意抓我，他早就会这样做了！有一天，他到我父亲家收什一税。他看到了我并和我说了话，然而他并没有让人来抓我。"

克莱格家不仅有钱有势（II. 58），而且和纯洁派关系密切。多

[①] I. 476。纪尧姆是本堂神甫的兄弟。
[②] II. 187（由于他们原先都与纯洁派有关系，皮埃尔的确可能受到了皮埃尔·莫里的讹诈：II. 69）。

年来，它虽然十分善于保护自己和朋友们的利益，但最终还是难逃覆灭的下场。

克莱格家在当地农民中的权势形成了一种矛盾的复杂的关系：它力图高居当地庄户人家之上，因而最终与它们产生了不和。贝阿特里斯·德·普拉尼索尔讲道：

"有一次，我在瓦里尔病倒了。本堂神甫来看我，他对我说：

'借助宗教裁判所的力量，我终于把蒙塔尤人牢牢踩在脚下了。'

于是我反问他：

'过去你非常爱那些好基督徒（异端分子），如今为什么要迫害他们呢？'

本堂神甫对我说：

'我并没有改变，我一直很爱那些好基督徒。但是，我要以各种方式向那些伤害过我的蒙塔尤农民复仇。以后我会向上帝解释清楚的。'"（Ⅰ.239）

在蒙塔尤，"农民"或"庄稼汉"被看作骂人的字眼，尽管这个村里几乎都是务农的和放牧的。在埃荣，一个临终者在咒骂给他做圣体圣事的教士时便用了这类字眼："卑鄙可恶的庄稼汉！"（Ⅰ.231）本堂神甫在与贝阿特里斯的谈话中把蒙塔尤的乡亲们说成"庄稼汉"，这一方面是辱骂他们，另外也是为了把自己家与他们区别开来……

但这种努力是徒劳的。克莱格家与本堂区其他人家具有血肉的联系。克莱格家以联姻或结亲的方式和贝内家、贝洛家、里夫家、马尔蒂家、利齐耶家和福尔家结成了紧密的亲戚关系。我们还不应忘记，克莱格家的男人曾有过不少"艳遇耦合"，和在其他

第一部分　蒙塔尤的生态：居所与牧羊人

方面一样，本堂神甫皮埃尔在这方面也名列榜首。在蒙塔尤，从贫苦妇人到城堡主夫人都得到过克莱格家人的"宠幸"。她们爱戴和赞赏克莱格家的人，并为他们抓虱子。[①]血亲、联姻或姘居的联系使这个家族在鼎盛及衰落时期获得了必要的支持和帮助。但是，这并不排除克莱格家最后与贝内等一些人家发生严重敌对和冲突，尽管这两家之间存在间接的婚姻联系。

此外，异端也构成了同谋关系的基础。在因复仇而非思想转变而背叛之前，皮埃尔·克莱格和其他重要家族的成员都信奉纯洁派，并是纯洁派主张的可靠支柱。1301年，纪尧姆·奥蒂埃感叹道："啊，如果世上的本堂神甫都像蒙塔尤的那样该有多好！"他还说，可以完全信任克莱格全家人。实际上，皮埃尔·克莱格和贝尔纳·克莱格在动荡不安的青年时代便对异端表现出难以抑制的向往。纪尧姆·莫尔的话便是有力的证明："纪尧姆·莫里向我讲了这样一件事：一天夜里，正当宗教裁判所在蒙塔尤焚烧阿尔诺·福尔家的房子时，本堂神甫从贝洛家带出两个藏在那里的异教徒，让他们逃往阿拉考特密林。"（II. 173）如果我们相信阿拉扎依·富雷的话，皮埃尔·克莱格曾在一个叫作"帕尔戴塔"的地方望风警戒，以便让扮成皮毛商的普拉德·塔弗涅不受干扰地对蒙塔尤一个临终者做临终慰藉（I. 415—416）。阿拉扎依·阿泽马也揭露了贝尔纳·克莱格过去的同谋活动（I. 317）。她说："这个贝尔纳把按什一税收的麦子集中起来，把其中一部分晾在雷蒙·贝洛家的矮房顶上。他让雷蒙·贝洛把这些麦子送给异端分子。"财富、家庭关系、异端、权势，这便是克莱格家得以在蒙塔

[①] 见下文，第九章。

尤产生影响的四大支柱。这一家族在当地的权势是由体制保证的：皮埃尔·克莱格是村里的本堂神甫。由于他不断从事本职以外的活动，所以获得的职业收入相对有限。对情妇的宠幸占去了皮埃尔本应献给教徒们的一部分时间和精力。尽管如此，他在表面上还是一个比较尽职尽力的教士：听取忏悔，即使有很大罪过也能主持礼拜日和重大节日的弥撒，出席教区会议，征收什一税……此外，他还是村里少有的几个识文断字和有书籍的人之一：他手里曾经拿着奥蒂埃兄弟借给他的一本集民俗、天主教、纯洁派于一体的历书（I.315）。他还担当一点公证人的职责，即代人保存重要文书，例如有关他女友贝阿特里斯陪嫁的文书。另外，他还是卡尔卡松宗教裁判所的正式代表，他利用这种地位既进行保护也实施镇压。当地人对他的评价远非一无是处。多年之后，他在贝阿特里斯的回忆中始终是"一个善良和能干的人"，而且"当地人（在很长时间里）都这样认为"（I.253）。

在蒙塔尤，克莱格家的两个成年人——皮埃尔和贝尔纳成功地控制了教会和地方的两项裁判权。皮埃尔是本堂神甫，贝尔纳是领地法官。贝尔纳以此名义和弟弟皮埃尔相互配合（他们俩以不同的名义负责征收什一税）。作为领地法官，贝尔纳的职责是断案和替伯爵领地征收捐税（因为掌握政权的富瓦伯爵同时也是蒙塔尤村的领主）。如果说皮埃尔实际上是宗教裁判所的执达员，那么贝尔纳便是伯爵的治安官和警长：他负责逮捕罪犯，必要时并没收他的牲畜。不用说，皮埃尔、贝尔纳和雷蒙这三兄弟在这些方面有很多机会相互配合。他们三个利用领主土地权甚至领主特权为自己谋私。雷蒙·克莱格曾经在蒙塔尤的副城堡主雅克·阿尔森陪同下，到比利牛斯山区皮伊莫朗的佩道尔山口追捕纪尧

第一部分　蒙塔尤的生态：居所与牧羊人

姆·莫尔。对雷蒙来说，纪尧姆·莫尔已从他个人的对头变成了他家的仇敌（Ⅱ.176）。然而他们两人没有完成这一使命。在佩道尔，他们只找到了被放逐的牧人皮埃尔·莫里。他们"借给"他一些食物后便客气地让他逃之夭夭了。同样，在1308年8月宗教裁判所进行大清剿时，皮埃尔·克莱格让人把十二三岁以上的所有教民都关进蒙塔尤的城堡。后来他又释放了其中一部分人（Ⅲ.82）。在蒙塔尤堂区，皮埃尔被人们看作"城堡里的人"。他利用这座城堡以达到其精心策划的个人目的。最后，作为公平的回报，城堡主夫人，确切地说是前城堡主夫人成了"皮埃尔的女人"，和他姘居了一个短暂的时期。

克莱格家族以及与之敌对的家族曾先后对村里的农民使用过地方领主权、领地法官权和城堡主权。它们都试图依靠这种体制达到各自的目的。当克莱格家的星座自1320年起开始暗淡后，便轮到其敌人操纵地方领主权这一世俗武器来打击克莱格家及其朋友和拥护者了。克莱格家的敌人包括：富尼埃主教的表兄皮埃尔·阿泽马（蒙塔尤人）、蒙塔尤和普拉德的副本堂神甫雷蒙·特利亚尔和蒙塔尤的行政官贝尔纳·马尔蒂等（Ⅰ.406）。（人们会发现，这是我们的资料中第一次谈到蒙塔尤有一名行政官：在蒙塔尤，由家长参加的村议会的确产生过一个行政委员会，但它出现得很晚，没能发挥什么作用。）人们看到，普通农民皮埃尔·阿泽马"命令"伯爵城堡的副官把贝尔纳·贝内投入城堡的地牢，原因是他曾不自觉地当过克莱格的同党。

在这种情况下，城堡主的副官像个平庸之辈。皮埃尔·阿泽马向他傲慢地发号施令，在"借伯爵之手"没收贝内的牲畜时，也无需得到他的任何批准（Ⅰ.395—396）。

第三章 居统治地位的克莱格家族

这一细节并非毫无价值。它比理论性的契约更能说明蒙塔尤的"阶级斗争",更确切地说是蒙塔尤的"集团斗争"。对包括克莱格家在内的各个农民集团来说,问题主要不在于反抗领主权的压迫,而在于掌握(有时是轮流掌握)领主、领地法官和城堡主的地方权力,从而粉碎村里的敌对集团。在这种条件下,伯爵的领主权主要表现为争斗的砝码而不是镇压的工具:当地的人们都力图控制这种权力,以便使自己的集团占上风。

* * *

我已经对克莱格家作了一番描述,并把它置于蒙塔尤的家族系统之中。现在要做的便是用几句话说明它的"人员内涵"。首先存在一个称呼和主导的问题:老家长蓬斯死后,阿拉扎依·阿泽马把克莱格家称作"蓬斯·克莱格的儿子们的家"(I.315)。酒店女老板法布利斯·里夫称其为"本堂神甫和他兄弟们的家"(I.327)。异端派吉拉贝尔的姊妹阿拉扎依·富雷谈到过"贝尔纳·克莱格的家"(I.413)。贝洛家的女佣雷蒙德·阿尔森是提供信息最多的人物之一,她不加区别地使用两种称呼:"贝尔纳·克莱格和他兄弟的家"或"本堂神甫家的人"。因此,克莱格家是双头领导:皮埃尔和贝尔纳兄弟俩在理论上是平等的领袖。但是,他们其中一个似乎比另一个更重要些:贝尔纳非常爱他的弟弟皮埃尔,并甘愿承认他弟弟的至上地位。皮埃尔死后,贝尔纳便呼唤他:"我的上帝,我的主宰,我的主心骨啊!"(II.87)

克莱格家人高度的协调性并不意味着他们之间总是思想一致和充满信任。笃信纯洁派的老家长蓬斯·克莱格最后也对儿子皮埃尔的堕落和告密活动产生了警觉。雷蒙·莫里的儿子皮埃尔·莫里因异端活动和其他"罪行"长期流亡在外。本堂神甫

第一部分　蒙塔尤的生态：居所与牧羊人

曾向雷蒙·莫里建议，让他儿子回到蒙塔尤来。蓬斯得知皮埃尔·克莱格这个主意后大发雷霆，并提醒雷蒙·莫里要小心。他用对儿子极为不满的口气说："千万别信这个叛徒神甫的话。你只需告诉皮埃尔·莫里：如果你在七兄弟山口（蒙塔尤附近），你就逃到马尔马拉山口去；如果你在马尔马拉山口，你就逃到皮伊莫朗山口去，那里已不属帕米埃主教管辖；但千万不要待在那里，逃得越远越好！"（II. 285, 289）皮埃尔·克莱格是否知道父亲对他的诅咒？即便知道，他也没有怀恨在心，并依然把父亲的遗体看作家族运气的载体。正如人们所看到的，他剪下了父亲的头发和指甲，以便把"他家的星座或好运"留下。皮埃尔·克莱格对于母亲芒加德始终怀有深厚的感情，这种感情既是纯洁派的，也是天主教的！村里的长舌妇阿拉扎依·阿泽马、纪耶迈特·"贝洛特"和阿拉扎依·里夫等人在参加完芒加德的葬礼后议论说：她生了"一窝狗崽子"，养的儿子都是坏蛋（I. 314）。但这种诅咒是徒劳的，皮埃尔并不在意。他对贝阿特里斯说："我母亲是个好心的女人。她的灵魂升到了天上，因为她为'好基督徒'做了许多事。她曾经把食品寄送给被监禁的蒙塔尤异教徒，如娜罗卡和她的儿子雷蒙·罗克等人。"（I. 229）然而，对母亲的这种"纯洁派的"怀念并不妨碍本堂神甫脚踏两只船，他把芒加德葬在蒙塔尤的朝圣小教堂，即卡尔内斯圣母殿中圣母马利亚祭坛旁（III. 182）。这样做的目的无非是让芒加德的灵魂最先享受到从祭坛不断流出的恩泽。皮埃尔·莫里缅怀芒加德信奉异端的历史，因此他不满地说："把这个女人葬在那儿是对她的一种侮辱。"蒙塔尤的另一个异端分子埃麦尔桑德·马尔蒂用反常的口吻说："如果帕米埃的主教了解本堂神甫的母亲过去的（异端）行为，他一定会让人把她

第三章 居统治地位的克莱格家族

的尸体挖出来,扔到教堂外边埋掉。"(III.182)皮埃尔·克莱格是个好儿子,但不是个好教士。他一心只想让母亲的墓地借上马利亚的圣光,对神学方面的冲突和矛盾却丝毫不顾。他一方面为把芒加德葬在圣母祭坛边而感到自豪,但同时又对贝阿特里斯宣称:"马利亚不是天主之母,她是耶稣基督借以成身的肉桶。"(I.230)

皮埃尔在怀念母亲方面走得很远:在芒加德生前,雷蒙德·吉乌曾为她抓虱子并在她的引导下皈依了纯洁派。皮埃尔后来便把她当成知心密友、抓虱子的帮手和临时的情妇。

尽管有时发生这样或那样的争执,克莱格兄弟和他们父母的关系还是比较融洽的。他们之间是否团结得"像一个人似的"?这个大家族有时也出现关系紧张的迹象。例如,当贝尔纳·克莱格把麦子送给异端派时,便将此事瞒着自己的兄弟们或其中的几个人(老蓬斯·克莱格共有四个儿子〔I.375〕)。然而这只是个小插曲,算不上影响家庭基本统一的因素。这种统一是由家庭成员和几个忠实的亲属共同维护的。拉罗克(奥尔姆)的贝尔纳·加利便是其中之一。作为克莱格家的外甥,贝尔纳·加利在这个家面临衰落的关键时刻给予了帮助(I.396)。

*　　　　*　　　　*

克莱格家在经过了长期的显赫之后开始衰落。最初,在1300年左右,皮埃尔和贝尔纳牢牢地把握着本堂神甫和领地法官的职位。他们是奥蒂埃兄弟在当地的联络人,并且成了这个受异端"毒害"的村庄的保护人。家里另外两个兄弟是他们的后盾。无论信仰程度是否一致,皮埃尔和贝尔纳本身都是异端分子。由于和山下的天主教会也串通一气,这兄弟俩才得以灵活地脚踏两只船。贝尔纳为罗马教廷征收什一税,又把其中一部分送给纯洁派:他

第一部分 蒙塔尤的生态：居所与牧羊人

是左手进右手出。皮埃尔在堂区教会组织中和异端家族中很有威望。由于他和前城堡主夫人的关系，他在村里享有上流地位（参见下文）。皮埃尔在知识方面的威信是通过与奥蒂埃兄弟的交流以及他身边的一个学生来保障的。这个年轻学生叫让，是纯洁派的同情者，人们都以为皮埃尔在给他讲课（I.243, 279）。在和贝阿特里斯·德·普拉尼索尔约会的时候，克莱格便利用他传递情书，牵线搭桥。

但是，这种占优势的安全地位未能长期维持下去。卡尔卡松的宗教裁判所也在监视着蒙塔尤。克莱格家族在表面上和实际上都必须作出抉择：或是多少与异端划清界限，或是和它同归于尽。于是，皮埃尔和贝尔纳开始背叛阿尔比教派的信仰，对其采取半信半疑的态度（为自己采取"明智"选择的人总是被宗派内的人看作"叛徒"）。另外，从1300年起，皮埃尔·克莱格开始养成了可恶的告密习惯。早在他母亲去世时，以及在他和贝阿特里斯的艳史结束前，蒙塔尤信仰纯洁教的长舌妇们便开始谴责她们的本堂神甫"毁了全村"。总之，在1300年代，蒙塔尤的农民和异端派发现自己在怀里养了一条蛇。克莱格新的面目不久便显现出来：帕米埃法院书记官对他的描述毫无保留地揭示了一个成熟男子的面目：他内心骄横，行为放荡，执意报复，具有当地人的凶悍特点。

关于本堂神甫皮埃尔·克莱格的严重背叛，我们掌握两种说法：一种是皮埃尔自己的，我们在下面将会提到；另一种是被他出卖的人的，这些人中有他的姻亲，其中不少是他多年的朋友，如莫里、贝内、贝洛、莫尔等家的人。这些山里原本很有名望的家族被打翻在地后，其幸存者一致谴责本堂神甫及其全家背叛了

·100·

第三章 居统治地位的克莱格家族

当初的信仰，充当了宗教裁判所的工具（I.405）。有一天，纪尧姆·贝洛在一个叫"拉卡尔姆"的地方与雷蒙德·阿尔森会面，他直截了当地对她说："本堂神甫和他家的人让卡尔卡松宗教裁判所的老爷抓了蒙塔尤的许多居民。本堂神甫家的人也应当关进监狱（作为前异端分子），应该让他们也受到和蒙塔尤人同样的监禁。"（I.375）克莱格虽然过去信仰纯洁派，并在内心深处仍然是半个阿尔比教派，但他实际上没有放过自己的教友：由于莫尔家与克莱格家为敌，在本堂神甫的斡旋下，这家人都被投入监狱或逃到加泰罗尼亚……（II.171）对此，蓬斯·克莱格试图以与法兰西的合作不可避免为由替儿子的行为辩护（II.171）。皮埃尔·克莱格确实表现得像个被自己人耻笑的合作者。无论是对是错，他本想使自己的朋友和教民免遭殖民者和卡尔卡松教裁判所的直接或间接打击，并认为这是减少损失的一种办法。

1308年8月的悲剧便是在这种背景下酝酿和上演的。作为同谋的克莱格亲眼看着自己的教徒们被警方投入监狱（I.373，注158）。蒙塔尤十二三岁（大致年龄）以上的所有男女居民都遭到了逮捕。这一事件可能是由加亚尔德·奥蒂埃的招认引起的。从1308年的斋期起，异端分子纪尧姆·奥蒂埃的妻子加亚尔德便受到宗教裁判所的审问。更具决定性的是皮埃尔·奥蒂埃的外甥们所作的揭发。"他的外甥姓德罗戴，是塔拉斯孔人。其中一个是帕米埃的多明我会修士。"大逮捕本身的悲剧性是人为造成的：可怕的波洛尼亚克指挥着卡尔卡松宗教裁判所的人员。他不费吹灰之力就以"从事异端活动"的罪名逮捕了蒙塔尤规定年龄以上的所有居民（III.162—163）。这一天，蒙塔尤的居民正集中在一起庆祝圣母节。这是该堂区的民间节日：人们同时纪念圣母马利亚和

·101·

第一部分 蒙塔尤的生态：居所与牧羊人

纯洁派的上帝，而不担心这两者间的冲突。当地的大多数牧羊人结束了转场放牧，重新回到了蒙塔尤。皮埃尔·莫里恰巧留在了凯里于山口，一个运面粉的人后来告诉他，全村人都被关进了监狱。蒙塔尤的几个妇女把面包顶在头上，装扮成外地农工才侥幸逃脱出来。

没有被捕和侥幸逃出的人来到西班牙边缘的加泰罗尼亚或撒拉逊定居。蒙塔尤村一时变为了孩子和羊群的天下。村里的成年和青年人先被关在城堡里，后来又被押解到卡尔卡松的监狱中。有几个人被处以火刑，其他人则被长期分别关在男女大牢内。囚犯们倒是可以收到外边送进来的食品和家人的包裹。

另一些犯人被很快释放了，宗教裁判所允许他们回到蒙塔尤。从此以后，他们开始生活在克莱格家的控制之下。对他们来说，这种控制既有保护作用又具危险性。全村人，或者说剩下的村民都自愿或被迫地聚集在本堂神甫的周围。皮埃尔·克莱格在淫荡行为和告密活动中逐渐衰老下去。残缺的蒙塔尤变成了一个戴黄十字标志的堂区了：原来的异端分子必须佩戴黄布做的十字，就像犹太人戴的星形标志一样。皮埃尔·克莱格利用这一局面还向他的敌人——被逮捕的莫尔家清算了一笔老账：芒加德·莫尔过去曾以影射方式说本堂神甫在异端问题上并不清白。她因此所得的下场我们已经知晓。

除了受害者的看法外，皮埃尔·克莱格认为自己的形象还不是那样恶劣。他不把自己看成一个叛徒，而认为他是个族间仇杀者或严正捍卫自己事业的人。1308年左右，当守寡的贝阿特里斯在瓦里尔患重病期间（I.234, 239），皮埃尔利用参加教区会议的机会最后一次看望了他过去的情人：她始终是他亲密的朋友。他坐

第三章　居统治地位的克莱格家族

在床边，询问她身体和心脏的状况。他还一边拉着她的手，一边抚摸着她的胳膊。贝阿特里斯向他表示，她对他俩过去关于异端的谈话感到恐惧和不安。她承认，出于害怕，她从没敢就过去这些谈话向教士忏悔。过了一会儿，她鼓足了勇气，问本堂神甫为什么要迫害过去的异端朋友。他主要回答说（参见上文的具体内容）："我一直很爱那些好基督徒（异端分子）。但是，我要以各种方式向那些伤害过我的蒙塔尤农民复仇。"

皮埃尔想进一步向贝阿特里斯表明：向卡尔卡松告密的行为丝毫不影响他对纯洁派的一贯信仰。他再次重复了他在同她热恋时宣扬过的一套理论（I.234, 239; I.226）。他曾对这位少妇说："只有上帝自己能够救赎，你并不需要忏悔。"

8年前，当皮埃尔还信奉纯洁派并尚未大量大肆告密时，他对贝阿特里斯曾说过类似的话，只不过要更具体些："唯一有效的忏悔是对上帝的忏悔，因为上帝在罪过发生前就已知道，并且能够赦罪。"8年过后，对这两句话的比较具有决定意义。1308年时，克莱格比任何时候都更是双重代理人，但他在内心里还是个异端派。

无论是为了自己还是违背自己，皮埃尔一直是个异端派。另外，他还一直想成为教民网、蒙塔尤村和当地的领袖和主宰。这方面，尽管艰难时代不免会造成失误，但他在1308年前后的作为仍和以前一样。皮埃尔根据不同情况，或无偿或有偿地在本地担当起保护人的职责，使一些人免遭卡尔卡松权力机关的迫害。一天，本堂神甫正在自己的教堂门口晒太阳，法布利斯·里夫来向他报告或检举阿拉扎依·贝内在去世前刚刚接受异端慰藉的事（I.324）。

第一部分　蒙塔尤的生态：居所与牧羊人

　　皮埃尔听罢大怒，他对法布利斯说："住口，住口！你在胡说八道。我们这里没有异教徒。如果有，我们就会发现的。"

　　法布利斯不知如何是好，于是便向小兄弟会的一个修士进行忏悔。小兄弟会的修士也很惊讶并且迷惑不解。他问法布利斯："你的本堂神甫是做什么的？"

　　于是，小兄弟会便向皮埃尔·克莱格提出交涉。他们对他说："你们的裁判区到处是异教徒。"本堂神甫一本正经地回答说："我一个也不知道。"正当他说此话的时候，一个众所周知的异端派教长正大摇大摆地走在蒙塔尤的街上！

　　这一事件只能不了了之，因为卡尔卡松的宗教裁判所受到皮埃尔·克莱格的操纵，他只告发自己家的敌人。卡尔卡松的宗教裁判所被他蒙在鼓里，根本不会想到传唤法布利斯·里夫。

　　1308年的大搜捕过后，皮埃尔·克莱格很难再继续掩护或救助那些参与异端活动的支持者、教民以及朋友的朋友了。但他并没有完全放弃拯救者和保护人的角色。人们曾两次发现皮埃尔·克莱格及其家人放跑了逃亡在外的皮埃尔·莫里，甚至把钱借给他！[1] 到1320年，就在皮埃尔倒台的前夕，他还按100个图尔币的报酬为阿克斯累太姆的纪尧姆·蒙东摘掉了黄十字标志[2]：善于使用"经济手段"的异端派总会有办法使本堂神甫听从他们的意见。

　　然而，宗教裁判所也吞噬自己的孩子，尤其当他们像克莱格那样怀有二心时。1320年，雅克·富尼埃发动了决定性的打击。

---

[1]　II. 176, 186—187。
[2]　I. 279。关于（被遗弃在灌木丛中的）黄十字标志，还可参见 II. 177; I. 453。

第三章　居统治地位的克莱格家族

这一次，蒙塔尤原先的异端分子，包括伪装成教会捍卫者的人被统统一网打尽。克莱格集团虽然千方百计地保护自己的朋友，维护自己的利益，但最终也落得和他们曾告发的那些人同样的下场。在垂危之际，两个集团相互残杀，致使蒙塔尤陷于分裂：阿泽马-吉拉贝尔集团（此时以阿拉扎依·富雷为代表，她的娘家是吉拉贝尔家）要拼命搞垮克莱格集团：阿拉扎依指控雷蒙·克莱格的妻子埃斯克拉蒙德参加了纪尧姆·吉拉贝尔的临终慰藉仪式。克莱格家也不示弱，立即全力反击：被雅克·富尼埃投入监狱的本堂神甫皮埃尔力图动员他在卡尔卡松宗教裁判所的影响。他让村里的亲属摆布可怜的贝尔纳·贝内，让他提出对吉拉贝尔-阿泽马家族不利的伪证。克莱格家的人对贝尔纳·贝内威胁说："你若不作伪证就会被处以火刑，你若不作伪证就会被五花大绑地押到卡尔卡松去。"与此同时，阿泽马家也对贝尔纳·贝内施加了反向的有效压力。在这关键时刻，本堂神甫家的格言是："一切为家族，家族为大家"，"宁可我负天下人，不可天下人负我"。[1] 然而这种努力是徒劳的：长期遭监禁的克莱格兄弟死在狱中。不知为什么，皮埃尔·克莱格到最后始终保持沉默。这个知情很多、甚至太多的人没有说话就死去了。或者，他向主教招认的东西没有被书记官记录下来？无论是否如此，人们一般相信：和遭宗教裁判所迫害的许多可怜人一样，本堂神甫始终没有招供。

皮埃尔·克莱格是个山民领袖，而且能说会道。角斗士的气质使他和一般的告密者截然不同。他的垮台就像在森林中砍倒一

---

[1] I. 399。还可参见 II. 283—284，贝尔纳·克莱格（他没有孩子）有关"我们死后，哪怕他洪水滔天"的言论。

第一部分　蒙塔尤的生态：居所与牧羊人

棵大树。作为宗教裁判所的"伐木工"，最终成为教皇的雅克·富尼埃在这个本堂神甫身上看到了真正的敌手。他实际上并非如此缺乏道德。

*　　　　　　*　　　　　　*

　　在按照正常的逻辑结束对家庭系统的介绍时，我们描述了克莱格家和克莱格集团的活动。这使我们得以对蒙塔尤的权力性质及其运用进行更普遍的思考。在这方面，关于封建主义和领主主义的概念仍具有一定价值，因为人和村子组成的小天地被包围在领主、教会和伯爵领地义务的网络中。但是，从蒙塔尤村和那里人们的实际生活看，这种概念的涵盖面过大：在蒙塔尤，行使和贯彻权力的敏感区处于封建和领主结构之下。正式的等级关系当然是领地法官（作为伯爵领主的代表）与其卑微属下的关系，以及本堂神甫与其堂区教民的关系。但是，领主或教士的地位如果不辅以朋友、拥护者和亲戚的关系便会显得无足轻重。这些关系同时伴随着族间仇杀和敌对冲突（二律背反）。克莱格家位于所有网络的交汇处：这家人不是贵族和领主，但掌握着领地法官和本堂神甫的职务。对于村里的许多居民来说，他们同时担任着朋友、情人、主人、同伙和有势力的亲戚等多种角色。对另一部分居民来说，他们则担任着压迫者和敌人的角色。他们家和其他一些人家结下了血亲或姻亲关系，他们还拥有不少信徒和追随者。因此，贝尔纳·克莱格，尤其是皮埃尔·克莱格本应长期统治着蒙塔尤。但是，在遭受迫害的蒙塔尤，权力既消磨人也腐蚀人。长期处于失利地位的敌对者最后终于"干掉了"克莱格家。在本堂神甫得势的很长时间里，他在堂区（以至在整个埃荣地区和萨巴泰）建立起一个由朋友、亲戚、同伙和情妇们组成的名副其实的"黑手党"。① 皮埃尔·克莱格乐于助人。他虽是卡尔卡松宗教裁判所的代理人，但尽力保护本地人不受其迫害。这些"帮助"也会是负面的：皮埃尔·克莱格在一些事上仅限于不向宗教裁判所告发某些人。在这种情况下，不受损失与得到实际好处同样可贵。收了一笔贿赂后，本堂神甫便给一个前异端分子摘掉了黄十字。他还向一些妇女提出考验性的问题：你必须和我睡觉，"否则我就让你完蛋"。换句话说：我要向卡尔卡松的宗教裁判所告发你（I.279; III.391）。

在家庭的支持下，皮埃尔·克莱格在相互交叉的两种体制中成为正直的中间人，或者应当说是不道德的掮客。一方面是政治和宗教权力的体制，其基础是封建领主以及教会和伯爵的权力。我们看到，在大一统社会中，这种体制形成了地区等级制的特点。这一多中心的体制包括：富瓦的伯爵、卡尔卡松的宗教裁判所和法兰西国王的代表，（尽管克莱格家疏通好了与这三种势力的关系，但不幸的是……）还有帕米埃的主教雅克·富尼埃。他对本堂神甫的诡计采取了毫不妥协的态度。这种分为等级和纵向的体制掌握着制裁措施和镇压手段：它险些把蒙塔尤夷为平地。另一方面，和上述体制相对的是另一种"横向"（而非"纵向"）的体制，即涉及家族、亲属、兄弟、敌友、爱憎的体制。在蒙塔尤，这种体制决定着家族的组合，影响着它们相互之间的关系。沟通当地的和地区的这两种体制始终是一件不牢靠和冒险的事。以本堂神甫为首的克莱格家承担着这项任务：克莱格家占据的战略地位给它

---

① 有时是复因决定的。贝阿特里斯·德·普拉尼索尔同时是皮埃尔的情妇和教母（I.253）。

第一部分　蒙塔尤的生态：居所与牧羊人

带来了益处、财富、威望和权力。但是，这种地位也意味着不稳定的平衡，它时刻孕育着危险。

作为村民社会和总体社会之间的调停人，克莱格家本身还需要地位更高的调停人和保护者。这些人能够打通伯爵宫、主教府和宗教裁判所，即富瓦社会最高权力的关系。我们只了解这些高层调停人中的几个：他们大都是当地的贵族、教士，或者是领地法官和行政官。本堂神甫被捕入狱后，贝尔纳·克莱格便试图通过贿赂运行这张高层保护网，但是他没有成功。[①]在比利牛斯山或前比利牛斯山的奥克西坦尼地区，由本堂神甫、领地法官、小领主、大富农或亲朋好友组成的秘密帮派大都试图以这种方式挫败宗教裁判所的迫害和法兰西及教会的镇压，他们有时也会获得成功。

然而，他们只能获得部分成功：在蒙塔尤占主导的体制建立在友情—亲戚—拥护者的基础上；另一种体制也有其"支持者"，它以大一统社会的政治权威和宗教压迫为基础。[②]这两种体制之间的关系极为紧张。它们在价值标准方面存在很大分歧（纯洁派－农村的价值标准与天主教－城市的价值标准之间的对立），同时还在地理方面形成了地区对立（卡尔卡松和帕米埃与蒙塔尤和萨巴泰的对立）。这种地区对立随时可能酿成大动乱。蒙塔尤远非无懈可击，为防御外部的打击，它只得受弄虚作假的克莱格集团的蒙蔽。但是，这种体制，更确切地说是两种体制的连接处终于坍塌了。

---

① II. 282。还可参见同一保护系统使皮埃尔·莫里被释放的过程（见本书第四、五章）。
② 见皮特—里弗斯：《山民》，第213页。

第三章 居统治地位的克莱格家族

研究农民社会的历史学家很容易在别的地方和时代找到更平静的例证：有的调停人作为一村之长，会在一生中毫不费力地调整好他与全村和大一统社会权力之间的关系（1750年，对于农村调停人埃德姆·雷蒂夫来说，大一统社会权力的代表是总督府、骑士团和耶稣会或冉森派教士）。

在某些情况下，调停村民社区与外部权力间关系的可能是贵族，诺曼底的古贝维尔老爷便是如此。他是法国西部博卡日地区乡村小贵族的代表，他们在这一地区承担着许多重要的社区职务。但更常见的一般情况是（我们缺少计量史学所需的统计数字[①]）：承担"领导"、支持和庇护职责的当地调停人不是来自贵族和领主，而是来自与其十分接近的社会阶层。村里的本堂神甫（他们不都像皮埃尔·克莱格那样凶悍）和领主的官吏（法兰西北部的行政官，南部的领地法官）中产生了不少上述村民领袖和小庇护者。17世纪如火如荼的农民起义（如1636年的"新土佬"起义和1639年的"赤脚汉"起义）正好发生在这些"领袖"意识到了自己的责任、并与大一统社会实行决裂的时候：在农民的追随下，他们带着武器和行囊转入了起义者的阵营。

具体到蒙塔尤，在发挥调停人和山民领袖的必要作用方面，贵族和领主都未真正介入。领主权最多成为当地双方争夺的王牌。前城堡主夫人仅仅是居主导地位的本堂神甫进行炫耀和泄欲的工具，他从她身上获得了快感和威望。其他贵族或是离得太远，或是太超脱，或是身份太低，因此都不能领导全村在生死线上与大

[①] 这在很大程度上取决于当地的领主是否居住在那里。

第一部分　蒙塔尤的生态：居所与牧羊人

一统社会作斗争。①

在蒙塔尤处于紧张形势时，家族之间争夺领导和调停地位的斗争要求必须具备极有竞争性的态度、"公开或隐蔽的攻击技术"以及"迅速集中和分解财富与权力的能力"。②

克莱格家遭非议的上升和最终的（或不是真的最终）垮台向我们全面展示了这种行为表现。在蒙塔尤，争权夺势的斗争无疑与市民勤劳俭朴的社会准则和点滴积累的节约行为大相径庭。它要求人们适应进攻、背叛、倒戈等行为。在蒙塔尤，夺取权力的人可以获得美满的报偿，但这种报偿是不稳定和多变的。当然，在村里做首领比在城里或重镇当小伙计强得多。因此，宁可在蒙塔尤当老大，也不在帕米埃当老二或在塔拉斯孔当老三。但是，在埃荣地区的小堂区比其他地方更突出的是：卡皮托利山丘离塔耳珀伊亚岩石很近。③权力在1321年前后就易手了，这至少是暂时的。

---

① 在德·朱纳克家（住在当地的城堡主和领主家族）所在的朱纳克（上阿列日），情况却大不相同。
② 沃尔夫：《农民》，第86—88页。
③ 卡皮托利山丘位于罗马，是古代罗马的政治权力中心。塔耳珀伊亚岩石是卡皮托利山丘西南部的石崖，以罗马神话中卡皮托利执政官之女塔耳珀伊亚而得名。在帝国时期之前，古罗马的犯人都被从石崖推下摔死。——译者

第四章

普通牧民

  我在前面考察的大部分家庭属于传统的定居农民。然而，我们不应仅限于了解农业社会的一面，因为它还不能代表蒙塔尤的全部现实。比利牛斯山区的这个村庄还有一些伐木工，他们的生活条件十分恶劣。除伐木以外，这些人在其他时间也从事耕种或放牧。他们丝毫未受到异端的影响，所以，他们并不是宗教裁判所关注的对象。因而我们对他们的了解也较少些。

  我们了解更多的是牧民。在村里，他们的数量比较多：在蒙塔尤的 8 个家庭中至少有十几个人被明确地称作牧民，他们中有纪尧姆·佩利西耶、纪尧姆·贝洛、纪尧姆·吉拉贝尔、让·马尔蒂、皮埃尔·巴伊、纪尧姆·巴伊、皮埃尔·莫里、让·莫里、纪尧姆·莫尔和吉罗·贝内[①]。在蒙塔尤，除严格意义上的农活以外，人们最常提到的职业便是牧民。[②]

---

① 吉罗，第 64 页。
② 见前文。

第一部分　蒙塔尤的生态：居所与牧羊人

"牧民"一词本身并不明确。在蒙塔尤或奥尔诺拉克等上阿列日山村，在某种意义上，所有人都是牧民，因为大家或多或少都养着羊。奥尔诺拉克的领地法官纪尧姆·奥斯塔兹对这种情况十分了解，他对集合在广场大榆树下的百姓们大声说："应该烧死的不是异教徒，而是富尼埃主教。因为是他向我们征羊羔税。"（Ⅰ.208—209）由于这些大不敬的话，纪尧姆·奥斯塔兹成了畜牧经营者、土地和家业所有者以及牲畜所有者们的代言人。这些牲畜所有者经常放牧自己的羊群，并让自己的孩子做帮手。

然而，我在这一章里所关注的不是一般牧民的社会，因为我们已对他们进行了分析，也考察过他们的家。在这里，我要谈的是那些居无定所，到处流动的牧人团体。[①] 他们组成了农村中的半无产者，无家无业，过着游牧生活。然而，他们也有自己的传统和自豪，并对山里人的自由和命运有独特的看法。他们临时或永久地汇入了比利牛斯山区广泛的迁徙运动。这种迁徙运动逐渐向山下，主要是西班牙境内发展。[②]

他们在现存权力的框架中运动。在从一村子到另一村子的流动中，他们加入到家族的网络中，并能发现和自己投缘的关系。蒙塔尤的牧民皮埃尔·莫里走遍了加泰罗尼亚（现在的奥德）。他至少和克莱格集团保持着某种关系，甚至处在他们的保护之下（Ⅱ.176）。另外，由于西班牙一侧不断发生领主间的家族战争，山上牧民的活计变得很艰难。和封建社会的鼎盛时期一样，比利牛

[①] 在外流的年轻男子中，有许多人离开村子，长期在外当独身牧民。因此不排除蒙塔尤留下的居民大多数是妇女。由于丈夫往往先去世，寡妇的数量很多，这也加剧了上述倾向。

[②] 参见博纳西的著作，第2卷，第115页及以下各页。

第四章　普通牧民

斯山区的小贵族们总是像兀鹫一样相互撕咬。在附近山里转场放牧的牧民如果不被迫"赔偿"两强冲突造成的损失就算是幸运了。例如，卡斯泰尔当的领主纪尧姆·当唐萨和另一个领主（除了他的名字叫纳尔泰斯或埃纳尔泰斯外，我们对他一无所知）交兵打仗，莫里兄弟只好把羊群赶出了卡斯泰尔当的地面（II. 479; III. 195）。

这些到处跑的牧民有一些是蒙塔尤人，我们了解他们中的几个。他们是被怀疑的对象，或者只是居无定所者。同别人发生争执或械斗后，他们便从大路或"羊肠小道"①逃走，或是消失在丛林中。一个叫让·莫里的牧民介入了一桩打斗事件，他直截了当地说明了此事如何加强了他固有的"旅行癖"："我和拉泽斯的几个牧人打了一架，我还受了伤。一个叫维齐安的在打斗中站在我一边。当时他在蒙塔尤的雷蒙·利齐耶家干活。我把自己受伤的事向富瓦伯爵在蒙塔尤的领地法官贝尔纳·克莱格作了申诉，并向蒙塔尤的城堡主告了状。但城堡主不愿为我被拉泽斯牧民打伤的事主持公道。由于受到不公的对待，我离开了蒙塔尤，来到了普伊格塞尔达，在女领主布吕尼桑德·德·塞尔维罗家受雇放羊。我和这位女领主及她的羊群呆了4年零两个半月……"（II. 476）纪尧姆·贝利巴斯特在参加了一场激烈的殴斗后也逃之夭夭。他是凶手，在殴斗中杀死了一个牧民。他被迫放弃了富足的产业和在居比埃尔的老家，先是做起了牧羊人，②后来又成为异端派教长……最后，作为阿尔比教派一个小群体的预言家，他定居在加

---

① 即进山放牧的小路。
② 关于天才的牧羊人贝利巴斯特，参见 II. 177。

第一部分 蒙塔尤的生态：居所与牧羊人

泰罗尼亚。在那里，他放弃了牧民的职业，当起了篾匠或造毛梳的工匠。

贝尔纳·贝内也是一样，他以另一方式成为家道中落的牺牲品。①他出身于蒙塔尤一个富有的农牧业主家庭。但是，宗教裁判所毁了这个家。贝内家的土地被没收后归了富瓦伯爵。它实际上是由领地法官贝尔纳·克莱格经管。此事最显著的结果是：克莱格家从贝内家的破产中获益匪浅（这两家原来有间接的联姻关系）。至于贝尔纳·贝内，他一下子沦落为牧民无产者，其物质和精神条件都不佳：在受宗教裁判法官追究时，他只能靠放羊为生。在蒙塔尤，他还受到两个集团的夹击。克莱格集团想使可怜的贝内向卡尔卡松宗教裁判所做伪证；和克莱格集团敌对的阿泽马集团则逼他撤回这一证词。依照其兄弟本堂神甫的主意，贝尔纳·克莱格向贝尔纳·贝内许诺，只要他肯合作就把没收的草场还给他。皮埃尔·阿泽马主要是使用大棒而不是胡萝卜：他扣下了贝尔纳·贝内最后的财富，即宝贵的羊群，以便从反方向影响他。最后，贝尔纳·贝内遭到逮捕，但他不久便从被软禁的马圣安托南镇逃了出去（I.408）。在塞尔达尼躲了一段时间后，他在阿克斯累太姆又被捉拿住了：阿克斯累太姆的皮埃尔·鲁塞尔及其妻子阿利桑德告发了他。这个阿利桑德不是别人，她是加亚尔德·贝内的妹妹。加亚尔德是皮埃尔·贝内的妻子，而这个皮埃尔·贝内又是贝尔纳的兄弟。所以，贝尔纳是被他兄弟的小姨子出卖的。

---

① 有关旧制度的资料大都向我们介绍社会地位向上的变动。对从中受益的个人来说，这种上升意味向精英界的长入。这些精英在档案资料中也有较多反映。因此我认为，雅克·富尼埃宗教裁判记录簿的价值在于它介绍了社会地位向下变动的现象。

第四章　普通牧民

这可真不够情意，但也事出有因：阿利桑德和加亚尔德俩姐妹在不同时期都当过本堂神甫皮埃尔·克莱格的情妇。她们背叛了与贝内家的合法联系，完全成了为克莱格家效力的人，并从情妇演变成密探。皮埃尔·克莱格的情妇们便是以这种方式促进克莱格家繁荣的。贝尔纳·贝内的命运则每况愈下：这个本来可以继承父业、成为产业主的青年人，最终沦为一个受堂区各个集团任意摆布的普通牧民。在这种条件下，他能从宗教裁判法官的利爪下逃脱就应谢天谢地了。①

＊　　　　＊　　　　＊

另一个和贝尔纳·贝内类似的牧羊人命运更惨，他就是纪尧姆·莫尔。他也出身于蒙塔尤的殷实农家，宗教裁判所使他家破人亡。在这件事上，克莱格家也起了作用。纪尧姆·莫尔的父亲和兄弟均遭逮捕。他母亲芒加德冒失地说起了克莱格家人年轻时的异端倾向，从而把克莱格家得罪了：他们真地割掉了她的舌头。②纪尧姆·莫尔躲过了监禁和刑讯。逃跑后，他在富瓦伯爵领地与加泰罗尼亚之间的崇山峻岭中游荡。他心中保留的与其说是异端信仰，不如说是报仇的誓言。（他对异端派教长纪尧姆·贝利巴斯特说的气话表明他缺少纯洁派的热情："我宁愿吃羊肚也不愿加入你们的团体。"（II. 187））这并不令人奇怪：四处游荡的纪尧姆·莫尔一心要杀死克莱格一家以报仇雪恨。他从内心里蔑视阿尔比教派的命运：正是由于他们，宗教裁判所才监禁了他的全家。

---

① I. 395 及以下各页；I. 405—406; I. 408（鲁塞尔的揭发）。
② II. 222；由于领地法官的权力（他本人是富瓦伯爵领地高级领主裁判权的代表），克莱格家族策划的"割舌头"行为已经在"法律上"成为可能。贝尔纳·克莱格有这种权力。

· 115 ·

第一部分　蒙塔尤的生态：居所与牧羊人

纪尧姆·莫尔不情愿地成了牧羊人，他不断追忆着已消退的家族光辉。实际上，他的家族本不太显赫，只是由于销声匿迹，其形象才得以在追忆中更显辉煌。在转场放牧中，纪尧姆·莫尔有机会在许多地方接触到山区牧人制作奶酪的团体。他的结局很不幸：他最后在普伊格塞尔达被捕，马霍卡头人的副本堂神甫派人把他押送回富尼埃主教的监狱。①

*　　　　　*　　　　　*

牧羊人贝利巴斯特、莫尔、贝内提供了社会地位下降的缩影。他们命运的价值超越了个人的和蒙塔尤的范围。在蒙塔尤之外，我们还看到朱纳克的牧民贝尔纳·马尔蒂曲折、感人和悲惨的一生（III. 253—259）。贝尔纳·马尔蒂出生于伐木工家庭。他的家境原来比较富裕，但后来也被宗教裁判所及其打手搞得家破人亡。贝尔纳·马尔蒂只好去给人家放羊。他东奔西跑，时常找不到活干。

然而也有些人甘愿做一辈子牧羊人，（因为是幼子或家境贫苦）身处农村世界的最底层并不使他们感到难为情。这些人较善于适应自己的命运，其中几个典型或众所周知的人甚至以当牧民为荣幸。我们熟悉的让·佩利西耶和皮埃尔·莫里便是如此。

蒙塔尤的让·佩利西耶是贝尔纳·佩利西耶的儿子，他从12岁或14岁起便成为职业牧民。（确实，过去农家的孩子从12岁就开始放羊。这里涉及农村儿童教育的"长时段"问题。）最初进入这一职业时，小佩利西耶的父母把他送到远离家乡的图尔农去学艺。②

---

① II. 170, 171, 173, 175, 177, 178—190; II. 223; I. 418; III. 87 与 II. 173（克莱格的同谋）。
② 根据 III. 522，图尔农是卡斯泰尔朗（如今的奥德）。

第四章　普通牧民

他学艺的第一位东家是个妇人,名叫托马西亚,她可能是个寡妇。

这种生活刚开始时,小佩利西耶还不是个行家里手。他的同事皮埃尔·莫里是个思维敏捷的牧羊人。和他在一起时,小佩利西耶显得很平庸。他处于旧制度的文化的底层:他说不出第一个女东家姓什么,[①] 只知道她叫托马西亚。他甚至连自己第一次学艺时的确切年龄也说不清。当有人问他这次学艺的时间时,他的回答同样很不确切:"我在托马西亚家呆了五六年。"

18岁时,让·佩利西耶成为公认的牧羊人后便回到家乡。在那里,他与母亲阿拉扎依和兄弟雷蒙、纪尧姆、贝尔纳、皮埃尔一起生活了一段时间。在此期间,除了他自己的家外,他只同4个邻居或亲戚家有些交往。他在强调自己社交的封闭性时说:"我在这些人家从没遇到过外人和异教徒。"

年轻牧民的交往有限,但他们的"旅行癖"却根深蒂固。让·佩利西耶后来再次离家,先是到尼奥尔[②]给纪尧姆·卡斯泰兰家放了两年羊,然后又到蒙普莱给雷蒙·让家放了一年羊(III.75及以下各页)。他受雇的时间都很短:在奥克西坦尼农村,雇主和雇工之间往往订立短期雇佣合同,他们在一起时间不长就分手。[③]这种情况和农奴制截然不同。

在蒙普莱的雷蒙·让家结束受雇后,让·佩利西耶再次回到蒙塔尤(这成了他的习惯)。这一次,他又被贝尔纳·莫尔家雇佣,开始为他家放羊(III.75,76)。他和莫尔家有一点亲戚关系。由于

[①] 可以和1830年前后克勒兹省应征新兵的情况加以对照(参见勒华拉杜里、迪蒙和阿隆的著作:《法国新兵的人类学》,1972年)。
[②] 在当今的奥德。
[③] 德·塞尔:《农业舞台》,1600年。

第一部分 蒙塔尤的生态：居所与牧羊人

莫尔婶婶不停的灌输，让·佩利西耶最终接受了纯洁派的思想。这表明，雇主和雇工之间在社会和家庭方面的距离并不很大。

宗教裁判所的迅雷劈到了莫尔家头上。家里雇的牧羊人也被吓呆了。让·佩利西耶讲道："我的东家贝尔纳·莫尔和他母亲纪耶迈特[①]一起因异端罪被抓进了监狱。他的兄弟和邻居皮埃尔·莫尔以及另一个皮埃尔·莫尔（前一个皮埃尔·莫尔的儿子）在卡尔卡松被监禁了一段时间。老皮埃尔·莫尔其他两个儿子，即贝尔纳和纪尧姆[②]也因异端罪被关进了卡尔卡松的监狱。在宗教裁判所对当地异端的清剿后，贝尔纳·莫尔的儿子，即另一个皮埃尔·莫尔逃出了蒙塔尤（1308年），并在加泰罗尼亚住下来。两年前（1321年），他回到蒙塔尤，为的是娶纪尧姆·奥蒂埃的一个女儿为妻（纪尧姆·奥蒂埃此时正因异端罪被关在卡尔卡松）。这个皮埃尔·莫尔在村里一直呆到今年初冬，不久前才回到了加泰罗尼亚。我一直小心地避免和他说话。"莫尔家遭到了逮捕和迫害（芒加德·莫尔的舌头还被割掉了），其成员有的被关，有的出逃，因而其社会地位一落千丈，未来前景更令人绝望。莫尔家的牧工佩利西耶的叙述，再清楚不过地表明了1305—1320年间笼罩在蒙塔尤上空的痛苦和无声惨剧。让·佩利西耶在目睹了其雇主家的亲属被宗教裁判所赶尽抓绝的经过。因此，依照牧羊人的禀性，他决定一走了之。他又到埃荣的普拉德当了牧工。在这个离蒙塔尤1古里的村子里，异端的影响几乎同样严重。他说："离开贝尔

---

① III.76；请不要把贝尔纳的母亲纪耶迈特·莫尔与他的妻子纪耶迈特·莫尔混淆起来。
② 关于纪尧姆·莫尔，参见上文第117—118页。

第四章　普通牧民

纳·莫尔家后，我到了埃荣的普拉德村，在贝尔纳·马莱以及他的儿子贝尔纳、雷蒙和安德烈家当牧工。"（Ⅲ.76）然而不幸的是："我在老贝尔纳·马莱家受雇两个月后，他也受到卡尔卡松宗教裁判所的传讯，接着便被投入了监狱。这个贝尔纳可能死在牢里了。"雇主再次遭难后（继莫尔家之后又轮到了马莱家），让·佩利西耶只能寻求自我安慰了。他向雅克·富尼埃指出，无论怎样，"老贝尔纳·马莱的三个儿子从未因信仰异端而受到威胁"。

多么可怜的补偿！在让·佩利西耶离开蒙塔尤到埃荣的普拉德时，他实际上从未脱离莫尔、克莱格和马莱等家族的亲属和纯洁派网络。尽管有可怕的内部纠纷，这种网络在村落间形成了异端和家族的同谋关系：普拉德的老贝尔纳·马莱（让·佩利西耶的雇主，被监禁）的儿子小贝尔纳·马莱娶了本堂神甫皮埃尔·克莱格的一个侄女为妻。于是，本堂神甫就成了这对年轻夫妇的保护人（Ⅲ.77）。在埃荣地区，所有的路，甚至包括牧民流动打工的路都会和本堂神甫克莱格的路发生交叉……

在外游荡多年后，让·佩利西耶终于回到家乡蒙塔尤不走了。从此，他融入到村里的生活中，在那里建起了自己的家。有时他病倒了，人们看到他躺在家门口（Ⅲ.79）：体弱多病的他正在阳光下休息。[①]

无论是在草场禁牧前的春天还是牧草收割后的夏天，他一般都能正常活动（Ⅲ.84）。作为"富裕"牧民，他开始有了自己的羊。但是，他可怜的成功受到的直接局限是，他只能到别人的草

[①] 关于纪尧姆·莫尔，参见上文第117—118页。并请参见Ⅲ.104：让·佩利西耶时常生病，身体较弱。

第一部分　蒙塔尤的生态：居所与牧羊人

场放牧自己的羊群。一天，让·佩利西耶在牧场上放羊。这是人们在蒙塔尤看到的一个典型场景，它既表现了牧羊人锐利的目光，也反映出他们朦胧的时间概念。他的叙述依然以不确切的时间开始（III. 84）："可能是卡尔卡松宗教裁判所把蒙塔尤人都抓走的那年（1308年），或许是在这前一年？我记不太清楚了。事情好像发生在夏天割完牧草后，又像是在春天禁牧前。那是在一个叫孔勃戴尔加泽尔的地方，我当时正在纪尧姆·福尔（纪尧姆·福尔于1321年以重新堕入异端罪被处以火刑[1]）和他兄弟的草场上放我的羊。那儿有一条通往蒙塔尤的山路，我就在路左边的草场上放牧。在路右边有蒙塔尤的雷蒙·巴伊的儿子皮埃尔·巴伊。这个皮埃尔·巴伊在贝尔纳·马尔蒂（人称'老山羊'）的草场上放羊。那边还有蒙塔尤的让·马尔蒂，他放羊的草场是自己的，和雷蒙·马尔蒂的草场相毗邻。大约在中午前后，阿尔诺·维塔尔沿着那条路从蒙塔尤方向走来。他的长内衣外面套着一件蓝外衣，肩上扛着一把斧子，斧柄另一端是一捆山毛榉，正好保持两边的平衡。和他在一起的有两个人，他们里边穿蓝色或绿色的衣服，外面罩着带风帽的棕色大衣，肩上也扛着斧子。阿尔诺和他的同伴们穿过贝洛的草场，逐渐走近了。他们看到我和跟我一块放羊的伙计皮埃尔·巴伊和让·马尔蒂。阿尔诺来到皮埃尔·巴伊面前，向他打了个招呼。皮埃尔·巴伊对他做了回应……因为阿尔诺此时在蒙塔尤负责看青，所以他训斥了皮埃尔·巴伊和让·马尔蒂几句：他们让羊群在撒过种的地里乱跑。为了开个玩笑，让

---

[1] 参见兰勃尔什的著作，第187页，被迪韦尔努瓦引用，《托罗萨纳宗教裁判所审判记录，宗教裁判所史》，第132页。

第四章　普通牧民

对阿尔诺说：'这两位伐木工是从拉弗拉内来的吗？'……"这一场景描述得很细致，这一参与者的见证再现了 14 世纪蒙塔尤的牧民小社会：他们经营着各自的草场，定期进行收割和放牧。这些草场处于堂区耕地和远处牧区山地之间。他们中形成了不同的社会阶层：一种牧民在别人的草场上放牧自己的（和别人的）羊群；另一种牧民是经营畜牧的地产主，他们在完全属于自家的草场上放牧。① 然而，这种隐约的差别并不妨碍不同阶层的牧民共同组成非正式的互助或合作组织。在这种小规模基层组合之上，还有涉及全村的集体劳役：通过禁牧期来调节待割草场的放牧；由村里的兼职看青人负责看护播种后的田地。这个看青人本是个修鞋匠，他还时常追逐年轻姑娘。② 在这个山村天地里，时间的流动是漂浮的，对它的划分很不准确。宗教裁判所制造的灾难或各种放牧活计往往成为时间的节奏：牧羊人让·佩利西耶把 1308 年的大搜捕、禁牧期和牧草收割期作为时间标志，这些标志显然缺乏准确性。③ 这个牧民的视野中还出现了我们不熟悉的、扛着斧头和柴捆的伐木工。然而，从此往下便都是编造了。因为他所说的那两个人不是名副其实的伐木工：他们是异端派教长！书中的场面正是他们在贝洛家秘密小住后返回山林的时刻。他们一个是普拉德·塔弗涅，人们时常在通往埃荣的路拐弯处看到他。另一个就是阿克斯

---

① 还可参见 I. 410；身患重病的纪尧姆·吉拉贝尔有 15 岁左右。"他以前是牧民，曾替父亲放过羊。"这篇有意思的资料向我们介绍了蒙塔尤另一个牧羊人的情况和从 12 或 14 岁开始学习放牧的情况。
② 参见上文，第二章。
③ 我们在这段资料中可以发现，让·佩利西耶心态中精确的空间与模糊的时间之间形成了强烈对照。关于这个问题，可参见下文第十八章。

第一部分　蒙塔尤的生态：居所与牧羊人

累太姆著名和勇敢的公证人纪尧姆·奥蒂埃，是婚姻关系把他和蒙塔尤直接联系起来。他的妻子加亚尔德是蒙塔尤人阿尔诺·贝内的女儿，阿尔诺·贝内本人则是贝内集团的中坚分子。

由此可见，小牧羊人让·佩利西耶的职业生涯完全封闭在本村各家族当中。相反，牧羊人皮埃尔·莫里的职业生涯则与四处流动结合在一起，其中充满冒险、短暂的爱情，尤其是友谊。下面有必要详细介绍一下皮埃尔·莫里的生活。实际上，他一生的所有活动都和当时比利牛斯山的经济基础——大规模转场放牧——密不可分。①

好心的牧羊人皮埃尔·莫里

皮埃尔·莫里出生在 1282—1283 年间，其父雷蒙·莫里是蒙塔尤的织布匠，其母名叫阿拉扎依。和村里不少人家一样，莫里

---

① 这种大规模转场放牧涉及大批羊群（至少几百头羊）。这与比利牛斯山（阿克斯累太姆和其他地方）的经营者进行的饲养活动不同，他们雇佣蒙塔尤的牧工；另一方面，这也不同于蒙塔尤以及从事多种经营的传统地区。这些地区的牲畜业建立在小群和分散的基础上（关于这方面，可参见罗尔辛：《14、15 世纪里昂地区的农村》，1974 年，第 30 页）。格拉曼夫人在她论文的导言中指出，饲养规模的扩大，无论是集中经营式的还是分散式的，都是对 14 世纪初朗格多克以至奥克西坦尼地区人口过剩现象的一种抵抗。这种抵抗旨在从牲畜生产中找到补充资源。根据这种观点，关于加泰罗尼亚牧场为牧民和骡子运输工提供的机会，可参见 II. 42。到西班牙进行转场放牧，这一社会经济基础构成了皮埃尔·莫里等人活动的"前提条件"。关于这个问题，可参见巴斯托尔·德·托涅里最近的研究成果，1973 年，第 135—171 页。

· 122 ·

第四章 普通牧民

家是个传统家族。雷蒙和阿拉扎依一共生了6个儿子,他们的名字是:纪尧姆、皮埃尔、让、阿尔诺、雷蒙、贝尔纳。此外,不必声张的是,他们还有两个女儿:一个是纪耶迈特,她后来与贝特朗·皮基耶的婚姻很不幸,后者在奥尔姆的拉罗克做木匠;另一个女儿雷蒙德后来嫁给了蒙塔尤的纪尧姆·马尔蒂。她们俩都是18岁(或许还不到)时结婚。

我们掌握的资料反映出,蒙塔尤和其他地方都盛行大男子主义和成人至上主义:资料中往往忽略女孩和婴儿的存在,对夭折的孩子也很少提及。因此,莫里家至少应生过8个孩子。尽管织布匠雷蒙·莫里的职业在原则上不属于农业,但他家却过着一种基于畜牧、农业和手工业的混合型生活。皮埃尔·莫里18岁时还只是蒙塔尤的小牧羊人。他兄弟纪尧姆·莫里当了伐木工。皮埃尔·莫里1324年在证词中说:"23年前,我在蒙塔尤为阿尔诺·富雷和雷蒙·莫朗放羊。阿尔诺·富雷是蒙塔尤人,雷蒙·莫朗是阿尔克人。我的兄弟纪尧姆·莫里和现已死去的纪尧姆·贝洛在奥萨森林中做屋顶盖板。"① 在此期间,皮埃尔·莫里开始了和异端的接触。这种接触主要是通过他兄弟纪尧姆和在村里一贯积极传播纯洁派思想的贝洛家族集团进行的。接触的方式是由两个伐木工,即纪尧姆·贝洛和纪尧姆·莫里对皮埃尔进行一种半福音、半康德式的布道。皮埃尔接着说:

"纪尧姆·贝洛和纪尧姆·莫里来到我这里并对我说:'好基

---

① III. 120。莫里家的孩子们从小就受过放牧的专门训练。而且,由于家庭贫困和父母的财产被宗教裁判所没收,他们中的几个,尤其是让·莫里也只得以放牧为生(I. 444)。

第一部分 蒙塔尤的生态：居所与牧羊人

督徒们已来到这个地区。他们和圣彼得、圣保罗及其他使徒一样追随着主，并奉行己所不欲勿施于人的行为准则。'"

当时，接受异端说教的皮埃尔·莫里还是个笃信圣徒的年轻人。他还回忆起自己不久前做的一件事："我刚为我的羊群剪了毛，并把一捆羊毛奉献给圣安东尼，另一捆奉献给了蒙塔尤的圣母马利亚。剩下的一些我准备做衣服用。但是，我的兄弟和纪尧姆·贝洛对我说：'善人们（异端分子）没有好衣服穿。送给他们一些羊毛，让他们做衣服用吧！你对他们的这种施舍很有价值，比你给圣安东尼的更重要。因为向圣安东尼奉献的有许多人，而向善人们奉献的人却不多。而且，善人们可以替他们的恩人祈祷上帝……这种祈祷是非常有效的！因为他们站在正义和真理一边。'"

年轻的莫里想到，这些圣徒们将为自己进行祈祷，这使他激动不已，于是他改变了初衷："他们讲了那么多道理，我被说服了，便拿出一捆羊毛让他们带给这些异端分子。"年轻的牧民皮埃尔·莫里此时已成为诸说混合论者，他把自己的羊毛分成了三份：一份献给极乐世界的众神和蒙塔尤的圣母（人们宁愿把农产品送到当地的寺庙，也不愿将其当作什一税送给远方的主教）；另一份留给自己，为的是织布做衣服，这是牧民对畜产品的一种自我消费；最后一份送给异端派教长或圣人们。这一举动是在当地的纯洁派的鼓动下做出的，他把他们被视为传递上帝恩惠的中介人。

皮埃尔·莫里和异端最初的这种联系发生在1300—1301年左右。此后不久，18岁的皮埃尔逃离了父亲的家（III. 110）。这并不是由于他和父母闹翻了，而是由于他已感觉到自家的周围笼罩着

第四章 普通牧民

一种不祥的气氛：宗教裁判所已经怀疑他家有异端倾向。因此还是趁早逃走的好。第二年冬天，皮埃尔·莫里从山里下到奥德地区，打算让羊群在拉泽斯和费努耶德之间阿尔克河谷的暖地上过冬（Ⅲ.121）。（牧民们在山下的奥德与阿列日山区之间转场放牧，这也说明纯洁派思潮为什么会在奥克西坦尼－富瓦－奥德等不同海拔的地区轮番出现。）在阿尔克，皮埃尔·莫里在堂兄雷蒙·莫朗家当牧工（这里再次出现了亲属关系和雇佣关系合为一体的基本现象，它有助于理解当时农村的"无产者"为什么往往是本家[①]和亲戚）。后来，当皮埃尔·莫里长到20来岁时，他开始恋爱了（Ⅲ.110, 121）："第二年冬天，我和羊群在阿尔克河谷过冬。我住在堂兄雷蒙·莫朗家里，并热烈地爱上了村里一个名叫贝尔纳戴特·德·埃斯基娜特的姑娘。在这两年间里，没有人再向我谈起过异端，因为人们都看到我正热恋着这位姑娘。"漂亮的贝尔纳戴特似乎没有给皮埃尔·莫里制造痛苦。但是，后来雇佣皮埃尔·莫里的雷蒙·皮埃尔却强烈谴责他们的这种关系。一天，在羊圈里，雷蒙对皮埃尔·莫里表达了他的愤怒，他甚至骂贝尔纳戴特是婊子："皮埃尔，你原来非常爱戴善人们，但你现在根本不再关心他们了，反而对嫖娼热衷起来。你想讨个妻子，可以，我们会帮你找一个。但她应当对信仰（异端）富有知性，这样一个妻子肯定比一个与我们信仰不同的女人要强（指贝尔纳戴特）。因为，如果你娶一个与你信仰相同的妻子，你们便可以在家里接待

[①] 关于这种家庭雇工，可参见布尔迪厄：《阿尔及利亚的社会学》（另外参见布尔迪厄：《世界的醒悟》，巴黎，1966年）。皮埃尔·布尔迪厄对马格里布家庭雇工的论述有许多也符合蒙塔尤佣人的情况，这些佣人的雇主就是他们的亲戚。但是，在这些牧民家里还有不少非亲属雇工（参见下文）。

第一部分 蒙塔尤的生态：居所与牧羊人

善人们，为他们做好事，还能不冒任何风险地和妻子谈论关于善的知性等问题。"（III. 121）

和妻子一起谈论问题，雷蒙描绘的前景是令人兴奋的。因为在奥克西坦尼，许多沉默的家庭从不谈及这些问题。所以，这种前景至少是令人向往的。

从此以后，皮埃尔·莫里不能继续和他热爱的贝尔纳戴特·德·埃斯基娜特交往了。而且，另一个贝尔纳戴特，即贝尔纳戴特·皮埃尔闯入了他的生活。她当时只有6岁，但人们已经在大谈她长大后与皮埃尔·莫里结为夫妻的事了。这位小姑娘的父亲正是皮埃尔·莫里此时的雇主雷蒙·皮埃尔。未来的岳父有不少产业。皮埃尔·莫里将来也能成为体面的女婿：他靠自己的积蓄和放羊的收入攒够了在阿尔克买地的钱。当地另一个牧羊人贝尔纳·贝利巴斯特是这桩婚事的天才说客。他用甜言蜜语对皮埃尔·莫里描述了一幅美妙的前景。贝尔纳说："如果你真想娶一个对善有知性的妻子，我认识的一个姑娘将来肯定能满足你的愿望。她非常富有，以至于仅凭她父亲将来的赠与（作为陪嫁）和你目前在阿尔克拥有的财产和购买的土地，你不用干活就可过上舒服日子……因为你未来的岳父雷蒙·皮埃尔可以收你做养子。他将来要把现年6岁的女儿贝尔纳戴特·皮埃尔许配给你。在此之前，你可以留在雷蒙·皮埃尔家。他是个对善有知性的人。"（III. 121）贝尔纳·贝利巴斯特这番天花乱坠的谈话很有意思。其字里行间表露出奥克西坦尼牧民们的基本价值准则：家庭与异端之间的紧密联系；借扩充附属部分来扩大家庭容量（收养未来的女婿，共同居住，嫁资制）；家长收女婿作养子以延续家族和门第，并以正式契约的方式许诺：把住在家里的年轻男子选作继承

第四章 普通牧民

人，让他将来娶目前尚小的女儿为妻，还让他得到陪嫁。所有这些斡旋都出于简单的动机：雷蒙·皮埃尔没有儿子，只有3个女儿：贝尔纳戴特、雅高特和马尔其兹。因此他必须找到一个愿意来家"入赘"的女婿。

这海市蜃楼般的前景没有使皮埃尔·莫里晕头转向。他向贝尔纳·贝利巴斯特提出了一个既有考验性质又十分理智的问题："贝尔纳，你怎能事先知道贝尔纳戴特长大成人后会有善的知性？"（Ⅲ.122）皮埃尔·莫里提出的问题一点也不荒谬。实际上，雅克·富尼埃的宗教裁判记录簿向我们揭示了一些"计划婚姻"的情况：一个纯洁派信徒以为一个姑娘是异端分子，便高兴地和她结了婚。他本希望夫妻能永远在炉边惬意地谈论阿尔比教派的话题。但这可怜的新郎被其岳父无耻地欺骗了：他娶了一个信奉天主教的泼妇。慑于宗教裁判所的威胁，他不得不紧闭家门，和她在坟墓般的沉默中生活近四分之一个世纪（Ⅲ.322）。

然而，贝尔纳·贝利巴斯特能言善辩，牧羊人提出的问题并不使他难堪。他反驳莫里说："雷蒙·皮埃尔会把他女儿教育得特别好，使她在上帝的帮助下肯定具有善的知性。万一她到时候没有善的知性，那么到她成年时，你只管带着自己的东西离开雷蒙·皮埃尔的家。你只要和这个姑娘分手就行了，因为对你来说，找一个没有善的知性的妻子是绝对不可取的。"（Ⅲ.122）（我们注意到，这段关于家庭社会学的新内容涉及很有意义的一点：14世纪的比利牛斯山或前比利牛斯山区和15—16世纪的塞文山脉一样，被选作未来女婿并入赘的年轻男子把自己那份财产也带到对象家。一旦计划婚姻发生破裂，男方便可把自己的财产带走。）

贝利巴斯特凭借三寸不烂之舌美化的婚姻计划吸引了皮埃

第一部分 蒙塔尤的生态：居所与牧羊人

尔·莫里。他决定认识一下"善人们"。这些人处于女方家族阴谋的中心。这一阴谋是：雷蒙·莫朗和雷蒙·皮埃尔串通一气，把皮埃尔拉到"善的知性"一边来（III.110）。于是，皮埃尔·莫里向雷蒙·皮埃尔以及贝尔纳·贝利巴斯特（我们不久便会看到他与异端派的重要关系）提出了关键性的问题："人们多次向我谈到的善人们到底是些什么人？"

贝尔纳和雷蒙的回答令人受益匪浅："这些人和一般人差不多！他们的骨头、肉、体形、面容和其他人的完全一样！他们只是和使徒一样，是唯一遵循正义和真理的人。他们从不说谎，不拿别人的东西。即便在路上见到金子或银子，他们也不据为己有，除非这是有人送给他们的礼物。这些人被称作异端分子，信仰他们比信仰其他东西更能获得拯救。"（III.122）

不偷盗、但乐于接受小礼物的善人们是恩惠的中介人和个人获救的保障。皮埃尔·莫里被能够如此易得的拯救所吸引，将来能娶富有的雷蒙·皮埃尔的女儿为妻也是他求之不得的。在这次谈话15天后，这位牧羊人和一位异端派教长进行了首次决定性会见。这次接触是莫里后来毕生不断"寻访善人"的开端。当时是1302年，皮埃尔·莫里才20来岁。

这第一次会见是在雷蒙·皮埃尔家的晚宴上进行的（III.122）。我们知道，这个雷蒙是阿尔克的农牧业大户。他在阿尔克河谷和埃荣的夏季牧场之间转场放牧。他家的房子有"阁楼"（II.17, 404）。当时他至少雇佣着两名长工（也许由于他没有能干活的儿子），其中一个长工负责放牧，由皮埃尔·莫里担当；另一个负责赶骡子。这项活计先由来自索尔特的佣人阿尔诺担当，但由于他不是纯洁派，不久便被雷蒙·皮埃尔粗暴地辞退了。后来，库斯托萨的皮埃尔·卡塔兰承担了这项活计,他"是纯洁派信徒"(Ⅲ.135)。

雷蒙·皮埃尔家的这次晚宴自然安排在厨房里举行,因为在当时,除了在奥克西坦尼的富农家以外,还没有厨房和餐厅之分。[1]参加晚宴的有老板本人,即阿尔克山谷的雷蒙·皮埃尔。由于他最初曾住在萨巴泰,因此人们也称他萨巴泰的雷蒙·皮埃尔(Ⅲ.100, 121)。另外还有他的妻子西比尔和她的母亲。后者和她的女婿住在一起,这是个略有扩展的家庭(Ⅲ.122)。两个妇人负责准备饭菜。作为邻居或客人应邀出席的还有其他一些牧民,他们大都是埃荣或阿克斯累太姆地方的人,转场放牧把他们与阿尔克河谷联系了起来。雷蒙·皮埃尔这天邀请的宾客还包括雷蒙·莫朗和贝尔纳·维塔尔。在阿尔克,雷蒙·莫朗是皮埃尔·莫里的堂兄和第一个雇主;贝尔纳·维塔尔住在阿尔克河谷,但原籍是蒙塔尤(他的表兄阿尔诺·维塔尔便是蒙塔尤的修鞋匠兼看青人,此人以追逐姑娘和信仰纯洁派而闻名)。宾客中还有纪尧姆·埃斯考涅和他的妹妹马尔其兹·埃斯考涅。纪尧姆·埃斯考涅是阿克斯累太姆的牧主,因转场放牧的事来到了阿尔克。他们兄妹是奥蒂埃的朋友,纪尧姆以前是在马尔其兹家认识皮埃尔·奥蒂埃的。那天他正在那里无拘无束地烹制炸小鱼(Ⅱ.12, 13)。

皮埃尔·莫里本人也以很随便的方式被邀请赴宴。作为受雇佣的牧工,他实际上用不着邀请,因为他完全是这家的一员。和当时的其他雇工一样,他把这里看作自己的家。有一天他竟毫无顾忌地和男主人一起骂女主人。他偶尔也对西比尔·皮埃尔喊道:

---

[1] 关于晚些时候这方面的情况,可参见德·塞尔的著作,1600年。

第一部分　蒙塔尤的生态：居所与牧羊人

"不称职的母亲，魔鬼！"（II.415）

　　雷蒙·皮埃尔的家在奥德。在他家厨房里举行的这次晚宴总共（除了皮埃尔·莫里以外）有4家的成员参加。它们都属于阿尔克河谷两侧和埃荣—萨巴泰地区信仰异端的农民人家：维塔尔家、莫朗家、皮埃尔家、埃斯考涅家。在旁边的屋子里（厨房隔壁），异教徒的"头领"皮埃尔·奥蒂埃和来自里姆的两个男人（异端分子）在吃鱼。他们不时挑几块好鱼肉让人送给厨房里的雷蒙·皮埃尔。晚宴的"气氛"极好，皮埃尔·莫里则成为这种气氛的牺牲品。他原本喜欢小兄弟会的天主教说教，几天前他还在阿尔克的教堂里领受过一次成功的演示（III.123）。席间相互交融的热烈气氛感染了皮埃尔·莫里，他觉得自己对罗马教廷的信仰在这一晚发生了动摇。他被皮埃尔·奥蒂埃变成了"异端信徒"。在这种情况下，奥蒂埃改用"你"来称呼莫里，而莫里继续用"您"称呼这位纯洁派传教士。晚宴最后是大家尽情饮酒作乐，人们在炉火边庆祝新成员的加入。

　　皮埃尔·莫里此后再也没见到过皮埃尔·奥蒂埃。他在当地牧场放牧自己的和东家的羊群，但每隔8天就要从牧场回阿尔克一次，到雷蒙·皮埃尔家补充干粮。此时，他时常会在雷蒙·皮埃尔家遇到某些异端分子。一天，当他在厨房等雇主的岳母给他做肥肉炸鸡蛋时，他得知普拉德·塔弗涅正在隔壁紧锁的房间里。异端派普拉德·塔弗涅原是织布匠，他主张耶稣无所不在论，在埃荣很有名气。塔弗涅吃纯洁派的饭食，主要是面包、鱼和葡萄酒。塔弗涅得知皮埃尔回来后，便叫他进到房间来。他站起身来表示敬意，然后又坐下，并递给皮埃尔一块经他祝圣过的面包。

皮埃尔·莫里专门收集由各个异端派教长祝圣过的面包块，① 这种做法在比利牛斯山区很快盛行起来。对他来说，这又是个意外的收获。莫里说："我告辞后就带着被祝圣或未经祝圣的面包回到了我的羊群那里。"

　　皮埃尔·莫里到牧场去了 8 天后再次下山回阿尔克取面包（这些牧民面包吃得很多）。这位善良的牧羊人在雇主家遇见了居比埃尔富有的产业主和经营者纪尧姆·贝利巴斯特，他是小纪尧姆·贝利巴斯特的父亲。小纪尧姆·贝利巴斯特是个异端派教长，或者是个冒牌货，莫里后来对他产生了强烈和持续的爱戴之情（III. 194）。老纪尧姆·贝利巴斯特和皮埃尔·莫里一起离开了雷蒙·皮埃尔的家，来到了雷蒙·莫朗的家。他们在那儿见到了普拉德·塔弗涅，塔弗涅一周来一直躲在莫朗家地窖的木桶后面。纪尧姆·贝利巴斯特在谈到这次见面时总是不乏对普拉德·塔弗涅的贬低之辞。但这些对话为我们如实描绘了雷蒙·莫朗家的布局和习惯。我们知道，皮埃尔·莫里离开蒙塔尤后找到的第一个雇主就是雷蒙·莫朗（III. 128—129 和上文）。

　　与皮埃尔·奥蒂埃唯一的一次会面对于引导牧羊人转向纯洁派具有决定意义。作为著名的异端分子，皮埃尔·奥蒂埃后来被处以火刑。继这次会面后，皮埃尔·莫里还与雅克·奥蒂埃有过一次重要会面。雅克·奥蒂埃是皮埃尔·奥蒂埃的儿子、公证人和善人。此时正是 5 月，四处百花开放。莫里正在阿尔克的牧场

---

① II. 75：皮埃尔·莫里把收集的一些面包块保留了 22 年！奥尔诺拉克的纪尧姆·奥斯塔兹的母亲也收集经过祝圣的面包头，并将其放在家中的一个洞里（I. 204）。

第一部分 蒙塔尤的生态：居所与牧羊人

上放羊。雷蒙·皮埃尔派了个可怜的孩子来找他。皮埃尔·莫里遵照东家的命令，再一次回到雷蒙·皮埃尔家。他在那里看到两个著名的异端分子正在烤火，他们就是雅克·奥蒂埃和库斯托萨（现在的奥德）的皮埃尔·蒙塔尼耶。雷蒙·皮埃尔、他的妻子和岳母同他们坐在一起。

在炉边待了一会儿后，皮埃尔·莫里、雅克·奥蒂埃和皮埃尔·蒙塔尼耶出门上路，计划晚上赶到里厄昂瓦尔村。[①]身份重要的奥蒂埃骑着骡子，其他两个同路人则步行。一贯乐于助人的雷蒙·皮埃尔把骡子借给了讲道者，并帮他备好鞍子。雅克·奥蒂埃是个名副其实的讲道者。在路上，他一直在骡子背上讲经说教，而皮埃尔·莫里便成了他的听众和捧场者。皮埃尔·蒙塔尼耶则扮演一个不说话的配角。雅克·奥蒂埃的这种"骡背"讲道具有当地典型的民间说教风格，只是内容是完美的纯洁派神学。为适应牧民的需要，阿尔比教派的活动分子把这种风格更加完善。[②]我们在另一处还会谈到布道者如何在骡背上传播纯洁派的神话。

经过从阿尔克到里厄昂瓦尔的漫长路程，他们终于到达了目的地。雅克·奥蒂埃大师停止了说教。一直沉浸在这种流动宣讲中的皮埃尔·莫里似乎义无反顾地皈依了阿尔比教。实际上，皮埃尔的皈依只是尽其所能而已。这个既狡猾又天真的牧羊人一辈子都脚踏着两只船：纯洁派和罗马教派。和雅克·奥蒂埃分手并

---

① 这个村子在今天的奥德。
② III. 130—132。还可参见另一个喋喋不休的异端派行脚修道士的另一番说教：III. 186。

第四章 普通牧民

回到阿尔克后,皮埃尔·莫里在雷蒙·皮埃尔家见到了3个人。他们来自里姆,是来向公证人的儿子、异端派教长雅克·奥蒂埃致敬的。由于来晚了一步,错过了和他相遇的机会。他们十分失望,便在雷蒙·皮埃尔家住下。雷蒙·皮埃尔力图对他们做些补偿。为表现出乡镇家长极大的好客热情,他早上为他们准备了肥肉炸鸡蛋。然后,这些人就回里姆了。皮埃尔·莫里最后富有哲理地说:"至于我自己,我依然回到了羊群那里。"(III. 135)

*　　　*　　　*

在这个值得回忆的夏天,皮埃尔·莫里赶着羊群到了阿尔克境内一个叫拉拉巴索尔的地方(III. 135)。同他在一起的有另外7个牧民,其中有其前雇主雷蒙·莫朗的两个亲戚(兄弟和岳父)、阿尔克附近加洛蒂家的两个成员以及另外三个牧羊人。这三位也是阿尔克人,但和上述人家没任何亲戚关系。这伙牧民齐心协力修建了一个窝棚,这个合作的集体产业是个临时住所。对此,皮埃尔·莫里宣称:"我当了窝棚的负责人,或'窝棚主'。我负责制作奶酪……我还把熟肉、奶酪、奶和面包送给过路的异端信徒。"[①] 皮埃尔·莫里的职业素质受到所有人的好评,他担当"领导角色"不会使任何人感到意外。[②] 对牧民们来说,窝棚是他们生活的基本设施,就像定居者的家一样。对于这种窝棚,我还会在后面更多地谈到。现在我只想说,在皮埃尔·莫里的一生中,"住窝棚"这一段是他与贝利巴斯特集团建立关系和进行重要会面的时期。异端信徒雷蒙·贝利巴斯特和异端派教长阿美利安·德·佩尔勒在

---

① 值得一提的是,不是异端派教长的信徒是可以吃肉的。
② II. 387:"纪尧姆·莫尔十分赞赏皮埃尔·莫里,并打算让他带领其他牧工。"

第一部分 蒙塔尤的生态：居所与牧羊人

人们做奶酪的时候来到山上的窝棚中。皮埃尔·莫里送给他们熟肉和乳制品。异端派教长和遵守教规的人一样，也是素食者，他拒绝接受肉类。但是，他们两人让皮埃尔·莫里出来，把他拉到窝棚后面向他索取礼物。皮埃尔给了阿美利安·德·佩尔勒一枚图尔币。真是善有善报，感激万分的阿美利安当即便对皮埃尔说了他所期待的话："我将为你祈祷。"（III. 136）

* * *

年底，皮埃尔·莫里一直留在阿尔克河谷（许多牧场中的一个），准备带着羊群在这里过冬。他的表兄雷蒙·马尔蒂，即雷蒙·莫朗的兄弟（也许是异父或异母兄弟）陪他在一起。尽管皮埃尔和雷蒙信仰了异端，但他们依然忠于天主教的崇拜仪式。在一个礼拜日，他们一同参加了阿尔克的弥撒。从那里出来后，他们来到了雷蒙·莫朗的家。在地窖里，他们看到了异端派普拉德·塔弗涅。这一次，他仍然不失尊严地躲在木桶后面。莫里向这位异端派教长打了招呼，然后便上到阁楼去找面包。（这个葡萄农兼饲养者的房子很典型：厨房设在地窖上面的阁楼里。地窖本身与羊圈相邻。其布局和埃荣一带的房子不大一样：在埃荣，厨房设在底层。）在阁楼上，皮埃尔发现几个人正在炉火旁吃饭。他们中有个身材矮小、长着一对海蓝色眼睛的人。这个身穿褐色衣服的陌生人是来自库斯托萨或卡萨涅的村民。[①] 他是普拉德·塔弗涅的向导。房子的主人雷蒙·莫朗也坐在炉火旁，他的岳母和妻子分坐在他的左右。她们名叫贝朗热尔和埃格朗丁。因此，这家里总共有五位宾主。取了面包后，皮埃尔·莫里又下到地窖，在

---

① 见下文，第六章。

第四章 普通牧民

那里找到了马尔蒂和塔弗涅（III. 136—137）。三个人毫不讲究地在木桶后摆上一张"桌子"（实际上是支上一块木板），然后开始吃饭。莫里和马尔蒂吃莫朗家给的肥猪肉；素食者普拉德·塔弗涅吃小扁豆、植物油、葡萄酒和核桃。从地窖的饭桌到阁楼的饭桌之间，人们相互表示敬意：莫里受本桌推举，把经塔弗涅专门祝圣过的面包或面饼送给阁楼上的五个人。见此情况，雷蒙·莫朗也不想欠人情，于是他给在地窖吃饭的客人送去了一块肥肉。但是，这一举动忽略了普拉德·塔弗涅正统的素食观念。"快把这野肉给我拿走！"普拉德·塔弗涅用命令和冷淡的口气对送肉的人说。这桩"野肉"事件激起了塔弗涅的情绪，他忘记了发泄自己的不满，开始说教起来。他再次全身心地投入了灌输神学的活动，这是善于言辞的异端派教长们的拿手好戏。由于没有书籍或手抄本向庄稼汉们朗读（他们都不识字），善人们惯于在各种场合进行说道，如走在路上、骑在马或骡子背上，或是在吃饭当中。就像从驴背上到最后的晚餐不断说教的基督一样，他们也总是不停地高谈阔论。普拉德的地窖说教从忌吃肉食的话题谈起。他胡乱引用了一些所谓耶稣基督的警句格言（实际上多数不准确）。按照塔弗涅的纯洁派福音书，耶稣曾经这样说："孩子们，除了鱼肉以外不要吃任何肉，无论是人肉还是兽肉。因为鱼在水中生长，只有它不是腐败的。"（III. 137）普拉德·塔弗涅的演说接下来便是隐晦地号召听者捐赠。对于皮埃尔·莫里来说，这种号召不应成为耳边风。最后，普拉德又回到主题，他讲述了关于马的灵魂转生的神话。笔者在有关蒙塔尤民间传说的章节中还会谈到这些。

在领受这种杰出的口才之后，牧羊人不得不从这个三人集会

第一部分 蒙塔尤的生态：居所与牧羊人

退场了，皮埃尔向普拉德告辞。他后来再也没有见到普拉德。但是，为感谢他这次颇具启发性的说教，皮埃尔后来还托其兄弟纪尧姆·莫里向普拉德赠送了1枚"大图尔币"、一枚奥波尔银币和4枚法国银币。如果普拉德·塔弗涅当时还光着脚的话，他便可以为自己买一双鞋了。

* * *

第二年的复活节，雷蒙·皮埃尔交给他信任的牧羊人皮埃尔·莫里一项使命：到居比埃尔①富有的地产主兼经营者、老纪尧姆·贝利巴斯特家跑一趟。皮埃尔·莫里要从老纪尧姆那里为东家取回一笔钱。这笔钱是纪尧姆还给（或是借给）雷蒙·皮埃尔的。

老贝利巴斯特是个拥有多处农庄设施的家长，他还与上层有一定关系。在居比埃尔，他和他的扩展型家庭住在一所房子里，其中包括他的三个儿子及其中两个的妻子和孩子。他的一个儿媳叫埃斯泰尔。这个家有一个放干草的仓房，和主要房屋不在一处；另外还有一个羊圈建在旷野里。

皮埃尔·莫里在贝利巴斯特家度过的夜晚与牧民社会活动中常见的"模式"一样，它分为两个部分。晚上，人们先要吃晚饭。在饭桌上就座的有皮埃尔·莫里、纪尧姆·贝利巴斯特以及他的三个儿子和两个儿媳。（需附带指出的是，贝利巴斯特的家十分团结。他们共同居住，共同待客，一起在自家的地里干活，再加上家里的男女成员都信仰异端，这些因素把他们紧密地结合在一起。）在晚饭开始时，两对夫妇的孩子大概上床睡觉了，因此他

---

① 当今奥德的一个地方。

第四章 普通牧民

们根本不参加这种接待。当晚的嘉宾是纳尔榜大主教的财务助理皮埃尔·吉拉尔。由于吉拉尔的显赫身份，他的出席足以使这里"蓬荜生辉"。但是，在不太讲究礼节的奥克西坦尼，社会差距感较小。所以，这位要人来到纪尧姆·贝利巴斯特这个富有牧主家做客算不上什么新鲜事。尽管在理论上吉拉尔的职务将他归入正统教会一边，但他在思想和感情上（可能）却对纯洁派有隐约的好感。或许他只是比较宽容而已。总之，他知道如何对人们不愿让他看到的东西视而不见。在这家吃晚饭的过程中，他对来来往往的可疑人物一概不闻不问。其实，那一边的仓房便是这些人的据点。（不久以后，皮埃尔·莫里被告发与异端派同谋，并在费努耶德受到追究和审判。他这时才体会到皮埃尔·吉拉尔的这种宽容态度是何等珍贵。）尽管主人十分富有，其中一个客人也非常尊贵，但饭食仍然像古代那样简朴：肉、奶、奶酪。这是一顿维吉尔式的牧人饭。吃饱饭后，皮埃尔·吉拉尔便上床睡觉了。至于皮埃尔·莫里，正如雷蒙·皮埃尔事先嘱咐的那样，他在贝利巴斯特家人的陪同下蹑手蹑脚地来到附近的仓房，向纪尧姆·贝利巴斯特留宿在草堆中的所有异端"朋友"表示问候。然后，他自己也去睡觉了。第二天，皮埃尔·莫里又赶回了阿尔克。

*　　　*　　　*

几个月过后，在盛夏8月，皮埃尔·莫里在阿尔克附近一个叫帕尔索尔的地方为雷蒙·皮埃尔放羊。给他当副手的是他在奥德和萨巴泰老班底的成员，其中有让·莫朗，即他前任雇主雷蒙·莫朗的兄弟（或表兄弟），还有蒙塔尤的同名父子纪尧姆·马尔蒂二人。一天晚上，在睡头一觉的时候，有两个人来到牧场找皮埃尔·莫里。他们是雷蒙·贝利巴斯特（老纪尧姆·贝利巴斯

第一部分 蒙塔尤的生态：居所与牧羊人

特的儿子）和从里姆来的异端派教长菲利普·达莱拉克（他是库斯托萨人）(III. 140—142)。我们知道，皮埃尔·莫里很早就认识雷蒙·贝利巴斯特。他以本地的畜产品请两位客人吃饭：肉、羊奶、奶酪、面包和葡萄酒。雷蒙吃了，但作为完美的异端派教长，菲利普·达莱拉克拒绝吃肉，他只是用自己的无脚杯喝了些葡萄酒（III. 141）。他从不用牧民的杯子，这会使他产生过敏反应：当地牧民的嘴受了肉的污染，这些容器接触嘴后也被污染了。"酒足饭饱"后，在客人的要求下，好心的牧羊人沿着陡峭和危险的山路，行程 15 公里，连夜把他们带到居比埃尔，一直送到贝利巴斯特家的羊圈。这里离贝利巴斯特家还有一段距离。由于道路崎岖，高低不平，菲利普一路跌跌撞撞，摔了不少跤。这使他失去了说教的兴趣，而仅满足于在每次跌倒时喊一声："圣灵助我。"

*　　　　*　　　　*

经过这样的多次往来后，皮埃尔·莫里不久便和阿尔克及其居民断绝了关系。雅克·奥蒂埃在 1305 年被宗教裁判所逮捕。当地许多人家的异端分子感到了恐惧，他们不惜重金来到教皇跟前，为他们的异端和错误表示忏悔和内疚。可能是不愿把财产都用在路费上，或是出于别的原因，皮埃尔·莫里没有加入赎罪者朝圣的行列。他只是在此期间替他们照看羊群。等他们回来后，他便决定逃离这个地方。他为奥蒂埃兄弟效力的行为没有得到教皇的宽恕，因此他很怕为此付出极大代价。出发时，他带上了剩余的粮食和毛毯。这毛毯是他早先让一个名叫卡塔拉的织匠用自己的羊毛织的。1305 年的圣诞节，他回到了蒙塔尤。在家里，他与父亲和兄弟们一起大吃了一顿。但是，家乡的土地也开始烫脚了，甚至同胞们对他也持提防和怀疑态度。所以，他只得来到阿克斯

第四章　普通牧民

累太姆，在一个名叫巴尔泰雷米·博雷尔的牧主家当牧工。然而，这位东家是一个蒙塔尤人的妹夫，此人便是老阿尔诺·巴伊（III.148）。在巴尔泰雷米·博雷尔和蒙塔尤之间还有其他联系：他的女佣蒙迪耐特和他的牧工莫里也是蒙塔尤村的人……

第五章

/

长途转场放牧

……刚被雇佣就得再次远行。巴尔泰雷米·博雷尔的经营使他十分关注在南方和跨比利牛斯山地区的放牧情况：他的畜群此时正在加泰罗尼亚的托尔托兹牧场。于是，皮埃尔·莫里便被新雇主派往加泰罗尼亚看护羊群。这是好心的牧羊人生平第一次穿越雪线，翻过南面的高山，把比利牛斯山脉抛在身后。后来，他在一生中不断往来于西班牙、法兰西王国和富瓦伯爵领地之间。

一个名叫纪尧姆·科第尔的牧工陪同皮埃尔·莫里开始了这一系列的旅行，他是阿列日人，出生在梅朗斯。他们两人从来没机会谈论异端的问题，只是默默地加入了由迁居者、牧羊人、失业者和盲流们组成的人流。"人口往返流动"的浪潮把这些人推向伊比利亚地区（II. 55, 291）。1306年的圣灵降临节，足蹬"七古里靴"的皮埃尔回到了萨巴泰地区：巴尔泰雷米·博雷尔的羊群在加泰罗尼亚过冬后，皮埃尔把它们赶到比利牛斯山的"法兰西一侧"，或者说是富瓦一带度夏。皮埃尔利用这个机会，并根据通常的规矩，又和巴尔泰雷米续签了一年的受雇合同。他的雇主是个"本分"的人，和他们父子不可能谈论异端的问题。这使莫里结束了在雷蒙·皮埃尔家过的那种刺激而危险的生活。

关于这位牧羊人在巴尔泰雷米家中的生活情况，雅克·富尼埃的手稿第256、257两页提供了一些细节。在博雷尔的大家庭里，皮埃尔·莫里似乎不只是当牧工，他样样活计都干：劈木柴，帮主人在家招待客人，甚至还和女佣人调情（仅调情而已）。这家的女佣叫蒙迪耐特（雷蒙德），和他是同乡。蒙塔尤的贝尔纳·伊萨纳是她的父亲。一个被简单描述的场景告诉我们，一天晚上，皮埃尔·莫里带着蒙迪耐特去了小酒馆。后来，当那女佣随他出来时在街上扯着嗓子唱歌。尽管皮埃尔在其他场合"很善于勾引女人"，但这天晚上他很正经。他和蒙迪耐特没在一起过夜。实际上，他和西比尔·巴伊（阿克斯累太姆人）的儿子贝尔纳·巴伊在一起睡了觉。我们知道，由于当地的习惯和卧具的缺乏，男人们没有任何恶意地同床共寝（III.157）。

在此期间，皮埃尔倒是经常去西比尔·巴伊家。这位阿克斯累太姆的女牧主失去了当公证人的丈夫，一个偶然的机会使她把羊群交给莫里看管。巴伊家属于阿克斯累太姆的大户，厨房设在房子的第二层。她的家有许多房间，房间里住着许多人，客人、朋友、佣人、孩子以及过路的异端派教长几乎把床都压塌了。这所房子很漂亮。所以，当局将它没收后，西比尔的儿子阿尔诺为收回房产，甚至不惜为宗教裁判所当密探。宗教裁判所没收房子是为了惩罚他母亲的纯洁派信仰。但她后来还是被处以火刑。

皮埃尔的活计和他与博雷尔和巴伊家的来往还不是他的全部

第一部分　蒙塔尤的生态：居所与牧羊人

生活。后来的经历表明，他还是个好向导，甚至"好伙伴"。他经常把"善人们"护送到蒙塔尤。从阿克斯累太姆到埃荣一带的山路崎岖险峻，足以使最健谈的异端派教长连大气都不敢出。所以，他们一路上根本没心思说教。善人们和牧羊人在路上的饭食还算不错，并且没有很多宗教仪式。他们吃的有鳟鱼卷、肉类、面包、葡萄酒、奶酪。当宗教裁判所的触手尚未伸到海拔1300米的高处时，纯洁派还能够痛快地吃喝玩乐。到了蒙塔尤，皮埃尔紧紧拥抱了他的父亲、老母和五个兄弟，并受到他们的热情接待。他在自己家过了夜。第二天早上，他在床上告别了他所护送的善人，然后便匆匆上路了。回到阿克斯累太姆后，皮埃尔又来到雇主巴尔泰雷米家。巴尔泰雷米虽然付了工钱，但在雇工缺席期间，他还得自己照看羊群。这些不愉快的事加速了雇工和雇主的决裂。在拉罗克多尔姆的6月交易大会后不久，这种决裂变成了现实。

*　　　　　*　　　　　*

蒙塔尤下面的拉罗克多尔姆是个出产呢绒的小镇。14世纪时，这里每年从6月16日起举行一次交易会。交易会上不仅出售当地生产的呢绒，也卖木材、鱼类、绵羊、陶器等，另外还有从库兹朗倒来的毛毯。[①] 交易会总是异端分子聚会的好机会，异端派教长们也很乐意前来（III. 153）。这一年的6月16日和17日，皮埃尔·莫里来到拉罗克多尔姆交易会买羊。他利用这一机会到他妹妹纪耶迈特·莫里和她丈夫贝特朗·皮基耶的家看了看。他妹

---

① III. 148及以下各页，III. 153。还可以参考沃尔夫：《图卢兹的贸易和商人》，书尾的图4，以及谢瓦利埃的著作，第603—604页和注释5。

第五章 长途转场放牧

夫贝特朗是拉罗克多尔姆的木匠，在交易会期间他让皮埃尔住在家里。当皮埃尔在家里休息时，贝特朗便借机对客人的妹妹纪耶迈特大打出手。（纪耶迈特是个18岁的年轻女子，和丈夫的关系很不好。在此之前，她曾一度离家出走〔III.148〕。）在地中海地区，尽管丈夫们一般都比较粗暴，但贝特朗·皮基耶的举动使好心的牧羊人难以容忍。第二天早上，为妹妹的命运深感悲伤的皮埃尔正在痛苦地徘徊时，他偶然间在交易广场上遇到了两个老相识：异端派教长菲利普·达莱拉克和异端派贝尔纳·贝利巴斯特。在河边漫长的散步中，他向他们讲述了家事的烦恼。两位纯洁派的结论十分明确：皮埃尔必须解救自己的妹妹，以使她脱离丈夫的粗暴虐待，何况她丈夫是个不可救药的天主教徒。菲利普·达莱拉克接着说：" 但是，一定要避免出了狼窝又进虎口，不能使纪耶迈特解脱家庭的残暴后成为四处游荡的娼妓。"皮埃尔、菲利普和贝尔纳这三个同谋商定：把纪耶迈特托付给异端派一个虔诚的善人。说干就干。皮埃尔马上结了在交易会上买羊的账，又迅速回了一趟蒙塔尤（征求家人的意见？），然后便从拉罗克多尔姆劫走了自己的妹妹。他把她送到了拉巴斯唐，交给了贝利巴斯特兄弟。他们俩是皮埃尔的好朋友，早就因异端信仰而逃离在外。然后，"我又立即回到了羊群那里……因为制作奶酪的季节马上就到了"。皮埃尔后来再也没能见到他所钟爱的妹妹：纪耶迈特不久便被宗教裁判所逮捕了。

* * *

从交易会回到雇主家，皮埃尔发现自己的位置被人顶替了。原来，巴尔泰雷米·博雷尔对他经常缺勤已极为不满，这次干脆找人替了他的位置。这也没什么了不起，作为能干的牧羊人，皮

第一部分 蒙塔尤的生态：居所与牧羊人

埃尔·莫里不愁找不到活计。于是，他先是在费努耶德的牧主皮埃尔·安德烈家，后来又到他的亲戚纪尧姆·安德烈家受雇当了牧工（III. 159）。在纪尧姆家，皮埃尔·莫里和十来个牧民组成一个牧工队（夏天用牧工多），其中有雇主的两个儿子，以及来自富瓦和塞尔达尼的几家兄弟。皮埃尔在纪尧姆·安德烈家平静地过了三年，这三年是在转场放牧中度过的。冬季在奥德，夏季在上阿列日，每年如此。对皮埃尔来说，这三年相当于一个漫长的思想"休耕期"。这几年虽很平静，但也有些令人生厌。以前，阿尔比教派的影响使他成为纯洁派的活动分子。现在这种情况没有了，而且在蒙塔尤、阿尔克以至阿克斯累太姆已经出现了迫害异端的气氛（III. 159—160）。

尽管在"休耕期"，宗教裁判所，至少是正统教会仍继续监视着这位牧羊人。当皮埃尔快结束在纪尧姆·安德烈家的日子时，有一天，纳尔榜大主教的财务助理皮埃尔·吉拉尔在费努耶德的圣保罗大广场传唤了他，并指控他与两个异端分子会过面，其中一个是贝利巴斯特。是谁告发的？无人所知。但是，指控当中也有棘手的事：在皮埃尔·莫里第一次见到贝利巴斯特的晚宴上，皮埃尔·吉拉尔本人也是在场的宾客！谁心里有鬼，谁自己有数。皮埃尔·吉拉尔既是检举者，也是同谋者，因此他只能适可而止。另外，值得庆幸的是，皮埃尔·莫里在法院也有朋友：圣保罗的领主奥东·德·科尔保尔很喜欢这位牧羊人。至于当地的领地法官，他刚好是莫里的"教父"。我们在后面还会看到，如果好心的牧羊人不是文盲的话，他一定会写一本畅销书——《认教父的艺术》。在这种情况下，他不费吹灰之力就编造了自己不在现场的证词。他对法官们说："有人说我那天看到了贝利巴斯特，其实我当

· 144 ·

第五章　长途转场放牧

时在很远的地方：我正在为安德烈家的葡萄园翻土。"[1]心怀鬼胎的法庭无话可说，只得吞下了这个弥天大谎。皮埃尔·莫里被无罪释放了。这表明，确实存在着许多由主顾、朋友、同谋、亲戚等组成的关系网。多亏有这些关系网才不至于使奥克西坦尼地区宗教裁判所的镇压过于残酷。

*　　　　*　　　　*

1308年，皮埃尔·莫里再次来到上阿列日地区。经过阿克斯累太姆时，他在这个离"麻风盆地"不远的镇子里和他的兄弟纪尧姆·莫里以及蒙塔尤的纪尧姆·贝洛对未来的命运进行了一场激烈的讨论。[2]然后，他去了基耶山口。[3]在那里，他和五个牧工一起为安德烈家放羊。上山给牧工们送面粉的贝尔纳·托尔最先把卡尔卡松的宗教裁判所大规模清洗蒙塔尤的消息告诉了皮埃尔·莫里。皮埃尔不由得在内心里庆幸，命运再一次挽救了他。但是他知道，不幸早晚会落在他头上。然而这并不能使他坐立不安，睡不着觉。

*　　　　*　　　　*

此后，皮埃尔又过了几年"非政治"、确切地说是"非异端"的日子。1309年初，他再次表现出牧民行业所特有的独立不羁精神：他向雇主纪尧姆·安德烈辞了工。皮埃尔来到拉齐基耶尔，[4]

---

[1] III.160。实际上，由牧民和迁徙者组成的劳动力（其中也包括善人们）也会在几个星期里暂时放弃游牧的活计而去当季节工，干给葡萄园翻土等活赚些钱（III.165）。
[2] 见下文，第七章。
[3] 在当今的阿列日。
[4] 即当今"东比利牛斯山"境内的地方。

·145·

第一部分 蒙塔尤的生态：居所与牧羊人

又在皮埃尔·康斯坦家当上了牧工。他在山里的梅朗斯牧场（在阿克斯累太姆以南）进行夏季放牧。和他在一起的有五个牧工：其中两个来自费努耶德，另外两个（或三个）是梅朗斯本地的人。他们中有个名叫基佑的，是梅朗斯本堂神甫的私生子。在牧工中，这个基佑专门负责看管费里奥拉夫人的一群山羊（III. 163）。

在1309年的圣米歇尔日，皮埃尔·莫里再次受到山民自由的驱动，他向雇主皮埃尔·康斯坦辞了工；此后，这一切就好像是工人辞退老板，而不是老板辞退工人似的！养成旅行癖的皮埃尔的新雇主不是别人，正是普伊格塞尔达的塞尔达涅人雷蒙·布尔西耶。新的雇佣合同持续了两年（1310—1311年）。牧工中包括雷蒙·布尔西耶本人、皮埃尔·莫里、他兄弟阿尔诺和另一个尼塞尔达涅人——阿尔贝·德·贝纳。除了阿尔诺·莫里以外，皮埃尔根本不可能和这些人谈论异端问题。

到了两年头上（1311年底？），莫里兄弟离开了这班牧民。阿尔诺回到了蒙塔尤；皮埃尔则扎向南面的加泰罗尼亚。这个地区将成为他的第二故乡。在巴塞罗那附近的巴加，他为一个加泰罗尼亚人当牧工，此人名叫巴尔泰雷米·孔帕诺。孔帕诺的牧工队有八名成员，其中六个是加泰罗尼亚人，两个是阿列日人。

第一年（1311年或1312年），没有出现过异端派的影子。但在后一年中（1312年或1313年），由于一个加泰罗尼亚人的帮助，皮埃尔在一个名叫摩非莱的穆斯林牧工家里看到一个卖枯茗果和缝衣针的小贩。这个小贩不是别人，而是纯洁派雷蒙·德·图卢兹（III. 164）。在下一个封斋期（1313年的封斋期？），皮埃尔便开始被介绍给圣马多和莫莱拉（塔拉戈纳地区）的阿尔比教派小圈子了。小纪尧姆·贝利巴斯特把他的圣体柜设在了这里，人数不

第五章　长途转场放牧

多的来自蒙塔尤等地的异端派团结在他的周围。在他们的拥戴下，他成了如基督或圣灵一样的小先知。但是，这个先知几乎是自封的，只得到了他自己和"幸运的少数人"的承认。① 由于缺钱或其他原因，纪尧姆·贝利巴斯特偶尔也为莫里带领的牧工队帮些忙。从蒙塔尤逃出的其他牧民，如莫尔家的人也加入了他的牧工队。这些关系的全面恢复是 1315 年开始的。

*　　　　*　　　　*

1315—1316 年冬天，皮埃尔·莫里第一次见到了比利牛斯山那边的本家，他们属于蒙塔尤的莫里家族在加泰罗尼亚的分支。皮埃尔从一个卖面粉的托尔托兹妇人口中得知，他的一个亲戚正寻求与他联系。龙生龙，凤生凤，老鼠生儿打地洞。皮埃尔十分注重家族和门第，为了与自己的血亲建立联系，好心的牧羊人走上了寻亲的路。在托尔托兹地区的奥尔塔村，皮埃尔·莫里找到了他的本家纪耶迈特·莫里。这是个有头脑和富于情感的女人，但同时也有点"奸猾"。此后不久，她毫不犹豫地在生意中坑了自己老实的本家亲戚，从而破坏了他们的"重逢"。

新近守寡的纪耶迈特·莫里原是蒙塔尤人贝尔纳·马尔蒂的妻子。一个晴朗的礼拜天，她在奥尔塔村的家中接待了皮埃尔。不久，纪耶迈特又带着两个儿子——让和阿尔诺搬到了圣马多。这个小镇离贝利巴斯特居住的莫莱拉很近，对这个脱离蒙塔尤的女人来说，住在这里确有不可估量的好处。而且，"据人们讲，圣

---

① III. 166。贝利巴斯特把自己比作上帝的儿子（II. 78）。他的小集团中的信徒们说："他是圣灵。"（II. 49）

马多比奥尔塔更容易赚钱"。① 在那里的日子要好过些：纪耶迈特和她的家人是粗犷固执的山民，并惯于吃苦耐劳，他们很容易接受这种理由。皮埃尔从不记恨人，他一直经常到纪耶迈特家拜访。实际上，在他们交往的最后一段期间，纪耶迈特已经在圣马多获得了"成功"：她在这座小镇里买了一幢名叫"塞尔达涅人之家"的房子，它坐落在农民居住区的"农夫街"上。这处房产包括一个庭院和一些房间。纪耶迈特的财富还来自她家拥有的 3 个劳动力。成为小庄园主后，她仍然有一片葡萄园、一头驴和一群羊。她还在家里开了一个梳毛作坊。为了增加一些收入，她和孩子们在麦收和摘葡萄季节还去当雇工。纪耶迈特十分好客，她家里的客人或朋友总是来往不断，其中有皮埃尔·莫里、上帝可怜的人、和妍头一起游荡的巴斯克教士……（III. 166, 186 及其他各处）。在某种程度上，这个女人是来自阿列日的移民的缩影，不管他们是不是纯洁派。她对山区的家乡已毫无眷恋，摆脱山里的困境后便很快适应了城镇和伊比利亚的自由。这种迁徙使妇女提高了地位，使青年人获得了更大的婚姻自由。在他们没出来之前，根本不可能在埃荣山区的社区中得到这种自由。

*　　　　　*　　　　　*

在一段时间里，皮埃尔和他亲戚纪耶迈特·莫里的关系被一项卑劣的牲畜租借交易搞糟了。皮埃尔在转场放牧前把他个人的羊借给了纪耶迈特：赢利和亏损由二人均担，这一契约好像只是

---

① 关于在此之前的内容：III. 169。阿列日的一些移民在加泰罗尼亚获得了物质上的成功，尤其是技术工匠，如生活不错的修鞋匠、铁匠等。关于这一点，可参见：III. 171。到达比利牛斯山南部的移民寡妇，当她们身边没有成年子女支持时，她们便只能在贫困中衰老下去。

第五章 长途转场放牧

口头上的，期限为5年（III.169）。责任尽管由一方划分，但它是由双方平等承担的：皮埃尔负责提供牲畜；纪耶迈特负责花费和运营。如果纪耶迈特不坑害皮埃尔，这项合作是合理的。但可惜的是这些条件没被遵守……圣马多的女庄园主借合作者不在的机会捞了不少好处。她本应把150只死羊的皮毛收入交给皮埃尔，但她将其据为己有。据纪耶迈特称，这些羊皮和羊毛都用在给自己、孩子和朋友做衣服等家政上了（III.184）。皮埃尔·莫里从塞尔达涅回来后被这个坏消息惊呆了。在他再三追问下，纪耶迈特不得不承认，她把这150只死羊中的一部分作为礼物送给了贝利巴斯特……受到如此过分的愚弄，皮埃尔对这种偷窃行为非常愤慨。于是有一天，他在骂了贝利巴斯特是"吝啬鬼"后便辞工不干了，走时连招呼也没打（III.169、172、173及其他各处）。牧民的生活中充满了这种意外事件，尤其是当他们遇到像贝利巴斯特这样不讲信誉的人时。这个贝利巴斯特经常利用自己的"异端派教长"身份把他的欠账转为应得的赠与。有一天，皮埃尔·莫里和纪尧姆·贝利巴斯特一起买了6只羊（III.167）。皮埃尔除了付了自己那份钱以外还替贝利巴斯特垫付了钱。除此之外，皮埃尔还借给他5个苏。而贝利巴斯特好像根本不知道他所欠的这两笔账似的，他突然决定从他们共有的产业中提走自己的3只羊。他对皮埃尔说："这对你没有任何关系，因为这钱不是你借给我的，而是你对上帝慈爱的回敬。"莫里从骨子里是个好心人，他尽管有点幼稚，但并不傻。他对同伴的这种做法很不满，一连几天都对他很冷淡。

*　　　　　*　　　　　*

皮埃尔·莫里后来几次受雇的经历比较单调，在此我只需概

第一部分　蒙塔尤的生态：居所与牧羊人

述一下他始终不变的"状态特征和劳动情况"：1315年（或1316年）的复活节，皮埃尔·莫里在普伊格塞尔达的阿尔诺·富雷家受雇当了5至7个星期的牧工。对他来说，这是个重新回到北方、并直插到鲁西荣的加泰罗尼亚地区的好机会：他赶着新主人的羊群出发了，在一起的可能还有他自己在塞尔达涅的羊群。

一回到他想念已久的比利牛斯山，皮埃尔便（暂时）离开了给阿尔诺·富雷放羊的工作，他已经为这个东家做了不少转场放牧的苦差事。皮埃尔又回到原来的女雇主布吕尼桑德·德·塞尔维罗夫人家干活。这个富有的女牧主是加泰罗尼亚人，有爵位。她身边的合作者是不可缺少的人物——普伊格塞尔达的雷蒙·布尔西耶。他和好心的牧羊人也是老相识。实际上，皮埃尔几年前在塞尔达涅时就给雷蒙·布尔西耶家当过两年牧工。作为知名和能干的牧工，皮埃尔有了自己的雇主网，他从此可以任意选择东家，以便随意在加泰罗尼亚南部和北部、塞尔达涅和上阿列日等地自由往来。的确，皮埃尔在这年夏天便赶着布吕尼桑德夫人的羊群到阿列日山区去度夏。除了他本人和他的兄弟让以外，皮埃尔的牧工队里还包括常在一起的比利牛斯山"四伙计"（三个塞尔达涅人，一个安道尔人），以及一个来自泰鲁埃尔地区的阿拉贡人。夏天过后，皮埃尔刚为尊贵的布吕尼桑德夫人干完活，他立刻决定再到加泰罗尼亚南部去放羊过冬。对贝利巴斯特的爱戴也激励着他到那里去。于是，他又捡起了春天时在阿尔诺·富雷家辞去的工作，赶着他家的羊群"再次下山"，到离塔拉戈纳不远的普拉纳德瑟尼亚去过冬。这样，他便可以接近莫莱拉和圣马多了，贝利巴斯特家的小据点常设在那里（III. 172）。在后来的几年里，皮埃尔·莫里时常陷入与贝利巴斯特家不失和气的争吵中，他的

· 150 ·

生活也稍微安定了些。但是在1319年的夏季，他再次踏上了通向北方的小路：有人在皮伊莫朗山口（奥斯皮塔莱特）看见过他和原来的蒙塔尤牧工队，其中有莫尔兄弟，一个普拉德村（蒙塔尤附近）的牧民和一个塞尔达涅人（III. 181）。在这个夏天，牧工们在营火旁经常提到雅克·富尼埃主教。他们谈虎色变，说他在审讯嫌疑犯时能让他们"竹筒倒豆子"——全部老实交代。人们还谈到了本堂神甫皮埃尔·克莱格。"由于他大权在握，大家现在都称他为萨巴泰的小主教。人们都说他和宗教裁判所相互串通，使当地人遭了殃。"这些人当然不会知道，他们中许多人不久便和皮埃尔·克莱格一同落入了帕米埃主教的魔掌。

江山易改，本性难移。这一年的圣约翰日，皮埃尔·莫里抵御不住流动职业的有益习惯，再次向当时的东家即塞尔达涅人雷蒙·德·巴里辞了工。他又来到亲爱的女东家布吕尼桑德·德·塞尔维罗的门下。我们看到，皮埃尔后来每次外出后都在她家落脚（III. 181）。在天气好的几个月里，皮埃尔作为九个人的头领，赶着羊群来到奥斯皮塔莱特附近的拉卡瓦尔利和丰台纳尔让。他的牧工队中有塞尔达涅人、加泰罗尼亚人、安道尔人、阿列日的蒙塞居尔和蒙塔尤人，他的兄弟让·莫里也在其中。

这年夏天，他没有和异端分子发生接触。尽管如此，皮埃尔还是心有余悸，他谨慎地避免离开在比利牛斯山的栖身之地，到对他有危险的下萨巴泰山肩地带去。对这个酷爱自由的人来说，上萨巴泰似乎也不是个安全的地方。1319—1320年冬天，皮埃尔不再犹豫了，他再次出发到南边的塔拉戈纳地区进行冬牧，并在卡罗尔和圣十字修道院附近落下了脚（III. 181, 182）。从此以后，他的命运便和贝利巴斯特的朋友们的命运连在了一起了。正如我

第一部分　蒙塔尤的生态：居所与牧羊人

们所看到的，在那些人被抓不久，他也被捕了。

＊　　　　　＊　　　　　＊

大约在 1319 年复活节前后，皮埃尔·莫里去拜访纪尧姆·贝利巴斯特，没想到在他家被扯入了一桩婚事（III. 185）。贝利巴斯特先是婉转地谈到皮埃尔很长时间没有来了，后来又说即便基督真能亲临圣体圣事，在道德上他也不可能通过人的阴部转世。然后，他便把话题转到关键的问题：让皮埃尔·莫里结婚。在这个问题上，这位圣人使用了虚伪的辩术。他先是友善地责备了牧羊人："皮埃尔，你又去泡婊子了。你在放牧的两年中养了一个情妇。"① 然后又接着说："皮埃尔，你的精力太分散了，你不应当再从一个牧场到另一个牧场地长途跋涉，从一个情妇到另一个情妇地乱来了。现在是你安定下来的时候了。"当皮埃尔从根本上反驳了这种理由后，贝利巴斯特换了一种口气，或者说是摊了牌。他说："既然你不想放弃女人，那么我可以保证为你找一个好女人。她会有善的知性（她是异教徒），能照看你的财产。另外，你还会生儿育女，他们将来会帮你的忙，等你老了还可以照顾你。对你

---

① III. 185。可惜的是，我们对这个神秘的情妇了解不多。的确，在这种情况下，纪尧姆·贝利巴斯特的提问或不慎的暗示会使人们认为，这个神秘的女友是布吕尼桑德·德·塞尔维罗夫人！但我对这种判断持怀疑态度。无论贵族妇女有多么宽容和怎样不注重情人的社会地位，这两个人物之间的社会差距毕竟太大了。很难想象这个牧羊人能彻底跨越这种距离，尽管他有些财产并很会应酬。这段对话是这样的：贝利巴斯特首先责备皮埃尔在两年的放牧生活中一直与一个情妇保持联系，接着便对他说："皮埃尔，你是不是想回到布吕尼桑德·德·塞尔维罗女领主那里去？"

"是这样，"皮埃尔回答说。

"好吧，"贝利巴斯特说，"既然你不想放弃女人，那么我就给你找一个好女人……"（根据 III. 186）

来说，有个妻子总比结识一大批女人更体面些吧。这些女人夺走了你的心肝，挖去了你的根。"

皮埃尔·莫里针锋相对地反驳说："我不想要妻子。我养不起她。我没有安全感（害怕宗教裁判所），因此不敢定居下来。"

贝利巴斯特让皮埃尔正经结婚的第一轮攻势失败了。纪耶迈特·莫里颇有心计，也很了解自己的同乡，她很快便分析了这次失败的原因："皮埃尔，你染上了旅行癖！"（III.186—187）不必到别处寻找，另一个皮埃尔·莫里（纪耶迈特的兄弟）也提出了同样的看法。他对好心的牧羊人说："皮埃尔，你很想家。你千方百计要回到你那苦难和危险的家乡（上阿列日）。早晚有一天你会自取灭亡。"

皮埃尔坚持要回到并不欢迎他的萨巴泰去，看到牧羊人的这种坚决态度，贝利巴斯特和纪耶迈特的兄弟只好双臂伸向天空，显示出无可奈何的样子："没办法，就让这个皮埃尔走吧！因为他非要走不可。总之，我可以把大天说下来，但他还是不想留下。"皮埃尔终于战胜了对他的引诱和使他定居的企图，最后的话（暂时的）当然是他说的："实际上，我是回到布吕尼桑德那里去放羊！"（III.187）

回到羊群后的活动和以往没什么两样：皮埃尔和加泰罗尼亚人、塞尔达涅人、阿列日人、阿拉贡人一起，赶着羊群在比利牛斯山和加泰罗尼亚过冬和度夏。第二年，在思想活动方面信守自身倾向的皮埃尔又回到了贝利巴斯特的据点附近。11月的一个晚上，皮埃尔在莫莱拉和纪尧姆·贝利巴斯特睡在一张床上（III.188）。第二天，两个人步行去圣马多。他们在途中经过加尔加耶夫人的旅店。在那里吃过午饭，他们又继续上路。贝利巴斯特

第一部分 蒙塔尤的生态：居所与牧羊人

不再拐弯抹角，经过一年后，他重新向他的朋友提起了婚姻大事。但这一次，他已经能提出一个具体的女人了。他对皮埃尔说："有一件事我想和你商量。你不能总是这样东奔西跑。我认为你应该娶一个妻子了。她应当具有善的知性（即异端分子）。她和你生活在一起，你老了她可以照顾你，她能为你生儿育女，使你享受天伦之乐。你们中无论谁成为残废，都可以得到对方的帮助。你无需对她有任何提防（这与情妇不一样）。"

有个"温柔的妻子"照顾自己的老年风湿病，这个主意并未使莫里感到激动。对贝利巴斯特千方百计的说服动员，他仍像以往那样以经济条件为由予以拒绝。

"我不想要妻子，单单为了自己的生存就够我忙的了，"他说。贝利巴斯特马上接着他的话头说：

"我给你物色了一个妻子，就是住在我那里的雷蒙德，她可以为你排忧解难。"

"可她的丈夫皮基埃也许还活着，"皮埃尔·莫里立即反驳说。

"不，我相信他已经不在人世了。而且，无论活着与否，他都不会对你们造成什么影响。在此期间，如果你和雷蒙德能达成协议，你们便可以做自己该做的事了。"（出处同上）

皮埃尔动摇了，也许是受到了诱惑，他开始退让。他采取了给人以期望的态度，不再反对这桩婚事。

"雷蒙德不是和我相配的那种女人，"他对纪尧姆说。（她是富有的铁作坊主或铁匠的女儿，其社会地位要高于蒙塔尤的牧民皮埃尔·莫里。）"如果你愿意，你就对雷蒙德谈这件事吧，我不反对。但是，让我向她提这事是不可能的。"

这两个人边走边谈，不知不觉到了圣马多，并来到纪耶迈

第五章 长途转场放牧

特·莫里的家。和往日一样，这个好客的家里总有不少人：除了纪耶迈特、她的残疾儿子阿尔诺和她的弟弟以外，还有一个被雇来做梳毛工的陌生女人和一个可怜的男人。后者是纪耶迈特"看在上帝的分上"请来家里吃饭的（III. 188—189）。大家先吃了些点心，然后又吃晚饭。在此期间，皮埃尔·莫里像巴汝奇一样经过了在结婚与不结婚之间的权衡和摇摆，最后决定不再采取抵制态度，并基本接受了贝利巴斯特的提亲。

他对圣人说："如果你认为我应当娶雷蒙德，那你就对她说这件事吧。如果她能答应，我也可以答应。趁着你在这儿，你明天也对我姑夫皮埃尔·莫里（纪耶迈特的兄弟，和好心的牧羊人同名同姓）谈谈这事吧！"

应当指出，皮埃尔之所以改变其独身的立场，是由于受到来自各方面的压力。发动攻势的人们终于突破了他脆弱的防线，使他再也抵制不住婚姻的引诱。在纪耶迈特家吃完晚饭，该轮到女主人给莫里增加烦恼了。她说："我的主啊，留不住皮埃尔，这对我们是多大的不幸啊！每当他离开这里（转场放牧）、到仇敌占据的地区（上阿列日）时，我们都不知道还能否见到他。在那里，他如果被人认出，就会被抓起来。要是这样，我们就全完了！"[①]

伪善的贝利巴斯特知道皮埃尔已经上了钩，所以他装出一副厌烦这一话题，并不再抱任何希望的样子。

"再说什么也没用了，"他对纪耶迈特说。"皮埃尔改不了他的

---

① III. 189。实际上，纪耶迈特在内心里认为：如果皮埃尔·莫里被宗教裁判所抓住，他便会招认。被罗马教会监禁的异端派教长或善人们，甚至还包括一般的"信徒"，由于他们坚决反对说谎，所以一般都采取招认的做法。

第一部分 蒙塔尤的生态：居所与牧羊人

行为。这个问题已经谈得够多了。"（III. 189）

然而纪耶迈特仍不罢休：

"我就是想让皮埃尔和我的儿子讨个老婆。我认识一些对他们很合适的女人。有人也向我提过亲。这些婚姻可以给我们带来财富和朋友。"

"我同意你的看法，"贝利巴斯特回答说，"但我希望他们未来的妻子具有善的知性。"（我们怀疑这个圣人说此话是另有打算：他心里的人选是他在来圣马多的路上向皮埃尔提到的雷蒙德，她对纯洁派的忠诚已经过了考验。）

整个晚间都是在这种近乎激烈的谈话中度过的。由于纪耶迈特家里的地方不够，所以两个皮埃尔·莫里（纪耶迈特的兄弟和好心的牧羊人）、纪尧姆·贝利巴斯特和阿尔诺·莫里四个人只能在一张床上睡觉。他们相互挤在一起，创造了"紧密无间"的纪录。

对贝利巴斯特来说，这点问题算不了什么，因为事情已经基本办妥了。第二天上午，纪尧姆和皮埃尔在回莫莱拉的途中在加尔加耶夫人的旅店歇脚。在那里，好心的牧羊人彻底向圣人投降了，他说："既然你那样希望我娶雷蒙德，那么我就照你的意思办吧！"

他们两人当晚便回到了莫莱拉。贝利巴斯特对住在他家的雷蒙德·皮基耶简单地问了一句：

"你愿意做皮埃尔·莫里的妻子吗？"

"是的，我愿意，"她回答说。

听到此话，贝利巴斯特开怀大笑起来，表达出他内心的一种满足。我们下面就会知道，这种满足是可以理解的。或者，他的笑只是对新婚夫妇表示:"我宣布你们结为夫妻。"仪式过后,这三人帮(不敢说是三角关系)共进了晚餐:炖鳗鱼和经过贝利巴斯特祝圣的面包。第二天晚上,按照皮埃尔·莫里对宗教裁判所的简要叙述:"我和雷蒙德合房了。"(III. 190)

*　　　　*　　　　*

实现这桩婚姻费了很多周折,但它的解体却异常迅速。婚礼过后,平常性格欢快的贝利巴斯特却变得情绪沮丧起来(出处同上)。他甚至三天三夜没吃东西。经过近半个星期的禁食后,圣人把皮埃尔·莫里拉到一边,并突然向他建议解除刚刚订立的婚约。皮埃尔对朋友是有求必应,也许他还知道应当遵从什么。他接受了小先知的古怪要求。说离婚就离婚。由于贝利巴斯特关于雷蒙德的一句话,皮埃尔仅仅摆脱独身生活一个星期后又再次陷入这一处境。过了一段时间,他只能再回到羊群那里去了,而雷蒙德则生下了一个婴儿。

这孩子是谁的?是皮埃尔的还是纪尧姆的?是好心的牧羊人的还是圣人的?这很难说。但是,第二种猜测的可能性更大些。纪尧姆·贝利巴斯特很久以来便和雷蒙德一起住在莫莱拉。他逢人便说,他从来没有碰过女人的肉体。当然,他有时也和雷蒙德正式同床共枕,尤其是在旅行中和在客店里。但是,他总是对门徒们大声宣扬说,这只不过是装装样子,为的是骗过罗马教会的人,让他们以为自己是已婚者,而不是"纯洁派"。为洗清这种男女同居行为,他还强调说,在和女管家上床之前,他总是注意不脱掉内衣。这种关于操守的虔诚诺言不能永远蒙蔽人。纪尧姆确实和雷蒙德同居已久。皮埃尔·莫里没有发现这一点,这不是由于他太天真了,就是由于他对纪尧姆的仁慈和友谊之情就像贝尔

第一部分 蒙塔尤的生态：居所与牧羊人

纳·克莱格对其兄弟皮埃尔一样强烈。这种男性的友谊使人们感到含糊不清……总之，皮埃尔·莫里决定向宗教裁判所和自己的朋友们隐瞒异端派教长的放纵行为。于是他从信仰或好心出发装作一概不知。然而，他还是对自己的弟弟让·莫里（他责怪皮埃尔的"可笑"婚姻）说明了这种行为的深刻动机："我只能这样做，因为我非常热爱纪尧姆·贝利巴斯特。"[①]皮埃尔·莫里对纪尧姆的感情如此之深，他宁可无条件地接受贝利巴斯特提出的任何要求。

但是，皮埃尔周围的人并没有他那样强的理性来保守机密。埃麦尔桑德·马尔蒂（蒙塔尤人）和雷蒙德·皮基埃的妹妹布朗什·马尔蒂（朱纳克人）两人都是在伊比利亚地区避难的移民。她们便大声责骂贝利巴斯特的行为，后来还向皮埃尔·莫里直截了当摆出了他的厄运。埃麦尔桑德对皮埃尔说："我很不赞赏贝利巴斯特老爷对你的所作所为。他让你娶了雷蒙德，后来又把你们俩分开。在这桩婚姻结成后，他在家里制造了一场家庭混乱，以便把你在大冬天赶出去。这使你差一点冻死在山口。"（III. 198）

至于布朗什·马尔蒂，她也为自己的女友添油加醋。她向好心的牧羊人讲了和她做了三日夫妻的雷蒙德的真实情况："过去，纪尧姆·贝利巴斯特、雷蒙德和我，我们都住在普拉德村。[②]有一

[①] III. 194。相反，圣人则只图无偿滥用牧羊人的友好情意，并且利用他在金钱方面的慷慨。在皮埃尔与雷蒙德的"短暂结合"结束后，蒙塔尤的一个好心人直截了当对皮埃尔说："纪尧姆·贝利巴斯特和雷蒙德根本就不想让你再和他们住在莫埃拉。因为事情发展到这个地步，圣人担心你会和雷蒙德睡觉。雷蒙德和贝利巴斯特感兴趣的只是搜刮你的财产。至于是否能和你见面和在一起，这对他们来说是无所谓的。"（III. 195）关于贝利巴斯特的贪婪，还可参见：II. 442, III. 171。
[②] 参见 III. 198。在塔拉戈纳附近的普拉德，请不要和埃荣的普拉德混淆。

第五章 长途转场放牧

天,我突然进到纪尧姆和雷蒙德睡觉的房间。我看见这一对男女正在床上,纪尧姆双膝跪着,好像正要和雷蒙德行房事,又好像刚刚干完那种事。纪尧姆看到我发现了他的所作所为便对我大喊:'婊子养的,你破坏了神圣教会的行动。'"(III. 198)

最后,布朗什以一个从不上当受骗的女人的口气说:"或者是我不该相信自己的眼睛,或者是纪尧姆确实正和雷蒙德干你知道的那种事。"对于被愚弄的牧羊人来说(他也许是出于兄弟间的忠诚而甘愿受愚弄),这些介绍很清楚:纪尧姆使他的情妇怀了孕。为了挽回他作为异端派教长的荣誉,他让雷蒙德给好心的牧羊人当了几天妻子。这样,孩子父亲的名义就落到了牧羊人头上。纪尧姆完全是背着皮埃尔·莫里让雷蒙德怀了孕。圣人以他的方式成了伪君子达尔杜弗。但我们应当替他说句公道话:这是一个后来被处以火刑的达尔杜弗。人们还知道,这一次奥尔贡是忠于他的。

*　　　　*　　　　*

作为仁慈的朋友,蒙塔尤的牧羊人决定捐弃前嫌。尽管出现过那次失败的婚姻,他仍然对贝利巴斯特忠心耿耿,贝利巴斯特也依然靠他来养活。他甚至参加了圣人及其追随者们向北方的长途跋涉。这次活动是由告密者阿尔诺·西克尔煽起的。阿尔诺·西克尔像果虫一样钻入了贝利巴斯特的据点,为的是将其彻底消灭。纪尧姆被捕后不久,皮埃尔在进行了几次意思不大的迁徙后也被宗教裁判所逮捕了。他于1324年被判处监禁,从此便在我们的档案中销声匿迹了。

第六章
/
比利牛斯山牧羊区的人种志

　　皮埃尔·莫里、让·莫里、佩利西耶、贝内、莫尔和其他一些人的生平传记，再加上散见在雅克·富尼埃宗教裁判记录簿中的大量有关牧羊的具体活动，这些足以构成 14 世纪头 25 年比利牛斯山牧区的人种志吗？由于宗教裁判所的档案中拥有大量关于牧场和游牧的资料，因此我倾向于相信这一点。

　　首先是经济人种志：男女牧民有时也是很难对付的商人。正如皮埃尔·莫里在那次亏本的羊毛、羊羔和羊皮交易中从他亲戚纪耶迈特·莫里身上看到的：商人就是商人。高山牧场上的交换活动以货币方式进行（除此之外还能怎样）。但以货易货和以物抵押的现象尚未绝迹，遇到现金临时匮乏，这种现象便活跃起来。"皮埃尔·莫里手里没钱，他把自己的全部财产——30 只绵羊押给雷蒙·巴里，以此作为他向雷蒙·巴里买 100 只母羊的部分款项。"（II. 186）由于没有钱，我就给你羊：这种推理或做法似乎很普遍。蒙塔尤的阿拉扎依·富雷向本堂区的贝尔纳·贝内提出一笔交易：如果贝内答应对宗教裁判所法官隐瞒其兄弟纪尧姆·吉拉贝尔接

第六章　比利牛斯山牧羊区的人种志

受异端慰藉的事,她便送给他六七只,"甚至十几只"羊（I.404）。更普遍的现象是买通监狱看守或对善人们"上贡"。当时流行的口号是:"敬献羊毛。"这是维持或建立友好关系最合适的礼物。以物易物的现象虽很普遍,但并不妨碍货币经济的存在和运转。这种货币经济在山上的牧区甚至比山下的农区更活跃。[①] 对金钱的使用表现在出售羊毛和购买羊羔的过程中。"皮埃尔·莫里向纪耶迈特索要卖羊毛的钱。他去年把羊群交给了纪耶迈特,这羊毛是这群羊身上产的。然而她回答说:'我用羊毛换了羊羔……'"（III.172）

纪耶迈特虽和蔼可亲却爱撒谎,对她的话不能都信。由于对羊毛的购买力很大,所以这些羊毛的确能换不少钱。然后,在下一轮经济循环中人们又能使钱变成绵羊。"朱纳克的异教徒阿尔诺·马尔蒂急需用钱。他卖了20只羊,这些羊本身卖了10锂图尔币,这些羊的毛卖了6锂图尔币。"因此,单是羊毛就值羊群全部价格的三分之一以上（16锂中的6锂）。[②] 牧民们往往对自己的钱袋看得太重,因此有时会感到自己变得富有或相当富有了:皮埃尔·莫里一下子花1,000个巴塞罗那苏买下100只羊,因此他欠了一屁股债（III.177；II.186）。

对于这种牧业经济在空间的组织情况,我们可从当时的一些文献进行直接的了解,也可通过谢瓦利埃最近对比利牛斯山畜牧的研究成果"上溯"历史,进行间接的了解。

这些研究表明,转场放牧有时与大型村落的权利发生冲突,

[①] 关于这一点,参见普瓦特里诺和富莱什关于奥弗涅和朗格多克山区的研究。
[②] III.287。在中世纪末的康布雷齐,羊毛的价值和羊群的收入（即羊的商业价值）之比似乎更高:一比二左右。在萨巴泰的比例是一比三（参见内弗的国家博士论文手稿:《康布雷齐的粮食》,第二卷,第548页）。

第一部分　蒙塔尤的生态：居所与牧羊人

有时则触及领主的权利：他们强调自己对伊比利亚或比利牛斯地区某块高山牧场有控制权。社区和领主的双重权力在蒙塔尤牧民迁徙之前便存在了。

有一次，皮埃尔·莫里把羊赶到富利克斯山口（塔拉戈纳地区），在由雷里达的主教控制和圈起的一大片草场上放牧（III. 170）。被入侵牧场行为所激怒的主教派 12 名打手专程从比斯巴尔德法尔塞赶来，要"没收"皮埃尔的羊。为了消灾免祸，皮埃尔做了一张硕大的烙饼，请主教的 12 个打手吃了一顿丰盛的晚餐，作陪的还有皮埃尔的塞尔达涅朋友、加泰罗尼亚朋友和阿列日朋友。领主从两方面控制着畜牧业：首先当然是对牧场的占有；其次还有对羊群的占有：许多羊群都属于贵族、领主、教士、修士等有权势的人物。阿列日的牧民作为雇工或竞争者与这些大牧主发生联系。布吕尼桑德·德·塞尔维罗夫人（II. 185 等若干处）和圣马多地区的耶路撒冷圣约翰修道院便属于这类大牧主。①

除了教会、贵族和修道院拥有领主权以外，农民或市民的社区还对畜牧业拥有监督权，这种权力主要涉及畜群路经的地方。纪尧姆·莫尔讲道："皮埃尔·莫里两个夏天在帕尔山口巴加的地界内放牧……另一个夏天，在卡迪山口若萨的地界内放牧。"② 这里提到的地界似乎是指巴加和若萨的加泰罗尼亚社区以其公有牧

---

① III. 179。还可参考布劳纳修道院的情况：1310—1315 年间，该修道院在维克德梭山中拥有 2,000 只绵羊（加里古：《古老的富瓦地区历史研究》）。帕斯托尔·德·托涅里在他的著作中（1973 年，第 150—154 页）强调，自从基督徒从穆斯林手中收复失地后，寺院和宗教团体在组织伊比利亚和次比利牛斯山的流动放牧中发挥了作用。
② II. 183。这里指巴塞罗那和热罗纳的山区等地。

第六章 比利牛斯山牧羊区的人种志

场为界，限制着来自比利牛斯山的转场放牧活动。这些牧场用界栏围起来，其范围大致与该社区的地盘一致。牧场内也有禁止放牧的隔栏，为的是保护堂区居民点四周的蔬菜和灌木。"住在贝塞特的让娜·贝费（蒙塔尤人）帮着皮埃尔和阿尔诺·莫尔把羊群赶出村（贝塞特），他们需留意不让羊群涌进村里的菜园和葡萄园。"（II.390）此外还有一种敏感的划界，即牧场（公有或非公有）与庄稼地间的隔离。对负责维持堂区秩序（蒙塔尤或其他地方）的看青人来说，最大的问题便是不能让畜群践踏即将成熟的庄稼（II.505）。这种危险性还是很大的：至少在某些地区，住房、麦田和葡萄园附近有一片野兽不敢闯入的区域。牧民们往往在这些区域放心地任凭羊群走动，所以羊群很可能越过牧场，毁坏庄稼。"纪尧姆·贝利巴斯特和皮埃尔·莫里在放羊期间可以随意到什么地方去，因为他们放羊的地方（邻近庄稼地）不必担心有狼来。但最大的危险是羊群践踏庄稼。于是，他们便在晚上把羊群赶到牧场上，然后便离去，直到第二天天亮前再回来。"（II.182）

离村落最近和最肥沃的牧场大都是当地牧主的私有产业，例如在蒙塔尤。另一部分牧场属于公有产业（往往在领主"最高财产权"的控制下）。这些牧场按什么标准在转场放牧的牧民之间分配呢？在这方面有时干脆凭臆测：用抽签决定牧场份额的做法肯定还起作用，在奥德的阿尔克为自己或别人放牧的蒙塔尤牧民尤其是这样（III.140）。在加泰罗尼亚一带的其他地方，异常活跃的阿列日牧民被强加的条件更加严厉。转场放牧几乎被禁止，只有和当地姑娘结婚后定居本地的人才有权在公有地放牧羊群。第一次尝试失败后，蒙塔尤的让·莫里最终以这种方式结了婚。转场放牧的需要与成功的爱情并不矛盾，恰恰相反。"让·莫里在卡斯

第一部分　蒙塔尤的生态：居所与牧羊人

泰尔当时，①当地的领地法官命令他：不得让羊群在牧场吃草，除非他娶一当地女子，否则只能离开此地，而让·莫里没能从卡斯泰尔当挖出一个愿意嫁给他的女人。于是他便来到……冉考萨，②住在埃斯佩尔特·塞尔维尔和玛戴娜的家里。玛戴娜是前者的女儿，很讨让·莫里的欢心，于是他通过冉考萨的本堂神甫撮合了他与玛戴娜的婚事。"

*　　　　*　　　　*

村民社区警觉地捍卫着放牧的场地，但它在放牧的组织方面作用不大。在19世纪的上阿列日，社区和社区间的畜群有了很大发展，③但在14世纪时还完全不是这样。当时，该地区和转场牧民中只有个体性组织，最多有一些个人间的联合。在现代，人们将这种联合称为"合作组"。在阿列日地区，社区精神远非史前时期留下的传统，它是在14—18世纪，随着村落社区作用的加强而发展起来的。在这一时期，村落社区开始成为国家有资格的谈判对象、税收和政治方面的社会细胞。

在1300—1325年间的蒙塔尤、埃荣地区和萨巴泰地区，在牧羊方面还未将畜群社区化。这里不久后在饲养奶牛方面形成的社区化一直延续到19世纪。（参见塔拉斯孔和蒙塞居尔地区1850年前后的社区和社区之间大型奶牛场……④）在1320年的蒙塔尤，除用于耕地的牲畜数量有限外，牛类的作用也很小。因此，建立社区牛场的问题尚未提上日程。然而，靠南边一些的阿斯库村直到

---

① II.487。卡斯泰尔当位于雷里达地区。
② 冉考萨是塔拉戈纳地区的一个地方。
③ 参见谢瓦利埃的著作，第399页。
④ 同上，第389页。

第六章　比利牛斯山牧羊区的人种志

20世纪都是最重要的集体养牛基地之一。各种材料表明，该村这种社区传统可以追溯到14世纪，甚至13世纪。阿斯库的雷蒙·西克尔讲道："在5月（1322年）的一个礼拜天，我赶着我自己的一头牛犊到阿斯库附近的加瓦塞尔山里去。看到开始下雪了，我便把牛犊赶进了阿斯库村的公共奶牛群，我自己则回到了村里。"（II.362）

*　　　　　*　　　　　*

村民社区在牧民生活中所起的作用是现实的，但很有限。实际上，牧民真正的社交单位是不受村子控制的"窝棚"。我们曾经看到，皮埃尔·莫里在夏季放羊时如何在阿尔克一个叫拉拉巴索尔的地方当了"窝棚主"。他负责制作奶酪并带领着由8个人组成的一个牧工队。[①] 关于蒙塔尤牧民经常接触的这种窝棚制度，雅克·富尼埃的档案中还有其他资料。例如，纪尧姆·巴伊指出，在安道尔和奥斯皮塔莱特之间，比利牛斯山的鲤鱼口山口（可能是现在的恩瓦利拉山口，在梅朗斯山口附近）就有一处牧民窝棚（III.519）。纪尧姆·巴伊说："这一年夏天，两个塞尔达涅牧民在蒙塔尤的纪尧姆·莫尔的帮助下，在鲤鱼口山口搞了一个窝棚[②]。纪尧姆·莫尔的兄弟阿尔诺·莫尔当了窝棚主，并负责制作奶酪。"（II.381）

除了有夏季的窝棚（在比利牛斯山上的牧场）外，还有冬季

[①] III.135。关于比利牛斯山的窝棚，还可参见图考—夏拉的著作，第233页。可以认为，由于蒙塔尤—普拉德地区没有孤立的农庄，所以窝棚替代了分散和临时性的住宅。关于埃荣的普拉德地区两个畜牧经营者拥有的几个"牲畜窝棚"，请参见II.172。

[②] "搞一个窝棚"不是指修建一个窝棚，而是指暂时住进一处空闲的窝棚。

第一部分 蒙塔尤的生态：居所与牧羊人

的窝棚（在加泰罗尼亚）。纪尧姆·莫尔讲道："第二年冬天，我跟我的兄弟和羊群到佩尼斯考拉平原去过冬……当时我们已有相当多的羊，可以建造自己的窝棚了。"（II.186）需要指出的是，冬季或封斋期建造的窝棚有起码的生活设备。其中有做饭、放衣服（II.181）和睡觉的地方，还可以在里面接待朋友。实际上，皮埃尔·莫里及其表弟阿尔诺便是到这个窝棚来拜会莫尔兄弟的：4个人高兴地谈起了皮埃尔·克莱格新近被雅克·富尼埃逮捕的事。窝棚还是制作乳制品的地方。对于莫尔、莫里及其同伴们来说，除制作奶酪外，窝棚还是他们流动的交叉点和交换有关遥远家乡消息的场所（II.477）。在加泰罗尼亚"住窝棚"以前，莫尔家的人曾在上阿列日和阿拉贡度过了几个寒暑。至于皮埃尔·莫里，他前两年长途跋涉的范围是阿拉贡、塞尔达涅、富瓦伯爵领地和加泰罗尼亚的地中海部分。这些人无疑土里土气并有乡土观念。那么，他们在窝棚里都谈论什么呢？他们在讲述了自己在各处的经历后，便自然而然地谈起了蒙塔尤。这个小村庄离他们的眼睛虽远，离他们的心却很近……

另外还有其他窝棚，例如纪尧姆·加尔加莱特和纪尧姆·贝利巴斯特一起住了不长时间的那个窝棚。纪尧姆·加尔加莱特可能是撒拉逊牧民，纪尧姆·贝利巴斯特是他的助手，他们为牧主皮埃尔·德·卡普德维尔临时当半个月牧工（III.165, 166）。这个窝棚建在富利克斯（加泰罗尼亚）附近维齐安山的春夏季牧场上。"加尔加莱特和贝利巴斯特放了半个月羊，一直到复活节。只有他们俩住在窝棚里。他们自己起火，没有别人在那儿。"离贝利巴斯特的临时住所不远还有转场牧民用的简易羊圈，它们是由栅栏搭建的。皮埃尔·莫里当上了厨师，在他的带领下，人们在窝棚里

第六章 比利牛斯山牧羊区的人种志

做饭、烙饼、做蒜泥蛋黄酱。天主教派、纯洁派和撒拉逊人的牧民不论信仰如何，都友好地聚在一起（III. 165）。我在后面还会谈到这一点。

对于蒙塔尤的转场牧民来说，窝棚就相当于村里人的家。它是一种名副其实的场所。这些窝棚为人际间的联系提供了条件，它们从比利牛斯山的阿列日和塞尔达涅一直延续到加泰罗尼亚和摩里斯科人的地区。窝棚向南也覆盖了很大范围，一直扩展到长期被撒拉逊人统治的下安达卢西亚南部。在安达卢西亚的窝棚体制中，受雇佣并住窝棚的牧民从雇主那里仅领取少量货币工资，但工资中还应加上在合同中规定的食物量。[1]因此，窝棚是一种非常典型的场所，它属于摩里斯科人、安达卢西亚、加泰罗尼亚、奥克西坦尼的文化共同体，其中也包括不同层次的蒙塔尤当地文明和转场放牧的文明。

19世纪末20世纪初，人种志学家和地理学家对比利牛斯山的奥德和阿列日地区的窝棚体制进行过全面描述。[2]人们从这些新近的文献中可以看到"窝棚"和"牲口圈"之间的差别。然而，这种差别早在雅克·富尼埃的资料中已有表明。窝棚是住人的；牲口圈是牲畜"挤奶、集中和过夜"的地方。[3]窝棚的建筑结构类似原始帐篷：用石头垒起一圈矮墙，靠矮墙修建一排搁栅。搁栅的

---

[1] 参见皮特-里弗斯:《山民》，芝加哥-伦敦，1969年，第37页。
[2] 参见谢瓦利埃的著作，第364页。
[3] 谢瓦利埃的著作，第365页。在康塔尔的山里，窝棚和牲口棚不同，牲口棚是用石块垒起的围墙。石头围墙是传统畜牧最古老的创造之一。在新石器时期的撒哈拉和北非沿岸便有这种建筑（参见1974年在巴黎博物馆举办的北非沿岸展览）。

第一部分　蒙塔尤的生态：居所与牧羊人

下面埋在地里，上面是木制构架，它支撑着由草泥盖的屋顶。矮墙开有一扇出入用的门，并有排烟孔。学习制作奶酪的徒工一般都住在窝棚附近。根据苏利耶1819年的调查，转场路过的牧民在比利牛斯山的住所就是上述模样。在14世纪，即雅克·富尼埃办案时代的窝棚肯定与此完全相同。在山上树木稀少的地带，很难弄到木制构架，窝棚便完全由石头垒成。这是一种有代表性的古代建筑，在西地中海、撒丁岛、沃克吕兹、富瓦伯爵领地和加泰罗尼亚很普遍。

至于牲口圈，这只是一块场地，里边设有简易棚。地面是夯实的土或压平的粪，四周用树枝或石头围着，以防狼、熊和猞猁的侵害。牲口圈的一端是狭长的出口，只能过一只羊。14世纪和19世纪一样，栅栏是牲口圈的基本组成部分。皮埃尔·莫里无论在牲口圈还是在家里都热情地接待那些季节流动工或异教徒（III. 165、199等若干处）。这位好心的牧羊人在祈祷时也忘不了自己的围栏。他说："在封斋期最初几天，皮埃尔·贝利巴斯特、异教徒雷蒙·德·图卢兹和拉尔那的异端信徒雷蒙·伊索拉来到我所在的富利克斯牧场的牲口圈。当时我正在做面包。我让一起干活的一个萨拉蒙牧民给异教徒们拿吃的……我让他们三人去制作围栏。他们在牲口圈干了一天这种活……我自己则出去放羊了……晚上，我们在牲口圈里吃的晚饭是煮大蒜、面包和葡萄酒。其中一个异教徒悄悄以他们的方式对面包祝圣。（我们在牲口圈里过了夜。）第二天，我做了两个大烙饼，一个给那些异教徒，另一个留给自己和牧工伙伴们。这些异教徒后来出发到雷里达去了。在那里，他们认识塔拉斯孔的铁匠，即信仰异端的贝尔纳·塞尔维尔。他们打算在雷里达地区当雇工，为葡萄园翻土。"（III. 165）

第六章　比利牛斯山牧羊区的人种志

这一小段话清楚地表明了窝棚的附属和补充部分——牲口圈的功能。过路的劳动力（皮埃尔·莫里以他对异教徒的友好态度吸引了他们）到这里制作防范野兽的栅栏，然后才到山下找其他季节性工作：这次他们将做葡萄农。对于汇集到此的各种劳动力来说，牲口圈既是羊圈，又是厨房和面包房。总之，这里是下层阶级的文化交融中心。我们还注意到，这些文化影响具有异端性质，属于纯洁派或穆斯林的文化。它们来自不同的远方，在这里进行交汇。

在皮埃尔·莫里生活的时代，窝棚和牲口圈内的劳动组织方式和500年后没有太大区别。每个窝棚住着一支由6至10人组成的牧工队，他们只在一定季节里临时住在那里。他们走后，马上会有同样数量的另一队牧工搬进去，新住户的家乡和身份可能与老住户完全不同。也有一些小窝棚，里面只能住两三个人。总的来说，窝棚就像一个没有老板的"西班牙旅店"。

关于每个窝棚照管羊的数量，中世纪的情况和19世纪农业督察统计的差不多：200—300只，有的则只有100—150只。羊群的组合是按谢瓦利埃所称的"半个体"协作方式。（谢瓦利埃说的以村为基础的羊群组合在1300年的窝棚时期中还未出现。在雅克·富尼埃的时代，这种社区主义只是在放牧奶牛方面才有所表现。[①]）

一个窝棚管两三百只羊，羊群按半个体协作方式组合。这羊群由若干合伙的牧民凑起，他们的羊一般都是雇主交付的，但也有人顺便带着自己的羊。例如，在皮埃尔·莫里放牧的一大群羊

[①] 关于这个问题，见谢瓦利埃的著作，第371、401等页。

第一部分　蒙塔尤的生态：居所与牧羊人

中，有他个人的30—50只羊。他是牧工头、窝棚主和奶酪师傅，他的身份既是合伙人，又是雇工，还担任着牧工的领头人。我在后面还会谈到他的这些角色。

通过史料或追溯性资料，我们可以了解牧民在冬季和夏季的日常（或每月的）生活。[①]产羔和挤奶构成了这种生活的节奏。羊羔在圣诞节期间产下，和耶稣诞生于马槽的神话完全合拍。这一神话在14和15世纪的肖像画中已很普遍。5月初是羊羔的断奶期，挤羊奶也从5月份开始。牧民以及雇主之间的协作合同也在这一时期签订。6月，牧民们开始上山住窝棚。牧工头带着木制的勺子和容器，负责制作奶酪的工作。做好的奶酪通过阿克斯累太姆的店铺向周围村民出售，其中也包括蒙塔尤的村民。

伊比利亚或比利牛斯山的窝棚完全是男性的世界。偶尔"扰乱"它的是来此与比较富有或有魅力的牧民嬉戏的妓女或情妇。这种窝棚与萨巴泰和蒙塔尤的人家形成对照的是：前者是男人的天地；后者是"男女共同的"天地。在家里，尽管劳动分工造成了男主外、女主内的现象，男子和女子的角色还是有不少相互交叉的地方。相反，住窝棚的全是成年男子。[②]在反映15世纪牧民崇拜的绘画中常有圣母和婴儿在牧场羊圈的场面。这在当时属于令人意外的情节，即不寻常和美妙的现象。作为男子社会的窝棚，其成员的加入是根据合作关系而不是辈分。牧羊人是世界最古老的职业，他们的窝棚也保留着牧羊人与月亮和内心有关的古老的

[①] 参见谢瓦利埃的著作，第403页。
[②] 我在本书中曾指出，牧民主要是男人的职业，在上阿列日地区没有"圣女贞德"和"牧羊女"。然而，个别妇女，主要是寡妇，有时也在牧场上放自己的羊，例如纪耶迈特·贝内特和雷蒙德·贝洛（III. 70）。

第六章 比利牛斯山牧羊区的人种志

传统。后来，这些传统形成了文字，以牧羊人历书的形式展现在公众面前。夏季山上的窝棚尤其是文化遗迹的保留地。对残存的纯洁派教义也是如此，它通过老一代牧民对下一代牧民的口述言传，将其尽可能长久地保存下来，使之不受山下警探的摧残。拉罗什-富拉文在文艺复兴前描写过纯洁派可能残存的影响（至少是以民俗的方式）。据人们所知，他留下的文字是如实反映这方面情况的唯一资料。他笔下那位神圣的主教在16世纪上阿尔比地区的所见所闻不正是这种山民文化的遗迹吗？拉罗什-富拉文写道："一位神圣的主教到罗马去接受红衣主教的职位。在途中，他在阿尔比山附近的地里遇到一个老农，并和他谈论起当地的新闻。老农对他说：这山里的荒野中有许多可怜人。他们身披装满灰的口袋御寒，靠吃植物的根充饥。他们像野兽一样活着，人们称他们是阿尔比教派。我们对他们进行了五六十年的战争，到现在已死了5万多人，但他们的人数却越来越多。除非有某个杰出人物给予他们特殊的关怀，否则无法使他们迷途知返。"[1]

*　　　　*　　　　*

我们现正处于跨历史的长时段领域。从14世纪到19世纪，在牧民们经历的过程中，窝棚没有发生变化，它始终是一种活生生的组织形式。

我们的资料还显示出，这种畜牧机制中包含着蒙塔尤牧民所熟悉的转场放牧。关于转场放牧的一般条件，皮埃尔·科斯特的

---

[1] 参见拉罗什-富拉文：《法兰西高等法院的十三本资料》，第10—20页。路易·德·桑提和奥古斯特·维达尔曾提到该资料。以及《阿尔比教派的历史档案》专集：《关于理性的两本资料》(1517—1550)，第4分册，巴黎，尚皮翁出版社；图卢兹，普利瓦出版社，1896年。

第一部分 蒙塔尤的生态：居所与牧羊人

文章提供了一些总体看法。[①]这些看法不仅适用于他所研究的普罗旺斯地区，也适用于比利牛斯山的阿列日地区。我们掌握的材料证明了这一点。

第一，皮埃尔·科斯特首先指出了"反向"转场放牧的主导地位：从山上向平原，从高处向低处，从夏季到冬季。相反，进行"直接"转场的人数较少，规模不大。平原地区的人不大喜欢出门，没有山里人爱活动。据我们所知，来往于比利牛斯山、加泰罗尼亚以及普罗旺斯的牧工队，都是从山民中吸收成员。他们大都来自上阿列日地区，尤其是蒙塔尤，或者来自塞尔达涅。"反向转场放牧有其自身的规律和长期的历史。"（皮埃尔·科斯特）

第二，转场放牧的规模之大令人惊讶。德拉吉尼昂的法官管辖区有十几万只绵羊，鲁克和富雷内的普罗旺斯领地法官所作的估计应当是合理的。[②]富瓦伯爵领地的转场放牧规模肯定与此不相上下。但是，我们目前还没有办法做出更准确的测算。

第三，转场放牧要求组织一定规模的联系。当然，不必非有个统一国家结构把转场放牧涉及的整个空间，包括夏季的和冬季的都组合起来。但它需要交易会和市场。因为如此大规模的迁徙不能仅靠自给自足的经济。例如，比利牛斯山和下比利牛斯山地区在向图卢兹提供羊肉方面起了极其重要的作用。[③]更确切地说，无论是克莱格兄弟还是莫里家的人，无论是蒙塔尤的牧主还是牧工，他们都要去阿克斯累太姆的绵羊交易会，尤其要去拉洛克多

[①] 科斯特：《14世纪普罗旺斯的田园生活》，载于《农村研究》，4—6月号，1972年。
[②] 上引书，第70页。
[③] 参见沃尔夫：《图卢兹的贸易和商人》，1954年，第197—198页。

尔姆的绵羊交易会。他们要在那里做羊毛和牲畜的买卖（Ⅲ.154）。

*　　　　　*　　　　　*

从地理上讲，发起于上阿列日地区的转场放牧与图卢兹山区的转场放牧在流向上并不一致。[1]实际上，图卢兹地区牧民的冬牧还伴随着明显偏西的局部夏牧，所涉及的主要是贝阿尔纳和帕拉尔地区。相反，东比利牛斯山和阿列日地区的牧民在冬季更喜欢向奥德（东北方）和加泰罗尼亚（南方）转场。[2]以莫尔家和莫里家为代表的蒙塔尤牧民把夏牧的地点选在上阿列日或萨巴泰的山上。这里离他们的家乡，即阿克斯累太姆、奥尔陆、梅朗斯及其毗邻的牧场很近。然后，按正常的反应，冬牧应当下到东比利牛斯山的山脚和阿格利山谷，朝着拉齐基耶尔、普拉耐兹、阿尔克，以及邻近鲁西荣北部和现在的奥德省南端的拉泽斯、费努耶德和莫里地区发展。皮埃尔·莫里是来自上阿列日进行夏牧的牧工；纪尧姆·贝利巴斯特来自费努耶德，是从事冬牧的牧主子弟。他们牢不可破的友谊除了人与人之间的密切联系外还会有什么呢？这友谊后来的发展与比利牛斯山和伊比利亚南部转场路线的形成是一致的。皮埃尔·莫里担任从上阿列日到此之间流动的任务，贝利巴斯特则在莫莱拉坐守。莫莱拉地处埃布罗河南岸冬季牧场附近。

实际上，向鲁西荣的迁徙是短命的：1305—1308年以后，宗教裁判所很快便切断了纯洁派的东北通道。这条通道经过奥德山谷，将阿列日南部的转场放牧与阿格利的冬季牧场连在了一起。

---

[1] 沃尔夫的著作，第200页。
[2] 沃尔夫上引书；和乌尔泽的著作，第37、71页。

第一部分 蒙塔尤的生态：居所与牧羊人

宗教裁判所法官虽然切断了这条路线，但并没有消除转场放牧活动。他们只是使它转向南部的加泰罗尼亚冬季牧场。在那里，转场放牧很早以来便有许多基地。从北向南调整后，蒙塔尤人的转场放牧活动只是改变了在加泰罗尼亚的位置：它从鲁西荣边界地带转到巴塞罗那，以至塔拉戈纳腹地一带。无论在鲁西荣还是在伊比利亚，夏牧和冬牧在海拔高度上的变化是一致的。但是，加泰罗尼亚南部的地域非常广阔，而向鲁西荣转场放牧的空间则较为狭窄。

地域广阔首先体现在夏牧本身方面：当坏季节来临时，蒙塔尤的和其他地方的牧民便从比利牛斯山的基地涌向加泰罗尼亚冬季牧场。由于每年的雇佣情况和年景不同，比利牛斯山放牧基地的范围也变化不定。从西面的维纳斯克山口到东面的帕尔山口，这些基地沿轴向山脉延绵 200 公里左右，其树林和牧场分布的范围既包括上阿列日、埃荣的普拉德、梅朗斯、奥尔陆等传统地区，也包括阿拉贡东北部、塞尔达涅、比利牛斯山或次比利牛斯山的加泰罗尼亚的一些地方（巴加、若萨、拉罗萨）。在伊比利亚半岛，莫里兄弟、莫尔兄弟及其他所有人往来的冬季转场区域包括四个不同地区，其中三个全部或大体在加泰罗尼亚，另一个在埃布罗河南岸的巴伦西亚地区。这 4 个牧区是：塔拉戈纳北部，海拔 900 米的卡罗尔地区和圣十字架修道院牧场；埃布罗河和塞格雷河交汇处南部，海拔 400 米左右，跨越埃布罗河的卡斯泰尔当－富利克斯－阿斯考－康波西纳地区；托尔托兹附近，位于埃布罗河入海口处并沿海的塞尼亚地区；埃布罗河南部，有纯洁派牧民的"贝利巴斯特麦加"之称的圣马多—佩尼斯考拉—莫莱拉神圣三角地带。从最远的夏季放牧区，即比利牛斯山阿拉贡地区到最深入巴伦西

· 174 ·

第六章 比利牛斯山牧羊区的人种志

亚的冬季放牧区，两者之间的距离共有200多公里。
*　　　　*　　　　*

蒙塔尤的牧民纪尧姆·巴伊向我们提供了1310年代转场放牧的具体细节。他讲道："这一年夏牧，我们和莫尔兄弟以及两个塞尔达涅人一起住在鲤鱼口山口（在上阿列日地区的梅朗斯山口附近）的窝棚里。"（II. 381—382）在9月的圣米歇尔日，巴伊、莫尔兄弟、两个塞尔达涅人以及皮埃尔·莫里赶着他们的羊群向南穿越了整个加泰罗尼亚，长途跋涉了30多古里。"我们赶着羊群，到巴伦西亚王国最北部的佩尼斯考拉牧场和圣马多平原过冬。"皮埃尔·莫里一直推进到托尔托兹，"他在那里又招募了两个牧工"。他们都是奥克西坦尼人，其中一个叫雷蒙·巴拉雷，来自奥德，另一个来自上阿列日的梅朗斯。牧工队组成并在羊群边就位后，牧场过冬的时间表便正式开始了。"到圣诞节之前，整个牧工队还比较集中。我们每天在一起吃两顿饭，即午饭和晚饭。无论白天还是晚上，吃完饭后我们都分头去放自己的羊（分成若干大群或小群）。"人们注意到，当时也和现在一样，牧民们时常把羊分成小群放牧。纪尧姆·莫尔说："在托尔托兹的牧场上，格贝茨的雷蒙和纪尧姆·贝利巴斯特（当时与皮埃尔·莫里合作放一群羊）可以方便地相互谈论异端的话题，他们负责的两群羊则在相隔不远的地方吃草。"（II. 188）

对纪尧姆·巴伊的牧工队来说，12月底的情况变得复杂起来。在产羊羔的圣诞节（当时人们把圣诞和产羔明确联系在一起。这再次表现出圣诞日是牧民冬季的重要事件），牧工队成员之间在分配任务和场地方面比以前要严格些。"我是纪尧姆·巴伊，我继续照看阉割过的绵羊。皮埃尔·莫里在不远处负责照顾羊羔和小羊，

·175·

第一部分 蒙塔尤的生态：居所与牧羊人

即今年和去年产的羊。白天和晚上的工作使我和莫里分处两地。但我们在吃午饭和晚饭时可以在一起，给我们送饭的雷蒙·巴拉雷也陪着我们。牧工队的其他人，即纪尧姆·莫尔、雅克·丹德罗、纪尧姆·德·维阿和阿尔诺·穆阿萨尔，他们住在离卡利格村不远的地方。在那里，他们先是负责照顾怀胎的羊，接着便看护吃奶的羊羔。"在牧工队的这种分工中，友好关系与工作关系或分组不一定吻合："在此期间，皮埃尔·莫里对纪尧姆·莫尔和雷蒙·巴拉雷比对其他工友更亲近些。"（Ⅱ.382）牧工队成员的"外部"社交活动还把他们与牧场附近的西班牙村镇，如卡利格、圣马多的居民联系起来（这些地方有不少纳尔榜和塞尔达涅的移民）（Ⅱ.188,382）。他们一般步行到那里，有时也骑着驴去，为的是运回采购的食品。圣诞节前后，人们把各自的吃食带到小酒馆，各为其主但一起干活的牧工们在这里相聚一堂。这种聚会总会为异教徒提供相互接触的机会。皮埃尔·莫里说："那年冬天，我回到阿斯考地区的康波西纳牧场（塔拉戈纳地区）过冬。圣诞节前后，我遇到两个朋友：一个是为皮埃尔·马丽（也许是阿列日的牧主）干活的雷蒙，另一个是皮埃尔。皮埃尔正在为维尔弗朗什（鲁西荣地区）的纳尔特勒干活。我们三个人来到康波西纳的小酒馆，我突然发现图卢兹的异教徒雷蒙背着货郎包袱向这边走来。我马上出去迎他，并和他攀谈起来。我的两个朋友则在里面煮他们自带的肉和鸡蛋。"（Ⅲ.171）

其他冬季聚会发生在牧民圈子之外。例如，皮埃尔·莫里在放牧时经常神秘地告缺，他说是去圣马多的药剂师那儿买刺柏子酒精。实际上，他是到莫莱拉拜访贝利巴斯特了。一个技术骨干经常缺席，这无疑会使工友们感到不快，因为他们得完成偷懒者

第六章 比利牛斯山牧羊区的人种志

留下的活计。

正如人们所看到的，夏牧一般在比利牛斯山或其附近地区进行。关于夏牧特有的活计，我们掌握的材料不如冬牧详细。皮埃尔·莫里提供的证词表明了招募夏季牧工的时间表（III. 163）。这位好心的牧羊人说："向以前的雇主纪尧姆·安德烈辞工后，我开始在费努耶德的拉齐基耶尔为皮埃尔·康斯坦当牧工。从复活节到同年9月的圣米歇尔日，我一直为他干活：到娄兹山口和梅朗斯山口（上阿列日）进行夏牧。和我在一起的有5个牧工。这年夏天，我没有遇到异端分子和异端信徒。后来，在圣米歇尔日前后，我向皮埃尔·康斯坦辞了工，接着为普伊格塞尔达的雷蒙·布尔西耶当牧工，并在他那里干了两年。"从这份材料可以看出，夏牧是牧民生活工作的组成部分。在一般条件下，这项活动可以使复活节到圣米歇尔日大致成为一个雇佣期。

我们还掌握一些关于夏牧的情节和零碎材料，尤其是剪羊毛的情况。5月份，牧民们一到达高山牧场便在山口地带开始这项工作。（纪尧姆·莫尔讲道："我们从圣马多向山里的鲤鱼口山口出发，这里离梅朗斯山口不远。我们到了这里便开始剪羊毛。"〔II. 185〕）由于羊毛剪下后便可出售，所以一些逼得较紧的债务在剪羊毛后便可以偿还了（出处同上）。剪羊毛活动还有助于发展蒙塔尤牧民和其他牧民的相互交往，这种交往是他们十分珍视的。让·莫里说："我和我兄弟皮埃尔·莫里来到拉拉塔山口（在塞尔达涅），在那里给我们的羊剪毛。皮埃尔·莫尔骑着他的骡子来这里看我们。大伙儿在一起吃了一顿饭，其中有我、皮埃尔·莫里、莫尔家的皮埃尔、纪尧姆和阿尔诺三兄弟、他们的堂兄皮埃尔·莫尔以及纪尧姆·巴伊（都是蒙塔尤人）。和我们一起吃饭的

第一部分　蒙塔尤的生态：居所与牧羊人

还有几个剪毛工，他们的名字我记不得了。我们吃的有羊肉和猪肉。后来，皮埃尔·莫尔把阿尔诺·莫尔的羊毛捆在骡子背上，运到普伊格塞尔达去。"（II.505）剪羊毛季节的这种社交活动也可能会成为与山里异端派的"不幸遭遇"。罗尔达的阿尔诺·考古尔在1320年说："我记不大清楚了，大约是在16年前，我来到埃荣的普拉德（蒙塔尤附近的村子）剪羊毛。我看管的羊是普拉德的皮埃尔·让交给我的（牲畜租约？）。我来到这里的当天夜里便得了重病，非常痛苦。第二天，我起床后走到皮埃尔·让家的院子，打算上路。皮埃尔·让的妻子加亚尔德对我说：'你想不想和善人们谈话？'

"我回答她说：'让你和你的善人们都滚到一边去吧！'

"我很明白，她所说的善人是异端派，加亚尔德想让他们在我病重临死时给我做异端的临终慰藉。"

*　　　　　*　　　　　*

5月是剪羊毛的季节。6月到7月是制作奶酪的季节，这项工作是夏牧期间在山上的窝棚进行的。圣约翰日前后，皮埃尔·莫里刚把妹妹纪耶迈特从其丈夫（天主教徒）魔掌下解救出来，他告诉她："我该走了，因为东家托付的羊群使我放心不下。尤其是，做奶酪的季节马上要到了。"（III.155）无论是夏牧还是冬牧，牧工队成员大都来自不同地区（阿列日人、塞尔达涅人、加泰罗尼亚人……），他们之间的联系属于内部交往。在外流动的蒙塔尤牧民努力寻求同乡和亲朋（无论是不是纯洁派），他们的这种活动属于外部交往。这两种交往活动有很大差别。皮埃尔·莫里说："我把羊群从过冬的加泰罗尼亚转向度夏的比利牛斯山。除了蒙塔尤的莫尔兄弟和普拉德的夏尔·鲁什以外，我队里的牧工都是塞尔达

第六章 比利牛斯山牧羊区的人种志

涅人……在经过雷里达教区的冉考萨村时，我遇到了皮埃尔·马尔蒂的妻子埃麦尔桑德、贝尔纳·马尔蒂及妻子纪耶迈特和儿子阿尔诺。他们都是蒙塔尤人，并且除贝尔纳·马尔蒂以外都是异端信徒。"（III.168）有7个蒙塔尤人聚集的地方就成了蒙塔尤……如果可能的话，蒙塔尤的牧工和移民定会在加泰罗尼亚和比利牛斯山重建一个蒙塔尤。

*　　　　　*　　　　　*

牧民世界一方面必须遵从转场放牧的生态和时令，另一方面也受到雇佣和合作关系的局限。（但他们从未真正依附于领主，更没有沦为农奴。在14世纪，阿列日和塞尔达涅的牧民在蒙塔尤等地就像他们在山里呼吸的空气一样自由自在。当然，这种自由只是相对领主权而言，对宗教裁判所而言便是另外一回事了。）

在把放牧作为毕生职业之前，牧民们从12岁便开始学徒。（后来成为最优秀的职业牧羊人的让·莫里说："异端派来到我家时我没在家，正在外边替父亲放羊。那时我12岁左右。"[①]）除了幼年这段时间外，成年后的牧民基本上都当牧工。他们在牧区的地位与农区的雇佣工相似。但和农区的雇佣工相比，他们有个人致富和实现较大发展的可能性。而作为代价，这种可能性也伴随着发生伤亡事故的危险。在山里，这种危险性是不可忽视的。牧羊人的生活漂泊不定。奥利维埃·德·塞尔指出（奥克西坦尼的雇工都具有这些特点）[②]："每年都要更换雇工，以便把位子空出来。新来的人会更用心地干活。"牧工们并不把这种不稳定性看成一种压

---

① II.470。以及关于皮埃尔·莫里和让·佩利西耶的同类其他资料。
② 德·塞尔:《农业舞台》，第1卷，第6章。

第一部分　蒙塔尤的生态：居所与牧羊人

迫或束缚，恰恰相反。远距离转场放牧的牧民更换雇主就像更换衬衣一样！① 在这方面，皮埃尔·莫里是个有代表性的牧民。他认为：被雇主解雇、向雇主辞工和改换东家都是很正常的事。虽然牧主和领主一样都被称作主人，但这丝毫不能使牧主和牧工的合同关系固定下来。正如我们所看到的，招募可以按季节，也可以依转场放牧的安排而定。皮埃尔·莫里曾讲道："复活节时，我正在加泰罗尼亚的塔拉戈纳。普伊格塞尔达的阿尔诺·富雷雇佣我当他的牧工，于是我便和他一起待了5至7个星期左右。我把他的羊群赶到普伊格塞尔达（比利牛斯山夏季牧场）。一到那里，我就开始给普伊格塞尔达的女领主布吕尼桑德·德·塞尔维罗和雷蒙·布尔西耶当牧工。在这个夏季，我留在梅朗斯境内（阿列日）的凯里于山口。夏季过后，为布吕尼桑德夫人和布尔西耶干完了度夏的活，我又重新开始为普伊格塞尔达的阿尔诺·富雷当雇工！于是，我赶着他的羊群再次下山，到塞尼亚平原（加泰罗尼亚南部）去过冬。"由此可见，阿尔诺·富雷分两次雇佣皮埃尔·莫里完成从冬季到夏季（或相反）的转场。布吕尼桑德夫人则只是他夏牧的雇主。

一些资料表明，经过能力测试，有的牧工可以专门签订一年的雇佣合同。能力测试的资格则是由第三方，如雇主和雇工的朋友、亲戚或同乡出面争取到的。皮埃尔·莫里曾说："阿尔诺·巴伊原来在蒙塔尤，他是阿克斯累太姆的巴尔泰雷米·博雷尔的女婿。他对我说：'如果你想给我岳父当雇工，我可以替你说些好话，让他给个好工钱。'

---

① 让·莫里不时给在牧场上的皮埃尔·莫里送一件衬衫。

第六章 比利牛斯山牧羊区的人种志

"我接受了他的建议。新雇主派我赶着他的羊群到托尔托兹(加泰罗尼亚)去过冬。当我回到萨巴泰进行夏牧时,巴尔泰雷米和我签了份一年的牧工合同。"(Ⅲ.148)

有一点需要说明:牧民职业的不稳定性更多体现在专门从事远距离转场放牧的牧民身上,如莫尔兄弟和莫里兄弟等;至于像让·佩利西耶这种不大走动、常在雇主身边的牧工,他们的生活谈不上不稳定。

此外还应当指出,由于雇主和雇工是熟人,所以他们之间大体上是亲密和无拘束的。雇主可能是雇工的亲戚,也可能是他朋友或老乡的亲戚。总之,雇工可以毫无顾忌地斥责雇主的妻子。这种仗义执言往往发生在雇工与雇主同住期间:或是礼拜日、节日和下山的日子,或是雇主来牧场陪伴牧工的几周到几个月中。皮埃尔·莫里说:"我给拉齐基耶尔的皮埃尔·康斯坦当雇工。在夏牧期间,即从复活节到9月的圣米歇尔日,我和他一直待在梅朗斯山口。"(Ⅲ.163)这个皮埃尔·莫里还在其他场合宣称,他曾与阿克斯累太姆的雇主巴尔泰雷米·博雷尔住在一起(Ⅲ.155,156),并曾和雇他放羊的布吕尼桑德·德·塞尔维罗夫人住在一起……[①] 因此,雇主(包括女雇主)和雇工在牧场或家里住在一起的事至少时有发生。

牧羊人实际上是雇佣劳动者,他们工资的一部分是实物,即食品(Ⅱ.181;Ⅲ.148)。当皮埃尔·莫里在阿尔克放牧时,他时常离开羊群,到雇主家去取面包:"一天早上,我从牧场下山到雷蒙·皮埃尔家去取面包。"(Ⅲ.127)然而,在塔拉戈纳地区,由于

---

① Ⅲ.186;Ⅱ.183(不太明确)。还可见下文。

第一部分　蒙塔尤的生态：居所与牧羊人

雇主家离雇工较远，皮埃尔·莫里只得自己当面包师。他在窝棚的炉火上烤面包："我在富雷斯牧场时，这些人到窝棚来看我。当时我正在做面包。"（III. 165）

工资的另一部分是少量金钱，可能是按月支付。纪尧姆·莫尔说："当皮埃尔·莫里和纪尧姆·贝利巴斯特给巴加（乌尔热尔教区）的皮埃尔·卡斯泰尔当牧工时，皮埃尔·莫里得到的工资据说是纪尧姆从皮埃尔·卡斯泰尔那里按月领的。他用这笔钱为纪尧姆买豌豆和大葱。"（II. 176, 181）

最后，除工资以外，雇主和雇工间的合同经常规定双方分享牲畜繁殖、奶酪生产甚至羊毛的利润。纯粹的雇佣劳动制和牲畜租约制之间的区别往往很模糊。

一谈起雇佣劳动便就令人想起样样活都干的勤杂工。从面包师到送信人……在文盲充斥、缺乏邮递网的条件下，足蹬"七古里鞋"的牧工便可充当通信员。他们常常为东家传递口信，其内容有的涉及羊群，有的涉及纯洁派，甚至是极端机密的。纪尧姆·莫尔说："皮埃尔·莫里为阿克斯累太姆的巴尔泰雷米·博雷尔当了一年的牧工和信差。他把博雷尔的羊群赶到了托尔托兹，后来又赶到富瓦伯爵领地。在为博雷尔干活期间，他时常到各处去送信。但他从不透露传递的内容，也没有透露过收信人是谁。"[1]

有时候，当雇工的牧民有可能永久或暂时地成为独立经营者。皮埃尔·莫里在经济状况良好时便从事独立经营，但这种状况往

---

[1] II. 175。牧民社会内部构成了一个广泛的信息系统：牧羊人和一般山里人通过显著的信号和尖利的喊声进行联系。这些信号和喊声可以从一个山坡到另一个山坡传递到很远（I. 403）。

第六章 比利牛斯山牧羊区的人种志

往很短暂。让我们听一听纪尧姆·莫尔对此是怎么说的："我和我兄弟阿尔诺那时给普伊格塞尔达的雷蒙·巴里当牧工。我们和他的羊群在佩尼斯考拉平原过冬。这年冬天，皮埃尔·莫里也在这个平原过冬。但他没有雇主，而是自己单干，因为他向雷蒙·巴里买了 100 只羊。我和我兄弟给雷蒙·巴里当雇工，皮埃尔·莫里虽然和我们生活在一起，但他是为自己干活。"(II. 183)

还有最后一种可能：牧羊人是雇工，并从未取得独立经营者的地位，但他仍然能把一部分牧羊工作包给下一级牧民，从而使自己成为雇主。当然，这种情况只发现了一例。而且，这种反常的"雇工雇主"还是一个集体，即一个牧工队。该牧工队成员全是蒙塔尤人，由于家族关系，他们团结紧密，高度一致。皮埃尔·莫里曾讲道："我受巴加的皮埃尔·卡斯泰尔雇佣，给他当牧工。我给他干了两年，曾经到托尔托兹牧场过冬。和我在一起当牧工的还有纪尧姆·莫尔和皮埃尔·莫尔（这个皮埃尔·莫尔是纪尧姆的堂兄，蒙塔尤人雷蒙·莫尔之子）。在第一年的封斋期，纪尧姆·贝利巴斯特来牧场找我们。他在我们这里干了 3 个月，因为我们雇他当了牧工。"(III. 166) 雇主（或其牧工）招募的人都是季节工，例如春末时节为增加剪羊毛的劳力而招募的剪毛工。

牧民的生活并非仅造成依附雇佣制的"纵向"关系，就像今天的农牧业老板和工人的关系那样。这种生活还使牧羊人之间建立起一种"横向"关系（他们尽管是雇工，但有些人还拥有自己的羊群）。这是和同事或别的雇主之间的合作关系。纪尧姆·巴伊说："我和伙伴们，即莫尔家的纪尧姆、皮埃尔和阿尔诺，我们到卡利格牧场（塔拉戈纳附近）去过冬。我们的羊很少，因此我们与普伊格塞尔达的皮埃尔·维拉雇佣的牧工队及其羊群合在了一

第一部分　蒙塔尤的生态：居所与牧羊人

起。这个牧工队有四个牧民和一个赶骡子的脚夫，他们都是塞尔达涅人。"（III. 390）还有一次，皮埃尔·莫里、莫尔兄弟以及他们的雇主（当时的雇主不是别人，正是巴加的加泰罗尼亚人皮埃尔·卡斯泰尔）一同和塞尔达涅人合了伙。好心的牧羊人也说过："第二年夏天，我们把羊群赶到了帕尔山口（现在的东比利牛斯山）。我们与阿尔诺·富雷（普伊格塞尔达人）的牧工队和羊群合在了一起。他的牧工队全都是塞尔达涅人。"（III. 167）

假如皮埃尔·莫里的运气好，又没有白流汗，他便能在某些季节里成为自己做主的老板。这时候，他会尽量利用各种经营方式：相互帮助、雇用牧工、与别的牧主合伙或给他们当雇工……封建主之间的开兵见仗使山里的环境再度恶化。正因为如此，这种变化不定的组合形式才应运而生。好心的牧羊人说："这一年夏天，我来到维纳斯克附近的伊萨维纳山口（比利牛斯山）。我和我兄弟让在那里度夏。我们俩雇佣了贝尔纳·德·白尤尔帮我们放羊。后来，我们在圣米歇尔日下了山，来到了雷里达。我们不得不避开卡斯泰尔当地区，因为纳尔泰斯和纪尧姆·德·唐萨正在那里打仗。我们把羊群与马沙隆和纪尧姆·穆里耶的羊群合在了一起。他们两个人都是乌尔德考纳的牧主。① 我们兄弟俩和另外两名牧工赶着我们的和这两位牧主的羊群到圣马多牧场去过冬（这即是说，对这两个牧主来说，我们是他们的合伙人兼雇工了）。"（III. 195）最后还应当指出，这种多样化的组合，其形成和解体都很随便。纪尧姆·莫尔说："皮埃尔·莫里决定把自己的羊和雇主的羊分开。他当时的雇主是皮埃尔·卡斯泰尔……他赶着自己的

---

① 在塔拉戈纳地区。

羊走了。他回来时说把羊卖给了圣马多的一个商人。"（Ⅱ.182）

除了上面谈到的雇佣劳动和"简单组合"外，[1]还存在一种"收益分成"合同。不少作者研究过图卢兹、普罗旺斯和其他许多地方的"牲畜租约制"。[2]在蒙塔尤，无论老住户还是新来户，他们之间都以"劳资分成"的方式订立牲畜租约。女牧主纪耶迈特·莫里是皮埃尔·莫里在塔拉戈纳附近遇到的亲戚和老乡。他们之间订立的合同是收益分成的独特形式（Ⅲ.169）。皮埃尔讲道："我用自己的羊和纪耶迈特搞劳资分成。商定二人分享收益和分担损失。纪耶迈特应负责日常的花费（即雇佣牧工和放牧羊群的费用）。"（Ⅱ.169）这位牧羊人和女牧主之间的合作还是坚持下来了，尽管两个合作者之间出现过激烈的争论。除了钱以外，纪耶迈特后来还向他们的合伙项目追加了20只羊。皮埃尔说："第二天早上，我接受了纪耶迈特的20只羊后便赶着它们回到了卡利格牧场。"（Ⅲ.181，原文意思不明确）

蒙塔尤本地也实行收益分成制约租：纪耶迈特·贝内的丈夫纪尧姆·贝内在村里是自耕农。（因为他拥有耕牛，晚上干完活后还要把它赶回圈里。）1303年前后，她把自己的羊群交给村里的大户贝洛家搞收益分成。贝洛家似乎专门从事养羊业。纪耶迈特·贝内在1321年时说："大约18年前，我和丈夫把羊群交给贝洛家搞收益分成。一个夏天的晚上，太阳刚下山，我拿着面包来到贝洛家，为的是让他家的人把面包交给纪尧姆·贝洛和我的儿

---

[1] 还有贝利巴斯特和莫里合伙的6只羊（上文，第五章）。
[2] 参见沃尔夫：《图卢兹的贸易和商人》，第205页及以下各页和图6；另参见科斯特上引文，载于《农村研究》，1972年（普罗旺斯），等等。

第一部分　蒙塔尤的生态：居所与牧羊人

子雷蒙·贝内。雷蒙·贝内正照看'合伙的'羊群。"（I.477）他们订立的可能只是口头合同，没有公证人的介入。根据这份合同，贝内家应向贝洛家提供一些牲畜和部分劳力，并且为牧工队供应自制的面包。

第七章

牧羊人的心态

我们应当超越对经济和职业关系的描述，通过皮埃尔·莫里引人注目的性格来解释 14 世纪初一个转场放牧的蒙塔尤人的社会地位和心态。

首先，皮埃尔·莫里以及和他类似者似乎处于社会的底层，他们的处境和旧制度最后几百年中法兰西北部的雇佣工相近，但并不相同。他们的生活充满不便甚至严重的职业危险。一天，埃麦尔桑德·马尔蒂对好心的牧羊人谈到了圣人贝利巴斯特对他的恶劣行为，同时也说起了牧民职业的艰辛："你不得不在严冬季节离开贝利巴斯特的家。这使你差一点冻死在山口。"（III. 198）贝利巴斯特也向他的同伴提起牧民生活的艰辛："皮埃尔，你的一生都在操劳。"（II. 177）从这种角度看，牧羊人皮埃尔·莫里日常的活动，尤其是冬牧，几乎和伐木工贝尔纳·贝费的工作一样艰巨，有时也同样危险。贝尔纳·贝费本人便在一次事故中成为这项工作的牺牲品："贝尔纳·贝费（蒙塔尤的让娜·马尔蒂的丈夫）死在贝尼法克萨的森林中（西班牙）。他在刨一棵树桩时，树桩和上

第一部分 蒙塔尤的生态：居所与牧羊人

面的石块一起滚落下来，将他当场砸死。"(II.190)

尽管有过暂时的富足，皮埃尔·莫里还是把自己看作穷人，并且不配娶妻成家。他晚上睡觉时没有妻子陪伴，而是和三四个男人挤在一张床上。皮埃尔·莫里曾多次谈到牧民、预言者或告密者这些纯洁的同居者一起度过的廉价之夜。我这里随便举个例子："这天晚上，我、异端派贝利巴斯特和阿尔诺·西克尔，我们三个睡在同一张床上。"(III.202)

* * *

皮埃尔·莫里甘愿以经常性的贫穷为伴。对他来说，贫穷甚至是一种理想和价值体系。当然，这种理想是新福音文化以各种方式传播的。那些自愿受穷者、善人们或方济各会修士在奥克西坦尼到处宣扬这种文化。但是，皮埃尔和蒙塔尤的许多纯洁派牧民都接受了这一理想。好心的牧羊人从骨子里是14世纪最彻底的民主派！他憎恨和鄙视山珍海味与奢侈豪华，至少是教会方面的（皮埃尔有时对那些非教士的饭桶和富翁也很尖刻，但毕竟要宽容得多）。他曾表示过对小兄弟会修士的不满，谴责他们违背教规，在葬礼后举办宴会。他严肃指出，这种大吃大喝损害了死者的灵魂，妨碍它进入天堂（III.30）。对此，皮埃尔还引证了圣马太关于骆驼通不过针眼的话。① 这表明，他身上有较明显的福音文化影响。这文化是由善人们或传教僧侣向皮埃尔·莫里传播的，尽管他们经院式的争论令人讨厌，他还是听信了他们的宣传。② 如果说皮埃尔喜欢异端派教长，其原因之一便是他们能够把贫苦的理想付诸

---

① 马太福音，第23章，第6节。
② II.30；见下文，第十五章。

第七章 牧羊人的心态

实践，而托钵兄弟会则是光说不做……

谈完僧侣再谈俗人，皮埃尔对人们所称的"阔佬"也予以谴责。他用蒙塔尤牧民的说法，叫他们"骑大骡子的人"（II.58）。这些人内心虚伪，他们装作忘记了自己的异端派历史。由于他们采取了半否认的态度，强大的关系网便将他们保护下来，使他们不必进监狱。"在萨巴泰，我认识许多骑大骡子的人。他们不必有任何不安，是不可触动的。但实际上，他们都曾和异端派有牵连。"为了反对人间这种不公正，皮埃尔倡导纯洁派和民主派天国的理想："在那里，大人物和小人物相互交往"，可以随意接触（II.179）。

这一平均主义理想与皮埃尔·克莱格或阿尔诺·西克尔的贪婪有天壤之别。他们想方设法发展和恢复自己的家族。皮埃尔·莫里嘲笑这种贪婪，因为好心的牧羊人恰恰无家可归，漂泊不定，与这个世界上的财富无缘。作为四处奔走的牧民，他在这方面的心态与那些久居村里、不出家门、难离故土、等着宗教裁判所来抓的穷人或富人截然不同。

牧民的贫困不仅显而易见，而且被他们坦然地接受下来。造成这种状况的原因何在？其中一个便是游牧生活。牧民们有时能有一头骡子，负责来往运送羊毛和给养，在转场放牧中也驮些行李，并有驭手陪同。但是，从根本上来说，骡子的辅助作用很小：牧民把自己的财产带在身上。他们的体力和耐久力极强，所以有时能背很多东西。在过一条大河时，皮埃尔·莫里先后把阿尔诺·西克尔和贝利巴斯特驮在肩上涉水而过。所以，从比利牛斯山到加泰罗尼亚，他可以一直背着自己的全部行李。尽管如此，这种个人能力很快便会达到极限。除去衣服包裹和斧子以外，不

第一部分　蒙塔尤的生态：居所与牧羊人

可能再背很多"辎重"（II.337）。因此，一个牧民跋山涉水给另一牧民捎来一件新的或洁净的衬衫算得上是一种十分重要的礼遇。

一个牧羊人，只有像蒙塔尤常住居民那样有了自己的家，才能积累一些财产。但实际情况并非如此。夏牧尤其是冬牧的牧民大部分时间都住在别人那里：雇主家、朋友家、教父家。少数牧羊人住在房主家，并交纳房租。但他们大部分时间在高山牧场上。按说，由于缺乏更好的条件，装有轮子的活动"小牧屋"应当很适合他们。但是，我没有在14世纪比利牛斯山牧民中发现这种房屋，在没有道路的山里，车轮并不方便。在后来的几个世纪里，活动小牧屋在法兰西北部比奥克西坦尼要普遍些。

除了回老家探望年迈父母的短暂时期外，进行转场放牧的蒙塔尤牧民没有自己的家。他们头脑中形成的财富观念与当时"待在家里"的居民有很大差异。一个牧羊人可以有许多羊甚至金钱，但他在用具、衣服、餐具、家具、粮食等方面却是一贫如洗。

牧民们对世上的财产持超脱态度，其原因之一也在于此，正如皮埃尔·莫里在处理财富问题时表现的那样。他也喜欢财富，如有可能，他也乐于享受之。但是，他向来不依恋财富。在西班牙的蒙塔尤移民点，当时尚未暴露的密探阿尔诺·西克尔有一天向人们抱怨说，由于他母亲的异端活动，他被搞得倾家荡产：家里的财产被没收，母亲被宗教裁判所处以火刑。皮埃尔·莫里则针锋相对地反驳说："不必为你的贫穷烦恼……这是最容易治的一种病！你看我，我曾经三次遭破产，但现在我比以往任何时候都富有。第一次破产是在阿尔克河谷，雷蒙·莫朗和其他许多人去向教皇做忏悔（由于他们以前的异端信仰）。我当时有2,000个苏的财产，但全都为资助他们而付之东流了。后来，我又失去了兄弟继承权,(由于害怕宗教裁判所)我不敢去蒙塔尤办理手续。再后来,我为阿克斯累太姆和普伊格塞尔达的人当牧工,从他们那里挣了300个苏。我把这钱交给乌尔热尔的一个朋友保管,但他过后却拒绝把钱还给我。现在我又富有了,因为上帝规定了我们的习惯:即使只有一个铜子也要与穷兄弟共享。"(II. 30)强调主动施舍的信念,这表现了皮埃尔·莫里对财富的看法。对于逐步获得成功的牧民来说,财富既是身外之物,又是现实的存在。皮埃尔曾多次拥有过100只羊和若干头驴(II. 57),积攒到过300个苏。他甚至一度拥有过2,000个苏,这是一笔相当可观的财富。当然,这远不能和贝尔纳·克莱格这类当地大地主的财富相比:为了把弟弟从宗教裁判所的监狱中解救出来,贝尔纳·克莱格甚至花费了14,000个苏(II. 282—283)。不管怎样,作为穿羊皮的哲学家,皮埃尔·莫里在自称"富有"的同时也意识到这种富有只是相对的。真正的富人不是他这种雇佣工,而是那些有地产的经营者。他们拥有足够的财产,因而不用下地干活,可以坐享其成(III. 122)。皮埃尔对此十分清楚,他曾多次对贝利巴斯特说:尽管他有一些"财富",但他在财产和物质方面是极为贫困的。因为他没有房子,连正常地娶妻生子都做不到。在14世纪,多明我会修士约翰·布罗牧亚尔通过一个放荡者的口说:"当我有一处能够养活妻子儿女的家时再结婚。"皮埃尔·莫里显然不属于安家立业的精英之列。因此他可以毫无顾忌地蔑视财富,而且他肯定不会像消费社会中那些世俗的或教会的新老狂热分子那样,"建立一座难以进入的殿堂"。他从来不追求那些在概念上都抓不住的东西,即"需求的无限性"。在这方面,好心的牧羊人始终遵循他的导师雅克·奥蒂埃在阿尔克河谷对他的教导:"从魔鬼那里得到的财富

第一部分 蒙塔尤的生态：居所与牧羊人

再多也永远不会使你满足。越富越想富，你会陷入无休止的循环，因为这种底层世界是没有稳定性的。魔鬼所创造的一切都只是过眼烟云而已。"（III. 130—131）这段辛辣之词很适用于被家族之事所困扰的地产主们，其中也包括纯洁派（我这里指的是皮埃尔·克莱格和阿尔诺·西克尔）。但是，用奥蒂埃这段话作为借鉴，好心的牧羊人相信：由于他完全具备了在空间浮动的牧民心态，他已从村民所受的普遍引力法则局限中解脱出来，因此他肯定会获得恩惠。

然而，如果不算器物和房子，皮埃尔·莫里还是比较富有的。由于器物和房子在游牧中不能运输，所以他不想置办这些。至少，他所获得的满足表明了他富有的程度，而且他也从不隐瞒这些满足给他带来的快乐。他的生活有意思、充实、有刺激性。他在未经"过度放牧"的牧场上放自己的羊群，[①] 他让人为自己缝制或带来所需的衬衫、被单和衣服。这些衣服是用自产羊毛织的布做成的。[②] 从社会经济的角度看，他和转场放牧的同事们几乎完全处在领主的封建压迫之外。当然，他有时也要向领主缴纳一些过山口费和牧场税。但是，他所处的"生产关系"主要具有合同性、流动性、雇佣性或合作性。我们不必大叫这是现代性的表现（不应当忘记，这种牧民社会是从新石器时期发展而来的，[③] 这些基本原则早在14世纪前就奠定了。）我们发现，好心的牧羊人和他的同事处在纯粹的生存经济之外。在当时，这种经济仍能从固守古老

---

① 科斯特：《14世纪普罗旺斯的田园生活》，载于《农村研究》，1972年4月。
② III. 146。
③ 埃斯卡隆·德·丰通的研究表明，在普罗旺斯和地中海南岸，养羊业的出现要比生产粮食的农业早几千年。

第七章 牧羊人的心态

蒙塔尤的居民们身上获得益处。由于莫里要赶着羊群到达目的地，所以他加入了带有转场放牧和跨比利牛斯山性质的市场经济。毋庸赘述，他并未因此而陷入资本主义无情的工时制，这种工时制和闹瘟疫前那个世纪宽松的劳动标准截然不同。有些作者研究了蒙塔尤本地或外来居民的日常生活。他们惊奇地看到，无论是牧民还是农民，无论是工匠还是其他任何人，他们的工作节奏都很轻松，其中穿插着许多间歇。① 皮埃尔·莫里和其他牧民在山上或牧场放牧时有不少闲暇机会。有需要时，他便请同伴代为照看羊群，自己则到山下村镇里去送钱或取钱（III. 166）。由于不存在打卡制和监督，他有时干脆脱离工作岗位，到远离羊群的地方去看望朋友、情妇（她们也会直接到山上的窝棚来看他）和伙伴。这些伙伴有的是多年的老相识，有的则如我们所看到的，是在庆贺洗礼的活动中新结识的。和莫尔兄弟以及所有塞尔达涅和阿列日的牧民一样，皮埃尔·莫里丝毫没有乡下人的那种闭塞。他掌握着多中心信息网的一个环节。这些信息从一个山口传到另一个山口。这些信息使皮埃尔能了解到加泰罗尼亚、比利牛斯山和家乡发生的事情。尽管有被宗教裁判所抓住的危险，他还是经常回到家中看望。②

皮埃尔·莫里是个不受约束、消息灵通、不拘形式和乐于社交的雇佣工。他喜欢热闹、欢乐，以及有肉吃、气氛友好的聚餐。他平时吃的并非山珍海味，但他在家里、小酒馆或野外烹制的羊肉、羊肝、猪肉、鸡蛋、鱼类以及奶和奶酪不失为营养丰富

---

① 参见乌尔泽的著作，第82页。
② II. 186、187等若干处。

第一部分　蒙塔尤的生态：居所与牧羊人

的饭食。他吃饭时常有兄弟、亲戚、朋友和同事们陪同，有时他也请自己的敌人或敌人的打手一起吃饭：这些人前来没收他的羊群，但他先下手为强，用做好的大面包堵住了他们的嘴。[①] 皮埃尔·莫里还是纪耶迈特·莫里家饭桌上的"主力"之一。纪耶迈特·莫里是从蒙塔尤流亡的小农场主，她把家安到了圣马多的自耕农街。以莫里为首的一群人争先恐后到这位女老板家会餐。众多的宾客、热烈的话题以及亲爱的女主人的身份使他们出尽风头。纪尧姆·莫尔说："复活节期间，在圣马多，我在纪耶迈特·莫里家看到了皮埃尔·莫里、纪耶迈特·莫里、她的儿子让、阿尔诺、她的兄弟，即另一个皮埃尔·莫里，另外还有阿克斯累太姆的阿尔诺·西克尔（密探）和其他许多人。总共大约有12到15个人。大家都在这所房子里吃午饭。这一天做的菜是鱼。我不爱吃鱼，而且当时也不是吃鱼的季节。因此我感到很奇怪。于是我让纪耶迈特的儿子买了一块羊肝。我吃了一部分，并把其余的分给了当时在座的客人。"（Ⅱ.183—184）即使在饥荒和歉收时期（1310年），皮埃尔·莫里也能设法搞到够他和他的朋友贝利巴斯特以及牧工队其他人吃的面粉：标准是每人每星期四分之一担（Ⅱ.176）。逢年过节，在他的敌人兼朋友阿尔诺·西克尔协助下，皮埃尔还以微薄的财力大方地资助圣人纪尧姆·贝劳特及其姘头雷蒙德的欢度节日的活动。阿尔诺·西克尔说："我和皮埃尔·莫里两人商定，每人担负圣诞节的一半开销（会餐的花费等）。由我来付我和贝利巴斯特的花费；由皮埃尔·莫里来付他自己和雷蒙德的花费。"（Ⅱ.69）

[①] Ⅱ.158, 184; Ⅲ.139, 140, 141, 148, 151。

第七章 牧羊人的心态

无论节日还是平日，皮埃尔·莫里都没有多少"家具"和个人常用品。然而他有许多朋友，这才是最重要的。

最初的友情是按家人的关系构想的。好心的牧羊人没有属于自己的家。但对他来说，父亲的家、亲戚关系和门第仍然是重要的价值标准和忠贞的源泉。不能白当一回蒙塔尤人！这种忠贞一直扩展到思想领域。皮埃尔·莫里对纪尧姆·莫尔说："由于信奉异端，我父母的家三次被毁。然而我不能改变对异端的信仰，因为我应当和父亲保持同样的信仰。"（II. 174）这些话虽不多，但和其他言论结合起来便清楚地表明：在蒙塔尤，异端全然不是儿子对父亲或晚辈对先辈的抗议方式。

皮埃尔不仅是孝子，更是个好兄弟。我们看到，他高度的友谊感表达了一种非血亲的友情。在蒙塔尤，家庭门第的牢固系统占据首要地位。在这一系统中，兄弟情义的作用是不难设想的。皮埃尔年轻时便在他妹妹身上表现出这种情义：在她默许下，皮埃尔抢走了她，以便使她摆脱丈夫的打骂。[①] 皮埃尔·莫里的弟弟让也是牧民，并且是他的工友。皮埃尔对他的感情从来没有动摇过，尽管他们之间偶尔也发生一些摩擦。例如有一次，在伊萨维纳山口进行夏牧时（III. 195），让对哥哥皮埃尔骂道："你这个异教徒！"

听了这话，皮埃尔立即反驳说："你自己和异教徒也差不多！"

这种争吵不会有什么严重后果。皮埃尔不久便表现出对弟弟的深厚感情：让从来没有百分之百地信仰异端。有一次，他生病了。在说胡话时他威胁要逮捕所有异端派。听罢此言，照顾病人

---

① III. 148, 151, 154, 155。见上文，第3章。

的纪耶迈特·莫里吓坏了,"她说一定要杀了他,否则等他病好了,他会把我们都投入监狱或送上火刑架。"(III. 206)

面对这个杀其兄弟的计划,皮埃尔作出了即时和激动的反应。这位好心的牧羊人对纪耶迈特恶狠狠地说:"如果你让人杀了我弟弟,我就把你生吃了,只有这样才能为他报仇雪恨。"纪耶迈特立即换了别的话题。

和没有血缘关系的人建立深厚友谊并将其作为"挚友",这种做法净化和升华了兄弟间的友爱。在对纪尧姆·贝利巴斯特的单向友好中,皮埃尔认识到了这种感情转移的可能性。他说:"尽管我有四个亲兄弟,但我爱纪尧姆胜过爱任何一个兄弟。因为有信仰的人(异端派)致力于万物间的协和。他们之间的兄弟情谊超过了同胞兄弟。家庭中的兄弟时常会发生争吵,我却永远不会离开纪尧姆。我们俩同甘共苦,把自己拥有的全部都放在一起共享。"(II. 182)

皮埃尔·莫里无疑把贝利巴斯特想得太好了,或许他故意盲目相信贝利巴斯特对他的好意。"同甘共苦"在他们之间是单向的,皮埃尔热爱纪尧姆,而纪尧姆却不爱皮埃尔。这是一种不平衡的友谊,但它并非只是一种善良人的作为,它还有奥克西坦尼文化和认干亲的大背景。在那里,没有亲属关系的朋友毫不迟疑地同甘苦,共患难。从 14 世纪初起,这种完全的友好关系便以"结拜兄弟"的仪式形成了制度。

结拜兄弟是认干亲的一种方式。除此之外,在 1300 年前后的比利牛斯山牧民中还有类似的其他方式,例如通过教父、教母关系联系男人与男人、男人与女人、女人与女人的"干亲"。这种联系由洗礼制度确认下来,婴儿的教父、教母及父母之间相互成为

第七章 牧羊人的心态

"干亲",他们一起负责孩子的教育和前途问题。皮埃尔·莫里与其亲朋之间的纯洁友情和当今社会中的感情现象不同。它往往建立在共同家长的具体关系上。我们从贝利巴斯特对好心的牧羊人的申斥中可以发现这一点。皮埃尔·莫里主动在很多洗礼仪式上担当教父,这不仅是出于对受洗礼婴儿的关怀,而且还出于借认干亲广交朋友的考虑。圣人贝利巴斯特对他开展社交活动的原则不以为然,他对皮埃尔说:"由于参加孩子的洗礼,你(作为教父)认了很多干亲。你把钱都花费在这些庆祝活动上了。然而,洗礼、认干亲和当教父这些活动没有任何价值,只不过是和人们建立些友谊而已。"[①]受到这种批评,皮埃尔立即作出了强烈反应,他还借机发挥了自己的交友哲学:"我的钱和财产是自己挣的,我愿意怎样花就怎样花。我不会为了你和其他人放弃这种活动,因为我通过这种方式(认干亲)可以争取到许多人的友谊。"皮埃尔·莫里所宣扬的这种干亲友谊论是以行善哲学为基础的:"我之所以寻求这些人的友谊,是因为我觉得自己应对所有人做善事。如果这个人是善的(即异端信徒),我终究会得到回报。如果这个人是恶的(即非异端派),他至少会尽力报答我对他的善行。"

友谊、干亲、报应,皮埃尔多次涉及的这三个相互联系的观念后来一直起着作用。今天,研究伊比利亚地区和地中海西部山区或沿岸文明的人种学家也证明了这一点。例如,约翰·皮特—里弗斯调查了这一地区"山民"的情况,他发现这种观念被安达卢西亚的农民和市民认真地保留下来:这些人和过去蒙塔尤和加泰罗尼亚的牧民一样,他们都相信认干亲有助于加强家族间的联

---

① III. 185,并参见 III. 209。

第一部分 蒙塔尤的生态：居所与牧羊人

系。小礼物比大段抒情更适合维护友谊。

我的主要目的不是进行比较分析，即使是对于比利牛斯山和伊比利亚地区。我在这里只想说明，在蒙塔尤，认干亲对于确定友好关系是极其重要的。皮埃尔·莫里的情况从多方面说明了这一点：在一个时期里，皮埃尔·莫里因惧怕宗教裁判所的法官而变卖了自己所有的羊，并把卖得的钱交给一个我们不知姓名的干亲保存（II. 175）。正如我们从这件事和其他一些情节中看到的，干亲可以代人保管贵重物品。但他们并非一贯恪尽职守，皮埃尔说："有一个时期，我在阿克斯累太姆和普伊格塞尔达当牧工挣了300苏。我把这钱交给一个住在乌尔热尔的干亲保管。但他过后却拒绝把钱还给我。"（II. 30）除了金钱以外，还可以把一个人，例如女亲戚或女眷托付给干亲照看，以便保障她们的贞操和安全。另外，还可以把干亲当作留宿者（尤其是当他有一所大房子时）。关键在于事先选择好认干亲的对象。皮埃尔说："这一年冬天，我和弟弟让·莫里在卡斯泰尔当带着羊群过冬。我们两个都住在公证人贝朗热·德·萨格里亚家里。这位公证人是让·莫里的一个干亲……后来，我带着布朗什·马尔蒂来到卡斯泰尔当，并把她安顿在贝朗热家里。"（皮埃尔·莫里实际上是布朗什·马尔蒂的保护人。他们之间的关系较为密切，因为她是雷蒙德·皮基耶的妹妹，而雷蒙德本人是贝利巴斯特的姘头，即这位牧羊人短暂的妻子。）

总之，正如我们所看到的，由一位干亲编造的不在现场证明是何等宝贵。在宗教裁判所的诉讼中，人们很可能需要这种证明，否则他们会落得终身监禁的下场。

转场放牧的生活为皮埃尔·莫里提供了许多应邀参加洗礼和

第七章 牧羊人的心态

认干亲的机会。有时,他在一个堂区里竟有好几个干亲。在夏牧,尤其是在冬牧中,探望这众多干亲构成了他缺勤的理由……尤其是当贝利巴斯特住在附近的时候。皮埃尔可以借口看望干亲而去拜访朋友们。纪尧姆·莫尔说:"我、皮埃尔·莫里和另外七个牧工,我们带着皮埃尔·卡斯泰尔的羊群在托尔托兹牧场上过冬。在封斋期前夕(也许是在食荤节上),皮埃尔·莫里向我请假离开羊群:'我想到富利克斯村(塔拉戈纳附近)去看一个叫埃萨尔达的干亲。我在这个村子里还有不少干亲,其中主要有一个名叫皮埃尔·尧耶的。'

"实际上,皮埃尔·莫里缺勤了三个来星期,在此期间他一直住在富利克斯。当他回到托尔托兹牧场时,他给我们带来了被皮埃尔·卡斯泰尔雇佣一个月的牧工纪尧姆·贝利巴斯特。"(II.177)

我们比较了解莫里兄弟和其他一些人的干亲。此外人们还看到,干亲制度在蒙塔尤依然很盛行。它是村民们在异端网、联姻网和爱情网之外编织的另一张同谋关系网。

除了属于父子之间、兄弟之间或干亲之间特有的友好关系外,皮埃尔·莫里还与其他牧民实行一种广泛合伙。这种合伙的实用成分与感情成分密不可分。我在谈到牧业经济的基础——合伙关系时曾提到过这种联系。我再提到这一点是为了强调,合伙同人际关系准则是紧密结合在一起的。首先举一个例子:当皮埃尔·莫里和他的牧工队在费努耶德放牧和在比利牛斯山的奥尔陆山口度夏时,他们是为普拉耐兹的牧主皮埃尔·安德烈效力的(III.159—160)。由于牧工队中加入了皮埃尔·安德烈的两个儿子——贝尔纳和基佑,所以他们的关系变得比较复杂了:在雇佣关系上又加上了父子关系。更有甚者,受皮埃尔·安德烈雇

第一部分 蒙塔尤的生态：居所与牧羊人

佣、以皮埃尔·莫里为首的这支牧工队似乎在未征询雇主的情况下就自行决定与另一牧工队合伙。这支牧工队属于费努耶德地区圣保罗地方的一个牧主，人们称他为罗克弗伊大师。至少在两个夏季和一个冬季期间，安德烈的牧工队和罗克弗伊的牧工队在一起合伙，两队的牧民成为合作者和伙伴，而这种合伙并没有改变他们原有的雇主。劳动者之间这种非正式组合甚至发展到相互发表中世纪风格的守约誓言。在这里，我们很难把感情冲动与工作需要区分开来。再一个例子是贝利巴斯特对皮埃尔·莫里谈到的来自比利牛斯山北坡的三个流动牧民。圣人对好心的牧羊人说："在从塞尔维耶尔通向蒙勃朗的路上，我遇到了三个人，他们是雷蒙·莫尔（蒙塔尤人）、贝尔纳·娄弗尔（蒂尼亚克人）和雷蒙·巴塔耶（格贝茨人）。他们发誓要相互忠诚，然后便一起到蒙勃朗找活干去了。"（III. 168）

这些形式的人际关系是阿列日山区的产物，流亡和移民的需求使之得以加强。因为流亡和移民活动要求远行者团结互助。这种人际关系准则甚至超出了牧羊人的圈子，在远离家乡的妇女身上也表现出来。这些寡妇或与丈夫分离的女人们被外流潮从上阿列日抛到加泰罗尼亚。据皮埃尔·莫里说："布朗什·马尔蒂（出身于朱纳克一富有铁匠家）和年迈的埃斯佩尔特·塞尔维尔（蒙塔尤人，塔拉斯孔一铁匠的遗孀）实行了合伙。她们俩共同住在雷里达桥头附近的一所房子里，埃斯佩尔特的女儿玛戴娜与她们相伴。"（III. 197）最后，在蒙塔尤和萨巴泰，合伙还可以是族间仇杀的前奏：莫尔家的男人在基于忠诚的组合中堪称老手。他们共同商定：有福同享，有难同当（共同谋生，全家复仇）。我们在前面曾看到，对皮埃尔·克莱格的刺杀阴谋是如何策划的：蒙塔尤

第七章 牧羊人的心态

的三个男人（其中两个是莫尔家的牧民兄弟）"在面包和葡萄酒前面"结拜为兄弟集团，其目标是杀死本堂神甫。

子女间、兄弟间、干亲间、合伙人间的友好关系同一般友谊以及异端或反异端的同谋结合在一起，在此基础上便形成了每个居民、家庭和牧民的"朋友"圈子。表达这一圈子的用语是"所有朋友们"。贝利巴斯特曾经对皮埃尔·莫里说："你借参加洗礼庆典和认干亲结下很多朋友。"皮埃尔·莫里要到一个好客的家庭走一遭，雷蒙·皮埃尔在分手时对他说："向所有朋友们问好！"（III. 129）在蒙塔尤，纪尧姆·贝洛以皮埃尔·莫里的舅舅阿尔诺·富雷（胆小如鼠）的名义对皮埃尔说："你走吧，由于你，可能会使所有朋友都遭到不幸。"（II. 174）听到最后这句话，皮埃尔·莫里号啕大哭起来。他懂得，尽管是老乡和亲戚，但出于对宗教裁判所的害怕，贝洛家和富雷家的人从此把他从"朋友"的名单中划掉了：他们拒绝向他提供神圣的接待，乞求他赶快走人，如有必要，他们还会扔出一口面包以换取他离去。即便这些法则被践踏后，在过去的奥德和蒙塔尤，牧民间的友情也和今天科西嘉人、安达卢西亚人的关系一样，是异常重要的东西，它比当今工业世界的个人主义社会中的人际关系活跃得多。

* * *

友情不一定以敌意作为反衬。关于农民和牧民之间冲突的传统观念使我们常把牧民看成惯于打架斗殴、甚至是相互敌视的群体。但如果看一下蒙塔尤及附近牧民的例子便会发现并非如此。打斗是有的，但主要是一部分牧民针对另一部分牧民或几个小偷的行为。我认为，面对大一统社会的牧民们与其周围的环境不是矛盾的。由于他们是一个特殊的社会经济单位，牧民群体肯定有

第一部分　蒙塔尤的生态：居所与牧羊人

自己的法则和心态。但是，它主要从外部，即在农民子弟中进行招募。这使它从根本上不可能把自己的发展建立在与定居者敌对的基础上。

*　　　　　*　　　　　*

牧民一般都是独身并没有后代，因为他们往往认为自己过于贫困，无力娶妻生子，无论这种自我评价正确与否。违反独身规律的现象极少，因此一旦发现这种情况，有关资料对其描述得很细致。皮埃尔·莫里有一次惊讶地指出："我和阿克斯累太姆的纪尧姆·拉特弗尔一起放羊，他在科迪埃娶了老婆。"[1] 除了纪尧姆·拉特弗尔和其他少数人外，职业牧民从来没有正规的婚姻。因此牧民离不开对外招募，否则他们就会逐渐萎缩，以至最终消失。

对于外部社会，牧民们往往表现出友好的态度。即便他们中有人像纪尧姆·莫尔那样，对克莱格家族进行了无情和正义的复仇活动（该活动以流产告终），这也是因为对方迫害乃至毁灭了他们的家。总而言之，我们对牧民的抽样调查比较广泛，但没有在他们中发现萨特所说的、或一般意义上的"卑鄙"人物典型。然而这种"卑鄙者"在非牧民的不道德社会中却很容易找到。（在这些人中，我可以举出皮埃尔·克莱格、阿尔诺·西克尔和贝利巴斯特。贝利巴斯特虽然有时也当牧工，但他具有定居者的秉性。他不放过任何机会滥用皮埃尔·莫里对他的诚挚友好态度。）

---

[1] III. 159，并参见让·莫里的例子。他在加泰罗尼亚的一个村里娶了妻子，以便有权在那里放牧。我们只发现了一例这样的婚姻，它已经属于一种半定居的情况。

第七章 牧羊人的心态

从总体看来，牧民社会比定居的群体待人更为友善。在牧民社会中，皮埃尔·莫里可算是最典型的正面代表，他比别人更乐于向外界和他人开放。他打招呼时总带着牧民特有的真诚笑容，即使是面对不太熟悉并有理由警惕的人。和别人一样，未暴露身份的密探阿尔诺·西克尔也体会过皮埃尔的热情。他说："当我进到纪耶迈特·莫里家时，坐在板凳上的皮埃尔·莫里站起身，向我露出微笑，我们以惯用的方式相互问候。"（II. 28）

另外，皮埃尔·莫里把同西克尔以及在贝利巴斯特家的其他移民进行交往看成一种愉快的聚会。这位牧羊人在谈到即将在纪耶迈特·莫里家举行的一次友好聚会时说："我们大家将在一起聊天，这是我们的一种享受，因为大家需要这种享受。"（II. 30）

莫里体会到了社交的愉快，他还懂得如何将这种愉快传给朋友们。当然，由于警方不断纠缠，贝利巴斯特家的移民时常感到密探的威胁，这使他们愉快的情绪中带上了矛盾的情感。有一天，皮埃尔从夏牧的山里回来了。纪尧姆·贝利巴斯特对他说："看到你回来，我们真是既高兴，又害怕。高兴的是隔了这么长时间又和你见面了。害怕的是担心你在山上被宗教裁判所抓住了。如果是这样，他们就会迫使你交代一切，并派你回到我们中间当密探，以便把我也抓住。"（III. 183）

在此，贝利巴斯特并没有说错宗教裁判所惯用的手段，只是没有搞对谁是密探。他后来完全是按照自己预想的方式被捕的，不过出卖他的不是皮埃尔·莫里，而是阿尔诺·西克尔。错误的怀疑更加证实，皮埃尔·莫里在朋友圈子中激起的共同欢快情绪完全是真诚的。

皮埃尔的笑声真诚、友好，他的微笑又充满了幽默，它表达的意思相当于今天人们所说的:"请说下去,老朋友。"因此,当纪尧姆·莫尔在牧场上对他说,宗教裁判所将会毫不留情地对待他时,皮埃尔·莫里对这遥远的酷刑威胁仅报以淡淡的一笑。

"你将和贝利巴斯特一样遭到检举、告发和逮捕,"纪尧姆对皮埃尔说。"他们会把你的指头压扁。"(II. 181)

纪尧姆·莫尔继续讲道:"听了我这番话后,皮埃尔·莫里露出了微笑。"

另一天,纪尧姆·莫里再次责备皮埃尔与异端派的接触,皮埃尔还是对他露出了那种俯就和诙谐的微笑。

皮埃尔·纪尧姆说:"皮埃尔,你给自己找了太多麻烦事,你和很多坏人来往,世上没有哪个恶鬼是你不认识的。"

"听了这话,皮埃尔笑了笑,没有说话。"(II. 185)

这"淡淡的一笑"并不是皮埃尔·莫里的专利。人们在贝阿特里斯·德·普拉尼索尔的脸上也可以看到这种微笑,她在这方面的态度和好心的牧羊人相似。上年纪的贝阿特里斯与她年轻的情夫巴尔泰雷米·欧里拉克时常为家务事发生争吵。于是巴尔泰雷米便威胁说要到宗教裁判所去告发她。他讲道:"我对贝阿特里斯说,我若去帕米埃的主教府或是找到宗教裁判所法官,我就让人把她绞死……她却微笑着对我说:善良基督徒(异端派)团体中的教士比你要好。"在这种情况下,贝阿特里斯脸上的微笑并非蒙娜丽莎夫人永恒的微笑,它流露出紧张的安详。但她至少是充满自信的。当本堂神甫皮埃尔·克莱格要求得到雷蒙德的童贞而遭其叔父阿拉扎依·富雷拒绝时,他脸上露出了嘲讽和屈服的微笑(I. 253, 418)。这种微笑与贝阿特里斯的微笑没有太大的区别。

*   *   *

第七章 牧羊人的心态

我们且放下克莱格和贝阿特里斯不谈，先把话题转到羊群、一般牧民尤其是皮埃尔·莫里身上。我们从各处搜集的关于心理和心态的记录无疑是零散的。在这种条件下，重要的是要搞清这些人如何看待生活的意义，他们怎样认识自己的身份。这是个涉及牧人哲学或者蒙塔尤哲学的问题，其答案是比较明确的。莫里本人已多次向我们提供了这种答案。

对这个问题的第一次讨论是在阿克斯累太姆附近。皮埃尔·莫里离开了他常住的费努耶德居所后来到了这个村镇。他这次来是为了把一头骡子驮的盐从鲁西荣押运到这里。他在阿克斯累太姆的澡堂（主要为麻风患者使用的）附近遇到了两个蒙塔尤人：纪尧姆·贝洛和自己的兄弟纪尧姆·莫里。这三个人利用重逢的机会一起散步，并进行了充满哲理的漫谈。聊天过程中也笼罩着惶恐不安的情绪。此时有传言说，不久将要对异教徒进行一场大搜捕，蒙塔尤和萨巴泰被当作重点目标。两个属于行家里手的蒙塔尤人问皮埃尔·莫里："你正因异端受追捕，为什么还敢待在费努耶德？"（III. 161）

皮埃尔的回答含义深刻、令人满意。他说："我会一直在费努耶德和萨巴泰待下去。因为任何人也不能剥夺我的命运。无论在哪里，我都应当承受自己的命运。"

命运，他说出了这个有分量的字眼。皮埃尔·莫里在饭桌旁、牧场上或酒后的闲谈中经常提到命运。

在后来到西班牙的旅途中，不可避免的命运这一概念始终伴随着莫里。有一天，贝利巴斯特想为他找一个妻子，并对他的游荡生活提出尖锐批评。这使他在引证这一概念时遇到了不少困难。圣人对他所说的话大致如下："皮埃尔，你离我们越来越远了。你

第一部分　蒙塔尤的生态：居所与牧羊人

定期到富瓦伯爵领地搞夏牧，这会使你落入宗教裁判所的手里。每次你离开我们时都应想到，意外事故会使你送命，而且你根本不可能在临死前受到异端的慰藉……"（Ⅲ.183）然而皮埃尔的回答却是十分坚决的。他告诉对方说：首先，他没有一点家兔的本性；另外，他从小就习惯的流动性生活给他带来了欢乐，在赶着羊群进行夏季转场的长途跋涉中，他每年至少能呼吸一次山顶的空气："我只能按照从小养成的习惯去生活。如果我一直待在莫莱拉（西班牙冬牧的典型地区），到夏牧时我就会完蛋。"（出处同上）然后，好心的牧羊人亮出了他惯有的哲学纲领："我应当遵循我的命运。如果它允许我临死前受到慰藉，我就会受到慰藉。如果不是这样，我就遵循它给我指出的路走下去。"在另一个场合，皮埃尔·莫里还以更简练的话向牧民纪尧姆·莫尔发挥了这一思想（他批评皮埃尔不该像被追捕的异端派那样生活）："我没有别的选择，我一直是这样生活的，今后我还将这样生活下去。"（Ⅱ.184）

　　萦绕在莫里脑际中的这种命运观是如何形成的？是从他的纯洁派朋友那里得到的吗？也是也不是。当然，纯洁派必须有坚定不移的信念。[①]但他们有时也自相矛盾！贝利巴斯特经常毫不掩饰地借民间格言向皮埃尔宣扬反命定论的自主选择论老调。贝利巴斯特说："常言道：自助天助。人们结局的好坏取决于能否自己救助自己……"（Ⅱ.183）

　　实际上，排除阿尔比教派的影响（部分的）不算，我们很容易把皮埃尔·莫里的命运观念同地中海西部文化中类似的民间观念加以对照。非洲及西班牙的马格里布人和穆斯林也有命运感：

---

① 见下文，第十九章。

·206·

第七章 牧羊人的心态

皮埃尔·莫里与撒拉逊牧民的多次接触加强或激发了他对此问题的思考。[1] 远的且不说,中世纪的基督教(一个前伊斯兰时期的马格里布人在这方面有很大影响,此人便是奥古斯丁)便拥有一套完整的听天由命理论。这种最粗糙的理论可以在保护下生存,也能具备真正命运的外表。我们还不应忘记,皮埃尔·莫里是山里的牧民。在文艺复兴之前,正是这些"高山中的伟大牧人"[2] 在他们的混合日历中最完整地解释了宏观宇宙和微观宇宙间的必然关系:在这种混合日历中,占星术通过 12 生肖标志将其规则运用于农历年的 12 个月和人生的 12 个时期(总共 72 年)。我们看到,由于有交叉影响的可能,皮埃尔·莫里等人明确的命运感很可能是由多种条件决定的。

我们还应注意到,在好心的牧羊人身上,命运感与荒谬的迷信没有任何关系。恰恰相反,莫里本人不相信从鸟的飞行中得出的征兆以及其他无稽之谈,他把这些看作老太婆们的故事。有一天,焦躁不安的纪尧姆·贝利巴斯特看到一只喜鹊三次穿过一条路,他想知道这是什么征兆。(他这样做是有理由的,因为他不久后便遭到了火刑!)皮埃尔嘲讽他说:"纪尧姆,不必留意鸟的样子和类似的征兆。为这些事操心,这是老太婆们干的事。"(III. 210)

皮埃尔·莫里的命运感没有庸俗的神奇性,而是充满了哲理性。实际上,在缺乏经济增长和人们全无选择权的社会中,他和

---

[1] 皮埃尔·莫里第一次提到命运的概念是在他头一次去过西班牙后。
[2] 鲍莱姆:《17、18 世纪的民间历书》,巴黎—海牙,1969 年,第 16、41、42 页等若干处。

第一部分　蒙塔尤的生态：居所与牧羊人

其他人的这种命运感只是一种古老而正常的农民思想。这种思想不久前还在法国农村广泛流行，每当重要事件发生时都会将其归结为命运的手指。一首民歌唱道："命运就像树林中的玫瑰。"关于蒙塔尤本地的情况（这是我唯一感兴趣的），这种命定论观念尽管形式不完全一样，却在克莱格家的男女成员中产生了。我们看到，本堂神甫克莱格毫不犹豫地把他父亲蓬斯的毛发和指甲保存在家中，以便留住家族的星座或好运。纪尧姆·莫尔批评皮埃尔·莫里进行有害的交往和交易。这位牧羊人在训斥中使用了好运的反义词："皮埃尔，你正在做不道德的事。你们都会遭到厄运。魔鬼最终会夺走这一切。"（II. 184）无论这咒骂把古老的运气一词基督教化还是魔鬼化了，皮埃尔在答复时依旧明确指出，他的"命运"就是四海为家，漂泊不定："我没有办法，我没有别的选择，我一直是这样生活的，我今后还将这样生活下去。"（出处同上）

因此，皮埃尔·克莱格和皮埃尔·莫里对于命运，以及由星座安排的好运或厄运有某些共同的观念。这两个在村里同样有代表性的人物近似的思想似乎证明，农村的命定论是蒙塔尤哲学中不可分割的一部分。[①] 然而，我们还应注意到教士观念和牧民观念的细微差异。对于皮埃尔·克莱格这个"家族"人物来说，命运的星座首先关系到家庭和门第的命运。而皮埃尔·莫里的格言则是："无家无业"，他是比利牛斯山"无所不在的人"。对他来说，命运和运气主要是个人的事。它对一个人生活的左右要大于家庭的影响。

皮埃尔·莫里关于命运的意识中还有延续社会职业的深刻

---

① 我将在下文（见第十九章）再次谈到这个问题。

含义。接受命运就是要保持自己的地位,不脱离自己的环境和职业。[①]而且,要把自己的职业当作兴趣和生命力的源泉,而不应将其看作苦难和奴役的根源。有一天,纪尧姆·莫尔、皮埃尔·莫里和纪尧姆·贝利巴斯特在托尔托兹牧场放羊时凑到了一起,他们对上述问题进行了一次颇具启示性的讨论。圣人对好心的牧羊人说:"皮埃尔,别再过你那种苦日子了,卖掉你所有的羊吧!这些牲畜卖的钱可以供我们花费。我本人以后可以制作梳子。这样我们俩就能生活下去……"(II.177)

皮埃尔立即反驳道:

"不,我不想卖掉我的羊。我以前是牧民,只要我活着,今后永远做牧民。"

这句话和其他许多话都潜在地表明,牧民对命运采取了主动接受的态度。山里的自由是对转场放牧的命运所作的幸运补偿,即使他不得不睡在树下,在冬季冻得要死,在秋季被雨水浇透……(I.178; II.15)这种命运与牧人少年时接受的前期教育密切相关,这种教育方式如同过去父母每天给孩子喂食一样。一天,在泰鲁埃尔地区的贝塞特,蒙塔尤人埃麦尔桑德·贝费对皮埃尔·莫里到阿列日山区长途跋涉的行为进行了批评。她告诉皮埃尔,他的所作所为给朋友、信徒和异端派教长们造成了极大不安。对此,皮埃尔回答说:

"我只能这样做,没有别的选择,因为我养成了这种生活习惯,所以不可能过与此不同的生活。"[②](在他对童年的回忆中,"养

[①] 我要感谢乔治·杜比,他在这方面给我提了一些建议。
[②] III.182。还可参见上文中与贝利巴斯特的另一次类似的谈话。

第一部分 蒙塔尤的生态：居所与牧羊人

成"一词同时涉及食物和教育两个概念。）

成年是童年的囚徒，儿时的教育造就了一生。在这种平庸的思想的背后，莫里的言论还显露出一种复杂的观念，即人与面包和土地之间的血肉联系：面包养育了人的肉体，土地提供了人们所需的粮食，人类终将回到土地中去。上阿列日的一个农民唯物主义者说："人的灵魂就是面包。"后来，他的异端言论引起了雅克·富尼埃的注意。皮埃尔·莫里的一个同伴也说过："既然和了面，就要烤面包。"他此话是为了维持埃麦尔桑德·贝费和她女儿让娜的共同生活，尽管女儿不断地打骂母亲（Ⅲ.174）。作为总结，蒙塔尤的纪尧姆·福尔指出，尽管有许多起死回生的理论，从土地中来的终应完整地回到土地中去。他说："人死后，肉体便会烂掉，化作泥土。"（Ⅰ.447）蒙塔尤的思想家们认为，在遥远星辰的指引下，人的命运至少与血肉和地狱之神密切相关，它受到地下宏观世界的左右，并受到社会教育和童年食物的影响。有一天，埃麦尔桑德·马尔蒂善意地责备皮埃尔·莫里不该总到比利牛斯山的家乡去放牧。这倒使皮埃尔深切感到：身体的联系可以把人的命运与出生地结合在一起。皮埃尔·莫里深刻地感受到这一点。埃麦尔桑德·马尔蒂说：

"孩子，你不要再回去了，和我们待在这里吧！反正你没有子女和任何人需要抚养。你在这里可以过得轻松些。如果你在那里被逮住，那你就完了。"

作为答复，皮埃尔·莫里把自己的命运与回家探望这两者明确联系在一起：

"不，我不能永远住在这儿（加泰罗尼亚）。无论怎样，没有人能夺走我的命运。"（Ⅲ.183）

第七章 牧羊人的心态

*　　　　　*　　　　　*

让我们从主观（莫里关于命运的思想）回到客观（牧民的生产体制）。实际上可以说，包括皮埃尔·莫里在内的牧民社会属于单独的社会经济阶层。① 莫里和他的同事们既没有妻子儿女，也没有房屋产业。尽管他们在可动产方面较为富裕（金钱、羊群……），② 但他们不能积累很多"客观"价值。流动的需要限制了他们，使他们不能像固定居民那样拥有许多累赘的固定财产。因此，莫里并不积累很多东西，而总是在"可携带性的余地之内"进行各种活动，③ 他选择了压缩欲望和把欲望或"嗜好"向替代家庭的其他"财富"转移，如和山里或小酒馆的情妇进行短暂聚会；在亲戚或干亲、纯友情或合伙基础上建立起庞大的关系网。好心的牧羊人对这种生活方式很满意：它以完全自由地接受命运为基础，这难道不就是听天由命的定义吗？他的命运也是他的归宿。对他来说，放羊就是自由。④ 皮埃尔绝不肯用自由来换取朋友、雇主或寄生虫们的一盘牙碜的小豆汤：他们建议他结婚、定居、到富人家做上门女婿。对这些出于好意而想使他脱离根基的人们，皮埃尔·莫里大致做了这样的答复："我的命运就是整日爬山越岭，到

---

① 关于这一点，参见萨林斯：《第一个富裕社会》，载于《现代杂志》，1968年10月。《石器时代的经济》也转载了该文。
② 靠皮埃尔·莫里养活的贝利巴斯特甚至说皮埃尔十分"富有"，其动机显然是出于私利（II. 42）。
③ 萨林斯语，见前文。
④ 参见人种志学家保尔·里斯曼十分有意义的研究。他指出，转场放牧是富尔贝人欢乐的源泉和"富尔贝人生活经验的精华"。他还提出，"丛林是人类自由的源泉"。（保尔·里斯曼：《上沃尔特的富尔贝人的社会和自由，人类学的反思》，巴黎—海牙，姆通出版社，1974年，第155、243页。）

第一部分 蒙塔尤的生态：居所与牧羊人

处遇到不同的干亲和朋友。"这位牧羊人明确表现出一种"没有财富，但很宽裕"的感觉。[①] 在他看来，物质财富纯粹是一种负担，在从塔拉戈纳到比利牛斯山不断的游历中很难随身搬运。马歇尔·萨林斯所说的一句话非常适合我们的牧羊人："他不贫穷，但却自由。"他满足于这种山里的自由，如果他乐意，也完全会把宗教裁判所的黄布十字标志扔到山崖的荆棘丛中（II.177）。皮埃尔·莫里多次以缺勤来换取闲暇。由于疾病、寒冷和疲惫不堪的行走，我们不应把这种艰苦生活理想化。但是，他终归总能给羊群、同伴和自己找到吃的。有的是奶、肉或奶酪，他们并不缺乏蛋白质。

维持皮埃尔·莫里这种生活的总体平衡的，无疑是最残酷的马尔萨斯主义。他当然有情妇，但是没有妻子，尤其是没有孩子！（他那次失败的婚姻便很说明问题。）最后，他还必须放弃固定资产：不能有家，只能有一个过渡的窝棚。莫里的财物很少，但他并非穷困潦倒。当他失去这不多的财产时，也只是一笑了之。因为他知道，在他这个职业里可以很容易再挣到这些。他给自己最大的奢侈是脚上穿的鞋，这是一双用科尔杜的皮革制作的优质鞋，很适于长途跋涉（I.20）。皮埃尔·莫里把世上的财产看作身外之物，对早晚会被宗教裁判所抓住抱无所谓的态度，整天过着自己感兴趣和有激情的生活。他是个幸福的牧羊人。他使我在雅克·富尼埃的古老材料中发现了在旧制度下的人民群众中脆弱的幸福形象。

[①] 参见萨林斯的著作，出处同上。

第七章 牧羊人的心态

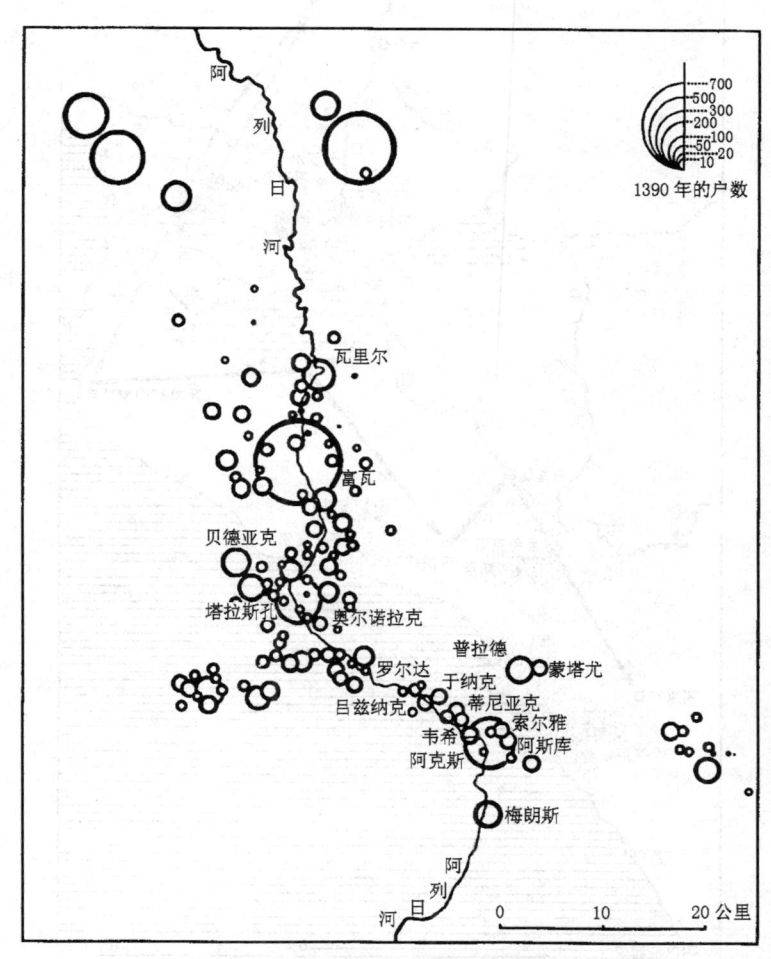

14 世纪末蒙塔尤及富瓦伯爵领地上和中部地区的人口分布状况

图中圆圈的大小与人口多少成正比（家庭数量）
资料来源：迪富·德·马卢盖（见参考书），1390 年的人口比 1320 年少一半，但人口分布状况与本世纪初基本一样（此图由菲尔德-雷库拉绘制）。

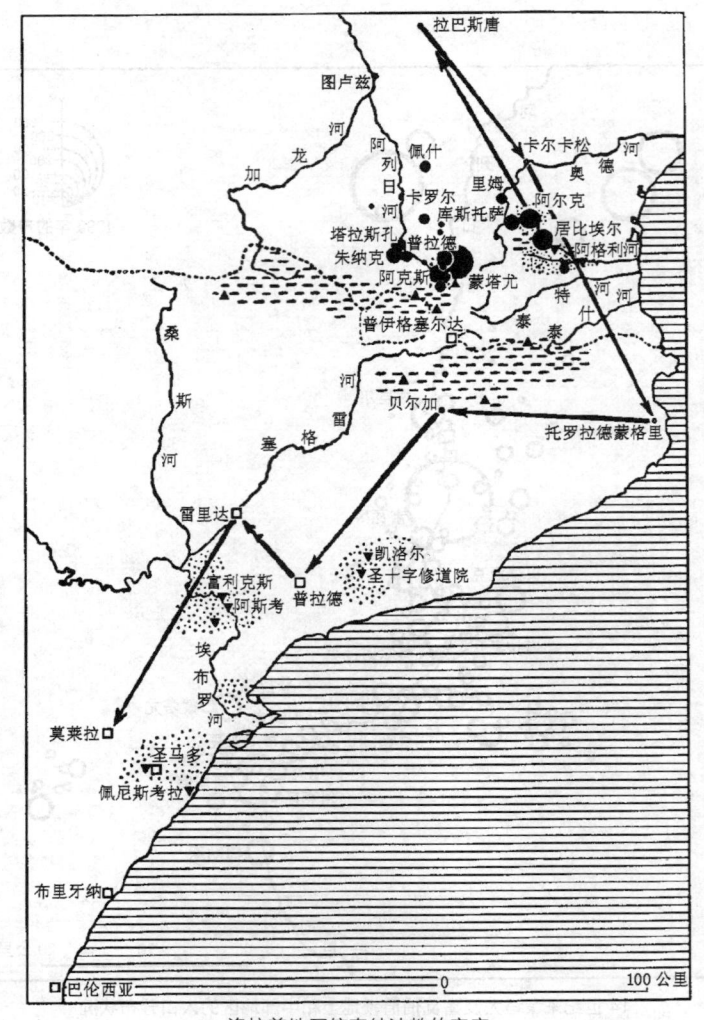

洛拉盖地区信奉纯洁教的家庭

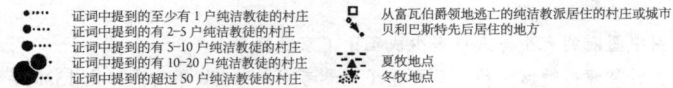

····· 证词中提到的至少有1户纯洁教徒的村庄
···· 证词中提到的有2-5户纯洁教徒的村庄
●●● 证词中提到的有5-10户纯洁教徒的村庄
● 证词中提到的有10-20户纯洁教徒的村庄
● 证词中提到的超过50户纯洁教徒的村庄

□ 从富瓦伯领地逃亡的纯洁教派居住的村庄或城市
▼ 贝利巴斯特先后居住的地方
▲ 夏牧地点
▽ 冬牧地点

转场放牧和纯洁教派
此图根据杜比主持、乌尔泽绘制的多幅地图综合而成,它表明了蒙塔尤的纯洁教派在东比例牛斯山南北的活动路线和转场放牧的路线(此图由菲尔德-雷库拉绘制)。

第 二 部 分

蒙塔尤考古：从举止到神话

第二部分 蒙塔尤考古：从举止到神话

在《蒙塔尤，奥克西坦尼的山村》的第一部分，我们只是开垦了几大块"林中空地"，从中考察了村子、土地和社会的全貌。在有关家庭的基本问题中，我们具体剖析了以本堂神甫为首的、在村里占主导地位的克莱格家族。由此，我们又介绍了高山放牧和转场放牧活动。这种活动构成了社区关系的国际网络。从住窝棚的牧工中，我们又发现了皮埃尔·莫里给人好感的形象，他和皮埃尔·克莱格形成了鲜明对照。

我们下面的考察将改变方向，它将更注重层次，更加细致，涉及个人（有时，但不总是）会少一些。我们将不再从住家和窝棚等领域做面上的考察，而准备向深层探索。在最底层，我们将努力探讨一个充斥日常生活的颇有讲究的各种举止。此外，爱情生活、性生活、夫妻生活、家庭生活和人口问题也将是我们关注的问题。最后，我们还要充分利用有关村落、农民和民众的文化与社交的丰富资料。这里的"文化"当然是指人类学家所说的总体含义的文化。

第八章

举止与性行为

我们首先谈举止。这一领域里的信息和研究方法还不完善，所以读者不要期望我能做出透彻的结论。在阿列日更广泛的文化框架里，我所罗列的蒙塔尤人的举止肯定是简单和不完全的。我仅满足于在资料允许的范围内举出几种举止：一些是自然的或看来是自然的动作，另一些则带有更多的文化性并由群体预先制成。这些动作中的一部分已延续至今并依然流行，这种持续存在从长时段表明了人们的举止。而另一部分动作则已经消失或发生了改变。

哭泣和欢乐

哭泣和欢乐属于最普通的情感。在这方面，我曾经就皮埃尔·莫里谈到过笑和微笑的问题。我在这里要强调一下哭泣。蒙塔尤人在必要时也哭泣，他们遇到幸福或不幸时也许比我们还容

第二部分　蒙塔尤考古：从举止到神话

易流泪。(但我们对此没有任何当时的或回顾性的统计……)面对眼前的或即将发生的不幸,对于亲人,尤其是年幼孩子的死亡,人们自然要哭泣。[1]无论男人还是女人,当他们感到会被宗教裁判所的密探告发时,都会吓得脸色发白,浑身颤抖,失声痛哭(II.227, 279; III.357)。按照当地牧羊人的价值准则,当朋友或盟友背叛了自己,尤其是这种情况又加上被宗教裁判所逮捕的威胁时,人们便会号啕大哭。在蒙塔尤,皮埃尔·莫里的舅舅阿尔诺·富雷和同乡纪尧姆·贝洛因怕受迫害而不愿收留他(借口怕连累朋友们),于是他便作出了这种反应。由于他们没有尽到亲戚和社区应尽的神圣义务——接待客人,所以皮埃尔痛哭起来(II.174)。

纪尧姆·贝利巴斯特也有同样的反应。他的生活动荡,经历过谋杀、移居,还养着情妇。这使他截然不同于唱诗班单纯的孩子们。尽管如此,他还是比我们想象的要脆弱得多。当让·莫里(皮埃尔的兄弟)拒绝对他进行跪拜,并威胁要让宗教裁判所绞死他时(并不当真),这位圣人受不住打击便哭了起来。

"如果你再要我对你跪拜,"让对纪尧姆说,"我就让人绞死你。"(II.483)

让接着讲述说:"听到这话,这个异端分子哭着走开了……"

反之,当一个阿列日妇女见到来自家乡的牧民,并从他那儿得到亲人的消息时,她也会高兴得泪流满面。

---

[1] II.289(贝尔纳·克莱格哭他死去的兄弟);II.28:一个被人辱骂为妓女的妇女的哭泣;II.279:因害怕进监狱而流下的眼泪;II.280:忧伤的眼泪。一般来说,葬礼时使用"哭丧女"的做法(参见下文,第14章)表明:在这种文明下,人们的眼泪可能比今天的人更多。

第八章 举止与性行为

"我在普拉德村的广场上遇到了布朗什·马尔蒂,"[1]皮埃尔·莫里说。"我和她打招呼,并转达了她妹妹雷蒙德和贝利巴斯特'老爷'对她的问候。听到这些话,布朗什非常满意和高兴,她流下了喜悦的泪水并拥抱了我。"

*　　　　*　　　　*

以上是重逢的快乐。而复仇的快乐总是伴着表示感激的手势,即两臂伸向天空。这个动作和我们今天所做的"两臂上举"动作有不同的含义。纪尧姆·莫尔讲道:"当我赶着牲畜从贝塞特路过时,在街上遇到了埃麦尔桑德·贝费。她向我询问蒙塔尤的消息。我告诉他,本堂神甫皮埃尔·克莱格因涉嫌异端被捕了。听到这个消息,埃麦尔桑德把双手举到天空,口中念道'感谢上帝!'"有人告诉贝尔纳·克莱格:告发他兄弟的那两个人也被捕了。[2]得知此讯,贝尔纳·克莱格也做了同样的姿势。"当他听到这两个人被抓的消息时,他把两手举向天空,双膝跪地,口中说道:'我太高兴了,这两个家伙终于被关起来了。'"

礼貌和致意

有关蒙塔尤的文献还表明,今天流行的一些礼节性的姿势原本是十分古老的,可以说它们是由农民创造的。在向朋友或不同

---

[1] III. 194。流亡到西班牙的布朗什·马尔蒂家在朱纳克(今天的阿列日)。普拉德村并不是埃荣的普拉德,而是位于塔拉戈纳地区的另一个同名的地方。

[2] II. 189(莫尔);II. 281(克莱格)。

第二部分　蒙塔尤考古：从举止到神话

身份的熟人致意时，蒙塔尤人和其他山民总是撩起风帽并站起身，他们在做这一动作时显得比现代人还要自然。当纪尧姆·奥蒂埃借着梯子从阁楼上下来时，为庆祝婚礼而聚集在炉火周围的贝洛一家立即起身对他表示尊敬。为了向路过的异端派致意，充当窝棚头的皮埃尔·莫里也站起身，并请他们用面包和奶。从另一方面看，有一定威望的异端派教长普拉德·塔弗涅在向普通牧民皮埃尔·莫里致意时也是先站起身，然后再坐下。① 在身份相同的人之间，"起身致意"也是很自然的事。还是这个皮埃尔·莫里，为了对修鞋匠阿尔诺·西克尔表示欢迎，他从坐的板凳上站起来，脸上露出笑容（II. 28）。如果是一个妇女前来，人们是否从座位上站起来表示致意？这很有可能，但是不能肯定。因为我们知道，蒙塔尤是个"大男子主义"很强的社会。实际上，只有少数文献谈到某人在这种情况下"从座位上站起来"：有一个异端派教长起身逃离一名前来的妇女，因为他害怕沾染上污秽；另外还有两名善人，他们起身向后退是为了避免蹭到蒙塔尤一位农妇的乳房。② 这一山区缺少向女子献殷勤的做法，法兰西的这一古老传统在当时也还未产生，甚至纯粹或简单的"谦恭"也未形成。（至少是我们认为的那种谦恭。因为富瓦伯爵领地的农民们对谦恭有他们自己的看法，这种谦恭是蒙塔尤式的。）

*　　　*　　　*

还是关于礼貌方面，蒙塔尤人和我们不同，他们没有以相互

---

① I. 371（贝洛）；I. 337（撩起风帽）。在面对主教或宗教裁判所的大官时，人们只是出于敬畏和礼貌才双膝下跪行礼。在告辞时，人们互道"再见"（III. 284）。
② I. 337。还可参见：I. 311; III. 91。

握手甚至用力攥手表示问候的习惯。在久别重逢时，他们只是相互拉拉手来表示恢复了接触。皮埃尔·莫里讲述说："我赶着羊群到山口去夏牧。在拉帕尔马附近，我遇到了异端派雷蒙·德·图卢兹和他的妻子。按照异端的习惯，他正在岔路边的一块石头后面祈祷。他看见我便向我打招呼。我立即走过去，并按照故交相见通常的习惯拉住他的手。"① 皮埃尔·莫里的叙述很清楚，他指出，拉住某人的手与之相认是一般通用的习惯。但是，纯洁派的异教徒之间相互请求和致意的习惯与此不尽相同。

人们以手拉手表示"相认"。在日常生活中，女性干亲之间还经常亲近地以臂挽臂（即一个抓着另一个的手臂）的方式告诫对方如何警惕第三者言谈中隐藏的危险。②

抓虱子和卫生举止

让我们从社交和礼貌性举止转向清洁和卫生举止。这些举止同样也具有社交性。在蒙塔尤，男人从来不刮脸。人们很少洗脸，那里也没有淋浴或盆浴。但那里的人们却经常抓虱子。抓虱子构成了友好关系的一部分，无论这种友好关系是异端性的、纯粹愉悦性的还是上流社交性的。皮埃尔·克莱格让他的情妇，如贝阿特里斯·德·普拉尼索尔和雷蒙德·吉乌给他抓虱子。抓虱子的

---

① III. 170。拉帕尔马是塔拉戈纳地区的一个地方。
② I. 191。还可参见：II. 279（用胳膊肘拱某人，以便让他住口）。其他的动作和姿态：把手放在嘴上，让对方安静或小心（III. 272）；面对面地注视（母亲对女儿，为了知道是否有了初次月经：I. 248）等等。

第二部分 蒙塔尤考古：从举止到神话

活动可以在床上、炉火边、窗前或修鞋匠的工作台上进行。[①] 本堂神甫往往利用这一机会向其美貌女友兜售他对纯洁派理论和风流浪荡行为的看法。为克莱格家抓虱子的老手雷蒙德·吉乌把她的才干用在母子两代人身上。在家门口，她当着众人的面，不仅为本堂神甫克莱格抓，而且也为老蓬斯·克莱格的妻子抓。她一边认真地对付着那些寄生虫，一边向老蓬斯的妻子讲述社区内的最新传闻（II. 233）。作为村里的显贵，克莱格家人不愁找不到巧手女人为他们除去身上的这些活物。贝尔纳·克莱格还善意地请求年迈的纪耶迈特·贝洛特帮忙。顶着太阳光，在门口的台阶上，技艺高超的纪耶迈特一面在贝尔纳头上找虱子，一面嘱咐他把麦子送给异端派教长。由于贝尔纳疯狂地爱着纪耶迈特的女儿，所以他马上遵从了抓虱人的指示（II. 276）。蒙塔尤人抓虱子的活动甚至还在末等"客厅"进行：在灿烂的阳光下，在相邻或相对的矮屋平顶上，人们边抓虱子边聊天。维萨纳·泰斯塔尼埃尔讲道："当异端派在蒙塔尤占上风的时候，纪耶迈特·贝内特和阿拉扎依·里夫分别让他们的女儿阿拉扎依·贝内和雷蒙德·里夫给自己在阳光下抓虱子。她们四个坐在各家的房顶上。我当时刚好从那里过，所以听到了她们的谈话。纪耶迈特·贝内特对阿拉扎依说：

'在火刑中，人们怎么能忍受住被烧的疼痛？'

阿拉扎依回答说：

'无知的家伙！当然是上帝替他们忍受疼痛啦！'"（I. 462, 463）

[①] I. 227; II. 225；另外，猴子之间相互抓虱子也是爱抚和社交性的表现。参见埃德加·莫兰：《失去的范例》，巴黎，1973 年。购买剃须刀正经是一件大事，似乎只有显贵才这样做，参见 II. 207。

第八章 举止与性行为

我们注意到，抓虱子总是由妇女承担的，这些妇女不一定是身份低下的女佣（高贵的贝阿特里斯·德·普拉尼索尔也毫不犹豫地在她钟爱的教士头上从事此类活动）。

抓虱子加强或显示了家人的亲近和爱抚的联系，它似乎表现出某种亲戚或联姻关系，即便这种关系不是正规的。情妇为自己的男伴抓，也为他的母亲抓；未来的岳母给将来的女婿抓；女儿为自己的母亲抓。

如今，我们的身上已没有了虱子，所以很难想象这种寄生虫当时在人际关系中所起的感情作用。[1] 我们可以说，抓虱子是一项频繁、女性化和由多种条件决定的活动。[2] 但是，用水洗的做法极为简单，甚至不存在。人们时常冒着风险，以涉水、划船或驾木筏的方式渡过水流，有时甚至会溺水而死。但他们从来不在水流中洗浴或游泳。人们在阿克斯累太姆的浴池附近闲逛，但这是为了出售绵羊或狎妓。那里简陋的温泉浴池主要供麻风病和头癣患者使用。

据我们所知，本来意义上的"梳洗"可以在真的或假冒的异端派教长中看到。他们将此视为一种技术，以此获得教规要求的

---

[1] 我们知道，当代的"嬉皮"文化半正式地恢复了虱子的存在。但是，在1300—1320年间，虱子并不是唯一的缘由。我们还应当认识到，当时的人们受各种寄生虫的困扰远比我们今天严重。关于夏天大量的苍蝇，参见 II.422 和 II.53。

[2] 抓虱子的现象（还有当时的蒙塔尤居民及大多数人同睡一张床，同饮一罐水，同用一个盆吃东西的习惯）为我们提供了有启示性的行为。它表明当时的蒙塔尤人属于"杂处文化"（这种文化如今已基本不存在了）。诺尔贝尔·埃利亚在一部重要著作中对该文化进行了描述（参考埃利亚：《习俗文明》，第135页等若干处）。这种文化特有的礼仪与我们今天截然不同，它还有很大的强制性。例如用同一个水罐饮水会引起令人烦恼的先后次序问题：应当谁先喝？（参见 II.24 中关于贝利巴斯特及其一伙在这方面的一份典型资料。）

第二部分　蒙塔尤考古：从举止到神话

洁净。"如果纪尧姆·贝利巴斯特用手摸了肉，他必须洗三遍手才能吃喝。"（II. 31; I. 325）对于贝利巴斯特来说，最重要的还不是两手是否干净，而是脸部，尤其是嘴的清洁问题。因为嘴是祝圣的器官，也是将污染的食物送入身体的器官。[①]蒙塔尤人的身体"外部"之所以这样脏，其原因之一反映在他们的心理上：他们并不主张身体内部和外部同样干净，而主张内脏要比皮肤更清洁。这是否显得很荒谬？在18世纪仍有许多人认为，身体由于长期不洗而散发出刺鼻的味道，这是有男子气的表现（至少是指特定的男性）。

　　蒙塔尤人即使梳洗，也从不管肛门或生殖器，而只局限于祝圣、摆弄或吞咽食物的身体部位，如手、脸和嘴。"给某人的手上倒水"，这是一种礼貌和友好的表示。对生者适用的对死者同样也适用。阿拉扎依·阿泽马说："在蒙塔尤，人们不给亡故者洗身体，而只是往他的脸上洒些水。"[②]这种清洗完毕后，人们便将一块布盖在死者脸上。（也是为了防止把脸弄脏？）还应指出，在洗脸的人中，只有异端派教长们才用一块细布擦脸。蒙塔尤的"平头百姓"最多只用粗布擦脸（I. 146—147）。

*　　　　*　　　　*

　　还是关于卫生方面：蒙塔尤人和阿列日或奥德地区的居民睡

---

① 还可参见 I. 67（"不洁的手和肮脏的嘴"）；I. 417（异端派教长或显贵们的洗脸）；III. 151：祝圣的嘴。
② I. 314：为死者净脸。（这是当地的古老传统。13世纪上半期时，一个异端妇女在上火刑架前便洗掉面部的化妆，"为的是不加修饰地去见上帝"：II. 220—221）关于一个人为另一个人送水洗手，参见：III. 396。洗手甚至可以成为宗教行为以外的一种仪式：一位农妇在款待贵客时便递上洗手水和擦手巾（I. 325）。

· 224 ·

第八章　举止与性行为

觉时脱掉衣服。例如，一个晴朗的早晨，让娜·贝费对刚准备起床的贝利巴斯特发出恐吓，她诅咒说"让他受火刑，烧透他的两肋"。这完全不是当真的（III. 175）！这位圣人被这悍妇的话吓坏了，他向野外奔逃，"光着脚跑了两古里，并把一部分衣服丢在头天晚上睡觉的床上"。由此看来，贝利巴斯特在上床时没有穿衣服：他脱掉了衬衣和裤子（II. 33）。

然而，当路途中的贝利巴斯特不得不在旅店和姘妇睡一张床时，他便和衣上床，以免和雷蒙德进行肉体接触。他试图用这种方式向信徒掩盖自己的姘居关系。普通的农民或工匠则没有这种虚伪的动机和顾忌。一般可以认为，他们在睡觉时都光着身子。阿尔诺·西克尔讲过，一天晚上，他和贝利巴斯特在圣马多睡同一张床上。这个密探发现，圣人脱掉了衬衣，但没有脱内裤。这一记录使人想到，阿尔诺本人可能没么假正经：他完全光着身子睡觉（II. 31, 33）。

蒙塔尤的居民在夜里脱衣服，他们有时还要换衣服！

每隔很长一段时间，皮埃尔·莫里就让兄弟阿尔诺给他带一件干净的衬衫到牧场来。对这位好心的牧羊人来说，换衬衣可能是一件比较重要的事，因此他在证词中提到了此事（III. 34, 181）。人们换衣服，也洗衣服，但我们对洗衣服的周期却不得而知：贝洛家的女佣雷蒙德·阿尔森为某个挑剔的异端派教长，也许还为她的主人洗衣服。①

---

① I. 376。衣服无疑被看作贵重的东西：让·莫里在山里走了好几天，为的是把一位亡友留下的带补丁衣服送给贝利巴斯特（贝利巴斯特总是穿别人的衣服）。还可参见 II. 61。

第二部分　蒙塔尤考古：从举止到神话

猥亵动作和祝圣动作

让我们结束关于卫生和礼貌标准的探讨。我们发现，从1300—1320年起，阿列日的尤其是蒙塔尤的农民在表示猥亵、嘲讽或祝圣方面已经有了一些习惯动作。这些动作延续了几个世纪。首先看对祝圣的表示：牧民皮埃尔·莫里和纪尧姆·莫尔尽管对异端有好感，但他们在吃食物之前总是对其做划十字的动作。（到了20世纪，还有许多法国农民在切大圆面包之前先用刀尖对其"划十字"。）蒙塔尤人对面包的祝圣动作并不完全一致。村里的领地法官贝尔纳·克莱格笃信异端，因此他拒绝对食物划十字。力图当异端派教长的纪尧姆·贝利巴斯特当然也不愿采取这种方式。他不想接受庄稼汉们惯用的这种基督教的餐前动作。但是，由于用手向食品祝圣的动作在农民和牧民中显得很重要，所以，想当好纯洁派的贝利巴斯特只得在他的面包上划个圆圈，以此替代传统的划十字的动作。[①]

人们在上床前都做划十字的动作。只有异教徒和像贝尔纳·克莱格这样的异端派才拒绝做这一简单动作，除非有人迫使他们这样做（II.283）。

现在看看嘲讽。我们顺便提一下石匠阿尔诺·德·萨维尼昂，他做过一个类似大胆思想家的动作：有人在塔拉斯孔桥上宣扬难以捉摸的世界末日预言，为了嘲笑他，阿尔诺"嘲讽地扭了一下手"，即用力拧了一下手腕，就像我们今天做的那样。[②] 这个动作，

[①] II.181（莫里与莫尔）；II.283（B.克莱格）；II.181（贝利巴斯特）。
[②] II.283（贝内纳·克莱格）；I.161（萨维尼昂）。

再加上其他原因，竟使他被指控为异端分子。

最后，有一种猥亵动作也延续了几百年，这就是用一只手拍另一只手（或用一只手拍拳头），以此象征性交动作。蒂尼亚克（在上阿列日河谷）的两个农民在交谈中提到了这一动作。讲述这一场景的是参加对话的雷蒙·瑟吉：

"'你知道上帝是如何造出来的吗？'我问蒂尼亚克的雷蒙·德·莱尔。

'上帝是胡乱交尾造出来的，'雷蒙·德·莱尔回答我说。他一边讲，一边用一只手拍打另一只手。

'这话可不该讲，'我反驳他说，'你宣扬这些话会招致杀身之祸。'"（II.120）

从易感性到爱情

隐藏在动作、眼泪、微笑、嘲讽或猥亵姿势下面的是感情。关于易感性，确切地说，关于爱情、性生活以及夫妻生活，帕米埃的宗教裁判记录簿有不少资料。

在有关窝棚、住房和社区的专题研究中，我们已间接地涉及这些问题。我们掌握的资料顺便从地理上指出了性生活、感情和夫妻生活的不同"层次"。牧羊人在牧场和村镇只能临时拥有一个女友，她们时常被称作"娼妓"。因此，独身和"临时结合"是他们的特点。但如果我们注意到村落本身，如蒙塔尤这样的农民集体，男女之间夹杂着性犯罪的生活自然会复杂多了。这当中必然包含着各种婚姻和姘居现象，其中有行吟诗式的激情、有爱情和没有爱情的结合，以及男女之间热切期待的、习以为常的、唯利是图的或相互依恋的关系。最后，当时还有同性恋的网络。但只有那些离家后，从乡下到城里"学校"上学的富家子弟有可能落入同性恋的罗网。同性恋的网络主要在城市而不是在乡下，主要在神职人员中而不是在俗人中间。无论维吉尔怎样说，同性恋在文雅的城市生活中的发生率要高于粗犷的乡村生活。关于农村以外的同性恋，雅克·富尼埃宗教裁判记录簿再次将其扩展成心理传记。它超越了枯燥的记录，变成了名副其实的性格研究。在这种情况下，记录簿有助于弄清同性恋的资料。鉴于这一特殊机会，请允许我越出作为参照的蒙塔尤村。农村受城市的统治，只有从农村与城市的关系中才能真正理解农村。帕米埃的爱情生活比蒙塔尤更加多样化，要描述蒙塔尤的爱情生活就必须将这两者加以对照。农村是相对天真和无知的，而帕米埃俨然是个大城市，简直像宏大的巴比伦。它如果不是蛾摩拉也是所多玛。

同性恋

阿尔诺·德·韦尼奥尔生于帕米埃，是个副助祭和违规的方济各会修士。他在幼年时受到一个学长的同性恋启蒙。这位同窗后来当了教士。[①] 阿尔诺·德·韦尼奥尔说："那是20年前，当时我有10岁到12岁。父亲把我送到蓬斯·德·马萨布库先生家里学习语法。他是学校的教书先生，后来成为了布道兄弟会的修

---

① III. 39; III. 49（副助祭）。

第八章 举止与性行为

士。① 我和这位蓬斯先生以及学生们同住在一个房间里。学生中有皮埃尔·德·利斯尔（蒙泰居人）、贝尔纳·巴莱萨（帕米埃人）和皮埃尔·奥里奥尔骑士的儿子阿尔诺·奥里奥尔。这个阿尔诺是拉巴斯蒂德塞卢人，他已经开始刮胡子了。现在他已是一名教士。我的兄弟贝尔纳·德·韦尼奥尔也在其中。其他学生的名字我记不起来了。"

"在师生合住的房间里，我和阿尔诺·奥里奥尔在同一张床上睡了6个星期……在我们睡在一起的第4或第5天夜里，阿尔诺认为我睡着了，便开始把我搂在怀里，并插入我的两腿之间……他在里面蠕动，就像我是女人似的。后来，他每天夜里都继续这种罪孽。我当时还是个孩子，对这种事很厌恶。但由于感到羞耻，我没敢向任何人透露这一罪孽……"

后来，蓬斯·德·马萨布库先生的学校搬到了别处。阿尔诺·德·韦尼奥尔又有了新的同床，其中包括教书先生。这位先生在床具上十分吝啬，出于节省考虑，他和两个学生睡在一起。在此期间，没有人再敢打年幼的韦尼奥尔的主意。但是，"祸根"已经种下，混杂的睡觉方式使帕米埃的这个学生养成了潜在的倾向。幼年时期遭到诱惑的他，此时全身心地成了同性恋者。

阿尔诺·德·韦尼奥尔后来在大城市图卢兹学习了一段时间。在此期间，他的同性恋倾向逐渐确定下来。其原因大概是一次意外事件，这位学生可能想夸大其作用而任意加以解释："在麻风患者被处以火刑的时期，我正在图卢兹。一天，我和一个妓女'干

---

① 我们在后面还有机会谈到托钵兄弟会、布道兄弟会等修会在帕米埃等山下城市的文明中起的作用。

了那种事'。可是，在犯下这一罪行后，我的脸开始肿胀起来。我当时吓坏了，认为自己得了麻风病。因此，我发誓再也不和女人上床了。为了遵守这一诺言，我开始玩弄年幼的男孩。"[1]

阿尔诺·韦尼奥尔在玫瑰城逛了妓院后，他的脸便肿了起来，这其中的真正原因我们不得而知：可能是浮肿，或是某种过敏反应，这也许是妓女屋里的花粉引起的，也可能是被蜜蜂、蜘蛛或蝎子等昆虫蜇的。受链球菌感染的可能性也不可完全排除。有一件事是肯定的：阿尔诺并没有得麻风病。但是，他对麻风病的害怕产生在民众受到性恐惧的影响狂热围剿麻风患者的时期。这种害怕使这个年轻人在心理上担心染上妓女传播的疾病，这种担忧后来在一些人中产生了类似的效应。

阿尔诺的身心受到这两次刺激后，他便彻底背离了女人。这个尚不出名的主动鸡奸者在男性中获得了无可争议的成就。他勾引16—18岁的少年或青年人，其中包括里布依斯（在如今的奥德）的纪尧姆·罗斯（皮埃尔·罗斯之子）和戈迪埃（在如今的阿列日）的纪尧姆·贝尔纳。这些多少有些幼稚无知的小学生被过去在学时遭诱惑的老学生强奸了：这是一种文化再生产。纪尧姆·罗斯和纪尧姆·贝尔纳都来自农村，但住在城里。有时，阿尔诺毫不客气地把他的俘虏之一推倒在粪堆上。有时他则采取更讲究些的追求方式。他把年轻的"猎物"带到葡萄园中的乡间小屋里。在那里，他使牺牲品或多或少地表现出热情的赞同态度，

---

[1] III.31。这份资料表明，当时对麻风患者的迫害很严厉（II.135—147）。这种迫害不仅来自政权和上层，由于对性方面的恐惧，民众在心理上也对其表现出排斥态度。

他从对方获得享乐,也使对方从他获得享乐。纪尧姆·罗斯曾说:"阿尔诺用刀威胁我,他扭我的胳膊。他不顾我的反抗,用力拖住我。他把我摔倒在地,压在我身上拥抱我,并把精液射入我的两腿之间。"(Ⅲ.19)但是,阿尔诺·德·韦尼奥尔否认在他和这个年轻人中间发生过这种暴力场面。他在谈到此事时说:"我们俩当时都是自愿的。"(Ⅲ.43)阿尔诺自然尽力采用各种姿势来完成鸡奸行为:和同女人性交那样,或者从背后进入等等(Ⅲ.31)。有时,在情人聚会的乡间小屋里,他们穿着长内衣,在开始鸡奸勾当之前先进行摔跤或跳舞。他们有时也完全脱光衣服(Ⅲ.40,41,42,44等若干处)。在做爱和亲吻之后,阿尔诺便和他的朋友对着四部福音、历书或是修道院饭厅的圣经发誓:绝不把他们之间的事告诉任何人。这位大学生有所保留地向他的战利品赠送一些小礼物,如刀子等。所有这些活动丰富了阿尔诺的闲暇活动,尤其是在没事可做的日子里:到了节日他便痛快地欢乐一番。在同性恋的青少年中,在组成阿尔诺社会圈子的僧人和托钵兄弟会修士中,这些活动还伴随着严重的手淫倾向(Ⅲ.43等若干处)。据阿尔诺·德·韦尼奥尔自己讲,他并不清楚罗马教廷关于鸡奸具有犯罪性质的看法。他声称:"我真诚地对纪尧姆·罗斯说,鸡奸、私通和肆意手淫等罪过在程度上是一样的。我甚至单纯地认为,鸡奸和单纯的私通当然是死罪,但其严重程度远比破坏童贞、通奸或乱伦要轻。"(Ⅲ.42,49)阿尔诺在说这番话时带着一种怀疑。他引证了教条和惩戒方面的宗教文化。他补充说:"我知道,鸡奸的罪过只能由主教或根据主教的权力加以宽恕。"(Ⅲ.43)

帕米埃的宗教裁判记录簿提到的鸡奸者构成了一个较特殊的社会圈子。这些人是城市居民,但并未完全摆脱农村的联系或根

第二部分 蒙塔尤考古：从举止到神话

源。这群人中有一个甚至住在乡下，但他完全不是普通乡下人。他处于当时产生同性恋者的、比较有教养的群体中。身为骑士侍从，他住在米尔普瓦地区。这位最尊贵的乡间骑士侍从曾引诱幼年的纪尧姆·罗斯（III.41）。后来，纪尧姆·罗斯又成为阿尔诺·德·韦尼奥尔的享乐伴侣。

一般来说，阿尔诺及其同类"宠幸"的学生都生在农村，但他们的家庭较为富有，因此能把他们送到城里读书。所以，这些少年大都属于农村资产阶级，甚至乡间绅士阶层。

然而，在阿尔诺的年轻"靶子"中有一个直接来自民众阶层（但不是一个小农民）。这个男孩是修鞋匠的学徒，18岁。他来自米尔普瓦，在帕米埃的修鞋匠贝尔纳·德·图卢兹家学习手艺。这个未来的修鞋匠声称自己认识一些漂亮女人（III.45）。他和阿尔诺的同性恋经历发展得不远，而且是在粪堆上实现的（在帕米埃和蒙塔尤，几乎每家院子都有这样一堆粪）。这一事件停留在酝酿或调情状态。

雅克·富尼埃宗教裁判记录簿在一点上是明确的：尽管那些俊俏的男孩来自农村，但鸡奸行为是城市的事。阿尔诺说："在帕米埃有1,000多个染上鸡奸行为的人。"他故意夸大了这一现象的影响面，但如实指出了这一现象的城市环境（III.32）。这一环境倒是雅致的：我们知道，同性恋者主要是学校的学生而不是手工业的学徒。年龄更大些的同性恋者可以在非神职僧侣中见到。阿尔诺时常提到一个议事司铎，他喝醉了酒便让仆人或在他家寄宿的书童给他按摩双脚。浑身发热后，这个议事司铎便开始把按摩者拉入怀中并紧紧拥抱他，他最后甚至还会走得更远（III.41,44）。

阿尔诺·德·韦尼奥尔是小兄弟会的狂热拥护者，小兄弟会

· 232 ·

第八章 举止与性行为

的修士们也被指控偏离了异性性爱的"正道"。"图卢兹的一个小兄弟会修士是雷蒙·德·戈迪埃大师的儿子或侄子，他离开了这个宗教团体。据这个人指控，该团体的修道士有鸡奸犯罪行为。"（III.31, 32）

阿尔诺·德·韦尼奥尔的同性恋遵照了阿列日和图卢兹的模式，该模式具有市民、教士和精英特色，总之，它不是农民式的（也不是居所式的）。他这个人很精细（在市民定义上的）。他已经是个文人，所以他的文化层次与蒙塔尤几乎纯口头的文化截然不同。在佩戴黄十字标志的村子里，拥有或从外面暂借几本书都属罕见的奇特现象。但对于阿尔诺·德·韦尼奥尔来说，搞到、借阅或借给某人的书只是日常用品。阿尔诺还经常把书愤怒地扔到他年轻的男友头上。在他摆弄的著作中有圣经、福音书和一本历书。另外，由于这时刚开始文艺复兴运动，他还有一本奥维德的书。奥维德是各种爱情的理论家和实践家……阿尔诺经常去图卢兹城，他最远到过罗马（III.33）。在帕米埃，他遇到过伏多瓦派教徒雷蒙·德·拉考特。总之，他有文化，有关系，又见过世面。

然而，我们不能因此把阿尔诺作为社会成功的典型。他也许出身平民百姓，但丝毫不想再回到其中。从多种意义上讲，他代表了一种边缘人物，甚至是失败者。他在性生活方面很快陷入了边缘地位，在社会融入方面也极不成功。这个微不足道的小兄弟会修士最高只爬到副助祭的地位（III.35）。他的梦想是当上教士。（关于对教士地位的向往，我们在前面已举出过阿列日地区的几个例子。以这种观点看，阿尔诺的情况在当时没有任何特殊之处：请看贝阿特里斯·德·普拉尼索尔对其教士情人的偏爱。）

第二部分 蒙塔尤考古：从举止到神话

阿尔诺酒后兴致极高，这位修士假扮成教士：1320 年前后，这种假冒身份的做法十分普遍。① 他利用各种机会来听取青年男子的忏悔，并且还激动地主持了他的"第一次弥撒"。实际上，这次弥撒没有任何价值。他在各方面都玩弄两面派手法：他是伪装的鸡奸者，又是假教士。作为有罪之人，他同天主教教会的关系也具有双重性：一方面，他为难圆教士之梦而深感苦恼，总想合法地主持弥撒，并合法地在祭坛上宽恕悔罪；另一方面，他离开了小兄弟会，也就是"背弃了宗教"。他向往安排圣事，却对圣事犯下了严重罪孽，因为他长年未进行忏悔和领圣体。

归根结蒂，非法从事圣职的行为毁了阿尔诺的前途：有人就此向主教告了密（III.14）。雅克·富尼埃立刻顺藤摸瓜，最终不但查出了他做假弥撒的罪行，而且发现了他的同性恋罪行。假如没有第一项罪行，这第二项"罪行"可能永远不会被他发现。因为，帕米埃社会对此持比较宽容的态度（只要它不是太张扬的话）。总之，图卢兹和帕米埃的其他鸡奸者，或是由于比阿尔诺更谨慎，或是由于比他运气好，他们都照常平静地过着他们的异常生活：他们不会被牵涉进荒谬的假弥撒案。

尽管阿尔诺所在的社会对他的习性一直较为宽容，他的同性恋生活似乎没成为一种自觉表达和认真组织的真正爱情。他虽然读过奥维德关于爱情的著作，但在他的证词里从来没有"爱"、"热爱"、"喜爱"、"快活"等词汇。阿尔诺确实在某个男友身上体验到这种情感。但是，在接受主教审讯时，他没有勇气，甚至没有想到把上述情感用语言表达出来。他是害怕显得失礼，还

---

① 参见图萨尔的著作：《中世纪末佛兰德的宗教感情》1963 年，第 578 页。

是不愿刺激宗教裁判所法官的听觉？然而这不大可能，因为雅克·富尼埃听说过各种令人发指的情节，对他可以不避讳任何话语。我想，这主要是阿尔诺有意表现了一种真正的文化沉默，一个"陈述的空白"。帕米埃并不是不信仰神灵的希腊，因此在鸡奸问题上谈论爱情是不通情理的，即便这种爱情在"客观上"是现实的。

阿尔诺在他的证词中并没有称同性恋是一种真实感情的表现，而是将其说成是纠正淫欲的方法。他说，经过8天到15天的安分守节之后，他就会难以抑制地扑向一个男人的怀抱，除非当时有个女人自动上门来平息他的欲火，但是这种情况从未出现过。或许，阿尔诺·德·韦尼奥尔还向他所追求的男孩们把男性之间的爱情经历描绘成一种消遣、一种"很有意思的游戏"，或是一种教育："我给你表演一下议事司铎是怎样做的。"（他指的是那个有同性恋倾向，让仆人给自己按摩两脚的议事司铎。）

尽管阿尔诺有文化，感觉灵敏，雄心勃勃，但他没能真正和彻底实现其深刻的冲动和激情。在铁器时代的朗格多克，他既算不上同性恋的行吟诗人，也不是同性恋的哲学家。

*　　　　*　　　　*

让我们离开城市，回到本书描写的对象——奥克西坦尼的山村。在这里，人们的行为在文化上不像城市那样多样化。同性恋在农村不构成一个问题，更简单地说，除了被帕米埃或图卢兹等远近城市吸引去的几个年轻贵族或富家学子外，这种现象没有出现过，或从未被发现过。在一般情况下，女人是农村文化容许的性欲对象，因此对于乡下人来说，真正的问题是和女人的关系问

第二部分　蒙塔尤考古：从举止到神话

题。① 应顺便说一下，奥克西坦尼农村的妇女是受压迫的对象，然而她们并未完全沦为奴隶，家庭的亲密关系以及成年的力量使她们可以得到某些补偿。

在蒙塔尤和阿列日，年轻女子有遭强奸的危险。虽然在其他地方和任何时代都会是这样，但此时此地的这种危险似乎比其他地方和其他时代更大。拉罗克多尔姆的纪尧姆·阿古兰住在阿克斯累太姆。他强奸了一名妇女，并因此被关进了监狱（I. 280）。幸好，雷蒙·维西埃尔和阿古兰家有联姻关系，于是他向奥蒂埃兄弟为自己的亲戚求情。当时，奥蒂埃兄弟在富瓦伯爵领地的当局面前非常得宠。结果，尽管主管司法的米尔普瓦领主打算严加处治，当局还是释放了阿古兰。在雅克·富尼埃宗教裁判记录簿中，这并不是唯一的强奸案。我们看到，此前在蒙塔尤，贝尔纳·贝洛曾企图强奸纪尧姆·奥蒂埃（和异端派教长奥蒂埃同名）的妻子雷蒙德。为了了结此事，贝尔纳倒没有遇到太大的麻烦：他与受害人的丈夫失了和，并向富瓦伯爵领地的人缴了20锂罚款（I. 411）。这数目不算小，它相当于村里一所房子的一半价钱。贝阿特里斯·德·普拉尼索尔本人虽然是城堡主夫人，但照样像粗俗的农妇一样被本堂神甫的堂弟、私生子帕托·克莱格强奸了。

强奸行为受到的惩罚并不太严厉。多少持默许态度的"受害人"有时会接受这种行为。然而在蒙塔尤，这种行为不会发生在表兄妹之间，至少，人们不会对嫡亲兄弟的配偶干这种事。这种

---

① 我这里且不谈兽奸的问题。尽管富尼埃的档案对各种"异常表现"都有详细记录，但我并没有在其中找到这方面的叙述。这既不能肯定也不能否定这一问题的存在。在皮埃尔·莫里和贝利巴斯特之间有可能存在某种"潜在的"同性恋。但在我掌握的资料中没有表明这种无意识。

·236·

禁忌表现了家族和联姻（即便不是正式婚姻）相结合的力量。雷蒙德·泰斯塔尼埃尔讲道："一天晚上，修鞋匠阿尔诺·维塔尔企图强奸我。他竟然忘了，我为他的表兄贝尔纳·贝洛生过孩子。尽管阿尔诺不断对我解释说，我和他同床不会有任何罪过，但我还是没让他达到目的。"（Ⅰ.458）企图强奸表兄的情妇触犯了在家族近亲中禁止乱伦的原则，破坏了姘居的联姻关系。作为善良的蒙塔尤女人，雷蒙德·泰斯塔尼埃尔因此在心理上受到很大刺激，以至于她放弃了先前的纯洁派信仰！她宣称："在阿尔诺·维塔尔（其本人是纯洁派）企图强奸我之前，我一直相信异端派的错误学说。可自从发生了这起乱伦事件，我便不再信奉这种错误学说了。"（Ⅰ.469）

如果不使用强奸这种极端手段，人们还可以求助于妓女。当然，在蒙塔尤这样的山村不会有多少妓女，真正的妓女甚至一个也没有。但在城里则不同，城市为经常去那里做买卖或谈生意的农民们提供了这方面的机会。① 一个向假教士阿尔诺·德·韦尼奥尔进行忏悔的人承认："我曾经和妓女私通，并偷过水果、干草和牧草。"另外一个忏悔者也做了类似的招认："我曾经和妓女私通，向已婚妇女甚至处女提出过无耻的建议！我喝酒喝醉过几次，说过谎话，偷过水果。"在阿尔诺·德·韦尼奥尔提到的三个忏悔者中，只有一个人没有谴责自己曾经嫖娼。第三个忏悔者在谈到自己的全部罪过时说："我偷过水果和庄稼，还骂过脏话。"（Ⅲ.35,

---

① Ⅰ.370 等若干处；还可参见迪富·德·马吕凯：《加斯东·福比斯统治下的富瓦伯爵领地，1390 年家庭在富瓦伯爵领地的作用》，其中提到了 14 世纪富瓦伯爵领地供市民而不是农民享用的妓院。

第二部分 蒙塔尤考古：从举止到神话

36, 38）

经常性的嫖娼活动远非经常受到道德的坚决反对。阿克斯累太姆的居民皮埃尔·维达尔是农民出身（他生在现在的阿列日省的普拉迪埃尔村）。但他对卖淫的宽容态度令人吃惊。他说："昨天，我赶着两头驮麦子的骡子去阿克斯累太姆的塔拉斯孔。在路上，我遇到了一个不相识的教士，我们结伴而行。当走到拉絮尔村附近的下坡时，我们的对话涉及了妓女。

'如果你找到一个妓女，'教士对我问道，'你和她讲好了价钱，接着和她上了床，你是否认为自己犯了严重罪过？'

我最后回答他说：'不，我不这样认为。'"

皮埃尔·维达尔和其他证人进行的类似讨论表明：他确信在两种条件下和妓女或任何女人发生性行为是完全无罪的（III. 296; II. 246）：

第一，这种行为应当是有偿的（当然是男的付钱，女的收钱）；

第二，这种行为应当使双方都得到"快乐"。

皮埃尔·维达尔出身农民家庭，地位低下。他是赶骡子运粮食的脚夫。和他谈话的各种人，如教士和教书先生无论是否认识他，都立即以"你"称呼他（他却不这样称呼对方）。在他们的对话中，较有文化、甚至富有阶层的人时常传播教会的官方理论。这个脚夫主张，有偿的和相互取乐的性关系属无罪行为。他所陈述的道理直接来自民间和农民的道德深处。皮埃尔·维达尔嘲笑地宣称："我也有过这种'罪过'！"他反映了大多数农民的看法。在农民中，尽管不是全体一致，但对这种事感到心安理得的却大有人在。在蒙塔尤，年轻的农家女格拉齐德·利齐耶算得上是爱

第八章 举止与性行为

情的贞德,她属于克莱格家族私生子女的分支。她纯真的回答为维达尔的观点提供了佐证。当有人问起她过去和本堂神甫的甜蜜关系时,她回答说:"那时,这种事使我感到乐趣。对本堂神甫来说,从肉体上了解我并使我也从肉体上了解他,这的确是一种快乐。所以,我不认为自己犯有罪过,他也没有犯罪。然而现在,和他在一起已不再使我感到快活。因此我认为,从这时候起,他若要和我发生性关系便是一种罪过了!"①

严厉的反宗教改革措施是很久以后发生的事。在蒙塔尤和拉絮尔这样的偏僻农村,此时依然存在某种程度上的纯真:许多人都认为,乐趣本身是无辜的。如果它能使男女双方都快活,它便不应使上帝感到不快。那种认为有偿享乐是无过失的享乐(神不知,鬼不觉)的思想曾长期在伊比利亚地区流行,当时的蒙塔尤就靠近这一地区。巴托洛梅·贝纳萨通过现代宗教裁判所的详细记录,在许多西班牙农民身上再次发现了这种思想。② 在这方面,很少有女权色彩的人种学往往向我们灌输这样一种思想:妇女是可交换的活物,就像词汇和符号一样。然而在拉絮尔赶骡子的脚夫却认为,性行为也具有交换价值,可以用爱情、乐趣、现金和实物进行支付。这种思想难道不更"正常"些吗?总之,雅克·富尼埃对皮埃尔·维达尔的理论没有表现得过于严厉:赶骡子的脚夫仅被判了一年监禁和佩戴黄十字标志。

---

① III.304(皮埃尔·维达尔);I.302—303(G.利齐耶)。
② 参见贝纳萨为在圣地亚哥史学方法大会(1973年)提交的论文(油印)。还可参见莫泊桑的短篇小说《图阿纳》故事的结尾(泰奥迪尔·萨博在忏悔中也说过"神不知,鬼不觉")。

第九章
克莱格家人的性欲

据推测,强奸还是比较罕见的现象。卖淫是城市或乡镇中的事,它在当地,至少在我们这个佩戴黄十字标志的堂区是不存在的。所以,我们应当研讨一下两性关系在农村中的真实情况,其中包括艳遇、私情、姘居,以及"最后的,但不是最重要的"结婚。

我们将按照正规的蒙塔尤社会学的要求,首先对一个家族的爱情活动进行专题研究。有什么样的地位就会受到什么样的尊敬:这一研究的对象是克莱格一家及其附属者。当然,在这一地区,我们对克莱格家这方面的情况了解得更多些。然后,我们将从更广泛的方面系统地介绍当地姘居现象的各种表现。最后,我们要谈谈婚姻问题。

*　　　*　　　*

首先是专题研究。关于克莱格家或人们称之为"克莱格帮"的男人们对女性的引诱、他们的私情以及艳遇,我们掌握比较多的资料。这个家族的私生子女是这方面最明显的标志,尽管这一

第九章 克莱格家人的性欲

现象只能间接地说明问题。这个家族的家长是蓬斯·克莱格。他的兄弟和一个儿子都叫纪尧姆·克莱格，这两人都有一个私生子。在这家的私生子中，最著名的当数雷蒙·克莱格，人称"帕托"，他是蓬斯兄弟的儿子。我们在前面说过，当贝阿特里斯·德·普拉尼索尔的丈夫还在世时，帕托就强奸过她。过了一年，贝阿特里斯成了寡妇，并且不再对帕托的强暴持记恨态度（？）。她成了这个私生子的情妇，并公开被他供养着。自从她与本堂神甫皮埃尔·克莱格交好后，便与帕托断绝了关系。帕托·克莱格虽然感到失望，但没有灰心丧气，他不得已而求其次，放弃了女主人而选择了女仆，把西比尔·泰塞尔作为自己的姘妇。西比尔·泰塞尔在蒙塔尤曾一直给贝阿特里斯当丫头（I.227, 239等若干处）。

我们对蒙塔尤的领地法官贝尔纳·克莱格的爱情经历了解得比较多。他在年轻时有过一个私生女，即芒加德（I.392）。她曾经充当异端派的送信人，把给他们的食品从克莱格家运送到贝洛家。后来，她嫁给了普拉德的农民贝尔纳·埃麦里克。

然而，贝尔纳·克莱格是一个充满浪漫情感的人。他对自己的兄弟怀有热烈的手足情谊。他热爱纪耶迈特的女儿，即后来成为他妻子的雷蒙德·贝洛。[①] 由于这是在蒙塔尤，他的爱情立即向年轻姑娘的全家凝结。在这种情况下，心灵的冲动很自然地向考虑家族需要靠拢。贝尔纳·克莱格带着迷人的天真说："当时我是蒙塔尤的领地法官。由于我爱我的妻子雷蒙德，所以我也爱我岳母贝洛家的一切。我绝不会做使我岳母不高兴，或给她家造成损

---

① II.269, 273, 275。由于这种爱情，他后来的妻子对他产生了深厚的感情（II.466）。

第二部分　蒙塔尤考古：从举止到神话

害的任何事。我宁可自己受痛苦或遭受财产损失，也不愿看到我岳母家受到任何不良影响。"（Ⅱ.269）贝尔纳曾多次强调他和雷蒙德的夫妻恩爱之情……正如我们所看到的，这种夫妻爱情涉及与家庭的密切关系：既然我爱一个女人，我就要爱她母亲的家（她父亲已去世）。但是，另一个研究门第和家族（主要是贵族）的专家圣西门却与之完全相反……然而这实际上是一回事。这个小公爵最初爱上的是他心中选定的未来岳父和他主持的、强大的公爵或元帅家族。然后，如果婚事达成协议，路易·德·鲁弗瓦·德·圣西门便会牢固地、深深地、多情地爱恋上他得到的姑娘。不同的时代有不同的社会阶层，也有不同的习俗……无论爱情到底是从家族转向姑娘（圣西门）[①]，还是从姑娘转向家族（贝尔纳·克莱格），其结果都是一样的。"我热恋着她，因此我爱她的家。"这属于家族体制内的司汤达式的爱情"凝结"。

*　　　*　　　*

和他的兄弟皮埃尔相比，贝尔纳·克莱格是个很不出色的引诱者。蒙塔尤的本堂神甫才是克莱格家最善于勾引女性的人。贝尔纳过于浪漫，而皮埃尔则大刀阔斧。很难用语言描述这个纯洁派、告密者兼淫荡之徒如何神通广大和无所不在。正如我们所看到的，当阿尔比教派在蒙塔尤传播期间，皮埃尔发挥了很大影响。雷蒙·维西埃尔曾讲道："除了两三户以外，蒙塔尤的各家各户都受到了异端的影响。因为本堂神甫皮埃尔·克莱格向大家朗读了异端派的书。"（Ⅰ.292）然而，皮埃尔的影响不仅限于传播信仰，

[①] 圣西门：《回忆录》，布瓦里斯尔出版社，巴黎，1879 年，第 2 卷，第 6 页、第 264—265 页。

第九章 克莱格家人的性欲

他还向信徒们传输自己的欲望。在为他们祝福时他并不偏向任何人,但他知道如何吸引大部分女教民对他报以玫瑰雨般的爱情表示。在比利牛斯山地区,教士姘居受到普遍的宽容,这使他感到很大安慰。在海拔 1,300 米的山区已不再实行教士独身的规矩……作为精力旺盛的情夫和不可救药的唐璜,本堂神甫向我们生动地展示出一个在古老旧制度下的农村诱惑者的形象。有关农村史的著作很少涉及这些。由于他是教士,所以一般只应有一个女人作姘妇。但他是个肉欲贪婪的大家伙,[①] 所以不可能把性欲局限在一个女人身上。他要得到所有的女人,无论她们是不是基督教徒,也无论她们在他的堂区还是在邻近的堂区。克莱格曾经直言不讳地对修鞋匠阿尔诺·维塔尔的妻子雷蒙德·吉乌宣示了这种意志。当时,他正在阿尔诺的工作台上让雷蒙德给自己抓虱子,他还利用这一机会窥测在路上来往的姑娘:"他的志向就是猎取。"[②] 皮埃尔依恋母亲,心中充满乱伦的激情,这种激情时而对他的姊妹或姑嫂显现出来。他兄弟贝尔纳痴恋妻子的家,而他则痴恋自己的家。由于不便结婚,他就把欲望转向大量不稳定的猎取方面:皮埃尔·克莱格代表了农村中的淫荡男子。他与脱离巴黎的下勃艮第农民尼古拉·雷蒂夫很相似。尼古拉也是个恋母的儿子,并和他的女儿们有乱伦行为。这个朝三暮四的追求者和无能的丈夫年轻时是冉森教派的信徒,并且也曾受到警察和密探的烦扰。我只知道皮埃尔遭到过一次爱情失败,这次需要中间人撮合的勾引企

[①] 这是抽象的说法,实际上,皮埃尔·克莱格的身材矮小,参见 II. 389。
[②] 皮埃尔·库尔塔德给罗歇·瓦扬的信,参见瓦扬的著作:《私人笔记》,巴黎,1968 年。关于皮埃尔·克莱格明确主张多配偶制,参见 I. 491 和 II. 225。

第二部分 蒙塔尤考古：从举止到神话

图由于中间人不愿配合才未获成功。阿拉扎依·富雷讲道："我有一个侄女名叫雷蒙德。她是格贝茨人让·克莱芒的女儿。①雷蒙德嫁给了蒙塔尤的皮埃尔·富雷，但他没有能力与雷蒙德过性生活，至少我的侄女对我这样说，当时村里也都这样说。所以，我的侄女不愿再和她丈夫同居，便和我住在一起。有一天，我去蒙塔尤的城堡，在那里偶然遇到了本堂神甫。他让我坐在他身边，并对我说：'如果你不在你侄女雷蒙德面前替我美言，如果你不安排我去占有她，我还能做些什么呢？一旦我占有了她，她的丈夫便会有能力和她发生性关系了。'

我回答皮埃尔说，我对此不能插手：'如果我侄女同意的话，您还是直接和她交涉吧，'我对他说。'但是，您已经占有了我们家的两个女人，即我和我妹妹雷蒙德，这还不能使您满足吗？您为什么还要得到我们的侄女！'②……

我侄女受不了本堂神甫的无耻纠缠，她便离开蒙塔尤，回到了格贝茨的娘家。"

这是奇特的要求：皮埃尔以其惯有的粗野态度要求享有雷蒙德·富雷的丈夫得不到的童贞。本堂神甫是当地的土皇帝，需要时，他是否会赋予自己非正式的和带有温和色彩的初夜权，并在适当的机会运用这一权利？这种权势的形成并非不可想象：他后来在完全类似的情况下破坏了其侄女格拉齐德的童贞，然后将她

---

① 格贝茨今天已不复存在，它原在卡穆拉克附近，即现在的奥德省境内，离蒙塔尤不远。
② I.148。我们注意到，本堂神甫对阿拉扎依·富雷称"你"，而后者对他称"您"。这是社会地位差别的表现，但不应对此夸大，这也可简单地解释为性别上的差别。

第九章 克莱格家人的性欲

嫁给了村里的一个庄稼汉。

雅克·富尼埃宗教裁判记录簿向我们表明，克莱格有12个情妇，她们无论远近，都经过了认定。[1] 这份名单肯定还不完全。这些情妇有3个住在阿克斯累太姆，另外9个在蒙塔尤常住或暂居。她们是：阿拉扎依·富雷和她的妹妹雷蒙德（她们娘家姓吉拉贝尔）、贝阿特里斯·德·普拉尼索尔、格拉齐德·利齐耶、阿拉扎依·阿泽马、加亚尔德·贝内、被人称作"普拉多拉"的阿利桑德·鲁塞尔（加亚尔德·贝内的妹妹）、芒加德·布斯卡依、娜马拉格达、雅高特·德·托尔和雷蒙德·吉乌。另外还有埃斯克拉蒙德·克莱格，她不是别人，而是皮埃尔的弟媳（她的丈夫雷蒙是蓬斯·克莱格的婚生子女）[2]。这是不是乱伦行为？按照过去的定义是，按照当今的定义则不是。但无论如何，关于兄弟姐妹之间乱伦的问题，皮埃尔宣扬的理论虽不定型，但已是非常激进了（I.225—226，I.491）。他还毫无顾忌地与其弟媳发生了性关系。

尽管此人有不可抗拒的魅力，但本堂神甫这一享有权力和威望的身份无疑有助于他的成功，使他能在传教过程中开始了引诱女人的生涯，并在女教民当中能够轻易地得手。阿克斯累太姆的那两位夫人是他在浴池附近遇到的，他用大衣遮挡着，把她们带到该城一家旅馆的客房。他只是拿宗教裁判所作了些恐吓就消除了她们最后的反抗（I.279）。

权力与财富是教士在女人面前获得成功的最主要条件。正如

---

[1] I.216—250; I.279、302—306、329等若干处。
[2] I.418。关于本堂神甫和芒加德·布斯卡依之间的事，参见I.491中的一份出色资料。

第二部分 蒙塔尤考古：从举止到神话

有一天皮埃尔·莫里对蒙塔尤的另一个牧民所说，教士属于一种骑士阶级。他们最终会像快活的情夫和富有的骑士那样，爱骑谁就骑到谁身上！莫里强调说："本堂神甫们骑女人，骑马，骑骡子，他们不干任何好事。"（Ⅱ.386）

反过来说，教士的大量财富也成为其权力的源泉。皮埃尔·克莱格知道，在埃荣和萨巴泰的任何地方都有他可任意上的床。深谙此道的皮埃尔便毫无顾忌地让其情妇向卡尔卡松的宗教裁判所告发与他为敌的人。[1]

进入中年后，皮埃尔·克莱格开始养成了向其征服的女人施加宗教裁判压力的恶习。然而，他原来并不是这种无耻之徒。贝阿特里斯·德·普拉尼索尔了解他年轻的时候。在她的记忆中，他那时"是个善良、能干的人，当地人也都这样认为"。即便在很远的地方，贝阿特里斯·德·普拉尼索尔也一直把他当作朋友和干亲。总之，在他们关系破裂后的很多年里，她还沉浸在对其魅力的回忆中。当她遇到了达鲁的副本堂神甫巴尔泰雷米·阿米拉克时，这种魅力尚未在她心中消散。和皮埃尔·克莱格强有力的个性相比，巴尔泰雷米只是个平淡无奇的年轻情夫。

当然，萨巴泰或埃荣地区的教士并不都像他们的同事克莱格那样，是灵活机敏和精力充沛的情夫。人们可以想象得出，蒙塔尤本堂神甫的"拿破仑"战略从前宗教裁判时期起便获得了惊人的成功：他直截了当地说一声，"我爱你超过世上任何女人"（Ⅰ.224，491），然后便直接转入行动。他的作风泼辣，对其猎获的对象省掉了麻烦的开场白，而是照直向目标进攻。但是，他对任何人或

---

[1] 参见上文第三章；Ⅰ.408。

第九章 克莱格家人的性欲

事都不采取勉强的做法。

实际上，权力丝毫不排除温柔。和"粗暴的"农民相比，教士知道如何让女人理解自己。尽管他在其他方面的表现令人厌恶，他在爱情关系方面却显得和蔼可亲、颇为文雅、温柔体贴，热衷于做爱和欢愉。贝阿特里斯·德·普拉尼索尔对其先后两个教士情夫的表现感到既兴奋又惊奇。她说："你们这些教士对女人的欲望比其他男人还强烈。"[①] 这位出身高贵的林中女仙讲的是心里话，因为她所嫁的和接触的贵族或村民从来没能如此地宠幸她。作为乡间和山区的爱洛漪丝，贝阿特里斯在皮埃尔身上找到了她的阿伯拉尔。任何世俗者都不想阉割诱惑她的人。当地的文明对教士的性关系持宽容态度。

难忘旧日恋情的不只是普拉尼索尔夫人。本堂神甫的另一个情妇惬意地回忆道：皮埃尔·克莱格在她家谷仓的草垛上破坏了她的童贞，但没有使她受到任何强暴。他和当地那些不放过机会强奸她的粗野汉子或好色之徒形成了鲜明的对照（I.302）。

克莱格诱惑妇女的行为是由多种因素决定的：他非常珍视自己的家族，在他看来，追逐女人也是忠于家族意识的表现。有一天，他对贝阿特里斯说；"我是教士，我不愿意要妻子（言外之意是：我想要所有的女人）。"皮埃尔讲这番话，并表明自己教士兼唐璜的双重身份，这意味着他同婚姻程序的决裂（当然是以空想的方式）：他的兄弟（和妹妹）结婚后削弱了父亲家的财富。他们和外人结了婚，谁也没考虑娶自己的妹妹为妻，这使她的陪嫁外流了。皮埃尔

[①] I.255。情人—教士尽管可耻，但他们不使用暴力，关于这一点，还可参见 I.302; II.26。

第二部分　蒙塔尤考古：从举止到神话

选择了充满风流韵事的独身生活，他认为自己是世上最大的孝子和家族真正的卫士。与此同时，这位教士在心中还深深埋藏着对农业社会乱伦行为的眷恋：为保持家族财产的完整，这是唯一的和难以实现的途径。在提到禁止与姊妹和母亲发生性关系时，他对此表示了遗憾。家族和淫荡在他身上同时都体现出来了（I. 225—226）。

关于皮埃尔·克莱格个人，我们对他的一部分艳遇更熟悉些。姑且不谈他在阿克斯累太姆那段与浴池和宗教裁判有关的短暂艳史，我们知道，1313—1314年前后，本堂神甫是加亚尔德·贝内的情夫，他同时还掌握着她的妹妹阿利桑德·鲁塞尔。这姊妹俩的男友没费多大劲便引诱了可怜的姑娘加亚尔德。她的家被宗教裁判所毁了，她的丈夫皮埃尔·贝内和丈夫的兄弟贝尔纳·贝内原是有地产的农业经营者。他们后来被迫沦落为转场放牧的牧民（I. 279, 395—396）。皮埃尔·克莱格不就是利用皮埃尔·贝内在一次进山放牧的机会勾引了他的妻子吗？甚至这些条件也不是必需的：一般来说，态度蛮横、势力强大的本堂神甫根本就不必为提防贝内这类可怜虫而操心。皮埃尔·克莱格和加亚尔德的艳遇引起了他和法布利斯·里夫之间一次针锋相对的谈话。法布利斯在谈到村里对此事的传言时对皮埃尔说："你和一个结了婚的女人睡觉，这是莫大的罪过。"本堂神甫却理直气壮地回答："你完全是胡扯，和这个或那个女人睡觉没什么区别，无论她结婚与否，罪过都应是一样的。也可以说，根本就不存在什么罪过问题。"（I. 329）他们下面的对话可能会告诉我们皮埃尔对爱情的更多看法……但是，法布利斯的锅煮开了，女主人的话被打断，她急匆匆奔向厨房。可恶的锅！但是，以上谈话也能使我们对皮埃尔的观点作出确切的解释：他任意发展了纯洁教。从"包括夫妻间在内的任何

第九章 克莱格家人的性欲

性行为都是坏的"这一立论出发，他明确得出了如下结论：由于一切都被禁止，所以一切都是同等的。一切都有可能发生，因此一切都是允许的。这难道不是尼采的观点？

至于法布利斯，她没有特殊理由扮演一本正经的道学家。就在上述对话前不久，她还把女儿格拉齐德·里夫的童贞送给了本堂神甫。至少可以说，她容忍了皮埃尔在她家里同格拉齐德发生性关系。这件事发生在1313年前后，当时正值麦收季节。法布利斯也是个可怜的女人。由于和克莱格家人的同居关系，她成了克莱格家的堂亲。① 在这个占主导地位的家族中，那些正规出身的亲戚或多或少都对她指手画脚。这一天，法布利斯没在家，她去外面收割自家或别人的麦子了。皮埃尔便乘此机会，在看家的格拉齐德身上实验了他所宣扬的乱伦行为。（这次乱伦并非表现在很近的亲属关系上：在上述的堂亲关系中，格拉齐德属于纪尧姆·克莱格非婚生支系的孙女，而纪尧姆·克莱格是本堂神甫的叔叔。）龙生龙，凤生凤。那次艳遇过后很久，格拉齐德还像叙述刚发生的事情那样讲述了当时的经过。她说："那是大约7年前的夏天。这一天，母亲出去收割麦子了。本堂神甫皮埃尔·克莱格来到我母亲家，他显得很急迫。

"'让我从肉体上认识你吧，'他对我说。

'那好吧，'我回答他说。

当时我还是处女，年龄在十四五岁左右。他在放干草的谷仓里破坏了我的童贞。但是，这完全不是强奸。在那以后，他和我的

---

① 里夫的妻子、格拉齐德的母亲法布利斯是纪尧姆·克莱格的非婚生女。纪尧姆·克莱格是本堂神甫皮埃尔·克莱格的叔叔（I.302）。

·249·

第二部分　蒙塔尤考古：从举止到神话

性关系一直持续到来年1月。这些行为每次都发生在我母亲家里。她知道我们之间的事，并对此持赞同态度。事情大都发生在白天。

后来，在1月份，本堂神甫把我许配给我前不久去世的丈夫皮埃尔·利齐耶。在我有了丈夫，并在这个男人活着的4年中，教士仍然和我频繁地发生性关系。我的丈夫知道此事，并对此持默许态度。他有时还问我：'教士最近和你干那种事了吗？'

我回答说：'干了。'

我丈夫对我说：'对于这个教士，我没什么可说的。但你要提防其他男人。'

当我丈夫在家时，教士从来不和我发生性关系。只有当他不在时才会有那种事发生……"（I.302—304）

格拉齐德在后面的证词中对自己和情夫的行为作了评价。在谈到她所喜欢并认为是清白的艳遇时，她的腔调和《爱情必读》与《弗拉芒卡》的如出一辙："一位女士和她真正的恋人同床便会洗清一切罪过……爱情的欢愉使性行为变得清白，因为这种欢愉来自纯洁的心灵。"[1] 格拉齐德还说道："和皮埃尔·克莱格在一起使我很愉快。所以，上帝也不应对此感到生气，这不是什么罪过。"[2] 格拉齐德虽然没读过诗人的作品，但她和诗人一样，从奥克西坦尼文化的共同根源中汲取了灵感。这种文化是朗格多克和比利牛斯山的恩爱夫妻们所感受和经历的。由于村里的教育，皮埃尔年轻的女友形成了南方式的清白观念。她在这一观念上又加了

---

[1]　内利引自《爱情必读》，第65页；内利引自《弗拉芒卡》，第173页。
[2]　I.303。中世纪末和文艺复兴初期的诗人再度产生了这种思想。例如克里斯蒂娜·马蒂诺研究的拉布尔（1974年，第545页）所说的话："上帝喜欢人们快活。"

第九章 克莱格家人的性欲

一层纯洁教文化色彩。这层纯洁教文化色彩属于她情夫的特殊贡献。尽管格拉齐德坚信她和克莱格的关系是无罪的，但她"在一般情况下"又认为（不顾自相矛盾）：包括夫妻间在内的任何性关系都会使上帝不高兴！这位年轻女子对地狱的存在和人的复活都不大相信……

皮埃尔·克莱格夺去了格拉齐德的童贞后，就把她嫁给一个名叫皮埃尔·利齐耶的老头儿。对本堂神甫和他的情妇来说，此人是个挡箭牌和乐于助人的丈夫。利齐耶的死使格拉齐德在20岁便成了寡妇。他在夫妻关系中容忍皮埃尔·克莱格（仅他一人）继续和他年轻的妻子往来。这是因为，这个教士情夫和他家的人在村里极有势力，和他们对抗没有好结果。格拉齐德自己也相信这一点。当雅克·富尼埃责问她为何不早些告发皮埃尔·克莱格的异端活动时，她宣称："如果我告发他们，本堂神甫和他的兄弟们就会杀了我或虐待我。"格拉齐德的母亲法布利斯接着她女儿的话说："我没打算承认自己了解本堂神甫和他兄弟们的过错，因为我怕这会招致他们的迫害。"（I.329; I.305）

到1320年时，终于有一天，格拉齐德和皮埃尔对他们的情人关系感到厌倦了。格拉齐德有自己的逻辑，她对雅克·富尼埃说，由于皮埃尔对她不再有欲望，所以她对和本堂神甫的任何性行为都失去了热情，并认为这是一种罪过。总之，唯有乐趣才是男女关系的保障。"多么神圣的单纯！"在格拉齐德·利齐耶的时代，使人产生犯罪感的奥古斯丁学说尚未传播到蒙塔尤。[①]

[①] 然而在此之前，奥古斯丁主义已在学者文化中广泛展开（诺南：《避孕史》，1969年，第220及以下各页）。

第二部分　蒙塔尤考古：从举止到神话

　　本堂神甫和贝阿特里斯的关系冷淡后，皮埃尔和格拉齐德的艳史便取而代之。1300 年前后，皮埃尔和贝阿特里斯之间的艳遇成了整个蒙塔尤爱情生活和社交新闻的最重要片段。格拉齐德在 1313 年开始成为皮埃尔的第二个"贝阿特里斯"。她略显粗野并过于天真，但充满了新鲜味道。反过来也是一样，对于贝阿特里斯来说，巴尔泰雷米·阿米拉克这个达鲁的小神甫也算是皮埃尔·克莱格的一个复制品，他虽不如"原件"粗犷，但具有古代的隐含魅力。

贝阿特里斯·德·普拉尼索尔

　　我们在这里将谈到本堂神甫克莱格最主要的艳遇。作为阿列日的小贵族，贝阿特里斯·德·普拉尼索尔整个一生都生活在乡下和山区。她后来当上了蒙塔尤的城堡主夫人。此时，当地出生的皮埃尔·克莱格是这个堂区年富力强和充满激情的本堂神甫。贝阿特里斯的父亲菲利普·德·普拉尼索尔在城市或郊区有些关系。普拉尼索尔是富瓦镇的一个地方，地处拉巴尔吉列尔。菲利普享有骑士封号，他亲身经历过 1266 年确认塔拉斯孔享有特权的事件（I.244，注释 96）。然而，贝阿特里斯的父亲却扎根于上阿列日的农村。他是高苏的领主，把女儿嫁给了蒙塔尤的城堡主贝朗热·德·罗克福尔。菲利普和纯洁教的密切关系被宗教裁判所发现后，他被迫戴上了黄十字标志。他女儿后来企图对雅克·富尼埃隐瞒关于黄十字的不利历史。贝阿特里斯在孩提和年轻时对

· 252 ·

第九章　克莱格家人的性欲

阅读没有多大兴趣。甚至很多迹象表明，她似乎是个文盲。[1]（然而，她的女儿们后来在达鲁接受了一些教育：副本堂神甫是该堂区几个孩子的教书先生。学生的母亲们还对他暗送秋波。〔I.252〕）贝阿特里斯没有读过异端书籍，但是，除了她父亲以外，她从年轻时便与阿尔比教派的同情者有不少接触。1290年前后，在中阿列日的塞尔村（富瓦东南），一个名叫奥丹的泥瓦匠在菲利普的女儿面前发表了一通有邪教异端嫌疑的言论。她不禁对此发笑，并向周围的人散布了这些言论。她无疑犯了一个错误，因为这些话当时很快被神甫和长舌妇们传到了雅克·富尼埃那里。奥丹和重复此类言论的人主要说了如下的话："如果圣体真是基督的身体，就不应当让教士们吃。即使基督的身体像达鲁附近的马尔加伊山那样高大，它也早被教士们当面团吃完了。"[2]比利牛斯山区当时流行着一种反圣体圣事的民俗，以上只是其中的一段插曲。在那里，有的农民拿萝卜片发给人们，以此对领受圣事进行嘲讽；死者在临终前还咒骂前来的教士，说他们带来的圣体饼粗糙、难闻、发臭；女巫们还亵渎耶稣的身体。[3]

贝阿特里斯·德·普拉尼索尔年轻时接触的异端派也包括奥蒂埃家的成员，他们后来成了纯洁派的传教士。例如，在贝阿特里斯和贝朗热·德·罗克福尔的婚礼上，纪尧姆·奥蒂埃也夹杂在舞会的人群中。至于皮埃尔·奥蒂埃，他曾以公证人的身份为罗克福尔出售的一块地产制作证书。由于贝阿特里斯带来了陪嫁，

---

[1]　见下文。
[2]　I.215—216。达鲁是一村庄，位于富瓦和帕米埃之间，在阿列日河右岸。
[3]　见本书第二十、二十二、二十三章；II.305。

第二部分　蒙塔尤考古：从举止到神话

她对这块地产也有一份抵押权。父亲的黄十字标志，泥瓦匠的亵渎，和奥蒂埃兄弟的关系……所有这些使当上罗克福尔夫人的普拉尼索尔从年轻时起就成了有异端嫌疑的人。然而，这位姑娘却是圣母的忠实信徒。她后来成为热衷忏悔的小兄弟会的女信徒。她的灵魂和意识始终基本处于天主教一边。

贝阿特里斯和贝朗热·德·罗克福尔结了婚，后来她丈夫去世了。然后她再度结婚，不久又再度成为寡妇。在两次守寡之间，她曾重新建立起夫妻生活的园地，嫁给了奥东·德·拉格雷兹。作为贝阿特里斯的伴侣，他算不上一把老骨头。在旧制度的人口统计学中，女人连续丧夫属于极为常见的现象。在后面，我们从堂区登记册的日常丧葬记录中还会发现不少此类情况。关于贝阿特里斯的两个丈夫，即贝朗热·德·罗克福尔和奥东·德·拉格雷兹，我们没有很多可讲的。只需说明，他们俩都是阿列日的小贵族；贝阿特里斯对和他们的夫妻生活没有多大兴趣，她对他们或许有些朦胧的情感。由于不太爱她的丈夫，所以贝阿特里斯很怕他们。她向他们隐瞒着自己偷情的事。在他们活着的时候，这种事并不严重。但她还是很畏惧，怕他们发现了这些秘密会杀死她或她的情人（I.219; I.234）。

然而这在当时都是很普通的事。作为朗格多克色情的最好证人，行吟诗人们大大发挥了关于不幸婚姻的妻子这一主题。他们把丈夫描绘成吝啬鬼和戴绿帽子的"卑鄙嫉妒者"。马卡布鲁说这些人是"搔别人的屁股"。[1] 至于女人们，如有可能，"她们便逃向另一边"。夫妻爱情，如妻子对丈夫的感情则被朗格多克诗人们

---

[1] 马卡布鲁，引自内利的著作，1963 年，第 109 页。

第九章 克莱格家人的性欲

视为乏味之物。他们表现的妇女总是害怕受到丈夫的打骂或监禁。《帕米埃的宗教裁判所》这份长篇报道证明，这种情况并不是纯文学的主题。在1340年前的奥克西坦尼或南奥克西坦尼，婚姻并不是人类温情的乳汁浇灌的美满爱情之最佳归宿，尽管也有一些正面的事例。按照这一观点，贝阿特里斯应是个典型人物。

在贝阿特里斯的两次婚姻期间，她没有把感情投到丈夫身上，而是倾注到了女儿身上。她因此得到了回报：富尼埃主教威胁要逮捕她时，她的4个女儿孔多尔、埃斯克拉蒙德、菲利帕和阿娃都很爱她们的母亲。她们始终无微不至地照顾着她，为她哭泣并泪流满面。①

在13世纪90年代，年轻漂亮的新娘贝阿特里斯遭遇了第一次恋情。但在第一个丈夫生前，这次恋情未发展到底。贝朗热·德·罗克福尔和当时所有丈夫一样，两眼昏花，什么也未发现。埃荣地区的一个小农民有幸成了这首流产爱情的田园诗主角。我们从堂区登记册中看到，这个人后来上了年纪，结了婚，并耕种着自己的一小块土地。

在蒙塔尤的城堡里，雷蒙·鲁塞尔管理着罗克福尔老爷及其夫人贝阿特里斯的家。我们要知道，在奥克西坦尼的"好人家"中，管家雷蒙不仅要负责小贵族的日常家务，还可能要负责农活：他亲自播种，指挥雇工耕种，还把摆杆步犁送到铁匠铺加工或修理。

我上面谈的山区小贵族的情况也完全符合贝阿特里斯与一般

---

① I.257。还可参见（见下文，第二十章）贝阿特里斯为女儿及其孩子们准备的神奇春药。

第二部分　蒙塔尤考古：从举止到神话

村民的关系，尤其是她与管家的关系。这个前城堡主夫人守寡后住在蒙塔尤一所很普通房子里。她和其他人之间的社会距离并不很大：贝阿特里斯和村里的女人们一起亲热地在炉边烤火，交流关于纯洁教派的最新消息。农妇阿拉扎依·阿泽马可以很随便地刺激前城堡主夫人："您的眉毛长，看不上一般人。因此我就不给你讲我儿子干的事了。"这实际上只是嘴上一说罢了，一分钟以后，阿拉扎依便和其他长舌妇一样，巴不得人家求她讲，并毫不迟疑地向贝阿特里斯说了她的小秘密："是的，我儿子雷蒙·阿泽马的确给善人们送食品了。"①

由于罗克福尔夫人待人热情，她很快便和管家雷蒙·鲁塞尔建立起多少有些爱情色彩的友谊。他和其他人一样信仰纯洁教派，所以他鼓动女主人和他一起逃到伦巴第地区。这个时期的伦巴第是异教徒的神圣基地，在家乡朗格多克遭迫害的异端派教长大批来到这里，放心大胆地重新修炼。蒙塔尤好心的夫人委婉而坚决地拒绝了出走的请求。她向管家兼诱惑者指出，他们共同出走一定会引起风言风语："我还年轻，雷蒙，如果我和你私奔了，马上会有人议论纷纷。人们一定会说，我们俩离开家乡是为了满足淫荡的生活。"②然而，出走的主意也的确使城堡主夫人感到兴奋。她想出了一个折中的解决办法：她打算让几个女仆陪她和雷蒙一起走，这样便能维护住她良家女子的名声了。雷蒙·鲁塞尔不反对这种办法，他甚至找到当地的两个妇女去见贝阿特里斯，请求和

---

① I.237，还可参见 I.233。关于贝阿特里斯在女人中的关系网，参见下文，第十六章。
② I.221。在当时的伦巴第，阿克斯一公证人的妻子由于异端或感情上的原因也离家出走了（I.290）。

第九章 克莱格家人的性欲

她一起去伦巴第（I.222）。值得指出的是，这两个女人都是克莱格家的姻亲：一个是本堂神甫的兄弟纪尧姆·克莱格的情妇，名叫阿拉扎依·戈内拉；一个是皮埃尔·克莱格的母亲、老芒加德的妹妹阿尔加娅·德·马尔特拉。这两个未来的女仆并非天真无邪，她们的说服工作没得到下文。但这件事值得一提，因为它标志着克莱格家第一次介入贝阿特里斯的生活。

雷蒙·鲁塞尔和后来的皮埃尔·克莱格一样，是个能说会道的农民。他在提出私奔的计划时还穿插了几个放荡的灵魂转生的说法。身怀有孕的贝阿特里斯很感兴趣地听他解释"胎儿的灵魂如何能从母亲身体的各个部位渗入胎中"（I.220）。

"如果是这样，既然婴儿继承了以前的灵魂，那为什么他们在出生时不会说话？"贝阿特里斯天真地对她的求爱者说。

"因为上帝不想这样！"从来不会被问倒的雷蒙·鲁塞尔回答说。

直到这时为止，一切都还在正常范围内，并且符合行吟诗人的最佳传统。他们对当地的人种志了如指掌。像应该的那样，蒙塔尤这位美丽的少妇有一个社会地位低于自己的"情夫"。雷蒙属于村民和非贵族。所以，尽管贝阿特里斯没有对这一主题做过任何理论探讨，但她却投身了爱情的民主化潮流。"尊贵的小夫人"对下层人物的爱情构成了朗格多克诗人歌颂的基本主题之一。贝阿特里斯身边有个"有耐心、会恭维和办事谨慎的"情夫，他向她提供遵从者和诱惑者的服务。贝阿特里斯对他则起到启迪者和爱捷丽仙女的作用，她反过来也接受求爱者的教诲。异端派为雷蒙提供了向女人甜言蜜语和显示自己的最好办法。假如雷蒙一直作为封斋期的情人，即马卡布鲁祝愿所有被追求的女人

第二部分 蒙塔尤考古：从举止到神话

都能得到的那种"绿宝石和红玛瑙般的情人"，那么就连做丈夫的贝朗热·德·罗克福尔本人也不会有所指摘，因而一切都会十分完满。（根据《爱情必读》，绿宝石象征压抑性本能，红玛瑙代表纯洁的谦恭。）[1] 可惜的是，雷蒙·鲁塞尔想进行一场和情人上床的重大赌注，这一赌注也是奥克西坦尼抒情诗的主题之一。贝尔纳·德·旺塔图尔曾说过："我愿意看到她自己在那里入睡或装睡，以便上去偷她一个甜蜜的吻，因为我没有资格提出这种要求。"[2] 贝阿特里斯讲道："一天晚上，雷蒙和我在一起吃了晚饭。他偷偷地溜到我的卧室，并钻到床底下。在这段时间，我把屋里的东西收拾了一下便上床睡觉。我和家里所有人都睡着了。这时，雷蒙从我床底下钻出来，穿着衬衣爬到床上！他打算和我发生性关系，并开始动作起来。我惊叫起来：'出了什么事？'

雷蒙对我说：'别喊。'

我回答他说：'你这个农民坯子！我怎么能不喊？'

于是我大叫起来，喊来睡在我房里另一张床上的两个女佣。我对她们说：'在我床上有一个男人。'

这样，雷蒙不得不从我床上下来，离开了房间……不久，他辞了在我家的工作，回到了他在普拉德的家。"（I. 222）

这表明，城堡主夫人在最关键的时刻恢复了自己的"阶级意识"。在管家的这次大胆进攻之前，这种意识在长期的调情中被逐渐淡忘了。她把一个农民逐出了自己的睡床。她不愿意如马卡布

---

[1] 根据内利的著作，第154页。在奥克西坦尼，关于一个女人和下人之间爱情的合法性，参见内利的著作，第164页。
[2] 参见贝尔纳·德·旺塔图尔的著作，第219页，第41—44行，拉扎尔提到的版本，1964年，第125页。

第九章　克莱格家人的性欲

鲁所说，"像母猎兔犬一样委身于一只小癞狗"。[1] 但这并没有妨碍她在过去的几个星期中纵容管家的调情，然而这并不是做爱。

没有不散的宴席，城堡主夫人和一个农民之间柏拉图式的温柔爱情也是一样。雷蒙离去了，帕托走进来。

帕托是个私生子，但他是皮埃尔·克莱格的堂弟。尽管不是贵族，但他属于村里有钱有势的家族。帕托不喜欢拐弯抹角，对于女人，他一向如骑兵那样勇猛向前，就像他遥远的同乡纪尧姆·达坤廷公爵以往所做的。在这个私生子看来，贝阿特里斯只不过是一匹"良种母马"，"要骑到它身上，让它感觉到受摆布的滋味"。[2] 在贝朗热·德·罗克福尔还活着的时候，帕托·克莱格甚至就毫无顾忌地强奸了贝阿特里斯。这个胆大妄为的"骑兵"似乎并不怕城堡主大发雷霆。应当指出的是，这次"强奸"并没有留下太大的精神创伤。贝朗热死后，贝阿特里斯便不受拘束了。她成了寡妇，社会地位也下降了一档。她干脆和前不久在城堡里肆意强暴她的蒙塔尤色狼姘居了。贝阿特里斯对审问其私生活的富尼埃主教说："从那以后，帕托便公开把我当作他的情妇了。"

其实帕托只是个插曲性的人物。在贝阿特里斯第一次守寡期间，真正重要的人物是帕托的堂兄，即克莱格本堂神甫。皮埃尔和前城堡主夫人的私情是一段漫长的"教堂爱情"，它是在忏悔室里开始的。它的结束也是在教堂里：一个漆黑的夜晚，皮埃尔·克莱格怀着邪恶的念头为其情妇安排了睡床。

---

[1] 马卡布鲁的著作，剧本第 31 行，第 46—49 行，引自内利，1963 年，第 133 页。
[2] 此话来自行吟诗人纪尧姆九世，即阿坤廷公爵（参见内利上引书，第 79—103 页）。

第二部分　蒙塔尤考古：从举止到神话

最初时，贝阿特里斯只是个前来忏悔的妇女，和其他人没有任何不同。很长时间以来，她与克莱格家的人增加了往来。夜晚，她和他们在炉火边共度社交聊天的漫长时光（I. 235—237）。有一天，她在圣母祭坛后面向堂区神甫进行忏悔。皮埃尔没有给她承认自己罪过的机会，却对她说："你是世上最让我喜欢的女人。"接着便紧紧地拥抱了她。她马上离开了那里，心事重重，目瞪口呆，但并未恼怒……

这只是开头：克莱格有足够的时间征服他的猎物。但这种征服不属于强烈的爱情，只能属于相互间的欲望和友情。实际上，贝阿特里斯和皮埃尔俩人的感情是用"喜欢"一词来表达的。但是，在反映前城堡主夫人与巴尔泰雷米·阿米拉克之间的感情时，雅克·富尼埃宗教裁判记录簿的录事则使用了拉丁文"热爱"一词。

经过从封斋期到7月初这段正常期限的追求，贝阿特里斯被教士的魅力和口才征服了：皮埃尔是个口才出众，能说会道的人。南方人的雄辩后来成为一种优良传统。在13世纪最后一年夏天的圣彼得和圣保罗八日庆期，即"为滋生放荡和纵欲提供丰富资源的夏日"，[①] 贝阿特里斯把自己献给了皮埃尔，成了他驯服的女友。为了取悦于他，她甚至不惜亵渎神灵。她在圣诞之夜与他同床，并在村里的教堂和他睡觉。贝阿特里斯虽然天生谨慎，但此时也决心冒任何风险。她也算得上是朗格多克文学中最勇敢的女情人了。这些著名的女情人包括德·拉塞尔夫人、布吕尼桑德、弗拉

---

① 马卡布鲁的著作，剧本第38行，第5—7行，见内利上引书，第115页，注释21。

第九章 克莱格家人的性欲

芒卡、鹦鹉夫人和弗洛利帕尔等人,她们和奥克西坦尼真正坠入爱河的女人们十分相似。①

皮埃尔和贝阿特里斯的私情至少使他们两人都感到乐趣。在两年中,这对情人每周尽可能秘密相聚两三个夜晚。他们在一个夜晚可以结合"两次甚至更多次"。②在床上,在炉火边,在窗前,贝阿特里斯给皮埃尔抓虱子,她的动作中既带有对基本清洁的关注,也表现出惯有的恩爱。至于皮埃尔,他则对贝阿特里斯轮番大谈家庭社会学、阿尔比神学和避孕的秘诀。

但是,两年过后,贝阿特里斯中断了这种关系:时间到了。前城堡主夫人理智地感到,她从各方面都被纯洁派本堂神甫的雄辩所蒙蔽。她此时面临着高山和平原两种选择:在左面召唤她的是异端派的山区,那里有她的情人和朋友;在右面吸引她的是重新天主教化的山下地区。她最后顺应了平原的诱惑,那里有给她幻想的第二次婚姻。在山下,小兄弟会修士和她笃信天主教的姐姐的说教产生了很大影响……贝阿特里斯必须抉择。她认为,从某种角度看,皮埃尔仍是个值得尊敬和颇有能力的好人。但是,若用一个年轻时向圣母敬献彩色蜡烛的虔诚女人的眼光来看,皮埃尔则是个魔鬼(I.223)。这个魔鬼曾和她同床共枕,向她灌输纯洁派的道理。由于他,她差一点被处以火刑,然后被投入地狱火海。年轻寡妇终于厌倦了和撒旦所作的这种"肉搏"。③于是她决

---

① 见内利上引书,第195页。
② I.226, 244。这种关系发生在1299—1301年间(贝阿特里斯在1300年后离开了蒙塔尤:II.291)。在1305年时(I.232),贝阿特里斯和她第二个丈夫生活在一起,她在1300年后不久嫁给了他(出处同上)。
③ 此话出自福克纳的《生命垂危》。

第二部分　蒙塔尤考古：从举止到神话

定离开本堂神甫，下到平原去嫁给贵族奥东·德·拉格雷兹。在此之前，她抵住了皮埃尔以及埃荣地区朋友们的再三挽留。他们都劝前城堡主夫人不要下山。他们说，她在那里会被罗马教会的豺狼所包围，从而使自己失去灵魂。一些普拉德人的代表来看望在当地颇有人缘的贝阿特里斯，并对她说："我们失去了您，您要下到豺狼中间去了。"[①]

然而，朋友们的良言相劝没能使年轻女人动心，她先是搬到了克朗帕尼亚，后来又搬到了达鲁和瓦里尔。这些地方在埃荣以下往北15—20公里处，是她新任丈夫奥东·德·拉格雷兹的几处住所。按照法文，她丈夫的名字就是"教会的奥东"之意。在这种条件下，"教会的贝阿特里斯"同皮埃尔·克莱格的关系只能退居次要地位了。他们之间仍感情不断。有一次，本堂神甫扮装成里姆的教士来到达鲁，到旧情人家中与之相会。在她家的地窖里，"他们的身体结合在一起"，一个侍女给他们在门外望风（Ⅰ.239）。后来，这两个情人便只保留精神方面的关系了。其标志是：贝阿特里斯第二次守寡后，皮埃尔对她做了一次清白而短暂的拜访。在拜访中，他向老朋友询问心情如何。后来他还托人带来了最后的礼物：一个雕花玻璃杯和撒拉逊地区产的糖。这些小礼物和细心的体贴表明，本堂神甫不是个没有心肠的人。他懂得如何"从性欲中培养出爱情"[②]和如何在真心实意的基础上激发情人的信任。[③]从此以后，贝阿特里斯对他来说只是个远方的公主，

[①] Ⅰ.231；Ⅰ.254。贝阿特里斯第二次结婚后（大概）生了两个女儿。她们分别在1303—1304年和1305—1306年时（大致时间）出生。
[②] 马卡布鲁，剧本第5的结局，引自内利上引书，第134页。
[③] 参见内利的著作，第195页。

第九章　克莱格家人的性欲

她可以验证若弗雷·吕戴尔的话："远方的鸟儿叫得甜。"①

但是，自从贝阿特里斯走后，克莱格便越来越脱离了浪漫模式。这是治疗忧伤的药方，还是上年纪的教士越来越淫荡？总之，人们看到，他比以往更加朝三暮四，见异思迁；他和阿克斯累太姆和蒙塔尤的女人们做爱做得"连裤裆都扯破了"。②他用魅力勾引她们（？），但更多是用权力和威胁迫使她们。

贝阿特里斯离开皮埃尔之后，和他相伴的两年在她心中激起过许多怀念和重温往事的欲望。对她来说，第二次婚姻并未比第一次带来更多的感情满足。但她并不失望，因为她只期望从这次婚姻中获得生活的地位。她努力做一个忠于奥东·德·拉格雷兹的妻子，除了那次在地窖里和皮埃尔·克莱格偷偷相逢以外（I.239）。奥东不久便去世了，这使贝阿特里斯可再度无拘束地迎接重大艳遇。尽管强烈的爱情一般只有一次。

前城堡主夫人的第二个情夫也是个教士。他虽是堂区的副本堂神甫，但并非微不足道：后来，贝尔纳·克莱格在监狱中尊敬地招呼他，并称他"本堂神甫老爷"。然而，巴尔泰雷米·阿米拉克只是皮埃尔·克莱格平淡的模仿者，他远不抵其榜样的水平。他有机会时也很淫荡，但不是个纯洁派。只是在被迫时他才充当密探，但对此却毫不后悔。

再次守寡的贝阿特里斯是在达鲁村认识巴尔泰雷米的：她把女儿阿娃和菲利帕送到学校读书，小小的副本堂神甫是她们的教

---

① 塞尔卡蒙的著作，第2章，见内利上引书，第139页；若弗雷·吕戴尔，诗歌，第7章（不太可靠），见内利上引书，第141页，注释50。
② 兰博·德·奥兰治和纪尧姆·德·阿坤廷语，引自拉扎尔，《彬彬有礼的爱情……》，第129、143页。

第二部分　蒙塔尤考古：从举止到神话

书先生。已是徐娘半老的贝阿特里斯("我已经过了大半辈子")对年轻的教士又产生了"强烈爱情"。她扑到他怀里。巴尔泰雷米·阿米拉克后来叙述说："是她先向我主动表示的。有一天，我刚给学生们上完课，阿娃和菲利帕也在其中，贝阿特里斯对我说：'今天晚上到我家来吧。'

我按照她的话做了。

当我来到她家时，发现她单独一个人在家。我问她：'你让我来做什么？'

她对我说：'我爱你，我想和你上床。'

我回答说：'那好吧。'

我失去了克制，和她在前厅里做了爱。后来，我便经常占有她。但这事从来不发生在晚上，而总是在白天进行。我们等贝阿特里斯的女儿和女佣们不在家时才干。因此我们犯了淫乱的罪过。"（I.252）贝阿特里斯充满激情，能够为自己所爱的人胆大妄为，她是否配得上波德莱尔用于爱玛·包法利的说法？（爱玛·包法利和前城堡主夫人极为不同：普拉尼索尔主义与包法利主义毫无共同之处。）波德莱尔写道："然而，爱玛将自己委身于人。她把自己慷慨大方地献给了与她不相配的坏家伙……她在农村狭窄天地里追求自己的理想。这就像恺撒身处卡尔庞特拉一样。"[①]"贝阿特里斯热烈地爱着巴尔泰雷米，他也热烈地爱着他的情妇。"（I.249, 256）当然，年轻的副本堂神甫只是个弱者，甚至是个配不上其女友的懦夫。（他最后离开了她，其中一部分原因是她老了，但更主要的原因是怕被她牵连进一桩异端诉讼案。）也许

---

① 波德莱尔《全集》（普雷亚德出版社），第1009—1011页。

第九章 克莱格家人的性欲

是贝阿特里斯对这个情人抱有过多的幻想,她喜欢这位教士的温柔和淫荡,认为他比其他男人和一般世俗者更加温存,更加有性欲。在一次谈心时,贝阿特里斯当面向巴尔泰雷米说出了自己的想法[①]:"你们教士、修道院长、主教、大主教和红衣主教,你们是最坏的人!你们犯的淫乱罪过更多,你们比其他男人更想得到女人……"

巴尔泰雷米充满哲理地说(以此作为对其情妇说法的评论):"贝阿特里斯企图以这种方式为自己和我犯下的淫乱罪过辩护。"贝阿特里斯的确对教士们形成了自己的认识,她养成了崇尚教士的嗜好。她如此热爱年轻的阿米拉克,以至于怪他对自己施加了魔法,就像路顿虔诚的女教徒责怪其诱惑者于尔班·格朗迪埃一样。有一天,她说:"我从来没犯过使用巫术的罪过。但是我认为巴尔泰雷米教士对我施加了魔法,因为我对他爱得太强烈了,但我认识他时已经过了更年期。"(I. 249)

开始时如此狂热的艳遇,其后来的强度和色彩也不会少。自从贝阿特里斯与副本堂神甫的关系密切后,她便在达鲁成为流言飞语和奇谈怪论攻击的目标。散布这些言论的是以当地堂区神甫为首的一帮诽谤者。这些人甚至在她身前背后肆无忌惮地加以嘲

[①] I. 255。关于本堂神甫超级男人的角色,参见《邪恶的棒槌》中的下流故事(见书后的书目)。雅克·富尼埃宗教裁判记录簿当然也多次谈到在帕拉尔教区、巴斯克地区等地姘居的教士们(I. 285; III. 186 等若干处)。内利的著作(第270页)中还提到,在1324年前后,有个真实的人物雷蒙·德·科尔内,他酷爱已婚或肉感强的女人。南方的主教会议怒斥这些"弊端"也无济于事(参见芒西的著作,第23卷,第843页)。

第二部分 蒙塔尤考古：从举止到神话

讽。① 这可怜的女人还受到她兄弟们的烦扰，他们按照奥克西坦尼的习惯，担当起了监督姊妹脆弱贞操的使命。② 贝阿特里斯害怕受他们虐待，因此她计划把她的情人和他们的爱情转移到帕拉尔。帕拉尔是比利牛斯山里一个偏僻的教区，位于阿拉贡和科曼热库斯朗之间。按照格里哥利和尼古拉之前的传统，该教区的教士在1300 年时仍可以在家庭主妇和姘妇的陪伴下生活。教区的主教根据情人们孝敬"酒钱"的多少便可以批准他们同居。在这种条件下，贝阿特里斯便决定带着衣物和 30 个图尔锂去帕拉尔落脚。她先到了维克德梭，按照计划，巴尔泰雷米到这里来接她。他们两人从这里来到了帕拉尔。在帕拉尔，一个教士兼公证人为他们主持了"婚礼"，但没有对他们祝福。在那里，他们同居在一所房子里，没有引起任何人的好奇。他们仅靠那 30 个图尔锂勉强维持生活。这钱是前城堡主夫人的陪嫁。巴尔泰雷米慢慢发现，他的情妇过去受纯洁派影响颇深，这使他深感不安。于是，家庭内部的争吵开始了。副本堂神甫曾高声咒骂："可恶的异端老太婆！"他们终于决裂并分道扬镳了。

后来，他们俩只是在被投入监狱的前夜才见过一面。为了糊口，巴尔泰雷米不得不到农村或山区充当副本堂神甫或住持教士。贝阿特里斯则已经受到宗教裁判所的威胁。她再次向过去的朋友寻求帮助。和上次同本堂神甫克莱格在达鲁的地窖里一样，她这

---

① 参见塞尔卡蒙的著作，第 5 章，第 34 页；贝尔纳·马尔蒂的著作，第 8 章，第 17 页；若弗雷·吕戴尔的著作，第 3 章，第 30 页。这 3 人的著作都引自内利的著作，第 130 页。
② 若弗雷·吕戴尔的著作，第 4 章，第 45—46 页，见拉扎尔的上引书，第 92—93 页（注释 27）。

第九章 克莱格家人的性欲

次又和年轻的副本堂神甫在葡萄园里做了爱。这次替他们望风的是她另一个信得过的贴身女仆,名叫阿拉扎依。他们后来的恋情是由富尼埃主教安排的:他把前城堡主夫人和副本堂神甫监禁起来。一年之后,他又在同一天(1322年7月4日)把他们俩释放了。贝阿特里斯必须佩戴双黄十字标志;巴尔泰雷米则不必戴这一标志。①

---

① I.553(迪韦尔努瓦的说明)。

第十章

露水夫妻

对蒙塔尤村民性生活的专题研究应涉及的不仅是贝阿特里斯和她在克莱格家的男友。除了这个大家族之外，蒙塔尤，以至整个富瓦地区居民们的道德习俗都是"比较"自由的。我这里强调了"比较"二字，因为和17世纪、18世纪之交相比，14世纪20年代这里的道德习俗并非混乱，但所受的控制比较松。到了17、18世纪交替时，反宗教改革的清规戒律凭借主教的枪托、家长的巴掌、教徒的家访和本堂神甫的监控，逐步渗透到农村的各个角落。我们从资料中了解到，在1300—1320年，（不包括本堂神甫的放荡行为）在蒙塔尤至少有五六对非正式夫妻。只了解这一名单还不够，还应把这一数字与14世纪头20年该堂区不足50对夫妇（正式与非正式）这一数字加以对比："姘居男女"的比例至少占10%。我在15年前研究过蒙彼利埃的主教科尔贝尔在1700年前后的巡访活动。如果是在当时，这样高的非正式夫妻比例一定使这位冉森教派的大人惊讶万分。在严守教规的人看来，最严重的情况在于男女姘居在1310年时已发展到公开和不以为耻的程度：

第十章 露水夫妻

在村里，不少人"公开养着"或"公开保留着"姘妇（I.238）。相反，在1705—1710年，人们为了避免引起本堂神甫的愤怒和虔诚信徒的闲话，总是尽量在暗中做这种事。的确，在1300年前后的蒙塔尤，本堂神甫本人便起了很坏的带头作用，他竟然还"毫无愧色"！

另外我们还看到，如有可能，无夫妻生活机会的牧民便会毫不拘束地在乡镇，甚至在牧场上养一个情妇。更具普遍意义的事例是：在1310年时，如果人们遇到一对公开同居的男女，他们当时的反应和我们今天对此事的反应差不多。有一次，家在阿克斯累太姆的纪尧姆·埃斯考涅路过里姆，他讲道："在里姆时，我们在马丹·弗朗索瓦家里看到一个女人，她可能是马丹的妻子，否则便是他的情妇，因为她一直被他养在家里。"（II.12）所以，当时埃斯考涅的疑问是："这俩人是合法夫妻，还是姘居？"但他并没有对此大惊小怪。还应指出，在和埃斯考涅谈话的所有人中，没有谁关注马丹·弗朗索瓦的女友是否有正式妻子的身份。

在富瓦地区并非没有肉欲是罪过的意识，但这一意识在当时的发达程度远不如努力实行道德化的近代阿列日社会。我们已经看到，阿尔诺·德·韦尼奥尔认为，鸡奸和嫖娼相比并不是更严重的错误。蒙塔尤的格拉齐德·利齐耶和阿克斯累太姆的皮埃尔·维达尔认为，只要男女双方都能快活，嫖娼根本不是罪过。皮埃尔·维达尔还认为，只要男方付出合适的价钱作为报酬即可。如果把这个连等式"荒谬"的逻辑推到底，坚持无罪论看法的人们便会列出如下等式：

第二部分 蒙塔尤考古：从举止到神话

    鸡奸＝嫖娼＝无过错！①

  当然，事情还不至于发展到如此地步。但是，从当地人的言论中得出的大胆推论表明，14世纪时对性的宽容度是很大的。在传统时期，性宽容像皮革一样缩紧了。只是到了19世纪和20世纪，随着相对宽松的两性关系在当代再度出现，性宽容才逐渐地扩展开来。

  在蒙塔尤，14世纪初对性的宽容是有节制的，并只涉及少数人，但它毕竟是不可否认的。正如我们所看到的，它表现为民间理论中的性自由主义，并和一种实践的自由主义有关，其具体表现就是常见的非正式夫妻。第一次守寡后的贝阿特里斯·德·普拉尼索尔和身为私生子的帕托·克莱格公开在蒙塔尤建立起私情，这对姘居男女没有激起任何人的愤怒，最多引起了一些议论。贝尔纳·克莱格（和领地法官同名的另一个人）后来的妻子戈奇娅·马尔蒂在一段时间里成了蒙塔尤的雷蒙·罗斯的姘妇。雷蒙·罗斯死后，"作为对异端派的惩罚，他的遗骸被刨出来焚烧"（I.459）。人称维萨纳的雷蒙德·泰斯塔尼埃尔是贝尔纳·贝洛的情妇，她为他生了好几个孩子，其中一个也叫贝尔纳·贝洛。作为正式的女友和实际上的女佣，她在自己的情人兼主人家承担着所有重活。按照这女人的想法，他们俩的关系应当是一种试婚。她后来对宗教裁判所法官说："我曾想，贝尔纳·贝洛将来会娶我为妻。所以我在他家拼命地干活。"泰斯塔尼埃尔最后还是失望了。

---

① 这个等式实际很"荒谬"，它的意义是有限的：两个有关的命题，一个由较有文化的市民提出，另一个由那些没按城市标准"文雅起来"的农民们提出。

第十章 露水夫妻

惯于施展魅力的修鞋匠阿尔诺·维塔尔给维萨纳出了些好主意，他便想借机将她强奸。虽然强奸未遂，他也没忘记对她解释其结婚希望落空的原因："你即便是富瓦伯爵领地最富有的女人，贝尔纳也不会娶你做妻子。因为你和他的信仰不同（他信仰异端），他绝不会信任你。"（I.456）

阿尔诺·维塔尔算得上是村里的社会学家，他的话揭示了造成蒙塔尤姘居现象众多的关键原因：这些人认为，婚姻是不能轻易实现的事。它要求欲婚者对未婚妻怀有爱情。而且如有可能，他们还希望或多或少从女方那里得到一笔作为陪嫁的财富。"最后，但不是最不重要的"，还有信仰是否一致的问题。面对这些严格条件，许多蒙塔尤人更喜欢选择姘居这种流行的简便方式，至少在开始时如此。①

还有一对非正式夫妻，即阿拉扎依·吉拉贝尔（蒙塔尤一养羊人的女儿）和追随贝洛家的修鞋匠阿尔诺·维塔尔临时组成的夫妻。我们在上面刚刚提到了这位修鞋匠的艳史。阿拉扎依·吉拉贝尔承认："我很爱阿尔诺，我和他建立了一种不光彩的亲密关系。他向我灌输异端学说，我向他保证要去见他母亲，以便请她为我弟弟（已患重病）进行临终慰藉。"（I.413和410—413）

阿拉扎依带有农村味道的私情并不缺乏道德和心理方面的价值：作为纯洁派修鞋匠的前女友，她实际上承认她与这个男人的艳遇是不符合道德的（"不光彩的"）。但与此同时，阿拉扎依并不认为这种非正当关系是可耻的和应当掩盖的。阿尔诺·维塔尔和

---

① I.244：在蒙塔尤，"公开养一个姘妇"和"在暗地里"与情妇保持私情是有区别的。

第二部分 蒙塔尤考古：从举止到神话

他情妇的母亲阿尔芒德·富雷一直保持着友好的关系，他们甚至相互为对方出谋划策。①

人们看到，阿拉扎依的艳遇源于真正的爱情。实际上，这种爱情更多地表现为倾慕而不是激情，因为女主人公在描述这种感情时用了"喜欢"一词，而没有用"热爱"。在这方面，对蒙塔尤的其他非正式夫妻会使用各种表示激情的词汇。例如贝阿特里斯·德·普拉尼索尔便对副本堂神甫产生了真正火热的激情。作为回报，他填补了她第二次守寡的空白。

以上对蒙塔尤四对姘居男女的介绍尚不全面，还应该增加一些补充情节和本堂神甫克莱格的不轨行为。关于这四对男女，我发现：年轻时的放荡丝毫不妨碍女子后来找到丈夫，甚至是很好的丈夫。她们没有沦为娼妓，而是结婚嫁人了！在结束了和帕托的姘居以及和本堂神甫克莱格扣人心弦的私情之后，贝阿特里斯·德·普拉尼索尔嫁给了山下地区的奥东·德·拉格雷兹。对于只剩下一只白鹅的前城堡主夫人来说，这次绝不是下嫁到河谷地区，而几乎是一次社会升迁。至于戈奇娅·马尔蒂、阿拉扎依·吉拉贝尔和维萨纳（我们在前面叙述过她从勒唐德尔到蒙塔尤较幸运的长途跋涉），她们后来嫁给了埃荣地区三个体面的农民，他们的名字分别是：贝尔纳·克莱格（与领地法官同名）、阿尔诺·富雷和贝尔纳·泰斯塔尼埃尔。

人们会发现，这些女人的情人大都是纯洁派或坚定的异教

---

① I.414。还可参见芒加德·克莱格的妹妹和纪尧姆·克莱格的姘妇之间的亲密关系。纪尧姆·克莱格是芒加德的儿子，本堂神甫的兄弟。

徒。^①在里姆，和一个女人姘居的马丹·弗朗索瓦在自己家听到奥蒂埃兄弟宣传"婚姻一钱不值"时似乎显得非常兴奋（II.12—13）。实际上，纯洁派教义对姘居男女十分宽容，至少蒙塔尤人是这样理解的：它大肆抨击婚姻制度的合法性，并只对善人们实行严格的禁欲。它在实际上（如果不是在理论上）给一般信徒最大限度的习俗自由。皮埃尔·克莱格的那句名言可以怪诞地解释这种现象："由于一切都被禁止，因此一切都是允许的。"[2]尽管如此，异端思想再诱人，也不应用它的植入来解释雅克·富尼埃时期上阿列日的性行为和性习俗。教士阿米拉克没有任何异端思想，但他的通奸和姘居行为几乎不次于皮埃尔·克莱格这个阿尔比教信徒和有双重身份的人物。当然，异端丝毫没有限制蒙塔尤的姘居，它也许还鼓励了这种现象，但这肯定不是它的创造发明。在异端传入时，姘居已经存在，并且盛行很久了。人的天性、陪嫁的昂贵、婚姻的困难以及避免轻率和高价婚姻分化家族的优先考虑，这些都成了姘居存在的直接和间接原因。对于"姘居男女"来说，异端只是促成这一行为的原因之一。而且，在比利牛斯山的另一些地区，善人们的思想从未波及那里，纯洁教几乎不为人所知，

---

① 例如贝尔纳·贝洛、雷蒙·罗斯和阿尔诺·维塔尔。帕托·克莱格没有被算作异端分子。但接替他得到贝阿特里斯爱情的皮埃尔·克莱格无疑属于异端派。

② I.224—225：诡辩家皮埃尔·克莱格的论据围绕着如下两个思想：
1. 对女人来说，做爱无论如何是一种罪过，无论是和丈夫还是和情人。和丈夫做爱的罪过甚至更大，因为人们犯了罪还不知道。因此，奉劝夫人们，找情夫吧！
2. 总之，只需在死前受到异端派教长的接见便可洗清所有罪过。因此还有什么可顾忌的？（皮埃尔·克莱格这种混乱的极端主义并不代表上阿列日村民的一般看法，即便他们是纯洁派。我在下面还会谈到这些。）

第二部分 蒙塔尤考古：从举止到神话

但姘居现象照样很普遍。例如在帕拉尔的教区，本堂神甫们很久以来便在当地主教的祝福下与姘妇过着同居生活。至于普通农民，姘居与他们的农业经营制度或家庭制度无任何抵触：女佣人可同时是个小情人；用虚假的结婚许诺便可以使她们不辞辛劳地干活。她们很容易中圈套！反之，一个农民也会自愿地为他的情妇耕地。这样做或许是出于爱情，或许只是实现男女共有土地的常见做法。①

*　　　　*　　　　*

蒙塔尤的姘居还伴随着较为有效的避孕措施。在古老制度下，两性关系涉及爱情的两个方面：出于自然的动机，情人间要比夫妇间更注重限制生育。例如，贝阿特里斯·德·普拉尼索尔开始和皮埃尔·克莱格发生性关系时，非常担心会发生婚外孕。她对教士说："如果我怀了你的孩子可怎么办呢？我将蒙受耻辱并没脸见人了。"②

没有什么问题能难倒克莱格。他不但居心叵测，而且会些巫术，正如在宗教改革和反宗教改革运动前的本堂神甫们那样。③ 针对这一问题，他安慰了同样会些巫术的女友说：他有一种专门的草，能对男女双方同时起到避孕作用。（人们注意到，纯粹农村

---

① I. 456; II. 126。农民中少数和不具侵犯性的姘居现象于19世纪又在蒙塔尤盛行起来。在此之前，可能有一个受传统时代天主教禁欲主义监控的时期。在蒙塔尤1880—1920年的居民人名录中，可以看到非婚生子女较多的现象。
② I. 243—244。关于爱情的"两个方面"，参见弗朗德兰的著作，1969年、1970年和1975年。
③ 参见托马斯的著作，1971年。雷蒂夫·德·拉布雷托纳：《我父亲的一生》（关于民间故事的章节），卢热出版社。关于本堂神甫为魔法师的想法，在蒙塔尤现存的民间习俗中依然存在（个人调查）。

第十章　露水夫妻

出身的本堂神甫皮埃尔·克莱格并不缺少"节育"的动机和技术，尽管这可能是虚幻的。然而一些历史学家却错误地认为这只是城市精英的典型做法。这个教士念念不忘他的家，他极为注重家族的完整，这无疑促进了他拒绝生育的倾向。）

皮埃尔对贝阿特里斯说："我手里有一种草。男人和女人进行肉体结合时若带着它便不会生育，女人也不会怀孕了。"

尽管贝阿特里斯出身贵族，但她实际是在农村和奶酪作坊长大的姑娘。她立即说出了一类草药，问情夫这是否为同一种东西："这是一种什么草？是放牛人放在奶锅上的那种草吗？他们把那种草放在加了凝乳酶的奶锅上，只要不拿掉它，牛奶就不凝结。"（I.244）

她联系到凝乳酶是很恰当的：自迪奥斯科里斯以及他在13世纪的继承人马格尼诺·德·米兰那时起，人们便认为：女人在月经到来前三天喝野兔的凝乳酶可以避孕。[①] 贝阿特里斯在这方面参照了阿列日放牛人的传统，她实际上无意识地颠倒了古希腊或米兰的医生们的古老隐喻。她不再把凝乳酶想象为避孕药，而是看作凝结牛奶或男人精液、并可制作奶酪或胎儿的成分。皮埃尔·克莱格的神草能够防止牛奶和精液凝固，它是抗凝乳酶的，因此可以防止受孕。

关于这种"神草"，贝阿特里斯后来还提供了一些细节。她讲道："那草被用麻布包成像我的第一节小拇指那样大小。当皮埃

[①] 参见迪奥斯科里斯的著作，第2章，第21页（引自诺南的著作，法兰西出版社，第23页）；马格尼诺：《卫生制度》，引自萨尔通：《科学史导言》，第3卷，第1章，854页，第268页（根据诺南的上引书，268页）。还可参见马蒂诺的著作，1974年，第548页。

第二部分 蒙塔尤考古：从举止到神话

尔·克莱格想和我发生性关系时，他便带在身上。他有一条细绳，我们做爱时他就把这条绳套在我脖子上，绳的一端系的这包草从我的乳房之间一直垂到我腹部的开口（原文如此）。当教士打算起身下床时，我便把那东西从脖子上摘下来还给他。有时，一夜他想和我发生两次，甚至更多次性关系，在这种情况下，教士在进入我身体之前问我说：

'草在哪儿？'

由于我脖子上套着细绳，所以很容易便找到了。我把这草交到他手里，他便亲自把它放在我腹部的开口上，那细绳还是从我的乳房中间穿过。他总是这样和我交媾。"

这个在情人游戏中使用并被繁琐化的小东西也许只是个护身符？也许如关于"腹部"开口的晦涩用语所暗示的，是一种子宫托？我对此难下结论。这种草一直"很有效"，至少贝阿特里斯对克莱格这"玩意儿"的效能坚信不疑，这两者的结果是一样的。

克莱格利用了女友害怕和拒绝怀孕的强烈感情，这神奇避孕工具的效能使他能更紧地控制她。贝阿特里斯接着说："有一天，我向教士提出了一个请求：

'把你的"神草"交给我保存吧。'

'不行，'他回答说，'我绝不会这样做，因为你有了这种草就能在和别的男人发生性关系时避孕了！'

'教士说这番话是出于对他堂兄弟帕托的嫉妒，在他之前，帕托是我的情人。'"贝阿特里斯沉思地说。

所以，在克莱格和他在蒙塔尤的情敌们看来，多少会点避孕术，能防止一个女人怀孕，这是将她控制在手上的办法，而不是使她获得解脱的手段。贝阿特里斯对男人手中的枷锁没表示任何

第十章　露水夫妻

不满。在 14 世纪的比利牛斯山，夏娃还生活在亚当的专制下。

*　　　　*　　　　*

　　害怕生下非婚子女是一种普遍性的担忧，这种担忧在奥克西坦尼文化中占有明显地位。在贝阿特里斯·德·普拉尼索尔所属的贵族中，这种担忧显得更加突出：贵族妇女的非婚生子统统被当作"小愣头青"或"愣头青的儿子"。贵族妇女孕育了他们便有辱于她所在的贵族等级。非婚生子造成的最严重问题还在于：它会使对丈夫的遗产继承权偏向情夫造就的秘密谱系。"丈夫们抚摸着'小愣头青'们，还自以为是在关怀自己的儿子。"马卡布鲁对此的态度十分明确，其他行吟诗人，如塞尔卡蒙和贝尔纳·马尔蒂也紧步他的后尘。[1] 对这种现象的担忧促使奥克语诗人们有时提倡柏拉图式的婚外恋。有了宣扬男女二人保持贞节地同床的理论，人们就不必害怕出现不该发生的怀孕了。[2] 然而实际上，在富瓦地区贵族上层中，私生子还是大量出现。[3] 尽管有这些不可避免的"污点"，贵族在文化和门第方面基本上反对非婚生子女。因为他们会破坏已经不稳定的贵族血统的纯洁性。贝阿特里斯承认，如果她怀了本堂神甫克莱格的孩子，她便会感到"蒙受耻辱和没脸见人"，这表明她与上述思想是遥相呼应的。相反，本堂神甫克莱格长在农村，家里不是贵族，他甚至是农民。他根据当时已比

---

[1] 参见马卡布鲁的著作，德让娜出版社；见内利的上引书，第 108—109 页。尤其可参见第 29 章，第 4、5 节。

[2] 参见马鲁对此理论所做的严厉批评，《中世纪文明手册》，1965 年。

[3] 雷蒙-罗歇和卢夫·德·佩诺蒂耶的私生子卢·德·富瓦在当时是富瓦伯爵领地的一个重要人物（参见迪韦尔努瓦：《帕米埃的宗教裁判所》，第 148 页，注释 17）。

· 277 ·

第二部分　蒙塔尤考古：从举止到神话

较宽容的价值标准行事。当然，他赞同其漂亮女友的理由，也考虑到她的门第。他知道，如果普拉尼索尔的父亲看到守寡的女儿被人搞大了肚子，他一定会感到很耻辱。皮埃尔·克莱格对贝阿特里斯说："只要你的父亲菲利普·德·普拉尼索尔还健在，我就不想使你怀孕。因为他会对此感到莫大羞耻。"（I. 244—245）（我们在后面会看到，在当时的阿列日，羞耻心是主要的道德"杠杆"之一。）

这个碍事的父亲至少不会长命百岁吧。一旦他去世，皮埃尔便可以高兴地设想和情妇生孩子的事了。他对她说："菲利普死后，我很想让你怀孕。"（I. 245）或许他情妇的父亲不久便会死去。这样，贵族门第的控制便消除了。皮埃尔打算在这时再奉行他宽容私生子的农民价值观念。

*　　　*　　　*

在蒙塔尤，私生子所占比例比传统时代要大些。[①] 这是因为：一方面私生子数量较多；另一方面，私生子出生后并不像后来那样被送到城里，并很少交给奶妈抚养。后来流行的这种做法实际是一种变相杀婴行为。（可参考雷蒙德·阿尔森的情况：她把自己的私生子托付给奶妈，以便到贝洛家当女佣。她有时负责照看这家合法出生的婴儿。）

在蒙塔尤村，非婚生子女的道德和社会地位不是完全不能解决的问题。一般来说，表明他们遗传的称呼具有辱骂性质：贝尔纳·克莱格把拒绝听命于他的阿尔芒德·吉拉贝尔叫作"老私生

---

① 还可参见 III. 267 和 268，其中涉及朱纳克地区提到的教士和俗人的众多非婚生子女。

女"。(她不愿迫使女儿撤回在宗教裁判所法官看来不利于克莱格家的证词。)(II.294)在我们所知的非婚生子女中,帕托·克莱格是个粗暴的强奸者。私生子的身份对他心理上的困扰并没有妨碍他在一段时间里成为前城堡主夫人的情夫(她在此之前已屈从了他的强暴),而且他还做得很出色。至于沦为女佣或乞丐的私生女们,她们似乎一般处于蒙塔尤社会的最底层。我们看到,布律纳·普塞尔是一个可怜的姑娘。她的生父,即光荣的异端派教长普拉德·塔弗涅比较富有,他原来是织布匠。但他对自己的私生女十分冷酷。布律纳先在克莱格家当女佣,后来自己单独安了家,然后又结婚,生子,守寡。她不断地向左邻右舍乞讨或借债(I.382 及以下各页;I.385)。帕米埃登记册的记载显示,尽管身份较低,其他非婚生子女的婚姻并没有在周围农民中遇到很大阻力。贝尔纳·克莱格的私生女芒加德①在其父的大家庭里住了很长时间,她在那里做女佣并负责烤面包和洗衣服。后来,她嫁给了邻村普拉德的雷蒙·埃麦里克(I.416)。关于在蒙塔尤的其他非婚生子女的命运,我们所知甚少:贝尔纳·贝洛和他的女友维萨纳的非婚生子女们后来怎么样了?这还是一个谜!他们可能夭折了……至于阿尔诺·克莱格,我们只知道:他在当地一个农户里结了婚(即蒙塔尤的农民利齐耶家②);他的命运再次证明:克莱格家人颇具贪淫好色之能力,出于对家族的考虑,他们惯于采取轻易姘居但慎重结婚的做法。人们还看到,皮埃尔·克莱格的

---

① I.416。还可参见私生子基佑的情况,他的父亲是梅朗斯的本堂神甫。尽管父亲地位较优越,但基佑却只是个为梅朗斯的娜·费里奥拉家放羊的普通牧民(III.163)。
② II.227。阿尔诺·克莱格在村里还负责执行本堂神甫(他叔叔)的使命(I.476)。

第二部分　蒙塔尤考古：从举止到神话

堂妹法布利斯·里夫（蓬斯·里夫的妻子）也是私生子：本堂神甫抓住这一点，并企图以这种亲戚关系为借口，破坏她女儿格拉齐德的童贞。实际上，格拉齐德不是别人，正是他的嫡亲侄女。他把她也嫁到了利齐耶家，这里简直成了克莱格家族的次品堆积场。①

*　　　　　*　　　　　*

在蒙塔尤，两性关系较为宽松，并产生了不少非婚生子女。但这种关系还算不上男女杂处。蒙塔尤人并不"像麦秸里的老鼠那样"交配。我这里再次以阿尔诺·德·韦尼奥尔为例证。他把乱伦、破坏童贞和通奸列为比鸡奸还严重的罪过（Ⅲ.42）。乱伦行为，其中包括和堂兄弟的姘妇发生性关系，也会打乱和破坏神圣的家族谱系。所以，尽管有人不时沉湎于此，但它必然受到严厉谴责。破坏童贞也是个严重问题，其责任重大，所以是一种罪过：在一个两性关系宽松但不容许放任自流的村子里，破坏童贞者必须承担起责任（在上阿列日，关于童贞的问题有时可诉诸"妇人"法庭，经过检查，它可以提供证明〔Ⅲ.56〕）。对处女实行强暴的罪犯或者必须保证和"被害人"姘居较长一段时间；或者要为她找到一个"落脚点"，即一个丈夫；此外，他甚至还可以交替地采取上述两种做法。当诱惑者在当地有权有势，并可以威胁前处女的家和丈夫的情况下，这两种做法在较长一段时期是兼容的。②

---

① Ⅰ.302 及上文，第九章。上阿列日的资产阶级中非婚生子女比较多，关于这一点，可参见 Ⅱ.197；Ⅱ.209（奥蒂埃－泰塞尔家的私生子）；还可参见莫利尼埃的著作：《13—14 世纪法国南部的宗教裁判所》（成员众多的奥蒂埃家家谱，包括非婚生子女）。
② Ⅰ.302 以及上文，第九章。

第十章 露水夫妻

我们看到，格拉齐德·利齐耶的丈夫似乎很乐意接受这种做法。这种友好态度使我们勉强勾画出蒙塔尤的"宽容"界限。但这是否属于典型的表现？如果根据上阿列日流行的一则谚语来判断，我们对此问题的回答应是肯定的。这则谚语讲得很明确：

> 古往今来都一样，
> 男人总要偷婆娘。

但是，我们不应把谚语作为依据，至少不应过分相信它们。皮埃尔·克莱格能够公开嘲弄皮埃尔·利齐耶和皮埃尔·贝内，[1]这是因为，这些可怜的丈夫及其驯服的妻子们抵不住这位富有的本堂神甫的权力。对于普通百姓来说，事情并没有那样容易。在一个亚当专制的社会中，丈夫的行为粗暴，随时会打骂以至杀死妻子。因此，妻子应当十分谨慎，不能像姑娘或寡妇一样无拘无束地享受自由。在蒙塔尤，两性关系上可贵的宽松到年轻男女正式结婚后便告中止，只有当合法丈夫死后才会重新出现。在这方面，贝阿特里斯对管家雷蒙·鲁塞尔的建议所表现的态度很具典型性：

"'我们逃到善良的基督徒那里去吧，'鲁塞尔急促地对贝阿特里斯说。他暗自希望能利用这次出走对她施展魅力。

'当我丈夫得知我们出走后，他肯定会去追我们，他还会杀死我，'贝阿特里斯回答说。"（I.219）

实际上，蒙塔尤的这位女子在两次守寡期间表现出了足够的勇气和激情，但她在其两位丈夫生前却对他们表现了令人感动的

---

[1] I.329 以及上文，第四章、第九章。

第二部分　蒙塔尤考古：从举止到神话

忠诚。她仅在婚约上抹过两个微不足道的污点：第一次是在初婚期间，帕托在违背她意志的情况下强奸了她；第二次行为也不算什么大事，而且是仅有的一次（I.239）。

根据记录簿中有关蒙塔尤的内容，我发现已婚妇女大都十分谨慎和克制，她们不像年轻姑娘、寡妇和独身女佣那样不检点。只有在加泰罗尼亚的避难所里，已婚妇女的操守才失去控制。在那里，家庭主妇由于逃难避险而与丈夫长期分居，于是她们在未肯定正式配偶已死亡的情况下就建立了新的私情。人隔远，婚约淡！贝利巴斯特向其妯娌雷蒙德谈到她失踪的丈夫阿尔诺·皮基耶时说："无论阿尔诺是否还活着，他都不会在这里对我们有什么影响。"（III.188）

在加泰罗尼亚，有些家庭由于逃难而陷于四分五裂。在蒙塔尤，由于同居的夫妇相对稳定，已婚妇女大都是忠贞的妻子，至少在守寡之前是如此（I.491）。女人们当然是这样，受皮埃尔·克莱格保护的格拉齐德·利齐耶只是这一规则的例外情况。[①] 男人们也是如此，尽管其普遍程度略低些。据我们所知，蒙塔尤的唐璜大都是独身者，只有一个结了婚，那就是修鞋匠阿尔诺·维塔尔。结婚以后，他仍是个本性难移的色狼。[②] 对上阿列日了如指掌

[①] 其他几个"特殊情况"不是在蒙塔尤，而是在蒂尼亚克和别的地方：蒂尼亚克的阿尔诺·娄弗尔在家中发现妻子埃斯佩尔特和自己的兄弟贝尔纳·娄弗尔在床上。阿尔诺及时制止了贝尔纳的行为（II.131，还可参见 I.283）。再说一次，个别现象算不上风气。我对婚内和婚外行为差异的评价建立在如下事实上：姑娘、寡妇或独身女佣进行非正当异性性爱的次数比已婚妇女高 10 倍以上。

[②] II.411。关于行吟诗人（塞尔卡蒙、贝尔纳·马尔蒂、若弗雷·吕戴尔）对见异思迁的丈夫的诅咒，参见内利上引书，第 110 页。在加泰罗尼亚也是一样，和通奸相比，姘居显得更为普遍（博纳西的著作，第 2 章，第 311—312 页）。

第十章 露水夫妻

的皮埃尔·奥蒂埃认为：总的看来，婚姻还是性活动的主要舞台。他对女牧主西比尔·皮埃尔说："人们更经常的还是在这种关系下做爱。"①

---

① 就连可怜的当女佣的私生女，如布律纳·普塞尔、雷蒙德·阿尔森等人最终也找到了丈夫。因此，蒙塔尤和上阿列日属于老姑娘占人口比重很小的典型地区。这种地区在近现代的东欧也出现过（参见哈日纳尔的文章，载于格拉斯和埃费尔斯利主编的论文集，《历史人口》）。

第十一章
/
婚姻和爱情的规则

　　以少量姘居现象为辅助的婚姻尽管在制度上有"缺陷"，但它依然是蒙塔尤人口结构的核心与目的性。在这个堂区，没有一个女人是彻底独身的。贝利巴斯特对一小撮信徒所说的话极好地概括了上阿列日和朗格多克的奥德地区保留下来的婚姻哲学。纪尧姆·贝利巴斯特的父亲是居比埃尔的族长，按照纯洁派的说法，他后来成了莫莱拉的圣人。因此纪尧姆完全不必遵从纯洁教派确定夫妻关系的神学。另外他还知道，让纯洁教一般信徒遵循阿尔比教派主张的绝对贞节的理想，这只能是枉费心机。他也拒绝接受本堂神甫克莱格等纯洁派宣扬的混乱的尼采主义。贝利巴斯特处在基督教的正统主义和异端的多数主义之间。可以说，他对婚姻的说教表明他悬在半空中：他的思想之花一般靠宗教思辨的土壤孕育，但此时他似乎失去了这种土壤。这个一贯严守中庸之道的圣人在婚姻理论上只得满足于世俗社会和凡人们的解释：当地婚姻中的琐事成为这种解释的论据。这次偶然的机会使贝利巴斯特为我们的人种志研究上了一堂关于男女婚姻的社会学课。

第十一章 婚姻和爱情的规则

他讲道："无论和自己的妻子还是和姘妇发生性关系，其罪过都是一样的。在这种条件下，男人最好是和一个固定的女人保持亲密关系，而不应像工蜂采蜜那样不断拈花惹草。这样做的结果会造成非婚生子。此外，你们一旦和若干个女人交往，她们每个人都会试图获得或夺取一些东西。这样，她们便会把男人搞穷。相反，如果一个男人只爱一个女人，这个女人便会帮他维持好家。"

贝利巴斯特接着说："至于和自己有血亲或姻亲的女人发生乱伦关系，这是一种耻辱行为，我告诫信徒们千万不要这样做……

你们俩人想结婚吗？如果你们相互爱慕，我便会同意。你们应当许诺：今后无论在健康的时候还是生病的时候都要互相忠诚，互相帮助。你们拥抱接吻吧。我宣布你们结为夫妇！这样就行了，不必再去教堂了！"[①]

这是一份极其重要的资料。（作为阿列日正经的社会学，）它禁止乱伦行为，其范围不仅应包括和本家族的女人，而且还包括和自己有姻亲关系的女人。同时拥有多个姘妇，这被谴责为造成男子在物质财富方面贫困化的根源。贝利巴斯特把一夫一妻制，即建立在相互忠诚、帮助和爱慕基础上的婚姻说成维持家庭和保证家庭繁荣的关键。因为情妇是索取（财产）的女人，而妻子是给予（陪嫁）的女人。在这里，他明确地把婚姻与构成比利牛斯山社会基础价值的家庭联系在一起。在上阿列日地区，"条条道路通到家"，一桩好婚姻就意味着一个好家庭。

* * *

在这种条件下，蒙塔尤的婚姻涉及的事务当然会大大超出男

---

① 关于引语的最后一段，参见 III. 241 和 II. 59。

第二部分 蒙塔尤考古:从举止到神话

女二人相许的范围。列维—斯特劳斯说过,妻子总是由另一个男人交给未来丈夫的……在蒙塔尤,交付妻子的不是一个男人,而是一些男人,他们还有几个女人相助。雷蒙德·达尔热利耶对此所作的交代非常精彩。她在守寡之后再婚嫁给了阿尔诺·贝洛。在准备第二次婚姻时,雷蒙德已完全不是个小姑娘了!但是,这桩婚事还是由亲属或朋友在当地教士的协助下进行了谈判交涉。当事人本身成了一种筹码,没有任何采取个人决定的能力。雷蒙德讲道:"我的前夫阿尔诺·利齐耶是蒙塔尤人。他被人杀害后,我守寡近三年。住在尼奥尔的巴尔贝斯家三兄弟纪尧姆、贝尔纳和让,住在蒙塔尤的马尔蒂家两兄弟贝尔纳和阿尔诺,住在弗雷什内的教士皮埃尔-雷蒙·巴尔贝斯,以及尼奥尔的妇女贝尔纳戴特·塔韦纳和纪耶迈特·巴尔贝斯,他们之间经过一番交涉,便使我嫁给了蒙塔尤的阿尔诺·贝洛。他那时快30岁了,蒙塔尤贝洛家的贝尔纳、纪尧姆和雷蒙是他的兄弟。"[①] 这份材料令人吃惊:由于雷蒙德·达尔热利耶和其已故前夫利齐耶的婚姻,她在蒙塔尤已居住了很久。但尽管如此,没有其意中人的兄弟们从中撮合,她也无法嫁给他。他的兄弟们出于友情或家庭原因,有能力达成协议。在蒙塔尤,并不是所有婚姻都能有如此多的中介者。但是,男女二人"私订终身"的婚姻是不可能的。在他们之间往往有媒人、父母、亲戚、朋友、情人、神甫进行撮合。蒙塔尤的皮埃尔·阿泽马用银盘把女儿献给戈奇娅·克莱格,为的是将其嫁给她的一个儿子。所有这些又都旨在巩固他们的家族和这一婚姻中产生的共同家庭。阿斯库的里克桑德·科尔蒂尔是皮埃尔·科

---

① III. 63。尼奥尔和弗雷什内这两个地方分别在如今的奥德省和阿列日省境内。

第十一章 婚姻和爱情的规则

尔蒂尔的遗孀,她向蒙塔尤的牧羊人让·莫里提出,想将自己的女儿纪耶迈特嫁给他。让·莫里对这一建议很感兴趣。他说,他们两家都信奉异端,这是他的父亲和纪耶迈特的母亲分别传下来的。里克桑德这样做是否违背了上述关于女人总是由一个男人交给另一个男人的说法?也是也不是。值得注意的是,这桩母亲移交女儿的事并不是个别现象,它是在家庭便宴上促成的。这次便宴是在里克桑德的父亲家举行的,参加者有里克桑德的父亲和母亲、她的儿子和已婚的大女儿,当然还有她本人和让·莫里。这次便宴是这家人精心设计的,目的在于对牧羊人发动感情攻势,引诱他钻入婚姻的圈套。然而这一婚姻最终没有成功。由中介人谈判交涉的例子不胜枚举:贝利巴斯特把雷蒙德嫁给皮埃尔·莫里;本堂神甫皮埃尔·克莱格将格拉齐德许配给皮埃尔·利齐耶;阿尔比(加泰罗尼亚村庄)的本堂神甫与埃斯佩尔特·塞尔维尔交涉将其女儿玛戴娜嫁给让·莫里;[1] 贝洛兄弟把他们的妹妹嫁了出去。即便婚礼是尽量隐秘的,人们也忘不了通知家族的缺席者。皮埃尔·莫里在"娶"(只有短暂的时间)雷蒙德之前对贝利巴斯特说:"别忘记告诉我叔叔皮埃尔·莫里我结婚的事。"[2] 相反,贫穷的女佣游离在原有家庭之外,她们在活动和决定婚姻方面也许比富有的农家女儿更自由些?

让我们先把贫苦女佣的特殊情况放在一边。"正常的"婚姻也可能成为一场真正集体远行的理由(和福克纳在《生命垂危》中

---

[1] 参见 II. 70—75,阿尔诺·西克尔和其姊娘为他妹妹"计划"的"婚姻"。关于以前的例子,请参见 I. 302(皮埃尔·克莱格);III. 305 和 308(科尔蒂尔);III. 366—367(阿泽马);II. 87(让·莫里)。

[2] 参见上文,第五章以及 III. 189。

第二部分　蒙塔尤考古：从举止到神话

描写的危险和悲惨的……葬礼一样）。例如关于阿尔诺·西克尔的妹妹与蒙塔尤人纪耶迈特之子的婚姻计划：在加泰罗尼亚，这桩婚姻源于阿列日和纯洁教派倾向的内婚制理想，这种理想在当地一直很流行。它还导致贝利巴斯特帮派的一部分人向北部移民。这帮人进行的长途跋涉结果以失败告终：他们落入了宗教裁判所设置的陷阱。

*　　　　　*　　　　　*

在蒙塔尤，结婚之前有一个订婚期。在此期间，青年男子为取悦未婚妻的家人，不惜花费金钱（如果他富有的话）向岳母送礼。① 择订婚礼日期时，人们要向异端派教长咨询，看月亮处于何种状态时最适合举行婚礼。② 邀请别人参加婚礼是一项重大行为。每一次邀请被接受或遭拒绝，其中都有深刻的含义。纪耶迈特·莫里对贝利巴斯特说："我们给儿子让和他所爱的女人办婚事时，一定请你来参加婚礼。"（Ⅲ.189）这位圣人总有话说，他拒绝了这一邀请，表示不能参加尘世间的社交活动。他说："不，我不能参加无善良知性的人的婚礼。"参加婚礼的亲朋好友中，有一些人受到更为正式的邀请，他们就是证婚人：雷蒙·贝洛和纪耶迈特·贝内的证婚人是由姊妹、岳母、女友或男友之妻在内的6名妇女组成的（Ⅰ.371，455）。这6名"证婚人"属于埃荣地区女性社交界的代表。我在下文还将谈到这一点。

还需指出，有舞蹈特长的人也可成为应邀参加婚礼的贵宾。在贝阿特里斯·德·普拉尼索尔第一次和贝朗热·德·罗克福尔

---

① Ⅱ.271。关于订婚还可参见Ⅰ.248、254。
② 参见Ⅰ.291。

第十一章 婚姻和爱情的规则

结婚时，纪尧姆·奥蒂埃本人便应邀前来跳舞。在一群证婚人和亲朋好友的簇拥下，蒙塔尤的农家妇女把婚礼看作一生中显示服饰的最好机会。她们一直到去世都精心保留着自己当新娘时穿的裙子。当皮埃尔·莫里的姐姐纪耶迈特·皮基耶从夫家逃跑时，她用包袱带走了自己的嫁衣和一条被单（III. 154）。

*　　　　　*　　　　　*

在蒙塔尤，婚姻是一桩需要进行投入的严肃的社会行为。它被看作一项昂贵的投资，但将来也会带来相应的收益。结婚，生孩子，这在开始时可能会导致倾家荡产。埃麦尔桑德·马尔蒂向好心的牧羊人皮埃尔·莫里直截了当地说了这种看法。她对这个比自己年龄小的单身汉说："孩子，你无儿无女，除了自己之外，没有任何人需要负担。所以，你在这儿不用干很多活、受很多累就能养活自己。"（III. 182）我们看到，皮埃尔·莫里接受了这种看法（尽管他有时按其特有的财富标准说自己很富有）："我不想娶女人，因为我没有能力养活她……我不想要妻子，因为单是为了维持自己的生存，就够我劳累的了。"（III. 186, 188）

在短期内，结婚无异于一种贫困化的威胁。但从中期看，即在15年或更长的时间里，婚姻则是对财富、安全和幸福的许诺。这是由于人们对家庭的循环运动寄以希望，但这希望有时只是幻想。家庭的循环运动确实把"寄生的"孩子转变成有能力生产的成人。我们还不应忘记，妻子也会带来一份陪嫁，当丈夫衰老时她还会担当起护理的角色。劳累过度容易使人衰老，当时的人比现在衰老得要早。贝利巴斯特曾对莫里说："一个正式妻子能为你保存财产。当你老了以后她会照顾你，你动不了时她能侍候你。她还能给你生儿育女，你老了儿女们也能照顾你……别再朝三暮四了,赶快结婚吧!"①

娶妻有一个不可估量的好处,她可以对衰老或生病的丈夫一直照顾到最后。贝利巴斯特曾不止一次抱怨说,一个垂危者的妻子拒绝离开丈夫的床边,这使异端派教长难以完成他的祭礼,不能为临终者做慰藉。因为女人的存在会造成不洁,从而阻碍异端派教士接近丈夫的病榻(Ⅲ.189)!

尽管结婚需要付出沉重代价,但它毕竟是使夫妻双方及其亲属获得恩惠的源泉。纪耶迈特·莫里曾对皮埃尔·莫里说:"孩子,我为你和让物色了几个对象。将来的婚姻会给我们大家带来财富和朋友。"(出处同上)在蒙塔尤人交结朋友的实践中,洗礼和婚礼是两个重要场合:洗礼可以让人结识和接触许多男女干亲以及教父、教母;婚礼则可通过联姻和邀请培育友好情谊。结婚意味着暂时先破产,然后再使自己和家族更富有。(当然,妻子的陪嫁将来会转作女儿的陪嫁而付出……所有这些都使人哭泣和痛心,正如皮埃尔·克莱格对此痛心疾首一样。但生活就是如此:从妻子那里得到的要还给女婿。为了使各家都能更好地循环,有进就得有出……)

* * *

所以,在蒙塔尤,男女间的婚姻成了一种制度和仪式。它在一定范围内进行,并有一定的中心和周界。在14世纪的蒙塔尤,我们已经发现了地区内婚制,旧制度的人口学研究对此表示极大兴趣。这个村的婚姻主要在当地男女之间的内部进行。首先应当指出,这个山区没有多少外来移民。人们离开蒙塔尤下山去是为了转场放牧。山下的人从来不到这里定居。当然,我们没有该堂

---

① 参见Ⅲ.188和Ⅲ.189。我在这里把贝利巴斯特对这个问题的两次说教综合到了一起。

第十一章 婚姻和爱情的规则

区的登记簿，因此不能对内婚制现象做出准确的量化。但是，雅克·富尼埃宗教裁判记录簿中详细的统计数字很能说明问题。[1] 吉罗写道："在蒙塔尤的63个妇女中，只有7人嫁到了村外，有一人来自外村……在所知的50对夫妇中，有43对男女双方都是蒙塔尤人，只有7对是由一个蒙塔尤人和一个外村人组成的。"[2] 如果再

---

[1] 我在下面利用了我的学生吉罗在博士学位第一阶段论文中对蒙塔尤的研究成果。在一个世纪里，对蒙塔尤实行内婚制的决定性证据是迪富·德·马吕凯1901年发表的关于家庭在富瓦伯爵领地的作用一书：在14世纪后三分之二的时间里，蒙塔尤居民的姓氏除了一个以外，全部都来自1300—1320年当地的原有姓氏（只是为数不多罢了）。这一杰出的研究结果表明，在此期间没有迁移到蒙塔尤来的已婚男子（或其他人）。这项研究还表明，1348—1385年间的瘟疫和人际融合完全打乱了山下地区居民的姓氏。

[2] "在外婚制的例子中最引人注目的当然是贝阿特里斯·德·拉格雷兹的婚姻。应当指出，贝阿特里斯嫁到外村是很正常的，因为尽管蒙塔尤的贵族和与村民的关系比较亲密，但那里没有与她地位相当的男子。而且她自己原本是高苏地方的人。"

"嫁到蒙塔尤以外的其他女子还有：贝尔纳·克莱格的女儿埃斯克拉蒙德，她嫁给了科米的一个叫科米·阿戴尔的人；埃麦尔桑德·马尔蒂的女儿让娜，她嫁给了索尔特地区的伐木工贝尔纳·贝费；雷蒙·莫里的女儿纪耶迈特，她嫁给了拉罗克多尔姆的贝特朗·皮基耶；阿尔诺·维塔尔的遗孀雷蒙德·维塔尔，她后来嫁给了住在维尔诺的贝尔纳·吉乌；让·吉拉贝尔的女儿纪耶迈特，她嫁给了格贝茨的让·克莱芒；阿尔诺·维塔尔的妹妹雷蒙德，她嫁给了普拉德的普拉德·阿尔森。相反，皮埃尔·贝内的妻子原是阿克斯累太姆人。我们看到，蒙塔尤和一些村庄有不少婚姻联系。但是，这种外婚制的联系范围并不大：高苏、格贝茨、科米、普拉德都是埃荣地区的村子，离蒙塔尤有几公里远。但是，靠近罗尔达的维尔诺和拉罗克多尔姆离蒙塔尤则较远些。总之，蒙塔尤的7桩外婚中有5桩是和10公里以内的村子间进行的。"（F. 吉罗，上引书，第99—109页。）可惜的是，我们精心抄录并提供给读者参考的数字有些不是来自堂区记录簿（它不存在了），而是来自雅克·富尼埃宗教裁判记录簿。（由于陪嫁的原因，上阿列日和加泰罗尼亚地区的公证人和教士们手里有一些涉及贵族乃至平民婚姻的契约或文书：I. 233; II. 451。）

· 291 ·

第二部分　蒙塔尤考古：从举止到神话

加上吉罗没有算上的几对夫妇（主要是莫里家的男人在加泰罗尼亚的婚姻），可以认为：蒙塔尤人在本堂区实行内婚的占80%。还应指出，根据吉罗的研究，在那7个与蒙塔尤联姻的村子中，有5个村子距蒙塔尤不到10公里。总之，蒙塔尤也许是个毒蛇的巢穴，其成员只能在内部繁衍。

蒙塔尤村可被看作一个婚姻关系的整体，即一个亲属扩散型的内婚制单位。这也是造成该社区的遗传和语言特点的原因之一。正如阿尔诺·西克尔曾经指出的：蒙塔尤和埃荣地区有一种特殊语言，它虽然属于奥克西坦尼语，但同时带有自己的特点。

尽管转场放牧和纯洁教派造成的外迁占很高比例，但实行外婚制的比例却很低。这首先是由于，牧民们多为独身者，他们认为自己太穷，过于漂泊不定，因而不能娶妻；其次是由于，许多逃亡者力图找"女同乡"和蒙塔尤的女子结婚。即使不能如愿，也要找个阿列日山区的女人。莫里家有三个男人离开了村子，到比利牛斯山南部去生活。他们中只有一个爱上并娶了加泰罗尼亚姑娘。另外两个，即皮埃尔和让，他们无论好坏，分别娶了阿列日河畔塔拉斯孔的一个姑娘和朱纳克的一个女人。① 从富瓦伯爵领地出来的移民有点像从山上下来的土佬。加泰罗尼亚人以高傲著称，这使移民们在埃布罗河和塞格雷河之间的地带感到很不自在。贝利巴斯特说过："这个地区的人们太傲慢了。"（III. 189）按照圣人的说法，谁娶了他们的姑娘便要与阿列日的亲戚断绝往来。对来自富瓦伯爵领地的移民劳动者来说，加泰罗尼亚人的傲气带着

---

① 朱纳克在如今的阿列日省内。这两个女人是雷蒙德·皮基埃和玛戴娜·塞尔维尔。

第十一章　婚姻和爱情的规则

某种歧视。这促使他们尽量在自己的同乡中寻求妻子。这种求偶的行为会使他们长途跋涉回到家乡，然后带着自己的心上人回到加泰罗尼亚的家。让·佩利西耶在1323年讲道："宗教裁判所开始在蒙塔尤进行大逮捕后，皮埃尔·莫尔便逃离了蒙塔尤（1308年前后）。他在加泰罗尼亚定居下来，并从此在那里生活。但两年以来，他又回到了蒙塔尤，为的是找一个妻子。他娶了蒙塔尤人纪尧姆·奥蒂埃的女儿。纪尧姆·奥蒂埃目前正因异端罪被关在卡尔卡松的监狱里。皮埃尔·莫尔在村里一直待到初冬，前不久才回加泰罗尼亚去了。"① 同样，贝利巴斯特等人的"北上"也是为了给他们中的一个找个妻子。但是，他们遭到了教会警探的逮捕，从此有去无回。

＊　　　＊　　　＊

然而在蒙塔尤，极端地方主义类型的内婚制并不是唯一的表现。此外还存在一种信仰内婚制：在那里，信奉纯洁教的农民们倾向于在他们之间择偶。有人对贝利巴斯特说："宁可娶一个只有一件衬衣的女（异端）信徒，也不想娶一个陪嫁丰厚的非信徒。"阿尔诺·维塔尔直截了当地对维萨纳·泰斯塔尼埃尔说："你和贝尔纳·贝洛同居了很长时间，你给他生了几个孩子，为他家干了这么多活。但是，你即便是富瓦伯爵领地最富有的女人，贝尔纳也不会娶你做妻子。因为你和他的信仰不同，你没有他们那种'好基督徒'的信仰。"② 雷蒙德·达尔热利耶对自己和阿尔诺·贝

---

① 参见 III.76。蒙塔尤的纪尧姆·奥蒂埃和纯洁教派的传教士同名。
② 参见 II.66; I.456。在 II.42 和 II.39 中也可以看到同样的思想："一个贫穷但信仰异端的妻子和一个富有但无异端信仰的妻子相比，还是前者比后者更好些。和前者在一起，人们至少能够自由地讲心里话和谈论一些问题。"（贝利巴斯特语）

洛的婚姻采取了同样态度。雷蒙德被怀疑参与了害死前夫阿尔诺·利齐耶的事。蒙塔尤的乡亲们都谴责阿尔诺·利齐耶，因为他是个严格的天主教徒，并憎恶异端分子（III. 65）。不少人怀疑雷蒙德同情纯洁教派。然而，她与阿尔诺·贝洛的第二次婚姻的确是一个谜：阿尔诺是个穷光蛋（他的全部财产加起来也不值 15 个锂），并且没有职业。她对他没有强烈的爱情，"她甚至不知道他是纯洁派"（III. 64）。那她为什么嫁给了他呢？她自己也说不清这是怎么回事。

对村里的夫妻所作的细致研究表明，纯洁派或异端同情者之间的结合不仅是蒙塔尤人倡导的文化模式，而且是一种实际行为：当地的阿尔比教派农民大家族，如克莱格家族、贝洛家族、贝内家族、福尔家族、莫里家族、马尔蒂家族等，它们都是通过婚姻来交换它们的姑娘和小伙子，这些年轻人都信奉异端。[①]

还需指出，和婚姻市场相比，我们不应把信仰内婚制看作是一种额外缺陷，并认为它加重了地方性内婚制对择偶的严格限制……实际上，信仰和地方主义这两种内婚制是相互助长，甚至相互适应的。蒙塔尤人这种形式的婚姻关系并不贫乏，它几乎包括了定居的所有重要农户。它们的共同特点是同情异端和扎根在

[①] 可参见贝尔纳·贝洛与纪耶迈特·贝内的婚姻、贝尔纳·克莱格与纪耶迈特·贝洛的婚姻、雷蒙·克莱格和埃斯克拉蒙德·福尔的婚姻、纪尧姆·马尔蒂与雷蒙德·莫里的婚姻、贝尔纳·马尔蒂与纪耶迈特·莫里的婚姻等（最后这两对夫妻是两兄弟娶了两姊妹）。在这方面还可参见 I. 371、430 和本书第二、三章（关于贝尔纳·克莱格和莫里一马尔蒂两家人）。还可参见 M. 皮耶里的著作，第 53 页和注释 60。

蒙塔尤。① 当然，作这种判断需要排除几匹害群之马，例如受天主教影响颇深的阿尔诺·利齐耶。

另外，这种范围明确的婚姻在社会层次上也有其界限。像贝阿特里斯·德·普拉尼索尔这样的贵夫人，她完全可以在蒙塔尤和其他地方的村民中选一两个情人，也可以在村里和老百姓保持友好关系。因为，无论历史学家们怎样说，② 社交关系毕竟大大超过了择偶的社会范围。但是，在结婚的关键时刻，贝阿特里斯绝不会下嫁给一个平民百姓，她只会嫁给贵族，至少是教士。除了农民与贵族之间的差别外，在婚姻方面还有社会行业的障碍。我们隐约地看到：蒙塔尤的牧羊人皮埃尔·莫里对于是否娶阿列日富有的铁匠之女雷蒙德·皮基埃感到犹豫不决。如同人们所看到的，由于贝利巴斯特一再坚持，好心的牧羊人才越过了"超级婚姻"的界限。然而，他很快便又退了回去！

蒙塔尤婚姻的狭窄性与比利牛斯山的其他村庄没有结构性的区别。我们在上文中简单地提到过这种狭窄性造成的乱伦和近亲结婚的问题。一些人对纯洁派教义做了任意的解释。他们依据的规则是："由于一切都被禁止，所以什么都禁而不止。"（另一规则是："一旦越过界限，就没有任何限制了。"）③ 这些解释促使一些

---

① 其中不包括相当重要的"阿泽马集团"（见下文，第十七章）。
② 穆尼埃在圣雅克德孔波斯泰尔的一次关于"史学方法论"的研讨会上（1973年）强调了问题的这个方面。
③ 在上文第九章里，皮埃尔·克莱格在和法布利斯·里夫的对话中也表达了同样的思想（I. 329）："一个女人和另一个女人没有什么两样。和一个女人是罪过，和另一个女人同样是罪过。实际上我认为，和任何一个女人在一起都不是罪过。"

信徒突破了习惯的束缚，他们用乱伦的婚姻或姘居来补偿婚姻市场对妻子供应的不足。（要知道，只有250个居民的蒙塔尤提供妻子的余地很狭小[①]。）根本不是禁欲者的贝利巴斯特也抱怨这些补偿性做法在教友中的传播。这位圣人说："许多信徒认为，和有血亲或姻亲关系的女人发生性关系不是耻辱的事。他们这样做时毫不以此为耻，因为他们相信自己在临终前会受到异端派教士的接纳。这样，他们的罪过便会一笔勾销，他们肯定能获得拯救。"（III. 241）贝利巴斯特最后说："我认为，乱伦行为是有害和耻辱的。"在村里或村外，乱伦的禁忌对择偶的允许范围已扩展到第二亲等以外的堂表姐妹。蒂尼亚克的雷蒙·德·莱尔是个信奉唯物主义和无神论的农民，他认为："和自己的母亲、姐妹或堂表姐妹睡觉不是罪过，然而是一种耻辱。相反，如果是和第二亲等的堂表姐妹或其他女人睡觉，我认为这既不算什么罪过，也不是可耻行为。我坚定地信奉这一观点，因为在萨巴泰流传着这样一句顺口溜：远房堂姐妹，尽管一起睡。"（II. 130）皮埃尔·莫里对蒙塔尤的哲学作过一段精彩的表述，他把母亲与儿子、兄弟与姐妹、堂表兄弟与堂表姐妹（他们的身体已有过"自然的""接触"）列入乱伦禁忌的范围，而把远房堂表兄妹和非本族者排除在禁忌之外，认为他们之间可以发生性关系（III. 149）。在萨巴泰和蒙塔尤，禁忌与非禁忌之间的重要分野并不明确。它把父母、兄弟与姐妹列入禁忌，但把堂表兄弟姐妹的子女排除在外。在17世纪，许多主教都认为，允许在堂表兄弟姊妹中任意选择配偶的原则是过于

[①] 阿列日地区的村落都很小，所以在第一亲等的嫡亲姊妹之外，对乱伦行为的禁忌并不严格（II. 130）。因为人们没有多少选择。

第十一章 婚姻和爱情的规则

宽松了。①

至于在堂表兄妹之间，这一规则虽受到一些破坏，但主要表现为姘居而不是夫妻关系，对它的破坏也是间接的，而不是直接的。法布利斯·里夫得知自己的堂兄本堂神甫和她的女儿格拉齐德发生性关系后感到很伤心。（仅此而已！）她用缺乏自信的语调向女儿反复说："不要和神甫犯下罪过，因为你有一个好丈夫，而且神甫是我的堂兄。"（I. 326）

在蒙塔尤，对堂表兄弟和堂表姐妹间发生性关系和结婚的禁忌是比较严格的。因此，堂表兄找堂表妹做情妇的"丑闻"传得很快。阿尔诺·维塔尔企图强奸维萨纳·泰斯塔尼埃尔。为打消这只色狼的念头，维萨纳只说了一句话便使他松了手："我是你堂表兄的情妇。"（I. 458）同样，蒙塔尤的长舌妇们都说本堂神甫皮埃尔·克莱格和贝阿特里斯·德·普拉尼索尔之间"有乱伦行为"。她们是指贝阿特里斯曾经是帕托的情妇，而非婚生子帕托是本堂神甫的堂兄弟（I. 310; I. 238）。在这种情况下，本堂神甫应认为她是个不洁的女人，并放弃和她发生关系。皮埃尔·克莱格当然不是持这种论点的人。但是，蒙塔尤公认的规则是明确的："即便是借助共同的情妇，你也不应该接触堂表兄弟的肉体。因为你们已经有过'自然的'接触。"② 对乱伦的禁忌产生于对造成亲属关

---

① 在本书描写的这个时期以前，对乱伦行为的禁忌原则上一直延伸到第八亲等（参见舍里尼：《西方中世纪宗教史》，第319页）。但是，这一"原则"远不能落实。
② 更何况，一种类似的规则也适用于与叔嫂之间的"乱伦"，在雅克·富尼埃宗教裁判记录簿中提到了两例这样的事：I. 418（皮埃尔·克莱格）和 II. 132（德·莱尔）。

系"短路"的担心:触犯一个女亲属,几乎就是触犯了自身。

*　　　*　　　*

然而,正如皮埃尔·布尔迪厄所说,正规性并不是规则。① 要使家系意识给一个社会角色注入禁止乱伦的思想,首先要使这个社会角色了解家系! 也就是说,如果一个女人不知道另一个男人是自己或自己母亲的堂表兄弟,她便有可能不问理由地和他发生性关系或嫁给他。在没有文字的社会中,对家系的无知是很普遍的现象,② 它可以将人种志学者的出色成就付之东流。

雅克·富尼埃主教谴责格拉齐德·利齐耶与本堂神甫皮埃尔·克莱格发生了乱伦行为。他问道:"你知道这教士是你母亲法布利斯的同父异母兄弟吗?"

格拉齐德真诚地回答说:"不,不知道。如果我知道这些,就不会让他和我发生性关系了。"③

正确的决定采取得太晚了。对事实的无知有时会妨碍最佳原则的实行。

在加泰罗尼亚的避难所,人们对家系的无知更为严重。一些来自蒙塔尤的姑娘甚至连自己的堂表姊妹都不认识。在圣马多,皮埃尔·莫里有一次让他姨母埃麦尔桑德·莫里的女儿,即他的表妹让娜·贝费给自己做些鸡蛋吃。可她恶狠狠地反驳说:
"还吃鸡蛋呢,让你身上长大疮吧!"④

---

① 参见皮埃尔·布尔迪厄在《年鉴》上发表的文章,1972年7月,第1105页。
② 出处同上,第1108页。
③ 可参见 I. 302。顺便指出,本堂神甫和他的嫡堂侄女格拉齐德的关系实际处于乱伦禁忌的范围之外。禁止乱伦的这种惯例只涉及堂表兄弟姊妹(II. 130)。
④ III. 173、174。还可参见(III. 150)莫里家的人对于自身家谱的无知。

第十一章　婚姻和爱情的规则

"表妹，别对我这样凶恶好不好？"皮埃尔·莫里说。

"什么，你怎么会是我的表哥呢？"让娜惊讶地问。

"我是蒙塔尤的雷蒙·莫里的儿子呀！"

"可是，我那年迈无用的老娘怎么没告诉过我这些事呢！"

让娜的态度立即缓和下来，随即盘算着手头的钱去给皮埃尔买鸡蛋和葡萄酒。对此事的无知幸亏只造成了她的无理态度，否则，这甚至会使她做出乱伦行为。

*　　　　*　　　　*

在蒙塔尤和阿列日山区，尽管爱情和婚姻沾有一些污点，但还是被控制在由排斥性、禁忌和内婚制形成的网络中。这种内婚制具有地方、宗教和社会方面的特点。

在这种条件下，为结婚而相爱是可能的吗？上述所有禁忌难道不是迫使青年人接受基于利害的婚姻吗？行吟诗人把爱情置于婚姻之外的传统适合这个佩戴黄十字标志的堂区吗？对这三个问题，有人可能不加区别地做出肯定回答。但这样就错了。皮埃尔·布尔迪厄曾对贝阿尔纳的一个村庄 1900 至 1960 年的情况进行了研究。在那里，人们在择偶方面所受的局限和蒙塔尤同样严重。这位撰写过《繁殖》的社会学家还看到，乡村人的感情运动与婚姻组合的需要之间往往具有一致性。"在雷基尔（布尔迪厄为这个村庄想象的名字），幸福的爱情，即受到社会承认和为成功创造条件的爱情，实际只是'对命运的爱情'。这是一种出于对自身社会命运的爱，它通过表面看来是偶然和任意的自由选择，把在社会方面有前世之缘的配偶结合在一起。"[1]总之，感情的理智能够和理智的计谋和睦

---

[1]　参见皮埃尔·布尔迪厄的文章，载于《年鉴》，1972 年 7 月，第 1124 页。

第二部分 蒙塔尤考古：从举止到神话

相处：无论是过去的蒙塔尤还是今天的雷基尔，影响和主导择偶的结构看起来十分僵硬，但其中仍有可能产生爱的激情。

实际上，对那些向往感情婚姻的农民来说，这种机会在村外要更多一些，它尤其吸引那些被迫出走、到加泰罗尼亚寻求避难的人。正如称得上比较社会学专家的贝利巴斯特指出的，那里的习俗更加自由，子女在父母面前有更多的自主（III. 189）。让·莫里的母亲纪耶迈特·莫里原是蒙塔尤人，后来流亡到了圣马多。所以，让·莫里热恋上了当地一个名叫马丽的姑娘（III. 189）。然而，这位马丽姑娘完全不是异教徒。但是，根据圣保罗的原则，纪耶迈特，以至"异端派教长"贝利巴斯特最终都同意了让·莫里与马丽的婚姻。圣保罗这项不明言的原则是："结婚总比烧死强。"在婆媳感情关系方面，这桩婚姻实际上非常成功。纪耶迈特说："对我们家来说，马丽是个称心的儿媳。我们的想法马丽不但都赞同，而且还照着去做。"（II. 188—189）作为婆婆，尽管纪耶迈特对品行端正的儿媳很满意，但她丝毫没有放弃蒙塔尤农民的古老原则：在婚姻方面，爱情的冲动要和门当户对协调起来。在阿列日的农妇赞赏她儿媳的当天，她接待了一个30来岁、皮肤棕黑的小个子本堂神甫，并严厉顶撞了他。

"我们为什么不给您儿子阿尔诺找个妻子？"教士并无恶意地对女主人说。

而女主人则令其扫兴地回答说："不，今年我们不能给他讨妻子，除非找到了可以信赖的人家和女子，因为我们不熟悉这里的人。"（II. 188）

这里所指的"人家"当然是纪耶迈特第二个未来儿媳妇的家。他们的前提条件是：这人家和未来的儿媳必须是可以信赖的；附

第十一章 婚姻和爱情的规则

加条件是：阿尔诺能喜欢为他找的姑娘。

皮埃尔·莫里的弟弟让·莫里的婚姻是另一个在不可抗拒的命运与爱情倾向之间实现协调的例证。他遭到一个地方的驱逐：那里的领地法官告诉他，只有和当地人结婚才能在这里的牧场自由放牧。总之，领地法官要求：要想在公有牧场上放牧，须享有夫妻共有的牧场！让没有这种家庭条件，因而不得不赶着羊群离开了。他去阿尔比（塔拉戈纳地区）找一个欠他账的僧人。到了阿尔比，人们告诉他，这位僧人去了冉考萨（在同一地区）。于是，他接着赶往冉考萨。奇迹正是在那里出现的：他在寻找僧人时遇到了一位姑娘（II.487）。他在那里结识了玛戴娜·塞尔维尔。他对她的爱情虽算不上浪漫，但也充满了倾慕。总之，他很喜欢她。

于是，他请求一个本堂神甫从中说合（我们知道，在比利牛斯山南部和北部地区，本堂神甫很愿意做媒人，以便时常得到一些实物报酬[①]）。本堂神甫的牵线成功了，让娶了玛戴娜。这桩婚姻也考虑到了内婚制的优越性：两个年轻人都是从上富瓦伯爵领地逃亡到加泰罗尼亚的。让来自蒙塔尤，玛戴娜来自塔拉斯孔。另外，他们俩还都有纯洁派的传统背景。只不过玛戴娜继续保持着这一传统，而让却或多或少背弃了它。所以，让·莫里的爱情在较为适宜的地理、社会和文化土壤上开了花。

在蒙塔尤和上阿列日实行内婚制的村落中，实现基于爱情的婚姻要比在加泰罗尼亚的避难所更困难些。因为在加泰罗尼亚避

[①] 例如本堂神甫皮埃尔·克莱格对格拉齐德·利齐耶所起的作用。蒙塔尤的居民们都熟悉这种现象。阿拉扎依·阿泽马对格拉齐德·利齐耶说："蒙塔尤的本堂神甫为你做了不少好事，他给你找了一个丈夫。"（I.305）任何服务都应得到报偿，甚至是事先的报偿。

第二部分　蒙塔尤考古：从举止到神话

难的过程中，年轻人的地理流动性大，往来的地方多，这大大增加了他们相互结识和调情的机会。我们在实行内婚制的村子里看到：蒙塔尤的领地法官贝尔纳·克莱格虽然热恋着他后来的妻子雷蒙德·贝洛，但他很怕人笑话自己，不愿成为其弟皮埃尔即本堂神甫奚落的对象。皮埃尔是个缺少浪漫情调的风流荡子，到处拈花弄草。他对年轻的领地法官对雷蒙德的激情持一种嘲讽态度。贝尔纳·克莱格在 1321 年讲道："12 年前的夏天，我疯狂地爱上了后来成为我妻子的雷蒙德（纪耶迈特·贝洛的女儿）。我当时真想闯进贝洛家……但突然发现我兄弟皮埃尔·克莱格正待在我家门口（与贝洛家相邻）。这骤然打消了我去贝洛家的勇气。因为我兄弟本堂神甫始终嘲笑我对雷蒙德·'贝洛特'的一片痴情。"①

这些材料再一次表明，贝尔纳对雷蒙德的强烈感情不但包含思想的因素（这两个年轻人都倾向纯洁教派），而且还有该堂区特有的家庭结构因素：正如我们所看到的，领地法官对未婚妻的感情实际是针对整个贝洛家的！②这种激情主要凝聚在年迈的岳母纪耶迈特身上，贝尔纳向她送了大量礼品。女婿对岳母的这种第二位和间接的感情一直持续到老纪耶迈特去世。在她去世时，村里的长舌妇们对这种令人难忘的感情有不少议论。纪耶迈特·贝内在对阿拉扎依·阿泽马谈到纪耶迈特·贝洛时说："我们不必为纪耶迈特·'贝洛特'哭泣了，她想要的都得到了。她的女婿为她帮

---

① 参见 I. 273—374。可以用博纳西提到的那份有价值的加泰罗尼亚的资料（II. 311—312）进行一下比较。这份资料谈到了一个男人对妻子的爱情。
② 见上文第九章。在上阿列日地区，年轻人的爱情与他们与父母的联系是不可分割的。相反，加泰罗尼亚和巴伦西亚的习俗更要"现代化"。关于这些，请再次参见贝利巴斯特的重要资料（III. 189）。

第十一章　婚姻和爱情的规则

了那么多忙，她从来就不缺什么东西。"①

贝尔纳如此爱戴年迈的纪耶迈特，以至于在她临终时，他极力鼓动她实行禁食（纯洁教派在接受慰藉后绝食至死），以使灵魂得到拯救。总之，贝尔纳鼓动或迫使岳母绝食而死，以便赶快回到冥间：她在那里可以享受人间得不到的永恒快乐。没有比这更殷勤可亲了，本堂神甫的兄弟简直是个难得的好女婿。

关于贝尔纳·克莱格的婚姻本身，由于这个年轻人拥有财富和领地法官地位，他无疑属于村里最被看好的婚姻对象之一。他比较容易在爱情基础上建立婚姻，因为蒙塔尤最好的家族都愿向他献出自己的女儿。他在婚姻上面临着众多选择，而女方将得到美满的姻缘，这大大增加了一见钟情的可能性。②雅克·富尼埃宗教裁判记录簿表明，这种现象在富有的经营者中并不少见：阿尔克村的大牧主雷蒙·皮埃尔十分爱恋他的妻子西比乐。③但他们在是否给其病孩做临终慰藉上产生了意见分歧，并出现了争吵，这使他们的爱情一度中断。后来，他们在教理上达成了一致，雷蒙便又与妻子恩爱如初。我们从中再次看到，精神上的一致有助于感情的融洽。

尽管如此，我们不应将此理解为城市少女的多愁善感。在加泰罗尼亚的避难地，在蒙塔尤特定的社会文化条件下（宗教观点的一致，对未婚妻的多种选择），当然会产生以爱情为基础的婚姻，但还有不少婚姻是家庭和朋友们不顾当事人的感情事先商定

---

① I.462。下面的内容参考同一资料。
② 皮埃尔·布尔迪厄的文章，载于《年鉴》，1972年。
③ II.415。关于妻子也很爱丈夫（II.424）。

第二部分 蒙塔尤考古：从举止到神话

的：皮埃尔·莫里虽有不少机会经历激情或短暂艳史，但他也两度成为包办婚姻的对象。第一次是和一个6岁的小女孩，这桩婚事还很遥远。第二次则是和一个朋友的情妇。在这两次包办婚姻中，人们从来没有考虑好心的牧羊人内心的真正感情，尽管他并不是傻瓜。当然，这两次包办婚姻的企图都归于失败了。

上层社会中也存在着包办婚姻。我们会发现，在贝阿特里斯·德·普拉尼索尔的两次婚姻中，这位夫人的感情远不如贵族的门当户对受重视。贝特朗·德·泰克斯骑士的遭遇表明：帕米埃的精英中也有在结婚之前对妻子毫无了解，甚至从未谋面的"计划婚姻"。他讲道："我的妻子令我很失望，因为我以为娶的是在拉尔那的蓬斯·伊索拉的女儿，但她实际上是在拉尔卡的伊索拉大师的女儿。"① 这个错误令人恼怒：在拉尔卡的伊索拉一世是个虔诚的天主教徒；在拉尔那的伊索拉二世则是异端派的同情者。贝特朗原想，娶了伊索拉二世的女儿便可全身心投入到他最喜爱的活动中去，其中包括：在冬季漫长的夜晚无休止地谈论他信仰的纯洁教。人们看到，在婚姻上的张冠李戴使贝特朗·德·泰克斯十分失望。他被迫和忠于罗马教会的妻子，即伊索拉一世的女儿生活在一起，这使他在夫妻关系方面把自己封闭在沉默之中达20多年之久。在蒙塔尤不可能发生这类错误，因为各家之间都有直接的联系，所有人都相互了解。然而，即使（甚至尤其是）在这样一个村庄，婚姻与其说是男女伴侣之间的选择，不如说是家族之间的选择。对一个青年男子来说，基于爱情的婚姻并非总能实现，它只是可以设想的，并不太罕见的事。

---

① III.322。拉尔那和拉尔卡是当今阿列日省的两个地方。

第十一章 婚姻和爱情的规则

*　　　　　　*　　　　　　*

重要的事实在于，对男子来说，基于爱情的婚姻经过各种程序后有时会最终成为现实。这些程序包括：小酒馆里的调情（Ⅲ.156）、订婚、经常到未婚妻家拜访、向岳母送礼和试婚①。所以在当地，爱情国的地图有可能与社会的结构图一致起来。关于女方的感情，姑娘们对求婚者是否有意，情况便不那样乐观了。雅克·富尼埃宗教裁判记录簿很少提到年轻妇女自觉地与钟爱的人结为良缘的事。而我们却看到，记录簿中倒是有不少关于年轻男子明确达到这一目标的资料。当时婚姻制度不对称的形态造成了这种状况。首先，在这种婚姻制度下，妇女被当作一种客体：有时是热恋的对象，有时是殴打的对象。而男性则扮演着主宰的角色，对妻子可以爱，也可以打。在这一领域，历史学家面对的可能是一片文化沉默区。②它形成了社会心理的黑洞：记录簿中提到的那些年轻男子，他们追求的姑娘可能产生了和他们同样的感情，这甚至可以得到证实。但是，我们的这些资料从未专门涉及她们的感情。③这种沉默的原因可以推断为：在上阿列日地区，男人们似乎掌握着爱情和情感事物的主动权，甚至垄断权，至少在结婚前和夫妻生活方面是这样。④奥克西坦尼文化告诫年轻的未婚

---

① 参见上文，第二、四、五、九章。
② 参见福科：《开篇……》。
③ 女牧羊人西比尔·皮埃尔受到丈夫的喜爱，她对丈夫却怀有一种夹杂着畏惧的爱情：Ⅱ.415, 424。
④ 参见博纳西著作第 2 章，第 333 页，关于 10 世纪后在比利牛斯山国加泰罗尼亚地区丈夫对妻子的爱称。至于感情方面的不对称，我们可以从让·莫里和玛戴娜·塞尔维尔这对夫妻身上了解到：他娶她是因为喜欢她；她接受他的求婚是因为他们俩是在西班牙逃亡的同乡，即他们都来自上阿列日或萨巴泰。

第二部分　蒙塔尤考古：从举止到神话

妻和新婚妻子："你要漂亮，但别多嘴。"女人们在一起交谈时也会使人感到惊讶，因为她们有时被看作沉默不语的人。

总之，蒙塔尤妇女在表达对男子的反应时，很少明确使用有浪漫色彩的"爱恋"或"爱慕"等词。除特殊情况外，她们在使用这些词时也不是为表达对婚姻的感情或结婚前的爱情。在这些情况下（也只是在这些情况下），我们从她们的内心发现了行吟诗人的思想方式：他们把正式婚姻排除在真正爱情之外。贝阿特里斯·德·普拉尼索尔在谈到她第二个教士情人时说："我充满激情地爱恋着巴尔泰雷米·阿米拉克，我相信他对我施了魔法。"此时恰逢她对前两次正式婚姻表示冷漠，才如愿以偿地和巴尔泰雷米结成了火热的姘居关系。他们这种关系只是暂时性的，尽管在公证人那里获得了合法性。阿拉扎依·吉拉贝尔说："我非常非常爱恋阿尔诺·维塔尔。我和他建立了不光彩的亲密关系……我和他一起生活并与他维持着不光彩的关系。"（I.413）阿拉扎依在这里谈的是爱情，但其对象阿尔诺·维塔尔只是她一段时间的姘夫。她后来嫁给了阿尔诺·富雷。与对阿尔诺·维塔尔的感情相比，她对丈夫的感情属于爱心加理智。在蒙塔尤，爱一个男人，无论是热恋还是慈爱，这首先是成熟和自由的妇女享有的特权。但是，这特权全然不是通过婚姻实现充分发展，它主要为暂时性的结合创造了条件。

为了全面地看问题，我们应当承认特殊情况的存在。蒙塔尤的文化并不完全排除一见钟情的女人最终结成美满姻缘（II.415,424）。但我们的资料中虽偶尔提到这种"皆大欢喜"在理论上是可能的，但其目的却在于阻止它成为现实。这也许是偶然的？在我引用的关于其他问题的一份资料中，雷蒙德·达尔热利耶讲过：

第十一章　婚姻和爱情的规则

"我嫁给了阿尔诺·贝洛,他很穷,也没有任何手艺。而且,我最初也没有对他一见钟情。真是什么条件也没有!"（III.64）她和贝洛的婚姻既没有丈夫的财产也没有妻子的一见钟情作为基础。但是,这并非是一桩不幸的婚姻,它甚至使雷蒙德对阿尔诺产生了真正的情感。她曾明确地说,当丈夫从宗教裁判所的审讯室或监狱平安返回时,"她感到非常快乐"。这种快乐无疑表现了一个妻子对丈夫逐步建立起的真实感情。①

*　　　　*　　　　*

无论出于激情还是基于爱慕,一旦追求旨在成婚,爱情的主动性大都掌握在男子手中。而且,所有人都认为这是完全正常的。贝阿特里斯·德·普拉尼索尔把她女儿菲利帕的第一次经血当作吉祥物收集起来,这是为了让菲利帕将来的丈夫疯狂地爱她,而永远不去想世上的其他女人（I.248）。至于菲利帕对其丈夫是否有感情,贝阿特里斯并没有谈到。她也从来没考虑自己对于前两个丈夫怀有多少感情。

实际上,在众多妇女很早便出嫁的农村,至少对年轻姑娘来说,求爱或婚前追求的概念本身具有十分重要的意义。正如贝尔纳·克莱格所明白的,重要的是对岳母献殷勤!尼古拉·雷蒂夫

---

① 上面一段表明,农民的爱情尽管十分贫乏,但在上阿列日地区的确也有浪漫的农民爱情,尤其是在已婚男子和未婚女子之间,这种爱情的表达方式没有特殊之处。的确,表达是个根本性的问题。奥克西坦尼的文化很早便在各个社会阶层中宣扬爱的激情。当地农民不仅能够在心里产生这种感情,而且还能用语言表达出来。奥依语地区的文化,至少在农村中,跨越口头表达爱情的阶段要晚些,尽管这种感情早已为人所知（关于这一点,请参见布尔吉埃尔和古埃斯正在进行的研究）。

· 307 ·

第二部分 蒙塔尤考古：从举止到神话

研究了18世纪实行晚婚的村落。对于14世纪蒙塔尤大多数年轻姑娘来说，他所描述的漫长调情期是不可能实现的。蒙塔尤的纪耶迈特·莫里（皮埃尔·莫里的妹妹）被她父亲嫁给了拉罗克多尔姆的木匠纪尧姆·皮基耶，那时她还远不到18岁。[1] 由于夫妻双方在宗教观点上的分歧，这桩包办婚姻的结果变得更加不幸：纪耶迈特倾向纯洁教派；纪尧姆严格信奉天主教。纪耶迈特出逃了两次。第一次时间不长，她回到了蒙塔尤的娘家；第二次则一去不回，和她丈夫彻底分手了。同样，格拉齐德·利齐耶也是在十五六岁时结婚。人们还许诺把一个6岁的小女孩嫁给皮埃尔·莫里。原则上，当她长大成人时便可属于这个青年男子了。自从贝阿特里斯·德·普拉尼索尔的女儿菲利帕开始出现月经后，人们便十分严肃地考虑她的婚事了。一份含糊不清的文件谈到了她的订婚以至她丈夫的事。[2] 然而她的婚事并没有成，婚礼也没有举行。贝阿特里斯自己结婚便很早，大概在20岁或更早一些。[3] 皮埃尔·莫里的另一个姊妹雷蒙德·莫里最晚是在18岁嫁给蒙塔尤的纪尧姆·马尔蒂的。[4] 出生于福尔的埃斯克拉蒙德·克莱格也许是在14岁时结婚的。[5] 不排除这样一点：在结婚年龄方面，"蒙塔尤模式"至少在某些方面与17、18世纪人口学表明的婚姻习俗完全不同。在古典时代的小社区里，女子结婚较晚，也比较注重

---

[1] 关于这一点，参见III.156。还可参见III.148—155和III.497。
[2] 参见I.248。
[3] "在结婚前6年，我像一个小姑娘一样。"（I.218）
[4] 参见III.99—101：这份资料谈到她结婚时刚满18岁。在另一个堂区还可以看到：富家女子奥德·富雷结婚时最大不超过十七八岁（II.82—83）。
[5] 材料不甚明确：I.429。

第十一章　婚姻和爱情的规则

婚前的贞节。但是，这些至少都伴随着长期的求爱和惯有的调情。在蒙塔尤则相反，许多妇女结婚特别早。在婚前，男女之间的习俗十分简单，甚至很唐突。相对的性宽容主要是针对寡妇的（尽管这方面的禁忌并没有被严格遵守〔Ⅰ.491〕），同时也针对那些被认为在婚姻市场难以找到主顾的贫苦姑娘。她们在成熟的过程中依然过着独身生活，很适合做女佣人。和人姘居的生活向她们敞着大门。在此期间，她们可以伺机找个男人嫁出去。[①]

反之，青年男子似乎并不存在早婚的问题。根据雅克·富尼埃宗教裁判记录簿掌握的所有蒙塔尤人的材料，15到20岁的男子都还是单身汉。在男人们看来，结婚似乎是件十分严肃的事，只有在25岁以后，甚至更大些才能加以考虑，因为人们到那时才会在生活中取得一席之地。1308年左右，当贝尔纳·克莱格对雷蒙德·贝洛产生强烈的爱情时，他已经是村里的领地法官和一个非婚生子的父亲了。他们后来结为了夫妇。贝尔纳·贝洛和一个年轻姑娘结婚时已有了一大帮非婚生子，新婚妻子并不是他们的母亲。人们为皮埃尔·莫里设计的婚姻只能在他30岁之后才能实现。善于施展诱惑伎俩的修鞋匠阿尔诺·维塔尔过了很长一段放荡生活后才娶了雷蒙德·吉乌。雷蒙·鲁塞尔在与皮埃尔·克莱格（与本堂神甫同名）的妹妹结婚之前早已没有了年轻人的荒唐，他曾经是蒙塔尤城堡的管家和贝阿特里斯柏拉图式的情人（Ⅰ.338）。阿尔诺·贝洛在与雷蒙德·达尔热利耶结婚时已到而立之年（Ⅲ.63）。和玛戴娜·塞尔维尔结婚前，让·莫里在比利牛斯

[①] 关于这一点，参见上文提到的雷蒙德·阿尔森、维萨纳·泰斯塔尼埃尔等人的情况，以及鲁丝·戈诺的典型事例（Ⅲ.278）。

第二部分 蒙塔尤考古：从举止到神话

山两边转场放牧多年，以此度过了他的少年和中年时光。他成家时至少有 25 岁以上了。[1]

总之，蒙塔尤的丈夫们大都是成年男子，他们所娶的则尽是些小毛丫头，即刚步入社交活动的少女。[2]他们为自己安排了归宿。在人寿较短的社会中，这种年龄差距很快产生出年轻寡妇。当丈夫们寿终正寝时，他们的遗孀尚且精力充沛，还需准备"消耗"一两个再婚丈夫。正如我们将看到的，这就是事物的轮回。

---

[1] 参见 II. 469—470（让·莫里生于 1295—1296 年）。
[2] 在这一时期，蒙塔尤及其周围地区还没有追随（主要从 1500 年后开始形成的）"西方现代"晚婚模式（哈日纳尔在格拉斯和埃费尔斯利主编的《历史人口》中提出了这种模式）。蒙塔尤主要追随现代以前的地中海婚姻模式。这种模式较为古老：女子一般结婚较早，男子则结婚较晚或很晚（并不必须如此）。关于早婚制度和单身女子数量少的问题，参见哈日纳尔在上引书中的文章；克拉皮什在《年鉴》发表的文章（关于 1400—1430 年佛罗伦萨地区的婚姻），1969 年，第 1327—1328 页；韦弗的著作：《帝国的家庭……》（在罗马帝国，奴隶和被解放的奴隶家中的女子一般在 18 岁时结婚）。

第十二章

婚姻和妇女地位

夫妻双方在年龄上的差距使得他们的地位也不尽相同。在蒙塔尤和附近其他村子里,新婚妻子所处的地位并不优越。任何妇女结婚后都要准备接受一定程度的打骂。在1320年前后,奥克西坦尼流传着一句含糊的谚语,富瓦伯爵领地的人们也愿意从中得到乐趣(III.243):

拿着坐垫打老婆,
让她虽疼却无碍。

这则谚语说明,奥克语地区的丈夫们对于妻子不太粗暴,妻子们很机灵。其他材料更能说明这一点。这些材料直接或间接地表明:蒙塔尤的男人在结婚前掌握着爱情主动权,结婚后又取得了打老婆的权利。伐木工贝尔纳·贝费的情况比较特殊:作为殷勤的女婿,他为保护岳母不受妻子的攻击,便给了她一顿老拳(III.178)。另一个例子涉及纪耶迈特·克莱格一只青肿的眼睛,

第二部分 蒙塔尤考古：从举止到神话

尽管这不是暴力造成的，但也能反映人们对丈夫习性的一般看法：由于意外事故或感染，纪耶迈特的一只眼睛青肿起来。于是她去找一个专门治眼的土大夫看病。半路上，她遇到了普拉德戴荣的织布工和异端派教长普拉德·塔弗涅。塔弗涅很自然地询问：

"哎，纪耶迈特，你怎么了？你丈夫打你了吗？"

"不是，"女人回答说，"只是身体有点不适。"（I.337）

这一天的事只是一场虚惊。但是，纪耶迈特·克莱格的确害怕自己的丈夫。有一天，她和母亲阿拉扎依在地里割麦子。这麦地属于纪耶迈特的父亲，即阿拉扎依的丈夫贝尔纳·里夫。[①]这两个女人的话题落到了异端派教士身上。

"他们拯救灵魂，不吃肉，并且不近女色。"阿拉扎依一谈到这些圣人们的生活方式便神采奕奕。

但纪耶迈特很快便把母亲拉到现实问题上来：

"你千万别让我丈夫知道我们谈了这些事，他知道后会杀了我的。因为他讨厌异端教派。"

当着雅克·富尼埃本人的面，纪耶迈特也未忘记说出她如何惧怕丈夫。[②]

"你是否向你丈夫说过自己从远处或近处看到过异端派普拉德·塔弗涅？"主教问农妇。

"不，没有，"她回答说，"因为我很害怕，如果我告诉他这些，他不会让我好受的。"

---

① I.334—335。这块麦地位于原蒙塔尤村下面的坡地，即现蒙塔尤村所在的地方。从地形图上看，这块地正好处在原蒙塔尤村偏下的部分（在雅克·富尼埃宗教裁判记录簿的时代到19世纪以前，这一部分有很大发展）。
② I.341。关于农妇对丈夫的畏惧心理，还可参见 I.342, 346; II.366—367。

第十二章 婚姻和妇女地位

这里也不排除从威胁发展到行动。[1]皮埃尔·莫里在拉罗克多尔姆时曾住他妹妹纪耶迈特家。那天晚上，他听到了拳打脚踢的声音：他的妹夫正在打纪耶迈特。好心的牧羊人尊重做丈夫的尊严。他丝毫也没有上前劝解。但是几天以后，他帮助妹妹逃出了丈夫家，为的是不让她再遭受虐待。

城市的读者如果以为，粗暴的、抬手便打的丈夫尽是些缺少文雅的农民，那他们便错了。因为，贵族或市民的妻子并不比普通农民的妻子运气更好些：贝阿特里斯·德·普拉尼索尔担心，如果她第一个丈夫知道她与管家通奸的事便会杀死她。（此外，她还惧怕自己的兄弟们。当她和巴尔泰雷米·阿米拉克之间发生艳情后，他们便虐待她。）至于市民阶层，我只想以伟大的皮埃尔·奥蒂埃本人的女儿和女婿为例。

"阿尔诺，"皮埃尔·奥蒂埃和女婿阿尔诺·泰塞尔在阿克斯累太姆广场散步时说，"你和我的女儿纪耶迈特夫妻不和，你对她既粗暴又残忍。你这样做是违反圣经的。圣经教导人们要温和、善良、体贴。"

"这都要怪你女儿，"确实有打老婆恶习的阿尔诺回答说。[2]"她很恶毒并多嘴多舌，连你也要注意哩！"女婿不客气地对信奉纯洁

---

[1] II. 148。还可参见 III. 280（芒加德的丈夫是阿克西亚的雷蒙·德·孔斯纳。她由于参加异端活动而受到丈夫的毒打）。

[2] II. 213; II. 197。从我们掌握的资料看，丈夫打妻子的事要多于父母打孩子。例如泰塞尔医生在打他的非婚生子（II. 197）时也打他的妻子。还可参见 III. 285：有一个父亲打他的女儿，所以她再也不愿回到父亲家了。在上阿列日地区，父母与子女间的关系属于自然关系，因此要比属于社会选择（至少在最开始时）的夫妻关系更好些。

第二部分 蒙塔尤考古：从举止到神话

派的岳父说，"你总喋喋不休地宣扬异端，小心被这个爱饶舌的出卖了。"

当然，人们一般只局限于痛骂或拳打脚踢。丈夫要杀死妻子的威胁（从来没有妻子威胁要杀死丈夫的，因为这是在地中海地区）并非真被实施。但是，丈夫与妻子间的关系一般来说十分恶劣。当这种关系的确很糟时（并非所有夫妇都是这样，但和睦的家庭很少被人谈到），最好的结果是夫妻间保持着死一般的沉默，最坏的结果则是爆发可怕的怒骂。纪尧姆·达斯库是阿斯库村忠实的天主教徒。他怀疑自己的妻子弗洛朗斯与纯洁教派有非法往来，[1]于是他骂道："母猪！你和你的同谋、皮埃尔·阿米埃尔的老婆里克桑德都是麻风病人和异端分子。应该把你们们都烧死……我恨不得把你们这些老母猪的五脏六腑都掏出来。"

亲眼目睹这场家庭纠纷的雷蒙·西克尔接着讲道："暴跳如雷的纪尧姆·达斯库躺在床上，用被子蒙着头，嘴里威胁着他的妻子。他妻子听到后，便跑出家门，逃之夭夭了。"

像皮埃尔·奥蒂埃这样十分开明并熟读圣经的纯洁派的确宣扬过要人道地对待妻子。[2]这无论怎样令人感到安慰，我们也不应忘记：在夫妻关系方面，当时上阿列日地区的农民文化是严重鄙视女人的。至于皮埃尔·奥蒂埃本人，尽管他很喜爱自己的女儿，但他一般也把女人看作卑贱的东西（II. 409）。贝利巴斯特像摆弄甜菜一样任意支配其情妇，这也远不是尊重第二性的表现：他先是把她嫁给了皮埃尔·莫里，几天以后又让她"离婚"。这是因为

---

[1] II. 365。还可参见 II. 86：奥德·富雷的丈夫对妻子的咒骂。
[2] II. 213。

第十二章　婚姻和妇女地位

他对这桩婚姻不再感兴趣,或是由于他产生了嫉妒之心,一种抑郁情绪,或者是(第三种推测最不利于这位圣人的名誉)他认为自己的计谋已经得逞:让好心的牧羊人替他承担未来孩子父亲的名声。贝利巴斯特从不掩盖他的大男子主义和性别歧视。他认为,女人死后,她的灵魂不能进入天堂,除非这灵魂能在短期内再生为男性!这便造成了这一底层世界的可怕处境。有一天,圣人对皮埃尔·莫里和雷蒙德说:"如果一个男人管不住老婆,他就一文不值。"[1] 他还根据这一基本原则,窃取了"虐待"妻子的明确权利。皮埃尔·莫里并不想诽谤女人,他只是忠实地表达了蒙塔尤的哲学。他看到老板娘西比尔·皮埃尔给异端的婴儿哺乳,便对她说:"女人是魔鬼。"蒂尼亚克的阿尔诺·娄弗尔一边看着在场院吃食的母猪,一边咒骂当地一个女人:"女人的灵魂和母猪的灵魂一样,也就是说一钱不值。"更具体的表现是,在饮开胃酒的时候,女人们总被排除在饮酒者的圈子之外。[2]

对于这些魔鬼、妖怪、母猪、喝水者,人们有权打骂,而她们则整日默不作声。这种沉默是互相的:在蒙塔尤,沉默是关系不好或不太好的夫妻常见的特点。[3] 我们看到,蒙塔尤的纪耶迈特·克莱格、雷蒙德·马尔蒂、贝阿特里斯·德·普拉尼索尔、

---

[1] II.441—442。(根据贝利巴斯特的说法,女人死后可再生为男子!)帕米埃的伏多瓦派大多住在城市里,因此在这方面不像上阿列日地区的纯洁教派那样鄙视妇女。纯洁教派主要在农村活动,其理论也比较特殊。帕米埃的伏多瓦派雷蒙·德·拉科斯特不认为女人会再生为"男性",他说:"每个人都按照原有的性别再生。"(I.88)还可参见 III.191(贝利巴斯特的大男子主义)和 II.35。

[2] II.415(皮埃尔·莫里);II.131(娄弗尔);III.155(皮埃尔·莫里的姊妹在朋友们喝开胃酒时被赶了出去)。

[3] I.334—335;III.101 等。

第二部分 蒙塔尤考古：从举止到神话

雷蒙德·吉乌等女人在她们丈夫面前时常是沉默寡言的。夫妻间这种沉默寡言不只是思想上的分歧造成的。一些人种志学者把传统的婚姻世界比作一种没有交流的世界，这难道不是正确的吗？① 在这片佩戴黄十字标志的山区，妇女们都有自己的一块秘密心田，她们精心地维护着它。她们在丈夫控制的领域之外，相互诉说自己的衷肠。她们害怕自己的丈夫，即便在爱他们的时候也是如此。她们能够把对丈夫的爱与怕结合起来。②

*　　　*　　　*

我们从上述部分内容看到，蒙塔尤的女人是足智多谋的。她们虽然是战败者，但赢得了个别战役。

她们的第一大成果是维持了"母权制"的存在。这虽是少数现象，但享有不可争议的地位。当家中只能由一位妇女而不是男子继承（至少是暂时）男性家长时，母权制的条件便形成了。有的家在男性家长去世或隐退后，没有儿子做男性继承人，或者他没有能力或资格接班。一个家如果将来是由女儿继承家业，父亲一般便招女婿入赘，并把他认作自己的儿子。③ 这样，女婿便成为新家庭的一员了。但是，和妻子的姓氏和人格相比，入赘女婿的地位则十分微妙。关于这一点，蒂尼亚克的纪尧姆·德·莱尔的遭遇很能说明问题："他在罗尔达娶了妻子。由于他是上门女婿，入赘到了妻子家，所以人们从此称他为纪尧姆·德·科内扬。这个纪尧姆现在还在罗尔达，依然过着那种生活。"（II. 129）这里

---

① III. 221。还可参见文集：《人类的性别》。
② "我害怕并很爱我的丈夫。"（西比尔·皮埃尔：II. 424）
③ 参见皮埃尔·莫里所说的理论，本书第四章及 III. 121。

第十二章 婚姻和妇女地位

再次表现出家族权力的至高无上。对于家族来说，母权制只是暂时手段，而不是最终目的。当一个家族传到女儿手中时，她的丈夫会以女婿的名义进到家里。他没有强有力的地位，于是便落入母权制的罗网。这位人物从此被迫改换姓氏，他不再姓德·莱尔，而姓科内扬了：他使用了妻子（科内扬）的姓氏，这是她家的名称。在这种条件下，只要妻子是有个性的人，权力就会转移到她手中。阿克斯累太姆的西比尔·巴伊便是个掌权的女主人。西比尔继承了父辈的遗产，于是便在阿克斯成为家长。她的子女们也如实引用她的说法，把这个家称作"母亲的家"（II. 21）。作为一家之主的西比尔嫁给了塔拉斯孔的一个公证人，名叫阿尔诺·西克尔。在富瓦伯爵领地，大多数女子都是婚后从外边来到夫家，因此她们对丈夫有一种谦卑和服从的态度。而西比尔对丈夫则完全没有这种态度。这位公证人阿尔诺·西克尔坚决反对纯洁教派，这引起了严厉的西比尔的反感，从而也造成了他的不幸。阿尔诺结婚后一直住在西比尔在阿克斯的家。① 年纪还轻的西比尔干脆把他赶出了门外。他不得不在塔拉斯孔做公证人。西比尔傲慢地和他分手后，又理直气壮地把他们7岁的儿子（也叫阿尔诺）送到了塔拉斯孔。这位夫人让孩子的父亲负责他的教育，她自己则投身于纯洁派的活动。按照正常的逻辑，西比尔的儿子在自己名字上有时加父姓"西克尔"，有时加母亲的姓"巴伊"。所以，小阿尔诺·西克尔和他的兄弟蓬斯·西克尔也被人称作阿尔诺·巴伊和蓬斯·巴伊。在后一种情况下，他们完全置身于母权制之中。

---

① II. 28。还可参见另一个女强人西嘉德的情况。她也出身于阿克斯累太姆的显贵（I. 290）。

第二部分 蒙塔尤考古：从举止到神话

阿尔诺·巴伊-西克尔立志通过不可思议的密探活动来重新振兴母亲的家。这表明，他完全把自己看作母亲西比尔家的主要继承人。这样，这一家族便再次出现了权力分配。家族权一般（还是有特殊情况）是父系的权力，因为家长一般是男人。但是，当偶尔需由女子继承家业并取代男人的角色时便会出现女家长。谚语说："告诉我你家主事的是男人还是女人，我就会知道谁穿着内裤（大权在谁手）。"

这种"母权制化"虽不普遍，但它在原则上总是可能出现的。它主要反映了家族势力的重要性。男女之间作用的调整或颠倒都是根据家族势力的需要而进行的。在蒙塔尤，男性化并不是基础结构，而只是家族的附带现象。正因为如此，有的时候它也会让位于母权制。①

在蒙塔尤的居民中，纪耶迈特·莫里为我们提供了一个很好的例子（它与上述例子不大相同，因为它涉及一个寡妇的情况）。纪耶迈特和皮埃尔·莫里是近亲（贝特朗·皮基埃的妻子、皮埃尔的妹妹也叫纪耶迈特，不要把她们混淆起来）。她曾嫁给蒙塔尤村的贝尔纳·马尔蒂。②马尔蒂和其他人一样，在村里有自己的家。纪耶迈特至少生了两个儿子，但她在丈夫家依然被看作外人。她只享有部分家庭生活，在夫妻关系中，她代表很小的一半，贝尔纳·马尔蒂则是一家之主。

---

① 博纳西认为（II. 336），在中世纪前期的加泰罗尼亚，尤其在比利牛斯山附近，农民阶层极为注重父系的家族关系。而贵族和有特权的人们则更重视和母系家族的联系。在这里，蒙塔尤和上阿列日的制度有了说得过去的先例。从总体上看，我们研究的家庭主要是父系家庭，以母子关系为主的家庭只占极少数。
② III. 107; III. 491。请不要把他和朱纳克的贝尔纳·马尔蒂混同起来。

第十二章　婚姻和妇女地位

1308年的迫害开始后，人们纷纷逃亡。马尔蒂一家逃出了佩戴黄十字标志的村子，到加泰罗尼亚地区四处游荡。他们从一个村镇转移到另一个村镇。在迁移过程中，贝尔纳·马尔蒂去世了。[1] 纪耶迈特一直带着两个孩子。他们几乎长大成人了，身体也很强壮。于是，母亲和孩子便到比较"容易赚钱的"圣马多镇定居下来（III. 169）。这一家三口从此过上了富裕生活。他们购置了房产，并在自己家周围建了一个包括庭院、园子、麦地、葡萄园、牧场、一头驴、一头骡子和一群绵羊的农场。他们家有许多房间，女主人可以轻而易举地在家里招待十四五个人。他们还从加工羊毛和为人打工收麦子中获得额外收入。他们有时也雇用别人。总之，这个新家和贝尔纳·马尔蒂在世时的家有了天壤之别，原有的家几乎被他们忘记了。纪耶迈特已变成了"尊贵的纪耶迈特夫人"（II. 28）！她重新姓起了莫里，并废弃了马尔蒂的姓。她的儿子们也不再姓马尔蒂，而依照母系家族改名为让·莫里和阿尔诺·莫里了。正如在所有母权制中那样，孩子们的舅舅，即母亲的兄弟皮埃尔·莫里（好心的牧羊人的叔叔，并和他同名）在家里享有举足轻重的地位。但纪耶迈特仍然是一家之主。两个成年儿子的婚事都由她最后拍板。在家里做饭和待客用餐的那间房子里，她是唯一的主人。纪耶迈特通情达理，善于社交，她对乐于来此做客的皮埃尔·莫里所起的作用，与韦尔杜兰夫人对《追忆逝水年华》的作者普鲁斯特所起的作用别无二致。由于缺少男

---

[1] III. 168：贝尔纳·马尔蒂在冉考萨时还活着，他和妻子在一起。III. 169：第二年，在奥尔塔（托尔托兹地区）时，贝尔纳·马尔蒂去世了。纪耶迈特准备和两个儿子搬到圣马多去。

第二部分　蒙塔尤考古：从举止到神话

性家长和出于自身需要，这个新家便在移民过程中分泌出了母权制。①

在蒙塔尤、普拉德、梅朗斯、贝尔凯尔这些富瓦伯爵领地或索尔特地区的山村，还会有其他寡妇或女家长的例子。她们的家业或是从本家族继承的，或是自己开创的，或是从亡夫手中接过来的。家系中的偶然事件、家族的需要、由坚强个性构成的个人能力，所有这些都使这些夫人在男家长不在后掌握了家族权力。我们可以从她们的称呼辨别出这些女家长：她们的名字用字母 a 结尾，表示女性，在名字前还冠有"娜"，即夫人或女主人之意。在蒙塔尤，年迈的娜罗卡是纯洁派教会的创始人之一，她装神弄鬼，制定了杀鸡的规则（I.458）。她年迈后作用不减当年，成了堂区内威望卓著的家长顾问。娜卡尔米纳加也是蒙塔尤的一家之主（III.75）。在梅朗斯，娜费里奥拉拥有自己的房子和畜群。她是异教徒，还雇佣着一些牧民（II.461, 177; III.163）。在埃荣的普拉德，娜费尔里娅专门给人治疗眼病。②贝尔凯尔的铁匠贝尔纳·德·阿拉扎依又称德·娜阿拉扎依，他的母亲或祖母可能就是这类女家长。③和娜费尔里娅

---

① 还可参见贵族贝特朗·德·泰克斯斯母亲的情况：她是领地和家族的主人，而她的儿子到母亲死时还没有固定的领地（III.312—313）。
② I.337。还可参见 III.162：阿克斯累太姆的娜戴斯纳达，又称作娜卡普里拉；III.259：娜帕拉莱萨（吕兹纳克）；III.291：娜昂格莱西娅；III.280：家在拉巴的皮埃尔·阿米埃尔的遗孀娜奥诺尔；III.154：蒙塔尤的娜隆佳。她的女儿戈奇娅·克莱格也称作"娜隆佳的戈奇娅"。
③ I.448。还可参见 II.423（里姆的女家长）和 III.478（蒙塔尤的娜勃尔拉是雷蒙德·莫里的姐姐。娜科尔蒂拉，又名里克桑德·科尔蒂尔，阿斯库人，是一个能干的寡妇。III.305 中也提到了她）；III.142：娜卡瓦拉是贝尔纳·贝利巴斯特的姐姐。

第十二章　婚姻和妇女地位

一样，他也掌握着不少有趣的民间秘密。这些秘密涉及已故者的命运，它们是否由先辈传下来？在我们西方社会中，母权制能否最好地保存野性和传统的思维？总之，我们看到，随着年龄的增长，当女人逐渐不再成为性关系的对象时，她们便开始获得尊重和体面：更年期是权力的倍增器。

* * *

除了母权制外，妇女从事的工作（并非由她们垄断）也为女性提供了相对解放的可能性。此种可能性虽有限，但却是实在的。我们看到，在蒙塔尤，一个名叫法布利斯·里夫的女人（I. 325—326）干着酒店女老板的工作。由于村里人口有限，这一职业无利可图。阿拉扎依·阿泽马是卖奶酪的小贩。在奥尔姆的拉罗克和比利牛斯山外，蒙塔尤人途经和赶集处的客栈都是由女老板经营的。①

* * *

母权制和妇女的职业在某种程度上克服了男子的性歧视，但这些毕竟是少数现象。在多数情况下，女性在男性权力面前仍是弱者。然而，我们也不应过分夸大女性的软弱。处于男性控制权下的妇女远非束手无策，在当时的制度下，她们并不仅仅是受欺凌的对象。

当然，女人们在家中整日辛劳。但由于她们负责生火、取水、劈柴、打草、做饭和纺线，这也使她们在感情和家务方面拥有了一些权力。步入老年后，除了丈夫以外，她们还能从家庭其他成员那里得到回报。当然，性欲减退的丈夫时常不太文雅地称妻子

---

① I. 221; III. 153。还可参见上文第五章（娜嘉尔佳拉的小旅馆）。

第二部分 蒙塔尤考古：从举止到神话

为"老东西""老异端"或"老母猪"。① 当时的人都知道，在父权制为主的体制下，妻子在丈夫家（这不是她自己的家）只是个终身房客。但是，在孩子和侄子们面前，过去的家庭奴隶却可享有值得赞誉的地位。作为妻子，她们遭到压迫；作为母亲，她们受到神化。而这发生在地中海沿岸，真是见鬼了！总之，这是在南部拉丁文化地区：任何新教始终未能彻底根除对圣母马利亚的崇拜。

信仰纯洁教的农民虽然仅把圣母看作生育耶稣基督的肉胎，但他们在自己家中依然是母亲的孝子。对妇女来说，衰老意味着孩子已长大成人并具有生产能力，还意味着她从此有权享受儿孙们的尊敬。皮埃尔·克莱格虽然无所顾忌，但他很爱自己的母亲并始终怀念她：他认为她是个好心的女人，为异端教派做了不少好事。人们还看到，他不惜同时冒犯当地的纯洁派和帕米埃的主教，把芒加德安葬在当地圣母教堂的朝圣祭坛下。这座祭坛后来成为本堂神甫的幸运物。在奥尔诺拉克从事农耕和担任领地法官的纪尧姆·奥斯塔兹也对母亲十分尊重，他一直用"您"称呼她，并恭敬地听从她的教诲。他所持的半异端、半自然主义或唯物主义的观点便来源于他母亲。它们是在不断的散步和聊天中由母亲传给儿子的。②

我们当然不应堕入无谓的琐事和虚构的图画。上阿列日地区也有不孝之子。他们殴打和残害生养自己的母亲。例如，斯特法

---

① 见上文。在这方面，老贵族和老农民同样缺乏良好教育（III. 328）。但是，被丈夫骂为"老东西"的贵族妇女（III. 328）会毫不犹豫地给予反驳。
② I. 200—205，尤其是 I. 203。还可参见下文，第二十一章（让·莫里母亲的作用等）。

妮·德·夏多凡尔登的儿子便是个虐待年迈老母的小暴君。但有许多资料证明，从 1300 到 1320 年间，蒙塔尤经历了一场有地中海文明特点的过渡：遭年长丈夫压迫的年轻女子逐步变成颇受子孙崇敬的成年或老年妇女。女儿们也会给母亲许多晚辈之爱：贝阿特里斯·德·普拉尼索尔告诉女儿阿娃、菲利帕、埃斯克拉蒙德和孔多尔，自己有可能被捕。于是她们都为她痛哭起来。她对子女的一贯爱抚得到了回报（I. 246）。

在农民中，女儿对母亲持尊重态度，这是由于她们长大或出嫁后仍能得到她在物质方面的帮助。纪耶迈特·克莱格嫁给了一个粗暴的丈夫，她讲道："有一天，我想借梳麻用的梳子。于是我回到娘家。到了家门口时，我看到我兄弟正从家里往外起粪。我便问他：

'我母亲夫人在哪儿？'

'您找她有什么事？'他反问我。

'我想用梳子。'我说。

'我们的母亲没在家，'我兄弟说，'她去打水了，一时半会儿回不来。'

我不相信他的话，要进屋去看。于是他把一只胳膊横在门前不让我进去。"（I. 337）

这是一份值得注意的资料！屋门很窄，一只胳膊便可挡住进出；屋内充满粪味；做母亲的阿拉扎依·里夫和其他女人一样为家里的男人们打水。但是，这并不妨碍这位普通母亲有权被她的大女儿纪耶迈特·克莱格称为"夫人"（相当于"我的女主人"！）。这个家的成员相互不和，但他们之间的交往很有规矩。兄弟对姊妹称"您"，但这并不能改变他对她的粗暴态度。至于他们的舅舅

第二部分　蒙塔尤考古：从举止到神话

普拉德·塔弗涅，他从自己的私生女儿布律纳·普塞尔处得到的尊重比阿拉扎依·德·纪耶迈特所享有的还要多。正如我们所看到的，异端派教长普拉德·塔弗涅要求布律纳对他顶礼膜拜！确实如此。

另一个备受尊敬的是维萨纳·泰斯塔尼埃尔的母亲。年轻的维萨纳是贝尔纳·贝洛的情妇，在遭到阿尔诺·维塔尔强奸未遂的精神打击后，她实际上放弃了对纯洁教的信仰。但维萨纳极力解释说，她皈依严格的天主教教义是受到母亲的良好和重要影响。这位老妇人批评异端派教士的话在女儿思想中打上了深深的烙印（I.461）。

除了母亲对爱女的家常话以外，姨娘对外甥说的话也很有说服力：让·佩利西耶之所以信奉纯洁教派的思想，是因为他从小放羊时就受到姨娘莫拉的重要影响。她经常在装满燕麦的小窝棚里向年轻的让宣扬异端学说。他说，正是她的这些说教彻底推翻了此前他对罗马教会的信仰。

当然，也有些年迈或成年妇女受到青年女子甚至亲生女儿的强烈反对。让娜·贝费和她母亲埃麦尔桑德·马尔蒂之间常发生惊天动地的吵闹，甚至发展到相互厮打和拿刀动武。埃麦尔桑德是一贯信奉纯洁教的老妇人，让娜则是年轻的天主教徒，这两个悍妇间发生搏斗的背景是：在加泰罗尼亚避难的蒙塔尤移民面临着文化解体。在加泰罗尼亚，信仰罗马天主教的人几乎占百分之百。在蒙塔尤则相反，埃麦尔桑德在出走前很受女儿让娜的尊重。尽管这位老妇人不再是家里的先知，她在贝利巴斯特小团体的成员中仍享有崇高威望。由于她的丰富经验，贝利巴斯特本人也对她十分崇拜。这位圣人对让娜·贝费说，她母亲经历多，见识广，经验丰富。[①]"她曾见过 20 多个异端分子……她比我们更能了解和看得清什么是善。"在蒙塔尤，像纪耶迈特·"贝洛特"这样为异端传统操劳了一辈子的老太太，很受教友、信徒和村里男女老幼们的重视。

　　能超越男性歧视的不仅有年迈或中年妇女，面对丈夫可能或现实的暴力，年轻的农妇手里也有几张王牌。首先，她们中不止一个很能吵架，这是她们自卫或威慑侵犯者的武器。例如皮埃尔·莫里的妹妹，她两度逃离丈夫家，第二次逃走后再也没有回去。后来和她接触的异教徒说她尖刻、好斗、嘴不饶人，并随时准备打架（III. 155）。尽管她乐于为他们效劳并与之志同道合，但仍不免与他们发生冲突。在布安村（现在的阿列日省），每当异教徒们来到撒拉克鲁大师家时，他都要"号叫、大喊和怒骂"（II. 425）。这种高声喊叫也许符合地中海人，尤其是阿列日人的外向性格。家长的妻子和女儿（名叫布朗什）对他这种做法已习以为常。作为忠诚的纯洁派信徒，这两个女人不顾男主人的喊叫，照常在家里接待异端派教长们。在富瓦伯爵领地当时的文化中，妇女往往被看作爱吵架的人。在皮埃尔·莫里和贝利巴斯特等人当中，"女人的吵架"已经成为一个成语（III. 191）。它在这里并非指女人之间的争斗，而是用来形容男人间的争斗。然而，妇女之间的争吵也是完全正常的事。蒙塔尤的酒馆老板娘法布利斯·里夫便在供词中交代说："那时，我和阿拉扎依·里夫

[①] II. 64, 75。关于上述和下面的例子，博纳西在其著作第 2 章第 332 页中指出，在中世纪的加泰罗尼亚，妇女们的成熟期是她们生活中十分重要的时期。在贝藏松主编的《心理分析史》中，约翰·德莫在谈到妇女巫术的时候强调成年与少年时期的明显差异。

第二部分　蒙塔尤考古：从举止到神话

之间经常发生争执。只是当我们相互了解了对方信仰异端的小秘密后，我们才停止了争吵。为避免宗教裁判所借此使我们互相要挟和报复，我们不再争执了。"[1] 这一切都似乎表明：阿列日的文化主张妇女服从，以便满足从家族制产生的父权主义的要求。然而，许多妇女却不愿屈从于这种制度。人们可以为妇女们的争吵表示叹息并压缩它们的重要性，但他们不能不接受这种常见的现实。

＊　　　　＊　　　　＊

在夫妻关系中，妻子对丈夫的顺从既不是完全彻底的，也不是无可指摘和毫无报偿的。在富瓦伯爵领地，有的丈夫甚至对自己的母亲和妻子百依百顺。[2] 需要补充的是，妇女的服从这一现象远不能完全用妻子听任丈夫的威胁来解释。单靠丈夫的强制，并不能保证蒙塔尤夫妻关系的正常运转和规范化。即使国家暴力也远不是保障当时社会平稳运行的唯一因素。这里具体涉及地中海西岸传统文明下的社会关系和家庭关系。皮埃尔·布尔迪厄等社会学家在对卡比尔人进行研究后强调，荣誉准则可以调节人类组合间的关系，因此它的作用十分重要。研究安达卢西亚的皮特－里弗斯指出，"贞节"具有根本性的作用，它把羞愧、廉耻、名誉感和女性的名誉结合在一起：这一组感情保护着妇女的贞操，她们的丈夫对此像对眼睛一样珍视。皮特一里弗斯指出："贞节的数量有限，一旦丧失便不能复得。女性身上的贞节只能逐渐减

---

[1] I. 325; III. 143（关于异端"信徒"之间的争吵）; III. 268（女人之间的争吵）。
[2] 帕米埃的贝特朗·德·泰克斯便是这样，他同时被自己的母亲和妻子管束着（III. 312, 313, 328）。

第十二章 婚姻和妇女地位

少,绝对不会增加。这是一种客观化的而不是主观化的价值,它由上辈人传给下辈人,并且和女性联系在一起。"① 在蒙塔尤,属于小贵族阶层的妇女具有的伊比利亚贵族贞节观很强,它与棍棒和丈夫恐吓一样,对保持忠贞起到促进作用。例如,贝阿特里斯·德·普拉尼索尔害怕丈夫怀疑自己干了有失体面的事,所以她试图避免人们对她和管家的艳情产生半点怀疑(I.222)。这种"外来"的荣誉感主要是根据丈夫、家族或村里人的评判,而不是按照本人的主观判断形成的。人们的"议论"如同一个集体论坛,它专门收集和扩散有关妇女行为的闲言碎语。贝阿特里斯对此很担心,她对管家说:"如果我和你一起去伦巴第,人们会说我们离家出走是为了满足淫荡的需要。"守寡后的贝阿特里斯在另一个场合还承认:她担心自己若同时爱上两个男人,便会遭到这两个情人的蔑视。奥克西坦尼的文化早已形成了这样的定论:同时有两个情人的女人只能是娼妓,"一个欲火中烧、迫不及待的娼妓"。② 人言可畏,这是伦理外化的又一种表现。一直守寡的原城堡主夫人如果非婚受孕,她及她的情夫便只得承认,这是她的家族,尤其是她父亲菲利普·德·普拉尼索尔的"耻辱"。一个女人的不良行为会给全家造成影响。这里不仅涉及父亲对女儿的监督,兄弟也充当着姊妹名声的捍卫者,因为她们仅靠自己的毅力绝对修炼不成贞节烈女。当贝阿特里斯·德·普拉尼索尔开始与巴尔泰雷米·阿米拉克来往时,她兄弟们便告诫她要遵守妇

---

① 参见皮特-里弗斯:《山民》;布尔迪厄:《一种实践理论的提纲》和《阿尔及利亚的社会学》当中关于卡比尔人的荣誉的论述。
② I.221; I.238;内利在第117页中提到的马卡布鲁的著作,第44章和第34章,第31页。

道，这使她不得不离开临时居住的村庄。在蒙塔尤，兄弟对姊妹的这种惩戒态度在社会下层同样存在。皮埃尔·莫里把保障自己妹妹纪耶迈特荣誉的神圣责任交给了纪尧姆和贝尔纳·贝利巴斯特：

"晚饭后，贝尔纳和纪尧姆对皮埃尔说：'我们会像对自己姊妹那样对你妹妹负责：她会得到我们的爱护和承诺。'

皮埃尔的妹妹也许诺说：'我一定按照该做的去做。'"（III.155）

在女人的名誉方面，普通农民可损失的东西不如贵族多。但是，非法艳情引起的某种耻辱感还是明显存在。蒙塔尤的农妇阿拉扎依·吉拉贝尔说："我曾和阿尔诺·维达尔有过不体面的关系。"（I.410—413）我们在下文有关伦理的段落中还将详细谈到"不体面"，尤其是"耻辱"的概念，因为这是上阿列日地区农民道德的核心。

* * *

在夫妻关系中有关婚姻和妇女的各种评论最终应归结为一个问题：他们最终的关系怎么样呢？

在大多数情况下，由于其中一个死去，夫妻关系自然都陷于解体（这并不是百分之百的情况）。往往是男子先去世。在传统社会里，寡妇几乎总比鳏夫的数量多。这或是由于男子的超高死亡率使之难于"再生"，或是由于他们比较容易再婚。在埃荣地区，无论是普拉德还是蒙塔尤，寡妇数量占上风的现象尤其突出。夫妻之间在年龄上的差异也是原因之一。由于妻子较年轻，所以她们有可能比丈夫活得更久，而丈夫一般都先妻子而去。在普拉德和蒙塔尤，雅克·富尼埃审问了19名已婚妇女。她们中7个人的丈夫还健在，其他 12 个人则都是寡妇。[1] 所以，在蒙塔尤和普拉德有数量不少的寡妇。她们的处境并不一定很悲惨，因为她们不少人与未婚的成年儿子们或某个儿子及儿媳住在一起。"莫尔妈妈"和"贝洛妈妈"，即纪耶迈特·莫尔和纪耶迈特·"贝洛特"便是如此（III. 161—162）。有的寡妇还在信奉纯洁教的农民男女中享有精神和家庭方面的实际权威，例如关系密切的蒙塔尤"三女神"：娜罗卡、纪耶迈特·克莱格和纪耶迈特·"贝洛特"。自从她们的丈夫死后，不少村民就把她们当作信仰方面的导师。她们组成的小团体成了村里妇女社交活动的主体。在加泰罗尼亚的避难地，具有思想影响的埃麦尔桑德·马尔蒂和纪耶迈特·莫里也是寡妇。

寡妇还再婚吗？她们中有一些人再次结婚了。出身贵族的贝阿特里斯·德·普拉尼索尔和前夫过早遇害身亡的雷蒙德·利齐耶很快便改嫁了：一个嫁给了乡村小贵族，另一个嫁给了贫苦农民。对其他人来说，改嫁要困难得多。于是，对于蒙塔尤失去正式丈夫的妇女来说，姘居便成了不太理想的解决办法，这虽"不体面"，但有吸引力。然而，这前提是能够找到情夫，而这又谈何容易。

总之，第二种解决办法造成了一些问题。我们知道，在许多

---

[1] 受到审讯的 12 个寡妇是：布律纳·普塞尔、贝阿特里斯·德·普拉尼索尔（两度守寡）、雷蒙德·贝洛（两度守寡）、年轻寡妇格拉齐耶·利齐耶、阿拉扎依·阿泽马、雷蒙德·阿尔森、阿拉扎依·富雷、阿尔芒德·吉拉贝尔、纪耶迈特·贝内、芒加德·布斯卡依、芒加德·萨维尼昂和雷蒙德·吉乌。7 个已婚妇女是：法布利斯·里夫、阿拉扎依·富雷、纪耶迈特·克莱格、雷蒙德·泰斯塔尼埃尔、纪耶迈特·阿尔热利耶、雷蒙德·马尔蒂和戈奇娅·克莱格。这个名单并没有把蒙塔尤所有的寡妇都包括在内。因为她们只是雅克·富尼埃的审讯资料中涉及的妇女。

第二部分　蒙塔尤考古：从举止到神话

旧式社区中，寡妇再婚会遇到许多阻力，这需要打破一种禁忌。寡妇改嫁实际是从未婚姑娘可选择的对象中夺去未婚男子。在认可和宽恕这种掠夺行为之前，出现这样或那样的"议论"是情有可原的。然而，在蒙塔尤没有发现这类"议论"的痕迹。但是在这里，寡妇却是性禁忌的对象，胆大妄为者却时常要突破这种禁忌。芒加德·布斯卡依是个住在普拉德的寡妇。皮埃尔·克莱格想对她非礼，她对此愤怒地答道："我绝不答应，这是严重的罪过。你别忘了，我可是个寡妇！"（I.491）

让·迪韦尔努瓦在提到芒加德的观点时认为，这种"反对再婚的遗迹"表现了"基督教的原始特点"。[①] 实际上，难道不应将此看作反映乡村民俗的资料吗？它们在本质上（而不是在形式上）类似一种"不协调的声音"。

*　　　*　　　*

在我们研究的这个时代，夫妻关系中断一般是由于一方的死亡所造成的。但是，离婚或分居在理论上意味着以另一种形式取消了夫妻关系。在蒙塔尤，妇女们过于胆小，被严格的家庭制度控制得太紧，以至于不能把"当家的"和老公赶出门外。但是，一些男人却毫无顾忌地用逐出家门来威胁或实际对待他们的妻子。这是由于，继承法使他们成为家庭的主人。

被彻底赶出家门的例子是法布利斯·里夫。这个女人最初与自己的丈夫、农民蓬斯·里夫及他的父母贝尔纳·里夫和阿拉扎依·里夫生活在一起。这是个值得注意的情况（I.339—340）。贝尔纳·里夫是个无足轻重的人物，他对自己的儿子百依百顺，蓬

---

① 迪韦尔努瓦：《帕米埃的宗教裁判所》，第140页，注4。

斯成了名副其实的一家之主。家里的领导核心实际上由蓬斯·里夫和他的母亲,即威严和懂情理的阿拉扎依二人组成,而且他们是纯洁派!法布利斯和蓬斯结为夫妇后引起了家里的混乱:法布利斯竟然不是异教徒。她甚至向克莱格本堂神甫告发说,村里来了异端派教士。本堂神甫嘲笑她是倒霉鬼(I.324)。她的丈夫和婆婆很快便发现:有这个女人在,他们就不能自由地从事纯洁教的活动。蓬斯对法布利斯说:"是魔鬼把你差到我们家里来了。"

于是,他把她赶出了家门。法布利斯虽然被丈夫休弃,但丝毫没有惊慌失措的表现。她很快开始了独立妇女的生涯,做起了村里酒店的女老板。她尽力把女儿格拉齐德抚养成人。然而,这两个女人后来都落入了克莱格家族的控制之下。法布利斯成了贝尔纳·克莱格家的附庸,经常求他家帮忙;格拉齐德成了本堂神甫的小情人。

法布利斯·里夫之所以被夫家赶出来是由于她不是异教徒。相似的遭遇(表现相反)则差点儿落到她小姑子的头上:纪耶迈特·里夫是贝尔纳·里夫的女儿、蓬斯·里夫的妹妹。她嫁给了皮埃尔·克莱格(此人和本堂神甫同名同姓,并是他的亲戚)。正如皮埃尔·莫里所看到的,皮埃尔的家人分成了对立的两大派(III.162)。纪耶迈特是异教徒们的好友,她的丈夫则与他们势不两立。因此,她在家里一直小心翼翼地避免提到她和纯洁教派的往来。在这种情况下,纪耶迈特·克莱格的丈夫给她的出路不是死亡就是离婚。她讲道:"有一天,我丈夫威胁我说:'如果你和接待异端派教士的人家往来,我就杀死你,或者把你永远赶出我家!'"(I.346)

总之,法布利斯·里夫由于不是个好纯洁派信徒,所以被赶

第二部分　蒙塔尤考古：从举止到神话

出了丈夫的家门；她的小姑子纪耶迈特·克莱格则由于太接近纯洁派而差点儿被丈夫赶出家门！

总共有两起，确切地说是"一起半"离婚事件：由于山区的家庭结构十分牢固，在蒙塔尤很少有家庭破裂的现象。只有出现极为尖锐的思想冲突才会造成这种极端后果。在我们掌握的资料中，此类事件出现过两次，其中只有一次达到了真正的破裂。在这个堂区 50 多对年轻或年老的夫妇中，只有一起离婚事件和一起以离婚相威胁的事件，这数量的确不多。但是，还应当把皮埃尔·富雷的妻子雷蒙德·克莱芒的特殊情况考虑在内：她离开了丈夫的家，因为他是阳痿患者。为了过自己的日子，她回了娘家。①

我曾说过，在这个佩戴黄十字标志的村里，由于占统治地位的是大男子主义，所以，逐出家门或威胁逐出家门都是丈夫对妻子而言，而不是相反。在极特殊情况下，如果是妻子主动背弃了丈夫，她同时也要放弃夫妻共有的家。

相反，在蒙塔尤以外的阿列日地区，一些小村镇此时已开始出现了手工业或城市的自由，母权制则可能助长这种自由。比利牛斯山以外的加泰罗尼亚地区能使人们获得解放。在这些地方，有的阿列日妇女们主动离开了她们的丈夫。在这些情况下，导致夫妻决裂的大多是由于特定形势下出现的思想和宗教原因。但

---

① I. 418。雷蒙德·克莱芒后来离开了丈夫。以前便有人用不准确的民间用语说，她丈夫"不是真正的男人"（他也许是阳痿患者，或者是暂时性的）。这一情节与蒙塔尤的规矩并不矛盾。在蒙塔尤，我们发现的少数几起夫妻离异事件均是丈夫把妻子逐出家门。而且，在这件事中也是妻子，而不是丈夫离开了夫妻共同的家。

第十二章 婚姻和妇女地位

是，这些决裂揭示的解剖面已向现代方向发展了，它们已不同于我们在蒙塔尤山区看到的那样了。在蒙塔尤以外，夫妻分手实际是由女方首先提出，而不只是由男方提出了。人们看到，在阿克斯累太姆，信奉纯洁教派的西比尔·巴伊把她当公证人和信仰天主教的丈夫、老阿尔诺·西克尔赶走了。奥尔姆的拉罗克是集贸市场繁荣的村镇。在那里，纪耶迈特·莫里（好心的牧羊人的妹妹）两度逃离了由她丈夫——木匠贝特朗·皮基埃控制的家。她出逃的理由也是宗教性的，但和巴伊—西克尔的情况相反。纪耶迈特信奉纯洁教，她的丈夫是天主教徒。第三桩离异发生在加泰罗尼亚避难地，这是一桩事实上的离异，而不是出于某一方的决断：朱纳克的雷蒙德·马尔蒂是铁匠的女儿。她丈夫阿尔诺·皮基埃是塔拉斯孔人，以捕捞鳟鱼为生。她意识到，避难的现状使她和丈夫的命运永远分开了。因此她决定秘密追随贝利巴斯特，与他建立完美的爱情。这样，以往的婚姻统统被抛到脑后了！作为"名义上的寡妇"，她只能承认这一现实。①

这些资料或专题十分详细（这正是它们的特点），但没有提供任何统计数字。但我认为，它们能够从反面证明：作为断然提出的要求，夫妻离异在蒙塔尤具有男方占主动的特征。这种现象极为罕见，但越是这样越有意义，并越能说明问题。大量的一般现象不一定总能提供准确的统计。有时需要从特殊的非正常现象（如夫妻离异）中反映深刻的运作规则和潜在的表现。无论如何，即使在最大胆的情况下，作为基石的家庭也从未失去其权利。当丈夫是阳痿患者时，妻子便离开了他们共同的家。雷蒙德·莫里再

---

① 由于出走加泰罗尼亚而造成的另一起婚姻破裂，参见 II. 454。

第二部分 蒙塔尤考古：从举止到神话

也无法忍受丈夫家的压迫，于是她利用蒙塔尤的娘家来反抗自己在拉罗克的婆家。西比尔·巴伊如果不借助母权制家族作为后盾，她永远不能把丈夫赶走。在蒙塔尤，蓬斯·里夫之所以能把妻子法布利斯赶出家门，是因为他有整个家族的支持，并得到了家中父母的辅佐。让我们把在加泰罗尼亚出现的家庭解体现象作为特殊问题放在一边。在上阿列日地区，极为罕见的夫妻分居（这当然从未得到合法手续的离婚的认可）与独身主义仅略有相似之处。它主要以特有的方式反映出，家庭作为家族的固定形式，具有不可遏制的精神力量。因此，夫妻分居本身很快就显示出其十分狭隘的局限性。

第十三章

对儿童的情感和对人生的划分

在谈过蒙塔尤的婚姻之后,我们来谈一下当时婚姻的正常结果:孩子。

说起埃荣地区的儿童,我们应首先举一些数字。据测算,蒙塔尤农民家庭的规模在旧制度下处于正常范围内。它们大都是人口众多的家庭。芒加德和蓬斯·克莱格有4个儿子和至少2个有据可查的女儿。[1]纪耶迈特·贝洛有4个儿子和2个女儿。纪尧姆和纪耶迈特·贝内至少有2个儿子和3个女儿。雷蒙·巴伊有4个儿子(没提到过女儿)。皮埃尔和亚芒加德·莫尔有4个儿子和1个女儿。马尔蒂家有4个兄弟。阿拉扎依和雷蒙·莫里有6个儿子和至少2个女儿。

也有人口较少些的家庭。据人们所知,贝尔纳和戈奇娅·克莱格只有2个孩子,即1儿1女。纪耶迈特和雷蒙·莫尔以及贝尔纳和纪耶迈特·莫尔两对夫妇均有2个儿子,另外也许还有若

---

[1] 关于这2个女儿,参见 I. 225。

第二部分　蒙塔尤考古：从举止到神话

干不知名的女儿……在掌握和汇总了有关蒙塔尤家庭的确切信息后，我们总共发现了18个可供计算的家庭。我们可以认为，这18对夫妇有充分的时间繁殖后代。他们分别代表了一个"完整的"或"不完整的"家庭。但是，除了夫妻中由于一方死亡造成的部分中断外，这些家庭从年代和理论上可以被看作完整的家庭。1280—1324年这一时期的人口状况，在雅克·富尼埃宗教裁判记录簿中大体得到了反映。这18个完整和不完整的家庭至少生过42个男孩和20个女孩。女孩的数量明显被少算或漏记了。男孩的数量中当然没有把夭折的，即从出生到1岁前死亡的婴儿算在内。另外，其中也忽略了1—5岁间死亡的那部分数目不详的孩子。根据这不完全的统计，我们算出每对夫妇平均生下2.3个男孩。[1] 考

---

[1] 这些夫妇是：蓬斯·克莱格和芒加德（4个儿子，2个女儿：纪尧姆、贝尔纳、皮埃尔、雷蒙、埃斯克拉蒙德、纪耶迈特）；另一对夫妇中的家长名叫巴尔，我们对他不了解（根据I.418，他们有3个儿子，2个女儿：皮埃尔、雷蒙、纪尧姆、芒加德、纪耶迈特）；贝尔纳·里夫和阿拉扎依（1个儿子，2个女儿：蓬斯、雷蒙德、纪耶迈特。纪耶迈特后来嫁给了克莱格家的一个儿子）；蓬斯·阿泽马和阿拉扎依（1个儿子：雷蒙）；皮埃尔·阿泽马和纪耶迈特（1个儿子，1个女儿：雷蒙、埃斯克拉蒙德）；蒙塔尤的领地法官贝尔纳·克莱格和雷蒙德（无子女）；贝洛老头（名字不详）和纪耶迈特（4个儿子，2个女儿：雷蒙、纪尧姆、贝特朗、阿尔诺、雷蒙德。根据I.371，还有阿拉扎依）；纪尧姆·贝内和纪耶迈特（2个儿子，4个女儿：雷蒙、贝尔纳、阿拉扎依、蒙塔尼耶、加亚尔德、埃斯克拉蒙德，见I.400）；雷蒙·巴伊和某女（4个儿子：皮埃尔、雅克、雷蒙、阿尔诺）；维塔尔·巴伊和埃斯克拉蒙德（1个儿子：雅克）；皮埃尔·莫尔和芒加德（4个儿子，1个女儿：阿尔诺、纪尧姆、雷蒙、皮埃尔、纪耶迈特）；雷蒙·莫尔和纪耶迈特（2个儿子：皮埃尔、贝尔纳）；贝尔纳·莫尔和纪耶迈特（2个儿子：雷蒙、皮埃尔）；马尔蒂家4兄弟的父母名字不详，这4兄弟是：纪尧姆、阿尔诺、贝特朗、让；姓泰斯塔尼埃尔的某男和阿拉扎依（1个儿子，1个女儿：普拉德、维萨纳）；雷蒙·莫里和（转下页）

第十三章 对儿童的情感和对人生的划分

虑到各种难以估量的因素，把这些完整和不完整的家庭的婚生子女数确认为 4.5 个是比较恰当的。因此，14 世纪初的蒙塔尤人与多子女的现代博韦人的生育力相同（而且，非婚生子女的比例在蒙塔尤要超过博韦）。

对蒙塔尤人的生育力可提出如下几点分析：

第一，造成这种生育力的原因之一是女孩过早结婚。这种现象在那些信奉纯洁教和实行内婚制的农牧业大家族中尤其严重。它们相互联姻，并于 1300 年前后在蒙塔尤占据着主导地位，例如克莱格家、莫里家、马尔蒂家、巴伊家、贝内家、贝洛家等。这些大家族总共生育了几十个大儿大女，他们也准备相互成婚。也许是出于偶然，村里几个信奉天主教的家庭，如阿泽马家生育的孩子较少，并且不像异教徒那样有很多联姻。在蒙塔尤，忠于罗马天主教的少数人暂时处于下风，其原因之一也在于此。

第二，然而，这种生育力也受到各种局限：最富有的克莱格

（接上页）阿拉扎依（6 个儿子，2 个女儿：纪尧姆、皮埃尔、让、阿尔诺、雷蒙、贝尔纳、纪耶迈特、雷蒙德）；让·吉拉贝尔和阿拉芒德（1 个儿子，3 个女儿：纪尧姆、阿拉扎依、西比尔、纪耶迈特。参见 I. 403; II. 256; III. 482, 484）。我们排除了过于衰败的老家族，例如蓬斯和纪耶迈特·克莱格的家族。婴儿、少儿、成年和老年的死亡使这些家族一蹶不振。另外，我们也排除了太年轻的夫妇：在雅克·富尼埃宗教裁判记录簿记录的时期，他们刚进入生殖期不久，而且受到了宗教裁判所的严重干扰。最后，我们还排除了逃亡到加泰罗尼亚并过早守寡的妇女。需要补充说明的是：我们利用的资料并不是直接和专门针对人口研究的。

在汇集了上述数字和进行计算之后，我又了解到格拉曼夫人的研究结果（尚未发表）。经过推算，在当时的下朗格多克地区，每对夫妇平均拥有 4.5 个孩子（上个世纪是 6 至 7 个！）因此，这个数字和蒙塔尤的很接近。当时的人口结构是年轻而且具有活力。粮荒的影响似乎很小。

第二部分 蒙塔尤考古：从举止到神话

家族到了皮埃尔和贝尔纳这一代便开始对限制生育的方法（神奇草药或中断性交）产生了兴趣。总之，蓬斯·克莱格众多的儿子只留下几个非婚生子女，而没有正宗后代（村里当然还有克莱格家的其他成员可以传宗接代）。至于社会下层，如牧民，他们倾向于以贫困为由（这往往是真实的）而拒绝结婚。最后，从1308年大逮捕至1320—1325年的审讯期间结婚的属于最后一代人，他们一般都受到了严重干扰，被监禁的事越来越多。一些情绪低落的夫妇可能采取了禁欲以至避孕措施。而且，1310年代正值经济和生存的困难时期，蒙塔尤人的生育力似乎也因此有所减弱。

第三，1280—1305年间，村里的主流还是婴儿激增或婴儿过剩。从地理和文化角度看，这一现象与当时的大环境是一致的：在蒙塔尤以外，有2个或4个兄弟的大家庭十分普遍（I. 193；I. 203）。维持高出生率的思想也是很自然的。因为所有人都认为，只要年纪还不太老，失去一个孩子后便应当再生几个。按照纯洁教对灵魂转世说异想天开的解释，这些孩子会把死去的小兄弟姐妹们飞逝的灵魂还给他们的母亲（I. 203）。

奥尔诺拉克的领地法官纪尧姆·奥斯塔兹讲道："我的干亲阿拉扎依·米尼埃十分悲伤。她在很短时间里失去了所有4个儿子。看到她悲痛欲绝的样子，我向她询问事情的由来。[①]

'在这样短的时间里我失去了4个可爱的孩子，这怎能不让我伤心呢？'她对我说。

'干亲，别难过了，'我对她说，'你还会再见到他们的。'

[①] 参见雷蒙德·贝洛供词的开头，III. 63。还可参见莫利尼埃的著作：《13、14世纪法国南部的宗教裁判所》。其中提到了阿克斯累太姆的奥蒂埃的人口众多的家庭（有许多子女和多对夫妇）。

第十三章　对儿童的情感和对人生的划分

'是的，在天堂里！'

'不对，你肯定会在人世间见到他们。因为你还年轻，还会再怀孕。你死去的孩子将有一个再生成新的胚胎。接着便是下一个！'

我们看到，自发地认同当时文化的纪尧姆·奥斯塔兹向米尼埃夫人预言，她总共能生8胎子女（过去的4胎，加上今后的4胎），而且他认为这是很正常的。

更普遍地说，当时的农民，如奥尔诺拉克的纪尧姆·奥斯塔兹和蒙塔尤的让和皮埃尔·莫里，他们都明显感觉到了1300年代的人口压力：造成这种压力的原因之一是上面提到的较强的生育力。这3个人曾在不同场合提出："哪里能安放得下所有死者和生者的众多灵魂？如此下去，世上将挤满了灵魂！从图卢兹到梅朗斯山口（比利牛斯山）的所有地方也装不下它们。"（I. 191及以下各页）纪尧姆·奥斯塔兹接着说，幸亏上帝找到了解决灵魂泛滥的简易办法：每个灵魂可以使用多次。"它从一个刚死去的人体出来后便立即进入另一个躯体。如此循环往复。"因此，灵魂转世的幻觉以多种方式助长了山区的生育力。这种很强的生育力又以关键性的家庭制度作为基础。

许多蒙塔尤人虔诚地信奉纯洁派教义，但缺乏甚解。实际上，纯洁派教义在原则上是反对婚姻和繁殖的。经过教化并成为异端派教长（或贝利巴斯特那样的假教长）的农民们很清楚纯洁派的这一理论。贝利巴斯特希望"以童贞把我们生命的种子带到冥间"。[①]这位圣人说："我主张任何男人都不同女人交媾。我也不

[①] II. 58—59。4世纪拜占庭的一份资料也表达了类似思想。帕特拉让在1969年的《年鉴》中转载了这份资料，见第1357页。

第二部分 蒙塔尤考古：从举止到神话

赞成他们生儿育女。因为，如果这样坚持不生育，上帝创造的所有人都将很快汇集到天堂。这是我所喜欢的。"人们看到，皮埃尔·克莱格的思想与此不大相同。他在蒙塔尤对避孕方法（神奇的？）进行了尝试。但是，在这个佩戴黄十字标志的村子里，有多少人能达到这种讲究的程度？无论如何，绝育的义务只关系到异端派教士，与一般信徒无关。蒙塔尤的农民即使同情异端也照旧生许多孩子。因为，在牧业经济中，提供就业机会的土地，尤其是牧场能够满足在山村出生的所有人的需求。贝利巴斯特说，在加泰罗尼亚，"饲养绵羊所需的牧场和高山应有尽有"，这里向蒙塔尤多余的年轻人敞开了大门，他们可以来这里给人家当牧工和骡夫（II. 42）。在这种条件下，有什么理由不放开生育呢？孩子们很快便会长大。于是，子女众多的家庭就成了劳力众多的家庭和富裕的家庭。这便是蒙塔尤的大户人家，如贝洛、莫里、马尔蒂等家族多生儿子的原因，至少也是一种由果溯因的理由。唯独克莱格家的最后一代人，他们已富裕到相当的程度，不必再参加体力劳动。作为一个家族，他们对过多的家庭劳力已不感兴趣。出于实际的需要，这种特殊性使他们得以上升到非同寻常的避孕或反婚姻的思想高度。

* * *

蒙塔尤大部分人家生育的众多子女最初都是赔本的！首先要养育他们，最初便是要给他们喂奶。[①] 在蒙塔尤占大多数的农民很少把婴儿放到奶妈家。实际上，奶妈这类职业一般只是为有地

---

① 我们对蒙塔尤接生和产前的做法几乎一无所知。安产感谢礼似乎是在当地圣母圣殿举行一次仪式（I. 223）。贵族家庭很久以来便使用摇篮了（I. 221）。

第十三章 对儿童的情感和对人生的划分

位的贵族服务的。夏多凡尔登的一个加入异端的女领主把孩子托付给了奶妈。[①] 这位夫人与婴儿分别时毕竟感到了极大悲伤。为贵族婴儿服务的奶妈职业可完全合乎逻辑地安排进农妇们的生涯中：鲁丝·戈诺是个山民的女儿，她先在一个贵族家当女佣，后来在另一个贵族妇女家当奶妈。看来她在此期间是怀孕了。再后来，她成了一个领地法官的情妇并和他住在一起。她最后的经历是正式嫁给了一个农民做妻子。她的一辈子明显地划分为几个部分。[②]

然而据我们所知，在蒙塔尤使用奶妈的都是些被迫舍弃孩子而充当女佣的可怜姑娘：我们看到，雷蒙德·阿尔森在到贝洛家当女佣之前曾把自己年幼的孩子从一个农村奶妈家转到另一个农村奶妈那里。在贝洛家，她有时要照顾这家女儿的孩子。[③] 总之，蒙塔尤人对他人奶水的需求并不太多，奶水的供应有时还过剩。我们很熟悉布律纳·普塞尔，她是个有点呆傻的可怜的私生女。大约在 1302 年复活节前后的一天，她的女邻居阿拉扎依·里夫来拜访她（I.382）。布律纳讲述说："阿拉扎依让我把儿子雷蒙抱到她家去。雷蒙当时有 6 个月，正在吃奶。

'这是因为，'阿拉扎依补充说，'有个从拉泽斯来的妇女在我家，她正因奶水过多而受痛苦……'

'这绝不行，'我对阿拉扎依说，'这女人的奶水会对我儿子

[①] 这是迪韦尔努瓦提出的一种解释（《13、14 世纪法国南部的宗教裁判所》，第 53 页）。原始文件（I.221）只谈到了女佣（I.223）。
[②] III.278：她的一生都是在亲异端的环境中度过的。
[③] I.370。参见伏多瓦派雷蒙·德·拉科斯特的奶妈阿涅斯·弗朗库这个人物。雷蒙的母亲死后，是她把他喂养大，后来便一直和他生活在一起，直到去世（I.125）。这个家庭来自里昂和日内瓦地区。

第二部分　蒙塔尤考古：从举止到神话

有害。'

最后，在女邻居的再三坚持下，我还是让步了。我把儿子抱到她家。我在那儿的确见到一个来自拉泽斯的妇女。她正在炉边烤火。"

除了个别或极特殊的情况（如怀孕的女佣或胀奶的妇女）以外，以母乳育儿是蒙塔尤及周围村落的一般规则，富有的牧主家也不例外。① 哺乳期可以持续较长时间。今天还有人谈到，过去农民家的孩子在两岁之后还吃母奶。这些孩子搬来自己的小椅子或小凳子，以便站在上面能够着母亲的乳房。在1300—1310年，上阿列日地区牧民的家庭情况和罗拉盖地区牧民的家庭情况会有很大不同吗？西比尔·皮埃尔的丈夫是个富有的农庄主和牧主。她的儿子有"一两岁了"，还在吃母亲的奶（II.17）。在此没有必要强调，哺乳可以导致暂时不受孕，这样就延长了两次生育的间隔。这种近似避孕的推迟生育是由于顾及生理的变化过程……或者纯粹是由于在哺乳期对性生活的禁忌。

*　　　*　　　*

按照我们历史学家的看法，哺乳行为只是一种外在表现，真正重要的问题是对儿童的意识问题，正如菲利普·阿利耶斯以及后来的弗朗索瓦·勒布伦在他们的重要著作中所研究的。我们了解这些作家的观点，如果我们同意他们的论点，便会得出两个中心思想。

第一，我们对儿童以及幼儿的爱是一种比较新的感情，它是从中世纪末到现代期间，由宗教和世俗文化在上流社会，如王族、

---

① 例如雷蒙和西比尔·皮埃尔的家庭（II.415）。

第十三章 对儿童的情感和对人生的划分

贵族和资产阶级中培养起来的。这种爱孩子的情感慢慢才被民众及农民等下层社会所接受。在此之前，他们一直不把一个小孩或婴儿的死看作涉及感情的大事。[1]

第二，儿童及少年的特殊角色和独特形象只是在新的集体表象中逐步形成的。儿童到校上学、小男孩和小女孩有了各自不同的服饰，这些因素才促进了新的集体表象产生。而中世纪的民众在很长时间里认为，孩子就像奥东的微缩制品一样，只是个缩小了的成人。[2]

对于上述观点，我想先提出两点局部性的批评看法：

1）我认为，阿利耶斯的观念第二部分的基础似乎比第一部分更坚实。儿童和少年的角色在很大程度上取决于特定时期的文化：因此正如我们今天所了解的那样，应当在原则上相信，这些角色是最近才确定下来的。然而，母亲与婴儿或父亲与孩子之间编织的亲密感情世界是相当神秘的，它几乎从来不为人所描述。所以，我们只好先接受那些表现过去冰冷感情的零碎资料和部分形象，并留待以后核实。

2）我们再来谈谈"资料"本身。阿利耶斯依据的资料几乎全是过去作家的有关论述，以及这位历史学家和美术作品行家们在

---

[1] 参见阿利耶斯：《旧制度下的儿童和家庭生活》，第 28—31 页；勒布伦：《17 和 18 世纪安茹地区的人与死亡》，关于儿童和儿童死亡率的段落。

[2] 例如佛兰德画派作品中在圣母马利亚怀中吃奶的小大人，甚至小老头形象（见法兰克福博物馆凡·爱克的《鲁克的圣母马利亚》）。在和行吟诗人同时代的奥克西坦尼雕塑作品中，坐在母亲腿上的婴儿耶稣也像个缩小了的成人（可参见多姆山省圣日耳曼朗布隆地区圣日瓦西的罗曼奥弗涅风格的圣母）。但是，这种形象是否反映了人们对儿童的态度？或许这反映了中老年男子渴望"母爱"和关怀的心情？

第二部分　蒙塔尤考古：从举止到神话

儿童形象博物馆收集的精彩插图和版画。

这种方法尽管很吸引人，但难道这不会成为文学幻影吗？难道仅仅根据文学和绘画对儿童的意识就能推断出下层社会的实际情感性（而不是文字的）对儿童的意识吗？人们可以有充分的理由相信，对小孩的温柔爱抚很久前就存在于农业或手工业社会中。[①] 只是由于特殊的原因，文字和图像的大文化很晚才决定关注这种情感……

关于这一点，请允许我重提一次前面说过的事例：从德尼·德·卢日蒙以来，有教养或权威的人都认为，我们时常表现的爱的激情很晚才在奥克西坦尼产生，而且它的出现和最早推行艳情诗的努力有关。然而，正如人们所看到的，只需对上阿列日地区略加了解便会彻底动摇这种"文学"信念。蒙塔尤和萨巴泰的农民们从未读过行吟诗。从帕米埃或其他地方的资料中可以看到，行吟诗人的直接影响从来没超出帕米埃有教养的贵族圈子和四周山区的城堡（III. 328—329）。在那遥远的过去，尽管埃荣地区的男女村民对行吟诗人一无所知，但他们仍然懂得如何做个高雅的情人：他们把爱的激情和喜欢区别开来，用一个词表示具有浪漫色彩的爱的激情，用另一个词表示一般的喜爱之情。[②]

他们做出这种区分并不是因为在思想上受到了口头文学的间接影响。实际上，他们区别这两种爱情的能力是和细腻的乡间文

[①] 参见阿利耶斯：《旧制度下的儿童和家庭生活》，第140页；关于这个问题，德·拉萨尔也有一篇有意义的文章。

[②] 当然，录事们在这里使用了两个拉丁词，以便较好地把招供人用奥克语表达的意思翻译过来。我没能确定最初用的是哪两个奥克语名词。和法文相比，英文中 I love you 和 I like you very much 无疑更能反映资料中涉及的这两种意思。

第十三章 对儿童的情感和对人生的划分

化分不开的。如果存在某种影响的话,这种影响实际是反向的:行吟诗人可能什么也没有创造,他们只是用文字或说唱方式明确表达了奥克西坦尼民间文化对爱情的细腻区分。而这种区分在行吟诗问世前很久便存在了。[1]

让我们再回到儿童的主题上来。应当看到,蒙塔尤人和萨巴泰人在灵魂深处对儿童,哪怕是对最小的婴儿也怀有一种十分强烈、发自内心和溢于言表的亲切感。这种感情是当地文化的"基础",并与之共同生存。绝对没有任何理由认为这种感情是外部移植的,并说它起源于外部和后来的精英情感。一些历史学家坚持认为这是后来移植的感情,他们应当摆出充足的证据,这是不可推卸的责任。

* * *

让我们从最初即怀孕谈起。结婚之后,怀孕便作为正常、自然甚至是渴望的现象被人们接受下来。在婚姻关系之外,对非婚生子的感情虽然充满着矛盾,但也不乏可能的钟爱。皮埃尔·克莱格在第一次冲动时说:"我是个教士,不想要孩子。"他的情妇贝阿特里斯也随声附和道:"我若怀孕了可怎么办?这会让人耻笑的。"但是不久,他们对于爱情具体结果的态度逐渐变得积极起来。本堂神甫最终改变了看法,他对情妇说:"在我父亲死后,我们将生一个孩子。"(I. 225, 243, 244, 245)

---

[1] 关于这一点,参见德·卢日蒙的著作《爱情和西方》(1962—1972年出版,第61页)。我对此书进行过评论并十分赞赏。在这里,人们再次把一种感情的产生(主要指本章谈的对于子女的态度问题。根据人种学家的研究,高级猿类和灰毛鹅就已具有这种感情!)与把这种感情融入文学艺术小天地的问题混为一谈了。

第二部分　蒙塔尤考古：从举止到神话

在蒙塔尤，许多家庭的孩子都是从"纯洁派"的胚胎发育起来的。这些胎儿很快具备了灵魂，于是他们便有了不可忽视的价值，其中也包括感情价值。因为，在埃荣地区农民中流传的阿尔比教派圣经认为：这个世界上"到处都飞跑着旧灵魂"。这些灵魂如果出自邪恶死者的躯体，它们便会从专门的孔道"钻入雌性动物，如母狗、母兔子、母马的肚子里。在此之前，这些动物刚刚怀了胎，其胚胎还没有灵魂"。[①] 相反，如果徘徊的灵魂出自清白死者的肉体，它们便能够进入孕妇的腹中，以便将生命的活力赋予刚形成的胎儿。

所以，在信奉纯洁教的蒙塔尤，可以保证所有胎儿都是好的，因为他们很快都得到了清白的灵魂。因此，胎儿从母亲的腹中就应得到母爱。贝阿特里斯·德·普拉尼索尔对她的管家说："我怀孕了。如果我跟你逃到异教徒那里去，我肚子里的胎儿怎么办呢？"这位管家迫不及待地建议她采取一种措施。读者可能会提出：蒙塔尤这位夫人对胎儿的担心属于贵族妇女的行为，和粗俗的农妇们相比，她的心肠太软。此言差矣！这种看法只是一种"阶级偏见"。在奥尔诺拉克，普通农妇阿拉扎依·德·波尔德对自己腹中的胎儿同样表现出关切和爱护的感情。她说："您知道，有一天我们乘船渡过涨水的阿列日河。当时我们都害怕掉进河里淹死。我尤其感到担心，因为我那时正怀着孩子。"（I. 193）阿拉扎依的最后一句话表明，在那种情况下，她担心的并不是自己被淹死，而是怕腹中的胎儿和她一起遇难。另外，雅克·富尼埃宗教裁判

[①] II. 35。还可参见雷蒙·鲁塞尔的说法，I. 220。帕米埃的伏多瓦派也认为胚胎具有灵魂（I. 88）。

第十三章 对儿童的情感和对人生的划分

记录簿向我们讲过避孕的事,却从来没有谈到过人工流产,这难道是偶然的吗?[1]

在这种条件下,生孩子会造成许多担心和不安。然而在文化和感情方面,孩子的出世也会被视为莫大的喜悦。在对皮埃尔·莫里的说教中,纯洁派传教士雅克·奥蒂埃曾讲过一则神话,他引用魔鬼的话说:"你们将会生儿育女。当你们有了一个孩子的时候,你们享受到的乐趣会超过在天堂享受的所有宁静。"撒旦的这番高谈阔论是对天堂中注定要降至人世的人讲的(III.130)。但这番言论反映了村民们赞同生育和喜爱孩子的自发态度。正规的纯洁教对此进行批驳也无济于事。皮埃尔·莫里以及蒙塔尤和其他地方的人们都清楚,洗礼是节庆和欢乐的源泉,并能把教父教母们以牢固的友谊结为男女干亲。贝利巴斯特曾埋怨皮埃尔·莫里说:"你通过孩子的洗礼认了许多干亲。你在洗礼中花费财物,结交朋友……"(III.185)这位圣人可以发表批评;讨厌教士给自己洒圣水的新生儿可能会大哭,但这都不能阻止集体的欢乐围绕着洗礼而流淌(II.52)。

从婴儿出生的头几个月起,阿列日的母亲们便给他们以抚爱和娇养。菲利普·阿利耶斯过早把这种抚爱和娇养说成现代或中世纪末的新发明。[2] 让我们看看雷蒙·鲁塞尔对上阿列日一个地方的描述吧。身为农村管家的雷蒙细致地介绍了他在当地看到的做法。在 13 世纪上半期,这些做法已不被人看作新事物了:"阿利西

---

[1] 只有一处提到真正或想象的"自发"堕胎(I.519)。

[2] 阿利耶斯:《旧制度下的儿童和家庭生活》,第 135—141 页。阿利耶斯的说法是矛盾的,他有时把抚爱说成是 16 世纪的"新产物",有时又说成旧习惯在文化中的浮现。这第二种说法显然是对的。

第二部分　蒙塔尤考古：从举止到神话

娅和塞尔娜本是夏多凡尔登的领主夫人。这两位夫人中的一位有个在襁褓中的婴儿。她在离开前想再看他一眼（她要去投靠异教徒）。看到孩子，她亲吻了他，孩子笑了起来。她走出婴儿睡觉的房间，但没有几步便禁不住返回身来，孩子又朝她笑了。这一情景反复了好几次，以至于她难以下决心离开自己的孩子。没有办法，她对女佣人说：'把孩子抱到外面去吧！'"

她这样才得以离家远去……（I. 221）这位年轻的慈母踏上了黑夜中的行程。她最后被处以火刑。

在这种氛围里，孩子的死亡、疾病或骨肉分离都可能或经常在父母心中造成极大的痛苦和悲伤。[①] 当然，母亲的痛苦和悲伤尤为突出。尽管当代史学家的著作极力加以否认，但这毕竟是事实。奥尔诺拉克的领地法官皮埃尔·奥斯塔兹讲道："在我们村，有一个名叫巴托洛梅特·杜尔斯的女人（她的丈夫是维克德梭的阿尔诺·杜尔斯）住在自己家里。她有个小男孩儿，和她睡在一张床上。一天早上，她醒来后发现孩子死在自己身边。于是她当即痛哭哀号起来。

"'别哭了，'我劝她说，'上帝会将你儿子的灵魂转给你下一个孩子，无论是男孩还是女孩。或者（如果不能实现这种灵魂转生），他的灵魂将去别的地方享福了。'"（I. 202）

为缓解母亲的痛苦，奥尔诺拉克的领地法官根据灵魂转生说随便编了一些安慰的话。这些话他以前也讲过。为此，他被判了8年监禁，出狱后还必须佩戴双重黄十字标志。[②]

[①] I. 219：贝阿特里斯·德·普拉尼索尔不安地说："我怎能离开我年龄幼小的孩子们呢？"
[②] I. 203; I. 553（迪韦尔努瓦的说明）。

· 348 ·

第十三章 对儿童的情感和对人生的划分

农村的父母失去幼年或少年子女后深感悲伤,这在上阿列日地区是普遍可查的事实。这一事实让我们谨慎地对待那些学者(无论他们多么杰出)的话。他们告诉我们说,对儿童的感情意识是从现代的精英社会中发现的。他们还说,在古老制度的年代,人民阶层中的农民,甚至市民对儿童都是麻木不仁的。当然,在家庭制度的框架内,对孩子的爱抚归根结蒂同利益有关。说到底,生儿育女意味着将来可得到成年子女。他们的劳动能力可用于农业经营和照顾过早衰老的父母。经常谴责皮埃尔·莫里打光棍的贝利巴斯特便持有这种想法。这位圣人对好心的牧羊人说:"结婚吧!这样,你衰老的时候就会有妻子照顾,而且你还会有一些可爱的孩子。"(III.188)蒙塔尤的农民纪尧姆·贝内因失去爱子而悲痛欲绝。阿拉扎依·阿泽马在描述他的感情时对此问题说得更为确切。她讲道:"纪尧姆·贝内的儿子雷蒙·贝内死了。十四五天后,我来到纪尧姆·贝内家,看到他泪流满面:

'阿拉扎依,'他对我说,'我儿子雷蒙死后,我便失去了一切。没有任何人能替我干活了。'"(I.321)

于是,阿拉扎依便打算用"这就是生活……"之类的斯多噶主义式的话来安慰他。

"想开些吧,"她对纪尧姆·贝内说,"任何人对此都没有办法……"

很明显,对纪尧姆·贝内来说,男孩子代表着劳动力。这种劳动力随着死亡而消失了。但是,一个孩子所代表的要比这更多。纪尧姆爱的是雷蒙本身。使他感到有所安慰的是,自己的儿子临死前被纪尧姆·奥蒂埃做过了临终慰藉。这样,儿子就比被抛弃在泪水中的父亲更幸福了。纪尧姆说:"我希望儿子的处境比我现

第二部分　蒙塔尤考古：从举止到神话

在要好。"

　　蒙塔尤的纪耶迈特·贝内失去了一个女儿，她在情感受挫后的反应也是泪流满面。阿拉扎依·阿泽马来到她家表示安慰："想开些吧，想开些吧！你还有几个女儿呢。无论如何你也不能使死去的女儿复生了。"

　　非常喜爱自己孩子的纪耶迈特回答说："感谢上帝，在她临死前的晚上，纪尧姆·奥蒂埃在暴风雪中赶来为她做了临终慰藉。看到这些，我得到了很大安慰。不然，女儿的死会使我更加痛不欲生。"

　　她的肉体虽然死了，但灵魂得到了拯救。对于真正爱她的人来说，这已经相当令人满足了。

　　真实的感情也被仪式化、社会化和与人分享了。在纪尧姆和纪耶迈特·贝内的家中，父亲哭死去的儿子，母亲哭死去的女儿。同样，邻居和亲朋们也根据不同情况（死去的是儿子还是女儿）来向其父亲或母亲致哀。

　　父母二人对子女表示出不同的爱，这在皮埃尔家的历史上也有表现。对我们来说，这件事额外的益处是涉及一个不满一岁的女孩儿：无论怎样说，她都是个爱抚的对象。雷蒙·皮埃尔在阿尔克村以养羊为生，这里是蒙塔尤人转场放牧的终点。他的妻子西比尔为他生了个女儿，取名雅高特（III. 414—415）。不到一岁的雅高特生了重病。由于西比尔和雷蒙十分喜爱他们的婴儿，所以他们决定违反异端派的规矩，为女儿做临终慰藉。皮埃尔·奥蒂埃后来无可奈何地说，原则上绝不应给这样小的生命做慰藉，雅高特还不到一岁，"她还没有善的知性"。但是，异端派教长普拉德·塔弗涅要比奥蒂埃兄弟宽容些，他主持了孩子的慰藉。他

第十三章 对儿童的情感和对人生的划分

认为，即便为如此小的生命搞一次这种仪式也没有什么损失。[1] 因为，建议由人类提，安排由上帝定（确切地说，塔弗涅自己的话是：人做他能做的，上帝做它想做的）。所以，普拉德·塔弗涅负责主持了对孩子的慰藉。"他对她多次倾斜和举起圣体"，还把一件珍稀奇物——一本书放在她头上。在村民中，书是极其罕见的东西。仪式完成后，雷蒙·皮埃尔感到了莫大满足。他兴奋地对妻子说："雅高特死后将成为上帝的天使。你和我能给女儿的所有东西抵不上异教徒为她做的慰藉。"

雷蒙·皮埃尔感到非常幸福，他对小女儿满怀真诚的爱，这爱是崇高和无私的。接着，他离开了家，陪着普拉德·塔弗涅到其他地方去。在离家之前，异端派教长反复嘱咐西比尔说：不要给婴儿奶和肉吃，如果雅高特活着，只能给她吃些鱼和素食（II. 414）。在当时的营养条件下，这样对待一个一岁的孩子是不可思议的事。这实际上意味着，在异端派教长和雷蒙走后，雅高特只能在禁食中慢慢死去。

然而这其中还有一个关键因素！西比尔对女儿的爱主要是骨肉之情，而不像雷蒙的爱那样注重精神或崇高。这种母爱干扰了纯洁派机器的运行。西比尔讲道："我丈夫和普拉德·塔弗涅离开家后，我再也坚持不下去了。我不能眼睁睁地看着自己的女儿死去。于是我便喂她奶吃。我丈夫回家后，得知我给女儿喂过奶，他感到特别懊悔、苦恼和窘迫。皮埃尔·莫里（当时正在给雷蒙·皮

---

[1] III. 144。（实际上，异端派教长普拉德·塔弗涅出身村民，他完全不是市民，这是他和奥蒂埃的区别。在天主教强有力的行为影响下，他居然像罗马教会的教士做洗礼那样，为一个婴儿做异端派的临终慰藉。这是多么可怕呀！）

埃尔当牧工)想安慰一下东家,他对我丈夫说:'这不是你的错。'

接着,皮埃尔对着我的孩子说:'你的母亲真恶毒。'

然后他又对我说:'你是个恶毒的母亲。女人都是魔鬼。'

我的丈夫大声痛哭,他还咒骂并威胁我。自从发生这件事后,他不再喜爱小女儿了。在很长时间里他也不爱我了,直到很久以后,他承认是自己错了才改变了这种态度。"(雷蒙·皮埃尔在自我批评的同时恢复了对妻子的爱情。我们知道,这些事都发生在阿尔克居民决定集体背弃纯洁教以后。)西比尔最后说:"我女儿雅高特在此之后又活了一年,后来她还是死了。"(II. 415)

农妇西比尔表现的母爱具有纯粹和普遍的真实性。雷蒙·皮埃尔对不足一岁的婴儿的父爱也是不可否认的。在此之前,他一直很喜爱雅高特,也很喜爱西比尔。某些人信口说:旧制度下的农民对子女没有感情。但雷蒙·皮埃尔绝对没有这样的铁石心肠。[①]皮埃尔对女儿无可争议的爱只是在关键的危机中一时受到宗教狂热的破坏和扰乱罢了。

这份资料似乎也肯定了家庭感情的二形性。最温柔的情感把母亲和女儿、父亲和儿子联系起来。人们可能会认为,爱抚或喜爱方面的偏见会造成对男孩的偏爱,因为表示后代的名词 filii 原则上仅指儿子而不是女儿。但是,阿列日人在使用这个词的时候(译成拉丁文)则是指所有儿女。他们只是认为,在子女中男孩比女

---

① I. 499 讲述了一个有关芒加德·布斯卡依的类似故事。对于儿童的爱抚来自人的天性。然而,像纯洁教这类从外部传入上阿列日地区,并在当地农民思想中占主导地位的思潮实际上是敌视儿童的(参见 I. 282)。身为母亲和纯洁派教徒的西比尔·皮埃尔在内心经历了激烈的矛盾斗争,她最后还是把母亲身份放在了首位。

第十三章　对儿童的情感和对人生的划分

孩更具代表性而已。①

我们不再谈论词义的差别了。在父母对子女的感情方面，菲利普·阿利耶斯在其他时期或根据其他资料发现了所谓的"裂痕"。我的目的是要说明，在当时的蒙塔尤人、上阿列日人和我们之间并没有这种裂痕。即便是精神状态近乎痴呆的穷女子也表现得像个好妈妈：布律纳·普塞尔的女邻居让她把自己6个月的婴儿临时送到一个奶水过剩的奶妈处吃奶。她去那里观察了两次才屈从了对方的怪念头（I.382）。至于雷蒙德·阿尔森，她在换工作之前先把自己的私生女从一个奶妈处转到另一个奶妈处，为的是离女儿近些或照顾起来方便。姊妹（或表姊妹）为照顾兄弟即将夭折的新生儿，她们可以放弃手里的活计。因为，在孩子母亲不在的情况下（可能去世了），这位兄弟非常希望有个女人（为什么不能是自己的姊妹呢？）来看护垂危的孩子。奥尔诺拉克的纪耶迈特·贝内讲道："雷蒙·贝内有个刚出生不久的婴儿要死了。当我正要去捆扎柴薪时他来找我，让我抱抱这快死的孩子。于是，我从早到晚一直把这孩子抱在怀里，直到他死去。"（I.264）

总之，雅克·富尼埃宗教裁判记录簿曾多次提到父母与他们年幼子女的关系。然而，这份资料从来没有提到过菲利普·阿利耶斯和弗朗索瓦·勒布伦描绘的那种"不近人情的"父母。② 也许是这些优秀史学家运用的资料有问题：实际上，那些文学名著或极乏味的理性书籍与人民的感情不是不搭界就是太超脱。我们

---

① 参见 I.292, 219; I.194：小男孩。
② 和我们一样，马蒂诺夫人在她的著作（第28—29页）中也对阿利耶斯在这一问题上的看法有所保留。还可参见博内未发表的论文《让·热尔松》。

第二部分 蒙塔尤考古：从举止到神话

还不应忘记，由于所用资料的原因，阿利耶斯主要论述的是城市、宫廷和资产阶级中精英的行为表现。这些精英一般把自己的子女托付给奶妈。他们当然也不会像农民家庭那样，由于经济需要而渴望得到年轻的劳力，并且对子女倍加爱抚。这样，在阿利耶斯笔下，那些精英们的心肠为何有时或相对冷酷便不难令人理解了。从传统时代中期（17—18世纪）起，这些精英对儿童的感情才重新变得温柔起来。至于那些农民，尤其是蒙塔尤的农民，他们对子女的感情和我们相比有独特的表现。但这种感情并非不强烈、不明显和缺少爱抚。[1]当然，在家庭中分享这种感情的子女数量比我们的要多。但和我们相比，他们对子女的感情还不得不承受更高的儿童死亡率。当然，那时也有些父母对婴儿表现得无动于衷，[2]但这远不像最近有人宣称的那样突出。[3]

*　　　　*　　　　*

---

[1] 关于这一点我已谈得不少，为的是反驳乌尔泽夫人阐述的观点。她在一部未出版的杰出著作中依据许多历史学家的现行理论写道：对蒙塔尤人来说，"儿童是无足轻重的"。（第91页）的确，这位女历史学家正确指出，上阿列日的成年人怀疑孩子们会向宗教裁判所出卖他们，但仅此而已。我认为，这种怀疑绝不会导致在感情上鄙视儿童。
[2] 在蒙塔尤，从来没有人谈到婴儿的死亡。然而，婴儿死亡的数量一定很多。
[3] 由于缺乏大量多样的趋同性资料，我暂且将祖父母的孙子辈的态度放在一边。但是有一些迹象表明，贝阿特利斯·德·普拉尼索尔是一位对其孙子的健康十分关心和在意的祖母（I. 249）。一位死去的祖母成了幽灵，还回来到其孙子的床上搂他们（I. 135）。记录籍对"如何当祖父"只字未提，原因在于男人晚婚。（男人做祖父的机会小于女人做祖母的机会。）在1300—1320年的上阿列日地区，"做祖父的艺术"肯定远不如维克多·雨果时代和法国后来那样发达！但是，这种艺术原本存在，而且可以向关心后代的方向发展。请参见 III. 305，雷蒙·奥蒂埃（与异端派教长同姓）对孙女纪耶迈特·科尔蒂尔的一次婚姻机会所持的积极态度。

第十三章　对儿童的情感和对人生的划分

当"童年"被作为一个整体时就被抽象化了。因为它是由若干阶段构成的,这些阶段又都是"生命年龄"总系列的组成部分。在蒙塔尤及其周围的村庄,童年的第一个阶段是从出生起到断奶(一到两岁之间,或接近两岁时?[①])。我们不知道,在这个佩戴黄十字标志的村里,人们是否把婴儿包在襁褓里。[②]但根据显而易见的道理,我们知道,由于没有婴儿车和奶瓶,婴儿对于母亲、奶妈或女佣的依赖关系要比现在密切得多。没有奶瓶当然就要靠乳房。没有婴儿车就只能求助于母亲的双臂了。它们比现在的手臂更加温柔,也更加不可推卸。纪耶迈特·克莱格说:"在过节的一天里,我抱着小女儿站在蒙塔尤的空场上。此时,我的叔叔、普拉德的贝尔纳·塔弗涅来了,他问我是否见到了他兄弟。"[③]的确,逢年过节时人们都愿意抱着孩子看热闹。女佣雷蒙德·阿尔森讲道:"在为庆祝雷蒙·贝洛结婚而组织的家庭聚会上,我站在炉子后面,怀里抱着雷蒙妹妹的女儿。"(I.371)孩子的这种依赖性在断奶后还会以其他方式继续下去。为防止不满一岁的孩子在睡觉时闷死,父母都与他们分床睡觉,除非有愚蠢甚至犯罪的动机。[④]然而,一岁多到两岁的孩子却有机会整夜与父母或母亲钻一个被窝。富裕牧主的妻子西比尔·皮埃尔讲道:"到大家上床睡觉的时候了,我和5岁的女儿贝尔纳戴特睡在一张床上。"(II.405)我们

[①] 见上文。
[②] 在谈到夏多凡尔登一贵族家出生的婴儿时涉及了摇篮(I.221)。
[③] I.335。每天长时间把婴儿抱在怀里,甚至比今天用童车放婴儿的时间还多,这种做法比今天更能发展母亲与孩子间的肉体接触,并有助于促进相互的感情。我们在上文看到,一个妇女整天抱着一个即将死去的婴儿。
[④] 这是"迫害儿童"的问题。

第二部分 蒙塔尤考古：从举止到神话

已经知道，农妇巴托洛梅·杜尔斯早上一觉醒来，发现自己年幼的儿子已死在她的床上，于是她号啕大哭起来（I.202）。

当然，农村的孩子一般都不上学……因为没有学校，也没有上学的动机。然而，在蒙塔尤和普拉德地区却有一个向本堂神甫求教的学生，名字叫让（I.243）。这个男孩主要为皮埃尔·克莱格送信或撮合约会。然而，山下的小村子和阿列日河谷却有不少比较正规的学校供贵族和显贵子女上学。这些微不足道的学校都由教士管理，学生母亲的强烈愿望有时会对他们造成压力（I.251—252）。旨在培育儿童智力的名副其实的学校都建在较为重要的城市，例如帕米埃。

在这种条件下，既然农民阶层完全没有机会上学，那么他们的文化传递是怎样进行的呢？首先是在共同的劳动中：男孩子和父亲一起收萝卜；女孩子和母亲一起割麦子；在这些劳动中，大人和孩子、父母同子女之间总会不停地交谈。在家里的桌子旁，人们的嘴也不闲着。织布匠雷蒙·莫里是在自己家里向放羊的孩子们讲述纯洁教关于亡灵下降人间的神话的。而且，孩子们时常被用来充当送信人、揭发者或情报员。这些都迫使他们担起一定的责任，甚至熟记下不少东西。皮埃尔·莫里讲道："雷蒙·皮埃尔让一个叫皮埃尔的穷孩子来找我。这孩子姓什么我记不清了。皮埃尔这孩子对我说：'快到雷蒙家去，他有事要问你。'"

皮埃尔·莫里还谈到："我想向穆斯林预言者询问纪耶迈特·莫里的牲畜的事，有个孩子指给了我他住的地方。"（II.39）

芒加德·布斯卡依也谈到过类似情况："我和丈夫及小叔子住在一起。在复活节前后的一天，我从地里回到家中吃午饭。我发现揉面箱里有一块揉好的面团。于是我问纪耶迈特：'这面是谁

第十三章　对儿童的情感和对人生的划分

揉的?'

纪耶迈特是个来自梅朗斯的 8 岁小姑娘,她住在我们家,我不知她姓什么。

纪耶迈特回答说:'这是贝尔纳·德·萨维尼昂的妻子布律纳为两个男人揉的面……'"

这孩子透露的情况很重要,因为这两个男人中的一个不是别人,而是异端派教长普拉德·塔弗涅。

送信需要走一段路,还需要发挥孩子的记忆。[①]梅泽维尔的住持教士巴尔泰雷米·阿米拉克讲道:"圣雅克节过后的那个星期一,贝阿特里斯·德·普拉尼索尔派贝尔贝什的一个男孩到梅泽维尔来找我。[②]这孩子对我说:

'您在贝尔贝什的朋友派我来告诉您,她让您到那儿去看她。'

可是,我在贝尔贝什没有什么朋友。于是我问这男孩:

'你能描述一下派你来的那个女人的身材吗?'

于是,这男孩便开始向我描述这女人的体形。从他的话里,我知道了她是贝阿特里斯。于是我立即赶到贝尔贝什,并在城堡附近的一所房子里找到了贝阿特里斯。"[③]贝阿特里斯习惯于利用孩子为自己牵线搭桥。从前,皮埃尔·克莱格的学生让曾陪她"在漆黑的夜里"来到普拉德的圣彼得教堂。本堂神甫在教堂的圣殿下支起了一张供他们做爱的床(I.243)。

然而,孩子们一般睡得比较早。这里再次涉及家庭晚餐的问

[①] III.129。关于成年人向青年人传递文化的问题,参见下文,第十六章。
[②] I.488。这些资料提出了贫苦儿童和孤儿无产者的问题。
[③] I.256。贝尔贝什在现在的奥德省。

题：重要的晚餐之后，人们要围着炉火聊天。在这样的晚上从来见不到孩子在场。雷蒙·皮埃尔 8 岁的女儿贝尔纳戴特总是在大家吃晚餐之前上床。其他孩子们也和她一样。假如蒙塔尤的孩子写自传，他们也会以这句著名的话做开头："很久以前，我早早就上床睡觉了……"（III. 122, 129）

在我们的资料中，从出生到两岁的孩子被看作"幼儿"。从两岁到 12 岁的一般地被视为"孩子"，尽管没有一种严格的叫法。最后，从十多岁到十二三岁，最多到 14 岁，他们就成为了"青少年"。在蒙塔尤，这是一个职业转变时期：让·佩利西耶、让·莫里、皮埃尔·莫里、纪尧姆·吉拉贝尔，他们都从 12 岁起就像猫儿一样在岩石间爬上跑下，为父亲或东家放羊了。东家也往往收这样大的孩子当学徒。[①] 由当地显贵转变为纯洁派传教士的皮埃尔·奥蒂埃认为，12 岁也是理智的年龄。他对牧羊人皮埃尔·莫里宣称："人到了 12 岁，尤其是到了 18 岁才能理解善和恶，并接受我们的信仰。"皮埃尔·莫里也根据自己的经验肯定了这一看法："米歇尔·莱特的妻子纪尧姆·埃斯考涅有个妹妹叫加亚尔德，另一个妹妹叫埃斯克拉蒙德，年龄在 12 岁左右，她们都是异端信徒。"[②]

宗教裁判所把 12 岁以上的蒙塔尤人一网打尽是有所考虑的：

[①] I. 410; II. 444—445, 470。这种生活可持续到 20 岁或 25 岁（II. 122）。这里再次涉及阿利耶斯关于"儿童"过早进入成年或准成年生活的高见（上引书，第 376 页）。不过这与后来 19 世纪发生的情况不同，这些"儿童"已不再是孩子了。

[②] III. 124（奥蒂埃）; III. 143（莫里）。

第十三章 对儿童的情感和对人生的划分

在这种情况下不必细分,上帝会认识谁是他的人。①

女孩们的情况与此不同,至少从职业角度看是这样。她们长到12岁或14岁时并不去放羊:在蒙塔尤没有圣女贞德那样的牧羊女。在这个奥克语地区(与讲奥依语和定居的洛林地区截然不同),所有牧羊人都是男性:他们必须进行转场,这种活不适合女人干。可以想见,女孩们虽不能进入职业生活,但她们却接受一种向青年过渡的礼仪。这种礼仪随着初次来月经而开始。在蒙塔尤,母亲和女儿的坦诚对话把初次月经社会化了:贝阿特里斯·德·普拉尼索尔面对面地看着女儿菲利帕,问她身体为何不适(I.248)。从此之后,人们便开始为菲利帕物色丈夫了……

埃荣的普拉德是面积较大、气氛较欢快和较为开放的村子(那里的人们下棋)。在那里,15岁以上的年轻人形成一个特殊的年龄层:在节庆期间,他们跳自己的舞蹈,玩自己的游戏(除了游戏以外,没有迹象表明12岁以下的孩子有机会参加自己的社交活动。只是随着村办小学的普及,他们的这种活动才发展起来)。我们可以推测,蒙塔尤的青年男女也像普拉德的年轻人一样,组成了一两个单独的群体。②但是,在令人窒息和分子化的家族制度下,这些群体根本没有积极和自主的活动。在这个戴有黄十字标志的村子里,完全看不到普罗旺斯在传统时代(17世纪)所特有的青年社团和青年主持,也没有19世纪那种应征入伍的农村新兵……而且,刚"长大成人"便早早结婚的女孩们在青年独身群

---

① 见上文,第一章和第三章等(在掌握年龄上,出入不超过一岁到两岁)。还可参见芒西的著作,第23卷,第830页及以下各页:14岁以上的男人和12岁以上的女人都得放弃异端(1254年的阿尔比主教会议)。

② 见下文,第十五章。

体中也待不了多长时间。至于年轻男子，他们一过 18 岁便很快加入了成年男子的群体（包括青年、少年、成年，以及单身汉和已婚者）。尽管这一群体存在内部纠纷，它却在蒙塔尤占据首要地位。

我在本书后面还将谈到蒙塔尤成年男女的社交问题。我认为这个问题比儿童和青年的社交更重要。由于家庭的分隔，有关儿童和青年社交的资料比较少。

在本章的最后，我应当结束关于"人生划分"的论述。在最后一部分里，我将不再围绕着儿童和青年，而要谈中年和老年的问题。

这里也要涉及性别：女人的老年与男人的不同。关于蒙塔尤妇女的演变，我在前面已详细介绍过。她们做年轻妻子时受压迫，到老年后才开始被儿子们爱戴，并作为女家长受到尊重。男人们的发展过程不大相同：贝洛兄弟、克莱格兄弟、莫里兄弟和其他出自好人家的年轻人，他们便很快以实力、魅力和责任感确立了自己的地位。在蒙塔尤和蒙塔尤人聚居区占统治地位的成年男子，如领地法官、本堂神甫、预言者、牧工头、农业经营主等大都在 20 岁到 50 岁之间。奥克西坦尼的男人 30 岁左右最年富力强，40 岁左右也还强健。[1] 在当时，超过 50 岁的男人便开始衰老了，但他们的威望并不随着年龄的增长而增长。和越老身价越高的老年妇女相比，他们的处境显然差远了。

---

[1] 对帕米埃的伏多瓦派来说，男人的理想年龄是基督去世时的年龄，即 33 岁。这是人们重新复活时拥有躯体的年龄（I.88）。

第十三章 对儿童的情感和对人生的划分

首先，老年男子在堂区中人数很少。① 在这方面，寡妇的数量多就意味着人口金字塔顶部男子一侧有空缺。而且，蒙塔尤残存的几只"老象"也完全不像娜罗卡、纪耶迈特·"贝洛特"、芒加德·克莱格和埃荣地区众多老太太那样备受尊重和爱戴。② 年迈的蓬斯·克莱格对当本堂神甫的儿子没有一点权威。他埋怨儿子大量告发别人的行为，但又对此无能为力。当蓬斯·克莱格去世时，他已经好久不是一家之主了。蓬斯·里夫在当家做主的大儿子面前也要忍气吞声：当他女儿回娘家借用一头骡子时，蓬斯·里夫还要恭敬地征求做家长的儿子同意（I. 339—340）。还应指出，这几个年迈的老头和13世纪的农村残余也无心广泛修炼当祖父的艺术。这种艺术肯定在雨果老爹之前就发明了。14世纪的上阿列日地区对此还不知晓。实际上，在1300—1320年间，在埃荣地区做老寿星并非趣事，至少是对男子而言。相反，若当个寡妇，尤其是当个名义上或实际的女家长，同一对年轻夫妇住在一起，这是多么甜蜜的事。在孝顺儿子的陪伴下修炼做婆婆的艺术，这才是不可磨灭的。③ 地中海母亲，在蒙塔尤，您始终和我们心心相印。

---

① 在雅克·富尼埃审问的60个男犯人中也没有多少老年人：I. 357和III. 318—330中提到了两个60岁的人（不是蒙塔尤人）。当时的人们和"漫长的13世纪"的人们一过40岁便会感到寿命的短暂。马蒂诺夫人在其著作第101页中提到的英诺森三世《关于痛苦》的文章很说明问题。
② 也可对照加泰罗尼亚居住区的蒙塔尤成年或老年妇女的情况。
③ 精明强干的婆婆有：芒加德·克莱格、纪耶迈特·贝洛、纪耶迈特·贝内、纪耶迈特·莫里，以及芒加德·布斯卡依的婆婆。然而，我在前面曾强调过老年妇女不受尊重，但这只是作为妻子而言：参见II. 365和I. 253关于"老母猪"的称呼。

第十四章
/
村子里的死亡

对于我们这些人口学家来说，婚姻、生育、儿童、青年、壮年、老年问题，理所当然地与死亡以及死亡的原因（病故或被宗教裁判所处死）等问题密切相关。我们手头的资料中，有关死亡的统计数字不多。乌尔泽夫人[1]对流亡在加泰罗尼亚地区的25个阿列日人（其中将近一半是蒙塔尤人）的下落作了追踪调查。我们掌握的资料仅限于1308—1323年，这25人当时居住在比利牛斯山南麓。他们中的9人（占36%）死于疾病，1人在伐木时死于工伤，8人被宗教裁判所拘禁，其中2人受火刑而死；余下7人侥幸地活了下来，但不知所终[2]。居住在加泰罗尼亚的这25个异教

---

[1] 参见乌尔泽夫人的著作，最末一章，第120页。
[2] 乌尔泽夫人在其著作的第20页上列出了这些人的名单（我对其中埃麦尔桑德·莫里及其女儿让娜·贝费作了修正）如下：
1）死于疾病或偶发事故者：
贝尔纳·贝利巴斯特，死于比塞尔达医院；雷蒙·德·卡斯泰尔诺，病故于格拉纳戴拉；雷蒙·莫尔，病故于萨莱尔；贝尔纳·马尔蒂（其妻纪耶（转下页）

第十四章 村子里的死亡

徒中，12人来自蒙塔尤，他们之中4人病死，4人被拘，4人存活。这25人均非老人，而是青年和壮年；与现今的同龄人相比，那时死于疾病的人所占比例无疑高得多，不过，这一点当属正常，否则反倒令人惊奇。至于死于宗教裁判所之手的人，当另作别论。

不过，漂泊在加泰罗尼亚的人并不是蒙塔尤实际人口构成的缩影。这个堂区的死亡率是怎样的呢？

很遗憾，在这个佩戴黄十字标志的村庄里，当时并没有教民登记册，我们无法确切了解死者的年龄，而只能利用与"慰藉"仪式有关的资料，这种仪式是为临终的纯洁派异教徒举行的祈祷。据我所知，有11个蒙塔尤人在弥留之际和咽气之前接受了慰藉，其中3人年龄不明，他们是：雷蒙·邦基、雷蒙·巴尔①、雷蒙·莫尔；②另外5人是青年或更年轻，他们是：

1. 纪耶迈特·富雷，皮埃尔·富雷的妻子，其娘家姓巴尔。

（接上页）迈特被称作老板娘，娘家姓莫里），死在奥尔塔山中；贝尔纳·塞韦尔，死于雷里达；朱纳克地方的纪尧姆·马尔蒂，死于加泰罗尼亚；马尔蒂的另一个兄弟（？），死于加泰罗尼亚；贝尔纳·贝费，死于伐木工伤事故；埃麦尔桑德·莫里及其女儿让娜·贝费，死于瘟疫（III. 214）。

2) 拘禁及火刑者：

纪尧姆·贝利巴斯特和菲利普·阿莱拉克，受火刑而死；皮埃尔·莫里和让·莫里两兄弟、纪尧姆·莫尔和阿尔诺·莫尔两兄弟，被拘禁；埃斯佩尔特·塞韦尔和玛戴娜·塞韦尔母女，被拘禁。

3) 幸免于死并获自由者：

纪耶迈特·莫里一家4口（她本人和她的兄弟阿尔诺·莫里和另一个让·莫里以及她的兄弟另一个皮埃尔·莫里），朱纳克地方的雷蒙德·马尔蒂，朱纳克地方的勃朗什·马尔蒂，雷蒙·伊索拉。

① I. 235, 415, 418, 475。
② I. 413—414; III. 161。请注意，勿与另一个雷蒙·莫尔相混，此人是其堂兄，死于西班牙。

2. 埃斯克拉蒙德·克莱格，贝尔纳·克莱格（他与领地法官同名同姓）和戈奇娅夫妇之女，她因病而死，临终在其父家中做慰藉后，随即死去，在场的有纪尧姆·贝洛、雷蒙·贝洛、纪尧姆·贝内和纪耶迈特·贝内，这些人都是当地纯洁派异教徒中的核心人物[①]。

3. 阿拉扎依·贝内，纪耶迈特·贝内之女，阿克斯的巴尔泰雷米之妻，因病而死，临终在娘家接受纪尧姆·奥蒂埃主持的慰藉，在场的有纪耶迈特·贝内、纪尧姆·贝洛、雷蒙·贝洛（I.473），她在夜间断气。

4. 雷蒙·贝内，纪耶迈特·贝内之女（I.474）。她也死在父亲家中，时间在阿拉扎依·贝内死后数月。经她本人同意，慰藉由纪尧姆·奥蒂埃主持，在场的有其双亲纪尧姆·贝内和纪耶迈特·贝内，此外，纪尧姆·贝洛、阿尔诺·贝洛、阿尔诺·维塔尔专程前来送终。

5. 纪尧姆·吉拉贝尔，牧童，年约15岁，吐血。慰藉时在场的有其母和本村的3位妇女以及纪尧姆·贝洛。

除以上5位年轻人外，蒙塔尤还有3位死者年龄较大或是老者，他们是：

1. 纪尧姆·贝内，纪耶迈特·贝内之夫，9月圣米歇尔日那天死在家中。其女死于当年冬季，其子死于圣灵降临节。慰藉由纪尧姆·奥蒂埃主持，在场的有其妻纪耶迈特·贝内、其子贝尔

---

① I.475; III.363—364。另外，纪耶迈特·富雷大概是一位少妇，因为其夫的前妻（被休）很年轻，而且初婚与再婚相距很近（I.418）。关于纪耶迈特·富雷的禁食（勇敢地持续了两周），参见 I.235。

纳·贝内，此外还有纪尧姆·贝洛、雷蒙·贝洛、贝尔纳·克莱格。仪式在贝内家的畜棚中举行，死者病中就在此居住（I.474，I.401），这也许是出于牲畜散发热气对病人有益的考虑。

2. 娜罗卡，她是蒙塔尤年迈的女族长。由于病势沉重，参加慰藉的有纪尧姆·贝洛、纪尧姆·贝内、雷蒙·贝内和里克桑德·朱利亚（或许是贝内家的姻亲？）（I.388）。娜罗卡做了慰藉后，由本村的3位妇女（布律纳·普塞尔、里克桑德·朱利亚和阿拉扎依·佩利西耶）守护；她拒不进食，两天后死去。两位妇女（阿拉扎依·佩利西耶和布律纳·普塞尔）为她装殓，然后在本地教堂的墓地下葬。

3. 纪耶迈特·贝洛，领地法官贝尔纳·克莱格的岳母。[①]

在这张名单中，5人是"年轻人"，3人是"上年纪的人"，可见大部分人的年纪并不大，这就为加泰罗尼亚流亡地的统计数字提供了佐证，说明在蒙塔尤年纪轻轻就患病者为数甚多。

雅克·富尼埃留下了一个更全的名单，我们从中得知，（在蒙塔尤和另外一些地方[②]）临终做过慰藉的自然死亡者共15人，他们

[①] I.462。我在下面再列出病危时做过慰藉的那些人的名单，他们都不是蒙塔尤人：雷蒙德·布斯卡依（普拉德人）（I.494, 503）；芒加德·阿里贝尔（基耶人），其女已嫁（II.307）、阿克斯地方的一位已婚男子的母亲（II.16）；阿尔诺·萨维尼昂（普拉德人），年岁已届祖父辈（I.149）；一个年轻人（III.264）；阿克斯地方的一位年龄不明的妇人（I.292）；朱纳克地方的一位母亲及其年轻的女儿（III.267）。为两个婴儿也做了慰藉，此举不符合当地纯洁派异教徒的规定，无所顾忌地破坏有关教规的是纯洁派教长普拉德·塔弗涅；这两个做了慰藉的婴儿，分别为西比尔·皮埃尔和芒加德·布斯卡依所生。参见 I.414, 499, 504; II.16。

[②] 参见上注。

第二部分　蒙塔尤考古：从举止到神话

的年龄可粗略地分为8个"年轻人"和7个"上了年纪的人"（我当然没有把做了慰藉的婴儿计算在内，尽管他们都做了慰藉，但这是教规所不允许的）。这说明婴儿死亡率确实相当高。然而我觉得，仅据现有材料，尚无法以确切的数字来显示这个死亡率。还有一事值得一提：被我笼统地列为"上年纪的人"中，有女儿已嫁的母亲，其实她们只不过40岁上下。由此更可以看出，在上阿列日地区，早在大瘟疫①之前，青年人患病的比例就很高，或者说，平均死亡年龄较低。

塔拉斯孔的埃斯佩尔特·塞韦尔在瘟疫中丧夫失子，可谓凄惨，可是，她似乎把这一厄运看得很平常，她说："我生了三个孩子，其中两个男孩死在雷里达，另一个女孩子叫玛戴娜，在她两个兄弟死的那年，她大概是3岁。大儿子死时11岁，小儿子死时7岁。大儿子死了已经六七年了。我的男人也是那年死的。"（Ⅱ.454）其实，许多阿列日或是蒙塔尤的妇女若是惨遭同样命运，也会像埃斯佩尔特·塞韦尔那样说的，只不过略有不同而已。在蒙塔尤，纪耶迈特·贝内不到一年就失去了丈夫和两个孩子。领地法官奥尔诺拉克年轻的妻子、纪尧姆·奥斯塔兹的干亲阿拉扎依·穆尼埃说："我在很短的时间里失去了4个孩子。"（Ⅰ.193）再如让娜·贝费及其母、其夫，在不长时间内相继死去，她本人和其母死于传染病，她的丈夫则因工伤事故而死在她们之前。在朱

---

① "大瘟疫之前"系指1296年至黑死病流行的1348年之间的这一段时间。"上年纪的人"或是指那些名副其实的老人，即五六十岁的人，或是指那些子女已经结婚的中年人。这些人事实上可能还相当年轻，其中有些女儿已嫁的母亲，至多不过四十来岁。我所说的"青年人"系指单身成年人和那些尚不能称为"壮龄中年人"的青年夫妇。

第十四章 村子里的死亡

纳克（上阿列日），法布利斯（姓氏不明）和她的女儿因传染病死于同一年（约为 1303 年），一个死在主显日，另一个死在圣母净礼日（III. 267—268）。法布利斯的女儿显然不是婴儿，因为人们为她郑重其事地做了慰藉。1300—1305 年之间，在上阿列日地区的小范围内，似乎发生过饿死人的事。①

皮埃尔·古贝尔告诉我们，路易十四在位时期的博韦希斯地区，每 4 个孩子中，就有一个在不满一周岁时夭折，另一个死于 1 岁至 20 岁之间。博韦地区的婴儿（不足 1 岁）和青少年（1—20 岁）死亡率高达 50%，正因为如此，人口才会处于停滞状态，说起来真是惨。

就蒙塔尤而言，我们远未掌握如博韦那样大体上确切的数字，我们只能说，在那些佩戴黄十字标志的村庄里，儿童和青少年的死亡率大概比较高，但没有确切的数字。死在宗教裁判所的监狱里的年轻人绝不止一个，所以，青年人的死亡除了传染病和其他原因外，还得把这个原因也考虑在内。

婴儿（不足 1 岁）的死亡率与宗教迫害没有多大关系，只是因父母受到迫害而受到间接影响。再则，除了在蒙塔尤以外地区的某些偏离正统天主教的其他教派信徒外②，婴儿临死时不做慰藉，所以，婴儿的死亡没有准确的统计。我们只能借助一些相当零散的同类资料。有一点是肯定无疑的，那就是当时的人们认为，（严格意义上的）婴儿死亡率高得惊人。当贝利巴斯特认定，洗礼丝毫无助于获得拯救时，蒙塔尤的牧人让·莫里激烈地反驳道：

---

① 关于这一时期的粮食危机，参阅本书第一章。
② 参阅本书第八章。

第二部分 蒙塔尤考古：从举止到神话

"每天都有受过洗礼的孩子死去，他们得到拯救了吗？"（II.483）

我们所掌握的资料中有关这方面的零星实例令人震惊[①]，但是不成系统。有关婴儿死亡率，我们连最起码的统计数字也不掌握。

*　　　　　*　　　　　*

历史人口学家告诉我们，在旧制度时期，死亡原因有时是饥馑，但最常见的原因是瘟疫。1300—1320年之间，蒙塔尤有人饿死吗？总的来说，这是可能的，但没有得到任何证实。文件只谈到了逃荒，却不曾谈到有人饿死。埃斯佩尔特·塞韦尔说："因为缺粮，我离开家乡（去往加泰罗尼亚），粮价昂贵，家里已经揭不开锅了。"（II.453）

疾病是导致大量死亡的主要原因，可是，无论蒙塔尤还是阿列日的农民，对疾病的认识都极为贫乏，这一点令人吃惊。例如，在实际生活中，一个家庭中在极短的时间中连续有数人死亡，这就说明有某种疾病流行，14世纪最初几年，上阿列日地区发生的极为严重的传染病流行时期尤其如此[②]。然而，从未有人指出这种

[①] 参阅本书第八章（芒加德·布斯卡依的幼子和一个樵夫的幼子之死）。还可参阅 II.403、415 关于西比尔·皮埃尔的两个儿子之死的记述，以及 I.134 关于一对夫妇的三个低龄孩子之死的记述；还可以参阅 I.193 关于4个儿童和一个妇女病死的记述。

[②] 14世纪初年，牧人贝尔纳·马尔蒂前去拉巴特的贵族卡斯泰尔家中做客时，发现4兄弟（3个是婚生子，另一个是非婚生子）都病倒了，一个躺在厨房里，一个躺在杂物间里，另外两个躺在院子边上的谷仓里。其中至少3人（婚生子）不久就死了（III.281）。由于前来探视的人很多，所以死者所患流行病后来蔓延开来（III.260; III.189）。

第十四章 村子里的死亡

疾病流行现象,直到 1348 年瘟疫开始肆虐,农民们才对疾病的传染性感到忧虑[1]。那时对于疾病种类的区分极为粗略,当然谈不上有什么"病理分类学"。百姓们实际上是依据出现在身体某一部位上的症候来判断病症,而这类症候又往往仅限于体表[2]。人们只注意疾病的症候,而不寻找病因。纪耶迈特·贝内的孩子们将要死时,她觉得"耳朵疼"。据儿媳妇说,雷蒙·布斯卡依"腹泻"而死。牧羊人雷蒙·莫尔吃了动物内脏(已腐败?)后病倒,详情不明;一位理发师为他做了治疗后,略有好转;他步行 15 公里后再度病倒,数日后死去。牧民纪尧姆·吉拉贝尔"得了重病,吐血"。纪耶迈特·克莱格说:"我的右眼得了一种病,俗话叫作'阿伐里达'。"缪维埃尔的奥德·富雷得了"圣保罗病"(癫痫或痉挛性癔症?)。贝利巴斯特的姘妇雷蒙德心口疼,一位穆斯林巫师还说她得了疯病和癫痫。牧羊人贝尔纳·马尔蒂在主人纪尧姆·卡斯泰尔家中住了半个月,便得了"发烧症",详情不明。阿尔诺·西克尔年迈的姑妈得了痛风症,不能行走。在骂人的词语中,人们使用的还有瘰病、烂腿、溃疡、脓肿等。[3]

---

[1] 只有麻风病的传播引起了普遍的恐惧,患者被人看不起,自感羞愧,不得不离开家乡(参阅本书第十五章)。

[2] 这并不意味着人们对体内器官毫无所知。牧羊人贝尔纳·马尔蒂的父亲因被怀疑为告密人而被朱纳克村民杀害后,他说被害人的"颌下肺部管道(气管)折断并被压扁"(III. 277)。

[3] 关于上文,参阅 I. 473(耳朵),I. 489(腹部),II. 375,I. 410(吐血),I. 337("阿伐里达"),II. 39(心口疼),II. 100、249(疯病),II. 39、40,III. 234(瘰病)。关于这类痉挛性疾病,请比较《圣书》中有关圣保罗和圣徒们所患之痉挛症:第 2 章第 45—46 节(发烧),第 2 章第 70 节(痛风症),第 3 章第 391 节和第 413 节(瘰病),第 2 章第 197 节雅克·奥蒂埃的烂腿(结核病?骨炎?),第 3 章第 174 节(脓肿)。

第二部分 蒙塔尤考古：从举止到神话

相对而言，直接伤害当地居民的各类疾病比其他疾病区分得细：疥、头癣、疥疮、麻风以及被称为"圣安东之火"和"圣马蒂亚之火"的一种发出恶臭的皮肤病[1]，这些皮肤病都可以通过前往阿克斯累太姆洗含硫温泉浴得到治疗。得了这类病甚至可以成为去上阿列日朝圣的借口；说是为了去治疥疮，实际上却是为了去找巫师。帕米埃的一位同情纯洁派的老贵族贝特朗·塔依克斯（Ⅲ.313）说："我原本很想到萨巴泰（在上阿列日地区）走一趟，悄悄地去找巫师，所以我使劲搔胳膊，就像长了疥疮似的；我还对在场的人撒谎说：'我要去阿克斯洗温泉澡！'

可是，我老婆（纯洁派的激烈反对者）说：'不，你不能去。'

她还对聚拢来的人说：'别夸阿克斯的温泉澡，不然就会惹得我丈夫也要去的。'"

村镇里染上了麻风病的人不得不立即离乡外出。某人如果突然不见踪影，流言就随之而起，不是说他债台高筑，就是说他是异教徒，要不就说他得了麻风病。此人若果真得了麻风病，他就该"下山"到帕米埃或萨韦尔顿去进麻风病院。[2]

除疥疮和麻风外，当地百姓对其他疾病知之甚少。此外，医生也极端缺乏。外地医生有时到蒙塔尤来，病人也"下山"去就诊。戈奇娅·克莱格是个普通农妇，在自己的地里收萝卜（Ⅲ.360, 361），她说："我的女儿埃斯克拉蒙德一直生病，看了好几位医生，谁也没能把她治好。"为了给女儿医治肉体的病，她几乎倾家荡产，

---

[1] Ⅲ.234；又见本书第二十一章。
[2] Ⅱ.200, 365, 366, 367；Ⅲ.110, 135—147。我们不掌握任何有关当地麻风病人的统计数字。请注意，比利牛斯地区在很长时间内被视为麻风病可疑者之乡。关于麻风病引起的恐惧和性忧虑，见Ⅲ.31。

第十四章 村子里的死亡

但依然毫无起色;她抱着一线希望,决定去找异端派教士。在当地,救治灵魂的异端派教士非常活跃,即使有开业的医生在当地行医,也比不过那些教士①。

从地域上看,离蒙塔尤最近的开诊所的医生是住在罗尔达的阿尔诺·泰塞尔。阿尔诺被当地人看作无所不能的有学问的人,他行医的范围一直到塔拉斯孔;他同时还充当公证人,把走遍本乡收集到的遗嘱存放在自己的书房里。这间只有一个小小的窗户采光的书房,同时兼作卧室②。毫无疑问,阿尔诺·泰塞尔花在公证上的精力,远远超过花在察看病人送来的尿壶上的时间。他是皮埃尔·奥蒂埃的女婿;在上阿列日地区,提起此人,人们都说他是一个一辈子不曾为吃穿发过愁的人(II. 219)。这位医生兼公证人却并未把山区的死亡率降低多少。蒙塔尤的农民只有这位离他们很远的高明医生,这当然是远远不够的,所以当他们患眼疾时,便去找埃荣—普拉德的女郎中娜菲利亚③。这些都算不上是大问题。对于蒙塔尤、萨巴泰和阿列日地区的其他村民们来说,生病并不很要紧,因为疾病只是一种次要现象,死亡才是大问题。突如其来的死亡,如同断头机上的刀片骤然落下一样,人们死得莫名其妙,如果不是毫无先兆,至少从当时人留下的资料里,我们找不到死因。身强力壮的青壮年往往猝然死去,远未达到年迈

---

① III. 361。正如我们所见,被拯救问题所困扰的蒙塔尤人,内心是把拯救肉体和灵魂等量齐观的(III. 235)。
② II. 198, 215; II. 201, 209; II. 299(关于遗嘱)。
③ I. 337。此处我们没有谈及专业的和民间的兽医问题。关于驴和骡的兽医好像特别发达(II. 57; III. 270),驴和骡在所有役畜中特别珍贵。

第二部分　蒙塔尤考古：从举止到神话

体衰的时候便撒手人寰了。[1]

在这个宗教信仰不一之乡，正统的天主教徒和异端教徒向来都不放弃各自的权利，临终时尤其如此。垂死的天主教徒还想着把在此暂住的异端派教长赶走，而异教徒则总想让天主教徒接受临终慰藉。普拉德的阿尔诺·萨维尼昂[2]朝着当地十分虔诚的阿尔比派教徒（这些人企图趁他无力反抗之际，强行为他做慰藉）连喊三声："魔鬼，别惹我发火！"让·莫里虽是一个不坚定的天主教徒，却绝非纯洁派异端分子。老板娘纪耶迈特·莫里趁他病笃之时，企图让贝利巴斯特为他做临终慰藉，然后再让他禁食，也就是让他慢慢饿死（II.484）。让·莫里更加坚决地保护自己，他对纪耶迈特说："哪天我该死，这事由上帝决定，我自己做不了主。别再跟我啰唆，不然我就让（宗教裁判所）来抓你。"

当罗马教会的神甫试图让垂死的蒙塔尤纯洁派异端教徒改宗时，他们的回答也毫不含糊。一位本堂神甫满怀善意来为躺在床上等死的纯洁派异端教徒做临终圣事，这位无所畏惧的异端教徒骂道："卑鄙的坏蛋，把你的东西拿走，我不要！"（I.231）纪耶迈特·贝洛由于临终断食，已经奄奄一息，卡穆拉克的本堂神甫想为她做点好事，带来了临终圣事，这位年迈的村妇却朝他喊道：

---

[1] 为我们提供证词的证人们没有提及死亡的突然性，乌尔泽在其著作（末章第95页）中提供了有关这个问题的一组材料。同样令人吃惊的是，患者如果染病未死，治愈也很突然，康复这个概念根本不存在。一旦病除，立即上路外出或下地耕作。例如，让·莫里得了重病，险些死去，但危险期一过，他立即恢复劳动（II.484）。参阅本书第六章，文中记述了普拉德村的一位病人很快获得痊愈。那时条件很艰难，但那时的人很能吃苦。

[2] II.149。阿克斯累太姆也有一个名叫阿尔诺·萨维尼昂的人，请注意分清。

第十四章 村子里的死亡

"圣母马利亚,圣母马利亚,魔鬼来了。"(I.462)在上阿列日,无论纯洁派异端教徒和天主教徒,都把对方看作魔鬼。[1]

在蒙塔尤,每逢死人,当然也有一些社交性的活动,只是不如18世纪普罗旺斯地区那样盛行。这类活动主要在住所内进行,参与的大多数是妇女。女儿和媳妇们按照一定的程式为她们已死、将死或病笃的母亲或婆母呜咽哭泣。地中海沿岸地区的这种群哭习俗,产生于纯洁派异端乃至基督教出现之前。在蒙塔尤,群哭仅在死者的住所中进行,因而并非全村的妇女全部同时参加。异端派教士们企图借助他们能够拯救灵魂的神话,取消这种哭哭啼啼的习俗。纪耶迈特·贝洛是这方面一个典型的实例。这位老妇人接受了慰藉之后便不再进食,临终时已极端虚弱。同村的人说,她的女儿们本应在她的病床前作例行的群哭,然而一点声响也听不到。本堂区的两位妇人雷蒙德·泰斯塔尼埃尔和纪耶迈特·阿泽玛感到奇怪,不知何故[2]。她们说:"纪耶迈特·贝洛若是已经不行了,怎么听不见她的女儿们哭呢?"另一个名叫纪耶迈特·贝内的老妇人对此丝毫不感困惑,抖动她几乎掉光了牙的瘪嘴说道:"你们真蠢,纪耶迈特·贝洛用不着有人为她哭,她的女婿全都安排妥帖了,什么都不缺。"此话不假,贝尔纳·克莱格已经为岳母做了慰藉,接着又让她进行临终前的禁食。

这些真心实意的妇女,有时并非为已经进入弥留的病人而哭,而是因想到亲人可能会死而哭。例如,贝阿特里斯·德·普拉尼

---

[1] 又见 I.490。
[2] I.462。将死的病人若是贵族,群体性活动就有所扩大,亲戚、朋友以及顾客等人就会成群结队地前来致意(II.260, 426)。

第二部分　蒙塔尤考古：从举止到神话

索尔的女儿们,听说母亲将被逮捕,就在瓦里尔的家里围着她一起号啕大哭(I.257)。

长辈死后,在送往墓地的路上,这些姑娘和小媳妇还得接着哭。① 哭分为两类:一类纯粹是做样子的,干号而无泪;另一类是发自内心的真哭,边哭边流泪。这两类都是群哭。芒加德·布斯卡依回忆道:"我的婆母死后,我去送葬,哭得死去活来,可是一滴眼泪也没有,因为我知道,她活着的时候已经做过慰藉了。"②

如同在别处那样,蒙塔尤的妇女似乎"作为有魔力和有月经的人被当作葬仪中的主要成分……"③她们守在临死的人跟前④,当专职收尸人不在场时,主要由她们来为死者(简单地)装殓,剪头发、剪指甲、裹尸布。⑤ 咽气不久之后就要举行葬礼,参加的人很多。葬礼之后,这些妇女七嘴八舌地议论和喊叫,嗓门一个比一个高。阿列日地区男女有别这一点,在下葬时看得一清二楚。村子里的丧钟如何敲,要视死者是男是女而定⑥。当地的纯洁派异端教规非常重男轻女,总是力图把丧事搞得男性化。前面已经提到,在蒙塔尤的慰藉仪式上,除了病人和教长之外,通常只有男性参加,诸如贝洛家、贝内家和克莱格家的儿子等,他们都是当地阿尔比教派的虔诚的斗士。不过,这种大男子主义由于具有异

---

① 死者的男性亲属在这种场合只能有节制地啜泣(II.289)。
② I.490。关于奥克文化中丧事哀痛问题,参阅贝特朗·德·波恩:《诗歌全集》,图卢兹,1888年,第28页(据C.马尔蒂诺前引书,第267—268页)。
③ M.莫斯:《社会学评论》,巴黎,1968—1969年,第85页,注11。
④ 关于娜罗卡之死,据布律纳·普塞尔(I.388)和I.462。
⑤ I.388, 390, 443:在蒙塔尤,人们只给死者洗脸,然后就把脸盖上。
⑥ II.201和I.462(咽气后不久即下葬)。关于棺材入土时在场者众多(有时大多数村民都到场)一事,见I.206。

第十四章 村子里的死亡

端色彩，不大行得通，后来有那么一天，一位天主教徒对一位崇信纯洁派异端的医生之子不客气地说，妇女死后也有权复活……（II.202）。

每逢丧事，死者的身份往往得到显现。芒加德·克莱格是一位富有的妇人，她被葬在教堂的圣母祭坛下面。小老百姓则葬在教堂外面的公墓里，公墓定期清理，以便腾出位置埋葬后死的人①。

临终之人以及他的亲人和爱他的人最感忧虑的，不是在丧事中显现的社会地位之高下（这种区别到了18世纪更明显），一般地说也不是死亡本身，而是死后灵魂能否得到拯救。本书后面关于对待宗教的态度那一章，将详细讨论这个问题。不过，这里不妨略说几句。

对于虔诚的教徒来说（即使在蒙塔尤，也有虔诚的天主教徒，但是，雅克·富尼埃宗教裁判记录簿中有关他们的记述很少），善终就是在最好的条件下听从上帝的安排。牧羊人让·莫里病入膏肓，异端教徒劝他接受禁食这种由来已久的自杀性的安排，在这个坚持真理的时刻，他的回答是："我的死由上帝决定，不由我自己做主。"②天主教徒的灵魂要得到拯救，单有这种坚定的信念还

---

① 参阅本书第二十三章。
② II.484。一般地说，蒙塔尤人和富瓦人不作兴我们所理解的自杀。就此而言，蒙塔尤不属于当时自杀行为日益增多的"文明"世界（参阅杜尔凯姆的著作）。不过……在信奉纯洁派异端的农民中间，过于认真地对待禁食，就成了一种特殊的自杀。禁食被看作一种完完全全的宗教行为，目的在于让灵魂获得拯救（II.58）。然而，对于那些并非心甘情愿或不那么心甘情愿的人来说，禁食意味着什么呢？

第二部分　蒙塔尤考古：从举止到神话

不够，如有可能，还需为死者做弥撒，让亡灵得到安息。在普罗旺斯的巴洛克地区，为此要做无数次弥撒。①助理神甫们一遍又一遍念悼词，累得精疲力竭。在蒙塔尤不搞这一套，不过，1300—1320年间在上阿列日地区的村镇里，天主教徒们为此还是要做弥撒的，对于那些到处流浪的人来说，为此需要付出许多钱财，而且还要来回奔波。埃斯佩尔特·塞韦尔的丈夫虽然追随异端分子，她自己却依然笃信罗马天主教。她说："丈夫与我走到了山口，我们就分了手。不久他就死在佩尔丢斯山口，葬在佩尔丢斯的圣玛丽教堂的公墓里。那时我住在雷里达，我的两个儿子就死在雷里达……过了一两年之后，我与表兄纪尧姆·当·奥尔塔一道来到佩尔丢斯；他是我丈夫的利益代理人。我们在佩尔丢斯请人为我丈夫做了几场弥撒，在墓地为亡人做了祷告。现在我已经记不清我丈夫在墓地的具体位置了。"(II.454—455) 说这些话的埃斯佩尔特·塞韦尔是塔拉斯孔人，因家境贫困而外出，在伊比利亚地区做短工。她很快就忘掉了丈夫在佩尔丢斯的圣玛丽公墓中的埋葬位置，可见她对遗骸没有迷信观念。这位失去了丈夫的可怜的妇人，是一个虔诚的天主教徒，心里装着的第一件大事是让亡夫的灵魂得到安息，为此她花了不少钱。尽管丈夫在世时算不上是个好丈夫，她依然与表兄一道请人为他做了几场弥撒，全然不把过去受的委屈放在心上。

　　由于种种原因，关于忠于罗马天主教的那些教徒的丧事，我们了解得不很清楚。与此相反，由于从各方面汇集的有关蒙塔尤的文献数量较多，我们纵然不能对纯洁派异端教徒的丧事一一作

---

① 参阅米歇尔·伏维尔：《巴洛克的虔诚》。

第十四章 村子里的死亡

出描述，至少可以把它们的特点说清楚。在蒙塔尤这个信奉异端的村庄里，人们是如何对待和处理死亡的呢？

在这个佩戴黄十字标志的堂区里，对于死后灵魂能否获得拯救的关心，与正统天主教地区没有根本区别。不同之处主要在于办理丧事的方法，以及生者如何为死者向上帝祈求，而不在于争取让死者进入天堂这个终极目的。皮埃尔·莫里认为，托钵僧不可能拯救灵魂，他们为死者做了临终圣事之后，最着急的事就是饱餐一顿（II. 29、30）。蒙塔尤人和他们的神甫很明白这一点，他们说："得找异端派教士，教士至少有可能让灵魂得救。"在富尼埃的记录簿中，凡是涉及教长、慰藉、禁食等事项，总是出现这种令人痛心的话语。教士们奔走在山乡中，除了暴雨天气，随时都可找到他们来参与丧事[1]。

蒙塔尤的农民患病时，只要有一小段神志清醒的时间，他们就会妥善地安排自己的后事。他们会以负责的精神承担慰藉所带来的危险，即慰藉之后必须进行的痛苦的禁食；病人已经受着疾病的折磨，禁食还要让他忍饥挨饿，甚至滴水不进[2]。

农妇纪耶迈特·贝内（I. 474）的儿子雷蒙·贝内和丈夫纪尧姆·贝内病笃时，都心甘情愿地同意为他们做慰藉和必要时的禁食。结果，纪尧姆·奥蒂埃为他们做了慰藉后，他们当天夜里就

---

[1] III. 264 等若干处。（与布列塔尼和诺曼底的小阵雨相比，地中海沿岸的暴雨可怕得多。）为临终之人做慰藉的教士们不怕大雪，但暴雨却可能让他们望而却步，不能应召前来（III. 308）。

[2] I. 488。禁食而不死的最高纪录是 13 个昼夜（I. 131）和 15 天（I. 235）。据勒华拉杜里在《朗格多克的农民》（1966 年，第 499 页）中的记载，在 1643 年的灾荒中，一位名叫勒鲁格的人禁食 14 天而不死。

第二部分 蒙塔尤考古：从举止到神话

死去了，因而他们得以免除履行最后诺言的义务，不必禁食了。

纪耶迈特·贝洛和娜罗卡这两位年迈的农妇没有这种福气。不过，她们都勇敢地承受了折磨。纪耶迈特·贝洛在禁食一段时间后，拒不接受本堂神甫端来的"圣餐"（I.462）。娜罗卡令人钦佩，直到病死，她始终不吃不喝。布律纳·普塞尔回忆道："十五六年前复活节前后的一天黄昏，纪尧姆·贝洛、雷蒙·贝内（纪尧姆·贝内之子）和里克桑德·朱利亚（蒙塔尤人），把包在一块粗麻布中的娜罗卡抬到她家，娜罗卡病得很重，刚做完慰藉。他们对我说：'别给她吃，别给她喝，千万别！'

当晚，我与里克桑德·朱利亚、阿拉扎依·佩利西耶一起守在娜罗卡身边，我们一次又一次对她说：'跟我们聊聊，随便说点什么！'

但是，她不愿意张嘴。我想让她喝点肉末汤，也是白费劲，她还是不张嘴。我们想让她好歹喝一口，她使劲闭着嘴。整整两天两夜，她一直这样。第三天清早，她死了。她咽气的当儿，我家屋顶上飞来两只猫头鹰，停在屋顶上叫。听到猫头鹰叫，我就说：'魔鬼来了，它们要把娜罗卡的灵魂带走了。'"（I.388）

这是一段非常精彩的记述[①]。说这些话的布律纳·普塞尔出于对她父亲和对自己私生女儿身份的怨恨，同时也由于愚昧无知，把她似懂非懂的基督教教义和异教徒关于魔鬼的观念搅在一起了。纯洁派站稳脚跟之前，这种混淆不清的观念正是蒙塔尤宗教方面

[①] 参见 II.426 有关于盖特·德·拉尔那的记述。她临终时做了慰藉，接着就禁食。她饿得实在难受，忍不住问道："我快断气了吧？"她身边有一些人守着，其中主要是蹲在木桶中等着她死去的那位教长。

第十四章 村子里的死亡

的特征之一[1]。娜罗卡这位年迈的农妇,为了灵魂能获救升天而忍受禁食的煎熬,在布律纳·普塞尔看来,这是无法理解的事。可是,她的同情心并未因此而稍减,她曾想用肉末汤挽救娜罗卡的生命。

埃斯克拉蒙德·克莱格的例子也很能说明问题。她是蒙塔尤人,是贝尔纳·克莱格(与纯洁派教长同名同姓)和戈奇娅的女儿。贝尔纳和戈奇娅是一对农民夫妻(I. 457; III. 356—365)。妻子在田里拾萝卜,丈夫会一点儿手艺,能用木瓦铺自家的屋顶。他们年轻的女儿埃斯克拉蒙德嫁给了阿列日地区科米村的阿代尔。埃斯克拉蒙德的教父和监护人、戈奇娅的男友纪尧姆·贝内对这桩婚事很满意,他说:"这桩婚事挺不错,埃斯克拉蒙德有了一个很好的开头。"可是,埃斯克拉蒙德病倒了,病势沉重,于是她回到父亲贝尔纳·克莱格家中,因为按照习俗,她应该死在娘家。她躺在厨房的炉火旁边,母亲精心照料她,与她同睡一床,贝尔纳·克莱格则在相邻的房间里另支一床。戈奇娅疼爱女儿,但她希望女儿死,希望上帝把她带走,因为求医买药耗尽了她的钱财,

---

[1] 关于人死时猫头鹰出现的传说,请与纪耶曼1910年收集的波旁内地区(与奥克地区北部毗邻)的传说相比较:"从前有一则关于现今健在的戈贝尔老爹(他是一位佃农)的祖先的传说,说的是一个名叫弗朗索瓦的家庭大巫师。他临死时,飞来了一只神奇的猫头鹰,停在床顶上,一直到尸体抬走时才飞走。棺材很重,9头牛才拉得动。"(E. 纪耶曼:《博吉尼乌体系》,1959年再版,《窗户洞开》丛书,巴黎,第2章,第26页)玛德兰·勒华拉杜里认为可以参考拙著。还可参阅本书第十九章和第二十七章:猫来到一位将死的宗教裁判官床头的故事。关于猫和猫头鹰沆瀣一气,参阅戈特弗里特—科勒尔的《小镜猫》,这是一篇民间传说,收在H. 里希特所编《德国神话选——十三个故事》,马拉布,维尔维埃,1937年,第414—443页。

病情丝毫不见好转。

作为教父,纪尧姆·贝内觉得自己对拯救教女灵魂负有特殊的责任,于是劝说戈奇娅为埃斯克拉蒙德做慰藉,母亲同意了,又去征求病人本人的意见。埃斯克拉蒙德也欣然同意。不过,她实在太虚弱了,已经没有力气说话,只得朝她的教父举起双臂和双手,表示同意。除非是老虎,否则谁也不会在这种情况下拒绝为这位自愿接受慰藉的少妇做慰藉。费了一番周折,找来了教长普拉德·塔弗涅。星期五晚上初更时分,慰藉在厨房里进行,在场的有贝内家和贝洛家的所有男女,埃斯克拉蒙德的父亲贝尔纳·克莱格在隔壁房间里蒙头大睡,没有参加也不知道正在举行慰藉仪式。依据习俗,雷蒙·贝洛带来了一支蜡烛,所以不点火堆屋里也很明亮。厨房里很冷,当时正是斋期,可是对于这个即将死去的病人来说,灵魂得到安息比肉体感到舒服更重要。

埃斯克拉蒙德的慰藉仪式就在这种情况下进行。教长得到一笔酬劳后(III. 364—365)就离去了。接下去,病人要进行禁食。母亲总是心疼自己的儿女的,戈奇娅·克莱格反对让女儿像男人那样进行禁食,在她看来,这无异于自杀。雷蒙·贝洛对戈奇娅说:

"从现在起,别再给你女儿吃喝,她要,也不给!"(III. 364)

戈奇娅·克莱格毕竟是母亲,她回答道:

"女儿若是跟我要,我就给她吃,给她喝。"

雷蒙·贝洛听了,很伤心地说道:

"那样的话,你就害了埃斯克拉蒙德的灵魂了。"

幸好,星期六九点来钟,埃斯克拉蒙德就死了,死前她并没有讨吃喝,所以,蒙塔尤人之间没有因为她的禁食问题而伤了和

第十四章 村子里的死亡

气。埃斯克拉蒙德没有讨吃喝的原因,是意志坚强还是极度衰弱?我们不得而知。但是,在慰藉仪式和死之前,她显然对于自己的灵魂能否得救一事非常关心。

从蒙塔尤的牧童纪尧姆·吉拉贝尔[①]的表现中可以看出,他对灵魂获救的要求更加强烈(慈母之心当然更难承受)。

牧童们到了15岁,就比他们的父辈更灵巧,他们爬上陡峰,找到岩石嶙峋的羊肠小道,把羊群赶回村子。可是,15岁的纪尧姆·吉拉贝尔却不得不离开他的羊群,因为他咳血了(患了肺结核?),被迫卧床。纪尧姆·贝洛、雷蒙·贝内这两位比他年长的纯洁派信徒,对这位长期卧病的牧童影响很大。况且,纪尧姆·贝内是阿尔比教派的积极分子,他与吉拉贝尔一家交往频繁,纪尧姆·吉拉贝尔与异端的关系因而也就更深了。吉拉贝尔家的处境很有利,欣然接受纪尧姆·贝内这个有影响力的人物和他一家人的异端思想。再则,贝内家与吉拉贝尔家既是朋友,又是姻亲,因而两家的关系非同一般,这在蒙塔尤是很正常的事。纪尧姆·贝内是阿尔诺·富雷的好朋友,阿尔诺·富雷新近娶了阿拉扎依为妻,而阿拉扎依正是患肺结核的纪尧姆·吉拉贝尔的姐姐(I.429)。豆蔻年华的阿拉扎依在与阿尔诺·富雷结婚之前,是鞋匠阿尔诺·维塔尔的情妇,而这位鞋匠则是贝洛家几位兄弟的好朋友,常去贝洛家做客。所以,阿尔诺·维塔尔对于贝洛家和吉拉贝尔家来说,不仅在男女关系上,而且在宗教思想上起到了牵线搭桥的作用(I.413)。

所以,这一切都促使人们要为纪尧姆·吉拉贝尔做慰藉,而

---

① 有关吉拉贝尔的资料散见于 I.390—430。

第二部分　蒙塔尤考古：从举止到神话

此时这位牧童的病势已经十分沉重了（顺便说一下，吉拉贝尔家患病的不止一人。纪尧姆的姐姐纪耶迈特嫁给了格贝茨村的让·克莱芒，此时因病离开丈夫回到了娘家。她带着婴儿就躺在吉拉贝尔家的厨房里，病床就支在她的弟弟纪尧姆旁边）。① 纪尧姆·贝洛拍拍纪尧姆·吉拉贝尔，极力劝说他接受慰藉。阿尔诺·富雷的妻子阿拉扎依（见上文）同纪尧姆·贝洛的想法一样，她既受异端思想的支配，又想一举两得，利用此事促使她父亲和丈夫言归于好。由于其父在她出嫁时没有向阿尔诺·富雷支付陪嫁金，翁婿两人一直不和。阿尔诺·富雷被妻子阿拉扎依、岳母阿尔芒德·吉拉贝尔和好友纪尧姆·贝洛牵着鼻子走。阿拉扎依的招数成功了，她利用为少年纪尧姆做慰藉之机，化解了丈夫与父亲及弟弟之间的龃龉。姐夫阿尔诺和行将就木的小舅子纪尧姆彼此捐弃前嫌，场面颇为感人。

可是突然发生了变故，出现了令人痛心的结果。纪尧姆·吉拉贝尔的母亲十分疼爱儿子，可是她也得为全家的未来着想，为儿子做慰藉一事若被告到宗教裁判所，全家就完了。于是，在少年纪尧姆和他的朋友纪尧姆·贝洛以及他的母亲阿尔芒德·吉拉贝尔之间进行了一段古典式的对话。纪尧姆·贝洛对正在一步步向死神走去的纪尧姆·吉拉贝尔说：

"伙计，要不要去找个好医生为你拯救灵魂？"

纪尧姆回答道：

---

① I. 429。蒙塔尤的富雷-吉拉贝尔两家与格贝茨村的克莱芒家之间，存在着双重关系，因为克莱芒家的一个姑娘嫁给了富雷家的一个男子（性功能障碍者），而此人正是吉拉贝尔家的近亲（参阅本书第九章）。

第十四章 村子里的死亡

"好的,我挺想的。快去替我找一个好基督教徒,请他允许我接受他的信仰,参加他的教派,让我得到善终。"(I.422—423)

纪尧姆的母亲阿尔芒德听到两人的对话后,既着急又拿不定主意,她说:"儿子,别这么干,我只有你这个儿子,你要走了,我已经够难过了,可不能因为(由于有人告发)你而毁了这个家。"

纪尧姆对母亲使用尊称,而母亲对儿子使用昵称。儿子说:

"母亲,我求求您,去请一个好基督教徒来吧,让他为我拯救灵魂!"

"儿子,不能这样!"

"母亲,我求您了,答应我吧,您别阻拦!"

纪尧姆的姐姐阿拉扎依与母亲进行了一番激烈的争辩之后,终于把母亲说服了,于是请来了一位异端派教士,让他替纪尧姆拯救灵魂。母亲阿尔芒德说不过女儿,尽管不无忧虑,最后还是让步了。纪尧姆·贝洛又补充了另一条理由,他说,本堂神甫皮埃尔·克莱格是一位秘密的纯洁派信徒,有他的保护,宗教裁判所对村子里领头做慰藉的人,是不会找麻烦的(I.414)。

于是在纯洁派教长普拉德·塔弗涅的主持下,当着姐姐、母亲、姐夫等亲属的面,纪尧姆·吉拉贝尔做了慰藉。时隔不久,这个孩子就死了。教长获得了丰厚的酬劳:一罐油和几块羊毛织物。

*　　　　*　　　　*

娜罗卡和纪尧姆·吉拉贝尔以及那些和他们一样坚定的人,表现出了异乎寻常的勇气,然而,这种精神力量却也带来了一些问题,让一些人心神不宁。人们看到,就在蒙塔尤,一些心地善良和颇有主见的妇人,对这类在她们看来是坏事的做法,私下极表不满,尽管效果有限。她们说:"我能看着自己的孩子在禁食中活活饿死吗?""我的儿子若是做了慰藉,让人告发了怎么办?我会不会因此而丢掉全部家产?"① 在蒙塔尤这个佩戴黄十字标志的村庄里,有那么一群无所畏惧的人,能勇敢地依照习俗行事。出了这个村庄,情形就不同了,那些异端临终习俗往往得不到遵循,而且难以逆转。在基耶、阿尔克、朱纳克、普拉德等村庄里,村民们并非都是坚定的纯洁派信徒。有些人虽然为了安乐地死去而听任人家为他们做慰藉,但一到要进行禁食时,他们便起而反对了。尤其是母亲们,她们出于对子女的爱,强烈要求维护她们至高无上的权利。在阿尔克村,一位牧民的妻子西比尔·皮埃尔在为她的婴儿做了慰藉后,拒绝给她断奶(II. 414—415)。这样做的人不止她一个。在距蒙塔尤一古里远的普拉德,芒加德·布斯卡依的年仅两三个月的婴儿病得很厉害,她的小叔子纪尧姆·布斯卡依向她建议给婴儿做慰藉和禁食,让孩子死后"变成天使"。这真是登峰造极的异端思想(I. 499; I. 219; III. 144)。对此,芒加德回答道:

"只要孩子还活着,我就不会不给他喂奶。"(I. 499)

在阿克斯累太姆,牧民纪尧姆·埃斯考涅的母亲做了慰藉之后,接着在她的子女们策划下被迫禁食(II. 15, 16)。这个女人喜欢吃肉,宁可不升天也不能不吃肉,她对让她禁食的子女们大发脾气(III. 143),并且要吃东西,她还责骂女儿,女儿认为让母亲禁食是为她好,便不给她吃。在朱纳克,贝尔纳·马尔蒂病得很重,由纪尧姆·奥蒂埃主持做了慰藉,此后的两天两夜中他没有

---

① 参阅本书第十三章。

进食，只喝了一点清水，到了第3天，他受不了饥饿的折磨，只得认输，中止禁食。监督他禁食的兄弟姐妹们也心软了，于是给他面包吃，给他葡萄酒喝，还给他肉吃（Ⅲ.264—266）。纵然是意志超人的不折不扣的纯洁派信徒，也没有一人在禁食中感到愉悦，他们充其量只不过是慢性自杀。

异端教派的要求太严酷，从而导致信仰动摇。对于那些希望灵魂获救，但又不愿意付出太多代价的人来说，像正统天主教徒那样去死，不失为一种可取的办法。芒加德·布斯卡依一度想让自己的婴儿照此办理。她的婆母雷蒙德本人做了这一选择，临死时先后让教士和本堂神甫为她做了临终圣事（Ⅰ.494, 494—507）。

*   *   *

在结束本章之前，我们回过头来看看本书的主要研究对象：蒙塔尤村。

所有慰藉仪式表明，这个村子的男女老少在死亡面前首先考虑的都是同一个问题，即灵魂获救。这一点在牧童纪尧姆身上得到了深刻的表现，痛苦和死亡似乎不是大问题。对灵魂获救的关心有时表现出一种群体性，纪尧姆·吉拉贝尔临终的情况便是如此，他的家人、干亲、朋友乃至亲眷的相好，都为他的慰藉操心。可是，对于灵魂获救的关心有时仅仅体现在当事人身上，娜罗卡便是一例，这个意志坚强的女人孤孤单单地忍受了禁食的折磨。在面临死亡时，对于灵魂获救这种先于一切的关心，实际上是一种文化现象，来自由许多家庭组成的群体。在村民们几乎全体一致的压力下，普拉德·塔弗涅不得不公然违背他的纯洁派信仰，为那些已经不省人事的人做慰藉，甚至为婴儿做慰藉，对于他这位阿尔比教派的信徒来说，这是很不光彩的事……

第二部分　蒙塔尤考古：从举止到神话

对于灵魂获救的关心是一种文化的、集体的心态，说到底，就关心这个词的传统意义而言，是基督教的乃至天主教的心态；在这一点上，无论人们最终做了何种选择，都没有区别。我们不会想不到，这些蒙塔尤人不是可以自行与上帝对话的胡格诺派教徒，他们需要有人引荐才能升天。对于正统的天主教徒来说，本堂神甫是引荐人，对于娜罗卡和蒙塔尤人来说，他们既然不再信任被认为是腐化了的院长和小兄弟会士[1]，教士就成了他们升天的引荐人；上帝和他所创造的人群之间需要一个第三者，对于一些人来说，此人是天主教神甫，对于另一些人来说，此人则是纯洁派教长。如有可能，人在临死时，应该有家人和亲眷在身边，但是更重要的是应该有一个能与上帝对话的人，这个人由病人依据地域和时间标准自行选择，可以是正统天主教徒，也可以是纯洁派教士，或是其他神职人员。不能孤寂地死去，一定要让灵魂得救，这就是人们的追求。

---

[1] I.422—423，阿拉扎依·富雷的谈话。

第十五章

文化网络和社会结构：书籍与夜晚聊天

前面我谈到了牧人们的家和那个由窝棚组成的世界，我还谈到了他们的生活状况、婚姻、生与死等方面的变化和发展。下面我想谈谈蒙塔尤的文化与农民的心态问题。如果换一种说法，文化与心态首先是文化传播问题，这种传播可以借助书籍，也可以不借助书籍而通过人际交往的扩大来实现，农民对于时间、空间和自然的态度等也是文化与心态问题。总而言之，我将尽最大努力对蒙塔尤人的哲学做一简要介绍。其间还会谈到这些乡下人的宗教和反宗教档案中涉及的各种问题，诸如具有异端色彩的民俗、天主教、纯洁派、反教会思想和自然主义，乃至农村中的唯物主义等等（当然，在纯洁派问题上，我不打算详尽地介绍阿尔比教派的神学理论，我只想就这种神学理论如何得以在村民的社会生活中扎根，而且深入人心这个问题，阐明一些看法。）还要谈到另一些问题，例如，个人的和集体的伦理，价值体系、准则体系等等。这些将会使我们涉及某些政治的和宗教的社会性问题。此外，

第二部分 蒙塔尤考古：从举止到神话

我们将会再次谈论前一章已经讨论过的那个大问题：农民对待死亡的态度，更准确地说，是死后的问题。就死后而言，这个问题实际上包含了通常叫作"巫术"以及迷信这些问题的大部分内容。巫术和迷信牵涉到蒙塔尤人在民间或地方心态中维持的主要关系，即活人村与死人村之间的关系。

* * *

首先就反映人们心态的主要资料说几句。雅克·富尼埃宗教裁判记录簿提供的材料，虽然谈不上完整，在反映农民"文化"这一点上，却具有非同一般的价值。究其原因，首先由于记录簿的内容十分集中，富尼埃这位帕米埃主教记下来的材料，几乎未经任何加工，真实地了勾勒了蒙塔尤整个村庄；与此同时，通过这些材料，我们还可以对附近各个堂区里农民的心态，获得许多确切的了解。记录簿价值高的第二个原因是它的社会学意义，因为我们知道，雅克·富尼埃当时进行调查的借口是追查纯洁派异端，而在1300—1320年间，纯洁派异端在城市居民[①]和贵族中间已不再盛行，转而收缩到乡间和山区农民中间去了[②]。由于那里有"热情欢迎的藏身之处和不为人所知的谷仓"，纯洁派异端为自己找到了一块存身之地。乡下人的反教会倾向由于什一税的负担日益沉重而有所增长，这就为纯洁派异端好歹提供了生存的条件。文化传递中恒久不变的规律是子女继承父母的思想，纯洁派异端就在这种现象中处于冬眠状态，并在乡间获得了可怜巴巴的"新生"，时间长达20余年之久。这对于城市中的纯洁派异端来说，简直是不可想象的，因为在此期间，

---

① 就其渊源而言，这支朗格多克异端的"根子"通常是在城里。参见P.乌尔夫的文章，收入勒高夫的《异端与社会》，第203页。
② 乌尔泽，见本书所附参考书目，第46页。

第十五章 文化网络和社会结构：书籍与夜晚聊天

城市已成了一些托钵僧修会的天下，他们当中有小兄弟会，有宗教裁判所的打手，以及诸如此类的人①。带上了浓重乡村色彩的阿尔比异端，为我们的研究提供了一个良好的机会，这里说的不是纯洁派本身，因为它并非我的研究对象，而是指乡民的心态。在 14 世纪初期，异端的"农民化"现象非常突出，以至于被历史学家多次称作新思想最佳创造者和支持者的非农民，特别是手工艺者，在蒙塔尤以及富瓦伯爵领地的其他村庄里，在这方面所扮演的仅是次要角色。能用一块皮做出世界上最好的皮鞋的鞋匠阿尔诺·西克尔（II.184），是个假纯洁派信徒……真坐探。织布匠普拉德·塔弗涅当上了纯洁派异端的教长，他之所以选择这个危险的职业，原因之一是他对织布已经感到厌烦了②。1300—1320 年间在上阿列日地区，信奉异端的已不限于以羊毛纺织为业的人。就像奶酪一样，异端只不过是当地水土和牧羊业的产物，就连铁匠铺里的人也信异端（参见那些阿尔比派的铁匠家庭，尤其是塔拉斯孔和朱纳克的塞韦尔家和马尔蒂家）。贝利巴斯特甚至用鄙视的口气谩骂，把那些天真地信奉偶像和罗马天主教奇迹的来自北方的山民（以及被他认为是那样的人），统统叫作"饭桶"。除了有几位乡村手艺人确实承担起了首领的职务外，异端得以扎根的社会基础，事实上就是贝利巴斯特那样的下层农民，皮埃尔·莫里那样的牧人，以及那些根深叶茂的大家族，诸如贝内家、贝洛家、福尔家、克莱格家等等。有了这样的社会基础，异端才得以显露出最后的光辉，从而为我们揭示了一群乡民的心态。

尤其值得一提的是，在 1300—1320 年之间，绝大多数蒙塔尤

---

① 乌尔泽，出处同上，第 46—47 页；又见本书下文，第二十二章。
② I.339。又见 III.187，与贝利巴斯特在一起的唯一织工并非异端信徒。

第二部分　蒙塔尤考古：从举止到神话

村民程度不同地信奉异端，故而对于我们来说，异端更具揭示作用。在萨巴泰、加普西尔、南纳博奈等也受到异端"传染"的村庄里，异端的信奉者只是三两个人组成的少数，有时甚至只有一个多少有点名气的人①。即使如此，反教会派对于正统天主教的进击，有时依然在他们身上得到集中的体现。这就无异于向我们揭示，在其他静悄悄的日子里，异端信仰是如何形成的，信仰异端的人何以竟然是大多数人，乃至全村居民。

这种"农民"文化在雅克·富尼埃宗教裁判记录簿中，当然得到了一定程度的折射，有时甚至得到了极佳的反映。如果轻率地鄙视这种文化，我们就可能低估了它的价值。早在1300年以前，就有人把农民看作"粗野的人"，如今这种人依然很多。他们把农村的宁静、庄稼汉的自我珍惜、他们的羞耻心与没有文化混为一谈。这些"粗野的人"被人鄙视，得不到社会的尊重，所以，能够揭示他们心态的那些东西也就不为人们所重视。从精英们的价值和非价值的判断来看，瞧不起乡下人，把他们看作下流胚的风气，代代相传，在本书所涉及的年代之后依旧存在②。在1300—1310年间的蒙塔尤人身上，包括富有的乡民在内，也能发现这种风气，尽管比较微弱。例如，一个快要咽气的人把教士当作"鄙劣和散发着臭味的农民"（I.231）。贝阿特里斯半夜里被钻进被窝来的管家弄醒后，怒不可遏地骂他是"农民"。皮埃尔·克莱格说，他要向被他鄙夷地称作蒙塔尤"农民"的那些人复仇。可是，这些"农民"却是与他自己一样的人，是他的兄弟或亲戚的朋友。

---

① 见上文乌尔泽的图，I，第49页。
② 勒高夫，见《法国与法国人》，巴黎，加利玛尔出版社，1972年。

第十五章 文化网络和社会结构：书籍与夜晚聊天

只不过在受到蒙塔尤人鄙视的那个内部略有区别的人群中，地位比他略低一些而已（I. 222, 239）。

不过话说回来，某个男人或女人生气时的这类咒骂，并不妨碍我们资料中的各种文献具有极为丰富的多样性。这些文献表明，在导致乡村精英流失殆尽的农村人口外流发生600年之前，莫里、莫尔、科尔蒂等这些乡民和牧人，绝非愚蠢之辈，他们对于抽象思维，乃至哲学和形而上学有着浓厚的兴趣[1]。从文献中可以看到，他们毫无困难地与异端派的传教士和从城里来的法官对话，村庄彼此靠得很近，奥克语灵活流利，这些都使对话变得更为方便。再则，在进行这种对话的当时，人们的财产虽然多寡不同，但是，在农民、牧人与贵族、教士、手工艺师傅[2]以及商人之间，社会地位的差异并不很大，体力劳动，尤其是手工艺劳动并不受

---

[1] 乌尔泽，见本书所附书目，第109—111页。
[2] 关于社会差距的不存在（至少不算大）的资料：老爷夫人拥抱女农（I. 300）；城堡主夫人常常探望女村民，没有给人留下摆"家长"或"上层人物"架子的印象；一个捕鳟鱼人的老婆是朱纳克的一个贵族青年的朋友（II. 61）；贝利巴斯特家虽然比较富裕，但终究是种田和放羊人家，可是他们请纳尔榜主教的财务助理来吃饭，却也算不得是什么了不起的大事；与贝尔纳·克莱格经常往来和有姻亲关系的人中，既有蒙塔尤的普通农民，也有富瓦公爵区最高当局的人。在蒙塔尤和富瓦公爵区，正由于人们的社会地位差距不很大，那里的宗教—社会冲突才更为严重，这种冲突几乎始终存在于熟人乃至亲人之间。

第二部分　蒙塔尤考古：从举止到神话

鄙视①。(在以农民为一方，以包括贵族、法官和商人等较高的社会集团为另一方的两方之间，手艺人往往扮演着文化中介人和各种各样的传话人的角色。②)此外，在他们中间，村民们在地头，在饭桌上，特别是在夜晚闲聊时，无止无休地议论和争辩，直到雄鸡高唱③……从总体上看，由于实行相当封闭的族内婚制，由于彼此间的交流相当开放(尽管每人都免不了有些隐私)，因而在同一个社会层面和血亲之间，地方性的思想交流还是相当活跃的。

*　　　*　　　*

在结束概述之前，我还想就总体的蒙塔尤文化再说几句。我再次重申，尽管(或者说是正因为)受到宗教裁判所的没收、劫掠、搜刮之类的打击，蒙塔尤的文化依然充满活力。然而，它毕竟受到了威胁，于是便随着作为其载体的那些人流向加泰罗尼亚的市镇；在那里，彼此分离、独处一隅和信徒四散等等，极易导致固有文化的解体，这种威胁实际上远远大于以往的那些骚扰。从此以后，这些信徒通常只能在当地慢慢变老，没有子女，甚至没有生活来源，艰难地苟活下去。在这种条件下，对于加泰罗尼

---

① 在上阿列日，尽管不从事体力劳动的人拥有一定程度的威望，但令人惊奇的是，无论是否家道中落，一些"富家"子弟即使当了手工艺人，也并不觉得丢脸(他们甚至从来不曾有过因此而丢脸的观念)。例如，公证人的儿子阿尔诺·西克尔是鞋匠；奥蒂埃家原本也是公证人出身，后来痛痛快快地做了裁缝，一点也不觉得有失身份。这种健康的态度如今在美国青年中还能见到，但对于笛卡尔时代和后笛卡尔的法国来说，却变得难以想象，那时的法兰西企图把人特别是布尔乔亚改造成为纯粹的"好沉思的人"。
② 在一种完全不同的情况下，莫里斯·阿居隆也强调过这一点。见其著作《村子里的共和国》，巴黎，普隆出版社，1970年。
③ I.223，关于另一个村子里与此相似的事：III.296。

第十五章 文化网络和社会结构：书籍与夜晚聊天

亚居民来说，丧失自己文化的危险主要来自吞噬他们的那个社会，这个社会以其西班牙和征服者的方式，无孔不入地向他们灌输罗马天主教，其有效性是人所共知的……出生在原籍而成长在加泰罗尼亚的年轻一代的移民，不可能不受到引诱：有的青年人对抗自己的父母，甚至动手打他们，以致酿成两代人之间的一场严重冲突，这种情形在上阿列日农村地区是无法想象的[①]。在完全不同的氛围和移民城市化的威胁之下，农民的纯洁派意识在加泰罗尼亚迅速崩溃[②]。想要真切地了解山民的集体心态，最好是在他们蒙塔尤的家里，尤其是在高山上的窝棚里。

*　　　*　　　*

在蒙塔尤和与其同类型的村庄里，文化的激励和传递是通过什么进行的呢？是书籍或更常见的文字吗？奥蒂埃兄弟的传道对于蒙塔尤具有决定意义，当他们开始做这件事时，书籍起到了极为重要的作用。西比尔·皮埃尔谈到此事时说：

"皮埃尔·奥蒂埃和纪尧姆·奥蒂埃都是教士，他们（作为公证人）懂法律，有妻子儿女，又有钱财。有一天，皮埃尔在家里读一本书中的一段，他让当时在场的哥哥纪尧姆也读这一段。过

---

① Ⅲ. 173，上文第十二、十三章（让娜·贝费反对其母）。
② 乌尔泽夫人研究过雅克·富尼埃宗教裁判记录簿中的有关向加泰罗尼亚移民问题，她强调指出，作为庇护所，加泰罗尼亚遇到了城市化、近代化和天主教化等等压力，而对于移居者来说，则面临着异化和分散问题。见乌尔泽所著（见本书所附书目）第103页（与商人的关系）；第80、81和127页（妇女在移居中独有的苦难和贫困）；第85和102页（因加泰罗尼亚人的自负而形成的歧视）；第100和124—125页（家庭分裂）；第104和117—118页（妇女解放的倾向打碎了从上阿列日和蒙塔尤引进的封闭型家庭）；第100和123页（由于大量死亡和生殖率不高，移民人数日减）；第81页（移居到加泰罗尼亚的阿列日青年后裔的解放，导致老少两代人之间的冲突）。

了一会儿，皮埃尔问纪尧姆：

'兄弟，你觉得怎么样？'

纪尧姆答道：

'我觉得我们的灵魂丢了。'

皮埃尔于是说：

'走，让我们出去，设法拯救我们的灵魂。'

他们于是把全部财产做了处理，然后就去了伦巴第，在那里成了虔诚的基督教徒，获得了拯救他人灵魂的权力，随后又回到阿克斯累太姆……"（II.403）

关于当初促使奥蒂埃兄弟成为纯洁派教徒的是哪本书，人们说不清楚，只能做些推测[1]。有一点可以肯定：在12世纪和13世纪经济和司法复兴过程中崛起的公证人[2]不但有藏书，甚至还有小型图书馆，而异端就是在这些图书馆中萌生的。纸张的最初普及和书面奥克语的采用，当然进一步推动了这种危险的倾向。与此同时，公证人作为一种行业也兴盛起来，其中的佼佼者奥蒂埃兄弟在蒙塔尤就颇具影响力。皮埃尔·加亚克原籍阿列日的塔拉斯孔，在阿尔诺·泰塞尔家当公证人-教士（阿尔诺·泰塞尔本人是罗尔达的一位医生，皮埃尔·奥蒂埃的女婿[3]），他在1300年说道：

---

[1] 迪韦尔努瓦：《雅克·富尼埃的宗教裁判记录簿》，卷II，第404页，注366；第197页，注311；卷I，第375页，注159。

[2] A.古隆，1958年；M.格拉曼（图尔大学），写作中的关于13—14世纪贝齐埃农村地区历史的论文。

[3] II.196。关于14世纪用通俗语言书写的书籍特别是圣经，与更为精打细算的13世纪相比，数量有所增长的情况，见莫拉：《14和15世纪的宗教生活与实践》，C.D.U.，影印本，1962年。

第十五章 文化网络和社会结构：书籍与夜晚聊天

"阿尔诺·泰塞尔在学习中获得了一些契约，为了帮他写契约，我在他家住了半年。有一天，我在纸堆里查找他的笔记时，发现了一本用通俗语言写在纸上的书，与一本旧羊皮书订在一起，于是花了一点时间读了这本书。我发现，这是一本用通俗语言写的关于摩尼教异端和天主教教理的书；作者时而赞成摩尼教，反对天主教，时而反对摩尼教，赞成天主教。我正在读时，老板阿尔诺·泰塞尔师傅突然来了，他出人意料地一把把书夺走，似乎很生气，随即把书藏了起来。到了夜里，我听见他狠狠地打他老婆和他那个私生子，原因就是让我翻出了那本书。我一下子就感到羞耻和惭愧，于是就回到了阿列日的塔拉斯孔。第三天，阿尔诺·泰塞尔前来找我，把我带回他家。"

这段叙述表明，那时书是一种危险品。另一方面，一些农民的反纯洁派偏执心理十分严重，竟然认为一切书籍所表达的都是异端思想。放牛人米歇尔·塞尔当[①]曾说："夏季的一天，满月前的一天夜里，我在天亮前起来，正要把牛赶到草场去，忽然看见阿尔诺家后面的草地上，有几个人借着月光在读一个手抄本，我敢肯定，他们都是异端派。"

包括乡村在内的奥德—阿列日地区有一个制造书籍的小小"经济—文化"基地。这里指的当然不是帕米埃，它是知识中心。在贝尔佩什（现在的奥德）或缪维埃尔（阿列日）这类不起眼的小村庄里，也能找到做羊皮纸的人或刻书的人（I.156; II.91）。靠

[①] II.201。在13世纪，南方的主教会议散布对包括圣经在内的大部分书籍的不信任，原则上人们不得藏有书籍，违者将被怀疑为异端分子（埃弗尔《主教会议史》V—2卷，第1498页）。

第二部分 蒙塔尤考古：从举止到神话

这些人就能造出书来，数量虽然极少，却已足够了。这些书通过异端派教士"毒害"了萨巴泰和埃荣等地的居民。纸张的输入缓解了羊皮纸难觅的困难，使书籍得到进一步的传播。在高雅文化和通俗文化之间，本来就存在着一些联系和相互的交流，书籍的传播尽管很有限，却促进了这些联系和交流。只不过，与今天相比，这类交流既缓慢又具有一定的偶然性。

书籍最初出现时数量很有限，极为珍贵。村子里不识字的人对于科学和文化人的尊重不容置疑，非常感人，所以他们对书籍也充满敬意。移居在加泰罗尼亚的蒙塔尤人纪耶迈特·莫里对拉尔卡的纯洁派教长雷蒙·伊索拉钦佩得五体投地，她说："他传道传得好极了，他对我们的信仰知道得很多。"（II.63）在纪尧姆·贝利巴斯特的怂恿下[1]，这位被称为老板娘的妇人极力鼓吹敬重雷蒙·伊索拉，实际上她是通过雷蒙·伊索拉鼓吹纯洁派的书的（书是天上的圣人编成的）。于是，没有书的教士就被看作没有枪的士兵。卡斯泰尔诺的纯洁派教长雷蒙40来岁，脸色发红，汗毛发白，个子很高，说话带图卢兹口音，他对蒙塔尤的牧人们袒露自己那件揪心的憾事时说："我把书留在卡斯泰尔萨拉辛了。"蒙塔尤的牧人们听了他的话，很是感动（II.475）。

---

[1] II.45, 46。总的来说，农民虽然不识字，却把书（从各种意义上理解）当作基本参考物。例如，信奉天主教的牧人雷蒙·德·拉比拉因拒缴什一税而被逐出教门，他不无忧虑地向一位神甫问道："是否在什么书里说到了要逐出教门的事？"（II.318—319）与此相同（I.152，一个木匠的话），"本堂神甫们说，复活是一件已被证实的事，因为书和文书都是这么说的。"关于书籍的权威，参见 C. 列维-斯特劳斯（编）《悲伤的回归线》，1962年，第27章，第264页。在1300—1320年间的上阿列日，书籍的数量与现在无法相比。但是，书籍的威望和影响却比现在大得多，这在一定程度上弥补了它在数量上的不足。

第十五章 文化网络和社会结构:书籍与夜晚聊天

然而,正因为这些书特别珍贵,因而几乎谁也读不到。在村子里,除了教士之外,只有或几乎只有神甫有书或能借到书,也只有他们读得懂书。巴尔泰雷米·阿米拉克神甫有一本祈祷书,为此他在监狱里遭到阿尔比教派的贝尔纳·克莱格的讥笑①。巴尔泰雷米为了便于与他的情妇一起逃走,还曾想把这本书抵押出去或是卖掉(I.247)。皮埃尔·莫里遇到过一位加斯科尼神甫,我们只知道这位神甫是富家子弟,30来岁,海蓝色眼睛,栗色头发,他有一本红皮装订的"异端书籍"(II.188,383,484)。维克德梭的朱纳克是这个农民和铁匠的村子,这里的终身副本堂神甫阿米埃尔·德·里夫有一本"布道书",也许这本书是他那个堂区的教堂的,但他至少能读到这本书(III.7—10)。他从书中选取一些异端的说法,当着本堂神甫、地方绅士和本堂区许多人的面,在讲道时进行宣扬。就在蒙塔尤,本堂神甫皮埃尔·克莱格的威望和他所拥有的来自上帝的权力,部分地也是因为,他在一段时间里曾有一部纪尧姆·奥蒂埃借给他的"历书",也叫作"异端书"或"异端派的圣书"(I.315,375;I.292;II.504)。同一部书之所以有这许多名字,原因可能在于实际上这是一部日历,"在日历的前面或后面附有一些解释性文字",与日历装订在一起②。后来演变为"民间文学"的就是这类书。我们知道,1700年前后的"小蓝书",事

---

① II.283。关于帕米埃的伏多瓦人的时间和书籍,参见 I.102—193 和 I.121。关于当时以及稍后一段时间中书籍的传播,参见莫拉,C.D.U.,影印本,I,第 121 页。
② 这是 J.迪韦尔努瓦提出的很有道理的假设(I.375,注 159)。又见 III.397,以及迪韦尔努瓦的著作,出处同上,注 531:手按一本"历书"宣誓;以及(J.D.)关于富瓦的教堂里的文件集的描述:文件集里有订在一起的一本日历和福音书的摘录和契约。

第二部分　蒙塔尤考古：从举止到神话

实上也把日历、历书和宗教教义混在一起。不管怎样，这部独一无二的书（取自奥蒂埃兄弟的藏书室，共三册[①]），在本堂神甫手头没有停留多久。蒙塔尤人夜晚聚在一起聊天时，本堂神甫当众朗读了这部书后，就通过纪尧姆·贝洛还给了它的主人。这部书到过克莱格家里，被村民们看成是一件大事，引起了4个人的关注，其中之一便是不识字的女佣雷蒙德·阿尔森。牧羊人让·莫里散布说，促使克莱格家以本堂神甫为首的四兄弟彻底皈依纯洁派的，就是这部"日历"（III. 504）。确实，在被蒙塔尤人尊为"有学问的"（I. 302）贝尔纳·克莱格身上，书籍的影响不容忽视。至于他那个当本堂神甫的兄弟，职业就要求他拥有最低程度的知识"行李"，书籍对他的影响自然是不言而喻的[②]。

另一些少量的书有时也能在蒙塔尤传来传去，这要归功于异端派教士们，例如曾是织工的普拉德·塔弗涅。纪耶迈特·克莱格这样讲述过：

"我想把骡子牵到地里去捡萝卜，可是先得喂它一点草。于是我走进我妈的草房去拿草。我怕我兄弟不让我拿，就不让他看见。我忽然发现普拉德·塔弗涅坐在草房上面，就着太阳光在读一本书，书是黑色的，有一只手那么长。普拉德·塔弗涅吓了一跳，

[①] I. 375，注 159，据 R. 莱德菲尔德的研究，1930 年前后在一个名叫山克姆的墨西哥村庄里很少有能看书和真正识字的人，人们互相传阅的是一本新约全书和一本日历。这与蒙塔尤 1310 年前后的情况相似。R. 莱德菲尔德《墨西哥的一个乡村——托波兹兰》（芝加哥大学，1930 年）和《一个玛雅村庄——山克姆》（华盛顿特区，1934 年）。

[②] I. 292。乡村神甫和本堂神甫通常具有一定文化知识这一点，似乎很自然，若布确实曾提到于纳克（今阿列日）的那位经常不参加日常宗教活动的修道院长和圣奥古斯丁的信（III.9—10）。

第十五章 文化网络和社会结构：书籍与夜晚聊天

站起身来像是要躲，他对我说：'是纪耶迈特吗？'

我说：'对，先生，是我。'"（I.340—341）

普拉德·塔弗涅把书反过来读（他也许根本不识字？），唯一的目的是否想在这个善良的农村姑娘面前为自己赢得更高的威信？因为他现在虽然已是"教士"和"先生"，但以前毕竟是个织工。这个令人不快的推测很可能不对。因为普拉德虽然不懂拉丁文，但读得懂用通俗语言写的书①。

在蒙塔尤，阅读那些可疑读物并不只是某个人的单独行动，那些识字的教士常常在众人夜晚闲聊时，读给不识字的农民听。寡妇阿拉扎依·阿泽马是个卖奶酪的小贩，她讲述道：

"在我与异端分子有来往的那阵子，一天晚上我走进雷蒙·贝洛家，事先我并不知道那天晚上他家有异端派教徒。我发现他家的炉火边坐着异端派教徒纪尧姆·奥蒂埃和蓬斯·贝洛，贝洛家的三兄弟雷蒙、贝特朗和纪尧姆都在那里，他们的母亲纪耶迈特·'贝洛特'也在那里。异端派教徒纪尧姆·奥蒂埃正在念一本书，他也向在座的人讲圣彼得、圣保罗、圣约翰等圣徒的故事。我坐在纪耶迈特身边的一条凳子上，贝洛家的兄弟们坐在另一条凳子上，异端派教徒坐在第三条凳子上。一直到布道结束。"（I.315）卖奶酪的阿拉扎依在这里描绘得栩栩如生的，是一幅乡村中常见的纯洁派家庭读书的场景，每人坐在自己的凳子上，妇女在一边，男子在另一边，人人津津有味地听着从书里和奥蒂埃的嘴里流出来的道理②。

---

① 参见下文第405页。奥蒂埃所拥有的书（见上文第400页）当中，有一本书一半是拉丁文，一半是罗曼语。
② 异端派教长们的讲话很有迷惑力，简直能让人上瘾，见I.219。

第二部分　蒙塔尤考古：从举止到神话

在那些比蒙塔尤这个佩戴黄十字标志的村子少一些乡土气，多少有点名气的镇上，除了本堂神甫和教士之外，还有一些不信教的普通人也识字，能看奥克语甚至拉丁文的书。阿克斯累太姆的雷蒙·维西埃尔[①]说：

"19或20年前，我在阿克斯当时属于我的那所房子（后来卖给了现在朱纳克本堂神甫的情妇阿尔芒德）后面晒太阳时，看见纪尧姆·安多朗在十来步远处给他母亲高声地念一本书。我问道：
'你在念什么？'
纪尧姆说：'你看吗？'
我说：'好。'
纪尧姆把书递给我，我拿过来念道：'起初是圣子……'
这是一本掺杂着拉丁文和罗曼语的'福音书'，里面讲的好多事我曾听异端派教徒皮埃尔·奥蒂埃讲过。纪尧姆·安多朗告诉我说，他是从一位商人那里搞到这本书的……"

* * *

对于蒙塔尤以及其他村庄和市镇中的书籍和类似东西的研究，不可避免地让我们注意到乡村和城市的对立。在18世纪，当尼古拉·雷蒂夫从萨西和尼特里到了奥克塞尔和巴黎时，他深深体验到乡村与城市之间鲜明的对比。在他父亲的农庄里，尼古拉·雷蒂夫读了绿色传道书《魔鬼罗贝尔》、一本高卢旧圣经和一本关于法兰西的圣诞节的大书。但是当他一踏上奥克塞尔的土地，他就

---

① I. 285。（请注意纪尧姆·安多朗是高声朗读的，如今比利牛斯山区某些受过旧式教育的耄耋老人，依然保留着高声朗读的习惯）。在阿列日的塔拉斯孔，瓦匠A.德·萨维尼昂有一本他已读过的圣诗集（I. 164）。请与杜比的《新人文主义的基础》第96页中关于当时圣诗集和讲述时间的书的发展作比较。

第十五章 文化网络和社会结构：书籍与夜晚聊天

不得不面对高乃伊、拉辛和莫里哀以及拉丁和在俗作家。流行于14世纪的书籍，其内容比启蒙时代贫乏得多，这是不言自明的。但是，对立那时便已存在。例如在帕米埃这个当地的大城市里，同性恋者阿尔诺·韦尼奥尔读的是奥维德的诗；那里的犹太难民、伏多瓦派居民①、教书先生和公寓管理员等等，人人都有藏书，数量虽然不多，内容却很大胆。与此相反，农村里只有寥寥几本传播教义的书，在北部地区是传播天主教教义的书，在山区则是传播异端的书。正是有权第一位拥有书籍的人，在阿尔比派珍贵书籍的熏陶下，促成了异端在上阿列日地区的小小优势。

* * *

我们在前面已经谈到了文盲、扫盲和文化上的同化等结构问题。由于这些数量极少，作用却极大的书，我们现在再次来讨论这些问题。关于蒙塔尤那些善于思索的人，需要自上而下地加以区别。

1. 一批"享有特殊威望的"识字的精英，这批人包括奥蒂埃兄弟和伊索拉或卡斯泰尔诺这类在加泰罗尼亚居民中活动的异端派教长。如同雅克·奥蒂埃所说，这些人能区别两种圣经，一种是从罗马教会传过来的病态的、虚假的坏圣经，另一种是异端派教士们熟悉的能拯救灵魂的圣经，这种圣经当然来自上帝的儿子（III. 236; II. 504）。

2. 略懂拉丁文但不享有特殊威望的识字精英。在那些与蒙塔尤区别不大的村子里，文献中留下了对这类精英的描述。在古里埃（阿列日）有一个名叫贝尔纳·弗朗的人，这是一个地地道道

---

① 上文第七章和 I. 44（伏多瓦人的书籍）；I. 180（当地犹太人的书籍）。

第二部分 蒙塔尤考古：从举止到神话

的庄稼汉（I.352），与别人一样种黍子，后来成了兄弟会的教士，还懂一点拉丁文。古里埃的雷蒙·米埃日维尔讲述了他的故事：

"四年前的一个星期天，在古里埃的圣米歇尔教堂做完弥撒后，我留在圣殿里靠近神坛的地方，跟我在一起的有阿尔诺·奥吉埃、纪尧姆·赛格拉、雷蒙·絮勃拉、贝尔纳·玛丽亚和贝尔纳·弗朗，他们全是古里埃人。这时候，贝尔纳·弗朗与阿尔诺·奥吉埃这两位教士用拉丁语讨论起来了，我们这些在俗的人（我已在上面列出了名字）不知道他们两人说些什么。突然，刚才讲拉丁语的贝尔纳·弗朗讲起通俗语言来了，他说：

'上帝有两个，一个好，一个坏。'

我们立即表示反对……"（I.351）

我们还发现，对于像雷蒙·米埃日维尔这样的农民来说，拉丁语和通俗语言的区别，清清楚楚地反映了在教与在俗的不同。同样，在阿克斯累太姆，附近的乡下人认为当地的本堂神甫肯定会（用拉丁文）向主教写信（II.358）；在蒙塔尤村民眼里，本堂神甫克莱格和他的接班人或接替人雷蒙·特里伊也是这样[①]。

3. 在身为普通种田人和会拉丁文的在教教徒之下，还有一个文化层，那就是那些文化最高的在俗者，他们能读书，但必须是用奥克语即"通俗语"而不是用拉丁语写成的。这些人被叫作"不识字母（拉丁字母）的人"。在普通人的眼里，这些二流识字人的威望明显低于懂拉丁文的人。听一听养羊人雷蒙·皮埃尔傲气十

[①] II.239。此事值得注意，在谈到前纯洁派教长时使用"可以从他脸上'读'到……"这样说的是一位神甫（巴尔泰雷米·阿米拉克），若是一个普通农民这样说，那就没有多大意义。

第十五章 文化网络和社会结构：书籍与夜晚聊天

足地谈论当过织工的普拉德·塔弗涅，就可以清楚地体会到这一点（II. 416; I. 100）；普拉德·塔弗涅突然被任命为教长，但他是否拥有足够的知识，却并不十分肯定。雷蒙·皮埃尔说：

"奥蒂埃家的皮埃尔、纪尧姆和雅克都很聪明，很多人都很喜欢他们。给他们送礼吃不了亏，所以奥蒂埃家收到的礼多得很，他家什么都不缺。可是，安德烈·塔弗涅①就不那么吃香，他不识字，他的熟人和朋友比奥蒂埃一家少多了，所以他穷。得送他一些礼，让他添些衣服、书籍什么的……"

这段文字妙极了。普拉德·塔弗涅能读书，可是这位过去的体力劳动者既没有受过教育，也不识拉丁文，大大小小的礼物当然就不会送到他家去了，礼物只送给富人。因此，自学成才的普拉德·塔弗涅面对奥蒂埃兄弟，心里就很不自在②。在他那伙人面前，他把奥蒂埃兄弟看作既有知识又有外财收入的人。对于他来说，拉丁文"既是一道障碍，又是一个等级"。

4. 村子里的最后一道界线划在能读通俗语的人与不识字的人中间。这道界线也反映了一种文化现实，对于分处于这条最后分界线两边的人来说，它并不会引起摩擦，也不会损害十分敏感的自尊心。仔细想一想，他们毕竟属于同一个层次。

对于那些为数众多的文盲来说，如何传递书本知识，就是一

---

① 普拉德·塔弗涅自行在他的姓名之前加上了"安德烈"。这样一来，他就从以地方的名字（普拉德）为名变成了以圣人的名字（圣徒圣安德烈）为名了。
② I. 417。贝利巴斯特（见 II. 28—29）很可能也被包括他的信徒在内的许多人认为是个识字不多的人。因此，皮埃尔·莫里根据贫困（这里指的是知识上的贫困）的人的传统理想而对他怀有敬意，这种传统理想认为，凡是算得上是半学者和半文盲的人，只要能行善，就跟世界上的任何学者一样值得尊重。

第二部分　蒙塔尤考古：从举止到神话

个很大的问题。在蒙塔尤 250 名左右居民中，肯定识字的人只有 4 个[①]，其中两三个人也许稍微懂得一点拉丁文。大家想一想，曾经身为城堡主夫人的贝阿特里斯竟然也大字不识一个，而她的女儿就大不相同了，她们全都识字。贝阿特里斯的情夫能看书，可是她自己不会写情书，于是只好让孩子传口信，或许还要捎带着打手势。[②]

在这种条件下，书本知识的口头传播具有非常重要的作用。在蒙塔尤和其他村子的十次夜晚聊天中，只有两次被确证为有手持书本的教长在场（参见上文）。其他各次夜晚聊天时，都单凭一张嘴；说话的人很多，从教士到信徒和同情者，却没有一人拿出书来读上一段。在大多数情况下，蒙塔尤人对书的利用仅限于把它当作一种东西，每当有人临死前做慰藉时，把书在他的头上放几分钟。书也是（在蒙塔尤以外的地方）起誓的必备物，证人、朋友和同伙起誓时，都要一起把手按在书上[③]。事实上在大多数情况下，学好学坏不是靠眼睛，而是靠耳朵，所以，人们把分辨善

[①] 他们是：本堂神甫克莱格、他的"同窗"贝尔纳·克莱格和普拉德·塔弗涅；塔弗涅在蒙塔尤住得很长时间，但还不能算作蒙塔尤的真正居民，他原籍在一个毗邻的堂区。他的"同窗"本堂神甫克莱格（可能还有贝尔纳·克莱格，此人的学识很受赏识）或许还多少懂一点拉丁文。识字的人总计达到 1.6%。请比较一下，在路易十四时代的法国人中，识字的人已占 22% 了（见弗勒里一瓦尔玛利，1957 年；弗雷一萨希，1974 年，第 726 页；男性与女性平均数）。但是，富瓦公爵区在这方面很落后，这种比例到了 1686 年还离 22% 很远。
[②] 见上文第十三章。
[③] 宗教裁判所让证人和被告手按着福音书起誓（II. 358 等若干处）。同性恋者韦尼奥尔的朋友们也手按某本圣书起誓（III. 14—50）。文明程度差些的人则按着自己的头顶或面包、葡萄酒、面粉起誓。

第十五章 文化网络和社会结构：书籍与夜晚聊天

恶说成"听得清或听不清善与恶"。[1] 因而，由于缺少书面文献，视听记忆在蒙塔尤就非常发达，说教和口才也就分外重要；在长期文盲众多的法国南方，口才在政治和宗教生活中具有举足轻重的作用。蒙塔尤的城堡管家雷蒙·鲁塞尔说："听了教士们的宣讲，就再也离不开他们了，永远成了他们的人"（I.219）。简直就跟吸毒上瘾一样。事实是，皮埃尔·奥蒂埃和他有一张"天使的嘴"的儿子雅克，留在人们记忆中的是非常出色的演说家，而据农民和牧人说，他们的学生纪尧姆·贝阿特里斯可就差多了，他的口才实在太蹩脚了[2]。

因此，被称作"金嘴"或"天使的嘴"的教士，就可以向那些不识字的人讲书。除此之外，在书面与口头之间，还有其他传播途径。比方，在上阿列日地区，有一种（在当时条件下是非常大胆的）观念时而在手工艺人和农民中间传播，这种观念认为世界是永恒的，如此而已。这种观念的根子在于民间。不过，它的出现（由于口头传播）也与书本、文学和哲学背景有关；是那些具有危险思想的说教者把它传播给了平民百姓的。例如，阿列日的塔拉斯孔地方的采石工阿尔诺·德·萨维尼昂认为，世界是无始无终的，这就与基督教教义完全对立。当他被问及这种思想来自何处时，他回答说有两个来处，一是当地的一个顺口溜（"古往今来都一个样，男人总要偷婆娘"）；二是他的老师、塔拉斯孔几所学校的校长阿尔诺·托侣对他的教导，这种教导多半来自书本

---

[1] II.22 等若干处。关于智力能力，雅克·富尼埃宗教裁判记录簿也提到了"意思"（II.43）和聪明及不聪明的人。
[2] 雅克·奥蒂埃口才极好，被称为"天使的嘴"（II.406）；皮埃尔·奥蒂埃的口才（II.28—29）；出处同上；贝利巴斯特的蹩脚口才，出处同上。

第二部分 蒙塔尤考古：从举止到神话

(I. 163, 165)。

再举一例，行吟诗人的影响。这种影响与蒙塔尤以及与它相似的村子关系不大，至少谈不上有直接影响。在这个比较晚的时期，作为这种影响被记录在雅克·富尼埃宗教裁判记录簿里的，只涉及城堡之外的帕米埃。即使在帕米埃这样的城镇里，尽管一些大领主府邸里有一些雏形图书馆，诗歌的传播主要途径还是从嘴巴到耳朵；在帕米埃教堂的唱诗班里，人们低声哼着互相传播皮埃尔·卡尔德纳尔的"科布拉"(III. 319)。

*　　　*　　　*

某些教派和民间习俗是书籍产生的久远的或新近的原因，但是，在蒙塔尤，书籍并不处于文化再生产过程的中心[1]。文化再生产另有其主要因素，其中当然包括父子[2]（或是母女、姨侄、兄弟、堂兄弟等等）之间的行为与思想的直接传递。皮埃尔·莫里说[3]："由于信奉异端，我父亲在蒙塔尤的房子前后三次被毁，我当然不会因此而当众认错，我应该坚持我父亲的信仰。"好心的牧人的兄弟让·莫里也说："那时我12岁，看管着父亲的羊群。一天晚上，我走进父亲的屋子时，看见父亲、母亲和我的四个兄弟、两个姊妹都围坐在火边，父亲当着母亲和兄弟姊妹的面说道：

'阿莱拉克的菲利普和雷蒙·佛尔都是好基督教徒、好教士，

---

[1] 在上面关于书籍的章节中，由于缺少资料，我没有提到其他文化传播手段，例如有人利用祭坛上的画像、塑像以及歌曲等等（II. 54; III. 234）。
[2] 乌尔泽的著作，见本书所附书目，第114—115页。又见 M. 莫斯的《社会学评论》，第117页。
[3] II. 174。正如让·莫里所说，从他孩提时代起就全力把他培养成为异端派的信徒的，确实是他父亲、母亲和哥哥等全家人（II. 461）。

他们说话算话,从不撒谎……'"(II.470)

6岁的"小未婚妻"贝尔纳戴特已经许给莫里了,条件是莫里同意给他未来的岳父做干儿子。贝尔纳·贝利巴斯特和皮埃尔·莫里就此事有过一次对话。皮埃尔问道:

"你怎么知道贝尔纳戴特长大以后能分辨善恶?"

贝尔纳·贝利巴斯特答道:

"父亲教养得好,上帝保佑,女孩子自然能分辨善恶。"(III.122)

倘若没有父亲熏陶年轻人,教会他们如何生活、如何思想的人,可能就是母亲、姑姑、阿姨了。比如,纪尧姆·奥斯塔兹之所以成了异端派教徒,部分原因就是受了他母亲的影响,而这位母亲则直接受了皮埃尔·奥蒂埃布道的影响(I.203—204)。在火边度过的一个又一个夜晚,在去往卡尔卡松的路上,母亲和儿子都会就纯洁派传教士的思想进行讨论。许许多多别的人也像让·佩利西耶和维萨纳·泰斯塔尼埃尔那样,受到了那些有异端思想的人的影响,影响这人的可能是婶子,影响那人的可能是母亲和父亲(I.461,469;III.86,87)。

一般地说,很少通过"一帮同辈人"或一群地位相同的人,例如一伙年轻人(何况蒙塔尤并不存在这样一伙年轻人),来进行文化传播。年龄基本上是一种优势[①],传递和再传递文化的权利要靠资历取得,当然,凭借较高的社会地位也可取得这种权利,例如,本堂神甫对于堂区的教民,雇主对于雇工,草场主对于租用人等等。对于年轻的一代来说,全体年长的一代都是他们的教师;

---

① 关于16世纪,见N.迪·法伊的《乡村俗语》。

第二部分 蒙塔尤考古：从举止到神话

这跟现在不同，如今的村庄通常只有一位教师。

拥有资历可以因为是长辈，例如父亲、母亲或婶子，也可以因为是丈夫、堂兄，或者因为是雇主。皮埃尔·莫里[1]说："我的堂兄弟雷蒙·莫朗征得了牧羊人雷蒙·皮埃尔的同意，让我留在他家当牧童，这样，雷蒙·皮埃尔就可以慢慢地让我接受他的宗教信仰。"即使同是年轻人，他们之间的年龄差别（这种差别极少显现出来）也可以通过"横向"或"准横向"网络在文化传播中发生一定的作用，例如朋友、堂兄弟、小舅子与姐夫、妹夫之间等等。贝洛家的尚未结婚的几个年轻兄弟，就把皮埃尔·莫里和纪尧姆·吉拉贝尔等比他们更年轻（15—18 岁）的"伙伴"拉进了纯洁派。

我们发现，蒙塔尤男性的高龄具有两面性，当男性进入衰老期，变得脾气古怪时，他们的威望会因此而受到损害，年纪最大的人于是被"撂在一边"；可是，成年或壮年却又常常能在思想和文化方面赋予他们一种主导地位。在青年人中间，年龄同样具有

---

[1] III. 110。关于在田间劳作（种植或收获萝卜）时父子之间的直接文化传播，见 I. 400。关于母亲和丈夫乃至求爱者在文化方面扮演的角色，见 I. 469 和下文（纪尧姆·奥斯塔兹和让·莫里的母亲等）。关于姨母、姑母在这方面扮演的角色，见 III. 86—87 和下文（A. 富雷）。在 1973 年举行的一次学术研讨会上，克洛德·列维-斯特劳斯先生强调指出，在过去，文化主要通过由父亲到儿子这种垂直的世代相传的渠道逐渐渗透（除了大型集会等场合外）；如今文化则主要通过横向渠道传播，从而成为产生代沟的原因之一（不过，过去也有一些准横向的文化传播渠道，如哥哥传给弟弟，以及小舅子和小叔子、堂兄弟和表兄弟以及朋友之间的互传等等。见 I. 147; III. 87）。学校教师在文化传播中扮演了特殊的角色，只是仅限于谷地高处的市镇（I. 165），在我们所提到的山乡里几乎一点也看不到教师的这种作用（这是不言而喻的！）。关于本堂神甫在文化方面的作用（当然主要指宗教范围内），见下文。

第十五章 文化网络和社会结构：书籍与夜晚聊天

这种作用。涉及稀奇古怪的思想或是革命性（对于当时而言）的思想时，情况也是如此。蒂尼亚克的雷蒙·德·莱尔有以下这样的叙述：

"我向高苏的皮埃尔·罗齐买下了朱纳克附近的一块草场上的牧草，说好某天俩人在那块草场碰头，一起割草。到了那天，我们分别从高苏和蒂尼亚克来到草场，皮埃尔·罗齐一边磨镰刀，一边对我说：'你相信上帝和圣母吗？真有这回事？'

我答道：'当然，有的，我相信。'

皮埃尔又说：'上帝和圣母不是别的什么，就是我们身边看得见的世界，就是我们听到和看见的东西。'

皮埃尔·罗齐比我年纪大，所以我觉得他对我说的就是真理。此后大约有7—10年，我一直非常真诚地深信，上帝和圣母无非就是我们身边这个看得见摸得着的世界。"①

雷蒙·德·莱尔一贯尊敬年长的人。一天，他与蒂尼亚克的同姓老乡纪尧姆·德·莱尔在一块儿放骡子，纪尧姆把骡子赶到地里去吃已经长得很高的麦苗（此时已是5月），直到肚子吃得滚圆。雷蒙看到骡子糟蹋庄稼，就赶紧看好自己的牲口，纪尧姆却说：

"这没什么，骡子跟这块麦地的主人一样也有灵魂，主人吃麦子跟他的骡子吃麦苗是一回事，不是糟蹋。"（II. 129）

---

① II. 129。关于由于大人们过早向青少年灌输这些思想而造成的困难乃至（被告发的）危险，见 III. 147。关于年轻人受到同代年长者或成年人的教诲（在田间或路上的谈话中），见 I. 410 和 I. 422；I. 444；III. 87。关于"同伴"这个词在年轻人中间的使用情况，见 III. 261。关于对青年人这种往往迟了一些的培养工作的性质，见莫斯的《社会学评论》，第 128—129 页。

第二部分 蒙塔尤考古：从举止到神话

雷蒙那时若不是孩子便是半大小伙子。他又一次把比他年长的人说的这些不符合正统天主教教义的话当作真理，而这个人便是与他一起干活的纪尧姆。一晃又是7—10年过去了，他说：

"我全都相信，因为纪尧姆·德·莱尔比我年纪大。"

雷蒙这样想，丝毫不是由于他傻。尽管他自己并未意识到，他却是个唯物主义者，在他看来，牲口的灵魂与人的灵魂当然是一样的，都是血。与年轻的雷蒙对话的人因年长而具有的威望，有力地支持了他那多少有些古怪的头脑里固有的单纯自然主义猜想。从此以后，这个放骡子的孩子就真诚地相信：上帝就是世界。人和牲口以及他们的灵魂都是血做成的，没有多大区别。

文化从年长者流向年幼者，不过，这并不能完全遏制创新，只是使创新比较困难和特殊罢了。让文化传播的途径倒转过来，比如说由儿子传给父亲或母亲，这条路似乎很难走得通[1]。上文已经提到的那个在加泰罗尼亚居住时改信罗马天主教的让娜·贝费，在母亲埃麦尔桑德这位蒙塔尤年迈的阿尔比派教徒那里得不到丝毫理解[2]，信奉天主教的母亲和纯洁派的女儿竟然彼此拳脚相加。一个男孩子当上了教士，在文化上当然也就比一般人多少强了一些，然而，他的这点光彩在他父母身上的作用却极其有限，尽管他们依然是村里普普通通的种田人。纪耶迈特·克莱格[3]说：

"那天是蒙塔尤的一个节日，我抱着小女儿站在村子的广场

---

[1] 在这个问题上，当今世界中出现了一些截然不同的"模式"，见人类学家玛格丽特·米德的谈话（载《新观察家》1973年9月18日）。
[2] 见 II. 459：尽管纪尧姆·莫里对儿媳存有戒心，她倒是对他很好，不过她不是异端派教徒。
[3] I. 335—336。

· 410 ·

第十五章 文化网络和社会结构：书籍与夜晚聊天

上……纪耶迈特·让站在紧挨着我父亲房子的厕所下面，她是普拉德的皮埃尔·让的老婆，也是我妈的姊妹，她叫了我一声，对我说：

'我本来想跟我的兄弟普拉德·塔弗涅（纯洁派教长）说……异端派的教士拯救灵魂，可是神甫们却迫害这些教士。'

我这位姨妈接着又说：

'我的儿子皮埃尔·普拉德是神甫，现在住在茹古[①]，万一他知道我到这里来找普拉德·塔弗涅说话，他大概再也不愿见我，再也不愿替我做任何事了。'"

讲完了前面的故事后，纪耶迈特·克莱格说："由于这个原因，皮埃尔·普拉德神甫后来让他母亲纪耶迈特·让来到茹古，在那里一直住到死。他这样做的原因是不让我姨妈成为异端派。"

从纪耶迈特·让这个例子看，当神甫的儿子只是在不得不与她住在一起后，才能对她产生影响，宝贝儿子并不能凭借知识方面的优势说服母亲，皮埃尔·普拉德依靠强制才奏效。

他终于达到了目的。不管愿意不愿意，他不准母亲再会见纯洁派教士。基耶的农民兼牧人雷蒙·德·拉比拉也有个当神甫的儿子，这个儿子对其父的影响更加微乎其微。雷蒙与纯洁派有来往，他激烈反对正统天主教，而且有非常具体的理由，那便是他要为自己的羊群缴什一税。这个极端憎恨本堂神甫的人有一个儿子，在教会里做事，可是这个儿子却并不因此就能说服父亲。雷蒙在生气的时候大叫大嚷："让教会里的那些人全都死掉，连我那

[①] 茹古即今奥德。

第二部分　蒙塔尤考古：从举止到神话

个做神甫的儿子也别剩下。"①

在上阿列日，堂区神职人员和本堂神甫虽然品行不十分规矩，但一般地说，在文化（就其人类学的意义而言）方面还是很有影响力的。与此相比，上面说到的儿子（哪怕已经成了神职人员）对父亲的影响之小，就更加显著了。但是，父亲对儿子产生单向影响似乎是一条很难打破的规律。年迈的纯洁派信徒蓬斯·克莱格的儿子皮埃尔当上了本堂神甫，可是他根本不受儿子亲天主教的巨大变化的影响，父亲年老时还可能受到儿子施加的压力②，可是如果父与子的宗教信仰有异，父亲并不因为受到儿子的压力而改宗。男性农民顶多只会被老婆或岳母所左右③，却从来不会被儿子牵着鼻子走④。

我们从这些当然不难看出，阿列日人的家庭拥有一种专横的规矩，维护长辈（父亲，有时也包括母亲）的威严。然而，奥蒂埃一家之所以能在传教中取得巨大成功，除了他们的本事之外，这种威严岂不正是原因之一吗？奥蒂埃家的皮埃尔、纪尧姆（兄弟）和雅克（皮埃尔的儿子）这三位阿克斯累太姆的纯洁派传教

---

① II. 328。雷蒙·拉比拉作为牧人被认为缴过牲畜什一税，关于他作为名副其实的农民的活动，见 II. 316。
② 上文，第十三章。
③ 上文，第十四章（吉拉贝尔的临终慰藉）。
④ 有一位母亲是纯洁派的同情者，她的儿子与女儿也是纯洁派的同情者，在儿女们的要求下，她事先就已准备为她的儿子做临终慰藉，到时候当然也就不加阻挠了（I. 413—414 和 I. 423）。我们在这里提到的两代人之间的冲突，主要发生在父母是纯洁派而子女却已回归天主教的两代人中间。关于在这种情况下的母子之间的冲突，见阿尔诺·巴伊—西克尔回忆他的即使受火刑也不改其异端信仰的母亲时的敌对情绪（II. 21 及以下各页）。

第十五章 文化网络和社会结构：书籍与夜晚聊天

士，并不企图劝说他们的同龄人或比他们年龄稍长的人加入他们的教派，他们组成了一个有威望的流动传教家庭，到各处去劝说那些名望稍差但稳稳地掌握着自己权力的家庭加入他们的教派。宗教皈依就是这样一个一个地逐一进行的，在这个过程中，父与子的从属关系和年轻人对于年长者的服从关系，在两方面都得到了维护。

*　　　　*　　　　*

蒙塔尤的文化借助当地社会交往中的等级结构产生和传播，很少依靠书籍和文字。莫里斯·阿居隆在他的如今已成为经典的一系列著作中，对法国南方的这种社会关系做了描述，从17世纪到19世纪，这种社会关系构成了奥克—普罗旺斯地区村庄的宗教、民俗传播和政治化过程中的主要因素[①]。据莫里斯·阿居隆这位原籍埃克斯的历史学家的叙述，在文艺复兴时期，已经出现了类似后来的苦行僧修会那种团体；1550—1700年间，这些团体一直活动在从土伦到图卢兹这个具有巴洛克情结的广阔地区；埋葬穷人的遗体，特别是为蒙面长袍僧侣和孤儿送葬，都是它们特有的活动，在那些有上百个钟楼的城市里，每逢出殡就到处钟声大作。到了18世纪，洛可可文化的地位有了改善，死亡也不那么让人恐惧了，这些苦行僧团体于是面貌大变，有时竟然大吃大喝，寻欢作乐；后来它们甚至发展成共济会，倾向无神论。

不言而喻，在1300年代，法国南方特有的社会交往或者干脆就是一般的社会交往，在蒙塔尤具有很大的活力。但是，当时的社会交往尚不具有后来蒙面僧侣大行其道时出现在奥克西坦尼社

---

① 莫里斯·阿居隆：《旧普罗旺斯的苦修修士与共济会》。

第二部分　蒙塔尤考古：从举止到神话

会交往中的那种或喜或悲的形式。在图卢兹和奥克西坦尼的主要城市中，从14世纪起，就有许多围绕着社会救助、各种行业和圣人崇拜组织起来的宗教团体[1]。城市中托钵僧修会的好斗精神进一步促成了这些苦行僧团体的社会化。可是在蒙塔尤，小兄弟会的影响几乎看不到，这种影响局限于北边的山脚地区，离佩戴黄十字标志的村庄相当远，或是在它南面的加泰罗尼亚的一些镇子里，例如普伊格塞尔达[2]。这种影响只是偶尔才进入到阿利昂地区。当然，应该说本堂神甫克莱格在完成他的神职人员的主要任务时，还是比较尽心的；他还开了一个出售圣物的小铺子；可是他把太多的精力花费在讨好那些漂亮的女教徒身上，因而没有足够的时间或心思去考虑如何让宗教团体的社交活动在当地扎根了。在上阿列日的其他村子里，也没有任何迹象表明附近堂区激起了人们对那些宗教团体的崇敬，尽管那里的本堂神甫们品行比克莱格规矩，不像他那样风流。何况，本堂神甫们与那些在山里见不到的托钵僧不一样，他们对于此类活动很不在行。由于不存在此类组织（这个空白后来由阿尔比教派填补了），所以最佳的（并非唯一的）社会结构只能是家。在家里，最佳的社交活动时间则是夜晚聊天。

---

[1] 菲利普·沃尔夫，《图卢兹的贸易和商人》，1954年，第607—609页，以及同书第545页及以下各页（与世俗的行会组织对比）。"同行"一词在雅克·富尼埃宗教裁判记录簿也可见到，不过其含义较泛且具有隐喻性（II.32）。格拉曼夫人（论文，引言）指出，在13和14世纪的朗格多克农村中，行会极少，甚至被禁。但罗尔辛夫人却在她的《14和15世纪里昂地区的村》中提到，当时在里昂的纯农村地区中有许多行会组织。

[2] 见本书第二十二章。

第十五章 文化网络和社会结构：书籍与夜晚聊天

我们先介绍一个这种夜晚聊天的具体实例，它发生在阿克斯累太姆附近的阿斯库。这是一个充满典型的农民气息并且秘而不宣地信仰纯洁派的村子，这就使这里的夜晚聊天完全可以与蒙塔尤相比，而我们对蒙塔尤的夜晚聊天却所知甚少。一天晚上，阿斯库村的西克尔跟老婆吵架①时占了便宜，他无缘无故地把老婆叫作"老母猪"。火气消了之后，他出门去瞧一瞧牲口，经过了让-皮埃尔·阿米埃尔（此人也许是家长）的屋子，阿米埃尔同他的母亲里克桑德·阿米埃尔住在这所屋子里（6年之前，这位里克桑德与她丈夫一起离开村子，据嘴碎的人说，他们出走的原因是皮埃尔得了麻风病，也有人说是因为夫妻两人成了异端信徒。不管事实如何，过了一些日子，里克桑德独自一人回来了，从此就在儿子屋子里独居，而皮埃尔·阿米埃尔此后就再也没有露面，谁也不知道他到哪里去了）。

雷蒙·西克尔走到阿米埃尔家门口时，见到里面有亮光，这说明里面有人在聊天；很显然，并没有人请西克尔来参加聊天。西克尔有些好奇，便推开门看一眼，可是一点也看不清阿米埃尔请来的客人是哪些人，因为他们挂着一块粗布当帘子，从屋顶一直拖到门脚下。西克尔不管三七二十一，还是走了进去，站在别人看不见的地方，竖起耳朵听着。这时聊的是吃饭问题，特别是面包。里克桑德·阿米埃尔假装谦虚地对她的客人们说："我担心你们不喜欢我为你们做的面包，我们山里女人没有细筛，做不出好面包来。"

一个不认识的客人说："不，不，你做的面包又好吃，又

---

① II. 365—366。夜晚聊天时村民们讨论神学问题的另一个例子见于 I. 191。

好看。"

里克桑德听了这话很开心:"你喜欢我做的面包,我真高兴。"

雷蒙·西克尔越发好奇起来,非要弄清楚到阿米埃尔家来聊天的究竟是谁不可。他接下去做的事让我们看到了农民居住的窝棚简陋到何等地步,这比长篇描述更为准确而又形象。西克尔说:

"我走到屋门口边上的一个角落里,用脑袋掀起屋顶的一个角,我很小心,怕把屋顶给碰破了。这时我看见(在厨房里)板凳上坐着两个人,面对炉火,背朝着我,他们头上都戴着风帽,我看不清他们的脸。其中一个人说(话题已经从面包转到奶酪了):'这块奶酪不错,挺好。'

让-皮埃尔·阿米埃尔说:'我们山里的奶酪确实很好。'

那人多少有点不客气地说:'不,奥尔陆和梅朗斯山区的奶酪比这儿的好。'

奶酪不可能聊个没完没了,另一个戴着绿风帽的陌生人把话题拉到了鱼上头,他说:'你给我们吃的鱼好极了,一点不比你们的奶酪差,真是好鱼。'

第一个戴绿风帽的人接着话茬说:'是,一点不错,这鱼比我平常在阿斯库山口和奥尔陆山口①吃到的更好更新鲜。'

里克桑德是个手艺高明的厨师,当晚招待来客的食品都是她亲手烹调的,她说:'给我送这些鱼来的人真是做了一件好事。阿斯库的加亚尔德对我也特别好,她为我准备了烧鱼用的油,而且是提心吊胆地偷偷为我准备的。她真是个好人,比村子里哪个女

---

① III. 366。捕鳟鱼在上阿列日山谷和阿尔诺皮基埃地区是一种重要的生产活动,见 III. 497 和 III. 253—259。又见博纳西的著作,II. 109。

第十五章 文化网络和社会结构：书籍与夜晚聊天

人都好，只不过，她怕丈夫怕得厉害。'

两个戴绿风帽人中的一位表示同意：'加亚尔德确实是个好女人，不过她的男人不是个好东西，长着一头癣，总想假装好人，还受过割耳朵的刑。'

里克桑德听了这话很尴尬，在她儿子的支持下，她要替邻居的丈夫说几句好话，尽管几分钟之前她还把这个男人说成是让女人害怕的家伙，她说：'加亚尔德的丈夫是个蛮不错的男子汉，跟他说话时，他很和气；他还是个好邻居，他从来不糟蹋别人家地里的庄稼，当然他也不愿意人家糟蹋他地里的庄稼。'

一时间谁也不作声，气氛显得有些尴尬；为了打破僵局，女主人请大家拿起酒杯喝酒。话题于是又上一个等级，转到当地的教堂和教区问题上来了。从这时起，就只听两位戴绿风帽的人说了，他们慢慢地把话头引到传教上去。第一位戴绿风帽的说：'阿斯库和索尔嘉两个地方的人要是合起来有一个教堂，那就好了，那样的话，他们就不必到山下阿克斯累太姆教堂去了。'

另一个戴绿风帽的说：'不，我不这样想。还不如让阿斯库人只有阿克斯教堂呢。要不然就会多出好些花销来，不管怎么说，阿克斯和别处的神甫本来应该照管阿斯库人，可他们根本不管。就跟拿着羊铲把羊赶到一起的放羊人那样，只要大家有饭吃，这些神甫就不管别的了。'

第一个戴绿风帽的又说了：

'本堂神甫也不大给老百姓宣道，去听他们宣道的人还到不了全村的一半，听得懂他们说什么的人大概也就这些。'"

事情过去了 15 年，西克尔记不清阿米埃尔家的两个人和那两个绿风帽接着还讲了些什么，我们当然也就无从知道了。不过，

第二部分 蒙塔尤考古：从举止到神话

西克尔当时很快就离开了他旁听别人聊天的那个角落，去看他的羊群了（II.367）。我在上面几乎一字不落地转述了那天夜晚聊天的全部内容，原因是这些对话让我们非常清楚地看到，蒙塔尤和阿斯库的农民在夜晚聊天中，喜欢谈吃的问题，说女邻居好话，有分寸地说另外一些邻居坏话，又说当地缺少一个做礼拜的场所，接着就说附近堂区的神甫怎么不负责任。两个戴绿风帽的人是阿米埃尔家请来的客人，也许大家已经猜到了，他们都是纯洁派传教士，其中之一便是公证人皮埃尔·奥蒂埃，他十分熟悉阿克斯累太姆的人和他们的风俗习惯。他本人多少也算是个农民，因为他有一群牛，若不是自己在放养，便是请人放养着，既然是个放牛人，他当然不用费力就能参加到夜晚聊天里去，而且能够把它引到反天主教话题上去。在他看来，谈到这种地步，离说明本意，劝他们宣誓皈依纯洁派也就不远了。

这种传教方式在蒙塔尤和在外地居住的蒙塔尤人群中，常常可以在夜晚聊天中看到，有时甚至还可见到比较正式的仪式。加泰罗尼亚的蒙塔尤人居住区等于是搬到比利牛斯山南麓来的蒙塔尤和居比埃尔，农民和手工艺人可以毫无拘束地在这个居住区里开展社交活动，正餐和早晨、中午的便餐通常是进行社交活动的时间，在有十几个客人的饭桌上，往往会谈到信仰之类的思想问题。说不了几句话，就会马上取下挂在钩子上的火腿，并且还会到市场去搞点鱼来，因为教长不吃肉。好吃的东西弄齐之后，主妇刮鱼鳞，客人们转过身来朝贝利巴斯特喊[1]：

---

[1] 关于12—15人参加的家宴，见II.33和II.184。关于住在市镇里的人邀请住在农村里的人吃饭的事，见III.150, 360—361。

第十五章 文化网络和社会结构：书籍与夜晚聊天

"给我们讲一讲，好好讲讲！"

教长只好老老实实地按大家的要求做，把亚当因堕落而犯下原罪的故事当作纯洁派的神话再讲一遍，尽管在场的人已经听过无数遍了。

蒙塔尤的社交活动形式多样，但是，乌尔泽夫人在她那部尚未出版的关于加泰罗尼亚的阿列日人的著作中正确地指出，作为在男人不断成长过程中的一个细节，晚餐和夜晚聊天在社交活动中具有特殊的重要作用。晚餐是最重要的一幕，与此有关的优秀篇章流传下来的极多。耶稣在迦拿的婚礼上，曾把好酒放在一边，留着最后喝。据阿尔诺·西克尔说（II.37），他们模仿耶稣当年的做法："我们先吃最小的鱼。异端信徒（贝利巴斯特）对皮埃尔·莫里和纪耶迈特·莫里说：

'把大鱼留着，纪耶迈特的两个儿子阿尔诺·莫里、让·莫里和另外一个皮埃尔·莫里，也就是纪耶迈特的兄弟一会儿也要来，等他们来了再吃大鱼吧……'"

又一个晚上，那位好心的牧羊人的兄弟让·莫里[①]背回来一只死羊（偷来的），到纪耶迈特·莫里家里去聚餐……

（在原为蒙塔尤人的老板娘家里）吃过晚饭后，农民们围着炉火长时间的聊天就在圣马多开始了。女主人的亲朋好友皮埃尔·莫里等等参加聊天，她的两个大儿子若是不去看守牲畜，也参加聊天。参加聊天的人还有过路的纯洁派教士、眉开眼笑的本堂神甫和他们的老婆、穷要饭的，还有纪耶迈特雇来在她新开的铺子里梳理羊毛的女工。头一次来参加聊天的人都带着酒，不然

---

① 见本书第二十四章。

第二部分 蒙塔尤考古：从举止到神话

就会让人瞧不起（II.24）。

在这种人数不定的夜晚聊天中，话题多种多样。要是彼此都信得过，那就会谈论异端问题；要是心思不在那上头，或是有可能把谈话内容传出去的外人在场，那就聊别的话题。纯洁派的老斗士，某个机灵的女信徒对宗教裁判所的戏弄，谋杀叛教者或者让娜·贝费那样的坏女人的计划，儿子的婚姻大事，畜群的健康状况，为畜群驱魔等等，诸如此类的话题胡乱穿插在一起[①]。夜晚聊天一直持续到压灭炉火的时候；要是有特别能聊和爱聊的人在场，那就可以一直聊到鸡叫（III.208）。可是在这种场合，劲头没那么大的人估摸着非得耗到天亮之前才能去照管畜群，于是便瞅准时机悄悄地两三个人挤在一张木床上睡去了[②]。

然而，在蒙塔尤和奥德、上阿列日的其他村子里，最具地区色彩的夜晚聊天还是自家人之间的聊天。奥蒂埃一家人经常在贝洛（I.319等若干处）家过夜，他们能说会道，所以他们一来，总要聊上一阵。主人陪着他们坐在各种各样的凳子上，围着炉火说话。皮埃尔·莫里的父母家里也常有欢快的夜晚聊天。1303年或1304年的圣诞之夜，一大群孩子围着父母一起过节（III.147，注451）。蒙塔尤人结束在奥德的转场放牧后，阿尔克的雷蒙·皮埃尔在厨房里请人吃饭，皮埃尔·莫里是主人家的座上宾；饭后接着聊天，一位纯洁派教长也一起聊（III.122, 124）。在居比埃尔的贝利巴斯特家里，纳尔榜主教的财务助理皮埃尔·吉拉尔师傅也

[①] 这些都采自乌尔泽的叙述，她则利用了西克尔、纪尧姆·莫尔和莫里兄弟的供词。

[②] 乌尔泽的著作，见本书所附书目，第86、90页。

第十五章 文化网络和社会结构:书籍与夜晚聊天

来了,与许多富裕的农民一起吃饭,跟自家人一样(III. 139);准确地说,他来吃饭是完全正常的,因为这里的男女老少全是同一个地区里操同一种方言的人,况且我已经说过,那时城乡之间的社会差别远不如今天这样明显。贝利巴斯特家的这顿饭吃完后,照例要大聊一场,而且还有一位异端信徒参加。吉拉尔师傅身上的异端气息不那么重,主人不大放心,于是一下饭桌,他就被有礼貌地请进去睡觉了。

对蒙塔尤农民的夜晚聊天描述得最为精彩的人,要数好心的牧人的兄弟让·莫里[①]。夜晚聊天时往往要请一位纯洁派教士参加,他可以为大家提供一些关于宗教裁判所的消息;这种夜晚聊天具有常见的一些特征,因而也就具有典型性。夜晚聊天时没有丰盛的食品。1323 年,让·莫里在某个场合叙述了两次饭后进行的夜晚聊天,时间大约在 1307—1308 年,地点就在那个佩戴黄十字标志的村子中他自己的屋里。参加第一次聊天的人当中,有他的父母,他的四个兄弟皮埃尔、阿尔诺、贝尔纳和纪尧姆(这四兄弟和让本人后来或早或迟地都坐过大牢),还有让·莫里的两个姊妹纪耶迈特和雷蒙德,她俩年纪轻轻,却已经定亲,不久就要出嫁,一个嫁到拉罗克多尔姆,另一个就嫁在蒙塔尤;在场的还有两位纯洁派教长:阿莱拉克的菲利普和鲁西荣的雷蒙·佛尔。两位教长在聊天开始时才到。(由此可以看出纯洁派教士的作风,他们喜欢在小范围内传教,在人家的家里,顶多在一两个家庭的成员面前。)

---

① II. 469 及以下各页。请与 N. 德·法伊在《乡村俗语》中介绍的罗宾·舍维家的夜晚聊天做一比较。

第二部分 蒙塔尤考古：从举止到神话

让·莫里那时 12 岁，给他父亲放羊，他来到厨房时，别人已经坐在那里了。上桌吃饭的只有男性大人，也就是让的父亲和哥哥纪尧姆，他俩坐在两位教长旁边，母亲和两个女儿忙着上菜端盆。年幼的男孩子坐在炉火边上，毕恭毕敬地吃着父亲不时地让人递过来的面包（也许已经由异端信徒祝过圣了）。有人给两位教长递圆形大面包和油煎白菜，这些应该说都是好东西了。吃完饭之后，男人坐在一条板凳上，母亲（女人是不干净的人）则坐在另一条板凳上，免得弄脏了两位教长。孩子们早早就去睡了，留下的是要进行严肃的讨论的大人。（我在这里顺便提一下，从这种做法便可看出，蒙塔尤人在教育方面有缺陷，比不上耶稣会学校对青少年进行的教育。夜晚聊天时要谈论到青少年的教育问题，却不让孩子参加讨论。就像如今的大学一样，教育似乎只与已经成年的年轻人和大人有关。这些人被允许与家庭主人和主妇以及白天就已到来的客人一起，从头到尾参加夜晚聊天。）让·莫里进去睡觉之前旁听了一会儿，先是父亲一个人说，接着是阿莱拉克的菲利普教士一个人说。教士们都算得上是个人物，他们总是自己说的时候多，听农民们说的时候少。

年轻的让·莫里没等夜晚聊天达到高潮就上床睡觉了，天不亮他就得起来。第二天一大早他就起床去放羊了。

另外一次夜晚聊天也在蒙塔尤的老莫里家里，情况与刚才介绍的那次差不多（II. 469—471）。时间是在 1 月份，那年的 1 月下了很多雪。主要人物也还是那几个人，阿莱拉克的菲利普再次路过蒙塔尤，自然就参加了，还有跟每天一样放羊回来的让·莫里。座位分配也跟上次一样：教长菲利普、莫里家的父亲和大儿子，还有冒雪把这位纯洁派教长送来的邻居纪尧姆·贝洛，统统上桌

第十五章 文化网络和社会结构：书籍与夜晚聊天

吃饭，年轻的男孩子、母亲和女儿围着火，一边烤火一边吃。由菲利普祝过圣的面包块从桌子上传到炉火边上的年轻人手里。

这种围着炉火把男女和老少分开的夜晚聚会，在蒙塔尤司空见惯。[1] 有炉火就不需要再点灯，所以不存在照明问题。只有那些不是厨房的房间，有时候需要靠月光、火把或蜡烛照明，比如在夜间做临终慰藉时就是如此（I.436—437）。至于取暖，中央那间屋才有这个问题，夜晚聊天的人靠厨房里的炉火取暖，必要时炉火一直生到圣灵降临节（III.99）。

从火到酒，只差一步；这一步很快就跨过去了，至少那些住在离山下葡萄园不远的山民是这样。就此而言，蒙塔尤是个极端例子，因为这个村子坐落在海拔较高的地方。当地人喝的主要是水，不过由于小酒店老板娘法布利斯·里夫的缘故，他们也知道喝葡萄酒。所以，夜晚聊天时也喝几口酒。[2] 逢年过节，蒙塔尤人的饭桌上也有酒，不过他们从不喝过头；对于一个蒙塔尤人来说，绝不会每天喝"一公斤红葡萄酒"；可是，这个酒量对于文艺复兴时期的平原葡萄种植区的农民来说，实在太普通了。葡萄酒基本上是男人的饮料，妇女特别是年轻姑娘喝起酒来总是扭扭捏捏[3]。通常不给她们上酒……然而在城市里，在葡萄产区，在加泰罗尼亚人聚居区，葡萄酒比较多，所以遇上要与熟人聊天或是结交朋友时，男人们往往到小酒店去买一瓶酒回来，或是在那里"喝一气"（II.29, 33）。蒙塔尤的夜晚聊天从来不会如同在诺曼底和

---

[1] 见 II.471—472、I.203 等若干处。
[2] 见上文，贝尔纳·克莱格给他岳母带来的礼物。
[3] 见上文（阿米埃尔家的夜晚聊天）和第十二章（J.贝费）。

第二部分 蒙塔尤考古：从举止到神话

佛兰德那样变成狂饮者的聚会。雅克·富尼埃宗教裁判记录簿上记载的几例酒醉事件，都是发生在城里的个别事件，或者干脆是假醉[①]。

在夜晚聊天中，喝酒是次要的，最主要的是看谁能说会道；谁都想显示一下自己滔滔不绝的口才。阿列日的农民那时就对法兰西南方人的口才颇有领教，不过他们更多地是以内行人的眼光欣赏这种口才，自己却并不付诸实践。当一群围着炉火的人要求"说一段，说一段"时（II.33; III.180），贝利巴斯特几乎总要老三老四地说上一段，或是讲一个神话故事，至少当他在加泰罗尼亚是这样。可是，皮埃尔·莫里却不客气地声称，与皮埃尔·奥蒂埃和雅克·奥蒂埃相比，贝利巴斯特简直就是个不会说话的人，他说："听皮埃尔·奥蒂埃和雅克·奥蒂埃讲话，让人感到光荣，而莫莱拉（贝利巴斯特）却根本没有口才。"[②]这就是说，皮埃尔·莫里认为，在夜晚聊天中最能说会道的是奥蒂埃兄弟，堪称一流，纪尧姆·贝利巴斯特远不如他们俩，算是二流，而他把自己则以一贯的谦虚态度排在最末一位，不入流。有的时候教长没来，吃完有鱼的晚饭后，纪耶迈特·莫里和客人们就对皮埃尔·莫里这位蒙塔尤的牧人满腔热情地说："皮埃尔，来一段，来一段！"（III.180）可是，皮埃尔·莫里每次总要客气一番，因为他觉得不应该由他来讲，于是他说：

"你们都知道我说不好，我不会布道。"

[①] 关于阿尔诺·西克尔的假醉，见 III.209；关于在"忏悔"时酒醉的事例，见 III.14—50。
[②] II.28。相反，正如 M. 安德里欧指出的（第15页），雅克·富尼埃宗教裁判记录簿未曾提及纪尧姆·奥蒂埃擅长辞令一事。

第十五章　文化网络和社会结构：书籍与夜晚聊天

*　　　　　*　　　　　*

由家庭成员加上客人总共五六个人或十来个人进行的夜晚聊天，对参加者会产生深层的文化作用，不过，夜晚聊天并非只是手工艺人和农民的特权，乡村里的本堂神甫们也利用他们自己的，也就是神职人员的夜晚聊天，来解决一些很严肃的思想认识问题。各个村庄的在俗教士和神甫们，来到朱纳克的终身副本堂神甫、里夫的阿米埃尔住处，围着火聊天。他们什么都聊，并没有一个确定的话题，有时候聊着聊着就聊到某一本"宣道书"里所说的有关肉体复活的问题上去了。神甫们各执一词，有的认为最后审判之后肉体会复活，有的认为不会。朱纳克的本堂神甫的女佣阿拉扎依也不请自来，听神甫们争得面红耳赤。尽管人们的社会和经济地位存在着不容否认的差异，但是在夜晚聊天时，主人与仆人之间的这种距离却明显地缩短了①。我们不应忘记，那是在同一间屋子既做饭，又吃饭，还要接待客人和夜晚聊天的时代。

---

① III. 9; I. 152—153。莫里哀笔下的女佣不是这样吗？

第十六章
/
社会结构：女人、男人和青年

家无疑是社交活动和文化传播的最主要场所，而且不但因为晚间聊天是在家里进行的。然而，超越一家一户的社交活动显然也是存在的。这些更活跃、更广泛的社交活动有时涉及全村居民中的一半女人和一半男人，而所有的家都是建立在女人和男人的相交点上的。

先说女人。大家都能想到，女人并不是作为女人而组织起来的（即使在女修道院这种极为特殊的场所也是这样）。我遇见过一些女修道士、女隐士和女敲钟人，但都是在离埃荣较远的上游地区，即阿列日和维克德梭交汇处的塔拉斯孔。布律纳·孟泰尔斯和玛丽都在萨瓦圣母教堂，她们都是非常能干的女修士，不但接待神甫，也接待过路的所谓神甫，用萨巴泰特有的食品招待他们。她们对于因拒不缴纳什一税而被革出教门的农民丝毫不讲客气，不让他们进圣母祭坛的大门。不能因为有这两位和蔼可亲的女修士，就说有一个修道院[①]。

---

① II. 316 和 III. 33。见卡斯泰尔诺达里的那位"厚道的女人"，朱纳克的布朗什·马尔蒂曾一度住在她那里（III. 285）。

第十六章 社会结构：女人、男人和青年

无论是事实或仅是一种表面现象，"女性社会"在很长时间里并不存在。即使在俱乐部、咖啡馆和集体住房日益增多的18世纪和19世纪的普罗旺斯农村里，社会网络的发展也几乎仅为男性服务。在我看来，女性此后仍停留在"自然"中，至少是停留在"非正式"之中，当然，这种"非正式"并不是绝对孤独的同义词。在14世纪的上阿列日，在不超出本村的范围内，存在着一种朦胧的女性集体的意识，而且有时还具有某种对抗男性的色彩。阿斯库的里克桑德·阿米埃尔曾说过："阿斯库的加亚尔德要是不怕丈夫，大概就是本村最好、最勇敢的女人了。"（Ⅱ.366—367）比这种同属于一个村子的朦胧印象更为重要的，是存在于整个村子内部的友谊核心，它把若干有影响的妇女小圈子团结起来。我在前面已经说过，在芒加德·克莱格、纪耶迈特·贝洛特（贝洛）和娜罗卡这三个蒙塔尤的女家长之间，理应存在或实际上存在着一种农民之间的那种非常亲密的情谊或亲情（Ⅰ.326, 328）。作为村子里的上层和领导集团的代表人物，这三位富有阶层的妇女经常互相串门，一起坐在克莱格家的地窖门口晒太阳；她们当中一旦有谁被宗教裁判所拘禁，其余两位就给她送吃的用的东西（Ⅰ.229）。她们都是宗教斗士，又是朋友，因而在蒙塔尤成为阿尔比派女信徒最强硬的核心。受到异端影响的其他妇女（据我们所知，共有十几个）都是在村子里跟着别人走了一段时间之后，才接受了异端影响；她们本来没有什么个人的宗教信仰，别人怎么说，她们怎么听，久而久之，终于被早已接受了异端思想的家人或朋友"亲切鼓动"所打动[①]。

---

① 见下文。

第二部分　蒙塔尤考古：从举止到神话

然而，上面说到的那三位妇女所组成的异端朋友小圈子，在蒙塔尤并非独一无二，另外还有一个类似的四人小圈子，她们是：戈奇娅·克莱格、纪耶迈特·莫利纳（莫里）、纪耶迈特·贝内特（贝内）和西比尔·福尔。这四个人在宗教信仰方面也许不如那三位妇女始终如一，她们都是务农的蒙塔尤人，可以看作是"中间"或"中下"阶层的代表人物，彼此之间友情很深，而这个阶层正是村子里的骨干力量。[①]此外，与那三位女家长组成的小圈子相比，四人小圈子在信仰异端这一点上，远非那么坚定。除了友情之外，干亲关系也很重要，而妇女们结成干亲，在 14 世纪的农村中已是一种实际存在的现象[②]。

这类各不相同的非正式的妇女联系网络，早在纯洁派进行传教活动之前就已存在，而且广泛地为纯洁派的传教活动所利用。比如皮埃尔·奥蒂埃，他在上阿列日就控制着一个女友和女同情者的联系网，并怀着善良的愿望为他自认为是善良的目的而加以利用。据西比尔·皮埃尔说，这个联系网中有阿克斯累太姆的一个已婚女子和一个姑娘，当然还有其他人（II. 425）。又如纪尧

[①] III. 67—68 和 III. 71。这位纪耶迈特·莫利纳不是别人，就是纪耶迈特·莫里，这里说的是她前往加泰罗尼亚之前在家里的情况。从此处引用的文献和 I. 229 来看，村子里妇女的社交活动似乎有两个层次，这两个都是异端派和农民的层次，从赶时髦和偏爱与谁来往这个角度看，大体上与社会结构中的两个经济层次相对应（一个是上层，另一个是中下层）。芒加德·克莱格、纪耶迈特·贝洛和娜罗卡属于当地乡间的上层，另一个由 4 人组成的那个小圈子则属于当地农民的"典型"。我们同时还发现，在妇女的社交中，近亲和远亲关系（母女、姑侄、堂表姊妹以及干亲）起了重要的作用。
[②] II. 224。例如，芒加德·克莱格就是纪耶迈特·贝洛的干亲。又如，贝阿特里斯·德·普拉尼索尔是芒加德·克莱格的儿子、本堂神甫克莱格的干亲。因此，这位领主的老婆与那几位纯洁派女家长的联系就越发多了（I. 253）。

第十六章 社会结构：女人、男人和青年

姆·奥蒂埃，他善于在蒙塔尤和朱纳克专门为这个或那个妇女小圈子组织地下传教活动（I. 477; III. 68—69, 273）。

妇女的社交活动往往超越社会阶层，在乡间的堂区里尤其如此；城堡主夫人也得经常与当地的其他女人往来，否则就会处于完全孤立状态，当然她无需为此而勉为其难。贝阿特里斯·德·普拉尼索尔曾是这个佩戴黄十字标志的村子的一个城堡主夫人，她在达鲁至少有五个可以倾吐心声的亲密女友①。她的这些女友几乎都是已婚的乡巴佬和农民，甚至是女佣。（女佣可以与女主人同宿一屋，因而了解女主人偷情的秘密，她们既是碍事的陪娘，又是穿针引线的红娘，比女主人的丈夫所知道的事情多得多。她们乐于向自己所敬重的人透露主人家的秘密，因而是信息的重要来源之一，同时也是村子里自上而下地传递文化的渠道之一②。）

当贝阿特里斯住在蒙塔尤和后来住在普拉德时，有时毫不犹豫地出远门去往高苏、朱纳克等地，她探望过刚坐完月子的姊妹，也会见过吕兹纳克的雷蒙德，雷蒙德把她紧紧搂在怀里，有时还亲她，因为她们是亲眷（I. 237, 238）。但是，贝阿特里斯在蒙塔尤交往的圈子更大，她与最普通的农妇也有来往。这位前城堡主夫人在农舍的炉火旁边，长时间地与雷蒙德·莫里、阿拉扎依·阿

---

① I. 214, 215。除上述资料外，还应谈及人死之后的鬼或者说女鬼中间的纯属女性的社交关系（见下文第二十七章）。
② I. 222, 256; III. 286。参见蒙塔尤的西比尔·泰塞尔，她是贝阿特里斯·德·普拉尼索尔的女佣和心腹、碍事的陪娘和穿针引线的红娘。还可参见奥德·富雷，她是一个富有的村妇，雇有许多女佣和奶妈，这些女佣和奶妈陪她做祈祷，在她痉挛时守在身边……帮她的庄园收获（II. 95）。

泽马这些农妇交谈。农妇们把地方上流传的闲言碎语,无论是否纯洁派的,都讲给她听(I.234—237,308)。听了这类通常带有异端色彩的话之后,就像上层人士有时被下层民众的道理所打动一样,这位漂亮的夫人时常被农妇们粗鲁的话语所打动,于是拿出一口袋面粉,让她们送给纯洁派教士。

阿列日的贵夫人们对这类女人之间的交往习以为常,无论在天主教控制的城里,还是在异端纯洁派影响很大的乡间,都是一样(III.26)。在帕米埃,纪尧姆·德·弗瓦赞老爷的夫人到教堂去望弥撒时,总有一些女人陪同,她们都是她的那个社会里的人,或是同伴,或是侍女。不住在同一个村子里的老爷夫人和农妇之间,于是也存在着一种亲热的保护和被保护的特殊关系。蒙塔尤的女零售商阿拉扎依·阿泽马向吕兹纳克的女奶酪商里克桑德·帕拉尔(她是当地一个穷贵族的情妇)买进奶酪①,不久以后,她碰见了里克桑德的另一个顾客,那就是前面提到的吕兹纳克庄园主的贵夫人雷蒙德。雷蒙德一见阿拉扎依,就把她紧紧搂在怀里亲她,因为她们两人都很疼爱女零售商里克桑德的儿子,他那时已经走上了修炼异端之路(I.313; I.330)。

妇女,尤其是农妇之间的社交活动,在各种活动领域和各地都很活跃,有人把它叫作聊天,这个说法似乎欠考虑。比方说,奶酪交易使山乡里的小妇人们有了交换重要信息的机会。吕兹纳克的里克桑德·帕拉尔一心扑在奶酪生意上,但她同时也是职业信使,她一刻不停地往来于里姆和罗尔达之间以及阿克斯累太姆

---

① III.496。里克桑德·帕拉尔还常与阿克斯累太姆的一群接近纯洁派的妇女有来往,从总体上看,这群妇女的社会层次比她高(I.281)。

第十六章 社会结构：女人、男人和青年

和塔拉斯孔之间。她来回奔波，带来各种各样并不一定是正统的思想。在阿拉扎依·阿泽马身上，也可以看到同样的行为，她是个寡妇，养着一些猪，同时也是蒙塔尤的奶酪零售商。她说："有一天，我到索尔嘉去买奶酪，看见雷蒙·埃斯考涅的老婆加亚尔德坐在自家门口，她是我的堂姊妹。我坐在她身边，她问我：

'堂姐，奥蒂埃家的人都回来了，你知道吗？'

我回答道：'他们到哪儿去了？'

她说：'到伦巴第去了，他们在那儿花光了全部钱财，成了异端派。'

我又问：'异端派是怎么回事？'

'那是些好人、圣人。'

我接着就说：'老天保佑，这么说，这可是一件好事嘛！'

说完我就走了。"（I.318）

我们不难猜想，奥蒂埃兄弟已经回来的消息，不久就会传遍整个埃荣，可能与阿拉扎依卖掉她的奶酪一样快。可见小道消息并非到了20世纪才有。

另一个以妇女为主的聚会场所和闲聊地点是磨坊。在上阿列日的日常劳动分工中，赶着骡子去磨麦子的是女人，然后把面粉带回家①。1319年在阿克斯累太姆，来自毗邻地区的一大群女人挤在当地一座属于富瓦伯爵领地的磨坊里（I.151—153）。面对着这群拿着麦子来磨面的女人，只有磨工纪尧姆·高苏是男人。他可是遇上了厉害的对手。这群女人叽叽喳喳地议论着。一个名叫瓦伦丁·巴拉的阿克斯人不久前被人谋杀了，从此之后，一到夜

---

① I.151。参见纪尧姆·莫里（II.21）和戈奇娅·克莱格。

里，埋葬巴拉的那个公墓里就发出巨大的来自阴间的声响，吓得当地的本堂神甫也不敢在教堂里过夜。一个名叫贾盖特·当·卡罗的女人，是当地亲纯洁派贵族的亲戚，她利用这些前来磨面的女人议论纷纷的机会，公开否定人死后会复活的说法，她说："圣母马利亚，说什么人死了以后能见到自己的父母……死了还能复活……还阳之后依旧是我们这身骨头这身肉，去他的吧！"接着，贾盖特手按着筛出的白面赌咒，说她对于人死后能复活的说法，一点也不相信。磨工听了大为吃惊，他认为复活绝对是真的："因为小兄弟会的教士和本堂神甫都说，复活是写在书里和文书里的。"磨工纪尧姆·高苏说不出更多的道理来，拔腿就走，大群妇女跟着也走，过了一会儿才又回来磨面。本堂神甫的女佣是个12岁的女孩①，那天她也在磨坊里的那群妇女当中，她后来把贾盖特·当·卡罗告发了，说她亵渎神明，胡言乱语。

另一个为妇女们提供机会交流思想的劳作，是专由女人承担的取水。头顶水罐去取水的地方，通常是村外的水泉。蒙塔尤的雷蒙德·马尔蒂说："15年前的一天，我取水回来的路上，与蒙塔尤的纪耶迈特·阿尔热利耶走在一起，她对我说：

'你在你爸屋里见到了教士（也就是异端派）吗？'

我回答说：

'见到了。'

纪耶迈特于是说道：

'这些教士都是好基督教徒，他们坚持信仰彼得、保罗和约翰这些圣徒当年信仰的罗马人的宗教。'"（III. 103）

---

① 另一个由女孩子告发的事件，见 I. 488。

第十六章 社会结构:女人、男人和青年

妇女的社交活动还出现在其他一些场合里,诸如,男人们下工回来之前晚祷时刻的厨房里,两个农妇和一个贵夫人共寝的床上①,互相帮忙捉虱子的时候②,本村广场上③(广场与政治性的交往和男人之间的交往关系更密切);在已经装殓、守夜、埋葬和做了一番评头品足的议论之后的遗体周围,因为死者从弥留到埋葬的过程中的梳洗装殓是妇女们的事,就如同他们生前年幼时候的梳洗打扮是妇女们的事一样。甚至那些日常的互相帮忙,也是妇女们彼此交往的机会,这家与那家之间、穷人家与家境略好的人家之间借用筛子,用一下炉子等等,女人们还坐在一起纺线、聊天。在这方面,看看蒙塔尤的阿拉扎依·里夫和布律纳·普塞尔的情况,自然就更明白了④。

女人们的闲言碎语从每个村子冒出来,叽叽喳喳到处传播,涉及的事各种各样,某个男人信奉异端啦,某个女人跟人上床啦,等等⑤。为了正确把握这些不容忽视的闲言碎语和流言飞语的分量,我们首先应该指出,那个时代农妇掌握知识的程度,一般地说,既不比她们的男人高,也不比他们低,后来在长时段中存在的那

---

① III.67; II.291, 366。

② I.462—463; III.288。

③ I.335—337; I.316。

④ I.254;又见上文第十一章,为死者蓬斯·克莱格死后守夜和妇女们对纪耶迈特·贝洛弥留的议论。又见I.314、315,芒加德·克莱格埋葬后,蒙塔尤妇女们的七嘴八舌。妇女们从一个垂死者身边回来后的闲谈,I.240。关于互相帮忙,见I.386。

⑤ I.310。阿拉扎依·阿泽马传播"蒙塔尤的流言"(原话),说的是贝阿特里斯·德·普拉尼索尔与帕托和皮埃尔·克莱格之间有争议的私情。关于村子里的流言和背后议论,参见II.92。如今可与E.默兰的《奥尔良的流言》进行比较。

种歧视,例如女孩子很难进堂区的学校,在那时并不存在,或者说实际上并不存在。在那个时代,女人说话与男人说话一样算数,一样有分量。那时还没有学校,男人还没有因为优先受教育而提高了地位,所以女人的话还没有被人不当一回事。妇女地位的低下就是在那个时代也是不争的事实,但是,原因在于妇女的体力不如男人,她们所干的活计(做饭、种菜、取水、生孩子、养孩子)被认为是低级劳动。女人说的话倒是并不比男人说的话不受重视。

一到中午,村子里便是女人说话的天下。纪耶迈特·克莱格家里没粮食了,要到塔拉斯孔去弄点麦子,于是到她娘家来借骡子;可是娘家门关着。这不奇怪,男人都牵着骡子下地刨萝卜去了。女人们,也就是说女邻居们却都留在村子里,她们叽叽喳喳地在街上或是家门口扎堆儿聊天(I.340)。不过,有时候也会有个把男人走过,跟这些女人说几句不正经的笑话或脏话,有时候甚至把她们压在身子底下"玩"一趟。被"玩"的多半是已婚妇女,她们或多或少有些装模作样地感到害怕,于是说道:

"你真坏!"

为自己干了坏事而洋洋得意的那个所谓开开玩笑的男人回答道:

"跟帕米埃的主教比,我不算坏。"(II.368; II.258)

女人之间的这种交往是在白天进行的,参与的人相当多,而且比较频繁,甚至天天都有。阿拉扎依·富雷说:"在蒙塔尤,纪耶迈特·阿尔热利耶、纪耶迈特·贝内特(贝内)、戈奇娅·贝洛特(贝洛)和本堂神甫的母亲芒加德,几乎每天都到雷蒙·贝洛(异端信徒)家里去。"(I.416)

第十六章 社会结构：女人、男人和青年

奥克西坦尼的农妇们相聚时，人人都有一种非常强烈的抢着说话而且不让别人插嘴的愿望。她们这样做，在某种程度上是要从男人那里争夺一部分权力和财富[1]，胆大的女人甚至敢于怂恿胆小的女人也这样干，可是，那些胆小的女人却不听那一套……依然对丈夫百依百顺。蒙塔尤的雷蒙德·马尔蒂说[2]："15 年前，我到小舅子蒙塔尤的贝尔纳·马尔蒂[3]家里去，看见纪耶迈特·贝内特（贝内）和阿拉扎依·里夫（贝尔纳·里夫的老婆）坐在那里。她们对我说：'侄女儿，跟我们一起坐一会儿。'

可是我不坐！她们便对我说：'你应该给异端信徒一点施舍，不给他们送东西（可是你手里正拿着这个世界上的好东西，也就是说你丈夫的羊毛和其他值钱的东西），这不好！异端信徒都是好人。'

我对她们说：'异端信徒得不到我的东西。'

她们于是对我说：'你真坏，你心肠真硬。'

我转过身去，不理她们。"

在妇女们的这类交往中，争取权力和财产仅是极为次要的问题；无论权力或财产，总的来说基本上都得留在男人尤其是丈夫的手中。妇女们的交往处在提供信息和彼此交流的层次上，而不处在争取名副其实的权力的层次上。路易-费尔迪南·赛利纳写道[4]："妇女们喋喋不休的闲话至高无上！……男人们拼凑出一些法

---

[1] 见 II. 415，其中有一段文字提到两个农妇之间突然产生的基于反对男人的友谊（又见 I. 338，其中提到一件类似的事件）。
[2] III. 107。雷蒙德·马尔蒂是纪尧姆·马尔蒂的老婆，皮埃尔·莫里的姊妹。
[3] 此人并非朱纳克的贝尔纳·马尔蒂。
[4] L.-F. 赛利纳：《另一个古堡》，加利马尔出版社，佛里奥丛书，1973 年，第 10 页。

第二部分　蒙塔尤考古：从举止到神话

律来,而女人们只关心正经事,那便是舆论! ……你们的法律难道是为你们服务的吗? ……跳河去吧! ……你们的女人都是低能儿,傻得只会嗷嗷叫着要男人? ……好极了! 她们越是无知,越是固执,蠢得出奇,她们就越是至高无上! ……"这位《游记》的作者这番评论显然粗陋、不公正,而且令人作呕地反对女权。不过,我们仍然可以说,蒙塔尤存在着一种与粗野的赛利纳所说的男女之别不无关系的区别。就是说,在这个佩戴黄十字标志的村子里,男人掌握权力的主要结构,女人则在她们的社交活动中担负起了一大部分打听消息的任务。蒙塔尤的女人们对于男人的好奇心,在这方面构成了主要事实。事物恰好转回来了吗? 若要审视这种好奇心,看看传言是怎么回事,大概会有好处。雷蒙德·泰斯塔尼埃尔说[①]:"我住在雷蒙·贝洛和他的兄弟家里时,他们兄弟几个在厨房顶上新盖了一个棚子(仅一层)……我猜,异端信徒来时是在这个棚子里过夜的。有一天晚祷的时候,我听见棚子里有人低声说话,于是就走过去,看见贝尔纳·贝洛和雷蒙·贝洛兄弟俩和他们的母亲纪耶迈特在厨房里烤火。我走到院子里,那里有一堆高高的厩肥,站在肥堆顶上可以从墙缝看到棚子里的人在干什么。我爬上肥堆,趴在墙缝上朝棚子里面瞧,看见纪尧姆·贝洛、贝尔纳·克莱格和异端信徒纪尧姆·奥蒂埃在棚子犄角低声说话。突然间,纪尧姆·克莱格在下面出现了,我害怕了,于是下了肥堆。纪尧姆·克莱格问我:'你在院子里找什么?'

我答道:'我找个水罐垫子。'

---

① I. 459—460。关于此事的可信性,见 I. 465, 467, 469。

第十六章 社会结构：女人、男人和青年

纪尧姆说：'走吧，回自个儿家去，是时候了。'"

这类能说明女人这种强烈探密而后广为传播的好奇心的例子多得无法一一列举，这种好奇心正是埃荣地方女性的特点。在普拉德，雷蒙德·卡普朗什对埃麦尔桑德·加尔辛，也对任何愿意听的人说："在普拉德，我从一个门洞里看见皮埃尔·奥蒂埃和纪尧姆·奥蒂埃给一个病人做临终慰藉。"（I.278）雷蒙德觉得善于饶舌给自己争了脸，她的闲话之多竟至让人担心，迟早有一天宗教裁判所会把她父母的家毁掉。还是在蒙塔尤，纪耶迈特·克莱格头上顶着水从街上走过，看见两个穿绿衣的男人在贝洛家里。她往回走几步瞧个仔细。那两个男人躲起来了，肯定是异端信徒（I.347）。阿拉扎依·阿泽马胆子更大，她不声不响地走进贝洛家，看看那个教士是怎么回事（I.311）。纪耶迈特·贝洛特（贝洛）高声惊叫起来，可是阿拉扎依·阿泽马只当没有听见。在普拉德，芒加德·萨维尼昂和阿拉扎依·罗密欧再次被纯洁派教长纪尧姆·奥蒂埃的老婆加亚尔德强制睡在一张床上（II.149），因为当天晚上纪尧姆要为芒加德的公公阿尔诺·萨维尼昂做临终慰藉，加亚尔德想尽可能别张扬出去。可是，芒加德这个什么事都想知道的包打听，故意不把她的屋子和厨房之间的门关死，留下一条缝，因为老萨维尼昂就要死在厨房里了。于是她就把眼睛贴在门缝上，把慰藉仪式中的所有细节瞧个一清二楚。炉子里的炭火盖满了灰，慰藉仪式就在暗淡的炭火照明下进行。最后还有一件事，依然是在蒙塔尤，那就是女人的两个圈子——其一是信奉天主教的婆姨们，其二是信奉纯洁派的婆姨们——互相打听对方的秘密，在纪耶迈特·贝洛特（贝洛）举行葬礼时，支起耳朵互相听对面那些女人说些什么悄悄话（I.462）。

第二部分　蒙塔尤考古：从举止到神话

在上阿列日，这个或那个男人有时也有不怀好意的好奇心，这一点当然也是肯定的。但是与女人的好奇心根本无法相比，女人的好奇心是奥克西坦尼女性的结构之一。只是后来进入了更为资产阶级化的文明时代，当人们专注地关心自己的私生活时，女人的这种喜欢探密的好奇心才日趋减退，至少在某种程度上得到了抑制。

*　　　　*　　　　*

这就是说，这种探密活动是很积极的。不过，除此之外还有一种提问癖。蒙塔尤的女人，尤其是年轻女人，出于好奇心，总是连珠炮似的你问我，我问你。她们的问题有个特点，那就是重复，一再重复的结果，便是让人厌烦，甚至让人感到太孩子气。请看雷蒙德·吉乌向雷蒙德·利齐耶提的问题，这是在蒙塔尤的收获季节里两人在取水的路上的一段对话：

"你给纪尧姆·贝洛干了些什么？"

"……"

"这些好人（异端信徒）怎么样？"

"……"

"他们怎么就成了有福气的人呢？"（II. 222—223）

再如，帮着芒加德·克莱格捉虱子的雷蒙德·吉乌问道：

"你知道那天雷蒙德·利齐耶跟我说了些什么吗？"（回答："她对你说了什么？"）"……那些好人怎么样？……他怎么就能做到了呢？……手拿耶稣像的本堂神甫是不是比纯洁派教士有能耐？在他们手里，灵魂是不是能得到更好的拯救呢？……"（II. 223）

纪耶迈特·克莱格在她与她嫂子阿拉扎依·鲁塞尔以及塔弗涅夫妇的交谈中，跟与她对话的那些人一样，也是用这种方式

· 438 ·

第十六章 社会结构：女人、男人和青年

提问：

"怎么回事，你丈夫打你了？……我舅舅（普拉德·塔弗涅）去哪儿了？……他今晚在哪儿过夜？……普拉德·塔弗涅师傅在哪儿？……你妈妈阿拉扎依怎么不来……普拉德·塔弗涅为什么不织布了？"（I.337—339）

提问可以从最平常的无关紧要的问题开始，一步一步地深入，最后触及宗教和哲学等重大问题。请看纪耶迈特·克莱格，还是她，她与母亲一起割庄稼，一边割，一边没完没了地问：

"我兄弟蓬斯去哪儿了？"（回答："他跟舅舅普拉德·塔弗涅走了。"）

"普拉德·塔弗涅舅舅跟那个女人斯特法妮·夏多凡尔登在一起做什么？他为什么不要他的房子和职业，还把家产卖了呢？"（回答："他和斯特法妮都到巴塞罗那去了。"）

"普拉德和斯特法妮在巴塞罗那想干什么呢？"（回答："他们去找教士，那是些好人。"）

"这些好人都是谁？"（回答："他们不碰女人，不吃肉，大伙儿管他们叫异端。"）

"既然大伙儿管他们叫异端，那他们怎么又能做教士呢？"（阿拉扎依·里夫的母亲回答："你真蠢，什么都不知道。他们把好多人的灵魂送到天堂去了，所以他们是教士。"）

"异端怎么就能把灵魂送到天堂上去呢？那些神甫听人忏悔，守着天主的身子，听人说，这么做为的是让灵魂得救。"（母亲听了感到泄气，最后回答道："这不是明摆着吗？你还年轻，懂的事太少。"）（I.334—335）

两个女人的谈话至此突然中断，继续在自家的地里割麦子，

第二部分 蒙塔尤考古：从举止到神话

这个地方名叫阿拉戈特，是蒙塔尤的土地，在村子下面。

*　　　　　*　　　　　*

除了女性的好奇心或者说女性的社交活动[①]之外，在蒙塔尤，在更大范围的上阿列日地区的山乡里，是否有一种女性特有的价值体系呢？这个问题太大，显然不可能得到明确的回答。然而，各种迹象表明，也许可以对此做出肯定的回答。我们知道，从总体上看，除了若干贵妇人，蒙塔尤的女人是纯洁派传教的受体，而不是传教的主体[②]。与同村的男人不同，她们中的大部分都不把异端看作一种她们发自内心深处热烈赞同或皈依的实体。她们朦朦胧胧地把纯洁派当作一种来自天上或外界的礼物接受下来，因为，她们的丈夫、父亲、兄弟、情人、朋友、雇主、远房亲戚乃至邻居，都把她们连累、牵扯到纯洁派里面去了，有时候甚至让她们直接参加当地阿尔比教派举行的宗教仪式。除了我在前面谈及的三位女家长另作别论外，蒙塔尤的女人们对这个崭新的教派只是口头上信奉，而且仅仅是一阵子，她们绝不会为了信奉这种教派而在必要时走上火刑台。事实上，她们觉得自己与这个新的异端是不同的，只是从外部受到这个异端的强大影响而已。从女人们的所作所为来看，她们觉得这种难以变更的不同来自心脏，

[①] 蒙塔尤离村外出的牧人均为男性，因而全村人口中女性占多数，妇女的社交活动因此而更具重要性。
[②] 在本书第75—78页中，芒加德·皮埃尔提到了阿拉扎依·阿泽马、雷蒙德·阿尔森、布律纳·普塞尔、阿拉扎依·富雷、阿尔芒德·吉拉贝尔、纪耶迈特·阿尔热利耶、纪耶迈特·莫里以及戈奇娅·克莱格，这些都是蒙塔尤的女人，她们会见乃至"敬仰"纯洁派教士，远非完全出于自发（I. 311, 373—375, 386, 415, 423; III. 68, 99, 363）。

第十六章 社会结构:女人、男人和青年

心脏是一个奇怪的器官,在这种情况下它充满了传统思想和顽固的情感性。例如,那个可怜的私生女布律纳·普塞尔一度被阿拉扎依·里夫说动了心,后者直截了当地对她说,只有处于地下状态的纯洁派教士才能拯救灵魂(I.388)。但是,小普塞尔的心比较活,难以接受阿尔比教派,很快又改了主意。她说:"还没出阿拉扎依的家门,我就回心转意了,于是对她说:

'这些东躲西藏的教士怎么就真地能拯救灵魂呢?'"

贝阿特里斯·德·普拉尼索尔属于层次较高的人,异端分子同样对她进行传教,竭力怂恿她会见教士,可是,她毫不含糊地说:

"不,我没见过教士,我费尽力气也无法从心里找出要会见他们的理由来。"[1]

可见,无论是千方百计去打听邻居男人的事,还是恪守过去的信仰,蒙塔尤的妇女们常常觉得别人的事与自己有关,而且情绪激动。究其原因,是她们的内心活动非常强烈。妇女们的友谊基本上不具有相互之间的竞争性,它更多地"向着和谐与自我欣赏"发展。可以把它称作同谋[2]。

* * *

---

[1] I.238;关于贝阿特里斯的"心",又见 II.296。关于中世纪后期和文艺复兴时期人们思想中的"心"概念,参阅 D. 茹迪亚的意见,见勒高夫和诺拉的《研究历史》,卷2,第156页。但是也应指出,在蒙塔尤和萨巴泰,"心"并不是妇女的专有物(II.328)。

[2] 我在这里不是否认这个堂区里的女人们经常吵架。但是在我看来,阿纳依·楠所说的女人之间的爱,在某种程度上也与蒙塔尤妇女的社交活动有关,尽管同性恋在这个村子里不被看作同性恋:"女人之间的爱是一种藏身之术,(转下页)

·441·

第二部分　蒙塔尤考古：从举止到神话

与妇女相比，男人的社交活动较为总体化。就村子这个层次的总体而言，男人的社交活动在政治上也更为重要。如同我们所见，这种活动可以是夜晚聊天；纯洁派厌恶妇女的不洁，因而加剧了男人不与女人掺和，自顾自地聚在一起吃喝，或是围坐在炉火边上的古老倾向，而女人们则被撂在一边，蹲着烤火①。此外，男人们常在地里见面，尤其在耕地和收获季节里（I.400 等若干处）。他们还可以有自己的娱乐活动，或玩或唱。在离蒙塔尤不远处的埃荣的普拉德，七八个男村民定期到被人叫作"红鬼"的皮埃尔·米歇尔家里来玩骰子、下棋。据雷蒙德·德·普若尔（米歇尔的女儿）说，这些男人玩得十分起劲："教长普拉德·塔弗涅就藏在我父亲的地窖里，可是他为了去看他们而耽误了玩。"（II.401）他们玩的可能是一种专供男人们在夜晚聚会时玩的集体游戏。另外，男人的聚会往往"伴有音乐"。牧羊人无论年龄大小，行囊里总有一支笛子（在蒙塔尤，当人们说某个牧人穷极潦倒时，就说他"连笛子都没有了"，II.182）。男人在聚餐桌上，总要唱唱歌。圣母升天节那天，来于格·德·苏尼亚家吃饭的有 7

（接上页）为的是逃避冲突和寻找和谐与自我。在男女间的爱情中，存在着抵抗和冲突。两个女人在一起，互相不会彼此评头品足，她们组成一个联盟。这也是一定意义上的自爱。"（阿纳依·楠：《1931—1934 年日记》，巴黎，斯托克出版社，1969 年；1931 年 12 月 30 日的注）

从更为具体和更为政治的角度看，随着行政官制度在 13—14 世纪的进展，已把广场聚会作为制度的男人社交活动也日趋兴盛，与此同时，妇女的影响是否随之有所减退（见格拉曼夫人的未刊论文），我不敢肯定。行政官制度的民主化是否付出了这个代价？请看贝尔纳·克莱格这个典型的代表（因为他是领地法官），他所代表的权力，就其渊源而言是领主的权力，而非行政官的，也不是前行政官的权力。这个贝尔纳对待妇女和岳母家堪称无微不至。

① I.315，I.311 以及上文（晚间聊天）。

第十六章 社会结构：女人、男人和青年

个男人，没有女人，其中一个是兄弟会的托钵修士；出于慈善心，他被安排在桌子端头（II. 123）。吃饭之前，大家让这个小兄弟唱一首"圣母马利亚颂歌"。但是，人们让他唱歌不是出于虔诚，而是因为好听；所以，当这位小兄弟企图在歌里加进宗教意图时，客人们就对他毫不客气。在帕米埃也一样，他们低声吟唱行吟诗人皮埃尔·卡尔德纳尔反对教会人士的"科布拉"，竟是在教堂里的祭坛上（是否只有男人才能上祭坛？）（III. 328）。

更能说明问题的是那种堪称市政性的集会，到了星期天，一个地方的男人们聚集在街上或本村广场上的一棵榆树下。这是地中海地区的那种永恒的政治集会，由于做弥撒而带上了基督教色彩。在集会上谈女人，谈得更多的是宗教。奥尔诺拉克的领地法官兼农民纪尧姆·奥斯塔兹在1320年说："今年在帕米埃，拉考特的异端分子雷蒙[①]被判火刑处死之后，有一个星期天，在本村广场的大榆树旁边，6个奥尔诺拉克人正在谈论那个异端分子的火刑时，我到了那里。我对他们说：

'我跟你们说吧，被烧死的这个人是个好神甫……'"

另一次[②]，还是在奥尔诺拉克，有7个人（其中5个或6个已在上次露过面）再次在老地方聚会。这次议论的是死后灵魂将会怎样的问题，也议论天堂该有多大才能容得下每天死去的这许多人（那时也许适值瘟疫流行）。还是这位领地法官纪尧姆·奥斯塔兹，他打断了"辩论家"们的七嘴八舌……宽慰在场所有的人。

---

① I. 208：雷蒙·德·拉考特是住在帕米埃的伏多瓦派。关于男人对女人的议论，见 I. 475。
② I. 202. 同一时期中，在下朗格多克也可见到这种在村子的广场上男人（和市政）聚会（格拉曼夫人的未刊论文《村庄和居所》第5页）。

第二部分 蒙塔尤考古：从举止到神话

他告诉7位听众，天堂就像是一所又宽又大的房子，从图卢兹一直伸展到比利牛斯山口的梅朗斯。所以，至少在相当一段时间内，用不着担心天上会闹房荒。

在贝德亚克，本村的本堂神甫贝尔纳·让描述了1323年一次男人集会的场景："那年圣—约翰日前的一个星期天，那是过节的日子，我记得，吃过午饭之后，下午至晚祷之间，我、阿尔诺·德·贝德亚克和本村的另一些人，其中我只记得三个名字（他列出了这几个名字），我们在贝德亚克教堂的公墓附近的一棵榆树底下。只有我坐着，其他人都站着。谈的是收麦子的话题，一个人说：

'麦子真让我们担心了一阵，上帝保佑，总算不错。'"（II. 51）

在场的阿尔诺·德·贝德亚克于是接着说，上帝跟麦子好不好没有关系，收成好坏全在于大自然！本堂神甫听了此话大为反感，高声叫喊；阿尔诺则恶狠狠地看着他，眼见自己的话惹了麻烦，他悄悄地踮起脚尖溜走了……

在贝德亚克，男人们夏天经常在广场上举行这种非正式聚会。前面提到的那个聚会几天之后，又举行了另一次激烈而热闹的聚会。阿戴马尔·德·贝德亚克说："今年，我、阿尔诺·德·贝德亚克、本堂神甫贝尔纳·让和另外几个我记不起名字的人，在贝德亚克教堂外面榆树底下谈起库兹朗教区的那个水泉，说是从前有人在水泉旁边支起锅来煎鱼，鱼没煎熟却跳进水泉去了。如今还能在水泉里看到这些半边煎焦的鱼呢。"（III. 52）

知道事情很多的阿尔诺·贝德亚克插进来，尖着嗓子说道："那时候上帝显灵，出了不少奇迹。"爱着急的本堂神甫贝尔纳·让大声呵斥阿尔诺，阿尔诺却把那些亵渎神明的话又讲了一遍，当然比刚才说的要简短些。可见，村子的广场在那时所起的作用，与

· 444 ·

第十六章 社会结构：女人、男人和青年

19世纪什么都可以聊的咖啡馆很相似。古里埃（维克德梭堂区）有过之而无不及，当地的广场和季子的收获季节，轮流成为男人们谈论问题的场所和机会，讨论主要是在神职人员兼农民和单纯的农民之间进行，有时还有几个女人参加。在讨论中，纯洁派关于有两个上帝的说法是主要话题，有时甚至还会打起来（I. 350—369）。

一家人父母和子女之间在家里或是在干农活的时候争论的问题，也会拿到男人们的广场聚会中来讨论（I. 350）。不过，男人之间的交谈往往会避开家庭成员进行，这时，一个地方的男人群体就充分显示了它的特殊性，它不同于家，也不同于女人群体或男女混合的群体。请听蒂尼亚克的农民雷蒙·德·莱尔的谈话，他是一个非常大胆的自由思想家（II. 132）。有一天，在村子广场上，他与三四个同村人交谈。雷蒙毫无顾忌地对在场的人说，灵魂无非就是血，灵魂也是有生有死的，除了我们所在的这个世界或"世纪"之外，再也没有别的世界。这些话在那个场合听来很平常，至少对于在场的这些对正统天主教抱怀疑态度的人来说是这样，可是，后来这些人都在帕米埃受到审问。而当雅克·富尼埃对雷蒙·德·莱尔进行调查时，问题就显得更严重了：

"你跟你老婆西比尔说过这些错话吗？"

雷蒙作了否定的回答，尽管他曾痛快地（而且并不感到羞耻）向主教承认，他的某些错误比夫妻之间说的那些话更为严重。

"雷蒙德·莱尔是你的嫂子，你曾与她姘居过，你对她说过那些话吗？"

回答依然是否定的。

"那么跟你的儿子雷蒙呢？"

"也没有。"

第二部分　蒙塔尤考古：从举止到神话

*　　　　*　　　　*

男人之间的交谈除了就宗教思想进行争论外，还涉及机制问题，尤其是教堂的权力机制问题。男人们讨论教堂的机制问题远远多于讨论世俗机制问题。男人们狠狠批评对那些机制负有责任的人，牧羊人的雇主攻击征收牲畜什一税的高级教士。1320 年，在罗尔达一个广场的榆树下，6 个当地人在议论马上就要缴付的牲畜什一税，一个人说："该缴牲畜什一税了。"

另一个说："别缴，倒不如花十锂钱雇两个人把主教杀了。"

第三个人说："我愿意凑一份子，花这份钱比干什么都值……"（II. 122）

*　　　　*　　　　*

上阿列日的基耶村处在蒙塔尤的上游，与蒙塔尤没有多少区别，这个村子的男人聚会，最清晰地显示出它的反抗性和结伙性。养羊人和葡萄种植者雷蒙·拉比拉（II. 325）为许多次非正式的男人广场聚会提供了详尽的见证，这类聚会在复活节和圣枝主日举行，参加的人时多时少，都是同一社会圈子里的人[①]。我称之为"社会圈子"，而不说"地理范围"，因为在基耶参加聚会的人当中，至少有一部分来自塔拉斯孔，也就是说在地理上已经超出基耶范围了。参与者聚集在被基耶人用作堂区圣殿的萨瓦尔教堂前面的广场上，这个教堂位于阿列日河上的塔拉斯孔这个所谓的"城市"里，他们也常去当地的市场聚会。有时候也能在加贝斯的捻丝机房见到这些人（男人在捻丝房聚会，就跟女人在制呢作坊

[①] II. 319, 323, 326 等若干处，II. 309—328 中雷蒙·拉比拉的证词，有女人参加的集会只有一次。

第十六章 社会结构：女人、男人和青年

聚会一样）（II. 323, 326, 327）。这里需要强调的是萨瓦尔—塔拉斯孔"市"的教堂对于基耶的"乡"民的特殊作用，由于聚会地点在城里，参与的人却是农民，所以，男人们这种社交活动具有促进城乡联系的作用。（这种情况也许与古代有相似之处；因为，在基督教兴起于高卢的最初几个世纪里，农民们要跑许多路到城里的圣殿去参加宗教活动……）

不管如何，男人的聚会即使远离居住区中心，教堂、教堂前的广场、弥撒、特别是弥撒之前或弥撒之后，却都是男人们进行社交活动时偏爱的地方和时机。上阿列日的乡巴佬们是否拥有特权在堂区的圣殿（在祭坛上？）里占有一个座位，而他们的老婆只能站在大殿旁边的廊道上？我们不知道。有一点可以肯定：占人口一半的男人认为，村子里的教堂是他们的地方，是他们的财产，因为这是当地的劳动者、服苦役的人和志愿者用长满老茧的手建造起来的……从这个角度看，主教和本堂神甫们对于宗教场所，只拥有某种使用权。拉比拉的雷蒙对一群被逐出教门的男人说："教堂和钟都是我们的，是我们把它建起来的，是我们花钱买来一切必须的东西并且把它们装好的，也是我们维修保养的。主教和神甫把我们赶出堂区的教堂，不准我们在教堂里听弥撒，让我们在教堂外面淋雨；让他们见鬼去吧！"雷蒙同其他人一样，由于没有缴什一税而被逐出教门[1]。教堂尽管是他和与他一样被逐出教门的人建起来的，但是他们被禁止进入教堂了，由于无法参加正规的弥撒，他只得设法在野外田间做不正规的弥撒（II. 311, 320）。

通过这些愤激的言辞可以看出，在男人们的广场聚会上所表

---

[1] II. 310, 311, 313, 316（我将雷蒙·拉比拉的多次谈话糅合在了一起）。

第二部分　蒙塔尤考古：从举止到神话

达的，是以男人为主体的整个农民群体的要求。这个群体主要显现在大家共有的场所和时机，也就是教堂里，在参加弥撒时，更多则是在弥撒前后的相聚和集会时。男人们因这些相聚和集会成了半正式的群体，渐渐充实起来，大概由此而产生了包括看青人、宣读公告的人（Ⅱ.453）和行政官在内的正式的群体，行政官也许是经家长们选举产生的，也许是从参加聚会的人当中挑选的……

共同的群体也就意味着习俗。非正式的男人群体捍卫山民们固有的权利（Ⅱ.322，324），对抗高级神职人员强行征收新的什一税，农民们甚至企图使用拳脚，用暴力对付教区和神职人员，这些人自称对乡民拥有等级特权乃至寄生性的特权。在一次有十来个男性农民参加的集会上，主教派来的人和行政官前来催缴遭人唾骂的牲畜什一税（Ⅱ.315），拉比拉的雷蒙当众说道："让神职人员和本堂神甫们试试，他们能不能拿铁锹翻土耕地……说到主教，我要约他到山口见面，咱们问问拳头，到底该不该缴牲畜什一税，我倒要看看他大肚子里都有哪些下水！"

与基耶甚至与罗尔达相比，蒙塔尤乃至整个埃荣地区的这类男人社交活动不甚显著和活跃。在这个异端略占优势的村子里，信仰纠纷相当严重，人们提防密探的活动，教会机构的威望受到削弱，这些是否可以用来解释男人的广场聚会不那么兴盛的原因呢[①]？还有一点：蒙塔尤是个牧人较多的村子，他们的流动性较大，称得上是男人的聚会通常……远离本村，不在教堂前面的榆

[①] 参见男人之间不着边际的争论，在这些争论中，本堂神甫克莱格冲撞了莫尔家的男人们。又见稍后莫尔家的男人策划的为向本堂神甫报复而作的准备（本书第二章）。

第十六章 社会结构：女人、男人和青年

树下，而是在比利牛斯山口，在窝棚里，在剪羊毛和挤牛奶的地方，或是在城里的羊毛牲畜市场上[①]。然而，这个小小的埃荣地方并不因此而没有自己的男性群体。在普拉德和蒙塔尤，主教关于堂区中异端事件的正式函件，都在公证人和一大群男人和社会名流面前宣读，其中有贝内、克莱格、阿尔热利耶等我们已经熟悉的名字。他们大概是该村居民——这里说的是男人——中"最棒的"人了。由此可见，在官方行政机构下面，还存在着一个有影响的男人群体，这个群体实际上是当地的政治骨干力量。此外，这群人在当地的特殊地位，还可以从他们的名字中得到证实。在蒙塔尤地区，在埃荣的普拉德，至少有7个人的名字与当地的地名相同，即普拉德，例如普拉德·塔弗涅、普拉德·布斯卡侬，等等。此事有力地表明，地名和有影响力的人名与全体居民中的男性之间，存在着重要的、准部族性质的联系[②]。

* * *

谈过了男人和女人的社交活动之后，还应该谈一谈的是青年的社交活动，这里所说的青年，是介乎儿童与成人之间的那些人。前面已经提到，蒙塔尤的社会结构或多或少地被每个人的家所湮

[①] III. 148—151 和 378：男人们在往来于集市途中的谈话。又见本书第四章至第七章中皮埃尔·莫里和其他牧人的生平。由此我们还可以考虑这样一个问题：蒙塔尤的某些特点（诸如女人的社会性较强，1320年之前不存在行政机构，男人的社会性不强，正式的广场集会很少，领地法官的传统和领主机构力量较强），是否形成了一个合乎逻辑地构建的整体，而与具有近代特点的村庄的结构逐项对立，那些村庄既拥有行政官也有男人广场聚会等等。

[②] II. 237—239, 255, 256（同龄男性）；II. 239, II. 256, III. 504 等若干处（普拉德的以地名为名字现象）；又见 I. 239，注 153；以及 II. 366（阿斯库的同一现象）萨巴泰人用瓦愣斯（意为价值）一词命名，用以表示本村和本地的名人或望族。

第二部分 蒙塔尤考古：从举止到神话

没，而在家里，各个年龄段都被长辈所"遮盖"或控制，长辈可以是鳏夫，或是寡妇，或是一对夫妇；所以，在这个佩戴黄十字标志的村子里，没有"年轻人的头头"。此外，把青年农民分割成不同"年龄段"的村镇学校和新兵体检委员会，在后来几个世纪中才出现，当然不可能对14世纪的蒙塔尤成年文盲和不服役的青年产生影响。尽管存在着这些不足，从雅克·富尼埃宗教裁判记录簿中关于上阿列日农民的记载里，却依然能看到青年甚至少年中的某些小心谨慎的社交活动①。在拉巴斯蒂德和朱纳克，有一些放牛和放猪的孩子，一起边玩边吃萝卜和蔓青，把萝卜削成小圆片，其中一个孩子把它高高举起，就像神甫高举圣体那样（后来在14世纪比利牛斯山区的巫术中，也用萝卜圆片作为圣体展示）。另有一次，一些受雇收割黍子的年轻农工，在他们睡觉的谷仓里花样百出地玩，雇主让他们几个人合睡一张床，他们的玩笑很快就超出了如同我们今天拿枕头打仗的那种阶段，青年农工皮埃尔·阿赛斯就在这个临时宿舍里，又一次举起萝卜削成的圣体，还拿一个杯子当圣餐杯。在场的其他年轻人觉得他玩笑开过头了，一个个都感到害怕。没过几天，皮埃尔·阿赛斯的雇主认为这个年轻的农工是个危险的多嘴多舌的刺儿头，于是把他解雇了。在

---

① 就此而言，诺埃尔·迪·法伊在《乡村俗语》中所描述的布列塔尼农村中，年轻人的体育等交往远比蒙塔尤发达。同样，在雷蒂夫的《我父亲的一生》中，他所描述的那个村子里的青年，似乎也显得比蒙塔尤的青年更善于表达自己的意识。大概是因为蒙塔尤的青年过早转移到季节牧场去了。……再则，男女青年的结婚年龄相差较大（女孩子一到成年就结婚，而男人则要到25周岁甚至更大才成亲），也妨碍了青年群体的形成，因为，这样一个群体理应特点鲜明，而且男女比例应该大体相等才是。总起来看，在蒙塔尤，青年与非青年的界线不那么清晰，而男女的界线纵然不是更重要，至少是更多地为人所感知。

第十六章 社会结构：女人、男人和青年

刀子的逼迫下，一个目击者提供了证词，于是，这位开玩笑的农工被送上了雅克·富尼埃宗教裁判所的审判庭（III.455—456）。

我们看到，青少年的游戏、欢乐和玩笑并非没有严肃性和文化内容。那么，是否因此就可以说，在阿列日和奥德等地，这些活动表明：青年作为一个特殊的年龄群体实际上是存在的，某些游戏性质的活动是青年所特有的呢？基本上可以这样认为。奥德·富雷是拉法热人，十六七岁时订下婚约嫁给了阿列日的缪维埃尔，那时她还从未领过圣体（II.82—83）。丈夫用责备的口气问她："为什么不领圣体？"她回答道："因为在我们拉法热村，男女青年都没有领圣体的习惯。"这就证明，在这些地区存在着一个青年群体，这个群体又按性别分为两个次群体。属于这个群体的青年只是在领了"第一次圣体"（19、20岁时？）后，才脱离这个群体，因为第一次领圣体被认为是进入成年时期的一种礼仪（第一次领圣体和出嫁常常在同一个时期）[①]。即使在那些存在这种礼仪的地区，青年群体以及它的两个次群体（小伙子和姑娘）大概也被承认为与众不同的实体。这种情况的出现远在它们得到正式承认之前。所谓正式承认，指的是普罗旺斯后来的那种情况，那里创设了"主管青年的教士"这一职位。20岁和25岁以下的青年喜爱唱歌（我想到了刚刚达到成年年龄的皮埃尔·莫里所唱的饮酒歌，那是他在把"一个女孩子搞到"小酒店去调情时唱的）。此外，这个年龄段的青年能玩，能跳舞，年轻的新婚夫妇也被邀请一起玩，一起跳。生在蒙塔尤、嫁在蒙塔尤的纪耶迈特·克莱格说："圣

[①] 见本书第十三章，皮埃尔·奥蒂埃在那里谈到了18岁的青年的主要性格特征，18岁被看作是一个文化上的年龄界线。

第二部分 蒙塔尤考古：从举止到神话

保罗-圣彼得节那天，望完弥撒、吃完饭后，我和普拉德的青年男女一起去玩和跳舞；当天晚上我回到普拉德我舅舅家吃晚饭。（I.338）"

同样，那个搞同性恋的阿尔诺·德·韦尼奥尔在满足自己的情欲之前，先摔跤、跳舞①。不过，跳舞并非青年独享的唯一权利。1296年，在贝阿特里斯·德·普拉尼索尔的婚礼上，年纪已经不小的纪耶迈特·奥蒂埃也是"起劲蹦跶"的人之一，后来他因善于领舞而在蒙塔尤小有名气（I.218）。

在村子里，除去职业性活动以外，女人的社交活动主要是打听和传递内部信息，男人的社交活动主要是参与政治决策和对付大一统的社会；当年轻人作为青年参与社交活动时，这些活动主要是一些感情交流和没有明确动机的活动，而与获取知识、接受教育以及采取行动没有关系。在此后的几个世纪里，少女的教育，这里说的主要是音乐、唱歌和跳舞，长期带有这种思想状况的痕迹。男青年则与她们不同，对于他们来说，接受一种越来越具有抑制性和知识性的教育，日益成为必需。

---

① 阿尔诺·德·韦尼奥尔的叙述，见 III.42 等若干处。

第十七章

小酒店、弥撒、小集团

有人对我说,区分男人、女人和青少年这样三个社会群体(它们各自又都是可分的……)只有抽象意义。我将充分运用分析所具有的说服力来作出回答;我还将着重指出,就社会整体而言,存在着一些具体的活动场所,其中有一些是不言自明的,诸如男人、女人和孩子们一起捉虱子、一起下地干活、一起在街上、在家里等等。其他"整体活动场所"则更加确定,那便是小酒店,尤其是堂区的弥撒……

最具规模的小酒店,由一个女人或一对夫妻当掌柜;顾客大多数是男人,但也有女人。在埃彼纳尔的作品中,那时的小酒店就像20世纪上半叶的小酒馆那样,是男人独享的社交场所,看来这并不符合14世纪上阿列日的实际情况,甚至在总体上也不是旧制度时期法国的情况[1]。

---

[1] 参见17世纪上半叶表现"混合"小酒店的版画(私人藏品),这类小酒店是在吉勒莱逢集的日子里临时支起来的。一般地说,男人(过路的)和女人(家庭主妇)相聚时,才在小酒店里一起喝酒,但更多是在家里(III.197)。人们认为,一起喝酒就能很快进入交谈(出处同上)。

第二部分 蒙塔尤考古：从举止到神话

一般地说，在需要从外面购入葡萄酒的纯山乡地区，包括蒙塔尤，小酒店那时尚处在萌芽状态。例如，法布利斯·里夫在佩戴黄十字标志的那个堂区开了一个小酒店（I.325—326），她的顾客有真正的小铺子那么多吗？也许吧，但绝对无法肯定。她的小酒店主要是"贩运葡萄酒"，以满足克莱芒、贝内等一些比较富裕人家的要求。我们看到，法布利斯的小酒店装备很差……

设有店堂可供顾客喝酒的名副其实的小酒店，多半只能在小城市、集镇或做买卖的地方才能见到。男女农民们利用赶集的机会到这类小酒店去，或是喝一盅，或是与来自外乡的男人、女人、姑娘、神甫或者在俗信徒随便聊聊。皮埃尔·盖拉和他老婆加亚尔德在富瓦开了一家规模不小的小酒店，老板娘负责量酒。富瓦公爵领地的市民和乡民——其中大多是男人，也有几个女人——在那里议论一个伏多瓦派信徒被处火刑烧死这件事，他们谈到了一些令人惊奇的细节：捆住双手的绳索刚烧断，犯人就朝天高举。有些人，例如富瓦的贝朗热·埃斯库朗，把城里几个小酒店一一走遍（I.174），他们在这些小酒店里收集和传播各种各样的逸闻传言。他们就这样把小酒店变成了传播口头新闻的共鸣箱（I.169—170）。喝酒时和酒后的谈话通过某些中间媒介传到各个山乡，于是，在农民当中就会引起对于用火刑处死异端分子和对于什一税的抗议[①]。况且，有些小酒店本来就是异端派接头的地方。阿克斯的纪尧姆·埃斯考涅说："我去阿克斯累太姆的路上，在库斯托萨[②]的一家小酒店里喝酒，在那里喝酒的一些人知道我信教（信异

---

① 见纪尧姆·奥斯塔兹的档案：I.195。
② 如今的奥德。

第十七章 小酒店、弥撒、小集团

端)。他们问我:

'你去哪儿?'

我回答说:

'我去找个异端教徒给我妈做临终慰藉,她已经不行了。'

这时一个年轻人(我想他是皮埃尔·蒙塔尼埃)对我说:

'你别一个人去,我陪你一起去。'

于是,我们两人就一起朝阿克斯走去……"(II.14)

*　　　　　*　　　　　*

然而,小酒店并不是主要的社交场合,主要的社交场合是弥撒。每逢星期天,来自各家和各个牧场的村民们都可以松快松快、三三两两地去望弥撒。小酒店虽然也有农民顾客,但是市民和"镇民"顾客更多些。弥撒则不同,弥撒到处都做,又唱又说(I.145),而且是在每个堂区里(但有一点例外:有些村庄没有教堂,信徒们只得到最近的镇子上去)。

无论你是异端分子或是纯洁派,去望弥撒都有好处,那就是去和人碰头,比方说,策划一桩绑架什么的(III.151)。你要是天主教徒,那就更简单了,因为参加宗教仪礼是完成宗教信仰的中心时刻。在富瓦开小酒店的那个加亚尔德·盖拉说:"我们能否得到拯救全在弥撒。"(I.169)至于蒙塔尤人,我们看到,具有纯洁派倾向的信徒,例如皮埃尔·莫里、贝阿特里斯·德·普拉尼索尔,无论在家或在外居住,基本上每次都来望弥撒,至少间歇地来(III.136)。他们有时候甚至在祭坛前面表现出天主教徒的虔诚,而且看不出他们对自己的自相矛盾的表现有什么顾忌(这种"双重属性"在那时丝毫也不令人吃惊)。贝阿特里斯在圣母像前点五颜六色的蜡烛,皮埃尔·莫里向圣安东敬献羊毛束。

· 455 ·

第二部分 蒙塔尤考古：从举止到神话

对于一个人类学家来说，从这个角度看，埃荣地方的周日弥撒与印第安人部落中定期举行的具有异教色彩的种种宗教仪式，没有本质区别。弥撒比小酒店能聚集更多的男女村民。不错，前面已经说过，教堂之所以与男人关系较为密切，并非无缘无故，那是因为，教堂是他们或他们的男性祖先流汗受累亲手建成的。（今天的情形恰好倒了过来，教堂与女人的关系更密切，因为从19世纪开始，女人参加宗教仪礼的程度比她们的丈夫绝对高得多。）总而言之，弥撒是一种全体参加的仪式，尽管有些人不去——不去的蒙塔尤人大概不少——它毕竟能把男女老少都聚集到一起来。

因此，弥撒非常重要，即使对于那些具有反叛思想的村庄来说，也是如此。异端思想不但不反对弥撒，而且恰恰是利用弥撒进行传播的。稍有些文化的本堂神甫从书本中汲取这种思想，然后在布道时向不识字的教民传播。例如，终身副本堂神甫阿米埃尔·里欧，面对聚集在朱纳克教堂前面的50个乡民，公然否认肉体将来能够复活；他称他的听众为你，而不称你们，就像是在对一个人说话似的："你应该知道，在你接受最后审判时，肉体将要复活，因此，听取最后审判的是你的肉体。但是，审判之后，你就上了天堂或是下了地狱，而这时你的肉体又回到棺材里，重新变成了骨灰……我读过的书就是这样讲的。"阿米埃尔向他的听众说最后这句铿锵有力的话时，听众纹丝不动，连眉头都不皱一下（III. 19）。

听到这个结论，50位教民惊得发呆；就在弥撒进行过程中，他们把这位副本堂神甫传布的异端思想装进了自己的头脑，没有表示任何异议。

第十七章 小酒店、弥撒、小集团

当然,有时也会蹦出那么几个倔头来,当他们有机会发表不同见解时,他们就说,所有的弥撒,不管是唱还是说,全都是瞎扯(I. 145, 148)。然而,即使在蒙塔尤,对于所有的人,无论是最虔诚的信徒,还是不那么相信而且懒得每次都去的人来说,周日的弥撒都是彼此接触和进行交流的最佳场所之一,既与外界接触,也与自己进行内心交流。

*　　　　　*　　　　　*

一个村庄的全体村民:男人、女人、青年,就像一枚纹章划分成不同的部位那样,划分成不同的人群。可是,这并不妨碍这些因年龄和性别而分属于不同人群的人全都间接地参加全体性的社交活动,实际上,不同的人群构成了一体化中的各个成分。在上阿列日的蒙塔尤,从来没有关于女人或青年奋起反对成年男性统治的记录,这种统治得到了心甘情愿的同意和接受。

促使社会结构分化的真正原因,需要到村子里的你争我斗的小集团现象中去寻找。每个小集团为了各自的利益聚集了一些家庭或一些家庭中的部分成员。小集团现象发展到极点时,竟然把全部村民分成两半,但事实上他们远非势均力敌。当蒙塔尤各自为政、乱成一团的时候,这两个小集团此长彼消,极不稳定。

我们掌握的资料始于1295—1300年,那时,克莱格的小集团及其同盟者在村子里占据主导地位。借用本堂神甫那句不雅的话说,克莱格的小集团把整个村子"夹在两脚之间"。这个小集团势力很大,几乎足以单独充当全村本地人社会的化身。为了恳恳求母亲阿尔芒德·吉拉贝尔给她病中的儿子做临终慰藉,阿拉扎依·富雷对她说:"本堂神甫皮埃尔·克莱格保护着我们,村子

第二部分　蒙塔尤考古：从举止到神话

里是不会有人去告发我们的。"[1]对于控制着蒙塔尤的那几个家族（贝洛、贝内、福尔、莫里、马尔蒂、里夫[2]）来说，纯洁派信仰首先是把他们联结起来的一个手段。联成三角关系的贝洛、贝洛和克莱格这三个最强大的家族，彼此之间都通婚联姻。领地法官贝尔纳·克莱格很明白姻亲关系与自己的利益休戚相关，于是娶了他以浪漫情调所爱的雷蒙德·贝洛为妻。以他在本地区所拥有的较高社会地位，他本来完全可以名正言顺地向他要娶的富家小姐索取很高的陪嫁，但他向雷蒙德·贝洛索取的陪嫁却不多。他特地将此事公之于众[3]，他是想通过这桩确有爱情基础的婚姻突出地显示，克莱格家族与贝洛一家之间存在着爱情、集团和宗教信仰等多方面的联系。前面已经提到，在这种想法的推动下，贝尔纳·克莱格为了得到他未来的岳母对这桩婚事的允准，着实花费了不少时间（II. 272; II. 276）。这位未来的岳母就是纪耶迈特·贝洛特（贝洛），她是寡妇，因而当然就是一家之主。这桩美满的婚姻使两家固有的关系进一步得到了加强。贝尔纳·克莱格拥有一个庄园，出产很丰富，他常用皮口袋装着小麦、面粉和葡萄酒，前来向掌握着他未婚妻财产的老太太纪耶迈特送礼，多达"百次以上"（原文如此）。纪耶迈特·贝洛特（贝洛）最要紧的事，当然就是把这些东西转送给躲藏在她家的异端信徒们。她想："我宁可自己饿肚子，也不能让这些教士缺什么。"作为对贝尔纳盛情的报答，纪耶迈特帮他捉虱子，还把女儿许给了他。

---

[1]　I. 413—414。又见 I. 416（皮埃尔·克莱格向异端分子提供的支持）。
[2]　见皮耶里《雅克·富尼埃笔下的蒙塔尤》，图卢兹大学，1969年，第61页。
[3]　II. 427（西比尔·皮埃尔关于这桩婚姻的证词）。

第十七章 小酒店、弥撒、小集团

这个小集团的另一边是贝洛和贝内两家的关系。这两家也是亲家，小纪耶迈特·贝内嫁给了贝尔纳·贝洛，贝尔纳的母亲老纪耶迈特·贝洛掂量过这桩婚事的危险性（I. 455）。她知道贝内家与异端的关系不同一般，如果宗教裁判所加紧镇压，贝洛家就可能因联姻而受到连累，以致毁了全家；因为这桩婚姻把贝洛家与贝内家的命运拴在一起了。老纪耶迈特对儿子贝尔纳说："贝内家与奥蒂埃家关系太密切，贝内家会给我们家带来不幸。"从较长时间来看，老母亲的话肯定很有道理。不过在1300年之后的几年中，贝内家依然是向全村传播异端的中心。1300年，奥蒂埃一家从伦巴第回来后，首次落脚就在贝内家，尽管纪尧姆·贝内和他老婆很不情愿，也是无济于事（I. 471）。一传十，十传百，贝内家把异端思想传遍了全村。依附在贝洛—克莱格轴心上的贝洛—贝内联盟，14世纪初期在蒙塔尤为纯洁派阵线打下了基础。这个纯洁派阵线比较坚实，又因干爹、干娘之类所组成的网络而得到了加强（II. 224）。克莱格家借助两个因素控制了这一社会结构的全部，其一是他们家的财富，其二是两个儿子分别握有的权力，由于领主经常外出，领地法官贝尔纳就在村子里拥有大权，而在必要时，本堂神甫皮埃尔还可以助他一臂之力。

可是，早在14世纪初期，蒙塔尤就出现了一个小小的反对派。这个反对派可以称作"圈外人"反对"圈里人"，它由利齐耶和阿泽马两家组成，顽强地对抗三家（克莱格、贝洛、贝内）联盟。利齐耶家由于首当其冲，所以没能坚持多久。一家之主雷蒙·利齐耶被无名杀手谋害了（受克莱格小集团的派遣？）。雷蒙·利齐耶是个普通农民、"痛恨异端的好天主教徒"（III. 65; I. 296）。他的妻子雷蒙德娘家姓阿尔热利耶，她也许是杀手的同谋。不管是

第二部分 蒙塔尤考古：从举止到神话

否确有其事，雷蒙刚死，她就迫不及待地改嫁阿尔诺·贝洛。谋杀案最终也没有查清，雷蒙·利齐耶的葬礼简单得不能再简单了："蒙塔尤的阿尔诺·利齐耶不喜欢异端分子，对他们很不好。他被害不久，尸体就在蒙塔尤教堂门前被人发现。"（II. 427）他一死，纯洁派信徒们就长长地松了一口气，皮埃尔·莫里说："雷蒙·利齐耶死后，我们再也不必担心他家了。"（III. 162）

阿泽马家更可怕，掌管这个家的女主人就是让人害怕的老婆子娜卡米纳卡（雷蒙德·阿泽马）[1]。她的一个儿子是虔诚的天主教徒，这在1300—1305年的蒙塔尤实属罕见。这就引起纪尧姆·奥蒂埃对他的戒心，而且在全村的所有人中，纪尧姆·奥蒂埃几乎只对他一人存有戒心[2]。老婆子的另一个儿子皮埃尔·阿泽马信仰正统的罗马天主教，这也让人不放心。起初，皮埃尔·奥蒂埃把他看作异端的朋友；好些日子以后，克莱格家毫无顾忌地利用他所犯的"年轻人的错误"，把他送进了卡尔卡松的监狱。后来，皮埃尔·阿泽马是否"重新皈依天主教"了？他是否拿起刀子来争夺支配地位？总之，后来克莱格家失势时，他成了一个最主要的"挑战者"，目标就是领地法官和本堂神甫兄弟二人日趋衰败的优势地位和他们的头衔，与此同时，他也成了蒙塔尤最高权力的竞争者之一。

阿泽马一家人都是普通农民，只是因为与主教雅克·富尼埃有亲戚关系，这家人才在本堂区小有名气。与他们有关系的小集团里有本村的佩利西耶一家、富尼埃一家和戈奇娅·克莱格的母

---

[1] I. 460。
[2] I. 279。

第十七章　小酒店、弥撒、小集团

亲娜隆嘎①一家。

阿泽马家对本村掌权集团的反抗，远远超出了对君主的反对。克莱格一家人对谁也不怕；不过在 1305 年，他们对阿泽马家却不是这样，那个不讲理的老婆子纳卡米纳卡让克莱格一家人怕得要死，他们一见阿泽马家母子，就赶紧贴着墙走。贝洛家的人也是这样（I.460）。

然而，对于克莱格小集团来说，单是皮埃尔·阿泽马和他一家子并不十分可怕。克莱格小集团在村子里，而阿泽马一家则离家外出了。可是，自从 1305 年从卡尔卡松来了宗教裁判所的人后，事情就变坏了或者说变得复杂了。克莱格小集团必须加倍提防，于是他们强硬起来了，同时也就开始分裂。当然，这个小集团的头头和老板们仍然竭尽全力保护他们的追随者、朋友和干亲。雷蒙·利齐耶的遗孀雷蒙德·达尔热利耶竟然傻气十足地向本堂神甫皮埃尔·克莱格通风报信，说她发现有几个蒙塔尤的贵妇人形迹可疑，她们同纯洁派教长待在一起；皮埃尔·克莱格毫不客气地让这位多嘴多舌的女人闭嘴："你要是告发戈奇娅·克莱格、西比尔·福尔、纪耶迈特·贝内特（贝内）和纪耶迈特·莫里纳（莫里），你会倒霉的，她们都比你强。你要是对这些女人说三道四，小心点，你的性命、房子和财产全都要完蛋。"②雷蒙德不是聋子，本堂神甫的话一听就明白。她的丈夫是因行为不端而被同村人杀死的，用不着再次对她发出警告。

---

① III. 75。女家长娜隆嘎是卡穆拉克的雷蒙·马尔蒂的孀妇（？），长住蒙塔尤，可能住在她已故的父亲家中。

② III. 71。请注意颇具蒙塔尤特色的顺序：性命、房子、财产。

· 461 ·

第二部分　蒙塔尤考古：从举止到神话

可是，日子越来越不好过了，宗教裁判所的迫害一天比一天加紧，克莱格家人在当地组织的控制和保护体系开始出现裂缝。比如说，贝洛—克莱格联盟剧烈动摇，险些在偶发事故中倾覆。领地法官贝尔纳·克莱格对于他当年心爱的姑娘和如今的妻子雷蒙德·贝洛的感情始终如一。而雷蒙德·贝洛对她的丈夫也是这样。夫妻之间顶多吵了几次嘴（I.399），原因是雷蒙德发现丈夫的思想突然一百八十度转弯后，吃惊得不敢相信。这些不过是些司空见惯的小插曲……贝尔纳与他老婆的关系依然很好，他亲昵地把雷蒙德称作好老婆，而不管她叫老伴，更不叫老母猪。娘家姓贝洛的雷蒙德·克莱格，在丈夫遭难时，倒也对他忠心耿耿。当堂区教民中有人背叛本帮派的"黑手党"规矩时，当有人对帕米埃的宗教裁判所的人进行密探活动时，她就单枪匹马去对这些人进行威胁（I.466）。

领地法官和他妻子的关系因而可称始终非常规矩。可是，他与丈人贝洛一家的关系却搞坏了，尽管他过去曾经很喜欢这家人。卡尔卡松宗教裁判所的人一方面利用克莱格一家人为自己出力，另一方面加紧迫害异端分子……其中就包括贝洛一家人。这种状况难以维持下去，终究要翻脸。到了1306年，贝尔纳·克莱格就跑去威胁岳母纪耶迈特·贝洛特（贝洛），说是要把她送到卡尔卡松关起来，尽管过去纪耶迈特常常亲切地为他捉虱子（I.347）。他越干越起劲，竟然扬言要把纪耶迈特的儿子、他的小舅子纪尧姆·贝洛也送到卡尔卡松关起来。也许有人会说，对这些吓人的话用不着看得十分严重，贝尔纳·克莱格一贯爱说这种话。他对自己的亲娘也曾大耍威风，称她是老异端分子，说什么要烧死她（II.432）。至于那位受人尊敬的芒加德·克莱格，其他几个儿子都

第十七章 小酒店、弥撒、小集团

很敬重她,对于她来说,那些恫吓的话语都只是说说而已。可是,纪耶迈特·贝洛不久就被抓到卡尔卡松关起来了(那个没良心的女婿究竟在此事中扮演了什么角色,却不清楚)。纪耶迈特·贝洛特(贝洛)只得在卡尔卡松狱中度过她的风烛残年了。直到岳母临终之时,贝尔纳·克莱格才显露出一丝家族观念来,他把奄奄一息的岳母从狱中弄出来,为她作保,郑重其事地用骡子急速驮回蒙塔尤,为她做了临终慰藉,又亲自为她安排禁食,看着她咽下最后一口气,把她送到墓地安葬①。

如果只说克莱芒家人的背叛,就有失公允。由于意识到必须学会跟着潮流走,克莱格一家把自己变成了卡尔卡松宗教裁判所的旗手和打手。然而,他们始终不曾放弃反天主教的信念(后来,贝尔纳·克莱格在狱中以开玩笑的方式说了一连串咒骂罗马天主教宗教仪规的话〔II.283〕)。但是,事情既然已经到了这一步,总得想方设法为自己做妥善安排,所以,克莱格一家有时就不得不阻挠其追随者信仰纯洁派。在一些不同场合,他们干脆诉诸暴力,不再使用旧日行之有效的好方法,诸如送些小礼物,彼此帮些小忙以增进友谊等,而在最初那几年里,这些方法正是他们进行控制的特点。莫尔一家虽然是亲阿尔比教派的信徒,但是克莱格一家及其心腹却把他们视为眼中钉,莫尔家的好几个人被克莱格家人或是打成残废,或是被迫逃离家乡。曾经受到克莱格小集团保护的几个年轻人,厌恶克莱格一家人与卡尔卡松狼狈为奸,起而反对这个小集团。他们从领地法官和本堂神甫的指缝间溜了出去,到山那边去当牧工(参见莫尔、莫里和巴伊等人的情况)。追

---

① I.416。

第二部分　蒙塔尤考古：从举止到神话

随者散去对克莱格一家造成了巨大的威胁。后来，贝尔纳·克莱格就进行猛烈反击，他决定孤注一掷。他对胆子小的追随者进行威胁，为此他利用蒙塔尤的农妇，尤其是寡妇和女佣，靠她们把自己对蒙塔尤的控制重新稳住。为了取得一个对他当本堂神甫的弟弟有利的证词，他对许多人软硬兼施，其中有雷蒙德·阿尔森、维萨纳·泰斯塔尼埃尔、法布利斯·里夫、雷蒙德·吉乌、格拉齐德·利齐耶，比这些人层次稍高的则有贝阿特里斯·德·普拉尼索尔①。起先他被宗教裁判所的打手软禁在家中，后来又被他们送进帕米埃的监狱。即使到了这步田地，贝尔纳每逢在自家附近和狱中遇见那些软弱的妇女时，依然不惊不慌地对她们又是许愿，又是威胁。这位头头境况极为不佳，这些努力收效甚微。格拉齐德·利齐耶以其固有的农家少女的淳朴对这位前领地法官说："你以为有人会为了你那双漂亮的眼睛把自己送上火刑台？"格拉齐德的母亲法布利斯说得更难听："对于我来说，与其我受火刑，不如你受火刑。"（II.291, 293）说完拔腿就走。

1321年，贝尔纳·克莱格在监狱里有了空闲，于是对自己那个小集团逐渐瓦解的那几个可怕的年头进行了反思。这位前领地法官的思索很有道理。他认为，什一税这个令人憎恶的问题对于促使小集团瓦解起了主要作用。他对一位难友说②："雅克·富尼埃主教把我们耍惨了。他使用了一切弹压手段对付萨巴泰老百姓，因为他们拒不向他缴纳牲畜什一税，而他所做的这一切，都是为了抢夺异端信徒的财产……"

---

① I.466, 467, 468; II.284, 291, 293。
② II.284。什一税概况，又见III.336—341（注）。

第十七章 小酒店、弥撒、小集团

他的难友说："也是为了从那些从未见过异端的人手中抢夺财产；卡尔卡松宗教裁判所管辖我们时并不这样。"

这段对话非常清晰地表明：克莱格小集团只要有卡尔卡松宗教裁判所撑腰，就能够在村子里维持自己的霸权，因为宗教裁判所对异端的迫害相当温和，至少在部分意义上是这样；一般地说，它只对领地法官和本堂神甫兄弟二人的死对头进行镇压，在收取什一税问题上，它也并没有全力以赴。可是从1317年起，双方这个瘸腿的妥协就垮了，因为雅克·富尼埃当上了帕米埃的主教之后，无法将就卡尔卡松和克莱格集团之间的安排。他要求严格征收什一税，从而在狠狠打击克莱格之前，就在"客观上"破坏了克莱格的权力。在富尼埃上任之前，教会向村民征收的什一税数额不大，克莱格一家当时充当收税人和包税人，他们不但不趁机盘剥纳税人，反而保护他们，从而减轻了什一税的冲击。他们只是顺便把收税应得的报酬一起收上来，况且，他们还要把税款的一部分交给他们的朋友——异端派教士。

1317年（什一税加紧征收）和1320年（直接迫害克莱格）之后，这些手段便不再采用了，克莱格小集团再也不能保护其利益和朋友网了。明知前景不妙，为了继续生存下去，它依然做了徒劳的努力。

然而，它始终拥有一批坚定的拥护者，不但在蒙塔尤有，在外村也有。比如，奥尔姆的拉罗克村里的蓬斯·加利，他是贝尔纳·克莱格的侄子，在形势发生逆转的最后阶段，他主动挑起担子，忠心耿耿地继续执行叔叔们并不光彩的任务（I.396）。就像贝尔纳·克莱格是蒙塔尤的领地法官一样，皮埃尔·当·于格尔是基耶的领地法官，他是领主官吏党的成员，这些官吏过去曾亲近过纯洁派；在事变发生的那些日子里，他们（原则上）互相挽紧了臂膀。皮埃尔·当·于格尔得知贝尔纳·克莱格被捕后，在证人面前宣布："我很懊丧，我情愿损失一只羊，也不愿意听到贝尔纳·克莱格被关在牢里的消息。"（III.402）

*　　　　*　　　　*

面对克莱格小集团的衰败，应该提到的是正在上升的阿泽马小集团。（如果严格地使用人种学术语，应该把它叫作阿泽马帮派，因为至少在初期，这个小集团尚不能代表村子里强大的少数派，更不能如同克莱格小集团在 1300—1305 年间那样代表业已形成的多数派。）

在艰难的 1300—1321 年间，皮埃尔·阿泽马本人和他的家都得到了雅克·富尼埃的支持，在他的支持下，他们成功地在村子里组成了一个朋友和同谋的网络，在一段时间里与克莱格小集团唱对台戏。在年迈的纪耶迈特·贝洛特（贝洛）的葬礼（约在 1311 年）上，皮埃尔·阿泽马的妻子纪耶迈特·阿泽马和背叛了阿尔比教派的维萨纳·泰斯塔尼埃尔，遇见了纯洁派的两个多嘴多舌的女人纪耶迈特·贝内和阿拉扎依·阿泽马[①]（这个阿拉扎依与阿泽马家是远亲，所以同姓）（I.462），前者向后者面对面地提出了挑战。皮埃尔·阿泽马为了巩固他的小集团对于克莱格小集团的优势，毫不犹豫地建议采用交换小礼物、相互帮忙……乃至交换老婆等办法，而克莱格小集团当年正是利用这些经典的手段建立起自己的影响的。戈奇娅·克莱格是本堂神甫的表姊妹，皮埃尔·阿泽马把自己的女儿许配给戈奇娅·克莱格的儿子

---

① 又见 II.467。

第十七章 小酒店、弥撒、小集团

（III.70），条件是戈奇娅·克莱格必须脱离克莱格小集团，转而投向阿泽马小集团；此外，为了不损害阿泽马小集团的利益，戈奇娅不能不分青红皂白地乱告发。皮埃尔·阿泽马最后对戈奇娅说："这样的话，你就能加强我们两家的地位。"（III.367）

皮埃尔·阿泽马还努力把一些家庭拉到自己的小集团中来。这些家庭过去依附在克莱格小集团中，后来闹翻了，不得不把部分家庭成员小心翼翼地送到西班牙去。依附于某一小集团的强烈愿望，使得人际关系出现了一些奇异的组合；所谓的好天主教徒阿泽马一家，现在却在讨好那些曾受克莱格小集团迫害的具有纯洁派倾向的人。反之，克莱格一家人虽然内心深处还是异端，却为卡尔卡松天主教宗教裁判所做事。真可以说是一场抢四角游戏。很明显，在这种情况下，对于这两个彼此对立、各有野心的小集团来说，变幻不定的宗教旗号主要是用来为自己争得荣誉。旗号虽然变幻不定，眼睛始终贪婪地死死盯着当地的权力，却是不难发现的事实。比如，维萨纳·泰斯塔尼埃尔不久就将出庭接受帕米埃主教的审讯。皮埃尔·阿泽马不慌不忙地嘱咐她不要揭发维塔尔·巴伊、埃斯克拉蒙德·巴伊、雷蒙德·利齐耶、戈奇娅·克莱格和莫尔兄弟；这些人都或多或少受到本村纯洁派的牵连，可是，他们的家庭或是早就（利齐耶）或是新近（莫尔）与克莱格有隙（I.468），对于阿泽马（尽管他们家与富尼埃主教在信仰和亲戚关系上都比较亲近）来说，这正是一个难以估量的优势。与此相似，皮埃尔·阿泽马要求戈奇娅·克莱格与马尔蒂一家搞好关系（他后来利用了这个关系），对她说："别对埃斯克拉蒙德搞侦探活动。"（III.366）如同对其他许多人一样，阿泽马对马尔蒂的态度与克莱格对马尔蒂的态度恰好相反。他对软弱的妇女也施加

第二部分 蒙塔尤考古：从举止到神话

压力。他之所以这样干，是否因为知道她们没有保护自己的能力？是否因为在本村不可能收买到男性证人（他们死的死，关的关，还有的已经逃离本村）？事实是皮埃尔·阿泽马企图使用暴力对维萨纳·泰斯塔尼埃尔、娜姆瓦什娜、雷蒙德·吉乌、娜罗泽拉[①]和纪耶迈特·贝内等人进行控制，以便让她们在帕米埃的宗教裁判所法庭上提供有利于他的证词。纪耶迈特·贝内原来是阿泽马小集团的对头，对于贝内一家尽失往日光彩大为失望（I. 465, 468, 479; II. 226, 227, 281）。卡尔卡松宗教裁判所的官员（克莱格的朋友）来到蒙塔尤时，娜罗泽拉和娜姆瓦什娜两个本村的妇女向他申诉说，皮埃尔·阿泽马用恐怖手段逼迫她们向他的亲戚富尼埃主教提供伪证（II. 281）。

有必要指出，阿泽马在表明决心要让自己一家控制全村和一些无力自卫的妇女时，同他的对手克莱格一家一样，也使用一连串粗野的语言，而且也奇怪地常常说到脚。本堂神甫皮埃尔·克莱格曾说："由于卡尔卡松宗教裁判所的支持，我把蒙塔尤的所有男人牢牢地控制在'两脚之间'。"（I. 239）贝尔纳·克莱格获悉雷蒙德·泰斯塔尼埃尔准备提供不利于他的证词时，十分恼火，把对她的称呼由您改成了你，恶狠狠地对她说："我让你只剩一只脚，把你的证词扔还给你。"（I. 467）为了动员戈奇娅·克莱格去向富

[①] II. 281。据让·迪韦尔努瓦称（《帕米埃的宗教裁判所》，第147页及注），娜罗泽拉应是格拉齐德·利齐耶。在这个问题上，我赞同手稿出版者富尼埃的看法；但是，我倒认为（鉴于"娜"含有女家长的意思），娜罗泽拉不是别人，正是阿尔热利耶的雷蒙德，即阿尔诺·利齐耶的遗孀，她后来再嫁，与阿尔诺·贝洛结婚。皮埃尔·阿泽马阻止别人告发这个女人，后来他利用她去对别人进行密探活动。

第十七章 小酒店、弥撒、小集团

尼埃的法庭提供证词,皮埃尔·阿泽马对她说:"别把睡着的野兔搞醒,它会用脚抓伤你的手。"(III.366)

与其对手克莱格一样,皮埃尔·阿泽马不单单依靠他与本村村民的友谊。皮埃尔·克莱格依靠卡尔卡松宗教裁判所,皮埃尔·阿泽马则依靠帕米埃宗教裁判所。不但如此,他在周围一些小城市里还有不少合伙人。他与邻村普拉德的本堂神甫有勾结,与那位原籍阿列日河上的塔拉斯孔不合法的律师、有时也兼作包打听的皮埃尔·德·加亚克也有勾结(II. 281, 287)。阿泽马在堂区内外都有了自己的人,他很清楚,他的小集团要想彻底战胜克莱格小集团(恐怕没么容易吧!),必须把当地的权力机构统统夺到手。克莱格的那伙人也懂得这个道理,他们把领地法官、本堂神甫和对领主庄园的影响力都抓在自己手里。皮埃尔·阿泽马全力以赴地要把自己的对手和新贵统统撵走。在他最显赫时期,他肆无忌惮地操纵那些新人,让他们担任村子里的领导职务,其中有副城堡主、行政长官贝尔纳·马尔蒂和副本堂神甫雷蒙·特里伊,后者补了已故皮埃尔·克莱格的缺(I.406)。

可是,克莱格小集团(长期占多数)和阿泽马小集团(占少数,却咄咄逼人)在蒙塔尤就像是"一山藏二虎"。这两个小集团注定要同生共死,它们听凭各自在卡尔卡松和帕米埃的主子暗中控制,而卡尔卡松和帕米埃的主子则在埃荣地方无需花费多大力气就可通过夹在中间的小头头达到他们的目的。贝尔纳·克莱格从关进帕米埃监狱直到彻底完蛋,依然保持着对自己小集团的控制,他设法让他在卡尔卡松的保护人采取行动,这些保护人按照他的安排行事,把过去在纯洁派问题上并不干净的皮埃尔·阿泽马关进监狱。皮埃尔·阿泽马入狱后,卡尔卡松的监狱官、蒙塔

第二部分　蒙塔尤考古：从举止到神话

尤前领地法官的好朋友雅克就以折磨他为乐，很快就把他弄死在狱中（II.281）。这样一来，贝尔纳·克莱格就轻松地排除了一直被他叫作"叛徒"的皮埃尔·阿泽马。所谓叛徒，是说他因背叛克莱格小集团而背叛蒙塔尤，因为长期以来，克莱格一家人始终把自己看成蒙塔尤全村的化身（II.285，287，288）。

然而，前领地法官自己的下场也很悲惨。阿泽马在帕米埃还能指望的那些朋友和保护人对自己朋友的敌手，来了个以其人之道还治其人之身，把贝尔纳·克莱格也弄进了大牢，除了手铐脚镣，就只有面包和水。不到一个月，贝尔纳·克莱格就一命呜呼，1324年死在牢里，紧跟他那个当本堂神甫的弟弟进了坟墓[1]。

贝尔纳·克莱格和皮埃尔·阿泽马作为一个准集权体制的牺牲品，被这个体制像柠檬一样榨干之后，先后死于内部争斗中。然而，他们的死并不意味着蒙塔尤的小集团斗争从此偃旗息鼓。以领地法官和本堂神甫为代表的克莱格小集团的头面人物死后，在相当长的一段时间中，这个小集团仍保持着优势；直到1320年，克莱格家的某些成员依然是蒙塔尤村民中的头面人物[2]。阿泽马小集团当初似乎过于野心勃勃，因为他们在金钱和人数方面缺乏实力，朋友也不多，合作者仅限于帕米埃的神职人员和亲法兰西派。首领皮埃尔·阿泽马死在卡尔卡松大牢中，阿泽马小集团受到沉重的打击，此后似乎再也没能恢复元气。不过，在蒙塔尤与克莱格作对的小集团，却由于吉拉贝尔家的若干成员依然健在而得以

---

[1] 有关此前的事，参见 I.405 和注 164；II.227 和 281；III.376。
[2] II.255, 256。从14世纪到20世纪初，该村所有家庭中，姓克莱格的最多（所据为阿列日省档案馆和蒙塔尤镇档案馆的资料。参见"19世纪人口普查姓氏录"和书目）。

第十七章 小酒店、弥撒、小集团

重振雄风。阿泽马在世时曾怂恿这家人与克莱格小集团作对。①

* * *

蒙塔尤这个实例向历史学家展示了某些不可宽恕的帮派冲突②，它同时让我们看到了多数派与少数派的无情恶斗。多数派以本堂神甫、领地法官和城堡主为靠山，为夺取权力而争斗的少数派则力图将这些实力人物拉到自己这边来。帮派成员的重新组合始终伴随着两派的争斗，由于双方对对方施加的压力与日俱增，更由于双方阵营中不断有人改换门庭，在这种不稳定的状况下，重新组合不可避免。

有人会说，蒙塔尤纯粹是个地方性的实例……事实上，在我们能约略弄清其 1300—1320 年历史的阿列日地区的某些村子里，也能看到大体相似的实例，只是表现形式也许不那样明晰，不那样典型而已。朱纳克的城堡主老爷不仅由一位领地法官代表，他本人也长住此地，那里的大人物、贵族和老爷们长期保护异端，对那些倾向异端的农民、牧民、铁匠等当地被保护人，真心诚意地给予支持和保护。不过，1305—1310 年之后，宗教裁判所的威胁日益严重，朱纳克的这些头面人物，终于像许多其他山区的显赫人物一样，开始害怕了。他们企图与宗教裁判所取得某种妥协。他们与过去受自己保护但如今同阿尔比派牵连过于明显的那些人断绝了关系。他们甚至用恐怖手段把一个极端天主教教徒收拾掉，因为此人如将他们告发，他们就会受到损害。皮埃尔·克莱格曾

---

① II. 255—257; I. 406。参见迪富·德·马吕凯所著《1393 年家庭在富瓦伯爵领地的作用》一书中的蒙塔尤 1370—1390 年姓氏录。

② 关于蒙塔尤异端之间的严重分裂，见 III. 161（皮埃尔·莫里的谈话）。

第二部分　蒙塔尤考古：从举止到神话

让人把一个过去的同伙的舌头割掉。贝尔纳·马尔蒂老爹被怀疑出卖了他们，他们就假他人之手把马尔蒂老爹掐死了（III.251—259）。

不难想象，在基耶村也出现过类似情况。约在1320年，包括本堂神甫和行政官在内的该村领导集团，想方设法要使该村直接听命于主教；这位主教说，他从该村村民处获悉，他们制作了一支重达15—20磅的复活节大蜡烛，过于糜费（II.324—326）。此事遭到了若干农民的激烈的反对，尤以雷蒙·德·拉比拉为最（II.324,325）。前面已经提到的基耶统治集团，如今虽然在大蜡烛问题上对天主教表现出极大的热情，但他们中某些成员过去的所作所为，依然让人依稀闻到一点异教徒的味道①。基耶领导集团中的几个人于是就重新组合他们的队伍，这样就有可能与最强硬的旧日同伙发生冲突，这些人随后也可能组成为一个反对派。

在上阿列日的高苏，贝阿特里斯的父亲菲利普·德·普拉尼索尔②受异端的影响很深，他家的其他成员也是如此。这个家庭通过给予支持，有时也借助暴力乃至杀人，对高苏实行统治。菲利普这个佩戴黄十字标志的不折不扣的阿尔比派，晚年与教会言归于好，教会甚至以菲利普是贵族为由，免除了他的什一税和教会要求人人必缴的杂税。因此，菲利普和他的一伙人受到当地全体什一税缴纳者的强烈非议，这些人对于杂税颇多怨言，有人说："杂税压得我们喘不过气来，把我们刮光了，可是，贵族却用不着

---

① II.316,324,325和III.487（戈西奥一家）。参见关于皮埃尔·当·于格尔的情况（III.372—373）。

② III.351；本书第九章。

第十七章 小酒店、弥撒、小集团

缴杂税。"在上阿列日地区极为罕见的反贵族抗议活动出现在一些地方,其表现形式是平民因对贵族得以免除纳税一事不满而发的牢骚。归根结蒂,这种现象应被视为贵族、头面人物、领地法官和领地官员重新组合的后果。这些领头人在13世纪下半叶或14世纪上半叶通常都是纯洁派或纯洁派的同情者,此后当迫害加剧时,他们便在因地区有异而各不相同的日子里,纷纷把纯洁派教士拒之门外。也许他们依然是纯洁派,但是从此只是秘密状态的纯洁派、内心深处的纯洁派。贝特朗·德·塔依克斯是帕米埃的一个贵族,对阿尔贝派教会始终怀着难言的眷恋,他在1290年左右所说的话[①]也许可以说明一些问题:"我经过那个年代,那时,这个地区的许多贵族都相信纯洁派教士,与他们谈到纯洁派时一点也不侷促不安……这个年代已经过去了,神职人员毁了这些人,毁了他们的家产。"

谁不明白这一点就会倒霉。在帕米埃,大多数贵族领着支持他们的老百姓和农民与异端教派亲近的日子,从1290年起就已经终结了。上阿列日则不同,由于1300年异端再度抬头,人们与异端亲近的日子一直持续到1305年,乃至1310年。不过即使在上阿列日,也终于发生了信徒的重新组合。由于迫害加剧,山乡的显贵们纷纷改换门庭,有的人仅仅为了装个样子,更多的人却是真心实意地改变了信仰。他们原来的支持者不知所措,面临着艰难的重新站队问题。以往的各个(宗教的和社会—经济的)阵营

[①] III. 328。关于贵族"精英"或多或少出于自愿地重新皈依天主教,又见 III. 52 中的一段文字。据这段文字的记述,主教的法庭(临时)设在阿斯通(今阿列日)的一个骑士家中。

第二部分　蒙塔尤考古：从举止到神话

因发生危机而再度活跃，一些与失去实力的保护者作对的小集团应运而生。这些小集团有时甚至毫无顾忌地来个一百八十度转弯，给自己涂上天主教的色彩（在蒙塔尤与克莱格小集团作对的阿泽马小集团便是一例）。过去的纯洁派和天主教信徒因此而终于不知所措了。

*　　　　*　　　　*

上面关于蒙塔尤和其他地方帮派的叙述，有助于我们观察以下两个更为普遍的"问题"或"方法"：

一、费迪南·滕尼斯和另外若干人提出的"问题"[1]：与"社会"相对的"村社"；与"机械团结"相对的"有机团结"问题。滕尼斯认为，社团精神占主导地位是旧农村生活的特征，这种精神表现为一些集体的习俗和约束、团体意识，也表现为大家族所具有的优势，具体地说，这类大家族就是一些规模较大的由一个家长主持的大家庭。只是在本书涉及的时代很久之后，村社才瓦解，由社会取而代之。于是，团体精神消失了，集体财产被分割，一个家长主持的大家庭分化为许多以一对夫妇为主体的小家庭，农民的个人主义逐渐普遍化，帮派、小圈子、小集团、小团体等等之间的内部斗争压倒了集体精神，这种集体精神渐渐淡化，仅仅成为西方社会对于昔日的一种回忆。

二、马克思主义的论断。依照马克思弟子们的意见，在封建主义时代（如同在任何时代一样），阶级斗争是历史发展的动力；就此而言，"封建集团"（贵族、教会和领主）与"农民"（因其处于从属地位而受到损害）之间的斗争便是这种动力。

---

[1] 见滕尼斯的著作，1971年版，第12—37页。

第十七章 小酒店、弥撒、小集团

这种看法虽不无道理,但地处上阿列日的蒙塔尤(这确实仅仅涉及一个专题范围)与这种看法相去甚远。

首先,在这个佩戴黄十字标志的村子里,村社并非不存在。但是,村社不得不腾出很大一部分地位给社会。如果对小集团作如下定义:为争得全部或部分权力而从有利于自己的目的出发,利用和重组亲属、支持者以及朋友的一个集团[1],那么,帮派斗争自然也就同时作用于蒙塔尤这个村子的组织结构。帮派斗争较大程度上表现在宗教冲突上,可是,帮派斗争却在出现宗教斗争之前就已经存在或已经埋下了根子。因为,纯洁派和正统天主教这类旗号只不过是一个难以完全控制的称谓,在激烈的帮派斗争中是可以彼此更换的。纯洁派趁正统天主教派沐浴之际,拿走他们的衣服藏了起来;反之,正统天主教派也采取这种手段(参见阿泽马小集团和克莱格小集团的争斗)。在这个实例中,村社与社会的对立并不表现在一系列长期存在的直线发展的事件上,而是表现为现实活生生的矛盾,这种矛盾在蒙塔尤注定要长期存在[2]。

马克思主义的论断有时倒很适用于对我们的问题进行分析。在某些时候,因教会、宗教、什一税等等引发的问题,确实使掌握领主权力的人(领主贵族或代表他们利益的平民领地法官)与一部分被统治者产生对立。可是,在蒙塔尤,这种冲突却是通过村子里的帮派或小集团之间的争斗得到表现的,而这些帮派或小

---

[1] 莱德费尔德:《小社区》,芝加哥,1967年,第42页。
[2] 维里:《安茹的一个村庄尚佐》。作者在此书中认为,从时间上来看,尚佐的分裂存在于团结之前,村社存在于社会之前。

第二部分　蒙塔尤考古：从举止到神话

集团并非势均力敌，况且其成员数量多寡也经常变化①。从另一方面来说，这种类型的冲突就其确是一类冲突而言，也并非自始至终一直存在。某些时候（例如 1300 年之后），领主法官及其同僚在什一税和宽容异端问题上一旦取得了有效的妥协，村里的大多数人就都团结在他们周围了。何况，这种斗争并不引发革命，这一点似乎无需赘言。与其说它们是根本利益的冲突，毋宁说是帮派性质的冲突。对于力图争得权力的那个小集团来说，他们的目的不是打碎另一个小集团牢牢掌握的领主、地方法官和本堂神甫权力，而是把这些权力夺过来，据为己有。他们并不想改变世界，而只是扭转局势，通过引入行政官机制来改善他们的世界。向前猛攻的足球队力图把球控制在自己脚下，绝不是为了把球弄破。

最后，正如格拉曼夫人在她的论文中对于她所研究的那个时期的朗格多克（朗格多克离萨巴泰很近）地方史所作的阐述那样②，只有从地方史的角度看问题，才能更好地把握蒙塔尤社会生活中的政治问题。这个佩戴黄十字标志的堂区与其同类的罗拉盖、毕泰鲁瓦和萨巴泰等堂区相比，很晚才进入行政官治理市政的时代。迟至 1321 年，才第一次提到蒙塔尤行政官（何况他还是一个上级任命的人物）（I. 406）。因此可以说，在蒙塔尤村民们的头脑中，同属一个团体的意识刚刚萌发，若以市政行政官职务这

---

① 怎么可能不这样呢？倘若马克思主义钟爱的术语"封建制度"不是依靠由某个在当地占主导地位的小集团动员起来的某个农民集团，它就不可能持续很久。仅仅由于它是由少数"精英"孤立地组成的这一原因，它就会很快被打倒。
② 格拉曼夫人（正在写作中）的关于 12 世纪至 14 世纪下朗格多克的论文。承作者慷慨允诺，我利用了其中关于村社和市镇生活的材料。我感谢这位研究朗格多克历史的专家，她为我提供机会，接触一些内容充实和令人鼓舞的材料。

第十七章 小酒店、弥撒、小集团

个具有某些近代特色的代议制机构的尺度来衡量，蒙塔尤村民的这种意识远远落在时代后面。根据格拉曼夫人采用的多少有些简单化但颇为得体的说法，克莱格小集团在当地所代表的是"领主党"，在领主经常缺位的情况下，这个党就等同于领主权力机制（或伯爵机制）。贝尔纳·克莱格占据的领地法官之职是这个机制的核心，它体现了通过区分等级实行专制统治的地方政府所使用的专权和传统的统治方法。阿泽马小集团则将（刚刚设置的）行政官官署当作自己的机构，把行政官当作吓唬人的稻草人[①]。阿泽马小集团在当地自然扮演了"行政官党"的角色，它支持富尼埃主教[②]，所以客观上具有亲法兰西和亲国王的色彩。在这种条件下，行政官对社会经济生活采取了逐渐市镇化的措施，而社会经济生活的每一个微小的变化，都经过了地方小集团之间不可调和的冲突。总之，这些变化实在微不足道，所以令人不可能忘掉小集团之间你死我活的激烈争斗，而这种争斗始终是当时的一种基本现象。

通过以上的专题分析，我们看到了这类规模并不大，但对于社会细微的结构来说却具有重要意义的争斗。蒙塔尤是一摊臭气扑鼻的污水中的一滴水珠。借助日益增多的资料，对于历史来说，这滴水珠渐渐变成了一个小小的世界；在显微镜下，我们可以看到许许多多微生物在这滴水珠中游动。

---

① 实际上，行政官贝尔纳·马尔蒂是由皮埃尔·阿泽马无所顾忌和毫无节制地操纵的（I.406）。
② 我在这里有意使用了这些在时间上成问题的称谓，但是它们却颇能说明实质，格拉曼夫人也曾使用了这些称谓（见其著作）。

第十八章

心态工具——时间与空间

前面我们研究了社会结构,社会结构同时也是文化传播方法的基础;现在我们应该探索一下农村文化的内容,或者谦虚点说,研究农村文化的类别。蒙塔尤和萨巴泰的农民对时间、空间和大自然抱有什么样的观念呢?这牵涉到一些心态工具和集体观念的问题……

首先是日常的时间。雅克·勒高夫在他的一篇有名的文章[1]中提出了两个对立的时间观念:教会的时间和商人的时间。但是,农民、牧人和手艺人的时间观念在这两种时间观念中占据什么地位呢?首先应该说明的是,教会只占用卑贱者的一部分时间。已经脱去俗气的塔拉斯孔小市民阿尔诺·西克尔确实谈到过"两次诵经的时间"。不过,他说这话只是为了更好地令人想起神圣的礼仪(这里说的是异端的礼仪[2])。在萨巴泰,为了表示一段较短时

---

[1] 见勒高夫的文章,载《年鉴》,1960年5—6月号。
[2] II. 27. 关于天主经的作用,见II. 504 及下文第二十至二十二章。见鲁尔德镇档案BB(讨论),1660—1670年,天主经用作时间计量单位。

第十八章　心态工具——时间与空间

间，通常使用一些不甚精确的词语，诸如一会儿、一小会儿、一大会儿等等[1]；此外还有一些不太常用的表示方法，诸如一里路工夫、半里路工夫等等。这种表示时间的方法无意之中是与亚里士多德和圣托马斯的时间观念相吻合的[2]。贝尔纳·马尔蒂是牧羊人中很能走路的人[3]，他就是用这种方法表示时间的。

用来界定各段时间的，大多是一些与进餐有关的词，诸如中饭、晚饭、点心、正餐等等。此外，与礼拜仪式有关的一些词语也用来表示时间的先后，诸如日课经第三时、午前祷告、晚祷等等。使用这些写在宗教时刻手册中的词语的人，主要是神甫、教士以及某些信教的妇女和念念不忘天主教的人[4]。由此可见，表示白天时间的词语只是部分地带有天主教色彩，而表示夜间时间的则几乎完全是世俗的词语（除了那位极端虔诚的纯洁派信徒贝利巴斯特，他每夜起来念六次经）。为了区分夜间的时间段，蒙塔尤和阿列日的村民们通常只能依靠视觉、物候和听觉，诸如太阳落山以后、夜深时候、头一觉睡醒时候、头一觉睡了一半时候、鸡叫头遍时候、鸡叫三遍时候等等[5]。

---

[1] III, 259, 260, 261, 272, 275, 283。

[2] 见勒高夫的前引文章，载《年鉴》，1960年，第430页。

[3] 贝尔纳·莫里的叙述，III. 257, 260等若干处。长时间步行与白昼的长短有着直接关系，所以谈及夏季长时间步行比谈及冬季的为多（II. 42）。

[4] I. 335; II. 38, 338; III. 51, 67; III. 360, 364。又见《圣经·马太福音》, 20, 1。这些妇女中有戈奇娅·克莱格、雷蒙德·达尔热利耶、纪耶迈特·克莱格（她们都是蒙塔尤人）；此外还有阿克斯的贝尔纳戴特·德·里欧。帕米埃的伏多瓦派信徒也用与礼拜仪式有关的词语来表明时间（I. 104, 121）。不过他们在这些时刻确实是要做祷告的。牧人皮埃尔·莫里有时也说到午前祷告（III. 134）。

[5] I. 243, 465; III. 257, 258, 259, 261, 283, 284, 287, 363。

第二部分 蒙塔尤考古:从举止到神话

教堂的钟声仅在举行葬礼和弥撒中举扬圣体时才具有表示时间的意义①。蒙塔尤的村民似乎并不依靠教堂的钟声来准确地区分时间段,因为对于一种时间观念不甚强的文明来说,没有必要严格区分时间段。1355年,在以纺织为主业的阿图瓦,需要敲钟召唤手艺人上工②,但是上阿列日地区没有这种需要。在富瓦伯爵领地,时间不值钱。蒙塔尤人并不畏惧重活,必要时他们会使出全部力气去干。但是,无论是在他们自己的土地上还是在的加泰罗尼亚手工工场里(他们有时去那里做工),他们都缺乏在一段时间中连续干活的观念,他们头脑中的工作日,有许多既长又没有固定长度的间歇,休息时与朋友一边开玩笑或喝酒,一边聊天。不管是否得到同意,撂下活计就走……阿尔诺说:"听到这些话,我就把活计收起来,到纪耶迈特·马尔蒂家去了……"他还说:"皮埃尔·莫里让人到铺子里来找我,我正在做鞋子……纪耶迈特让我到她家去,我就去了……""听到这些话,我就扔下手里的活计……"③

劳动绝非累得让人喘不过气来,以致人们再也不想逃避劳动……这种轻松的劳动态度随处可见,即使在出色的制鞋匠阿尔诺·西克尔面前干活也是这样。有些人却毫无顾忌地声称讨厌自己的活计,普拉德·塔弗涅就是这样,他说他的纺织活计太累人……累得他更换了职业(I. 339)。就更普遍的范围看,在这个对工人相当宽厚的奥克西坦尼地区,包括伙计在内的手工艺匠的劳

---

① 纯洁派信徒将教堂的钟揶揄为牧人的羊角号,参见III. 235。
② 见勒高夫前引文章,1960年,425页及以下各页。
③ 引自B. 乌尔泽的著作,见本书所附书目,第82页。

第十八章 心态工具——时间与空间

动时间与农民和牧人的劳动时间相差不多。牧人的活计有时相当繁重，但是他们也有轻松的时候，他们只能等着牧草一点点长出来，不必严格地按照时令节气干活。皮埃尔·莫里是当时牧人中的行家里手，他时时准备让他的兄弟或朋友临时照看羊群，自己到别处去走走，有时是几个钟头，有时是几天，有时甚至是几个星期[1]。在蒙塔尤和上阿列日，人们都时兴长时间地散步，午睡更加普遍，尤其在酷热的季节里[2]。

*　　　*　　　*

白昼或"白昼当中"时间的分段，无意中让我们知道了劳动的伦理性和非伦理性。除了一天时间的分段之外，一周当中的七天是否各有其安排呢？粗粗一看，回答是肯定的。阿尔诺·西克尔、阿克斯妇女贝阿特里斯·德·普拉尼索尔、牧人贝尔纳·贝内和贝尔纳·马尔蒂都使用"星期"这个词[3]。可是，乡间的流行语言却避免使用这个词，不但如此，除了要望弥撒的星期日之外[4]，乡间的流行语言还避免以星期几来称呼某一天，也不使用一星期、半个月之类的字眼，人们更愿意使用八天、十五天、十五天左右[5]这类说法，而不说一星期、两星期等。直到今天我们依然

---

[1] B. 乌尔泽的著作，第 82 页。
[2] II. 45; I. 285, 324, 341 等若干处。
[3] I. 226, 289, 400; II. 301; III. 280—290。
[4] II. 201。比如，戈奇娅·克莱格就不说"星期一"，而说"过了星期天的那天"(III. 360)。阿斯库的养羊人雷蒙·西克尔却与众不同，他说"星期四"(II. 364)。可是，宗教裁判所的公证人在开场白中经常用"星期几"来指称日子。巴尔泰雷米·阿米拉克（I. 256）使用"星期一"这个词，然而他却偏偏是个神甫。
[5] I. 400, 404; II. 23, 30, 187, 367; III. 262, 278, 281, 287, 290。

第二部分　蒙塔尤考古：从举止到神话

保持着这种习惯。八天、十五天之类的说法最初是与一个月的四分之一和一个月的一半这些概念相联系的；在古罗马的历法中可以找到与此相对应的词语①。阿列日人还习惯于将时间对半分，例如他们使用"半年"这个词②。这个词具有与转场放牧相配合的优点，因为转场放牧的牧人们通常把一年分为冬夏两个时期。

一年之中，月、季和季节的进程是用十二个月和四个季度来表示的，但是在实际语言中，月份和季度的名称却不一定都说出来。为了表示一年中的某一个日子，人们有时只借助于与农作物无关的植物物候。阿拉扎依·穆尼埃说："榆树抽叶子的季节里，纪耶迈特·贝内③和我坐在小榆树下。这时她对我说，可怜虫啊可怜虫，灵魂不是别的，就是血。"各种农事、秋收和采摘葡萄等等都可以用来作为季节的标志。伏多瓦派女信徒阿涅斯·弗朗古被判火刑，她提到将要与她一起受刑的一个男犯时说："从1318年的采摘葡萄季节到1319年的圣洛朗节，拉考特的雷蒙一直在帕米埃。"④蒙塔尤人经常以收割小麦、刨萝卜等农事活动来说明时间。

---

① 十五天显然就是半月；八天虽与十进制不相干，但与一个月（每月为30天或31天）的四分之一最为接近（4×8=32），而就其严格的词义而言，一星期（4×7=28）则与一个月的四分之一相去稍远。参照罗马共和历中夹在以八天为一周的各周之间的第九天，"十五天"这个词在某些月份中指该月的第13日（《大英百科全书》，日历条，Ⅱ）。
② Ⅱ.196; Ⅲ.283, 289。关于体积计量中的一半、四分之一等等，参见Ⅱ.108。
③ Ⅰ.260。这个纪耶迈特·贝内与蒙塔尤那个女家长纪耶迈特·贝内同名同姓。
④ Ⅰ.125。又见乌尔泽，Ⅲ.第72页。伏多瓦人似乎比上阿列日的山民更看重圣洛朗这个人物（不过，本堂神甫皮埃尔·克莱格在与贝阿特里斯谈话时，倒也提及圣洛朗，Ⅰ.227）。

第十八章 心态工具——时间与空间

　　为了说明一年中的不同时期，人们虽然利用物候和农事活动，但相比之下，利用宗教活动更为普遍。表明白昼夜间的说法基本上与宗教活动无关，但乡下人对一年之中各个时期的表述则不但充满宗教色彩，而且至今没有消除（当今社会虽然自称以不可知论为信条，但历法依然保持着宗教结构）。在蒙塔尤和上阿列日地区，万圣节、圣诞节、狂欢节、封斋节、圣枝主日（非常普及）、复活节、圣灵降临节、耶稣升天节（无关紧要）、圣母升天节、圣母诞生日、圣十字架瞻礼日等等，组成了一个完整的周期。万圣节是进行忏悔和施舍面包的日子，这个节日似乎是一年中特别重要的日子，在一个特别关心死亡和死后将会如何的社会里，这种现象当属正常，这一点将在下文详述。圣诞节是全家团聚的节日，复活节则是大吃羊肉的日子。万圣节和圣诞节之间、复活节和圣灵降临节之间，已经成为两个固定的概念①。

　　从封斋节到复活节，再从复活节到圣灵降临节，人们的欢乐与日俱增。夏季虽有一些与圣母有关的节日，但与基督有关的节日不多，欢乐因而不免稍减。14世纪初叶，在节日比较少的春末，尤其在夏季，也在秋季的那些节日里，阿列日人就理所当然地礼拜圣徒，其中有腓力和雅各，还有约翰-巴蒂斯塔、彼得、保罗、西利亚克、米歇尔，可能还有艾蒂安和文森特，但不包括马丁和安东。在比利牛斯地区和加泰罗尼亚地区，从11月初（万圣节和

---

① 关于这些节日，参见：I.44（耶稣升天节，但仅在帕米埃）；I.105（同前，普遍）；I.323和III.271（万圣节与圣诞节之间）；I.404（封斋节）；II.306, 309, 364, 450, 477—478, 479; III.97, 104; III.108; III.147（全家团聚的节日圣诞节）；III.182; III.187（复活节和圣灵降临节之间）；III.311（圣枝主日所用的石块）；III.7—10; III.280; III.356和357（万圣节施舍面包）。

第二部分 蒙塔尤考古：从举止到神话

圣马丁节）到5月1日乃至6月24日（圣约翰节）这段时间中，人们通常不礼拜圣徒。冬春之际（11月到5、6月）之所以不礼拜圣徒，原因不难理解：从圣诞节到圣灵降临节，当地有关基督的宗教节日一个接着一个，因而就不能以很大的热情来礼拜相对次要的宗教人物了。由此看来，上阿列日地区的一年之中，明显地分为两个时期，第一个时期（从圣诞节到圣灵降临节）礼拜基督和上帝，接下去的第二个时期（从圣灵降临节以后到万圣节）礼拜圣徒和圣母。我们知道，当时对于圣徒[①]和圣母的礼拜具有一定程度的异端色彩，所以，一年中最具正统基督教色彩的时期当然是第一个时期。

在那些礼拜圣徒的节日里，大都有一些群众性的活动，特别是蒙塔尤牧民总要光顾的牲畜交易集市。拉罗克和奥尔姆的牲畜交易集市，分别于举十字架节和圣西利亚克节举行（II. 477—478; III. 148），莫里家的兄弟就在这时到阿克斯累太姆去做或大或小的生意。说得直截了当些，节日就是休息日。所以说，圣徒为做工的人和种地的人带来了休息。到了夏末的节日，牧人们从夏季高山牧场返回，在本村的广场上又见到了怀抱婴儿的年轻的母亲们。对于农民们来说，即使是纯洁派信徒，也绝不放弃这些天主教的节日，因为这些节日已经成为公众生活中的一个组成部分了。唯有贝利巴斯特与众不同，这个阿尔比多数派信徒的异端分子狂热得出奇，每逢歇工的日子，他就把自己关在屋里干活，哪里也

[①] 关于礼拜圣徒和与圣徒有关的时间称呼法，见 I. 157; I. 171; I. 197; I. 247; I. 338; II. 188, 217; III. 51, III. 148, 151, 181, 188, 195。关于创设圣爱蒂安和圣文森特节的（古老）日期的争论，参见范·吉尼普所著《当代法国民俗手册》，巴黎，1937年，卷III，第504页。

第十八章　心态工具——时间与空间

不去[①]。

我们还注意到，每当有必要时，在村子里负责告诉村民某天是什么日子的人是本堂神甫（他手中有时有日历），这个日子不是用数字标志的，而是以某个圣徒的名字或者某个节日的名字标志的。由此可见，本堂神甫是时间的看管人。

*　　　　　*　　　　　*

宗教裁判所的公证人以数字表明时间，以天为单位，其标准与现今无异，诸如1320年4月2日，1321年9月26日等等。与此相反，蒙塔尤的乡民却只有一种概略的计时法，这种计时法大体上以给他们留下愉快记忆的节日为依据。公证人准确的时间与乡民们概略的时间对比极为明显，一旦涉及大段时间的计算，例如好几个月、一年、好几年等等，这种对比就更加明显了。在这种场合，通常都使用泛而不确的时间概念。例如，身为领地法官的纪尧姆·奥斯塔兹和其他一些人，都不说"1316年或1301年"，而说"三四年以前"或"十七八年以前"[②]。有时甚至说"异端派在蒙塔尤掌权的时候"，"卡尔卡松宗教裁判所大批抓人的时候"等等，后一说法的功能与我们现今所说的"战前"、"战后"、"1968年5月以前"相同。不清晰的程度随着时间久远而增加。同样，

[①] I. 247; I. 335—336; III. 51（关于蒙塔尤和其他地方的本村节日，参见上文第一章中关于1308年8月15日的逮捕时间，这天估计就是该村的节日）；又见 II. 53（贝利巴斯特的态度）。不管乌尔泽作何说法（见本书所附书目，第88—89页），除了从圣诞节到复活节这个周期以外，确实有一些（与圣徒有关的）闲暇和欢乐的节日（见 III. 51）。

[②] I. 201; I. 499; III. 271 等若干处。I. 462—463 等处。需要指出的是，村民们虽然不会看书写字，却懂得一点计数，这丝毫不必惊异，因为他们需要清点羊群。

第二部分 蒙塔尤考古：从举止到神话

谈到一个婴儿多大时，不说六个月或七个月，而说半岁；不说一岁或十八个月，而说一两岁①。一些不具统计意义的实例表明，妇女对于过去的时间比男人记得更为精确。比如，贝阿特里斯·德·普拉尼索尔也只有一种概略的时间观念，这是符合传统的，但是，她对以往日期却有相当精确的记忆，当她谈到过去时，她说"19年前的圣母升天节……"，"26年前的8月里……"（I. 218, 223, 232）。有人会说，这很正常，因为她是贵族妇女，比那些泥腿子婆姨文化高。但是，即使在农民中间，也明显地存在着两种习惯。以纪耶迈特·吉拉贝尔的忌日为例，牧人贝尔纳·贝内只说此事发生在"16年到20年以前"（也就是说在1301年到1305年之间），而农妇阿拉扎依·富雷却精确地说出此事发生在16年与20年之间的中间那一年，即"18年之前"（也就是1303年）（I. 398; I. 410）。

无论精确与否，农民的时间观念总是游移不定的，这些不同的说法表明了这一点。从这个角度来看，人们的时间心态还停留在墨洛温王朝时代，与图尔的格里哥利或传说中的作家弗雷代盖尔所使用的计时方法十分相近②。帕米埃的公证人在文书上用"耶稣1320年"和"耶稣1323年"纪年的方法，并不为乡民们所效仿，他们依然只说"12年以前"或"25年以前"。阿涅斯·弗朗古谈到拉考特的伏多瓦派信徒雷蒙时说："从1318年采摘葡萄季节到1319年的圣洛朗节，他住在帕米埃"，精确度较高（I. 125）。可是要知道，阿涅斯·弗朗古本人住在帕米埃，她属于那里的伏多

---

① I. 382; II. 17。关于年纪稍大的儿童，又见 II. 454。
② 菲利普·阿利耶斯，《历史时间》，摩纳哥，1954年，第119—121页；贝尔纳·贝内、纪尧姆·奥斯塔兹和另一些人都用大致的日期记述事件（许多年以前……），这一点与图尔的格里哥利此前的做法一样。

第十八章 心态工具——时间与空间

瓦派,而且她的原籍是在里昂影响下的维埃纳教区,她所处的文化环境当然就比奥克西坦尼农村强得多。以基督诞生为起点的现代基督教历法,在本书所描述的山乡里只出现过一次,那是1318年封斋节,原籍帕米埃的塔拉斯孔居民贝尔纳·科迪埃,向聚集在桥旁的镇民们讲述他在家乡听到的消息:

"'1318年'会有一个反基督的人出世,要大难临头了。"[1]

贝尔纳·科迪埃毫不含糊地使用"1318年"这个词语,很可能是受到了来自帕米埃城的影响,而这种影响本身又来自有关至福千年这个预言;贝尔纳·科迪埃说这个预言是海外和东方的修士传过来的。由此观之,采用现代的基督教历法取决于是否接受了城市文化,因为关于世界末日的幻觉是从城市文化中产生的,在1300年代,农民和村民中绝无类似的说法。然而到了近代,历法已广为人知,塞文山区和比利牛斯山区的一个普通农民也会说,今年是"1686年"或"1702年"[2]。这就是说,知识革命此时已经在农村大众的层面上完成了。可是,1302年的蒙塔尤离此尚远……

在这种条件下,古老的或不那么古老的蒙塔尤文化史,自然就不存在,或几乎不存在[3]。除了掌管历史的教会以外,上阿列日

---

[1] I.160。在另外一个场合中,蒙塔尤的一个农妇似乎谈到了1300年(见 III.366)。不过,上下文表明,这个日期是宗教裁判所的公证人添在这位农妇的证词记录中的。

[2] 据于格·讷费称(私人通信),康布雷齐的农民早在14世纪头25年中就已普遍使用数字纪年。

[3] "真正的野性思维是没有时间观念的"(列维-斯特劳斯,《野性的思维》,巴黎,1936年,第348页)。反过来说,文字的使用(蒙塔尤的群众事实上不会使用文字)"解除了现时的粗暴束缚"(施本格勒,《西方的没落》,英文版,1934年,卷II,第149页;转引自J.古迪,1968年,第53页)。

第二部分 蒙塔尤考古：从举止到神话

人的历史知识主要是基督教或某些宗派编造的关于世界末日的一些内容；蒙塔尤的居民和定期转场游牧的牧民接触过异端，几乎全都知道纯洁派关于原罪的神话①。接受了天主教教诲的大量村民，对于新约全书中提及的世俗历史，所知甚少。在家庭日常聊天时，仅仅偶尔提到亚当和夏娃②，有关洪水和先知的故事，他们根本不知道（朗格多克的农民后来得知圣经和史前时代时，心灵受到很大创伤……不过那是14世纪新教开始传播之时的事了）。在上阿列日，天主教传授的历史，把创世记的故事一笔带过，实际上是以玛利亚、耶稣和十二使徒作为历史开端的，它的结尾则是极为遥远的未来："当世界经过了许多许多年之后"③，便是最后审判和复活。一家人晚上守着炭火聊天时，常常说到这些描绘世界末日的前景（尽管对此表示怀疑的人一再提出不同的看法）。加亚尔德（奥尔诺拉克的贝尔纳·罗斯的妻子）说："大约四年以前，在奥尔诺拉克，我和同乡皮埃尔·穆尼埃的妻子一起待在我家里，纪尧姆·奥斯塔兹（领地法官）和另外几个我忘了名字的人走了进来。我们已坐在火边，开始聊上帝和全世界的复活……"④

可是，村子里一些不相信灵魂的人对复活之说持有异议，他们依据含混不清的一些旧的和新的说法，一致相信世界是永恒的，

---

① 见下文第二十三、二十四和二十七章。
② 这些均由本堂神甫在布道时传播开来（I.224）。
③ I.191。不过，关于世界的起源，牧人让·莫里和贝阿特里斯·德·普拉尼索尔（I.224）都知道亚当和夏娃。莫里的这个知识来自本堂神甫的布道，而贝阿特里斯则大概由于受到贵族文化熏陶的缘故。
④ I.191。纯洁派村民也相信有关世界末日的说法，但在他们看来，世界末日是个遥遥无期的未来（I.231; II.491）。

第十八章 心态工具——时间与空间

死后的肉体会化解。长着方向相反的两张脸的司岁神被死亡问题弄得坐卧不安,在雅克·富尼埃宗教裁判记录簿上就出现了这样的话:"我就是复活与死亡。"这也许表明了农民的时间观念。

现在谈一谈时间问题上的宿命论观念。在有知识人的文化中,这种观念等同于异端哲学[1]。可是在蒙塔尤,这种观念与一些大思想家无关,倒是与地中海地区和乡间的一种古老的思想基质有着某种联系。研究了这个佩戴黄十字标志的村子的知识发展史后,我们发现,村民的时间观念有一个层层相叠的发展过程:薄薄的一层纯洁派观念,厚厚的一层基督教观念,关于神谕和命运的古老(?)乃至占星术的理论,这种理论时而用来探测牧人家庭的命运,时而用来探测牧人个人的命运[2]。如同在5世纪的雅典一样,在1300年代的上阿列日,相信个人或家庭的命运,就是拒不相信存在着一种直线发展的以世界末日为尽头的时间,也就是再次把年迈而吓人的克鲁纳斯扔进铁链之中。

说到克鲁纳斯或萨图纳斯,就等于说到了黄金时代,说到了闪闪发光的神秘的往昔。黄金时代与创世记绝不相混。1300年代的蒙塔尤人,对于世界的初始确实抱有一种淳朴而美妙的想法,这个初始时期大体上相当于最早的乱伦时期,那时,兄弟和姊妹一起睡觉。我们看到,皮埃尔·克莱格在床角上对贝阿特里斯·德·普拉尼索尔喋喋不休地谈论这些事。据这位喜欢拈花惹草的神甫说,年轻的男人通过乱伦可以很少花钱而满足肉欲;由于无需为出嫁姊妹准备陪嫁,所以不至于把自己的家搞得一贫如

---

[1] 见勒高夫的著作,1960年,第430页。
[2] 见上文第七章。

第二部分 蒙塔尤考古：从举止到神话

洗。这种情况没有延续多久。兄弟们为得到最漂亮的姊妹甚至酿成流血的争斗，为了制止这种争斗，乱伦被禁止了。最初的家是完整的、完全自我封闭的家，没有门窗，也无需陪嫁，全家人睡在一起。这时的家变了，变成了"现代"不完全的家，为了给非出嫁不可的女儿准备陪嫁，家庭一点一点地被抽空了。众所周知，由完整的家到不完整的家这种观念上的过渡，正是在神话和民间传说对于社会历史出现所作的解释中，一个常见的过程[①]。最初的家是不可分割的。是社会把家打开了缺口。民间传说中的过去是一个油炸的鱼儿在水泉中游动的时代（III. 52）；时间若是往后计算，它就快起来了。罗贝尔·莱德菲尔德说："在玛雅人的查克姆村，历史不超过父辈。从祖父辈往上就是臆造虚构的神话了。"[②]在蒙塔尤和在查克姆村一样，过去的事变成民间传说的速度非常快，说到曾祖父，就是说到很久很久以前死去的一个人。被蒙塔尤人看作历史（现代意义上的历史）的人和事，大多仅限于1300年以后，至多不早于1290年。一个蒙塔尤人在回答主教的讯问时提到了13世纪40年代的事，这是一个独一无二的事例。这是一个关于阿莱斯塔和塞莱娜的催人泪下的故事。这两个女人是夏多凡尔登的异端信徒，她们要到伦巴第去，其中一人不得不为此而离开了自己的婴儿。她们被逮捕后，去掉脂粉，接着被火刑处死。这个故事是雷蒙·鲁塞尔讲给他的贝阿特里斯听的，他在讲述时并未指明故事发生的时间，就像在茅屋里夜晚聊天那样，笼笼统统

[①] 参见被视为文化英雄的独臂人、瘸子、独眼人；以及被视为引入了一种匮乏的创世记。
[②] 莱德菲尔德，《查克姆村》……第11—12—13页。

第十八章　心态工具——时间与空间

地说这是过去的事,并没有说发生在什么时候(I. 220—221)。

在雅克·富尼埃宗教裁判记录簿中,无论关于蒙塔尤的或是关于阿列日地区的,也无论是古老的或是新近的,真正称得上历史的记载一概没有。帕米埃有学校,奥维德的一部作品在帕米埃流传,所以只有帕米埃人多少知道一些古罗马的事。种田人对于过去的了解不超过上一代富瓦伯爵。这位统治者对待臣民相当宽厚,对教会却非常强硬。他于1302年死后留下了一个忠厚老实的形象,而且坚决反对主教们向山民征收什一税[1]。雅克·富尼埃宗教裁判记录簿中提到百年以前的古老家族之处,实在少得可怜,掰着指头就数得过来(II. 367—368; II. 110)。从总体上看,富尼埃讯问的证人丝毫不关心1290年或1300年以前的事[2]。有一点需要说明,这些证人中老年人极少,年龄和心态两种因素结合在一起,加剧了对历史的无知现象[3]。

由此可见,蒙塔尤人生活在既与过去割裂又与将来没有联系的一个"时间的孤岛"上,在这个孤岛的上游,只看得到失去的天堂中遥远的博罗梅岛,在这个孤岛的下游,只看得到最终的复活。蒂尼亚克的农民雷蒙·德·莱尔说:"除了如今这个世纪,没

---

[1] III. 331。关于奥维德,参见III. 14及以下各页中的韦尼奥尔卷宗。还应指出,帕米埃的教士们把Fanjeaux这个名字用拉丁文拼写一事表明,他们懂得这个名字的字根来自丘比特(Jupiter)(I. 136)。
[2] 最早的回忆见于I. 218。
[3] III. 52(《旧时》:关于油炸鱼的民间传说);II. 367—368(百年以上的家族);I. 218:上溯至1294年的故事;富瓦伯爵:III. 331;一般地说,在雅克·富尼埃宗教裁判记录簿中留下了证词的人中,老人极少,只有一则关于年迈的贝特朗·德·圣伯克斯的证词,他谈到了自己的青年时代,那时大概为1270年前后(III. 327)。还可参见老者B. 弗朗卡的事例。

有别的世纪。"这句话模棱两可，笔者有意让它保持原状（II.132）。这种时间上的孤悬状态不限于某地，一些人类学家遇到过许多"没有历史的社会"（应理解为没有自为的历史……），这些没有历史的社会都与蒙塔尤极为相似；这些人类学家声称历史女神在他们的研究中没有地位。这个结论似乎下得仓促了一些，成了科学上的谬误，不过，现在这个谬误已经被纠正了。事实上，农民社会也有自己的历史，只不过在他们的意识中历史很不清晰罢了。

乡村文化中这种缺少历史尺度的现象①与另一个现象彼此吻合，那就是人们在叙事时②，在逻辑上缺乏与此前此后的联系，在上阿列日的农民身上，这种特点非常显著。皮埃尔·莫里、贝尔纳·马尔蒂以及许许多多其他农民在叙事时对有关的人和事都不作必要的交代③，他们提到的人究竟是什么身份，开始时总是不明不白，直到故事本身点明了这些人的身份，听的人才明白过来。例如，皮埃尔·莫里把他记得的事讲了好几个小时，鞋匠阿尔诺·西克尔④的名字一再出现，直到讲完前两分钟，这个鞋匠才露出了密探的嘴脸，而我们也只是到了这时才恍然大悟，原来他是密探。现代无线电视听信息不提供书呆子气十足的逻辑联系，这类视听信息以及"即时史"和"悬念"、侦探故事和"新小说派"所使用的手法，早在1320年之前就已经是1320年的牧人们所使用的古老而简单化的叙事方法了，而那时谷登堡尚未发明印刷术，

---

① 见勒高夫的文章，1960年，第422页和注3。
② 关于此事，参见R. 罗宾，《1789年的法国社会》，巴黎，1970年，第290、291、293、294页等若干处。
③ 实例很多，其中之一见III.287。
④ III.180及以下各页。

第十八章　心态工具——时间与空间

这些牧人当然就不但不会印刷,甚至连字都不会写①。

*　　　*　　　*

用来表示空间概念——包括身边的、地理方面的社会和文化方面的空间——的基本观工具是身体,特别是手和臂。纪耶迈特·克莱格说:"我看见普拉德·塔弗涅在太阳底下读一本黑色的书,那本书有我的手那么长。"(I.341)这表明,手用来表示较短的尺寸。臂和庹(伸开两臂的长度)用来表示较长的尺寸。雷蒙·维西埃尔说:"我在屋后晒太阳,纪尧姆·安多朗在离我有四五庹远的地方看书。"②臂长够不着的距离,就要借助臂力来表示。纪耶迈特·克莱格说:"普拉德·塔弗涅脖子上挂着四五张羊皮走着,总是走在路边一箭远的地方。"(I.341)距离若是比一箭远更大,就得用"古里"(II.27)、从一地到另一地(II.43)或者转场放牧等概念来表示了。由于地处山区,尤其是蒙塔尤,说到走路时,不是简单地只说从甲地到乙地,而是总要把上坡还是下坡交代清楚(I.223, 462; III.296等若干处)。

总起来说,刚才提到的若干表示尺寸的概念揭示了一种心态,但是不能对此做过高的估计,上阿列日地区的人都不大关心长度和面积等空间尺寸③。他们很少想到培植这种丈量观念,因为日常

---

① 雅克·富尼埃宗教裁判记录簿中的证人,通常不谈他们过去和当时是怎样想的,只谈他们做了些什么,至多再谈一谈他们过去和当时相信什么。
② I.285。请与"一抱麦草"这个说法进行比较(III.262)。
③ 雅克·富尼埃宗教裁判记录簿中找不到任何关于土地面积的记载,尽管富尼埃说了许多有关田地和葡萄园等问题的话(其他计量单位也是如此,参见 I.300等若干处)。可是在上阿列日和其他地方的实用文书(领主认可书等)中,却出现过 seteree 这个计量单位。雅克·富尼埃宗教裁判记录簿中关于日常生活的内容无所不包,却没有土地丈量单位,这一现象充分说明,当时的乡民虽然善于利用播下的种子数量来估算土地面积,却并不十分关心土地的丈量单位。

第二部分　蒙塔尤考古：从举止到神话

生活中并没有这种需要。可以这么说,蒙塔尤人用来丈量两端之间的基本观念,就是他们生活中最为重要的身体和家。长着手和臂的身体是丈量世界的工具,当丈量的对象体量或长度大过身体时,作为身体的附属物,家就成为丈量世界的工具。纪尧姆·奥斯塔兹说:"要知道天堂有多大,你就想一想,那是一个很大很大的家,从梅朗斯山口一直伸展到图卢兹城。"①

蒙塔尤人观念中的空间不但很难丈量,方向也含混不清。在以后的几个世纪里,土地丈量官在为朗格多克的土地造册时,依据东西南北、主导风向和太阳的位置登记土地……我就知道这些。1310年的阿列日人在这方面看来没有这样精细。说到一条很长的路线时,他们从来不说明方向,而是以一系列的城市来表示。比如,贝利巴斯特对皮埃尔·莫里说:"若要到拉巴斯唐去,你先到米尔普瓦,然后到波维尔,再到卡拉曼。到了卡拉曼,你就打听一下由哪条路到拉巴斯唐去。"(Ⅲ.151)雅克·富尼埃宗教裁判记录簿里从来没有出现过太阳升起和太阳落山的方向以及东西南北等字眼,可见蒙塔尤的农民不使用这些词语,他们只说:到加泰罗尼亚(南方)去,到山下(北方)去,到山口那边去,到海边去,到图卢兹去等等。

*　　　　*　　　　*

基本地理观念是一种地方(terra)观念,地方既指领主管辖的范围,也指一个较小的地区。读者不要误解地方一词的含义。

---

① I.202。这里,我们在民众思想中看到了亚里士多德的完善而又封闭的宇宙观念。关于身体和家,参见本堂神甫克莱格以威胁的口气对雷蒙德·贝洛(娘家姓阿尔热利耶)说的话:"(你若到处打听消息),你就会丢掉自己的身体、家和财产。"(Ⅲ.71)

第十八章　心态工具——时间与空间

蒙塔尤的农民—牧人以家（domus）为中心，在观念上绝对不受家族的或小块土地的束缚，后来有人把任何时期的农民都描绘成离不开土地的人，实际上是犯了搞错时代的错误。其实，他们的生产方式与其说是在小块土地上耕作，毋宁说是围绕着家劳作[1]。对于他们来说，地方不是自家的范围，而是堂区的范围，稍微扩大一点说，是地方的范围，即总体的范围。地方既指村子，也指一群村落和较小的一个地区；既指人文的地区，也指自然的地区。地方可以是一个领地，甚至可以是一个小公国[2]。提到埃荣（普拉德和蒙塔尤）时，可以说这是一个地区，也可以说这是一个地方。在行政上，它是一个特殊的领地，高高的城堡俯视着周围那些佩戴黄十字标志的村庄[3]，其中包括萨巴泰（富瓦南部）[4]、奥尔姆、索尔特[5]、拉泽斯、费努耶德、塞尔达涅。富瓦伯爵领地是一个政治单位，这一点人人都知道。但是，南部与北部之间存在着一些差异，南部并不以富瓦这个世俗首府和伯爵的驻地为中心，而是以人口比较集中的阿克斯和塔拉斯孔为中心，北部则以帕米埃为中

---

[1] 见下文第二十八章（结尾部分）。
[2] 埃荣"地方"是个领地（I. 448; II. 279）。把埃荣看作"地方"的主要是领主的官员和贵族，而不是普通农民（III. 279, 286; III. 312—313）。又见 II. 68（富瓦伯爵"地方"，即富瓦伯爵领地）。
[3] I. 448; II. 279；又见姆利著作中的若干处；请与博纳西的论文中的第 2 卷第 209—210 页进行比较。
[4] 见谢瓦利埃《比利牛斯山阿列日地区的人类生活》，第 60 页（注），此书指出，萨巴泰是卡洛林王朝时期的一个法官辖区。迪韦尔努瓦指出，法官辖区一词在 14 世纪指一个相当大的主教区（III. 337, 509 注，1311）（摘自富瓦契约集）。但是，这些行政或宗教区划并不影响萨巴泰人怀有一种同乡的感情。见本章下文。
[5] I. 448。见 III. 142 中罗列的"民间地理"对于这些地方的其他类似称呼。

第二部分　蒙塔尤考古：从举止到神话

心，这是主教和神职人员的驻地，是宗教活动的中心，也是反纯洁派的中心，这里盛产平原谷物，征收什一税。南部地区反对什一税，甚至有些亲纯洁派的倾向，北部地区由天主教教会主宰，这两个地区的分界线是在一个被称作拉巴尔关口①的位于比利牛斯山前的谷地。贝尔托洛米欧·于贡在1322年说："萨巴泰人愿意与富瓦伯爵搞好关系，这样的话，任何教士都无需到拉巴尔吉列尔关口那边去……富瓦伯爵如果像他的先人们一样有效地管辖他的领地，神职人员就不必到南部去征收牲畜什一税。"②

所有蒙塔尤人都接受以比利牛斯山前的谷地为分界线。比如，本堂神甫克莱格站在"山头"上告诫贝阿特里斯，阻止她到受小兄弟会骚扰的"南部"达鲁和瓦里尔去。当变则变的贝尔纳·克莱格蹲在帕米埃大牢里朝分隔南北的山区眺望，这些山区是他的上阿列日"地方"，其中包括萨巴泰和埃荣，尤其还包括他作为领地法官负有责任的蒙塔尤领地，这一点与他关系尤其密切。

上阿列日地区的北部以拉巴尔关口为界，南部则以比利牛斯山的一系列山口为界；客观上起着法兰西国王的宗教重臣作用的帕米埃主教，力图把宗教裁判所的控制范围一直延伸到这个自然形成的分界线。"南部富瓦人"居住在"山口外面"，即比利牛斯山的北侧山坡上，这个地区或多或少受到法兰西王国的影响；比利牛斯山的另一侧（西班牙一侧）则叫作"山口里面"。瓦里尔的公证人蓬斯·波尔对贝阿特里斯·德·普拉尼索尔说："逃到山口外面去吧，你若是住在山口里面，会被主教抓住的。"（I.257）反

---

① 谢瓦利埃，《比利牛斯山阿列日地区的人类生活》，第64页。
② III.331（原件过于分散，我在这里仅仅概述其大意）。

之，对于外出居住在加泰罗尼亚的人来说，与一系列山口平行的由东向西的比利牛斯山脉，则是他们能否获得自由的分界线，因为，山口外面便是"法兰西王国"（这仅是一种说法，在法律上并非如此）。当时的法兰西王国不但意味着宗教裁判所的治安活动，甚至就是这种活动的代名词。逃亡在外的富瓦人说："我们一旦越过山口进入法兰西王国（实际上是进入富瓦伯爵领地），汗毛一根根都竖起来了。"这些人逃离故土后，通常流亡在加泰罗尼亚和巴伦西亚（II.71）。

在一些小地区（埃荣）乃至一些较大的自在的或自为的范围（奥克西坦尼或加泰罗尼亚）内部，村民们拥有一定程度的自由来安排自己的活动，某些村庄之间的往来比较方便，例如，蒙塔尤与邻近堂区的普拉德始终保持联系，借助一条小路[1]和少量联姻关系，两地几乎已连成一片。可是，另一个邻近的村庄卡穆拉克虽然也不远，却与蒙塔尤很少联系（不过也有例外，比如有一次，卡穆拉克的本堂神甫前来为一个临死的蒙塔尤农妇做临终圣事，这无异于带来灾祸，结果被这位农妇撵走了）（I.462）。蒙塔尤与上阿列日的首府阿克斯累太姆的联系较多，其中既有商业，也有文化、社交和亲朋之间的往来……普拉德谷地的妇女们到阿克斯去卖鸡和鸡蛋，把自己纺的线送到那里去请人织布。成群的骡子驮着小麦，从蒙塔尤到阿列日地区颇有名气的阿克斯磨坊去，然后把面粉驮回村来。纪耶迈特·克莱格说[2]："有一天，蒙塔尤村大逮捕前（除了大逮捕，我不知道怎么才能说清楚那个时期）不久，我到人称阿拉戈

---

[1] I.462。又见卡西尼的地图。
[2] I.343。关于蒙塔尤的商业往来，见上文第一章。

第二部分　蒙塔尤考古：从举止到神话

特的那个地方去割草，路上碰见纪尧姆·莫里，他赶着骡子从阿克斯回来，边走边唱，我对他说：'喝酒了吧，瞧你这么开心。'

他回答说：'我到阿克斯磨面去了，赶着骡子驮回来。'

我又问他：'我丈夫也到阿克斯去磨过面，他回到家时怎么累得一点力气也没有了，是不是熬夜和面粉呛的缘故？'

纪尧姆回答说：'我在磨坊里待得工夫不大，我顺便找纯洁派教士去了。'"①

*　　　　　　*　　　　　　*

转场放牧也对空间概念产生了影响，它使蒙塔尤与一些相当远的地方变得近了，有的几乎成了邻村。牧人的妻子西比尔·皮埃尔是阿尔克人，这个村子如今属于奥德省。蒙塔尤的所有闲言碎语，她没有不知道的。这不奇怪，分属于阿列日地区的蒙塔尤和奥德地区的阿尔克这两个村子，直线距离40公里，但事实上很接近，因为在放牧路线上，一个是夏季牧场，另一个则是冬季牧场。两个村子还互相雇用女佣和收获季节的临时帮工（II.427）。从总体上看，雅克·富尼埃宗教裁判记录簿就是以纯洁派口气在空间进行的一场大型对话，对话的一方是贝利巴斯特的冬季牧场加泰罗尼亚，另一方为他的夏季牧场萨巴泰，难道不是这样吗？

乡民们除了自己所属的堂区外，还有一种"空间"归属感。雅克·富尼埃宗教裁判记录簿所提供的一切材料，都把我们带到一个与这种归属感有关的重要的字眼上来：萨巴泰。我们实际上已经看到了这个若干局部所组成的社会的几个同心圆：身体、家、村子、地方（II.108）。身体和家人人皆有，村子是蒙塔尤，地方

---

① 关于上段，见 I.343。

第十八章 心态工具——时间与空间

便是萨巴泰[1]。

蒙塔尤和埃荣地区（普拉德+蒙塔尤）都属于萨巴泰，这是毋庸置疑的事实。"皮埃尔·克莱芒是萨巴泰的蒙塔尤本堂神甫。""蒙塔尤人"也是萨巴泰人。基耶的雷蒙·皮埃尔[2]说："除了普拉德和蒙塔尤，五年前我没在萨巴泰住过。"当然萨巴泰的中心是塔拉斯孔、阿克斯累太姆和朱纳克，埃荣仅仅处在萨巴泰的边缘上。贝特朗·贝内的话说明了这一点："纯洁派教长从蒙塔尤到普拉德，又从普拉德到到萨巴泰（阿克斯累太姆方向）去。"[3]因而可以说，有两个萨巴泰，一个是以阿克斯累太姆、塔拉斯孔和萨瓦尔的天主祭坛为中心的小萨巴泰[4]，另一个是从政治着眼的大萨巴泰，其实这也就是富瓦伯爵领地，它包括（拉巴尔山口以南，比利牛斯山脉以北的）阿克斯周围、塔拉斯孔周围、富瓦周围和埃荣地区以及维克德梭地区。[5]这个大萨巴泰地区中各个村庄的居民都怀有属于这个地区的归属感，这种强烈却又平静的感情流露在许多文书中。比如，在奥尔姆的拉罗克小酒店里，一位年轻人问皮埃尔·当·于格尔[6]："你是萨巴泰人吗？"

"是的，我是基耶人。"

---

[1] 关于"pau"这个用以指称与伯爵不可分的下一级地域单位的词，参见博纳西的著作，卷2，第193页。

[2] 关于前面各点，参见 III. 182; I. 254, 343; III. 409。

[3] I. 402。埃荣（蒙塔尤+普拉德）直到13世纪上半叶才最终归属富瓦和萨巴泰，所以它具有边缘的特征（姆利的著作，1958年）。

[4] 萨瓦尔的教堂以萨瓦尔为名，建在塔拉斯孔-苏-阿列日（III. 520）。

[5] III. 337 及以下各页。（拉丁文的富瓦契约集，第30—35篇，迪韦尔努瓦在 III. 337 注509 中予以引用。）

[6] III. 375。又见 II. 68, 81, 187, 208, 279, 475; III. 193。

第二部分 蒙塔尤考古：从举止到神话

萨巴泰是否由于海拔、土质和植被等自然条件而成为一个地区的呢？戈桑认为是这样，他在自己所绘的植物地理图中[1]也作这样的处理。总之，在我们所研究的年代中，萨巴泰具备了一个界限清楚的地区所需的一切自然因素，从居民成分来看，它也完全符合人种学家和历史学家经常提到的那些条件，住在那里的部族或部落与其他地区有别。蒂尼亚克的雷蒙·德·莱尔清清楚楚地谈到过"萨巴泰人民"（II. 122）。不过，最常用的称呼还是"萨巴泰人"和"萨巴泰的男女"（II. 217, 309, 318, 328）。萨巴泰还有自己的民间文化，这在一些有关婚姻和命运的谚语中可以看到。在雅克·富尼埃宗教裁判记录簿中，这些谚语被称作"萨巴泰通用的顺口溜"，诸如：

"古往今来都一样，

 男人总要偷婆娘。"（I. 167）

"吉凶全由命，

 事前早注定。"（I. 356）

"远房堂姊妹，

 尽管一起睡。"（II. 130）

萨巴泰还有自己的半官方信息和公众舆论，既能把一个人捧起来，也能把一个人的名誉毁了。"萨巴泰人都在说，奥蒂埃一家都走了，再也没回来。"（II. 196; III. 54）"萨巴泰许多有名气的女人，都是皮埃尔·奥蒂埃的女朋友。"（II. 425）萨巴泰也有独具特色的食品（鳟鱼和奶酪），在人们的宗教感情上，这些特色食品都是以天主祭坛为中心的，而天主祭坛则是萨巴泰人为之心颤的

---

[1] 谢瓦利埃，《比利牛斯山阿列日地区的人类生活》，第64页，注2。

第十八章 心态工具——时间与空间

地方。塔拉斯孔的萨瓦尔圣母院是当地所有人的共同财产，当神甫们把拒不交纳什一税的人赶出这个圣地时，当地人愈加深感不满[1]。萨巴泰还有已亡人的灵魂之家，灵魂之多竟把梅朗斯和图鲁兹之间的所有空间都挤满了[2]。（关于已亡人的民间传说有几种因地而异的说法，埃荣的说法与萨巴泰的东邻索尔特的说法比较接近，因为有埃尔河河谷可通，埃荣和索尔特之间来往相当方便[3]）。萨巴泰有自己的语言，确切地说是自己的方言，统一的语言促进了在本村族内婚以外的婚嫁。玛戴娜·塞尔维尔说："我的未婚夫让·莫里到冉考萨（西班牙）来是为了领回他的羊群的，他听说我妈和我都讲那边（萨巴泰）的话，他就请人说媒要娶我，其实那时我们根本不认识。"（II.451）萨巴泰的土地高产，奇怪的是，高产竟与纯洁派教士是否在此居住有关系。阿斯库的里克桑德·科尔蒂尔说："阿克斯的雷蒙·奥蒂埃告诉我，自从纯洁派教士被迫逃离萨巴泰之后[4]，地力再也不如以前那样好了……什么好东西都种不出来了。"据雅克·富尼埃宗教裁判记录簿的记载，萨巴泰的农业和畜牧业之所以能创造大量财富，与它属于山区经济很有关系。山区经济的基础是转场放牧，通过一些地方首府的市场进行贸易，在市场上进行交换的不仅是羊群，也交换观念[5]，买

---

[1] III.33。

[2] I.201。皮埃尔·纪尧姆（于纳克人）对这个地区已亡人灵魂的数量另有估计（部分），他认为"由于教会人士的错误，致使萨巴泰一万人丧生。"（III.337）

[3] I.448。此外，还应考虑埃荣和索尔特之间曾经有过，但已不复存在的政治联系。

[4] III.307；III.335（另一位朱纳克人所说）。

[5] I.370，II.286（作为山区和"上坡"的萨巴泰）；III.147（萨巴泰低处和高处）；III.148（萨巴泰的转场放牧）；III.108（市场）。

第二部分　蒙塔尤考古：从举止到神话

回来的不仅有谷物，还有各种各样的正经和不正经的消息。

在行政上，萨巴泰是一个可以上溯到卡洛林王朝时代的古老的法官辖区[①]。1300—1330年，它在富瓦伯爵领地中一直具有特殊地位；它是这个领地的一部分，位于拉巴尔山口内侧（Ill. 331）。由于上阿列日地区的这种地理位置，伯爵派了一名专门官员来管理这个地区，他是塔拉斯孔人，名叫纪尧姆·特隆，其职务是富瓦伯爵领地驻萨巴泰公证人[②]。

萨巴泰人民以其独特的传统和习俗引人注目，其地域处于领地的边缘；它是帕米埃教区下属的一个总司铎区。14世纪的前25年中，该地再次因什一税发生冲突，帕米埃主教企图强征的牲畜什一税遭到坚决的抵制。这一冲突反映出存在着三个等级这一事实。在1311年举行的有关事宜的谈判中，代表聚集在城镇和乡村中的"世俗"人民的，是诉讼代理人和居民代表，这些人的观点主要反映了四个城镇（富瓦、阿克斯、塔拉斯孔、维克德梭）的公证人和法官的意见。主要成分为各村本堂神甫的修会和非修会的神职人员，与世俗人民相对立，他们的代表是富瓦修道院院长和维克德梭隐修院院长。包括青年贵族和骑士在内的贵族是第三种势力，在前述两个主要派别（一派代表民众，另一派代表教士）

[①] 谢瓦利埃，《比利牛斯山阿列日地区的人类生活》，第64页，注2。又见博纳西著作，卷II，第208页：法官辖区的长官早在西哥特人时代就已存在，他们"直至公元1000年前后一直是伯爵在当地的代表……他们是一个地区的官员和伯爵权力的代表。"还应指出，15世纪之后，在行政事务中，萨巴泰一词在富瓦已极少使用。但是，作为地名，上富瓦伯爵领地或"上部地方"以及后来的"上阿列日"（拉巴尔山口以南），一直继续使用。

[②] 巴里埃尔-弗拉维：《米格罗契约集》，1894年，第181，188，190页，Ill. 45，I，注537。

第十八章 心态工具——时间与空间

之间纵横捭阖。三派聚会谈判后,于1311年达成协议[1],但1312—1323年间对立再次出现,许多萨巴泰人为丢失了免税权而极为不满,盼望(但是落空了)对什一税贪得无厌的雅克·富尼埃死在火刑台上。在这12年当中,他们一再公开支持祖上传下来的反对什一税和牲畜什一税的传统[2]。反对教士征收什一税的公开或隐蔽的斗争,得到了信奉天主教或纯洁派的村民们一致的广泛支持。这场斗争与异端派的一种传统不可分割,而这种传统则在1290—1320年间与萨巴泰这个名字密切相关,此事发生在奥蒂埃一家兴风作浪的前后[3],这一家子也是萨巴泰人。

包括蒙塔尤在内的萨巴泰何以成为一个地区,萨巴泰人何以有别于地区的人[4]?起决定作用的是横向联系,其基础是群众对于共同物质、文化传统、语言、城镇、乡村和饮食的感情。我认为,在群众的心目中,与纵向联系相比,这种横向联系同样重要,甚

---

[1] III. 337,注509。直到旧制度末期,三派依然在整个富瓦地区存在,那时定期召开富瓦伯爵领地的"三级会议",由一位主教主持。(参见埃克斯皮伊的辞典中的词条:富瓦伯爵领地。)关于当时和此前"三个等级"概念的重要性,参见勒高夫:《中世纪的西方文明》,第319—320页;舍里尼的著作,第271页。

[2] I. 198, 209; II. 98, 109, 316; III. 331, 338, 434。在那个时代不存在"对(萨巴泰或其他地区)家乡神圣的爱",只有对这个地方(萨巴泰)的习俗和整体利益的忠诚。

[3] 关于萨巴泰或多或少的异端特点,参见与此有关的各种问题:I. 207; II. 61, 76; III. 171, 250, 286;关于这个传统的由来,见III. 264,注。特别应参见:I. 254, 352; II. 155, 364, 446—447; III. 112, 161(特别重要); III. 427。贝阿特里斯·德·普拉尼索尔曾说:"离开了萨巴泰(包括埃荣),我就离开了异端。"(I. 254)。令人吃惊的是,奥蒂埃一家仅在自己的家乡即萨巴泰进行宗教宣传,他们并不到处传教。

[4] II. 284:"萨巴泰人"反对牲畜什一税。

第二部分 蒙塔尤考古：从举止到神话

至更重要；所谓纵向联系，是指等级制的、行政的或封建制的联系。况且，萨巴泰在法律上是一个总司铎区，可是纵向联系却来自主张征收什一税的教会，因而这种纵向联系遭到强烈的反对。[1]

*　　　　*　　　　*

因此，在确定一个较大的空间时，文化因素特别是语言因素的作用很大，在这种较大的空间里，上阿列日特别是蒙塔尤只能是许许多多村庄和村落中的一个。在雅克·富尼埃宗教裁判记录簿所记录的证词中，奥克语就像是汹涌的浪潮，而文学拉丁语则只不过是浪潮表面的白沫，无法将其遮盖。这个佩戴黄十字标志的堂区和萨巴泰人，融入一个更大的难以对付的奥克西坦尼地区之中，也许他们并没有意识到奥克西坦尼是一个与众不同的地区，但他们却实实在在地生活在其中[2]。纯洁派教士和本堂神甫至少有一个共同之处，那就是必要时他们都用通俗拉丁语布道（I.454; III.106）。蒙塔尤人对于自己的方言有着非常清醒的意识，尽管操这种方言的人至多不超过一千。阿尔诺·西克尔说[3]："在圣马多，我正在当地鞋匠雅克·维塔尔的铺子里做鞋子，街上来了一个女

---

[1] 关于以上所述，参见加利古：《关于撒巴尔的小教堂》，1845年和《历史研究》，1846年，第221页等若干处。
[2] 由法兰西国王派到奥克语地区去的官员不在此例，他们操奥依语。本书不研究他们对于这些被压服人民所持的地理观念。但是，在不超出本书范围的前提下，我们要指出，说来令人感到不解，强烈地意识到自己是奥克西坦尼人的并非当地土著人，而是来自奥克西坦尼—加泰罗尼亚以外地区的人，至少是奥克西坦尼西北部边缘地区的人（I.121）。似乎只有从北部看过去，奥克西坦尼才是名副其实的奥克西坦尼。参见II.135（与王国行政当局关于迫害麻风病人的决定有关的文书）。
[3] II.21。圣马多在西班牙属于塔拉戈纳地区。应该指出，在我们所掌握的文件中，没有发现对于方言的歧视，这是理所当然的。

第十八章 心态工具——时间与空间

人,她大声喊着:'谁磨面粉?'

有人对我说:'瞧,这个农妇是你老乡。'

我就问这个女人:'你是什么地方人?'

她回答说:'萨韦尔顿人。'

可是,她说的是蒙塔尤方言,我就说:

'你不是萨韦尔顿人,你不是普拉德人,就是蒙塔尤人。'逼得她哑口无言。"

这段对话很有意思,它说明,南部地区(萨韦尔顿、拉巴尔山口以北地区)和萨巴泰地区是两个不同的地区[①]。在萨巴泰地区里,普拉德人和蒙塔尤人讲的大概是一种与加泰罗尼亚语相近的方言。事实上,蒙塔尤人特别是蒙塔尤的牧人,强烈地把自己看成为奥克西坦尼和加泰罗尼亚沟通了解的人。对于他们来说,从塔拉斯孔和阿克斯累太姆到普伊格塞尔达和圣马多去,不存在任何语言问题。比利牛斯方言可以说是不存在的。方言区别明显的地区在北部,尤其在西部和西北部。奥克西坦尼地区中有人操朗格多克方言和加斯科尼方言。阿列日人对于这两种方言的分界线十分清楚,早在 1300 年,这一点就已被证实。蒙塔尤人和阿克斯累太姆人,从更大的范围说是萨巴泰人,当他们谈及某人时,就说那个人说的是"加斯科尼话"、"图卢兹话",或者是"半加斯科尼半图卢兹话"(II. 188, 475, 483)。离阿列日河西岸不远,方言之间的区别就显露出来了,比如,上面提到的那个讲"加斯科尼话"

[①] 关于因方言相同而促成了流亡在西班牙的一对蒙塔尤人和塔拉斯孔人的婚姻一事,参见 II. 45 中一件极佳的文书。关于可能存在的加泰罗尼亚方言,参见 II. 125; II. 451 和 285 的注。

的人也许是拉巴斯蒂德-德-塞鲁人（II.73—74, 188, 383）。

1320年的奥克西坦尼居民虽多，在政治上却是一片空白。它犹如一艘在黑夜里航行的船，看不见任何灯光，不知道自己究竟在哪里。可是，阿列日的牧人虽然不使用奥克西坦尼这个词，但在他们心目中，奥克西坦尼却是一个十分巨大的地理概念。我们看到，单是从图卢兹到梅朗斯山口这段路，他们就觉得永远也走不到头（I.191, 202）。村民们所属的加泰罗尼亚和奥克西坦尼文化共同体，与广大的地中海地区的众多半岛、岛屿和北岸的一些大峡谷都有联系。阿尔克的牧人甚至走到教皇驻地去请求宽恕他们的异端罪。多少有些异端气味的阿列日人渴望远行，死活也要到伦巴第、西西里、加泰罗尼亚、巴伦西亚、马略尔卡去。在转场放牧或外出定居时，他们与西班牙的摩利斯科人有所接触。以神话和关于十字军似是而非的故事为基础的"海外"传说，在穆斯林和基督教的东方广泛流传[1]。

反之，来自法兰西世界的东西在萨巴泰几乎难以见到。当然，法兰西的间接影响还是存在的，卡尔卡松和帕米埃的宗教裁判所"客观上"担负起了在宗教领域里完成法兰西卑劣使命的责任。无处不在的教会和既沉重又轻微的法兰西的影响，在奥克西坦尼相互密切配合。两者串通一气，指望能被大多数信奉天主教的奥克西坦尼人被动地接受，使神职人员和征服者的控制永远延续下去（征服者具有某些优点，因而后来长期受到精英和普通群众的重视）。总之，法兰西的势力远在别处，但很有效，它就像达摩克利斯的剑那样悬在萨巴泰人暴躁的头顶上方。它仅靠劝阻便已足够，

---

[1] 关于本段，参见上文和 I.160; II.40, 323—324。

第十八章 心态工具——时间与空间

无需动用暴力。它能让最坚决的反对者服服帖帖,不必为此而派遣由奥依人组成的军队去占领整个奥克西坦尼地区。

另一方面,除了这种间接压力之外,名副其实的"法兰西"的人文和文化以及移民的影响,在萨巴泰地区非常微弱。当然,众多的移民依然继续通过阿列日和鲁西荣山口,从北方向西班牙一边转移。但是,这些被伊比利亚北部所吸引的流动人群,都是鲁格的奥克西坦尼人,而不是巴黎盆地的法兰西人。蒙塔尤曾有过一位高卢书记员[①],他通常在卡尔卡松宗教裁判所里做全日工,但是这个独一无二的实例不足以否定我刚才阐明的看法。

各种异端思潮对于这个地区文化的影响更具决定意义。纯洁派虽然多次向欧洲北部伸展,但是,就其根源而言,却是巴尔干意大利和地中海的一种异端,它由东向西来到奥克西坦尼,融入了基本上属于内海的阿列日地区的惯常的空间性之中。

与此相对照,伏多瓦派的来源就不像纯洁派那样偏南,在14世纪最初二十几年间,若干伏多瓦派的信徒依然居住在帕米埃。伏多瓦派事实上来自广义上的罗纳河—中央高原地区,我们所知的当时住在富瓦伯爵领地的几个伏多瓦派信徒,都来自如今法国的中—东部地区(勃艮第、维埃纳、日内瓦教区、多费内[②])。而且,这些伏多瓦派信徒在帕米埃一线以南没有任何影响,所以,上阿列日当然也在它的影响之外。雷蒙·德·拉考特被火刑处死后,1320年前后有人以此为借口,在萨巴泰的联村大会上煞有介

---

① I. 468—469。高卢人并不一定真是原籍法兰西的奥依人,远非如此。参见帕米埃的染工让·德·帕里(III. 37),这是一个非常特殊的例子。

② I. 44, 100, 125; III. 482。

第二部分　蒙塔尤考古：从举止到神话

事地反对什一税，这也就是伏多瓦派最大的影响了。

1250年前后的农民流寇，实际上主要来自法兰西北部。1320年他们在巴黎大肆骚乱后，转向西南部和英国占领下的吉耶纳，接着又向图卢兹流窜，图卢兹在行政上属于法国，但在文化上并非如此①。他们杀死犹太人，在加隆河谷的一些镇子里声称要为基督报仇（I.179）。但是，农民流寇的"十字军"并没有到达上阿列日。传教僧人和托钵僧人极少光顾上阿列日，这个地区的人对于启示录的狂热信徒们以至福千年说为依据那种的做派，很不感兴趣。萨巴泰的牧人，不管他姓莫里、莫尔或是佩利西耶，在农民流寇问题上只有一个共同点，那就是都把他们叫作羊羔的守护人。这完全是一种社会—职业性的称呼，因为皮埃尔·莫里是奥克人，而农民流寇原来是奥依人。这就足以把他们区别开来了，至少在当时是这样。1300—1320年间在比利牛斯地区，普通百姓中的奥克人与奥依人是不相混杂的。只是在整整一个世纪之后，甚至更晚，这两种人才开始杂居。

总之，"法兰西世界"在萨巴泰几乎没有任何踪影，它对于这个小地方的影响，首先是以一位宗教裁判官为中介而产生的（这位宗教裁判官是奥克人）。在1320年的蒙塔尤和阿克斯累太姆人看来，法兰西世界是一个凶神恶煞，当然，这一点也不错；在不同场合提到它时，人们或是害怕，或是充满敬意。人们把它与背后操纵伯爵的宗教裁判所控制下的富瓦地区相提并论（有些过分〔II.71〕）。此外，法兰西在这个地区几乎没有任何积极作用，比根本不存在的英国的积极作用也不见得大，然而，英国毕竟在奥克

---

① 考恩的著作，1957年，第92—94页；迪韦尔努瓦，《帕米埃的宗教裁判所》，第42页，注1。

第十八章　心态工具——时间与空间

地区的阿基坦占有一些土地。

　　从"旅游"方面看（如果旅游一词可以用来指称朝圣的话），对于蒙塔尤人来说，奥依语地区也几乎是不存在的。只有一个蒙塔尤人，他也是我们所知的上阿列日地区的全部可疑人当中的唯一一人，他差一点就要到巴黎所在的大区去。他叫纪尧姆·福尔，1320年被主教刑庭强制去北方朝圣。他不但要去弗维尔（今属加尔省），还要到蒙彼利埃、塞利尼昂（今属埃罗省）、洛加马杜尔（今属洛特省）、皮昂弗莱、夏尔特尔、巴黎圣母院、蓬图瓦兹、圣德尼、圣沙佩尔、利穆赞、多费内、塔尔纳（I.453）……可是，福尔没有机会完成这一壮举，因为，第一次宣判的次日，他又被判火刑。于是，他被烧死了。

　　这就是说，法兰西王国具有政治和宗教方面的威慑和劝阻力，但是没有文化吸引力，没有移民的影响，也没有语言和旅游方面的影响。不过，法兰西却以其货币而在富瓦伯爵领地显示其存在。富瓦伯爵领地所使用的货币大多数（72%）是巴黎铸造的，尤其是银币。这些货币都是与巴黎的君主政权有着或亲或疏的关系的一些铸币工场铸造的。不管愿意与否，阿列日山区早在纳入统治巴黎地区的君主控制下的行政、文化或语言范围之前，就纳入到它的货币范围之中了[①]。法兰西的这一胜利预示着，在以后相当长的时间中，其他所有方面的归并也将逐渐完成。货币方面取得的胜

[①] 关于货币问题，参见III.56；卡斯廷·西卡尔的著作，1961年。他着重指出，在本书所研究的时期里，在朗格多克，在富瓦伯爵领地的大门口，曾强制出现过图尔城铸造的货币。这就是说，图尔铸造的货币沿着一条相似的渠道，胜利地进入了该地区，这条渠道略为偏北，因而在时间上也就稍早一些。见德维利，《贝里地区，10—13世纪》，1973年，第570—577页。

第二部分　蒙塔尤考古：从举止到神话

利具有重大意义，蒙塔尤和萨巴泰为数众多的牧人和饲养者，由于进行羊毛和牲畜交易，早已超越了自给自足的经济阶段，因而日益迫切地需要货币，而货币则越来越多地由法兰西供应。

　　本章先后对计量、地域、地理—文化进行了研究，从而对蒙塔尤人生活于其中的"时间孤岛"和"空间孤岛"做出了界定。彼此兄弟般相处的埃荣和萨巴泰，以其语言、山区和异端的特点，与处于低地的富瓦伯爵领地和加斯科尼地区相对立。与埃荣和萨巴泰相比，富瓦伯爵领地和加斯科尼地区与罗马天主教有更多的联系[1]，那里的方言别具一格。可是，萨巴泰与整个奥克西坦尼和地中海地区都有着血肉不可分的联系。北方的法兰西尽管具有强大的政治、宗教和军事实力，但是对于蒙塔尤人来说，几乎就同英国一样只有一种抽象的概念。法兰西在这个地区的成就仅限于两个主要方面：一是它令人害怕，尽管它在某些场合[2]曾做过一些善意的仲裁；二是它借助货币促成了商业的活跃。货币很好，但有时也会贬值……

---

[1]　这种区别并非始终很明显。1260—1280年前后，在富瓦伯爵领地属下的帕米埃，依然可以看到纯洁派的活动（Ⅲ.327—328）。
[2]　见上文关于萨瓦尔什一税事件的叙述（普克斯的著作，1901年）。

第十九章

对于自然和命运的态度

在社会化的空间和时间之外，乡民们对于自然，更广泛地说对于大宇宙持什么态度呢？

首先把美感的可能性排除在外，因为，上阿列日的农民们固然有自己的美感，但是他们心目中的美基本上是与愿望、愉悦及感官的快感和来自心底的感情相联系的。所以，乡民们的眼里虽有"漂亮姑娘""美味的鱼酱""美男子""悦耳的教堂歌曲""天堂里的果园"等等，但除此之外，再也没有别的了[①]。在大山和大自然面前，他们一点也不"心动"。他们深深地陷入大山和大自然向他们提出的往往是非常严肃的问题之中。

面对包罗万象的大自然，村子里和地方上的乡民们倒是有一种参与感，一种带有以人为中心的不甚强烈的参与感。在蒙塔尤

[①] II.44; II.51; II.66; III.235; III.312。马蒂诺在《……死的主题》第27—28页中谈到了行吟诗人唱词里农民心目中的美，但他说的是"文化层次"，与本书所说的美感有异。

第二部分　蒙塔尤考古：从举止到神话

人看来——当然不限于蒙塔尤人——微观世界（换句话说就是人和家）是大宇宙的一个组成部分，在这个大宇宙中，家自然不能没有它的一席之地。这个大宇宙大得连天上的星星都包括在内。前面已经说过，在已故家长住过的屋子里，保存着死者的一些指甲和头发，为的是留住他的星宿，使一家的运气不至于随他而去，这就是拉丁谚语所说的"星宿当然带来好运气。"① 在萨巴泰人的词汇中，"运气"当然与"晦气"相对。贝利巴斯特说："用不着对天发誓，谁也不能让星星变大变小。"②

一个人，尤其像皮埃尔·莫里这样的牧人，拥有一个引导他在外部世界如何行动的命运。命运③即使会把他最终送进监狱，他也心甘情愿地听从命运的摆布。这种命定的理论，完全不应归咎于传入上阿列日地区的纯洁派信仰。但是，不知是否出于偶然，这种为群众普遍接受的理论与纯洁派教士的灵魂转世的教义完全一致。这样一来，民间信仰和远来的纯洁派就很容易地相互交融在一起了（因此，纯洁派很快就落地生根……）。当贝利巴斯特当着莫里一家人的面，彻底否定只有自己才能帮自己的想法时（在其他场合，他的口气要缓和些，不过也只是说："自己想办法，老

---

① 上文第二章。又见勒高夫《……文明》（命运轮回）。
② II. 200 和上文第二章（不幸）；II. 52（星辰）：借星辰喻事是农民智慧的一个非凡贡献，它对福音书作了重要的补充（《马太福音》，V.36），贝利巴斯特在 II. 52 前后所说的话所据即此段。
③ 这里说的是外省文化，它在其他方面与萨巴泰文化有较大差别，有必要提一下夏尔·包法利常说的一句话："这是命运的过错。"这句话远非只是可笑，它来自诺曼底文化的深层；我年轻时在与诺曼底的老农和不太老的农民谈话时，感受到了这一点。

第十九章　对于自然和命运的态度

天会帮你忙的。"），这位当过牧人的居比埃尔人[①]说："一个人若是拿了、偷了别人的东西，或是做了坏事，没别的原因，只是因为恶鬼附身了。恶鬼让他犯罪，让他不走正道，走邪路。"这种观念认为对自己的恶行没有责任。贝利巴斯特之所以有这种想法，这与纯洁派所持万物有灵论密切相关。这位莫莱拉的移民又缜密地进一步阐述自己的思想："全部空气中充满了好鬼和恶鬼。除非鬼魂所附的躯体生前是个好人（在这种情况下，这个鬼魂就该回到天上去），否则，从死人身上跑出来的鬼魂没有一个不想重新变人的。因为，这个鬼魂若是和恶鬼一起游荡在空气中，恶鬼就要想方设法把它煮死，逼它附到活的东西身上去，不管那个活的东西是人还是畜生。因为，人的鬼魂若是留在活的东西体外，空气中的恶鬼就无法把它煮死，也无法折磨它。"[②]

照贝利巴斯特的说法，空气中到处都是凶恶的火星和暂时在各处游荡的鬼魂，这些鬼魂则直接或间接，总之必然来自人的所作所为。上阿列日地区的村民们的宿命论，从称得上是自然主义的万物有灵论中汲取营养，而不管两者是否有矛盾之处，这种宿命论既有纯洁派的色彩，也有民间信仰的色彩。在上层人士中，如果不考虑异端的影响，这种理论则是一个伟大的建筑师不容分说地控制着的那个大宇宙中必不可少的诸多约束之一。

贝尔纳·弗朗卡的一席话，最清晰、最具有地区代表性地

[①] III. 179。关于贝利巴斯特在这个问题上的矛盾，参见 III. 183。
[②] 出处同上。必须指出，阿尔比派表现出一种强烈的否定自由意志的倾向，即使对于天使也是这样。见论述 13 世纪的第三个 25 年的著作《论两个原则》第 1 章，第 15—16 节，图兹利埃版，第 204 页。但是，这种倾向只不过（有时）起到了强化在萨巴泰民众思想中占据上风的某种宿命论的作用。

第二部分　蒙塔尤考古:从举止到神话

表明了这种世界观。贝特朗·弗朗卡是维克德梭的古里埃村人（I. 350—370），他是教士，领着做弥撒，但是，他也是一个地地道道的农民，他亲自动手在自己的地里种黍子，他在本村街上与其兄弟共同拥有一所房子。他在堂区收获季节里与教民们讨论问题，星期天和节日里参加教堂前面的男人们的非正式集会。由于他交往较多，引起密探注意，受到审讯，最后被责令佩戴双黄十字标志。

可是，贝尔纳·弗朗卡深信，一个人不管碰上什么事，命中注定迟早总要碰上的。他说过这样的话：人活在一个不变的大宇宙必然之中，上帝就是这个大宇宙的缔造者。人根本不是自由的，所以人不犯罪。反过来说，所谓的善举并没有给善人带来任何好处，因为上帝早就把这些善举制订在他的计划里了。当我们在帕米埃的档案里读到乡民对于善举的激烈批评时，有时不免会想到路德。不过，这是一个缩小了的路德。除了文化以外，这位不自觉地成了奥古斯丁门徒的贝尔纳·弗朗卡，实际上不言自明地认为：命运是万能的。

正是在影响和来源这个重要问题上，贝尔纳·弗朗卡很明确。这些否认个人自由的"思想"，他不是从城里某个或许多少受到奥古斯丁学说影响的学者那里得来的[1]，尽管他是乡下人，但作为教士，贝尔纳·弗朗卡总有机会碰到这样一个学者的。事实上，40 年来，贝尔纳·弗朗卡一直在宣扬异端思想，这种思想仅仅来自具有地方和民间色彩的萨巴泰农民的人生观，而他对此颇为欣

---

[1] 关于奥古斯丁教义在 11 世纪以后、加尔文派和冉森派崛起之前的重要性，见诺南《避孕史》，第 4 章。

第十九章 对于自然和命运的态度

赏①。1320 年,雅克·富尼埃向年届六旬的弗朗卡发问:

"是不是某个学者向你灌输了这些错误思想?"

年迈的弗朗卡回答说:"不,大家都这样想。在萨巴泰,一个人要是遇上了好事或坏事,别人总是说:'这是他命中注定的','不这样又能咋样呢?'……再说,我被(宗教裁判所)关起来的时候曾说:'该怎样就怎样'。接着我又说:'上帝要我怎样就怎样吧'。"②

上帝定下的命运和非发生不可的事,可以借助星星来实现,也可以借助星星下面的空气和空气中的鬼魂来实现。它们分别作用于家和个人。月亮挂在布满星的天和只有空气的天之间。月亮的宏观和微观影响在当时的萨巴泰并非无处不在,这种情况是后来在奥克地区和奥依地区的其他农民文化中才出现的③。但是,对于传宗接代这桩大事,也就是婚姻大事,月亮的这种影响在蒙塔尤却并非无足轻重。1320 年,阿克斯累太姆的雷蒙·维西埃尔说:"大约十五年前,我在蒙塔尤的雷蒙·贝洛家里,我们泛泛地谈论什么时候该举行婚礼的问题,雷蒙说:'我们想把妹妹嫁给贝尔纳·克莱格时,去向纪尧姆·奥蒂埃请教,问他这样一个问题:月亮什么样的时候把我们的妹妹嫁给贝尔纳好?纪尧姆·奥蒂埃告诉我们什么日子举行婚礼好,我们就照他说的办了。'"(I.292)

---

① I.356—357;又见 I.363 关于一位从山区帕拉尔教区来到上阿列日的不知名人物的影响。
② 这两句话在文件中都是奥克语(I.356—357)。
③ 见塞尔,《农业舞台》,参见所有关于奥克语地区的人种学调查,从诺曼底开始……

第二部分 蒙塔尤考古：从举止到神话

这段话比较清楚地从社会上的一般看法和夫妻关系的角度，对星象的影响做出了说明。在这则故事中，贝洛家实际上只有一伙兄弟，他们共同担负着家庭的责任。去向一个已经升任卜师的教士请教时，全家人一起出动。贝洛兄弟问这位教士，他们的妹妹已经许给克莱格家的儿子了，他们想让妹妹的怀孕期和月亮的周期协调起来，该怎么办。因为，按照外省人的想法，月亮对一切在地球上出生和生活的东西都有影响。

月亮的圆缺不足以揭示天地间的所有奥秘，所以，蒙塔尤人筹办婚事或外出之前，经常请教真正的卜师，而不只是被称作善人的纯洁派教士，以便得到更可信的预测。前面我们已经说过，贝阿特里斯·德·普拉尼索尔曾去请教过一位改宗的犹太人，他殷勤地为她施了巫术。加泰罗尼亚的外来户请教的一位卜师干脆照本宣科，把用阿拉伯文字写的一本书念给他们听（II. 40; III. 207）。这位卜师依据一根木棍的来回摆动或走动时步伐的大小，为生病的人和牲畜以及婚事的吉凶作出预言。更为简单的做法，是依据几乎人人都信的说法，从一些不祥的鸟的飞行中来预测吉凶，比如猫头鹰会把亡灵带走，喜鹊穿路而过是凶兆。这类说法在贝利巴斯特家里父子相传。有一次，居比埃尔的教士看到两只不祥之鸟穿路而过，吓得他两腿发软，站都站不起来，而且让他预感到，此后命运悲惨，后来果然如此（II. 78; III. 210）。

这就是说，上帝、大宇宙和大自然主宰着人和人的家；星星、月亮和空气中的鬼魂为个人和家庭的命运作出安排；猫头鹰和喜鹊的飞行则昭示命运的安排。把某些鸟视为不祥之兆并非孤立现象，因为埃荣人与环境特别是动物，虽然关系非常密切，但并不

第十九章　对于自然和命运的态度

是始终和睦相处的。① 下面我们就来具体地说一说。

先从最常见的牲畜说起。蒙塔尤的牧人当然养着一些狗，这些狗随着羊群流动②。独处一隅的农庄有时用大猎犬看门，该叫的时候就大声狂吠③。人与狗的关系平时大概不错甚至亲热，这一点我们不清楚。可是总体上看，狗的形象却并不好。"咬人的狗、吃人的狼……老母狗"等等，都是克莱芒兄弟咒骂小兄弟会的人和阿拉扎依·富雷时使用的最客气的脏话。"小心狗，它会把你咬疯的。"牧人让·莫里不是怕老板娘毒死他吗？那就把她给他吃的东西先让牧羊犬尝一尝④。帕米埃的代理主教热尔曼·德·卡斯泰尔诺不是在一笔土地收入上骗了同僚们的钱吗？他们要让他受到惩罚，跟他算账："四只拴着铁链的大猎犬在另一个世界的大门口等着代理主教。"一个采石工不是对于世界末日有怀疑吗？他的同伴就对他说："你跟狗一样不信上帝。"⑤

可见，狗的形象不讨人喜欢，连好都谈不上。这与18世纪勃艮第一位名叫埃德姆·雷蒂夫的人大不一样，此人喜爱他的母狗已到了无以复加的地步，他竟然毫不犹豫地说："谁碰我的老婆，就像碰我的母狗一样。"尽管有雷蒂夫这样的人，但长期以来，狗

---

① 勒高夫：《中世纪的西方文明》，第406页。
② II. 485；又见迪韦尔努瓦《帕米埃的宗教裁判所》中关于14世纪图卢兹的同类情况的描述，第64—65页。流传很广的一种看法认为，牧羊人利用狗放羊是很晚的事，我对此说深表怀疑。
③ III. 257。
④ II. 485。又见II. 288（骂人话）。有人把准备毒死加斯东·费布斯的毒药先拿狗做试验。莫拉，C.D.U.，卷I，第167页。
⑤ I. 535; I. 160。

第二部分 蒙塔尤考古：从举止到神话

始终令人讨嫌，直至今日狗依然被用来骂人[1]。

还有一种不受欢迎甚至令人讨厌的家养动物，那就是猫。据奥尔诺拉克的贝内一家人说，夜里猫打架时的叫声就像是游荡的鬼魂在喊叫。可别弄错，还有别的说法。女老板纪耶迈特·莫里说[2]："啊，卡尔卡松的宗教裁判官若弗鲁瓦·达布利死的时候，谁也不在他身边。可是，第二天发现他的尸体时，两只猫分别守在他的床头和床脚。这是恶鬼在陪伴他的灵魂。"（I.262）还应指出，另一种与人共居的小动物老鼠，也遭人厌恶[3]。

猪的名声也不好，与狗差不多。事实上，狗是人类这个大家族中的一个组成部分，而且，狗还有某种程度的野性，因为它与狼有着某些相同之处，狗和狼常常被用来骂人。猪也是这样。猪既是与人关系密切的动物（用泔水喂养，腊肉是桌上常见的佳肴），又是半具野性的动物（用森林中的橡栗育肥，能与野猪杂交，而野猪的野性是无人否认的）。因此，猪受到双重的厌恶。甚至可以说，这种四脚动物分属两个领域，两只脚属于家养（与人关系密切），两只脚属于大自然（野性十足）。因为木柴和盐罐在厨房里到处乱放而发生口角时，萨巴泰的男人就会对老婆大声叫骂："老

---

[1] 关于这份与狗有关的文书，见 II.40（狗引起的疯病）；II.281（骂人的话"娜戈撒"，意即母狗）；I.231；II.420……应该指出，据贝利巴斯特所说，母狗由于是能怀孕的雌性，所以它能接受复活的灵魂（II.35）。但是，无论如何，母狗排在女人、母马和母兔后面（出处同上）。勒高夫《中世纪的西方文明》第406页指出，贵族对狗的看法比乡民好，狗对于贵族来说，象征着忠心。

[2] II.69。同样，在德维克和韦塞特的《朗格多克通史》，卷 IX—I，第300—307页中提到：1307年，汤普利埃在供词中说到一个猫形的魔鬼。

[3] III.221（据皮埃尔·莫里）：贝利巴斯特和塔弗涅只许杀死老鼠、蛇和蛤蟆，其他动物一律不许杀。

第十九章 对于自然和命运的态度

母猪！"①奥蒂埃家兄弟以戏谑的口吻对一群养羊人说："你们家碗柜里要是放着猪腿，快点给圣安东送去。"老百姓确实认为猪是圣安东常吃的食物（II.420）。

除了这类不被看好的动物（狗、猫、猪、老鼠）以外，另有一类农民常养的家畜，那就是牛、马、绵羊和山羊。这些动物用处很大，与人的亲密程度却稍逊于包括猪在内的前一类。由此可见，存在着两类被否定的动物，我们不妨把它们看作以人为中心的内外两个圈，然而，在这两个圈之间，却存在着某种轻微的肯定。蒙塔尤的年轻农妇格拉齐德·利齐耶，对这一点看得十分清楚。为了较好地说清她的这种乡下人的想法，她毫不迟疑地用一种浅陋的纯洁派教义和二元论随心所欲地把这种乡下人的想法表达出来了。雅克·富尼埃问她："格拉齐德，你相信世界上一切有血有肉的东西都是上帝创造的吗？"

格拉齐德回答说："我认为，这类东西中对人有用的是上帝创造的，比方人本身和牛、马、骡、绵羊、山羊等等能吃的或是有用的动物，还有地里长的能吃的果实和树木。另一方面，我不相信上帝创造了狼、苍蝇、蜥蜴以及其他对人有害的东西。我也不相信魔鬼是上帝创造的。"（I.304）

在阿列日河对岸，住在萨巴泰地区的古里埃的农民兼教士贝尔纳·弗朗卡重复了埃荣地区的这个年轻的女文盲格拉齐德的话，不过说得更加简单。他也发明了一种带有纯洁派色彩的二元论，但有些古怪。他用这种二元论让名副其实的摩尼教徒回到坟墓去，但又用它来区分好牲畜和坏牲畜，好牲畜包括对农民有用的那些

---

① 上文第十二章。又见 II.288。

动物，在这一点上他与格拉齐德相同。弗朗卡说："一方面，好上帝创造了天、地、水、火、空气和为人提供吃穿、替人干活的有用动物，其中包括能吃的鱼；另一方面，坏上帝创造了魔鬼和对人有害的动物：狼、蛇、蛤蟆、苍蝇以及所有有害的和有毒的动物。"（I. 358）

马显然归在这些有用的动物之中。在萨巴泰的纯洁派小先知们看来，人死后的灵魂复活时，马属于第一类投胎依附的对象。在这方面，马或者说母马的位置列在女人之后，但远远先于母狗和母兔，也先于公牛（或母牛）。贝利巴斯特说："鬼魂从长袍里，也就是说从（死后）的人体中出来以后，又害怕又着急，跑得飞快。打个比方，巴伦西亚（西班牙）的一个从（死者）身上出来的鬼魂，要到富瓦伯爵领地的一个（活的）东西身上复活，这时天上下着大雨，它跑到那里时，身上只有三滴雨水！鬼魂非常着急（它还受着在空气中游荡的魔鬼喷出的火焰的折磨），跑得飞快，见到一个洞就钻进去！也就是说，钻到任何一个已经怀孕、但胎儿还没有灵魂的动物肚子里去，不管这个动物是母狗、母兔还是母马，甚至是个女人。"（II. 35）

贝利巴斯特讲的这个鬼魂跑进肚子的神话，在蒙塔尤也流传甚广。雷蒙·鲁塞尔曾讲给贝阿特里斯·德·普拉尼索尔听，不过稍微简单些（I. 220）。这个故事表明，在所有能够接纳刚刚从尸体出来的鬼魂的动物中，马显然名列前茅。马的这种优势在有关马的神话中也得到了反映，外出的或是住在本地的阿列日人在讲这个故事时，至少有四种讲法[1]。其中的两种出自蒙塔尤的皮

---

[1] II. 36; II. 408; III. 138; III. 221。

第十九章 对于自然和命运的态度

埃尔·莫里之口,简化了许多,这是他讲给贝利巴斯特和普拉德·塔弗涅听的。另一种出自阿尔克的养羊人西比尔·奥蒂埃之口,他是直接从皮埃尔·奥蒂埃那里听来的。第四种最全,通过阿尔诺·西克尔之口记录在雅克·富尼埃宗教裁判记录簿中,他同皮埃尔·莫里一样,是从贝利巴斯特嘴里听来的(贝利巴斯特则大概同西比尔·皮埃尔一样,是从皮埃尔·奥蒂埃本人那里听来的)。下面就是阿尔诺·西克尔讲述的这则故事:

"有一个坏蛋杀了人。这个人死后,灵魂钻进了一头公牛的体内。这头公牛的主人很厉害,不好好喂它,还用一根大刺棍把它打得浑身上下都是伤。可是,公牛的灵魂记得自己从前是人。公牛死后,灵魂又钻进了一匹马的体内。这匹马的主人是个大老爷,喂养很精心。一天夜里,大老爷遭到对手的攻击,他翻身上马,在崎岖不平的山岩上猛跑。突然,马蹄夹在两块石头缝里,费了老大的劲才拔出来,可是马掌掉了,留在石头缝里了。大老爷接着猛跑了大半夜。马的灵魂总想着自己从前在人体里待过。马死之后,进入到一个怀孕的女人肚子里,附在胎儿身上。孩子长大以后,信了好教(纯洁派),后来当上了教长[①]。有一天,他与同伴一起来到马当年丢掉马掌的那个地方。这个灵魂曾附在马身上的人对他的同伴说:'我还是马的时候,一天夜里在这里丢掉了马掌,光蹄跑了一整夜……'于是,两人一起在石头缝里找马掌,找到以后就拿走了。"

[①] 文书上写的是"好基督徒",在雅克·富尼埃的法庭上受审的人嘴里,意思就是纯洁派教士或教长。在这个故事的一种讲法中,从文字本身和上下文来看,"好基督徒"或"教长"是与"普通教徒"很不一样的。

第二部分　蒙塔尤考古：从举止到神话

不清楚这个神话产生于何地，也许是当地，也许很远，但颇受萨巴泰人欢迎。即使不是他们编造的，至少也是在他们的民间传说基础上加工的。因为讲述这个故事的皮埃尔·奥蒂埃非常熟悉上阿列日。他们肯定满腔热情地把这则故事广为传播。事实上，这则故事把阿尔比派的教义（灵魂转世说和教士地位优先）与具有萨巴泰特色的等级思想①协调起来了，这种等级不仅存在于人的社会中，也存在于动物中间，这就令人想到了迪梅齐尔的"三个等级表"（见下表）。

职务	（神话中的）等级	（神话中的人或动物）
种地	农民	牛
作战	领主	马
祈祷	教长	人

马的"社会地位"很高，这一点丝毫用不着奇怪，要知道，即使在另一个世界里，富瓦伯爵领地的骑士们也从来不与他们忠心耿耿的马分开。绰号酒瓶子的阿尔诺·杰利斯是帕米埃教堂里的一个嗜酒如命的虔诚教徒，他有一项特异功能，能看见鬼魂。②他在1319年说："三年以前，我见到了两个原骑士的鬼魂，他们原是端村人，被人劈死了，刀缝从上到下一直裂到肚脐。可是，他们依然骑着战马，因为战马也随着他们到另一个世界去了。"

对马的重视和尊敬也惠及其他"马科"动物，贵族若是缺马，就会毫不犹豫地骑骡子（III.271）。萨巴泰的"大人物们"，在当地

---

① 见萨巴泰实际社会和政治生活中的三个等级，本书第十八章。
② I.132，见下文第二十七章。

第十九章 对于自然和命运的态度

被叫作"骑大骡子的人"。根据灵魂转世说，骡子有一个高贵的灵魂，因而有权随意糟蹋邻居的麦田（II.129）。毛驴在蒙塔尤不多见，名声比现今好得多，一旦有病，还能受到很好的治疗，兽医往它们身上注射昂贵的水银。要是梦见一个毛驴头，就等于见到了一座宫殿[①]。公驴和马一样，它们的身体是转世途中的灵魂暂住的好地方，所以，当让·莫里把纪耶迈特·莫里的一头母毛驴打得半死时，她非常生气是很有道理的。她朝他喊道："灵魂不会光顾你的！"[②]

从马到牛，整整降了一级，这情形与从贵族到庄稼汉差不多。不过，都还留在正册里，因为上帝和魔鬼达成协议，鉴于公牛和母牛都要拉犁，都很有用，所以牛应该享有较高的地位[③]。上帝的儿子对他的信徒说（据皮埃尔·莫里，III.137）："男爵，不想扶犁把的人，别来碰它。"撒旦想把天使从天堂引诱出来，便说："我给你们公牛、母牛、财富、老婆、孩子和房子。"[④]母牛的形象在拉丁文本圣经中比较不错，在信奉纯洁派的地区里差了一些，但是，与完全被否定的狼相比，母牛当然远远高出一头。罗尔达的农民阿尔诺·考古尔说："我有一些母牛和绵羊，狼有时来抓走几只，吃掉了；我不相信上帝竟会创造出狼这种可恶透顶的动物来！"（I.378）

---

① II.57。
② II.73; III.199。"头脑简单的驴和小心翼翼的牛"这句话，大概应与马槽的形象联系起来考虑（维盖尔的著作，1966年，第100页，关于朗格多克的圣多米尼克）。
③ 参见本章前述（格朗迪埃·利齐耶的话等等）。
④ 上文第五章（奥蒂埃在牧人们面前作的预言）。

第二部分 蒙塔尤考古：从举止到神话

绵羊虽然呆头呆脑，却招人喜欢，至今依然如此。埃麦尔桑德·马尔蒂谈到她的女婿贝尔纳·贝费时说道："我女婿身上附着一个好鬼，他温顺得像只绵羊。"[1]这个女婿对岳母确实非常好，他老婆对他岳母稍稍凶一点，他就狠命地打她。蒙塔尤的牧人若是献上一只羊羔或一束羊毛，就认为是献给圣安东的最好礼物。

公牛和绵羊更是最好的肉食。饭桌上很难见到的牛羊肉，还被认为具有刺激性欲的作用，比如有人说："她可没少吃肉。"[2]因此，老百姓喜欢牛羊肉，纯洁派教长却因教义所碍而很讨厌牛羊肉。不过，教长们并不因此而仇视这两种家畜（在这一点上，与老鼠之类的其他招人讨嫌的小动物不一样），因为牛和羊是灵魂在转世过程中可以依附的载体。蒂尼亚克的阿尔诺·娄弗尔说："一个异端派教徒在里姆城的一家肉铺旁边走过，屠夫正在宰杀，他说：

'真可怜，好好的牲口就这样给杀了，真罪过！'"（II.108）

另一种家养动物母鸡，也得到人们的疼爱。在蒙塔尤的婆姨们和夏多凡尔登的领主夫人这些异端派信徒看来，拧鸡脖子是绝对要不得的（I.458; I.221），她们说，与其如此，不如用火烧，也算是殉难。

前面谈到了两类动物，第一类是与人关系非常密切却又让人讨厌的动物，常被用来骂人，第二类是家畜，种类多了一些，与人的关系稍为远了些，因而明显地被看好。现在说说第三类，这

---

[1] II.65。又见由于让·莫里生气时把别人家的羊骂作"异端"而惹出来的麻烦（III.199）。"神秘的羊羔"显然指基督。
[2] III.137; III.230：葡萄酒也享有类似声誉。

第十九章 对于自然和命运的态度

一类全是野生动物,这些非家养的哺乳动物并不太招人痛恨,但无人不恨的狼除外,因为狼吃家畜,有时还吃人。农民们毫不犹豫地把教会里的人比作吃人的狼,可是他们却又认为,狼不吃受过洗礼的人,实在是自相矛盾。[1]

我们注意到,松鼠这种数量很多的猎物很得人心,一些猎人用套子捕捉松鼠,并以此为生[2]。松鼠也被认为是灵魂临时的寄宿载体。阿尔诺·娄弗尔说:"两个异端分子碰见一只夹在套子里的松鼠,他们松开套子,把松鼠放了。他们知道下套子的猎人靠逮松鼠为生,于是在套子边上放了一笔相当于松鼠价值的钱。"

与此相反,所有"肚子贴着地"走的动物,诸如蛇、蛤蟆、蜥蜴等等,都遭人讨嫌、害怕、鄙视,与老鼠一样。对这些小动物的厌恶既不令人惊奇,也没有任何特别之处,这些可怜的东西,不管有害或无害,如今依然遭人无情捕杀。然而,蜥蜴有些特别,它一方面跟蛇类爬虫一样非常招人讨嫌,另一方面却又在人的内心深处被看作最亲近的东西(参见萨巴泰纯洁派关于蜥蜴的神话,在这种神话中,蜥蜴不多不少恰好是人的灵魂的化身[3]。)。贝利巴斯特对纪耶迈特·莫里说:"只能吃在树上和水里生出来的东西。"这句话表明,"肚子贴着地"爬行的那些动物之所以人人都咒骂,原因在于它们生活在地上,既不在树上,也不在水中[4]。

听了贝利巴斯特这句警告,我们自然会想到,(林栖)鸟类很

---

[1] II. 30 等若干处;III. 319; II. 16(洗礼)。

[2] II. 107。又见 I. 338。

[3] III. 223。

[4] II. 24; II. 35, 47; III. 137, 248; I. 283。据记录在雅克·富尼埃宗教裁判记录簿中的某些人的谈话,在灵魂转世中,爬行类和两栖类动物属于最低级。

第二部分 蒙塔尤考古：从举止到神话

招人喜欢，实际上并不那么简单。猫头鹰和喜鹊这两种凶狠而阴森的飞禽，与能飞能爬的龙一样，让人忧虑和厌恶。这两种不祥的飞鸟与另一种会飞的小动物苍蝇相比，不见得好多少，而苍蝇不仅被看作是有害的，而且简直像魔鬼一样凶恶[①]（虱子这种长在人身上而不会飞的东西当然就更不必说了）。与此相反，鹈鹕这种鸟在上阿列日被赋予某种神秘的意义。关于它的美丽传说涂上了一层纯洁派的色彩，在比利牛斯山地区广泛流传，从帕拉尔堂区一个人的嘴传到萨巴泰的另一个人的耳朵，并接着往下传（I.357, 363）。

"有一种鸟叫鹈鹕，羽毛像太阳一样闪闪发光，跟着太阳飞。鹈鹕生了几只小鹈鹕，为了能自由自在地跟着太阳飞，它把小鹈鹕留在窝里。鹈鹕不在的时候，一只野兽钻进了鹈鹕窝，把小鹈鹕的爪子、翅膀和喙都撕掉了。这样的事发生了几次以后，鹈鹕决定把身上的光彩遮起来，藏在小鹈鹕当中等着，野兽一来就把它杀死。它果然杀死了野兽。于是，小鹈鹕就免除了灾难。同样（听听纯洁派是怎么说的），基督化身为圣母马利亚时也把自己身上的光辉遮起来了，这样他就能抓住凶神，把它关在黑暗的地狱里。从此之后，凶神就不再祸害上帝创造的人了。"

这就是说，鹈鹕是上帝，猫头鹰和喜鹊是魔鬼。这两者之间有许许多多不好不坏的鸟。

鱼生在水里，纯洁派认为，鱼的肉是洁净的；鱼肚子里不怀小鱼，所以，转世的灵魂也附不到鱼身上去。因此，鱼不是游荡的灵魂的临时寄宿载体。民间的这种想法和纯洁派教义不矛盾。蒙塔尤人的骂人话里，没有一句与鱼有关。从海里捕捉的狼（即

---

① III.199（龙）；上文第十四章（喜鹊和猫头鹰）。

第十九章 对于自然和命运的态度

海豹）也很受蒙塔尤人喜爱，山里的狼就远非如此了，牧人们非常恨山里的狼。[1]

说到植物，看法就各不相同了。在打麦场上聊天时，有些农民认为小麦是上帝让它"开花结穗"的，而魔鬼则专门弄出些雹啊、雷啊、暴风骤雨来，另外一些农民毫不含糊地说，原生的大自然和培育的植物所具有的生命力，来自大自然本身、土地的肥力、善人促使生物繁育的能力和人的劳动……以及肥料的作用。看法尽管不同，却没有任何一种说法可以用来诋毁植物的本质。持绝对二元论的人认为植物的本质是恶鬼造成的（I.283），但是这种说法在蒙塔尤和萨巴泰的山民中间，得不到多少人的响应。在乡民们眼里，恶鬼做的坏事主要是在动物和人以及一些特殊现象上，诸如老鼠、猫、猫头鹰、狼、蛇和蜥蜴、雷和闪电等等。在萨巴泰，人们当然不把上帝创造的一切东西都看作是魔鬼撒旦搞出来的[2]。远非如此。一种似是而非的斯宾诺莎主义，即不大注意区别上帝和大自然（有人认为是创造者，有人认为是被创造物）的思想，像一根红线贯穿在萨巴泰人的自然主义中。它在群众中自发地传播，并依据不同情况，或是依附于纯洁派教义，或是依附于罗马天主教教义。此外，从中体现出来的二元论也是似是而非的，它比较接近民间观

---

[1] II.33：海豹和狼。I.35：贝利巴斯特认为鱼是纯净的，因为鱼是在水中自行生出的，而不是交配而生。

[2] 村民们的看法：上帝作为土地肥力创造者和保证人的主导作用（II.357, 461, 482; III.307, 335：教士的作用）；II.51—52; II.166, 168（争议：有人认为开花结穗是上帝的恩赐，有人则认为是大自然的恩赐）；I.230 和 I.457：是"土地肥沃"还是"人勤快"和"土地心肠好"（蒙塔尤人的不同看法）；I.283（村民中个别人的看法：是魔鬼让开花结穗的）。I.361 和 II.36：（大自然中有一些坏事，如下冰雹、暴风雨等，都是魔鬼使坏）（"民间二元论"）。

第二部分　蒙塔尤考古：从举止到神话

念，与温和的即论证严密的学者的二元论则有一定的距离。它有时认定，一些有害的东西和让人讨厌的东西（暴风雨、猫头鹰、苍蝇等等……参见上文），都是魔鬼造出来的。

确切地说，被否定和被肯定的这两个以人为中心而又彼此交错的动物圈，让我们想到了里奇的著作①。这位作者把与动物名称有关的骂人话同与禁止乱伦有关的禁忌作比较。事实上，蒙塔尤的农民在赞扬某个教士不再贪图女色、不再吃肉时，所作的也是同一类比较。因为他们自己仅仅不再与近亲女性偷情，不再吃日常生活中接触最多的动物（狗、猫、猪）的肉，这些动物因不同的原因与人共同生活，有时虽不无野性，却受到爱抚，甚至与人有身体接触。吃猪肉会有一些问题；除了猪之外，这些动物成了某些饮食禁忌的原因，也成了骂人的话和恶意讽喻的来源。另一类是役畜，它们与人不那么接近，由于离得远，它们与人的关系难以融洽和亲近，总之，不容易受到善待。鸡窝鸭窝甚至菜园都可完完全全地归在这一类里。（请注意蒙塔尤人对母鸡的好感以及现今的某些表达亲昵感情的词语，如"我的小母鸡"、"我的兔子"、"我的白菜"、"我的鸭子"等等。）

促使人把动物分成不同类别的另一个基本因素是动物的野性，某些动物（狼、蝰蛇、甚至还有苍蝇）②处于与人和与人亲近的动物为敌的地位，有些动物被视为属于这一类，其实却纯粹出于神话的影响（无毒蛇、蛤蟆、猫头鹰、喜鹊等等）。

最后，还有一类确实伤人或其实并不伤人的野生动物。除了这类动物以外，所有植物和水生动物都是中性的，其中有些为人

---

① 里奇，1966年。
② II.53 和上文。

第十九章 对于自然和命运的态度

	I	II	III
A层 （动物）	共栖动物：贬、骂，甚至被视为恶魔（狗、猫、猪等）	散养或厩养的好动物。食用家畜，其肉能刺激性欲	野性 否定和敌对的动物：狼、猫头鹰 其余野兽、植物或水：生动植物（中性或受欢迎）
B层 （与家庭或家有关）	家庭中禁止乱伦的范围；这个范围本身是令人厌恶的："魔鬼是我们的兄弟"	本村和整个蒙塔尤地区的大一统社会：也就是家庭之外的范围，在这个范围里不存在乱伦问题（在萨巴泰，这个范围从第二代堂、表姊妹开始）。这个范围里有许多刺激性欲的人（撩人想做爱）	萨巴泰边界以外较远地区的人群： 人　群 （敌对）　（冷漠或盟友）
C层 与社会相关（见本书"马的神话"）	备忘；（家庭或家）	萨巴泰社会： 神甫（天主教） 教士（纯洁派） 领主与贵族农民	远方社会和（或）压迫性、危险的（或）边缘的社会： ☆法国国王 ☆教皇 ☆帕米埃主教 ☆宗教裁判所 ☆托钵僧修会 ☆杀人犯 各色人等
重复 A层		〔教长〕马　公牛	

我们注意到，狼（AIII）实际上是用来骂托钵僧（CIII）的，狗或狼（AI）则用来骂近亲家庭中的女人。

第二部分　蒙塔尤考古：从举止到神话

所喜欢。里奇认为，骂人的话和贬义词产生于人与周围的自然和动物的若干不同的断裂点上，他这个看法是正确的。不错，家养动物属于与人和家最接近的一类。狗就属这一类。另一类虽比前一类远一些，但与人也最接近，不过也是兽，所以最危险。狼就属这一类。还需指出一点，那就是与现代人相比，蒙塔尤人对狼更加切齿痛恨，就连狼崽子也丝毫不能容忍，而我们现代人却对狼崽子比较客气，比如我们就用"年轻的狼"表示"少壮派"的含义，例如"社会党年轻的狼"、"保卫共和国联盟的年轻的狼"等等[①]。通过对萨巴泰人借用动物骂人或贬人这一现象，可以比较方便地看出人与大自然这个整体内部的重要界限，还可看出人与最接近的动物之间的界限以及家畜与野生动物的界限。

集体的无意识显然具有"语言般的结构"，这种现象实际上表明，在动物、家庭（或非家庭）、社会的看法之间，存在着一系列对等关系。在蒙塔尤农民的心态中，这种对等关系至为明显。蒙塔尤人事实上并不把这些牲畜看成"动物—机器"，他们认为这些牲畜具有某些能力，而这些能力则使它们可以与人进行比较。关于村子里动物的"识别形象"，请参阅雷第夫和本堂神甫梅里埃的富有启发性的著作，这两位作者对于蒙塔尤农民的世界观都很熟悉。[②]

从上面这张表可以看出，上阿列日人眼里并未言明却实际存在的各种对等关系。

[①] 现代人的宽容可以用极简单的原因来解释：法国已没有狼了，所以狼不再是我们的敌人。
[②] 雷第夫，《我父亲的一生》，卷 II，1970 年，第 83 页；本堂神甫梅里埃著作中的卷 III，第 99 页及以下各页：《向农民略微说一下，他们的母牛只不过是些机器……他们会嘲笑你们的》，等等。

第二十章

巫术与灵魂拯救

本章研究乡民的宗教信仰。他们或信奉天主教，或信奉纯洁派，或兼信天主教和纯洁派。一种广为流传的说法认为，农民和村民们宗教信仰的主要特征是笃信巫术、异端色彩和一套祈求免灾消难和土地丰产的巫术仪式。这套仪式旨在治病和丰收[①]。事实上，与来世无关的祈求丰收或防病消灾的宗教仪式虽时有所见，但萨巴泰居民很少举行。其原因是否因为他们的文化是以家为中心，而不是以赖以为生的土地为中心呢？是否因为他们的宗教所关注的重点是为去往来世架桥，而不是现世的幸福呢？还是暂且不谈原因，先看看实际情况究竟如何吧。在阿克斯、普拉德和塔拉斯孔周围地区，人们心目中的上帝是耶和华，而不是巴力。耶

[①] 让·德侣牟的著作，1971年，第240—250页等若干处；又见托马斯所著一书中的"中世纪教会的巫术"一节，1971年；莱德费尔德和维拉·罗加斯的著作，1972年；杜邦为勒高夫的著作第2卷所写部分；诺拉：《历史研究》，巴黎，伽利玛出版社，1974年。杜邦在《法兰西》（七星社版）中不同意把农民宗教说得过于"巫术化"。

第二部分　蒙塔尤考古：从举止到神话

和华是掌管拯救灵魂进入"天堂"的最高权威，他的重要性大于掌管降雨、制止暴风雨和斑疹伤寒的埃德。乡民们纵然举行祈求上帝赐福于土地的祈祷仪式①，也总是极为谨慎。

当然，在与聚集在圣-让教堂附近广场上的人聊天时，一个贝德亚克村民也会把庄稼丰收在望说成是上帝的恩赐："今年前些日子，小麦不露头，我们担心小麦要绝收；亏得无所不能的上帝，小麦长势突然好起来，看来今年小麦收成坏不了……"②可是，这种想法只是说说而已，人们并不为祈求丰收而专门举行仪式向上帝祷告，他们只是任凭天时和神的安排。在农事方面，人们更多的是听天由命，而不是主动向上帝祈求。

事实上，若说蒙塔尤人中有某些祈求土地丰产的活动，主要不是宗教仪式，而是向巫师甚至向档次很低的巫师问卜。泰鲁埃尔地区的一个巫师告诉纪耶迈特·莫里说："你养的鸡鸭今年要出大毛病，因为一个妒忌你这个养鸡鸭大户的人使了坏……不过，明年会很好。"这位泰鲁埃尔人说完之后，就合上了那本写着这些事的阿拉伯文的书③……住在外乡的蒙塔尤男男女女认为，手抄本

---

① 为获得丰收，中世纪（以及此后）常在田间举行祈求丰收的游行，参见莫拉，C. D. U.，1962 年，第 86 页。又见贝尔蒙，第 88 页（他使用了凡·热奈普的资料）。由于在奥克西坦尼（理论上），祈求丰收的游行是一种必须举行的节日活动，所以不去参加的萨巴泰－蒙塔尤人尤其多。（参见埃弗尔《主教会议史》中 1229 年图卢兹主教会议教规，第 2 卷，第 1500 页。）

② III. 51（贝代亚克在上阿列日）。又见 II. 362（阿斯库一个农民的类似说法）。又见 I. 283; III. 51, 347 等若干处关于谁使"土地开花结穗"的争论，是上帝、大自然还是魔鬼？这种争论纯洁派的色彩比天主教的色彩浓。

③ II. 39, 40, 41。据说一件神秘文书（阿拉伯文）被成功地认读，萨巴泰地区的居民（包括少量识字的精英在内）并不知道这件文书。此事助长了神圣化，应视为正常。

第二十章 巫术与灵魂拯救

伊斯兰经文里记载着使畜禽兴旺的神谕。可是,他们之所以这样做,恰恰因为伊斯兰教不是他们自己的宗教信仰。他们不会对奥克西坦尼的天主教做同样的事,因为天主教在他们看来是神圣的源泉。他们无论是基督教徒还是纯洁派信徒,都不认为自己信仰的宗教会给他们带来耕地或草场的丰产。在蒙塔尤人对掌管土地的圣母崇拜中,对于土地丰产的期望只占边缘的、次要的、甚至无意识的地位[①]。

有人常常把昔日的乡民想象成满脑袋实用主义基督教思想的原始人或半开化人。其实远非如此。纪耶迈特·莫里至少能分清巫术和神圣的宗教,在蒙塔尤人中,她这样的人绝非独一无二。贝阿特里斯·德·普拉尼索尔也是这样,为了打赢官司、给女儿找女婿或治疗癫痫,她会求助于巫术,但是,她把自己认为纯属宗教的对于圣母的虔诚(尽管产后也到教堂去接受祝福)与纯属巫术的把戏(从巫婆或受过洗礼的犹太人那里学来的)分得很清楚。

当然,宗教远非与巫术全然分离,一个神甫远比一个在俗教徒更容易使一个女人入魔,让她看上他[②]。受过洗礼的男人不会淹死或被狼吃掉。阿尔比教派的善人能使土地丰产。圣安东和圣马蒂亚尔能让人得一种疼得火烧一样的皮肤病(他们也能治愈这种病?)(III. 234)。圣保罗既让人得癫痫病,也能治愈这种病……尽

[①] 见下文第二十一章。
[②] 在流传至今的蒙塔尤民间传说(1974年口头调查)中,有关本堂神甫会巫术的记忆占有很大分量,比如本堂神甫具有不受厄运折磨的能力,他扔出一把刀就能驱赶雹子,把雹子轰到离村子很远的一个地方去,这个地方被滑稽地叫作"空无平地"。

第二部分　蒙塔尤考古：从举止到神话

管在这方面，巫术与宗教有时彼此交错，但是萨巴泰人并不因此而把这些圣人与村子里不可缺少的治病人相混，例如，埃荣地区普拉德的娜菲利亚所起的作用，就不会与在更高层次上起作用的宗教混为一谈；再说，娜菲利亚不是能治百病的人，她只能治眼疾[①]；她既非靠宗教治病，也不是大山里为数极少的真正的医生和药剂师。这就是说，治病既是教会的事、医生和药剂师的事，也是巫术和民间偏方的事。圣女贞德是个虔诚的信徒，但是她并不因此而对盛行于她的村子里和省里的下层民众中的迷信思想不抱怀疑态度，尽管有人说，乡民们所信奉的宗教，其中心内容是迷信，但是这并不影响圣女贞德怀疑迷信思想依然是合乎逻辑的[②]。有人说，圣女贞德是与众不同的精英人物……可是，蒙塔尤的牧人皮埃尔·莫里虽然无缘载入史册，他的想法却与圣女贞德一样。他不相信"老婆子们的信口胡说"，在他看来，这些信口胡说与宗教风马牛不相及，大概仅仅与不吉祥的鸟之类差不多。可是，这位对迷信抱极端怀疑态度的牧人，却非常关注与神有关的事，始终关心自己的灵魂将来是否能够得到拯救。当然，体现在他身上的集体无意识与始终默默地存在于下层民众中的土地和圣母马利亚的神圣观念有关[③]。可是，毫无疑问，强有力的自觉意识却是向往拯救和天堂的。

*　　*　　*

拯救灵魂是实实在在的大事（但并非唯一的大事）。始终萦绕

[①] I. 337。同样，村子里想害死人的人和想不生孩子的人使用的也是草或化学物品（是否有效，这里不谈）而不是念咒（II. 56, 57《毒药》；又见上文第十章）。
[②] 托马斯的著作，1971年。
[③] 见本书第二十一章。

第二十章 巫术与灵魂拯救

在蒙塔尤人脑际的灵魂能否得到拯救问题，比解决一些具体问题的迷信和巫术重要得多；这个由各种互不相容的宗教通过经书宣扬的问题[1]，最为蒙塔尤人所关心，为了使灵魂得到拯救，他们便接受各种教义，有些人忠于萨巴泰传统的罗马天主教，有些人则认为天主教不能解决这个问题，于是转而在一段时间里信奉纯洁派。这就是说，方向虽不同，最为关心的却是同一问题。

在蒙塔尤和在萨巴泰一样，十余件文字资料都指出，"渴望得到拯救"[2]这个问题存在于人们作出宗教选择之前。在我们看来，阿克斯累太姆的贝尔纳·龚贝尔可以代表作出纯洁派选择的人，他在火边与表姐妹贝尔纳戴特聊天时提到了这个问题（II. 32）。他说："善人是为上帝代言的人……他们能拯救灵魂。死前加入他们教派的人不论做过什么坏事，都能立即进入天堂。纯洁派能宽恕人们作的孽……本堂神甫就不能宽恕。只有纯洁派能宽恕。"龚贝尔算得上是半个阿克斯累太姆市民，已经脱掉了乡气，多少有点像城里人了，他对拯救的关心仅仅代表这类人的想法吗？……不！在地处山区的那个佩戴黄十字标志的村子里，村民们的想法也是这样。贝阿特里斯·德·普拉尼索尔对她的情夫说："蒙塔尤的一个女人得了重病，她让孩子们替她做件事：

'去把善人找来，让他拯救我的灵魂。'

孩子们回答说：'我们要是去找纯洁派教士，家产就全完了。'（由于宗教裁判所）

母亲说：'你们情愿保住家产，不让我的灵魂得到拯救！'"

---

[1] 参见古迪的著作（见下文参考书目）。
[2] 此处引用的是勒费弗尔的说法。

第二部分　蒙塔尤考古：从举止到神话

(I.254)

在天堂里得到拯救，就意味着现世的罪恶得到宽恕，在这一点上，天主教的神职人员和纯洁派教士之间的竞争非常激烈。纯洁派教士在他们的对手本堂神甫活动的地方，想方设法让大家相信，他们能抹去过去犯下的过错，而且这是符合圣徒的传统的。纯洁派教长纪尧姆·奥蒂埃对阿克斯累太姆那个一贯说话不算数的雷蒙·维西埃尔说："我们跟圣徒彼得和保罗一样，能使任何人的罪恶都得到宽恕。天主教就不行，天主教淫秽龌龊，所以办不到。"(I.282—283)

牧人莫里家几兄弟在他们的谈话中，充分体现出倾向纯洁派的蒙塔尤人这种反忏悔的拯救观念。让·莫里和皮埃尔·莫里都不是单一宗教的信徒，他们程度不同地有时信天主教，有时信阿尔比派。他们坚信灵魂需要拯救，他们对这个问题多次表示关注①。皮埃尔·莫里谈起这件事来更是没完没了。说起他花了高价为朋友贝利巴斯特买的一双又好又结实的鞋子时，他谈到了拯救问题。阿尔诺·西克尔接着他的话头说：

"贝利巴斯特在作坊里干活，哪儿也不去，穿什么鞋都行；你，皮埃尔，树林子，草场，你哪儿都去。"

听了这话，皮埃尔说了一大段关于灵魂——自己的灵魂和贝利巴斯特的灵魂的话。他说，"要建一座塔，要紧的不是塔身（终究会死的肉身），而是先得打好地基（永恒的灵魂）。所以，我给13个善人送过鞋、长袍、袜子和外套……其中有几位已经到了圣父面前，并且为我祈祷……贝利巴斯特死后，灵魂肯定能得救，

---

① 关于让·莫里，参见 II.463 和 II.482—483。

第二十章 巫术与灵魂拯救

在天使的扶持下升上天去……"接着,他换了话题,但依然不离萦绕在他心头的拯救问题,谈到如何洗刷罪过:"向神甫忏悔一点用处也没有,他们玩女人,他们还想把我们吃掉,就跟狼吃羊一样……最好的办法是临死之前加入贝利巴斯特的那个教派,就像他那样……罪过都会得到宽恕,死后三天灵魂就能升到天上,见到圣父。"①

莫里的谈话记录里所涉及的,其实只不过是灵魂拯救问题,其中包括圣人的灵魂和普通牧人的灵魂,圣人的灵魂无论如何总会升天的;至于普通牧人的灵魂能否得到拯救,这便是测试纯洁派和天主教各有多大能耐的一把尺子,天主教被认为在这方面处于劣势。能否升入天堂决定着宗教选择。一位牧人有一天对他的朋友说:"任何宗教都比不上被人叫作异端的那个教派,信了异端,拯救就没问题了。"因此,大家都来皈依纯洁派吧。

其实问题不难解决,因为小兄弟会的教士们在北部地区说过,对于解决拯救问题,忏悔比慰藉更有效,此话若是当真,信奉天主教岂不也挺好。

在蒙塔尤,本地天主教或其残余势力对拯救表现出极大热情,与村里的纯洁派相比毫不逊色。比如信奉天主教多年的雷蒙德·吉乌在给芒加德·克莱格捉虱子时,向她"重提"拯救问题。雷蒙德一边把虱子一只只捏死,一边咄咄逼人地问信奉阿尔比教派的芒加德:

---

① II. 33—39。我要指出,皮埃尔·莫里对自己今世的命运抱宿命论观点,但是他坚信别人的祈祷有助于他的灵魂在另一个世界得到拯救,特别适合灵魂已经得到拯救的那些人的祈祷。

第二部分　蒙塔尤考古：从举止到神话

"纯洁派教士怎么样？"（II. 224）

芒加德振振有词地回答道："他们都是有福气的圣人，只有信他们的教，才能得到拯救……"

雷蒙德被戳到了痛处，因为对于她来说，罗马天主教才意味着拯救，于是她又说："怎么会是这样呢？本堂神甫言善心慈，掌握着基督的身体，信他们不是比信善人更能得到拯救吗？……"

还可以举出另一些实例来说明这种思想状态[①]。应该说，在倾向正统天主教的民众中间，关于灵魂拯救的观念大体上是用本地的说法来表述的。皮埃尔·萨巴蒂埃是南部地区瓦里尔村的一个乡村织工，这个村子信奉罗马天主教，他虽不很坚定，但还是信奉罗马天主教，他曾在1318年说过这样的话："大约二十年前，我跟瓦里尔村的贝尔纳·马萨纳聊天（后来他成了我的小舅子，我教他学会了织布这门手艺，现在他已经死了），他问我：

'为什么要把点着的蜡烛举在死人和快要死的人的嘴上边？'

我说：'这根蜡烛表示，临死的人已经做了忏悔，悔恨自己的过失，所以他们的灵魂跟阳光一样，是光明的，既然是光明的，就可以到圣地去。不过，临死的人如果没有做过忏悔，不悔恨自己的过失，蜡烛还是要点的，只是不放在嘴里，而是放在屁股眼里。'"（I. 147）

依据罗马天主教的信仰，对临死者的宽恕和他们的赎罪，与最初的一件事有密切关系，那就是上帝的儿子热衷于赎救。雷蒙

[①] 参见 III. 168, 169 有关雷蒙德·贝洛的记述。雷蒙德·贝洛是阿尔诺·利齐耶的遗孀，深受正宗天主教的熏陶，纪耶迈特·贝内特（贝内）向她讲述某人如何拯救别人的灵魂时，她全神贯注地听得津津有味。这个细节可以说明蒙塔尤的天主教徒对在"灵魂拯救"问题上的思想状态。

第二十章 巫术与灵魂拯救

德·泰斯塔尼埃尔是蒙塔尤村民,给人当女佣,被人叫作维萨纳;名叫阿尔诺·维塔尔的鞋匠信奉纯洁派,他恳切(简直太恳切)地向雷蒙德提了一个属于个人内心的问题:

"你信奉什么教?"

雷蒙德回答道:"我相信上帝和他的母亲圣母马利亚。上帝为了赎救我们,忍受了苦难和死亡。"①

这表明,雷蒙德相信赎救者具有拯救他人的优秀品德(雷蒙德并未说明究竟谁是赎救者,她只是笼统地称之为上帝)。雷蒙德的这个信念是从她母亲那里得来的。她的老母亲叫她不要相信善人,因为他们不能使灵魂得到拯救②。老婆子直截了当地说:"孩子,别相信他们,身上长肉,下面拉屎的人拯救不了灵魂,只有上帝和圣母马利亚才有这个本事。"

维萨纳的母亲显然夸大了圣母马利亚的本事,而且厌恶粪便;现在让我们谈一谈她的看法。这位老婆子的话虽然有些笼统,但是她认定上帝是灵魂的救赎者这一点却十分明确。雅克·富尼埃宗教裁判记录簿中有十处更笼统地表明,蒙塔尤-萨巴泰的基督教虽然教义比较粗陋,但却是以拯救、赎罪和宽恕等观念为中心的,这意味着"笃信饶恕"。从 11 世纪到 15 世纪,这种观念一直是西方宗教的特征③。在我们述及的这个地区出现疏远天主教神职人员

---

① I. 457。又见另一个非常相似的文件(甚至把基督和圣父上帝搅混了),此件见于本书的结论部分,见下文第二十八章。

② I. 461。关于这段文字和 I. 147("蜡烛放在屁股眼里"见上文),应该说明的是,肛门和粪便都与拯救升天明显对立。粪便犹如魔鬼,应该扔进深坑,见 III. 163;(又见 II. 386)。魔鬼常常光顾深坑,把鬼魂推入深坑(I. 447;又见 II. 68)。

③ 德拉鲁埃尔,收入勒高夫《异端与社会》,1968 年,第 152 页。

第二部分 蒙塔尤考古：从举止到神话

而亲近纯洁派教士这种情况，原因在于人们经过观念转变之后，"在神甫为请求宽恕而举行的祝福仪式中（过去和在其他地方）获得了信心，举行这种仪式或是为了圣事意义上的宽恕，或是因死者在某些条件下得到宽容而为他做追思祷告，既已得到宽容，就不必为此进行朝觐请求罗马天主教的宽恕了。"[1]

如同在其他地方一样，对于蒙塔尤人来说，这种千变万化的宽恕至少等于是得到拯救的钥匙，甚至也是进入乡民们无人不晓的天堂的钥匙。萨巴泰地区的奥尔诺拉克的农妇阿拉扎依·穆尼埃抹着眼泪说："我的孩子在我家着火时烧死了，我在天堂里定能找到他们的灵魂。"（I. 203）

* * *

为（在彼岸）得到拯救以及为（今世的）过错能得到宽恕和赎救而举行的种种活动，其中心是赎救者基督的形象。信徒与耶稣的关系无论具有某种意义或完全没有意义，都以狂热的祷告为基础。对于想要懂得一个社会学意义上的村社（例如蒙塔尤）的宗教感情的性质和强度的人来说，这种关系无论是否存在，在任何情况下都是带有根本性的。研究基督教宗教感情的历史学家们都强调指出，上帝儿子的形象在整个中世纪逐渐为人们所重视。乔治·杜比指出[2]，罗马时代的基督是再次降临人间的英雄，他写道："这是满载荣誉在最后一天重返人间为生者和死者评说功过是非的耶稣。到了13世纪，耶稣的形象变得更具学者风范。圣弗朗西斯和圣克莱尔在阿西西传道时所强调的，已经是耶稣受难了，

---

[1] 德拉鲁埃尔，收入勒高夫《异端与社会》，第152页。
[2] 杜比，《新人文主义的基础》，第108页。

第二十章 巫术与灵魂拯救

关于受苦的说教始终贯穿在14世纪和15世纪的传教活动中。在这个时期中,救世主头上的王冠也被刺冠所取代。"[1]阿尔封斯·迪普隆写道:"从11世纪到14世纪,上帝的形象从伸张正义的英雄变成了受苦受难的基督,天主教成了一种受苦的宗教……,其中心则是耶稣和他的母亲。"[2]德拉鲁埃尔则认为,以耶稣为中心的信仰既是一贯的,又有变化……,他写道:"上帝的形象从罗马战胜者变成了钉在十字架上的满腹哀怨的哥特人;从光辉灿烂的上帝儿子变成了忍受着屈辱和苦难的人的儿子……"在德拉鲁埃尔看来,这种演变的原因在于这种宗教信仰的特点,即"它以人为中心,对拯救灵魂的关注(无论对拯救作何想象)甚于对上帝的赞美。"这些看法与我们前面(在较小的研究范围内)对萨巴泰人的拯救观念所作的分析,基本上是一致的。

可是问题恰恰在这里:在1300—1320年间,富瓦、萨巴泰和蒙塔尤这些地方的人知道那些与上帝儿子的形象有关的新的观念吗?

第一点:在这个时期,"上帝受难的基督教"在富瓦伯爵领地已经广为人知,而且也许已经传到蒙塔尤山区,至少已经传到北

---

[1] 许多历史学家审视了这种变化。参见德拉鲁埃尔的文章,收入勒高夫编的著作,第150页;杜比:《新人文主义基础》,第108、115页;施努勒的著作,卷 II,第745页,卷 III(关于基督—鹈鹕);弗里施和马丹:《教会史》,卷 IX,第356页,卷 X,第190页(圣弗朗索瓦及基督受苦)和第399页;卷 XIV—2,第614、755页(十字架道路)和第777页;莫拉,C.D.U.1962年,影印本,I,第40、66、67、71、73页;拉普的著作,第6、40、66、67、71、73、145—149、301页;舍里尼的著作,第224、262、317—318、468—470页;迪普隆:《法国和法国人》,第461、494页;拉特莱尔,第132、136、137页。从15世纪起,蒙塔尤堂区的教堂里就有一个木制基督像,头戴刺冠,惨兮兮地竖在祭坛上。

[2] 迪普隆,《法国……》,第494页。

第二部分 蒙塔尤考古：从举止到神话

部地区的边缘，这点可以肯定。

梅尔维埃尔（今阿列日）几乎与拉巴尔山口同处一个地区，拉巴尔山口则将萨巴泰和富瓦伯爵领地分隔为两个地区；梅尔维埃尔有一个有钱的女村民奥德·富雷，每当神甫在祭坛上高举圣餐面饼时，她总是无法向耶稣祈祷，甚至连看一眼都做不到。奥德·富雷于是向她的姨妈埃尔芒加德·加洛蒂（也是当地人）诉说自己的苦恼：

"姨妈，你是怎么向上帝祷告的，神甫高举耶稣圣体时，你念什么祷词？"

埃尔芒加德回答道："这时候我念的祷词是（她用奥克语说）：主啊，真正的上帝，真正的人，万能的主啊，你从没有丝毫过失的圣母马利亚身上生了出来，在真正的十字架上受尽苦难后死去，你的双手和双脚被钉在十字架上，头上戴着刺，肋上扎着长矛，鲜血和水直流，你就这样赎了罪；请你把从你身上流出来的水给我一滴，把我心里的所有污秽和罪过洗尽……（以下是用拉丁文说的）真理的上帝啊，你赎救我了。"（II. 87）

讲究实际，求助于承受苦难和对马利亚的崇敬[1]，用鲜血赎罪，所有这一切都已经体现在心灵受着自己的罪过重压的奥克西坦尼人的这段祷词中了，对于普通人和乡民们来说，念这类祷词并不困难。埃尔芒加德·加洛蒂并未掩饰她的心计，她热爱耶稣是因为耶稣流着血。是不是受到了方济各修会的影响？很可能。

---

[1] 这类手段在中世纪末期屡见不鲜。参见乔治·夏斯特兰:《死亡的镜子》(LXII, 接近I—2处)；稍晚于本书述及时期的关于欧斯塔什·戴尚（1346—1406年）渎神言论的叙事诗。（以上两条资料最初系马蒂诺向我提供。）

第二十章 巫术与灵魂拯救

在蒙塔尤也是这样,维萨纳·泰斯塔尼埃尔这个出身卑微、只从母亲那里受到教育的女人,虽然对于"上帝"受难的了解更加粗浅,却对宗教信仰持有同样的信念,这种信念来自在萨巴泰得到普及的民间信仰的新形式。加洛蒂在既是传统又是革新的信仰方面堪称先驱,她既崇敬具有方济各修会所宣扬的受苦受难新面貌的耶稣,同时也崇敬当时和以前或者说罗马天主教所崇敬的威严的上帝。每天早上一下床,埃尔芒加德就用奥克语向万能的上帝念一段短短的祷词(与她让奥德·富雷学的那段不同)。埃尔芒加德·加洛蒂心中的上帝显然兼容着拥有强大实力的过去和受苦受难的现今[①]。

不过,我们不应产生错觉。埃尔芒加德这位时时不忘祷告的虔诚的女人,在富瓦伯爵领地里的农民群众中只代表先驱中的先驱。从外表看,宗教仪礼的繁简体现在以下这些方面:在餐桌上、在食物前、在床上、进食前、睡觉前都划十字,念天主经、圣母经和"其他经",在教堂里双膝跪地,领圣体,守斋禁食;最虔诚的信徒不但在斋期禁食,在某些圣徒瞻礼的前夕和四季更迭的前一天也守斋禁食[②]。

在我看来,在一般村民和宗教信仰相对滞后的群众中,瓦里尔的乡村织工皮埃尔·萨巴蒂埃算得上是个典型人物。他的全部宗教观念和宗教实践,局限于罗马天主教一些最浅显的教义和若干非常表面化的仪礼,他为此花费很大精力,而且非常认真。皮

[①] 出处同上。阿尔诺·西克尔是半个城里人,比较开化,对十字架上的基督的崇敬在他身上也可见到(II. 37)。

[②] III. 57(相反……)。

第二部分 蒙塔尤考古：从举止到神话

埃尔·萨巴蒂埃相信，死前以悔恨的心情作忏悔有助于灵魂得到拯救，这也是当时富瓦地区的所有宗教信仰一致的基本观点。当然，皮埃尔也有犯浑的时候，比如有一天他喝醉了，他竟然一脸正经地说，弥撒中唱的和念的那些东西全是"蠢话"。（不过，后来他辩解说，那天教堂里跳的是民间舞。）

皮埃尔·萨巴蒂埃曾手按着心口说，尽管他指责过神甫，说他们只是为了得到供品才做弥撒，但是，"他还是认为，教堂的圣事和宗教的信条都是真的。"（他显然对这些都不甚了了。）他的这番话，我们还是应该相信的。

皮埃尔·萨巴蒂埃最终想证明，他的宗教实践与一般"理想型"的基督教徒……或者与老百姓心目中的典型的基督教徒没有什么差别。他说："我是一个好基督教徒，笃信天主教；我缴什一税和其他各种税，我给穷人施舍，我去朝圣，去年我和老婆一起去蒙塞拉朝拜了圣母，今年又同她一起去了圣-雅克-德-贡包斯泰尔。"[①]

与圣女贞德相比，皮埃尔·萨巴蒂埃的虔诚程度相去甚远，他对于一个文化上和个人行为上的好教徒的理解，主要是人人看得见的那些行动，其中最要紧的是做好事（上供、缴什一税、朝圣等等）。加洛蒂的那种狂热祈祷，时时想着耶稣受难等等，对他来说不但是达不到的理想，甚至根本不知道[②]。

---

① I. 145。位于伊比利亚的这些朝圣地都处于撒拉逊人不曾占领或占领时间不长的地区边缘，也就是说，它们是天主教传播的边界；这一点为西班牙的加泰罗尼亚（加利西亚）对蒙塔尤的文化和经济的重要影响，提供了新的线索。
② 请比较杜比《贞德诉讼案》第29页和舍里尼《中世纪西方宗教史》第455页。关于此前（12—13世纪）的民间宗教实践，参见弗里什的著作，第9卷，第353—354页（宣道、忏悔、非经常性的宗教集会、参加弥撒、蜡烛的使用，去圣雅克、夏尔特尔、勒皮等地朝拜）。

第二十章 巫术与灵魂拯救

现在的问题是,在蒙塔尤和萨巴泰,究竟是加洛蒂的模式还是萨巴蒂埃的模式呢?大概两种都不是……但离一种近些,离另一种远些……离做好事近些(做得并不起劲),离祈祷远些(经念得更不起劲)。在蒙塔尤和萨巴泰的那些有时或始终信奉罗马天主教的农民中间,如果相信上帝的儿子和他的受难,有时甚至只要公开说明自己的想法就足够了,而这种想法还不一定对(参见前面谈到的雷蒙德·泰斯塔尼埃尔)。信奉上帝的儿子不表现为像老婆子加洛蒂那样没完没了地向耶稣祈祷。在这个佩戴黄十字架的村子里,农民们念给上帝听的经(我在这里暂且不谈对于圣母马利亚的崇敬,也就是说,暂且不谈圣母经),主要是圣父经。这种经往往就是他们的全部宗教知识和宗教实践[①]。可是,这种经的对象既然是圣父,自然与基督没有关系。

很大程度上已由圣子取代的三位一体的信经,由萨巴泰的住持教士在教堂里宣讲(于纳克的副本堂神甫阿米埃尔·德·里欧说:"星期日做弥撒时,我用当地语言逐条宣讲信经。")(Ⅲ.9)。但是,农民和牧民看来并不因此而熟悉这部概括了基督教教义的信经。既熟悉信经,又熟悉天主经、圣母经和圣经中七个诗篇的,只有阿尔诺·德·萨维尼昂一人,他是塔拉斯孔-苏-阿列日的石

[①] 有一点看来可以肯定,比较简单的祈祷,农民们是单个做的,该做祷告的时候,教堂的钟就敲响了。蒙塔尤的牧人纪尧姆·莫尔说:"教堂的钟真不错,它催人做祷告。"(Ⅱ.178)资料证实,蒙塔尤早在1300—1320年间就有钟了,这比南部地区的其他地方要早,那里的某些村子直到15世纪下半叶才有钟(弗里什,14—2,第732页)。在蒙塔尤和萨巴泰乡间,每逢举圣体(Ⅲ.160)和下葬(上文第十五章等:纪尧姆·贝洛),都敲钟;可能在另外一些时刻也敲钟。对于那些放肆的异端分子来说,敲钟就像吹放羊号角。贝利巴斯特听到钟声时说:"又吹起来了。"(Ⅲ.235)

匠，很有教养，甚至有些异端倾向（I.164）。

许多资料不容置疑地表明，蒙塔尤人知道圣父经，大概还知道这部经的拉丁文本，至少听说过；但仅此而已。本堂神甫在听取农民的忏悔时，让他们背诵圣父经作为惩罚，而对较有文化的城里人，则要求他们背诵天主经、圣母经和圣经诗篇中的第五十篇"上帝怜我"（II.111；III.36）。

小村子里的小文化人，略懂一点拉丁文，他们也许知道天主经的意义，那么其余人呢？对于蒙塔尤和萨巴泰的普通群众来说，天主经就是神甫在教堂里念的一种祷告，适用于各种不同教派，其中包括真正的罗马天主教徒、异端的同情者、纯洁派信徒和纯洁派教士。罗马天主教的普通信徒念圣父经吗？大概很多人是念的（参见刚才列举的忏悔之后受罚念经的例子）。念这种经的人由此可以作为"祈祷者"与基督建立联系。但念经时只是重复经文，并不默祷经的内容。

请不要忘记，托钵僧在萨巴泰的影响远远小于北部地区。在南部富瓦地区的真正天主教信徒中，很少有人有频繁而虔诚地进行祈祷的习惯。这种习惯在这个地区的只信纯洁派的教徒中比较多见，有这种习惯的人主要而且仅仅是纯洁派教长。贝利巴斯特一夜起来六次，只穿裤衩做简短的祷告；若是住在拥挤的小旅店里，同床而卧的人就会让他睡床边，免得在他半夜起床做祷告时被他吵醒。至于那些旅伴，他们根本不会跟他学，所以，贝利巴斯特这种虔诚的习惯丝毫不具传染性，而他也从不要求他的信徒以他为榜样。恰恰相反，他竟然劝他们不要祷告！因为他们在生活中养就了一张脏嘴，会玷污圣父经。皮埃尔·莫里说得很明白："除了走上了真理之路的纯洁派教士，谁也不该念圣父经。我们这

种人若是念圣父经,那就犯了大罪,因为我们没有走上真理之路,我们有时吃肉,和女人睡觉。"(II.37)

因此,贝利巴斯特垄断了念圣父经的权利[1],犹如现代国家垄断盐和烟草的专卖权一样。在正经的天主教广泛传播之前,萨巴泰的农民们几乎没有做虔诚和注入感情的长祷告的习惯。何况他们只不过是阿尔比派的普通信徒,贝利巴斯特的说法就显得更有道理了。于是,以做一个纯洁派的好信徒为由,他们被要求什么祷告也不要做,这种理由使大多数信徒成了傻瓜,少数几个人成了天使[2]。

* * *

然而,蒙塔尤人并非与基督毫无联系,只是很少以直接的方式,也就是说通过完整意义上的祷告与基督进行联系,而是更多地以间接的方式,即通过彼此交换和承认日常熟悉的手势来进行联系,这种手势当然就是划十字。比如,纪尧姆·莫里(皮埃尔的哥哥)与他全家一样,好歹是个纯洁派信徒,他身上一点正统天主教的气味都找不到。可是,他竟然想要检举一件大事,告发本堂神甫克莱格,说这位本堂神甫用谷物向纯洁派教士付了一笔年金……为了支持这桩恶毒(真实)的控告,1308年8月15日,他在被关押的蒙塔尤古堡里,当着本村其他人的面,"划着十字发誓"(II.173)。蒙塔尤的牧人莫尔兄弟不总是百分之百的天主教徒,可是他们也不忘吃饭之前在饭菜上方划十字。[3] 皮埃尔·莫里长

---

[1] 关于贝利巴斯特如何依据正统纯洁派教义再度崇敬圣父,参见 II.53。
[2] 关于天主经,参见 II.13, 27, 33, 37, 123; II.502, 504; III.107。关于贝利巴斯特念的经,参见 II.33, 37; III.196。
[3] II.181。较高的社会阶层中其他人,在进餐和就寝之前划十字(III.57),不这样做会被人怀疑。

第二部分　蒙塔尤考古：从举止到神话

期信奉异端，可是，他保持着划十字的习惯，而且划得十分完整，也就是说，不但用手划，还用嘴念（"以圣父和圣子的名义……"）。这位好心的牧人连进教堂时也边走边划十字，惹得皮埃尔·奥蒂埃看了实在别扭，于是劝他改用一个表面上像是划十字的其他动作："皮埃尔，到了夏天，你可以（作为划十字的借口）用手赶你脸上的苍蝇，这样你还可以说，瞧，额头有苍蝇，胡子上有苍蝇，这只耳朵上有苍蝇，那只耳朵上有苍蝇。"[1]蒙塔尤信奉纯洁派的鞋匠阿尔诺·维塔尔看到当地有些人虽然不怎么信天主教，却也在十字架面前恭恭敬敬，于是不得不站出来表示不满，他对维萨纳·泰斯塔尼埃尔说："十字架什么用也没有，这是倒霉的东西。"可是，泰斯塔尼埃尔并没有全听他的话（Ⅰ.457）。贝利巴斯特看到乡里零零散散地竖着一些木制十字架就生气。(他说："我迟早要用斧子把这些十字架砍掉，拿回家去烧饭[2]。") 黄布做成的单十字或双十字的作用是提醒那些受到异端蛊惑，但名字还没有公布在墙上的蒙塔尤人，什么是应该信奉的宗教。雅克·富尼埃宗教裁判记录簿[3]中总共记录了48个人受罚公布在墙上的名字，另外25个人情节较轻，只戴黄十字（其中的17人曾被拘禁，释放后作为减刑戴上了黄十字）。笔者作过统计，蒙塔尤有7个戴黄十字的男女，只是因为不怕受人嘲弄和欺负，才没有被关押。戴黄十字就如后来戴黄星一样，对于戴的人来说，是一种长期的精神折磨，这就逼得他们不得不用各种各样办法来遮盖黄十字。塔拉斯孔的异端

---

[1] Ⅱ.284, 422；又见Ⅱ.53。夏天苍蝇自然多。
[2] Ⅱ.53; Ⅱ.410。参见布昂（布昂是一个村子，在今阿列日省）的十字架。
[3] 见迪韦尔努瓦Ⅰ、Ⅱ、Ⅲ整理的《供词目录》，置于各卷末尾。

第二十章　巫术与灵魂拯救

分子石匠德·萨维尼昂说[①]:"每逢节日,我把黄十字公开戴在外套上,其他日子里,特别是干活时,我不戴它,因为我穿长袍或衬衣。干活回来,我又穿上外套,当然也就戴上了黄十字;可是,有时虽然戴着,但把它遮起来。还有些时候,我走在塔拉斯孔街上,却没有戴黄十字,因为我穿着长袍。……"

布十字也好,木十字也好,表示惩罚也好,表示崇敬也好,总之,十字在萨巴泰是精神世界和物质世界的一个组成部分。当然,在这个小地方,海外的十字军,只不过是老百姓聊天时开玩笑嘲弄教会,或者作稀奇古怪的预言时的一个话题[②],但是,无论自觉或被迫,或出于商业需要,向十字架致敬几乎随处可见……,十字架瞻礼日在阿克斯累太姆举行的全地区集市上,这种礼仪最明显,最普遍[③]。

在羊市上也象征性地立着高高的十字架,但通常只是一个空架子,上面并没有受难的耶稣基督。在萨巴泰,只有少数虔诚的信徒在耶稣受难像前面进行默祷,他们受到远在别处的托钵僧的支持。

*　　　　*　　　　*

事实上,被普遍称作上帝的耶稣因圣体而在萨巴泰还有另一种更加合情合理的存在方式。耶稣的称呼很多:"祭坛上的圣事"、"主的身体"、"基督的身体"(蒙塔尤人使用这些称呼的心情不同,

---

[①] II. 440。与上阿列日人相比,西班牙人对黄色十字架不大习惯,所以常常讥讽这种十字架(II. 454)。
[②] 参见 II. 324—325。
[③] II. 477—478。又见 II. 363。关于崇敬十字架的历史,参见勒高夫:《宗教史》,卷2,第842页。

第二部分 蒙塔尤考古：从举止到神话

相信的人怀着崇敬，不相信的人则带有讥讽）[1]，总之，耶稣是堂区教堂里的一个家喻户晓的人物。举扬圣体的时刻，钟声大作，教堂里的人双膝跪地，戴着风帽的头低垂（III. 60, 235）。在有路或没路的乡间，他也是无人不晓的人物；在路上，一位神甫迎面走来，他是为将死的人送临终圣体去的。在西方 13 世纪中战无不胜的圣体崇敬，在这个海拔 1300 米的山区埃荣也几乎取得全胜，这是来自北部地区文明的这种或那种东西不曾做到过的。首次领圣体作为过渡性的仪礼，自然也就不如后来那样重要，在富瓦伯爵领地，青年们早在 18 周岁之前就第一次领圣体。在这方面比蒙塔尤更落后的某些地区，特别是奥德，迟至 18 周岁才第一次领圣体[2]（II. 85）。在萨巴泰，在青壮年时期，每年领一次或数次圣体。住在奥尔诺拉克的加亚尔德·罗斯是个虔诚的告密者，她的一席话清楚地说明了萨巴泰人在这方面的习俗（I. 192）。奥尔诺拉克的教长纪尧姆·奥斯塔兹是个富有的农民，过去放过高利贷，算得上是村里的一个机灵鬼，罗斯谈到此人时说："我住在奥尔诺拉克已经 12 年了，从未见到纪尧姆·奥斯塔兹领圣体！即使生病和过节，他也不领圣体。可是，在这段时间里，别人都领圣体。再说，

---

[1] I. 214, 215, 216。请注意，普通农民谈到圣体中的上帝儿子时，使用"上帝"或"主的身体"这两个词，身为贵族的贝阿特里斯文化教养较高，她使用"基督的身体"这个词。基督和笼统的上帝常常混为一谈，这种情况在萨巴泰农民中间很普遍，我在前面已多次指出。

[2] 阿利耶斯，《旧制度下的儿童和家庭生活》，1973 年版，第 131—133 页。在 17 世纪冉森派时期，第一次领圣体的重要性显然大于此前的若干世纪。雅克·富尼埃宗教裁判记录簿中奥德·富雷的谈话（II. 83）却表明，在本书所研究的时期中，此事在富瓦伯爵领地和朗格多克地区，也绝非一桩无足轻重的小事。

第二十章 巫术与灵魂拯救

他若是领过圣体,我肯定知道。想想看,我常常见他进教堂。别忘了,他的岳母和我是姊妹。"

罗斯对亲家的揭发说得一清二楚[①]。除了那些不墨守成规的人(这种人在蒙塔尤的亲异端分子中很多),萨巴泰人与圣体有两类接触,第一,每年领一次或几次圣体,一年中第一次领圣体当然是在复活节期间(广义上的复活节从圣枝主日延续到耶稣升天节,上阿列日地区广泛庆祝[②]),其他领圣体的日子则在那些非复活节或非严格意义上的复活节的日子里,也就是与基督、圣灵、圣人和死者有联系的那些日子里。就此而言,作为对领圣体狂奥德·富雷的惩罚,让她一年之中在复活节、圣灵降临节、万圣节和圣诞节四次领圣体,应该说是次数最多的了[③]。领圣体当然不是经常性的事。第二,有一种领圣体仪式属于临终类型或恐惧类型,也就是说,是一个人看来快要死时完成的,如果领圣体的是许多人,那大概因为那时发生了瘟疫[④]。蒙塔尤人当中最坚定的亲纯洁

---

① 告发纪尧姆·奥斯塔兹也许是居心叵测的行径。奥尔诺拉克的阿拉扎依·穆尼埃说,她见到纪尧姆"接受主的身体"(I.194)。
② 圣枝主日,I.195; II.311, 313; 从复活节到耶稣升天节的周期,III.7—10,还有III.9;复活节的大蜡烛(II.312)。
③ II.104。请将从(蒙塔尤、萨巴泰或富瓦)等地区领圣体仪礼中可以想见的做法,与13世纪朗格多克教区会议所作的规定作一比较,规定写道:"信徒每年应(在阿尔比教区)领一次圣体,(在阿尔勒省)领两次圣体,一次在复活节,另一次在圣灵降临节。"关于此说,参见弗尔维尔(《方茹手册》,6,1971年,第141页)。此外,1254年阿尔比主教会议规定,信徒一年需三次领圣体,即圣诞节、复活节、圣灵降临节(曼西,卷23,第830及以下各页)。25年前,即反纯洁派的斗争取得胜利的1229年,图卢兹主教会议就已作出过同样的规定(参见埃弗尔,《主教会议史》,1913年,卷5—2,第1498页)。
④ 神甫从一个生病的女人床边经过,这个女人利用这个机会也领了圣体(II.100)。

第二部分 蒙塔尤考古：从举止到神话

派分子，大概是不去领圣体的，他们为此需要与本堂神甫串通（不过，这些死硬分子在村子里只是少数，即使在1300—1307年间，大多数村民都可看作纯洁派的同情分子时，死硬分子也是少数[①]）。况且，异端信徒们在必要时也小心翼翼地举行一种与领圣体相似的仪式，对此并不感到厌恶。正如贝利巴斯特所说，他们并不相信面包里面真有耶稣的圣体："吃一小块点心对谁都没有坏处。"（II. 55）此外，萨巴泰农民中为数不少的那些敢想敢干的人，还有那些被看作误入歧途的人，比如那时的同性恋者，居然可以十来年不过复活节（III. 46）。蒙塔尤的农民在死前进行临终禁食时拒绝领临终圣体，往往是最富戏剧性的场面，他们只要纯洁派教士来为自己拯救灵魂。这时，临死的人就把本不该来的神甫当作魔鬼，甚至当作更糟的泥腿子和乡巴佬，竭力把他从自己和床边轰出屋去（I. 462）。这些表示厌恶的行为和出自纯洁派分子和普通百姓之口的语带讥讽的笑话，矛头所指当然是圣体，他们竟然把圣体贬称"一块萝卜"；其实，这种变态反应和断然拒绝，恰恰更清楚地说明，面包变成圣体这件事在山区的化凡为圣现象中，已经占有相当重要的位置了。这种化凡为圣现象十分粗陋，它经过了来自天主教会及其修会的多次更新改造，其中就有哥特派和方济各派……

萨巴泰的农民西蒙·德·拉比拉既反对教会又反对什一税，他在崇敬基督圣体这个问题上的态度堪称典型。他说，他兴趣十足地等着好戏，看看所有的神职人员，从教皇到本堂神甫，怎样出发参加十字军，撒拉逊人怎样把他们一口吃掉。他等着看教堂

[①] 上文第二章。

第二十章 巫术与灵魂拯救

如何被夷为平地,连地基也不留下,那时他将会欣喜若狂。(雷蒙颇为自己的想法自豪,他接着说道)到了那时,在耕地和荒地上举行的弥撒中,被革出教门、赶出圣殿的农民终于可以获得巨大的幸福,在广阔的田野上见到神圣的主的身体了(II. 311)。这位拒不交纳什一税的乡气十足的农民,他对圣体的崇敬简直是无以复加了。

应该说,鼓吹圣饼的宣传是以当地人的心态作为支撑的,其中包括来自最新的民间习俗中的一些成分。在离萨巴泰不远的梅尔维埃,村民们互相讲述着一些富有启示性的小故事,这些小故事是《金色传说》的作者在数十年前编出来的[①]。埃尔芒加德·加洛蒂对奥德·富雷说:"一个女人做了一个饼子,一个本堂神甫拿去供在祭坛上。这个女人见了大笑,她说:

'我做的饼子好像变成基督的圣体了,真可笑。'

可是本堂神甫依然要用这个饼子领圣体,于是请求上帝显灵,让奇迹出现。果然,本堂神甫把圣体交给那个女人时,那个饼子变成了一个小孩子的手指模样;圣餐杯里的葡萄酒也变成了黏稠的血的模样。那个女人惊呆了,从那以后,她对领圣体就更加虔诚了。"

*　　　　*　　　　*

前面说到的蒙塔尤人对于无处不在的圣体所表现的动摇性,

[①] II. 84。出于篇幅考虑,我压缩了原文。《金色传说》可以看作是 13 世纪末期以来宗教和民间心态的成分和征象,关于它的重要性,参见拉普,第 139 页;舍里尼的著作,第 318 页;杜比的《新人文主义基础》第 107 页;托马斯,1971 年,第 26 页;弗里什,卷十,第 397 页;莫拉,C.D.U. 1962 年,影印本,I,第 46、107 页等若干处。

第二部分 蒙塔尤考古：从举止到神话

大体上也表现在对待弥撒的态度上，在弥撒进行过程中要对基督的圣体祝圣。在这个问题上有必要与1404年在紧挨富瓦伯爵领地的纳尔榜教区进行的调查作一对比[1]。那时纯洁派已彻底消失，纳尔榜人几乎全都参加乡村教堂的周日弥撒（不过也有例外，那就是那些热衷于打乌鸫、野鸡和松鼠的猎人，到了狩猎季节，他们宁可不参加弥撒，也要到林子里去下夹子）。1400年前后参加弥撒的人数之多，堪称这个不再有纯洁派的地区的一大特征。1300—1320年间对抗天主教的蒙塔尤村，是否也出现了类似情况呢？[2]

首先应该说，在萨巴泰，乃至在蒙塔尤，弥撒颇受重视。上阿列日地区有许多人因拒不交纳什一税而被革出教门，这些人被禁止参加弥撒，以儆效尤（II.311）。经过这种清洗，弥撒的身价就提高了，于是参加弥撒成了一种无意识的行为，甚至是一件不得已而为之的事；当然弥撒也是聚会进行社交活动的机会（见上文第十七章）。过去受到过不同惩处的异端分子，在弥撒中接受祭坛和福音书的教导，学习规规矩矩地做人[3]。前来参加弥撒的村民，一个个都是节日打扮，女人穿长袍，男人披外套（II.440; I.338）。

尽管如此，还是有人若无其事地"忘记"去参加弥撒，至少在平常的周日里，时不时地"忘记"几次。贝阿特里斯·德·普拉尼索尔就是一个例子，她是佩戴黄十字标志堂区的一个异端同情分子，常常不去参加弥撒。北部地区对于参加弥撒的规定比蒙塔尤严格得多，这位萨巴泰的美人下山移居到那里后，为受到她

---

[1] 肖梅尔的著作，1957年。
[2] 毫无疑问，地区性的主教会议当然规定必须参加周日的弥撒（曼西，1779年版，卷23，第830页以下各页，关于1254年阿尔比主教会议）。
[3] II.440。又见I.453中有关纪尧姆·福尔部分。

第二十章 巫术与灵魂拯救

的新堂区副本堂神甫的告诫而颇感吃惊,这位副本堂神甫让要她按时到教堂去参加弥撒,守好天主教徒的本分[①]。在萨巴泰地区的于纳克村这样一个重要的村子里,参加周日弥撒的人数有时竟然不超过 50 人,而当地人对此丝毫不觉惊奇,这种情况似乎更能说明对弥撒某种程度的冷漠。[②]

总之,尽管人们在弥撒上机械地向耶稣鞠躬致敬,一次又一次敬献供品,尽管人们对十字尤其是圣体表示一定程度的敬意,但是在萨巴泰,特别是在蒙塔尤,受难的耶稣并非虔诚地崇敬的对象,也没有把他等同于基督。

这种冷漠令人惊异吗?当然不。因为,中世纪黄金时期对基督的虔敬和中世纪晚期对基督狂乱的崇敬,从来都只是精英之所为,尽管人数并不少,尤其在人心惶惶时期,人数更多。笃信基督的精英毕竟在总人口中是少数,而且这些人多半是城里人,而不是乡下人,所以,蒙塔尤等山区的民众过去和以后都不包括在这些笃信基督的精英之中。在这个问题上,我们还可以谈得深入一些:在富瓦伯爵领地的山区,人们既不懂得对基督这位圣人的爱,当然也不存在表示这种爱的具体形式。不过,这方面的"业余爱好者"倒是还有几个。贝特朗·弗朗卡便是其中之一(I.352)。他是萨巴泰的一个农民,但是,与同村的无知乡民相比,他的文化教养高得多。他识字,懂一点拉丁文,思想活跃而大胆,很有

[①] I. 214—215;关于本书述及时期的参加弥撒的一般问题,参见莫拉,C. D. U., 1965 年,影印本,I, 第 65 页;尤需参见曼西前引书,卷 23,第 830 页及以下各页。

[②] III. 9。一件资料(不太清晰)提示,在萨巴泰这种郊区里,大约一半普通村民经常参加周日弥撒(II. 367)。

第二部分 蒙塔尤考古：从举止到神话

灵气。在堂区的教堂里，他也敢当众宣称，爱是各种各样善举的基础；他对同乡们说，真正值得赞扬的是施舍，因为施舍出于爱，而不是出于怕。他接着说，由于害怕即将到来的死而留下遗嘱，把财产馈赠给穷人，去他妈的吧！可是实际上，弗朗卡是以直截了当的暗示，颂扬救世主以其榜样和教诲所宣谕的基督教徒对上帝的爱；他这种人极为罕见[①]。皮埃尔·奥蒂埃与胆大包天的弗朗卡不同，他更鼓励他的那个圈子的成员们互助互爱，要大家一旦进入天堂，就应如同兄弟姊妹、父母子女那样彼此相爱[②]。这就是又一次突现在首位的人们理想中的拯救。

[①] 关于本书述及时期的爱基督及遗嘱安排等一般问题，参见弗里什，卷十三，第137页，卷十四—2，第770页；莫拉，C.D.U.，1965年，影印本，I，第156页。在奥克西坦尼中部地区，某些具有一神教倾向的敢想敢说的人，置基督的受难和爱人的形象于不顾，强调他等同于上帝的一面（II. 243—244）。尽管如此，萨巴泰人对于上帝依然采取了某些亲近的态度，不过，这种态度更多是"彬彬有礼的崇敬"（见下文，第569页）和友善（III. 356），而不是爱。"热爱上帝"这句话倒是在涉及施舍时多次听到，例如，纪耶迈特·莫里和贝阿特里斯·德·普拉尼索尔就用过这句话（I. 233）。具有纯洁派倾向的村民喜欢说自己是"上帝的朋友"（I. 225; III. 356），这既符合上阿列日文化的核心价值观（即友谊，"上帝是好朋友"），也与阿尔贝教派的老教士们使用的一种说法相一致（我们知道，希腊语中的 Theophile 和斯拉夫语中的 Bogomile，都表达"上帝的朋友"这个意思）。

[②] 见下文第二十七章，见本书所附书目。

第二十一章

圣母与圣人

在蒙塔尤和萨巴泰,除了基督之外,圣母也是一个受到普遍崇敬的人物。在整个中世纪的黄金时期,圣贝尔纳、圣多米尼克以及教会人士,都以不同名义在不同程度上提倡对圣母的崇敬,他们满怀热情,和蔼可亲[1]。1254年的阿尔比主教会议,为奥克西坦尼人民着想,进一步扩大了对圣母的崇敬,把圣母经与七岁以上的孩子就应学会的信经和天主经并列为最重要的经文[2]。(研究生育控制的历史学家诺南对于这一点非常肯定,他认为,提高圣母经的地位,旨在端正对纯洁派所非议的生育的认识[3]:"应该为母亲

---

[1] 施努勒的著作,卷II,第523、746页;舍里尼的著作,第292、306、318、346页;莫拉的著作,1962年,C.D.U.,影印本,I,第94—95页;佩鲁瓦的著作,C.D.U.,I,67;弗里施和马丹的著作,卷IX,第330、338页及以下各页,356页,卷X,第398页;拉普的著作,第150页;贾里的著作,收入《法国与法国人》,第461页;图萨尔的著作,第283页。
[2] 曼西的著作,1779年,卷23,第837页。
[3] 诺南的著作,1966年,第193页,1969年,第248页。

第二部分　蒙塔尤考古：从举止到神话

腹中的果实祝福……")

这就是官方的规定。那么，萨巴泰的精英们在思想和实践上对圣母的崇敬实际情况如何呢？更加难以捉摸的蒙塔尤和"小地方"的农民在这方面的实际情况又是如何呢？塔拉斯孔的一个公证人和阿克斯的一位妇人的儿子、鞋匠阿尔诺·西克尔属于镇子里的中产阶层，在这个阶层中，对圣母的崇敬不成问题；对于他们来说，会念圣母经是个人天主教文化中最起码的本事。贝利巴斯特问西克尔：

"你怎么向上帝祈祷？"

西克尔这个告密者回答道：

"我划十字，仰仗上帝，他为了我们死在十字架上；我也仰仗圣母，我还念天主经和圣母经，我在圣母瞻礼前一天守斋。"

贝利巴斯特语带讥讽地说：

"羊儿不会说话，所以咩咩叫……要知道，圣母经没有用，是本堂神甫自己造出来的[①]……你守斋，就跟狼饿肚子一样！"（Ⅱ.37, 54）

贝利巴斯特是个阿尔比派，他说这些不三不四的话，是意料之中的事，可是，这倒也表明，西克尔虽是个令人讨嫌的告密者，同时却是个受过教育的天主教徒，他的崇敬固然有些天真，却是配套齐全，他以划十字和念经的方式，向许多神明表示敬意，诸如圣父、救世主圣子、十字架和圣母。

在蒙塔尤，为数不多的当地贵族和神职人员都崇敬圣母，至

[①]　相反，与阿列日地区的纯洁派不同，帕米埃的奥德人很看重圣母经（Ⅰ.104—105）。

第二十一章 圣母与圣人

少从外表来看是如此。本堂神甫克莱格把母亲葬在教堂的圣母祭坛下面,他在祭坛后面听忏悔。贝阿特里斯·德·普拉尼索尔有时忘记去参加周日弥撒,可是,做产后瞻礼时,她却不忘亲手制作彩色蜡烛,敬献给蒙塔尤的圣母(I.223)。像她这样贵族出身、与山林女神一样地觉得自己与基督之母休戚相关的人,在与她身份相似的那些人中间,并非仅此一人;她所属的贵族圈子里的人,大摆宴席,请亲朋好友一起庆祝圣母升天,宴席完全不具宗教色彩,一个小兄弟还特地赶来唱圣母经(II.123)。

普通老百姓和乡民所属的那些社会阶层又是如何呢?塔拉斯孔的泥瓦匠阿尔诺·萨维尼昂既会念天主经、信经和圣经中的几首诗,同样也会念圣母经。他虽然有些文化,好歹算个城里人,信奉异端,还有个当公证人的堂兄弟,但他确确实实出身于"卑贱的乡下人"。农民会念天主经,至少通过耳闻口传知道一些,对圣母经就不大清楚了,不过,还是有些农民知道圣母经[①]。他们都知道有圣母这位神,而且颇受圣母吸引,这是不成问题的。其中有些人不但常提到圣母,而且还向她祈祷,即使算不得狂热,倒也不能说缺乏热情。蒙塔尤的牧人让·莫里是半个天主教徒,他说:"我常跟我哥哥皮埃尔(迷上了阿尔比派)说,伊利诺伊常念天主经和圣母经。"(II.446)他是从母亲那里学会天主经和圣母经的(可是他的父亲在家里却是异端影响的代表)(II.449)。

一件奇怪的资料让我们认识了一个名叫里克桑德·科尔蒂尔的富瓦妇女,她对圣母的崇信在那个时代和那个环境里,可说已到了无以复加的程度。她的父亲是怀西村人,母亲是阿斯库人;

[①] 请与 II.111 和 III.36 进行比较。

第二部分　蒙塔尤考古：从举止到神话

她说："16年前的一个节日，我到阿克西亚教堂去，跪在圣母祭坛前面，向她祈祷。阿米埃尔·奥蒂埃的老婆纪耶迈特（现在已经去世了）就在我身边，听到我在念经，她就对我说：

'别向玛利亚祈祷，还是向圣父祈祷好。'

但是我依旧向玛利亚祈祷（Ⅲ.308）。"

里克桑德·科尔蒂尔不是一个严格意义上的正统天主教徒，她把纯洁派教士看作是这方土地获得丰产的保证，她从不忘亲自把麦子给他们送去（Ⅲ.307）。在这点上对她不必怀疑，她确确实实在教堂里一个专门的祭坛前向圣母祈祷，大声且执著，完全是一副祈求神明的神情。她在这种场合是否干脆念圣母经？很可能，但资料对这一点没有提供细节。

在蒙塔尤，在公开自己对于圣母的崇敬这一点上，没有一个女人能与里克桑德·科尔蒂尔相比。然而，所有蒙塔尤人心里肯定都有圣母。泰斯塔尼埃母女俩都是头脑简单的人，可是她们知道自己想要什么（Ⅰ.457,461）。她们说，拯救灵魂既靠上帝救世主（即基督，她们分不清上帝与基督），也靠圣母马利亚。在拯救灵魂这件事上，根据纯正的天主教神学，圣母的作用不限于为别人求情，这两位蒙塔尤女人认为，求情的角色要由她们自己来扮演（她们也许反映了更多人的看法）。圣母另有一个专属她的拯救灵魂的角色。这种模糊而又强烈甚至可以发展到崇敬圣母的观念，在萨巴泰到处可以发现。在富瓦的一个小酒店里当众评说一个受火刑的奥德人时，酒客们说："他把自己的灵魂托付给上帝和圣母马利亚了……活着的时候，上帝和圣母他都崇敬，这么说，他不是异端。"（Ⅰ.174）

对于圣母的崇敬在奥克语地区大概由来已久，但并非到处都

第二十一章 圣母与圣人

一样,究竟哪些地方"承认"圣母,从各地的地名上找不出线索来。与法国北方许多地区的情况不同,在中世纪早前期和早中期的法国南方,并没有许多堂区以"圣母"或"玛利亚"命名,这说明对圣母的崇敬在当时并非"官方行动"[1]。不过,在本书所研究的时期和此前不久,地处比利牛斯山峡谷之中的阿列日地区,对圣母的崇敬已相当普遍,因为在此之前,罗马圣母已在这个地区受人崇敬了[2]。在蒙塔尤就有一个朝拜卡尔内斯圣母的圣地。每当产后瞻礼时,蒙塔尤的女人,不管是贵族还是农民,都手拿彩色蜡烛,臂挽着臂,诚心诚意地到那里去朝拜。

塔拉斯孔的教堂,无论叫作萨巴或萨瓦,都来自萨巴泰这个地名,这个教堂里有修女,是比利牛斯山区居民的玛利亚祭坛所在地,这一点从地名可以得到证实[3]。这个教堂是不是总本堂神甫的驻地[4]?据"阿列日的麦考莱"阿道尔夫·加里古的研究[5],当地有一种传言,说查理大帝打败撒拉逊人后,于775—780年间修建了萨巴教堂。上一世纪,考古学家在原址附近发现了一些11世纪和12世纪的金币和银币。每年9月18日圣母诞辰这一天,依据传统要到萨巴教堂去进行朝拜。把圣母诞辰定在9月18日,这与上阿列日地区的牧民要转场放牧密不可分。让·莫里说:"我

---

[1] 参见索格兰词典中修编于17世纪末的法国南部堂区名单(见书目)。
[2] 德尔考尔的著作,1970年:德尔考尔说,从罗马塑像来看,塞尔达涅和孔弗朗是一个真正的"玛利亚花园"。
[3] 关于萨巴圣母院,参见III. 33, 258, 392, 434, 449。
[4] 下文第二十八章。
[5] 加里古:《古代富瓦历史研究》,卷1(《关于萨巴小教堂的说明》),1845年;杜克洛出版社,1885—1887年,卷5,第667页。

第二部分 蒙塔尤考古：从举止到神话

哥哥皮埃尔·莫里今年去莫莱拉卖羊的那天，恰好是圣母诞辰。"（II. 486）萨巴泰还有一个圣母朝拜地叫蒙戈齐，在富瓦地方的上方。这是一个具有代表性、掺和着泪水和祈求、令人丧魂落魄的朝圣地。看得出来，当年到这里来朝拜的人柔弱无助、令人同情，有时甚至凄凄惨惨。如今的历史学家在研究 1300 年前后对圣母的感情时，很高兴能在许多地方发现这种特殊的朝拜地。奥尔诺拉克的农妇加亚尔德·罗斯被人偷去了钱和"细软"，于是边流泪边呻吟，到丢失东西的地方去向蒙戈齐的玛利亚祈祷，求圣母帮她把失窃的"细软"找回来。加亚尔德在祭坛边上插了一支长蜡烛，祈求圣母让小偷把"细软"送还给她①。不能简单地把加亚尔德的做法说成迷信，一方面在我们今天看来，确有些迷信成分（燃不尽的长蜡烛、能把失窃的东西找回来的圣母），另一方面，当时她似乎是在许愿，这在现今信徒对圣母的崇敬中是很典型的（哭泣、呻吟、求助者自编的祷词、让村子里的无赖们听了心软和感动的效果——这种效果需通过圣母才能产生，或者说希望通过她产生）。②无论如何，这个场合下的玛利亚和帕多瓦的某个圣安东毫无相似之处；若是圣安东，就会朝他口袋里扔几个铜子，让他像机器一样把丢失的东西找回来。加亚尔德和陪着她的为数众多的农妇与圣母的关系，要求她们承受一种强烈的痛苦。

在我已经提到的梅尔维埃的村民奥德·富雷身上，这种感情上的关系看得更加清楚。她在最痛苦的时刻发现自己已经不再相

---

① I. 192—197；特别是 I. 192, 195。
② 纪尧姆·奥斯塔兹对加亚尔德·罗斯的回答使这个想法更加明显（出处同上），在他看来，圣母不可能帮加亚尔德的忙，因为（由于心肠软？）她没有能力杀死小偷。

信真有耶稣基督的圣体了,"于是她转过身去对奶妈说:

'快向上帝祷告,让我重新相信基督。'

奶妈正在尽心尽力祷告时,奥德·富雷家的女佣纪耶迈特来了。奥德对她说:

'纪耶迈特,快祷告,向蒙戈齐的圣母马利亚祷告,让她照亮我的心,让我重新相信上帝。'

纪耶迈特双膝跪地,照主人的吩咐向圣母祷告。她祷告完毕时,奥德的心当即被照亮,从而重新坚定地相信上帝了。她现在仍旧相信自己说过的话。"(II. 95)

这个实例充分表明,在这种与众不同的圣母崇敬中,对于宗教的信仰确实出自内心。加亚尔德和女佣纪耶迈特虽然在她们所属的社会集团中是极少数,她们毕竟证明,在这个时期,在这个地区,农妇确实进行一些非正式的祈祷,把对于圣母的崇敬、恐惧和悲怆都倾注在其中。

*　　　　*　　　　*

在结束有关对圣母的朝拜之前,还应提一下加泰罗尼亚的蒙塞拉祭坛,这个祭坛如同萨巴泰的蒙戈齐祭坛,在阿列日名气很大。还有勒皮、洛卡玛杜尔,甚至还有巴黎圣母院,它当然是其他圣母院所无法比拟的[①]。

与圣母有关的节日在萨巴泰人心中的地位很高,前面已经提到圣母诞辰,这个日子在这个小地方非常重要。全家团聚的圣诞

[①] I. 145(M);I. 453(P 和 R),505(M);I. 546(R);II. 104(R 和 P);III. 234(M)等。M=蒙塞拉;R=洛卡玛杜尔;P=勒皮。I. 453(巴黎圣母院)。

第二部分 蒙塔尤考古：从举止到神话

节与圣母产子也有密切的关系①。耶稣诞生不久，三王就来朝拜他和他母亲。如今纯洁派的牧人们依旧保持着对三王的尊敬（II.37）。盛夏时节，贵族和牧人一样都过圣母升天节②。连一个素质不高的普通女佣，也知道圣母取洁瞻礼日，她说，她到主人家来帮工的那天，恰逢这个节日（II.99）。

在萨巴泰和蒙塔尤，圣玛利亚变成了女人挂在口头的一个诅咒语，这说明圣母已深入人心是一个不争的事实。谈到奥尔诺拉克那位机灵鬼纪尧姆·奥斯塔兹时，阿拉扎依·穆尼埃对她的干亲加亚尔德·罗斯说："圣玛利亚，那个汉子说脏话。"（I.191，194）蒙塔尤的异端信徒纪耶迈特·贝洛特（贝洛）临死前，对为她送来临终圣体的邻村神甫说："圣玛利亚，圣玛利亚，我看见魔鬼了。"③

前面已经提及，当地的纯洁派信徒虽然都有轻视妇女这个毛病，但他们并不全然回避圣母④。他们有时拿圣母开心，把她叫作"玛利亚特"或"耶稣基督待过的大肉桶"⑤。不过，玩笑也就开到这个程度。把圣母从前门赶出去，她马上又从后门走进来。蒙塔尤的纪耶迈特·莫里用从贝利巴斯特那里学来的一句"饭桌上的话"说道："我们这些（纯洁派）信徒，都是圣母的大腿。"纪耶迈特这句话是用来表示圣母的重要性的，在她看来，圣母等于阿尔比教堂，等于所有信徒（II.52—53; I.282）。皮埃尔·奥蒂埃

---

① 上文第四、五、十八章；又见 I.226; III.271, 280。
② II.364（牧人）；上文（贵族）。
③ I.463。
④ II.441—442。
⑤ II.53; II.409; I.230; I.241—242; II.51。

第二十一章　圣母与圣人

以一种不加雕饰的福音书的风格，为自己提出了一种圣母善意理论。在萨巴泰和阿尔克许多牧人陪同下的皮埃尔·莫里面前，皮埃尔·奥蒂埃借用圣徒路克的话说："上帝的母亲就是善良的意愿。"[①] 阿尔比派信徒皮埃尔·克莱格虽然讥讽天主教教堂里的"官方"圣母，却照样崇敬蒙塔尤的"当地"圣母，还把自己的母亲葬在圣母祭坛下面。他把整个异端和当地的特殊信仰融合在他自己的崇信之中了[②]。

依我看，在这个佩戴黄十字的堂区里，圣母的这种地方色彩非常重要。在埃荣和更大的上阿列日地区，圣母马利亚无疑是在"地上"了，恰如圣父上帝是在天上一样。天上的圣父和地上的圣母是一对，分处在一个垂直空间的两端。蒙塔尤和萨巴泰的圣母马利亚，与当地久远的石头崇敬有联系；石头四周全是母牛和耕田的公牛，作为礼物的一束束羊毛朝着圣母马利亚和这些石头从天上掉下来。圣母在祭坛下面和她的小教堂旁边的墓地里，接受死者的遗体，让他们像回到母亲怀抱那样回到养育过他们的土地里去。圣母女神是地上女神。从蒙塔尤村的上下位置看（上面有领主庄园、天堂以及教会权力和当局的政治权力），当地祭坛上的圣母位置最低最下，她在各家的房屋下面，房屋上面还有高耸的城堡尖塔。作为大肉桶，她要容纳屎尿尸体，还要任奶牛践踏。圣母实际上体现着对于土地的肥力和人的生殖能力的崇拜，由于

[①] II.409。还应指出，纯洁派神学摒弃罗马教会的圣母，根据阿尔比派的教义接受虽然不同但却完全肯定的圣母，这是合乎逻辑的，并不自相矛盾。但是，这个纯洁派的神学问题超出了本书的研究范围。

[②] 在农妇里克桑德·科尔蒂尔身上，也可看到这种民间诸说混合论，它兼容纯洁派对圣母的特殊看法和非纯洁派对圣母的真诚敬爱（上文，第 569 页）。

第二部分 蒙塔尤考古：从举止到神话

这种崇拜始终处于不言而喻的状态之中，所以给人以它并不存在的错觉；我曾对此感到惊奇。这种下层人民的崇拜虽然在文献乃至人们的观念中几乎难以见到，却依然是蒙塔尤人将人和物神圣化的基础，而神圣化的上层表象则远比基础明显得多。

*　　　　*　　　　*

上面关于圣母的论述自然而然地让我们想到了对圣人的崇拜。由于崇拜圣徒，加上节日和周日，一年之中大体上便有 90 个节假日[①]。在尊奉古老仪规的民众中，对圣人的崇拜往往伴有一些怪异甚至异端的习俗。在萨巴泰人的这类崇拜中，要把方法与名副其实的信仰区别开来并非易事，这里所说的方法是指那些为获得某种物质实惠而使用的多少带有巫术色彩的算不得高明的手段，而这里所说的信仰则是指对于某位领有圣职的能使灵魂得到拯救的中介人的信仰。牧人贝尔纳·马尔蒂在 1324 年说道："26 年前的三王来朝日，我对父亲说：

'我要为圣人儒略守夜，他是我们朱纳克教堂的堂主。'在场的领主听了便讥笑我：

'这么说，你要在墙上点蜡烛了。'"(III. 276)

这段对话让我们莫名其妙，关于萨巴泰的朱纳克人对圣人儒略的崇拜，我们以后再也没有获得更多的资料。我们只知道一点，由于崇拜圣人儒略，在还愿节的前夜，要在当地教堂里点蜡烛和守夜。其余就一无所知了。据《金色传说》所记，儒略不是别人，

---

① 莫拉的著作，C.D.U.，1965 年。他在其著作中列举了蒙托邦和圣—弗勒尔两个堂区的统计数字，我们没有帕米埃堂区的统计数字，但包括埃荣地区在内，那里不工作的节假日如同其他许多地方一样，为数甚多。

第二十一章　圣母与圣人

就是那个开旅店的人，上帝面前的那个杀父者和猎人[1]。

*　　　　　*　　　　　*

对于蒙塔尤以及蒙塔尤地区的另一种崇拜，我们有幸知道得多些，这便是对圣人安东的崇拜。包括皮埃尔·莫里在内的埃荣地区的牧人心甘情愿地向他献上一束羊毛。此外，由于总有一只猪陪伴着他，村民们便向这位"安东猪"敬献火腿[2]。最后，在萨巴泰和整个基督教地区，圣安东的名字还与一种皮肤病连在一起，这种病被称作"圣安东之火"。据说圣安东受命让人得此病，然后再由他治愈[3]。圣安东这位埃及大隐居修士和君主制之父，在上阿列日地区，既掌管土地又能施巫术；此后若干世纪中，他在西方始终保持着这个形象[4]。

---

[1] 参见《天主教百科词典》，雅克迈主编，巴黎，1967年，第1231页，开旅店的儒略（勒芒的儒略）条。马尔蒂的这番话是在三王来朝节前后说的，那也就是1月27日，即圣儒略·迪芒节。（参见凡·热奈普：《法国当代民俗教程》，巴黎，1937年，卷III，第486页。）

[2] 上文，第十九章。

[3] III. 234：圣安东与圣马蒂亚尔共同为这种病负责，这种被称为火的皮肤病恶臭、灼痛。

[4] 关于圣安东崇拜以及他与猪的关系、他对有用的动物（在上阿列日地区是绵羊）的保护、他与以他的名字命名的皮肤病的关系，参见科菲内教士：《对圣安东特质的历史和考古研究》，载《奥德省农业学会学报》，卷28，1864年，第134页和第153页。凡·热奈普《萨瓦地区的隐居修士圣安东崇拜》，《宗教史大会论文集》，巴黎，1923年10月，卷2，第132—165页，特别是第133、138、144、149页；同一作者，《多菲内省的民俗》，巴黎，1932年，卷II，第215—217页等若干处；《佛兰德民俗史》，巴黎，1936年，卷I，第309页；卷II，第513页及以下各页。又见托马斯，《宗教和神奇的衰落》，第27页（圣安东与绵羊）；莫拉的著作，C.D.U，影印本，I，第76页；弗里什的著作，卷10，第397页和第401页；塞比尤，《法国的民俗》，1968年，II，第190页和第378页，III，第244、141、490页，IV，第116页。

第二部分 蒙塔尤考古：从举止到神话

*　　　　*　　　　*

这就是说，某些圣人在家畜和人的健康方面有特长，是否该说这种本领有些卑劣呢？圣人保罗在萨巴泰被认为是一个既能引起也能治愈癫痫的人，有些圣人跟保罗一样，也不鄙视这类工作[①]。（萨巴泰人十分关心拯救灵魂，因而也关心拯救肉体，所以，这种第二位的而且是与巫术有关的关心是不奇怪的。）但是，除了这一点之外，应该承认，蒙塔尤以及其他地方对圣人的崇敬与农业丰收和身体健康无关。德拉鲁埃尔指出[②]，11世纪以后，圣人崇敬在西方发展很快，这与《使徒传》的发现有关。对圣人的崇敬逐渐扩展到"群众的信仰"中。1300年前后在蒙塔尤和普拉德[③]，山民和牧人都曾崇敬圣人。皮埃尔·奥蒂埃的蒙塔尤朋友为了说服年轻的皮埃尔（那时18岁）支持他们的事业而讲的一段话，恰好能说明这个问题。皮埃尔·莫里的教友们说："好人和好基督徒都到这里来了，他们知道彼得、保罗和其他圣人跟着主走过的路……我们问你，想见见那些好基督徒吗？"（III. 120）皮埃尔·莫里是村子里多少有些文化的年轻人，他知道，至少大体上知道，应该如何对待这类对受到他本人欣赏和尊敬的圣人的宣扬活动，他的回答表明了这一点：

"要是真像你们说的那样，纯洁派教士知道圣人走过的路，那

[①] II. 100; I. 249。其他圣人，尤其是圣乔治（蒙戈其的圣母当然更是如此），主要是能帮人找回丢失或失窃的物品（I. 156—157）。

[②] 德拉鲁埃尔，收入勒高夫，《异端与社会》，第149页。

[③] 在阅读本书下文和关于"使徒"的段落之前，可参见在埃荣的普拉德举行的庆祝"使徒马太"的节日：II. 239。还应提到对先驱者让-巴蒂斯塔的崇拜（III. 151）。

第二十一章　圣母与圣人

么，为什么他们不像当年圣人那样公开布道呢？……为什么他们害怕为真理和公正而死呢？当年的圣人可是不怕为此而献身的。"

皮埃尔·莫里对基督的使徒们和圣安东（他被排在次要地位）以及圣母都一样崇敬，对他们不加区分，时不时地向他们敬献羊毛束（出处同上）。蒙塔尤的纪耶迈特·阿尔热利耶也持这种态度，她与村子里的另一个农妇雷蒙德·马尔蒂聊天时说的话表明，这两位农妇认为，崇敬圣人能为同时信仰纯洁派和罗马天主教提供保障。这种想法当然是从混合教的角度来看的，因而她们把两种信仰混为一谈了，这自然是不正确的（III. 91, 103）。

奥克西坦尼地区的地区主教会议下令庆祝十二使徒的节日，这些正式规定在这个地区不同程度地得到遵守[①]。圣多米尼克在奥克语地区的影响极大，好坏兼而有之，他曾在这个地区言行并举地宣传过要以《使徒传》为榜样[②]。他所属的修会里的人后来好歹也照他行事。雅克·富尼埃本人也想把这种特殊的信仰灌输给他的"羊群"。于是，他把预定在帕米埃执行的伏多瓦派信徒雷蒙·德拉考特的火刑，安排在使徒腓力和雅各节那天，熊熊烈火深深留在萨巴泰人的记忆中。山民们普遍朝拜圣-雅克-德-孔包斯泰尔，其实也就是对十二使徒最高的敬意。不过，最受人们狂热崇敬的不是圣雅克，而是圣彼得。在埃荣的普拉德和蒙塔尤各有一个教堂，分别献给圣彼得和圣母，这两所教堂各有一座萨巴

---

① I. 171。（参见埃弗尔：《主教会议史》，卷 5—2，第 1500 页，1229 年图卢兹主教会议）。

② 维盖尔《方茹手册》，第 1 期，第 74—102 页；参见维盖尔的著作，1965 年。舍里尼的著作，第 290 页和第 317—318 页；贾里，见《法国和法国人》，第 474 页。

第二部分　蒙塔尤考古：从举止到神话

泰教堂里的那种大殿，只是规模小些。在比利牛斯山区居民中心的萨瓦尔，高高耸立着两座钟楼，一座叫圣彼得钟楼，另一座叫圣母钟楼。最伟大的使徒圣彼得赢得了埃荣地区女教民们的尊敬（但并非总是合适的）。贝阿特里斯·德·普拉尼索尔的情夫、普拉德的本堂神甫铺好了床，打算与她一起过夜；普拉尼索尔走进大殿时说："啊呀呀，我们怎么能在圣彼得的教堂里干这种事呢。"这位情夫一点也不尴尬，若无其事地说："哦，圣彼得只好委屈一下了。"（I. 243）纪尧姆·贝利巴斯特想让蒙塔尤那个围着他转的小集团把他"当作圣彼得来尊敬"（III. 258），让·莫里心里明白，贝利巴斯特与圣彼得岂能相提并论，于是不得不对贝利巴斯特说："你这位彼得可真是不怎么样。"在普拉德和蒙塔尤，每逢当地专有的使徒彼得和保罗的节日，农妇们就穿上好衣服，跟她们的男人一起吃顿像样的饭，若是年纪还轻，吃完饭就和其他年轻人一起到广场去跳舞[1]。

这是农村节日里对使徒的一种民间崇拜吗[2]？肯定不是。如果以为农民不可能超过这个水平，那就太蠢，头脑太简单了。其实，我们再次发现，农民对使徒的尊敬，依然体现了他们对"拯救"的关切。前面已经说过[3]，对拯救的关切是这个时期上阿列日地区宗教的中心问题。纯洁派教士们对此十分清楚。每当他们自己或他们的信徒向牧人谈到使徒无可挑剔的榜样时，总忘不了要趁机

---

[1] I. 338。皮埃尔·莫里从贝利巴斯特那里听来了许多关于圣保罗的传说，所以他对圣保罗特别熟悉（III. 175）。
[2] 关于节日—集市，参见与阿克斯累太姆的集市同一天的十字瞻礼节（II. 477—478）。
[3] 比较前文，第 540 页及以后几页。

· 570 ·

第二十一章　圣母与圣人

拨动牧人的那根心弦，即在另一个世界得到拯救的热切期望。雷蒙·皮埃尔和贝尔纳·贝利巴斯特这两位牧人向皮埃尔·莫里说道："使徒们走过的通向真理和公正的道路，只有纯洁派教士知道。他们不拿别人的财产。即使路上见到金子或银子，他们也绝不捡起来放进自己的口袋，他们相信使徒的信仰，也就是说，信纯洁派的人比信其他教派的人容易得到拯救。"（III.122）。皮埃尔·奥蒂埃在这点上得寸进尺，进一步强调通过学习使徒模仿基督的问题，他对两位年轻的牧人说："我把你放在拯救路上，就像基督把他的使徒放在那里一样，圣人们既不撒谎，也不骗人……我们任凭别人拿石头打我们，绝不说一句违背信仰的话，就像使徒们任凭别人拿石头打他们一样。"（III.123）纪尧姆·奥蒂埃对铁匠的儿子、年轻的牧人贝尔纳·马尔蒂提起拯救，说拯救者纯净的肉体是得到拯救的保证，他说："纯洁派教士拯救灵魂……只有他们能拯救！他们不吃鸡蛋，也不吃肉和奶酪；他们知道使徒彼得和保罗的道路。"（III.253）纪尧姆·奥蒂埃向阿克斯的雷蒙·维西埃尔谈了相似的想法，不过，这次是以使徒式的赎罪作为支持的，赎了罪便能得到进入天堂的钥匙。纪尧姆说（笔者删去了其中的圣言）："我们这些纯洁派的教长，我们与使徒彼得和保罗一样，也有帮人赎罪的本领……跟随我们的人最后必将进入天堂，其他的人则下地狱。"（I.282—283）

向富瓦伯爵领地的本地人传教时，教士们不提拯救、纯洁、贫穷、真诚、信仰、赎罪以及通过基督最亲近的朋友仿效基督等问题，因为《使徒传》中都已说到，再说就是白费力气。由于有民间思想可以利用，为各自教派传教的纯洁派教士和多明我会士就长期加以利用。萨巴泰的牧人不把自己看作使徒，他们在祷告

第二部分　蒙塔尤考古：从举止到神话

时也不向使徒祈祷，他们向圣父祈祷，有时向圣母和基督祈祷。不过，他们倘若遇见有血有肉的圣人倒是非常高兴，这些圣人在他们看来很像基督的同伴，能为他们充当中间人，抹掉过失，以便更好地获得拯救[①]。

* * *

除了使徒的特殊和优越地位以外，所有圣人在他们以各自的名字命名的节日里，都受到蒙塔尤人的祝福。万圣节在埃荣特别重要。据牧人让·莫里说，在放牧羊群的转场周期中，这一天是重要日子，牧人们从这天起转向冬季牧场，即从游牧的草场转向加泰罗尼亚的冬季牧场（II.479）。这一天是神圣的日子。纯洁派的死硬分子贝尔纳·克莱格一年中极少守斋，可是他在万圣节的前一天却守斋。（神甫巴尔泰雷米·阿米拉克曾是纯洁派教长贝尔纳·克莱格被关押期间的难友，他指出："可是从他脸上看得出来，他不高兴。"〔II.283〕）对于蒙塔尤的农妇纪耶迈特·阿尔热利耶来说，万圣节在她心里标志着一个时段的开始和终结，这就跟与圣母有关的节日一样，她说："我（错误地）接受了一种信仰，根据这种信仰，从万圣节到圣母升天节，本堂神甫们应该亲自动手干活（可是他们并不干）。"（II.97）雷蒙德·马尔蒂（娘家姓莫

[①] 参见维盖尔对圣多米克和使徒的生活所作的分析，《方茹手册》，第 1 期，1966年；《朗格多克的圣多米克》，第 76—85 页。又见维盖尔，1965 年：这位作者指出，在朗格多克，从 13 世纪初期开始，纯洁派教士和圣多米尼克为了更好地相互争斗，都期望过使徒的生活。我们发现，这种对于使徒和教会的向往有时竟然非常离谱，以致出现意想不到的事，例如，贝阿特里斯·德·普拉尼索尔就说："那是在使徒彼得和保罗节那天，我在本堂神甫的床上把自己给了他。"（I.226）

第二十一章 圣母与圣人

里)也是在万圣节那天感到,(别人的)罪过和想去告密的念头折磨着她,她觉得,把她的朋友和村子里熟人的异端行为向主教告发是件荣耀的事(III. 104, 108)。就更普遍的意义而言,作为鬼节的前夕①,万圣节标志着充分显示蒙塔尤人的虔诚和民俗的时刻之一即将到来。戈奇娅·克莱格说(III. 356—357):"万圣节的第二天,我把一块大面包送给皮埃尔·马尔蒂家,算是给她们的施舍。这是我们蒙塔尤(鬼节)的习俗。我对皮埃尔说:

'快收下这块面包,为了替你父母和其他亡灵赎罪。'

皮埃尔问我:'你要我把面包给谁?'

我回答说:'拿着,给你,也给你们全家。'

皮埃尔最后说:'给上帝。'

于是我就走了,路上碰到皮埃尔的老婆埃麦尔桑德,我就跟她说:

'我给你们的布施是件好事,因为你们是上帝的朋友。'"

真是蒙塔尤的好习俗!这种习俗包含当地文化中的两个成分,其一,将为鬼节准备的食品按照习俗作为全体村民的礼物赠给某一家②;其二,赠送礼物是想以做好事来为自己积德,以便将来能让自己的灵魂得到拯救,因为亡人的灵魂能够收到这份礼物③。

---

① 关于中世纪前期鬼节的起源,参见凡·热奈普,《法国当代民俗教程》,册 I,卷 VI—4,第 2808—2809 页。

② 关于万圣节赠送食品,参见凡·热奈普收集的某些幼稚化和"功利化"的事例,《法国当代民俗教程》,册 I,卷 VI,第 2817 页(索纳的幼稚礼物,贝阿恩和朗德的多少带有礼仪性质的地租)。参见下文书目中姆利关于上阿列日地区万圣节的民俗和馈赠的论述。

③ 为完整地了解蒙塔尤人对圣人的崇拜,应将农民文化(他们在那里只知道使徒和少量圣人)和皮埃尔·克莱格这类文化素质较高的人的文化加以区别,这些人对殉难的圣人也很关心(I. 227)。

第二十二章

宗教实践

谈过圣人崇拜之后,再来说说蒙塔尤人的宗教实践。洗礼在蒙塔尤当然始终是无人例外的仪礼。可是当地的纯洁派教士不赞成洗礼,所以,洗礼不仅仅具有宗教意义(Ⅰ.282; Ⅱ.410)。尽管有人反对洗礼,洗礼在民间依然极受重视(受过洗的人不会淹死,不会被狼咬,据蒂尼亚克的一个农民说,洗礼能使人的肌肤更健美,面容更姣好〔Ⅲ.16; Ⅱ.110〕)。更重要的是,受过洗的人有许多干爹干妈,在极重人际关系的地中海地区,这一点尤为重要。皮埃尔·莫里和蒙塔尤的另外一些牧人都很看重洗礼和干亲关系,贝利巴斯特想劝说他们放弃这种习惯,结果是白费心机。皮埃尔·莫里还可以不费力气地反驳贝利巴斯特这位圣人,说异端在洗礼这件事上一点也不吃亏。行洗礼时结成的干亲关系,以后能扩大成为一张关系网,有利于传播阿尔比教派。萨巴泰的一个牧人说:"一次,我到住在阿尔克的干爹雷蒙·皮埃尔家去,我们谈到了异端,干爹对我说:'异端派都是好人,他们信的是好教。'……我妈也跟她干妈和这位干妈的一个姊妹特别好,后来这

第二十二章　宗教实践

个人因为信异端而被烧死了。"(II.9)看看，干亲关系带来的是些什么样的交往……

当然，即使仅从理论意义上看，洗礼也与民间对洗礼的理解和干亲关系毫不相干，对于今天"真正"的教徒来说，这种理解和关系会使他们吃惊得目瞪口呆。因为，根据由教皇在13世纪再次肯定的天主教教义①，洗礼的作用是洗去原罪。埃荣地方的居民对这种（原罪）观念并非一无所知，芒加德·布斯卡依的一席话就是证明。这位住在离蒙塔尤不远的普拉德村的普通农妇说："我这个还在吃奶的小孩是基督徒（即受过洗），除了我传给他的罪以外，他没有任何别的罪。"她在这里说的当然就是原罪，原罪观念从最早的祖先开始就代代相传（I.499）。不过，在雅克·富尼埃宗教裁判记录簿里，真正的乡下人提到原罪也就只有这一次②。事实是，洗礼的用意虽然源出原罪，但是蒙塔尤乡民们知道原罪的人却寥寥无几，比较而言，且不说赞成或反对，总起来说，知道圣餐中的面包和葡萄酒变成耶稣的躯体和血，以及通过做赎罪圣事可以获得拯救的人更多一些。

*　　　*　　　*

其他圣事包括领圣体和忏悔，领圣体可以一年一次或数次，对此前文已经谈及，不再赘述。这里只作一点补充：领圣体是在

---

① 参见教皇英诺森三世的信，他在这些信件中反对伏多瓦派，重申洗礼的意义在于"洗去"或"宽恕"原罪（迪梅热引用了这些信件，1969年，第384—385页）。

② 与此相对照，在非乡民人群中，一个名叫让·罗克的绝非农民的人就知道，洗礼被认为可以洗去原罪，不过，他似乎不愿相信（？）(II.245)。还有几个在帕米埃落脚的伏多瓦派信徒也很了解原罪问题（I.51）。

第二部分　蒙塔尤考古：从举止到神话

每年做过赎罪圣事之后立即进行的；因此，赎罪圣事如同此后不久的领圣体一样，也是一年一次①。

阿尔诺·德·韦尼奥尔是帕米埃的一个假神甫和同性恋者，有一次，他问一个原先是乡下人的年轻城里人②：

"你愿意在我面前做忏悔吗？"

青年人回答道："不，今年我已经忏悔过了，再说，你不是神甫！"

在蒙塔尤，人们觉得有必要对每年领圣体（但不涉及其他宗教活动）作出规定，当然不仅仅是对领圣体总是说三道四的那些坚定的异端分子③，最具宽容精神而且总是保持缄默的天主教徒也这样认为，这些人在有些年头是村子里的多数，而在另一些年头则是少数。牧人皮埃尔·莫里、让·莫里和纪尧姆·莫尔在不同场合说过："我每年都忏悔自己的罪过"，可是，这三人对于罗马天主教都不十分热心，甚至有些冷淡④，其中两人曾长期信奉异端。在复活节前的一段时间里，本堂神甫克莱格为尽到自己的职责，要听取教民们的忏悔，尽管他并不相信这些忏悔（I.224）。事实上，由于不可避免地与阿尔比派有牵连，这就给蒙塔尤的农妇

---

① 关于1215年主教会议决定的每年忏悔次数问题，参见卡罗齐的著作，收入《方茹手册》，第8期，1973年，第321页（《普罗旺斯布道者的听忏悔职务》）。又见图萨尔的著作，第106页。
② III. 27; III. 29（斋期忏悔，这大概是一年中唯一的一次忏悔）。
③ I.226（信奉纯洁派的本堂神甫皮埃尔·克莱格的话；皮埃尔·克莱格还说〔I.227〕，他听忏悔，不过那只是因为完成他的忏悔师的职责能给他带来一些收入）。
④ II. 173; II. 446; III. 231；皮埃尔·莫里每年都忏悔，这与他有同时信仰两种宗教的习惯有联系，因为在他看来，天主教和纯洁派都能帮他让灵魂得到拯救。

们带来了一些问题,她们不管在多大程度上信奉天主教,都得前去忏悔。为了躲过这个难题,她们对自己与纯洁派教士和"信徒"的来往避而不谈。为此,她们需要自行摆脱良心上的压力。雷蒙德·莫里(或贝阿特里斯·德·普拉尼索尔)说道[1]:"我忏悔了自己的罪过,但是没有说在异端教派里犯下的罪,我认为那不是罪(原文如此)。"阿尔诺·贝洛的老婆雷蒙德也按规定去忏悔,但是该说的说,不该说的不说。不过,她虽然也不谈自己与异端的来往,但比较老实,不那么滑头。她说:"我忏悔我的罪过,但我不说在异端派那里犯的罪,因为我怕说了以后家产就会被没收。可是我悔恨自己的异端罪,虽然忏悔师没说什么,我要惩罚自己,为此我两个冬天没穿衬衣……"(III. 71)

对于那些与异端毫无瓜葛的蒙塔尤人来说,忏悔当然就不一定只是做做样子,也不能自动赎罪,正如常言所说:"全都抹去了,一切又重新开始。"贝阿特里斯以讥讽的口吻说:要向神甫"把心底里的事统统倒出来"(II. 38—39),忏悔师事后可能会和其他神甫一起拿忏悔人那些可笑的罪过寻开心[2],所以,一些人就因害怕做这种难堪的忏悔而转向纯洁派。纯洁派至少不以忏悔过失作为灵魂最终得到拯救的先决条件。当然,碰到皮埃尔·克莱格这样为人诡诈、骨子里面是纯洁派的"忏悔师",事情就好办多了。可是,听忏悔的人有时是别的神甫,还可能遇上外来的托钵僧,这些人的要求就严了,全然不像克莱格这个闻所未闻的蒙塔尤本堂神甫那样高抬贵手了。人人都关心拯救灵魂,最不起眼的

---

[1] III. 104; I. 232(贝阿特里斯)。
[2] III. 229(根据皮埃尔·莫里)。

第二部分　蒙塔尤考古：从举止到神话

牧人也知道，若是打算我行我素，忏悔就起不了作用，于是，他们对身边某人（的得罪之处）便不再计较了。神甫或托钵僧路上碰见在外放牧的牧人时，总忘不了向他们提醒这种显而易见的道理。纪尧姆·莫尔与克莱格一家有仇，他（在转场放牧时）就听到了这种忠告。他说："听我忏悔的神甫不让我领圣体，因为我心里对蒙塔尤的本堂神甫记仇。"（II. 103）当然，纪尧姆·莫尔没有一颗"高尚的"心，要他从内心忏悔不那么容易（II. 95）。女村民奥德·富雷就不一样了，她在必要时就能对与她年龄相仿的那个女人不再记仇。不过，纪尧姆·莫尔的话表明他不乏真诚，故而，在忏悔师的鼓励下，他终于请求宽恕，而且确实得到了宽恕。一般地说，蒙塔尤人社会学意义上的羞耻心相当重，这并不妨碍他们内心深处对于罪孽也有相当的认识[1]。

当然，与北部地区伏多瓦派相比，蒙塔尤人对忏悔远远谈不上热心，那里的伏多瓦派忏悔时浑身颤抖，若有可能，还要声泪俱下[2]。另一方面，萨巴泰的异端分子常做"无言忏悔"和"滑稽忏悔"，所谓"无言忏悔"是这样的：忏悔人跪在祭坛后面忏悔师的脚下……但是对自己的罪过只字不提（II. 196）；"滑稽忏悔"则是这样的：忏悔师面对面看着忏悔人不但忍俊不禁，还会利用忏悔师身份勾引女忏悔人。尽管不称职的神甫在这种稀奇古怪的条件下听忏悔，而且从总体上看，忏悔在蒙塔尤并未受到最高程度的重视，但是它毕竟还是蒙塔尤人最主要的圣事之一。忏

---

[1] I. 224—226；关于"罪孽"和"羞耻"，参见下文第二十四章。
[2] I. 61。对于罪孽的个人内心感觉（不敢说这是一种帕斯卡尔式的感觉），不是在乡村地区，而是在这个异端和城市以及伏多瓦派的急先锋这样一个环境中出现的（出处同上）。

第二十二章　宗教实践

悔时难免吐露个人秘密，所以对于本堂神甫来说，这是获取主动送上门来的告密材料的一个机会。戈奇娅·克莱格就乘忏悔之机进行诽谤，向普拉德修道院院长告发她的那些蒙塔尤的纯洁派朋友（III. 357; II. 200）。即使对于受到异端诱惑的教民来说，忏悔也可能是在彼岸世界得到拯救的一把钥匙。萨巴泰地区的奥尔诺拉克村的农妇阿拉扎依·德·波尔德说："我男人叫我去锄麦子，我就同一些人一起到阿列日河对岸的地里去了，回来时河水涨得很高，我们在渡船上挺害怕。脚一沾地，我就浑身发抖地跑到纪尧姆·奥斯塔兹家去了。他问我：

'怎么这么害怕？'

我答道：'我怕就这么死了，连忏悔都来不及做。就是死了，也得做了忏悔才行呀。'"[1]

在蒙塔尤和萨巴泰，对于并不十分热心的天主教徒来说，忏悔是他们宗教实践的中心，这情形就像对于普通异端信徒来说，慰藉是纯洁派的主要宗教活动，对于大多数善良的人来说，灵魂拯救是一切挂虑的中心一样。帕米埃的一位笃信异端的人出庭时说的一句话，颇有些莎士比亚的味道："如果没有忏悔和补赎，用罐里所有的水，乃至用全世界的水，也洗不掉罪过。"（II. 245）由此可见，阿尔比派的宣传虽然损害了忏悔，但是，对于一心期望在彼岸世界得到拯救的百姓来说，忏悔依旧是他们宗教活动的核心[2]。

---

[1] I. 196；又见 II. 120；与蒙塔尤的妇女相比，奥尔诺拉克的妇女更忠于天主教，天主教的灵魂拯救观念在她们中间传播更广（参见穆尼埃的情况：I. 194）。

[2] 关于本书所研究时期中有关奥克西坦尼以及更广泛的西方在忏悔方面的一般问题，参见《方茹手册》，第 8 期（卡罗齐的文章，第 321—354 页）；（转下页）

第二部分 蒙塔尤考古：从举止到神话

由于蒙塔尤异端相当活跃，一些人不参加某些宗教活动，但是，洗礼、忏悔、领圣体、婚礼依然是最基本的圣事。洗礼、初领圣体和婚礼都是人生旅途中的仪礼，分别标志着童年、幼年和成年的开始。洗礼和婚礼被普遍接受，有些人对初领圣体比较谨慎，直到后来反宗教改革的鼎盛时期，初领圣体才被普遍接受[①]。

其他圣事似乎并不为人所知。在北部地区城市里，其他圣事的存在已被证实，但是，蒙塔尤人和与萨巴泰处于同一高度的其他村庄里的人，并不知道还有其他圣事。例如，按手礼在南部地区极少见到。原因很清楚，按手礼应该由主教施行，但是他一年到头在帕米埃忙于宗教裁判案件的调查，很难脱身，不太愿意到自己堂区管辖的山区去。据资料记载，他只去过一次阿克斯累太姆（阿克斯累太姆当然也在上阿列日地区，但是不像蒙塔尤那样在高山上），而且还是为了处理别的事。他此次是为"清洗"阿克斯累太姆而来，因为该镇教堂的祭坛在一桩谋杀事件中被血污染，他前来施洒大量圣水（花钱买的水！）（II.108）。但是他没有施行按手礼。因为，按手礼本应给受礼的人带来圣灵的礼物。可是，在山民理念中三位一体的天上，圣灵竟然会是这"三位"的穷亲戚？萨巴泰人在圣灵降临节要给圣灵上供，这种做法与其说出于

（接上页）又见曼西的著作，卷23，第830页及以下各页（领圣体前的忏悔：1254年阿尔贝主教会议）；埃弗尔的著作，卷五—2，第1498页；1229年图卢兹主教会议：每年三次强制性忏悔（比萨巴泰的标准高得多！）；莫拉的著作，C.D.U.，1962年（第42、43页）；1965年，第71页；拉普的著作，第137页；图萨尔的著作，第106页。

① 我在本书中把初领圣体看作从此时开始的"过渡性仪礼"，这也许让人感到奇怪，但是，奥德·富雷的谈话（II.83）表明，这是一段重要的插曲，而且当时的人也是这样想的。

虔诚，莫如说是一种排场。然而，倘若没有这些供品为圣灵增光，人们可能真的会相信圣灵的地位确实不高①。

当地人不做的另一件圣事是临终圣事。在当时的蒙塔尤、萨巴泰以及西方的许多地区，这桩"奢华的圣事"很少做，或根本不做②。除了极端纯洁派，病笃将死的人总是设法忏悔，神甫闻讯来到已有不少朋友和邻居在侧的病人身边，就宗教信条向病人提问，特别要问病人是否觉得上帝已经到来，病人若作出肯定回答，就合起双手领圣体（I. 239, 240）。阿尔比派的做法不同，"上帝的躯体"不受欢迎③。病人床头竟然也没有圣油。

这就是说，不做临终圣事④。不过，除了忏悔和领圣体，临死时或死后还有一些礼仪，这些礼仪或是天主教的，或是世俗的，或是民间的习俗（前面已经谈到的纯洁派礼仪，不再赘述）。

---

① 在本书所研究的时期和13—14世纪中，乡村特别是乡村的穷人很少甚至根本不行按手礼，原因之一是主教不喜欢在他的教区里走动。关于这个问题，参见舍里尼的著作，第306、318页；杜比，《新人文主义基础》，第108页；杜比，《贞德诉讼案》，第9页；拉普的著作，第143页；莫拉的著作，C. D. U., 1965年，影印本，I, 第52页；图萨尔，第103—104页。德侣牟的著作，第282页（尽管特兰托公会议进行了改革，17世纪依然崇尚古代）。

② 这是舍里尼书中的话，第321页。阿达姆，《法国14世纪的堂区生活》（第97页）也指出，在这个时期的法国南方，临终圣事不甚重要，据说，原因之一是接受了临终圣事的人如果活了下来，就要承担非常沉重的义务（参见有关接受慰藉后没有死的人所遇到的问题）。总之，在II. 55（此处叙述的是在离蒙塔尤很远的地方，一个神甫和一个病危者之间的一次推心置腹的谈话，这位病危者是贝利巴斯特的朋友）中，临终圣事根本不做。

③ I. 225; I. 462。

④ 有人可能会提出反驳，说之所以不行按手礼，不做临终圣事，是因为当地神职人员缺乏理论知识，对这两项圣事不了解，其实完全不是这样。参见I. 514中在主教面前呈递的七项圣事清单（相当完整！）；还可参见I. 61。

第二部分 蒙塔尤考古：从举止到神话

这些礼仪可以包括留遗嘱（此事属于"现代"项目，蒙塔尤太穷，文盲太多，所以留遗嘱的人很少①）。死者若是母亲，女儿们低声啜泣也是习俗中的一项礼仪。亲人将死时，要花很多钱买蜡烛；一根蜡烛点在尚未断气的病人嘴巴上方，其余蜡烛在教堂里，或前往墓地时点在遗体周围。此外还要为死者剪头发和指甲。

为死者的灵魂得到安息而进行的向参与者付酬的祈祷和弥撒，主要是城市居民和贵族的做法，蒙塔尤人和农民很少这样做。不过，在我们这个佩戴黄十字标志的村子里，偶尔也可见到②。在萨巴泰等地，集体追悼的基督教仪式在斋期开始后的第一个星期三举行，在蒙塔尤也能见到这种名副其实的教会仪式③，不过，亡人节的各种活动似乎使这个仪式黯然失色。亡人节那天，家家都按照习俗吃一顿像样的饭，食品以各家送来的礼物为主，享用各家的礼物包含着为死者赎罪的意思。

总的说来，临终圣事在蒙塔尤基本上不为人所知，他们办丧事不以临终圣事为中心，而是更多地关注家庭（也就是首先关注今世生活）与已经去往彼岸世界的死者的关系。彼岸世界观念表明，死者长存生者心中，灵魂拯救问题始终是个难题；当然，这种观念的表现形式多种多样④。

---

① II.199。曼西的著作，卷23，第830页及以下各页：1254年阿尔比主教会议，朗格多克关于留遗嘱的规定。
② III.235。
③ 斋期开始后的第一个星期三在帕米埃广为人知，埃荣的普拉德大概也是这样（II.238提到此事时，说得模棱两可）。萨巴泰乡村肯定知道并纪念这个日子（III.8）。
④ 有关丧事和死前的文化习俗细节，可分别参见：I.145（北部地区），III.307（萨巴泰乡村）。在市镇等非乡村地区为死者做弥撒：II.450,455（即使在市镇，某些伏多瓦派对这类弥撒也颇有异议：I.65）；请比较拉普的著作中（转下页）

· 582 ·

第二十二章 宗教实践

*　　　　　*　　　　　*

圣事以外的一些宗教活动，层次虽然稍低，却是普遍做到的，诸如朝圣、守斋等等。

前面已经提到，富瓦伯爵领地的农民，把朝圣看作是否"好基督徒"的标准之一。蒙塔尤人基本上不朝圣，即使朝圣也是在本村，但是他们很愿意向外地来蒙塔尤朝拜圣母的人提供布施[①]。贝阿特里斯·德·普拉尼索尔对这种布施的性质作过说明，作为交换，她从一位朝圣者那里得到了一种名叫"依夫"的谷粒，说是能治疗癫痫。她让自己的孙子服了这药，可是疗效不明显，倒是这个小家伙的母亲抱着他去了圣保罗教堂朝圣后，病情才大有好转！[②]这个小家伙若是也算朝圣者，那就得算他是一个半，因为他在妈妈的怀抱里就开始朝圣了。

外出朝圣的念头一点也不让人感到奇怪，蒙塔尤某个女人若是因想扔下丈夫独自去朝拜而受夫家人指责，她只需说一句"我跟我哥一起到马尼洛去朝圣"，指责她的人立即就软下来，不再吭声了（Ⅲ.151）。话虽这么说，蒙塔尤人的朝圣完全不等于天主教徒的虔诚，他们从未在朝圣方面作出惊人之举。真正的朝圣者要到受纯洁派影响较轻的萨巴泰的其他村子里去找，要到北部地区

（接上页）第155页关于为死者（但在贵族圈子里遭到反对）祈祷（包括圣母经）：Ⅱ.123；向遗体洒圣水（用洒圣水器）：Ⅱ.55。

① Ⅰ.255。（向朝圣者施舍很容易就会发展成向纯洁派教士施舍。出处同上）。
② Ⅰ.249。阿纳夫（阿列日）的藏有古老圣物的圣保罗教堂，事实上是一个朝圣中心，来此朝圣的人系为求治癫痫而来（据姆利《阿列日的老圣殿》，维尼奥尔〔阿列日〕，1972年，第17页；阿纳夫的本堂神甫埃斯泰勒的笔记，在该地1860年的婚姻登记簿的开头部分。）

第二部分　蒙塔尤考古：从举止到神话

去找，那里才有真心诚意的朝圣者。在蒙塔尤，某人若是到圣一雅克一德一孔包思泰尔去朝圣，多半是为了执行帕米埃主教的惩罚，背上驮着黄十字，心里想着宗教裁判所，离自愿朝圣何止十万八千里！

　　守斋是一件很容易让人动感情的事，不少人老老实实地守斋。拒不守斋会惹得那些听命于罗马教廷的信徒勃然大怒。纪尧姆·奥斯塔兹是萨巴泰的罗尔达人，身体壮实，思想大胆，居然在斋期里进食（I.195）。他的哥哥贝尔纳·奥斯塔兹便对他说："你要是敢再吃一点儿，我就把这碗肉泼在你身上。"尽管有这类事，总起来说，为期40天的斋期还是得到遵守的。由于普遍守斋，纯洁派教士的活动反而更方便了，因为他们在斋期可以公开吃以鱼为主的食品而不受处罚（II.71）。蒙塔尤的牧人若是信奉纯洁派，好像也守斋，不过只是在斋期和星期五不吃肉①。就连贝尔纳·克莱格这样胆大包天的反天主教分子，万圣节前一天也守斋，尽管免不了嘟嘟囔囔（II.283）。

　　一般地说，除了斋期和星期五要守斋之外，蒙塔尤人就不知道还有什么时候该守斋了。在外放牧的蒙塔尤牧人纪尧姆·巴伊说："除了斋期和星期五，我不知道教会还让我们在什么日子里守斋。"②那些最坚定的异端分子或是反教会分子，他们可就故意不守斋了，至少一时冲动时会这样做。纪尧姆·奥斯塔兹有自己的财产，但也是个能干的帮工，擅长打麦③；他颇为得意地说："我

---

① II.382（皮埃尔·莫里的情况）。
② II.382。阿尔诺·西克尔是个镇上的小市民，受过很好的天主教教育，他虽然知道底细，却还是在圣母降临节的前一天守斋（II.54）。
③ 上文第七章。

不喜欢吃鱼，我喜欢羊肝；今年斋期的五个星期里，我吃了不少肉。其实，我既不在家里干活，又不为别人打场，不吃肉也不碍事……"（I.198）

总之，尽管各人的选择既非绝对，又会变化，但是对于守斋的态度越来越取决于不同的思想观念，而不同的思想观念则把人分为不同的人群。蒙塔尤的戈奇娅·克莱格在1325年说道："二十三年前的斋期里，我从地里捡萝卜回来，那是刚过完星期日的那一天，路上碰见了纪尧姆·贝内。我问他：

'吃过了吗？'

他答道：'没有，我想守斋……'

纪尧姆接着说：'昨天星期日，有人请我在阿克斯累太姆吃了一顿饭。开始我有些犹豫，不想接受这个邀请（因为在守斋）。于是我去找善人（即找纯洁教士），请他们帮我拿主意。他们对我说：不管怎么说，吃肉总是个罪，倒不在乎是在斋期内还是斋期外。反正，吃过肉嘴就脏了。就别难为自己了。听了这番话，我二话没说就答应去吃这顿饭了。'

可是我不这样想，斋期内吃肉和斋期外吃肉，从罪过大小来看，可不是一回事……"戈奇娅最后说了这么一句富有哲理的话（Ⅲ.360—361）。

说得再清楚不过了。只要不是习俗，道理便是活的，可以照自己的意思灵活处理。戈奇娅老老实实地按天主教教规守斋；纪尧姆有一阵出于习惯和担心也想守斋。可是，纯洁派教士给了他暗示，于是他便松开自己的手脚，就那么一次①，照着异端信徒心

---

① "就这么一次"，因为我敢说，正如下面就要看到的那样，这种情况是不正常的。

第二部分 蒙塔尤考古：从举止到神话

照不宣的信条行事了。他说："在我们教派里，既然没有为纯洁的信徒作硬性规定，那就是说，只要不是教长，就什么都不禁止。"说来也奇怪，那些纯洁派教士自己倒是一丝不苟地守斋的。

*　　　　*　　　　*

圣人（基督、圣母、圣徒……）、圣事、拯救灵魂或表达信仰、朝圣、守斋等等手段，都离不开"战斗机器"，在今生世界里，这部"战斗机器"便是教会，所以有人说教会具有战斗性，这倒是很有道理的[①]。那时的教会通过各个堂区的本堂神甫网络进行活动，上面有教皇主宰，近处有主教管辖。教会还依靠当时为数众多的托钵僧发挥作用，这些托钵僧在当时的奥克西坦尼非常活跃。

就托钵僧的活动而言，蒙塔尤和上阿列日还没有完全达到"标准"。在其他地方，小兄弟会和布道兄弟会的托钵僧们非常活跃，积极地劝人皈依天主教或重新加入天主教；可是在蒙塔尤，他们却只是偶尔露面。蒙塔尤人当然不会不认识他们，可是想要找到他们，可得跑些路才行。维萨纳·泰斯塔尼埃尔在贝洛家听了一些有异端倾向的议论，从而犯了一个大错，于是想要忏悔（I.459），她去找一个小兄弟会士忏悔，此人住在普伊格塞尔达，在加泰罗尼亚的山谷里，离她家很远。皮埃尔·莫里在他转场放牧地阿尔克（今奥德省），被一个托钵僧信誓旦旦的布道说得心里热乎乎的……（III.123）一个穷兮兮的小兄弟会士在一个寻欢作乐的场所大唱圣母经……不过是在山下的阿莱（II.123）。贝阿

[①] 在语言发展过程中，"战斗性"一词的含义更加丰富了。教会有"战斗性"，原因是它应保证其成员的灵魂将来得到拯救，与此同时，它又是一个有"战斗性"的组织，此词在这里的含义与当代就没有什么两样。

特里斯·德·普拉尼索尔的第一个丈夫已经去世,她若想与方济各会会士进行接触,就得离开上阿列日,到"北部地区的那些天主教狼和狗当中"去,这句不大好听的话是普罗斯特的朋友皮埃尔·克莱格说的,为的是让普拉尼索尔多加小心。普拉尼索尔这位萨巴泰美人说:"我与第二个丈夫在克朗帕尼亚(下阿列日)落脚以后,就能听到小兄弟会和布道兄弟会的会士们讲道了。我不再相信异端的邪说,我在马塞朗教堂里向里姆(今奥德省)圣母修道院的一个小兄弟会士做了忏悔。我的妹妹让蒂尔已在里姆订了婚约,里姆就在教堂附近,我到那里是去看望妹妹的。"(I.232)顺便提一下,贝阿特里斯的宗教感情既来自北部地区的托钵僧向她的灌输,也来自她与妹妹、圣母马利亚的特殊关系,她妹妹是虔诚的天主教徒,圣母受到她的特殊崇敬。小兄弟会为忏悔者设置了忏悔室,实现了"技术进步",此事也加深了贝阿特里斯的宗教感情。与此相对照,蒙塔尤的神甫依旧不管三七二十一,总是在圣母祭坛后面听取信徒的忏悔[①]。

在萨巴泰,托钵僧当然并非一个也看不到。他们聚集在帕米埃,有时,也有几个托钵僧到南部地区的村镇去,若有可能,就在那里全力以赴地讲道,听取忏悔(I.205; II.120)。当有人将异端分子因本堂神甫克莱格而受宽容一事告诉他们时,他们感到惊异,不明白为什么要这样做。他们中的一人惊得目瞪口呆,向一个特地从蒙塔尤赶来忏悔并告密的女人问道:"你们的本堂神甫究竟想干什么?"(I.324)

总起来说,小兄弟会和布道兄弟会在南部地区的影响并不

---

① I.224;参见 I.459(一个小城里的忏悔室),作为对比。

第二部分　蒙塔尤考古：从举止到神话

很大，他们在北部和拉巴尔山口以下地区都取得了较大成果。且不说是否有道理，反正他们在山区的形象不好。皮埃尔·莫里把托钵僧说成是阔佬、淫棍、锦衣酒肉之徒，说这种话的不只他一个人。尽管托钵僧的修道院公开声称恪守清贫，但是人们对托钵僧依旧骂不绝口。小兄弟会和布道兄弟会的会士如果在萨巴泰有更多的人活动，那么，他们就有可能借助半是侦探、半是自愿的告密，以及遍布各地的会众网创造出奇迹来。他们还可能不让1300—1305年间异端在上阿列日重新抬头，或者把他彻底压下去。他们还可能完全摧毁萨巴泰地区相当活跃的批判精神。他们还可能制造出成批的新型驯服会众来。可是，会士们不可能到处都有，他们要站住脚跟也并非易事。埃荣地区的村子里几乎见不到他们的影子。会士们远离城镇和人群，独来独往，自然与另外两个历史不长的传教修会发生冲突，这两个修会布道时城镇气味较浓，常在北部一些比较富庶和开放的小城镇活动①。

*　　　　*　　　　*

由于山区没有多少小兄弟会和布道兄弟会的会士前来活动，未

---

① 有时也能在这里或那里碰到少量男的或女的修道士，他们属于萨巴泰或富瓦伯爵领地的某个教堂（I.255 和 II.316），我们不准备探讨这个问题。关于帕米埃的方济各会士，参见同性恋者韦尼奥尔的材料（III.14—53）；关于帕米埃的多明我会士积极支持征收什一税，反对拒不交纳什一税，参见 II.321；在此时期中，托钵僧落脚在法国南部（虽然在萨巴泰看不到他们的踪影）城镇里，广泛布道，关于此事，参见勒高夫的文章，《年鉴》，1970年；《方茹手册》，第8期；拉普的著作，第128—130页。与此有关的一般性问题，参见杜比《新人文主义基础》，第90页和第100页；弗里施的著作，12—2，第459页；舍里尼的著作，第345页。总的说来，在上阿列日，缺少修会（托钵僧或古老类型的修会）的情况，在女人中比在男人中更为严重。

·588·

第二十二章 宗教实践

入修会的教士们就有了自由活动的地盘。首先从中得益的是住堂的本堂神甫，至少是蒙塔尤的本堂神甫皮埃尔·克莱格。他不但住堂，而且哪里也不去，所以对于他来说，这一点是不言而喻的[1]。皮埃尔·克莱格的前任皮埃尔·德·斯佩拉担任本堂神甫是在13世纪末期（I.223），那时已经规定必须住堂。克莱格死后，雷蒙·特里伊照管蒙塔尤期间，住堂的规定（暂时？）停止执行。特里伊的头衔是普拉德和蒙塔尤的副本堂神甫。既然有副本堂神甫特里伊照管，本堂神甫是否就不必再派了呢？差不多（I.466; II.239）。

在本书所研究的时期中，由本堂神甫换为副本堂神甫，又由副本堂神甫换为本堂神甫，这在上阿列日是制度[2]。大多数堂区有本堂神甫，本堂神甫人在，精神就也在，影响大得多，与人们的来往也就多得多[3]。另一些堂区则只有副本堂神甫。

本堂神甫住堂并不就等于能干[4]。与普通教民相比，皮埃

---

[1] 皮埃尔·克莱格管辖的堂区很小（请与拉普的著作第123页比较），所以他的强烈的个性所产生的影响也就更大、更糟糕。此外，蒙塔尤长期没有常住领主，罗克福尔死后连庄园主也没有了，这就使克莱格的影响更加巨大。

[2] 关于住堂问题，参见肖梅尔，1957年。在1404年的纳尔榜堂区里，只有四分之一的神职人员住堂，占总数一半的神职人员住在城里。根据我们所掌握的资料（这种资料当然不是准确的统计），在上阿列日，住堂制度执行得较好，可是，一个村子的本堂神甫也依然不住堂（见III.9）。除了住堂，还有一个问题，那就是堂区里是否有神殿。萨巴泰的少量地方没有教堂，原因就是附近有当地名气较大的神殿（II.320：基耶的村民们前去萨巴泰—塔拉斯孔教堂）。古里埃的情况就不甚清楚（I.350, 351, 352—355？）。

[3] III.50—53，特别是III.53；参见II.199。

[4] 我在这里不谈本堂神甫的培养问题，尽管这个问题实际上与住堂问题有关。许多迹象表明，在富瓦伯爵领地，构想工作远未做好，没有培养出一批数量足够的符合宗教信仰需要的本堂神甫（参见向南部地区输出神甫：I.336；又见巴尔泰雷米·阿米拉克的情况：I.251—259）。

第二部分 蒙塔尤考古：从举止到神话

尔·克莱格当然受过教育、聪明、很有教养。可是，与帕米埃的神职人员相比，特别是与偶尔到堂区首府来的有学问的伏多瓦派相比，克莱格就显得满身乡气了。不过，一切都是相对而言的！萨巴泰其他村子里克莱格的同事们，也不是没有毛病，总体上说，其瑕瑜互见的程度与克莱格相差不多。于纳克的永久副本堂神甫阿米埃尔·德·里欧，与皮埃尔·克莱格一样，同他邻近堂区的同事一起，坐在火边读经书，边读边讨论。他们念圣奥古斯丁的书，表现出强烈的求知欲。其中有的人水平很低。贝德亚克的本堂神甫阿戴马尔·贝德亚克说，他在一次讨论中遭到本堂区的一个人的质问时，引用过一段圣经，过后怎么也想不起来了（Ⅲ.53）。

本堂神甫意味着权力[①]，当然也意味着知识，但更意味着权力。克莱格便是蒙塔尤的这样一个典型。但是，除了这位个性特别明显的本堂神甫外，萨巴泰人心目中的本堂神甫，都是独断专行的形象。纯洁派教士们为了宣传自己的信仰，有意往这种令人讨厌的形象上添油加醋（Ⅱ.307）。皮埃尔·奥蒂埃说："这个地区的神甫居然让他的教民们吃草，就像牧人拿着棍子放羊一样。"接着，为了说明他厌恶神甫们撒谎的本领，他说："这些神甫让我想到了犟牛，这些犟牛把蹄子伸进奶桶里，把刚刚从它身上挤出来的奶踢翻在地上……"[②]

[①] 村民们向本堂神甫忏悔，忏悔对本堂神甫的权力是一种保证（Ⅰ.223—224；Ⅱ.200等）。

[②] 本堂神甫的权力、村镇的世俗群众的觉悟以后反对本堂神甫的权力等问题（市政当局反对教会，法反对权），在本书所研究的时期之后的近代和现代，是理解法国南部心态的中心问题。在1300—1320年间，农民的请愿运（转下页）

第二十二章 宗教实践

本堂神甫享有威望,连副本堂神甫也享有威望,这从人们对他们的称呼上就看得出来。在地方上,有钱人管本堂神甫叫"主人",即使在牢房里遇见因故也在坐牢的本堂神甫,依然这样称呼[1]。这个词到了 20 世纪,就成了我们常用的"先生"了。许多本堂神甫不但有家,还有一个规模不算小的农场,再加上谷物什一税,他们就有本钱摆谱了;通常他们还有家产,这就使他们相当富有[2]。本堂神甫可是个人物,有地位的人也得对他称"您",而他对普通老百姓却称"你"。下面这段对话很典型地显示了双方的称呼。

阿克斯累太姆学校的老师热拉·德·卡瓦尼亚克骂过嫖娼卖淫的人[3],他当着赶骡子的皮埃尔·维塔尔的面,向奥尔陆的本堂神甫杜朗·德·普莱比特利亚问道:"杜朗'主人',这个赶骡子的话您听得懂吧,他说嫖妓不算罪,嫖客付了钱,妓女收了钱,那

(接上页)动已经在萨巴泰初露端倪,这种请愿运动的矛头所向是堂区的神殿,农民们认为圣殿是公有财产,不是教会的财产。一个农民说:"教堂是我们的。"(II. 316)村民们还善于分辨自己的村民身份(某一地方的居民)和教民身份(堂区不一定与自然村的地域完全相等),参见雷蒙·德·拉比拉:《基耶的村民和萨巴的教民》(II. 316)。

[1] 贝尔纳·克莱格在狱中致贝尔纳·阿米拉克(II. 237—304)。又见 III. 8(副本堂神甫尼古拉家),III. 297—299。

[2] 上文第三章;及 III. 173。本堂神甫生活阔绰是不争的事实。但在其他地区(参见皮波尼埃小姐论述 14 世纪勃艮第乡民死后财产清单的未出版著作)……或其他时期(德塞夫的著作,1970 年)。可是,格拉曼夫人在她的论文导言中指出,由于本堂神甫未被领主接纳(除非是情夫),所以与村民相当接近。

[3] III. 297—299。杜朗·普莱比特利亚这个名字,大概是名字与职务相结合的产物,也就是说,这个名字可能包括一个别名或地名,或某个有很多人当本堂神甫的家族的姓在内。

第二部分　蒙塔尤考古：从举止到神话

就不算罪。"

杜朗"主人"答道："我听明白了。"说着他就转过身子去，狠狠瞪着那个该死的赶骡子的人，训斥道："你胡说！"

本堂神甫的威望不是一个人的特权。蒙塔尤和萨巴蒂埃一样，好多本堂神甫都出自同一些家族，成了"本堂神甫家族"。这些家族的成员，包括没入教的人和女人，个个都让人又敬又怕，害怕多于尊敬。克莱格一家的姓就很好，让人一下子就想到了他们是神职人员，他们在蒙塔尤（和别地方）就让人又敬又怕。埃麦尔桑德·马尔蒂对戈奇娅·克莱格说："我什么都不跟您说，您是本堂神甫家族里的人，我怕您。"[1]

有了权就有欲望。女人爱权势。本堂神甫不管是否仪表堂堂、有教养、有能力、和蔼可亲、粗暴、机灵、刚强、温柔，或是又矮又小，猥猥琐琐，总能得到堂区里的女人们的青睐。他们挑女人实在挑得眼花。何况他们还是职业巫师[2]。皮埃尔·克莱格的例子虽然有些极端，但并非不典型，所以很能说明问题。可是，在这个地区，到处都能见到神甫的"女佣"[3]、"神甫的女人"[4]。格里高

---

[1] III.357；戈奇娅·克莱格实际上是本堂神甫皮埃尔·克莱格的堂妹（III.70）。

[2] 贝阿特里斯·德·普拉尼索尔说到了神甫的巫术（上文第九章）。在20世纪的蒙塔尤民间传说里，仍留有某些踪迹，例如"驱雹本堂神甫"、"避邪本堂神甫"等等。

[3] "神甫的女佣"这个词在帕拉尔很常见（I.251）。这个词在英国也使用（参见弗里施，12—2，第412页）。

[4] 参见迪富·德·马吕凯书中关于富瓦伯爵领地的各种人物在1390年所扮演的角色（他谈到了神甫的老婆、神甫的姘头等）。又见神甫的私生子（III.163）。在蒙塔尤，皮埃尔·克莱格的前任本堂神甫，就与一个女人一起住（也许是女佣？I.223）。纯洁派布道人常常指责本堂神甫轧姘头（II.178等若干处）。离蒙塔尤不远的帕拉尔堂区的神甫，在合法状态中与人姘居（I.252）。但是，（转下页）

利改革和反对神职人员淫乱的规定,在萨巴泰绝对不可能不知道,况且口头上还表示拥护呢!然而,说归说,做归做,两者差得很远。当然,行为不检点的神职人员在萨巴泰只占少数,但是,他们招摇过市,谁都看得见,而且人数也不少[①]。

总之,在蒙塔尤,在上阿列日,本堂神甫走到哪里都是吃香的人物。这是一些有权有势、闪闪发光、非同一般的人,他们不同于古老的修道院和反宗教改革者想要扶持的那些牧师,也不同于政教分离后让法国人弄得服服帖帖的教会小职员,更不同于19世纪反对教会人士一口就能吞下去的那些教士。蒙塔尤的本堂神甫是个颇有影响力的风标[②]。他要是心血来潮倒向纯洁派,哪怕就这么一点点,用不了多久,村里大多数人就会冲破一切阻拦,跟着往纯洁派靠,跟着去犯纯洁派教士的那些"错误"。总起来说,撇开纯属个人的问题,萨巴泰的院长、城堡主[③]和副本堂神甫们,都体现了当地教会的战斗性,而当地教会的面貌,与出现托钵僧

(接上页)他们的宗教和教义也就常常靠不住了(Ⅱ.318)。与此不同,纯洁派的教士们声称(有时没道理!),他们是贞操的典范。关于这个时期教士婚姻和他们的淫乱,参见舍里尼,第205、210、228、288页。

① 莫拉的著作(C.D.U.),1965年,卷Ⅰ,第45页,他提供了格勒诺布尔、阿克斯累太姆、纳尔榜各堂区在1315—1425年间本堂神甫的姘居数字,数字显示他们在同事中占少数,但人数也不少。
② 请与梯里《旺代》、布沙尔《不变的村庄》相比较。
③ 词汇(领主、院长)问题很有意思(Ⅱ.224,332;Ⅲ.237等若干处)。本堂神甫皮埃尔·克莱格有时也被称作院长(贝阿特里斯·德·普拉尼索尔特别喜欢这么称呼他),有时又被叫作教堂管事。蒙塔尤教会最早可能具有当地那种敬奉圣母的小教堂地位(关于南方小教堂问题,参见杜比《新人文主义基础》,第93页;关于蒙塔尤,参见姆利《索尔特地区》,1958年)。

第二部分 蒙塔尤考古：从举止到神话

和进行格里高利改革之前，没有多少不同[1]。

本堂神甫是中心，在他的上下远近有一些可有可无的或是辅助性的组织，当然，他上面的高级神职人员是必不可少的。在萨巴泰的乡间比较开化的堂区里，一个或若干个神职人员（入了小兄弟会的农民，甚至不懂一点拉丁文）所起的作用（许多作用中的一种），两个世纪以后要好多人才能完成，不但如此，那时的人还更年轻，那就是唱诗班的孩子（自文艺复兴时期起，这些孩子的文化功能越来越大，只不过萨巴泰人并不知道这种文化功能）。担任这种任务的成年人，出现于1300—1320年间的奥尔诺拉克和古里埃[2]，这两处离维克德梭不远，在一个出产铁矿的地区。在阿列日山谷的罗尔达村，有一些"干活的人"（大体上相当于教堂的管家），他们向同村的老乡按人头收钱（有时老乡会嘟囔几句），去买圣餐杯[3]。蒙塔尤也许太小、太不虔诚，那里没有这类唱诗班的孩子和"干活的人"，即使有，（肯定）也起不了多大作用。本堂神甫身边唯一的帮手，是"学生"，一个什么都得干的学生，所谓学生，可能指他跟着"师傅"学一星半点拉丁文（？）。皮埃尔·克莱格在执行本堂神甫的任务中，权力基本上是独享的。

---

[1] 格里高利改革在奥克西坦尼和朗格多克某些地区势力很小，参见舍里尼的著作，第331页。

[2] I.350（这些神职人员主持弥撒）；I.351（在该村至少二人）。关于这个时期的神职人员的一般性问题（儿童唱诗班尚未盛行之时），见舍里尼的著作，第282、457页；弗里施的著作，卷14—2，第736页。奥尔诺拉克的一个神职人员是告密者：I.195—196。

[3] II.198（"干活的人"或教堂管家）。关于这些人的一般性问题，见莫拉的著作，C.D.U.，1965年（朗格多克的情况），第84页；弗里施的著作，卷12—2，第418页。

第二十二章 宗教实践

现在来看看上层宗教机构，例如主教和教皇。先从教区说起。蒙塔尤的本堂神甫参加在帕米埃举行的教务会议[1]。皮埃尔·克莱格趁机会会老朋友，到居住在外的女友那里"转一转"。由于教区情况比较特殊，帕米埃主教的权力显得特别大，在蒙塔尤就能感到这一点。蒙塔尤人常常为了一点小事到帕米埃去，他们流着泪应召去拜见主教，或是匍匐在他的脚下，或是被关进大牢。

乡民们对教皇并非一无所知。阿尔克是个相当偏僻的乡村（在今奥德省），这个村的居民觉得自己信奉异端犯了罪，于是去到教皇驻地，凡是可以宽恕的人，真的都得到了宽恕。纪耶迈特·阿尔热利耶是蒙塔尤的一个农妇，娘家姓卡拉维斯，就连这么一个农妇也不仅知道教皇，还知道教皇是怎么回事。她说了一句大实话："本堂神甫听教皇的，教皇是上帝派来的代表。"（III.95）贝利巴斯特还利用谐音拿教皇开玩笑，说他领别人的钱[2]，逗得听的人开怀大笑，这些人全是蒙塔尤的牧人，都不傻。

*　　　　*　　　　*

可是教皇很远。主教也很远，在山里很难见到他，教民们壮着胆子到帕米埃去见他，也不一定能见着。主教不来，小兄弟会和布道兄弟会的会士们在当地也没有建立起传教网来，教民们很难听到他们布道，在这种情况下，向乡民们灌输宗教思想的任务

---

[1] I.234。理论上说，从雅克·富尼埃的继任者上台起，帕米埃教务会议应该每年举行两次（出处同前，注92）。在此之前，此会举行的频率要低些。蒙塔尤是帕米埃教区的下属，所以它应该与萨巴泰总本堂神甫区保持联系。我们不掌握这方面的资料（关于总本堂神甫区，参见本书第十八章以及弗里施的著作，卷12—1，第206页；舍里尼的著作，第151页）。

[2] II.54。

第二部分　蒙塔尤考古：从举止到神话

就落在本堂神甫的肩上了。传播宗教思想采取两种方法：一是正式布道；二是向大人和孩子讲解重要的教义。奥克西坦尼主教会议对此有明确的规定："神甫应于周日、节日……向信徒讲解教义"[①]，1254年阿尔比主教会议还规定："年满七周岁的儿童应被领到教堂接受天主教教育，学习天主经和圣母经。"[②]

从宗教理论教育到宗教实践，只有一步，可是，这一步并非都能迈过去。纯洁派教士们在夜晚聊天时对农民们说："神甫们不负责任，他们不对教民们进行教育，只知道让他们吃草。"（Ⅱ.367）听了这些话，教民们似乎很高兴，因为，纯洁派教士说的并非全无根据。

当然，也不能听了纯洁派教士的话，就以为村里教堂不向教民布道。绝非如此。资料表明，做完周日弥撒后，神甫就用通俗语言布道。于纳克的终身副本堂神甫阿米埃尔·德·里欧就是这样做的，他的听众总共有50来人，其中包括一个贵族和一个神甫。他用奥克语讲解信经和其他经典，应该承认，他布道时塞进了一些"邪说"，例如，他说人死后不会复活，新生儿身上没有灵魂等等。听众中一些受过"教育"的人，听了这些"邪说"后疑窦丛生，可是大多数听众却无动于衷（Ⅲ.9—13）。像里欧这样的布道者并非绝无仅有，另一个乡村神甫反对圣子降生的理论，他在布道时[③]当众宣称，基督（与所有人一样）也吃也喝，只不过"吃相

---

① 曼西的著作，卷23，第830页及以下各页。
② 出处同上，第837页。参见弗里施的著作的12—2中关于整个西方的一般论述（此书中勒布拉撰写的部分《本堂神甫的职责》）。
③ 此处无需使用"讲坛"一词，因为此词在文中仅为一种比喻，而当时在乡村的教堂里，却实实在在有这种家具（参见莫拉的著作，C.D.U.，1962年，影印本，Ⅰ，第45页）。

较好"而已（Ⅲ.55）。多年以后，萨巴泰人说起这件事来，依然忍俊不禁。

可是，也不能因此就把这些周日布道的本堂神甫们，想象成激进的异端分子。资料表明，这种怪事极为罕见，当然资料做这样的记载，也反映了记录者想要有效地消除这类怪事的意图。所以，我们必须对事实有个正确的认识。总起来说，富瓦伯爵领地的本堂神甫们在布道和其他场合所宣扬的，基本上是与罗马天主教相符的教义。例如，布道者巴尔泰雷米·阿米拉克，受到宗教裁判所的怀疑，可是，被怀疑的是他的品行是否端正，而他宣扬的教义是否纯正，却从未受到怀疑。要知道，他可是在达鲁教堂里教授男女"学生"的（Ⅰ.252）。他的目的（南方主教会议要求他担负这个责任）显然是把天主教教义灌输给他的学生们。奥尔诺拉克的纯洁派教长和农民纪尧姆·奥斯塔兹的一番话，为此提供了有力的证明。他说："受了皮埃尔·奥蒂埃和我妈的影响后，我不再相信人死后能复活。可是，我思想上依然摇摆不定。教堂里的神甫布道时说，人死后是会复活的；再说，纪尧姆·阿尔赞纳克神甫和我妈一起住在罗尔达时，我还年轻，他负责对我进行教育，他也说人死后是会复活的。"[1]

我们看到，异端思想主要是自上而下传播的（在家里和家庭成员之间），长辈传给后辈，年纪大的传给年纪轻的。天主教教义则是由神甫口授的，他们在布道时和周日给学生讲课时，都传播天主教教义。纪尧姆·奥斯塔兹这一实例说明，只要有神甫，天主教教义也可以在家庭内部传播；神甫与奥斯塔兹的母亲同居，

---

[1] Ⅰ.206。蒙塔尤的纪尧姆·福尔也在教堂里听布道者说，死后会复活（Ⅰ.447）。

第二部分 蒙塔尤考古：从举止到神话

顺便也就担当起了家庭教师的责任。奥斯塔兹的母亲是个富有的农妇，她有条件这样做，其他贫困的农民，也就是大多数老百姓，他们没有这种条件，他们花不起钱在自己家里养一个可以随时支使的神甫。

* * *

总而言之，农村神甫的活动是天主教传播的主要途径，是代代相传的文化再生产的一个组成部分。从这个观点看，在这个时期中，两种宗教在蒙塔尤并非势均力敌。皮埃尔·克莱格神甫虽然向他的学生讲授天主教教义，但是，由于他满脑袋激进异端思想，而且对自己的表里不一毫不遮掩，竟然敢说当神甫只是为了挣钱（I.227），因而，他在讲坛上的布道，对于让蒙塔尤人接受天主教教义，作用实在有限。因此之故，蒙塔尤的大多数人更加容易倒向异端，至少倾向于对异端采取宽容的态度。当然，坚定的天主教徒还是有的，例如维萨纳·泰斯塔尼埃尔的母亲和让·莫里的母亲，她们在自己家里总是抱着善良的愿望①，尽力向自己的孩子们传播天主教，可是从她们嘴里讲出来的天主教教义，也多少有些变味了②。既然没有一个好神甫，这些好心的农妇怎能敌得过纯洁派教士们的巨大影响呢！

* * *

不管是否通过布道进行传教，这种方式毕竟不是唯一的传教方式。除了布道，还要通过艺术传播宗教。我们只知道教堂里确

---

① 请与拉普的著作中第329页进行比较。
② I.461和本书第二十一章（让·莫里之母）；与拉普第142页比较；莫拉, C. D. U., 1962年, 影印本, I, 第40—42页。

第二十二章 宗教实践

实唱歌,但不了解详情(I. 145, 146)。除了唱歌,还有视觉艺术,塑像、壁画、玻璃窗上的彩画和盛典里的各种绘画,都是传教的艺术手段。在萨巴泰,能打动人心的主要是一些用斧子砍出来的简单而质朴的雕像。可是,纯洁派教士们却不赞成。小老百姓们认为,教堂里的木制雕像本身就是奇迹(II. 54—55),贝利巴斯特对这种说法嗤之以鼻,他对西克尔说:"笨蛋,你相信木头能创造奇迹吗?"皮埃尔·奥蒂埃讥笑一块儿聊天的牧人们:"你们自己用斧子砍出来,然后你们自己把这些东西当神供起来!"(II. 240)圣母也是木头做成的,阿克斯累太姆的贝尔纳·戈贝尔这样不以为然地说:"圣母就是一块木头,没有眼睛没有脚,没有耳朵没有嘴!"①

---

① II. 333。关于此时期通过艺术,特别是通过造型艺术在民间传播天主教问题,参见(例如):杜比,《新人文主义基础》,第96页,第106—107页;莫拉的著作,C.D.U.,1962年,影印本,I,第63页及以下各页,第97页。

第二十三章

沾染异端思想的人和纯洁派教士

迄今我们所讨论的都是蒙塔尤和萨巴泰的正统天主教,当然并不很深入;至于那些"邪说",我们仅仅把它们放在与"正统教义"对比之下作过一些论述。现在,我们要专门就其本身来进行讨论。

首先讨论千禧年说。一些迹象表明,蒙塔尤等山区居民相信千禧年说,诸如:预计世界末日即将到来而惶恐不安[①],等待打乱一切之后出现一个幸福的王国[②],激烈的反犹情绪,等等。那么,千禧年说在山民中的影响达到了什么程度呢?回答很简单:影响很小。山村地区基本上没有受到影响,城镇地区受到一些影响,但不大。贝利巴斯特在西班牙居住时曾预言:"不久以后,部族与部族之间会打仗,王国与王国之间会打仗,到那时,阿拉贡王的

---

① 总的来说,天主教徒和当地的阿尔比派当然相信世界末日说(II.405 和本书下文第 609 页),不过他们并不认为,世界末日会在未来某一个确定的日子里到来。
② 参见《圣经·新约·启示录》,XXI—4。

第二十三章 沾染异端思想的人和纯洁派教士

一个后代就把他的马赶到罗马的祭坛上来放①……"贝利巴斯特向蒙塔尤的纪耶迈特·莫里说这些话时,这位女听众的反应仅仅是一种好奇,她有礼貌地问道:"先生,这事什么时候会发生?"(回答:"随上帝的意愿而定。")

我们还发现,尽管奥依人中暴烈的牧人普遍相信千禧年说②,而且杀戮犹太人,但是这些人的影响没有超过加龙河以及图卢兹地区。不错,帕米埃的虔诚信徒是反犹主义者,这一点可从犹太教徒和基督徒关于鬼的故事中看出来,这类故事在城里的教堂中不难听到。阿尔诺·热利是个与死人对话的能手,他说:"单凭气味,我就能从鬼魂中认出犹太人来。"可是,蒙塔尤人虽然听说过犹太人,但是蒙塔尤没有犹太人。在我们掌握的资料中,与蒙塔尤人有关的犹太人只出现过一次,那是一个受过洗的犹太人,贝阿特里斯·德·普拉尼索尔为他施了一点小巫术,他要向她付费。既然没有犹太人,纵然有千禧年说者,也不存在迫害犹太人的问题③。

在我们这个佩戴黄十字标志的村子里,由于没有仇恨犹太

---

① II. 63。贝利巴斯特的这一幻觉,与一桩实有其事的阴谋相符:1304 年,贝尔纳·戴里西欧企图加害于马略尔卡岛国王的儿子(莫利尼耶的著作,第 144 页)。参见有关皮埃尔·莫里谈贝利巴斯特的一段记述(III. 237),贝利巴斯特宣称,新皇帝弗雷德里克就要到来,他将为阿尔比派鼓劲并弹压天主教徒,这个消息对于千禧年说派无疑是个佳音。皮埃尔·莫里平常比较谨慎(III. 234),对于贝利巴斯特说的这些话,多少也有些怀疑。

② 见本书上文第十八章。

③ 可是,移居外地的蒙塔尤牧人皮埃尔·莫里,却受了贝利巴斯特布道的影响,也染上了反犹太主义情绪,竟说所有犹太人在最后审判后都得进地狱(II. 513—514)。关于犹太人和鬼魂,参见本书下文第二十七章。

人的理由,所以看不出有人仇恨犹太人。可是,对于相信千禧年说的那些狂热分子来说,反犹主义只是问题的一个侧面,而这个问题的中心是世界末日即将到来。由于存在这种想法,就没有充分理由为此进行革命性的准备工作。不过在蒙塔尤,这个问题仅在少量小事上得到反映,与此同时,它也引起了某些人的心理抵制。

在这个时期的朗格多克和富瓦伯爵领地,关于世界末日的流言有所传播,这是可以肯定的事实。看起来,此事与当时的文化传播有关:有关蒙古人入侵的传闻,似乎为此事的可信性提供了依据。行吟诗人蒙唐哈戈尔就对蒙古人的到来深感忧虑,他说:"瞧,鞑靼人从东方打过来了。上帝若是不阻挡他们,他们就会把所有的人都拉平,不管你是老爷、教士还是农民。"[1]这是编出来的故事吗?且往下看。1318年,从帕米埃到阿列日,在两地之间的大片地区里,关于世界末日到来的流言传得很广。原籍帕米埃的贝特朗·科迪埃说:"今年在桥那边的基耶堂区里,我碰见四个塔拉斯孔人,其中有阿尔诺·德·萨维尼昂。他们问我:'帕米埃有什么新鲜事?'

我回答道:'有人说……那个反基督的人已经出生了。每个人都得管好自己的灵魂,世界末日就要到了。'

阿尔诺·德·萨维尼昂不相信,他说:'我才不相信呢,世界没有开头,也没有末日,安安稳稳睡你的觉去吧!'"(I.160—161)

阿尔诺·德·萨维尼昂是个受过教育的瓦匠,他相信世界是

---

[1] 内利,《行吟诗人和色情》第245页引述了蒙唐哈戈尔的话,XX,6,8。

第二十三章　沾染异端思想的人和纯洁派教士

永恒的,这个坚定的信念既来自一句顺口溜(I.167),也来自30年前在塔拉斯孔开办学校的老师托侣对他的教育。这就是说,他的这一信念有两个基础,一个是民间观念,一个是知识(I.165)。宗教裁判所指责阿尔诺竟然相信世界永存这种奇谈怪论,逼得他走投无路,只好承认自己对宗教无知,这才过了关。他说:"我在采石场干活,每次参加弥撒都早早退场,没有工夫听布道。"(I.167)这个辩解实在不高明。事实上,这个不相信世界有末日的异端石匠所反映的,是在萨巴泰民间传播很广的一种看法。我们发现,他曾用当地的一句顺口溜支持自己的观点:"古往今来都一样,男人总是偷婆娘。"他还说:"我听萨巴泰的许多人说,过去世界一直存在,将来也一直存在。"① 阿尔诺还说过:"除了我们这个时代,再也没有其他时代。"②(I.163)这句话其实是贾盖特·当·卡罗在别处说过的话。贾盖特是阿克斯的一个普通妇女,她在说这句话时,还无所顾忌地说了类似的另一些话。那是她到磨坊去磨面时,在许多与她一样去磨面的女人面前说的。贾盖特拒不相信来世和彼岸,与她怀疑死后能复活有关③。("到另一个世界去找爸爸妈妈,复活之后就能找回自己的骨头和肉?去他的吧!")贾盖特和阿尔诺的怀疑,与萨巴泰的本堂神甫们和帕米埃的小兄弟会士们的官方宣传,完全背道而驰(I.206; I.152)。

---

① I.167。1355年,一个"邪人"声称,世界没有末日,人死后也没有什么奖惩,他因此在阿克斯累太姆被通缉(加里古《古老的富瓦地区历史研究》,1846年,第250页)。

② I.151。此处的"时代"意为"世界"。这个词还可以兼有世界和时间的双重意义(III.70)。

③ 见本书上文以及 I.151—153 页。

第二部分　蒙塔尤考古：从举止到神话

不相信世界末日、最后审判、来世和复活，这显然就是否定一切关于千禧年的宣传，而这种宣传则是农民流寇和教会人士依据来自北方或南方的预言用各种方式进行的[①]。萨巴泰比较守旧，对天主教的新思想（可以说是越轨的思想）很难接受；可是这些思想在比较开放的北部地区却得到传播，那里有较多的托钵僧[②]，农民流寇队伍有时也到这里来。

山区的怀疑主义是否仅在上阿列日的城镇，诸如阿克斯、塔拉斯孔等地才有呢？不是！阿尔诺·德·萨维尼昂指出，在萨巴泰几乎到处都可见到这种情绪，我也在一些大胆的村民身上见到了类似的情绪。在蒙塔尤，贝阿特里斯·德·普拉尼索尔被指责说过这样一句话："人死后的躯体就同蜘蛛网一样消失了，因为它们都是魔鬼做出来的。"（Ⅰ.309）贝阿特里斯不相信死后复活，她的这一信念部分地建立在纯洁派的二元论上，纯洁派认为人的躯体来自魔鬼，所以是要消失的。奥尔诺拉克的纯洁派教长纪尧姆·奥斯塔兹是个富有的农民，他也抱有怀疑态度。一天，在本村的墓地里挖出了一些骨骸，据说这些骨骸是应该复活的，当时奥斯塔兹也在场，他就趁机宣扬他对复活的怀疑，于是对在墓穴前为一个死者下葬的村民说："死人的灵魂怎么可能有朝一日又回到这些原来属于他们的骨骸里去呢？"（Ⅰ.206）此外，他也既不相信普遍复活，也不相信千禧年说。对于到处杀掠的农民流寇所主

---

① Ⅰ.160（东方）；Ⅰ.177 及以下各页（源出北方的千禧年预言）。
② 关于托钵僧在富瓦伯爵领地北部站住脚跟问题，参见阿尼·卡兹纳夫的文章，"奥德和阿列日的托钵僧"，《方茹手册》，第 8 期，1973 年，第 147 页：小兄弟会士和布道兄弟会士自 1269 年起便在帕米埃站住脚跟，但作为一个修会，托钵僧从未在萨巴泰和拉巴尔山口以南地区站住脚跟。

第二十三章 沾染异端思想的人和纯洁派教士

张的反犹主义,他同样持反对态度。支持他的想法的人说:"犹太人的灵魂与基督徒的灵魂一样可以得到拯救。"[①]

当然,贝阿特里斯·德·普拉尼索尔、纪尧姆·奥斯塔兹和阿尔诺·德·萨维尼昂等人(不包括贾盖特·当·卡罗)都是村子里的精英人物,或者说是"镇子里的人"。但是,蒙塔尤和其他乡间堂区的普通老百姓,也与这些精英一样,不相信来自北方的那些革命派传播的千禧年说,他们虽然接受死后复活的说法,但对此完全没有任何狂热的表现。住在拉巴的贝尔纳·多尔特说:"在拉巴,我们几个人在本村的广场旁边让蒂尔家门口,与他妻子玛卡利一起说笑话(那天是圣母取洁瞻礼日)。说笑一阵后,我伸出手指让玛卡利看,并对她说:

'将来我们就能带着这些肉和骨头复活?去你的吧,我才不相信呢!'"(I.258—265)

在蒙塔尤和罗尔达,颇受尊敬的奥蒂埃兄弟也反对肉体能复活的说法(I.206)。村民阿尔诺·考古尔(罗尔达人)听了他们的说教,企图调和两种对立的说法。一方面,他相信罗马天主教,认为在世界末日到来的那一天,肉体会复活;另一方面,他又认为,最后审判结束后,肉体将化为乌有[②]。

[①] 基耶的农民雷蒙·德·拉比拉也希望为基督之死报仇,但他与那些农民流寇不同,农民流寇以替基督报仇为借口,在巴黎盆地和阿基坦盆地大肆迫害犹太人,雷蒙只希望把当地的高级教士派去当十字军,以便为基督报仇(II.323)。雷蒙完全不知道谁是犹太人,他竟然问本堂神甫:"希伯来人是人吗?"此外他与当地许多农民一样,也分不清基督和上帝有什么不同,这说明他确实很无知(II.319)。

[②] I.378。

第二部分 蒙塔尤考古:从举止到神话

在这个问题上的思想混乱,使村民们不可能对天下大乱之后将会出现一个人间天堂的说法,抱有很大热情。因为人间天堂的出现取决于两个条件:一是最后审判,一是普遍复活[①]。总起来说,由于一些各不相同的原因,千禧年说在萨巴泰没有多少市场,精英们表示怀疑,懂道理的农民表示反对,一般群众漠不关心。

*　　　　*　　　　*

相信千禧年说一点也算不得可怕,比这危险得多的是不相信某些教条,尽管只是部分不相信,而不是全然不相信。在阿列日山谷一带,这种不相信教条的情绪相当普遍。阿列日山谷一带是萨巴泰的文化轴心,而蒙塔尤也是这个文化轴心的一个组成部分。让我们来看看蒂尼亚克的雷蒙·德·莱尔的情况。此人是个地地道道的农民,一年到头在地里干活,种麦、割草、放骡子。他认为灵魂无非就是血;瘟疫流行时,他见到过许多两条腿的和四条腿的动物因缺血而大量死亡。所以,灵魂既然就是血,这些动物死后当然就没有灵魂了。雷蒙·德·莱尔不相信复活。他认为,神甫的话全是"胡说"。活得好就是在天堂里,活得赖就是在地狱里。此外就没有别的了。

这个胆大包天的庄稼汉在反对教会这方面真是毫不妥协。他说,主教算什么,不是和大家一样干那种事吗,要说不尊敬,那就是对红衣主教不尊敬,没什么大不了的事。雷蒙·德·莱尔对宗教的亵渎还不止这些,他曾在村子的广场上对3个同村的人说,

---

① 关于这些问题,参见考恩的著作,1961年;拉普的著作,第158页;关于世界永存问题的信念,参见康托罗维奇,《国王的两个身体》,第273页。

第二十三章 沾染异端思想的人和纯洁派教士

上帝,也就是基督[①],"跟我们大家一样,是有人干了那种事之后,也就是说,男人和女人睡了觉之后才生出来的。"

雷蒙·瑟吉听了这些亵渎神明的话,大惊失色,马上驳斥:"你再说一句,我就拿锄头砸烂你脑袋。"

雷蒙·德·莱尔也不相信圣母马利亚的童贞,他说,"圣母"玛利亚是和约瑟夫有了事才怀孕的。他对基督在十字架上殉难以及复活和升天,都不相信。对于他来说,这倒很符合他的逻辑。由于他不相信有什么圣体不圣体,所以他在许多年里,根本不领圣体(II. 130)。

大胆的雷蒙·德·莱尔其实是个折衷主义者,有时候他不相信灵魂,说灵魂就是血,有时候又相信灵魂能转世。这是因为他受了蒂尼亚克其他农民的影响,那些农民不但相信动物是有灵魂的,而且认为骡子的灵魂特别好。其中一个对雷蒙·德·莱尔影响特别大的人,居然毫不犹豫地把自己的骡子赶到另一个农民的地里去放,那块地里的麦子已经长得老高了,他说:"我的骡子灵魂特别好,跟这块地的主人一样好。"

雷蒙·德·莱尔的思想已经接近唯物主义了,或者说接近自然主义或斯宾诺莎主义了。一天,高苏(离蒙塔尤不远)的一个农民和他一起割草,他竟说:"上帝和圣母马利亚不是别的,就是我们看得见和听得着的世界。"(II. 129)

在伦理方面,雷蒙几乎没有"罪"的概念,哪怕是杀人和乱伦。他自己就是小姨子(他老婆西比尔的妹妹)的情夫(II. 132)。他之所以没犯别的罪,不是因为他觉得那是罪,而是觉得那样的

---

① 在萨巴泰,上帝和基督总是分不清楚,农民们把他们一概叫作上帝。

话，就会败害自己的名声。

像雷蒙这样的人在堂区里虽然不止一个，但他毕竟有点让人讨厌，没人喜欢他，有人说他是疯子，说他会巫术。一天，他在村外为他情妇罗蒂埃尔耕地。他拴了两头不听话的牛，两头牛总走不到一起，结果牛轭掉了下来。他毫不在乎，只说了一句："魔鬼，把它架上去！"牛轭马上回到了牛肩上[①]。年轻时候，他发过两个月疯，不过从那时已经20年了，他一直把庄稼侍弄得好好的，这说明他没有毛病。

雷蒙与一般蒂尼亚克人的想法总是有些不一样，不过他并不孤立，因为这个村子的人多少有些倾向异端并反对教会。蒂尼亚克村有个思想越轨的人叫让·若弗雷，是雷蒙的亲戚，他信奉一种不三不四的纯洁派，认为令人讨厌的动物都是魔鬼造出来的（II. 121）。阿尔诺·娄弗尔与纯洁派常有来往，他把当地一个女人的灵魂说成是雷蒙·德·莱尔的一头母猪（II. 132）。纪耶迈特·维拉尔对赎罪券持怀疑态度（II. 122）。雅克·德·阿尔岑和雷蒙·菲利普想凑钱雇个杀手去杀主教，他们说："把主教杀了，就不用再缴牲畜什一税了。"[②]

认为灵魂就是血的人，不只是蒂尼亚克的雷蒙·德·莱尔一个，奥尔诺拉克也有，那就是纪耶迈特·贝内。这个女人与蒙塔尤的纪耶迈特·贝内同名同姓，是个普通农妇，有房子，有女婿，还有菜园。她也认为灵魂就是血，而且花样翻新，有所发展。据

---

① II. 126。此事表明，当时大概有一种训练役畜的巫术，不过，在这则故事中，这种巫术被雷蒙或告发他的人说得走样了。
② II. 122。关于雷蒙·德·莱尔以及蒂尼亚克的资料，参见 II. 121, 122, 126, 129, 130, 132。

第二十三章 沾染异端思想的人和纯洁派教士

她说,当你杀鹅的时候,鹅血喷出来,性命也就随着跑了;这也就是说,灵魂=性命=血[①]。纪耶迈特有时又说,灵魂就是气,气也就是风。因为病人吐出最后一口气就死了,最后这口气不是灵魂又是什么呢?气从人的躯体出来后,就像风一样到处游荡,夜里还哼哼,有时又像闹春的猫那样叫,人都能听见,一直要到灵魂找到能安息的"好地方"才算完。

奥尔诺拉克的纪耶迈特·贝内(与雷蒙·德·莱尔一样),脑子里有两种与基督教教义相去甚远的观念。其一,灵魂是一种物质,其二,人死后的灵魂像气一样到处游荡,而且还能转生。这两种观念显然又是彼此不相容的。从这里可以看到萨巴泰、索尔特和蒙塔尤的民间观念中某些占主导地位的想法,这些想法实际上与有学问的人的想法不无某种联系[②]。

阿斯库的牧人和种田人雷蒙·西克尔认为,灵魂既不是血,也不是气,而是面包。灵魂既然是面包,当然也就更加珍贵了,可是,面包会变质,会烂。西克尔曾向聚集在广场上的村民宣扬他的这套理论,那时正值面临饥荒之时。

主张灵魂会死亡的雷蒙·西克尔与纯洁派不无联系(II. 360—370)。异端在破坏天主教的独霸地位时,也为接受民间思潮开辟

[①] "肉体的灵魂在血里"(莱维蒂克的著作,17—11;泰丢里安和奥里杰纳时期也有"血魂"观念:斯潘诺的著作,1957年,第181—182页;奥里杰纳,《希拉克略谈话录》,从9—20到12—14,巴黎,1960年,第77—82页);会腐烂的灵魂,血的灵魂,据10世纪至13世纪朗格多克的异端(阿兰·德·里尔的文章,I. 27,收入米涅的著作,拉丁教会著作集,卷210,第328栏;达舍里,《拾穗集》,巴黎,1666年,卷7,第341页)。

[②] 参见迪韦尔努瓦提供的参考资料,I. 260,注99。

第二部分　蒙塔尤考古：从举止到神话

了道路，民间思潮存在于异端形成以前，它先于基督教，不是基督教，而且反对基督教，它与阿尔比派没有任何联系（也许为集体的无意识提供了某些养分）；但是，它从纯洁派教士到处传播的对抗思想中，汲取了力量和胆魄[1]。乡村的自然主义不同意上帝创造人和干预人的活动的说法，初始的纯洁派加强了这种自然主义。纯洁派后来在萨巴泰转变为一种民间观念，认为自然和物质不是，也不可能是上帝创造的。阿克斯累太姆的一个居民说："促使庄稼开花结穗的是魔鬼，而不是上帝。"这种说法体现了某种二元论的正统思想[2]。倾向纯洁派的贝德亚克人和高苏人，通过贬低上帝的作用，赋予大自然以至高无上的权力。阿尔诺·德·贝德亚克在本村广场的榆树下对村民们说："树木来自土地，不是上帝创造的。"（III. 51, 60）高苏的埃卡·博莱也曾说："天冷、开花、结果，这些都是季节变化造成的，与上帝一点关系也没有。"这是一个下雪天的中午，一些人聚集在一个朋友家里时，埃卡向他们说的话。打场能手阿尔诺·泰塞尔谈到下雨时，用更加简洁的话语表达了他对上帝能呼风唤雨的怀疑[3]。

*　　*　　*

对于圣体的怀疑或嘲弄是个十分敏感的问题，可是，一些普

---

[1] 伊斯兰教也起了相同的作用；在不远的加泰罗尼亚或巴伦西亚地区就有伊斯兰教活动，因而对摧毁山民思想上的天主教教条起了推波助澜的作用；参见 III. 60（有关上阿列日的村民拉巴）。

[2] I. 283。可是，牧人让·莫里（II. 461, 482）相信，是上帝使庄稼开花结穗的。这是一种接近二元混合论的倾向。

[3] III. 346—347; II. 166。饲养奶牛和绵羊的阿尔诺·考古尔在这个问题上的看法略有不同，他原则上承认上帝创造和推动了我们的世界，但是他不认为袭击他的牛和羊的狼，以及其他凶恶而令人憎恶的动物是上帝创造的（I. 378）。

第二十三章 沾染异端思想的人和纯洁派教士

普通通的玩笑就能涉及这个问题。一些年轻的雇工在地里一起干活时,举起一块萝卜装作望弥撒。这类玩笑前面已经提到过,除了宗教裁判官,大家都不把这类玩笑认真对待。可是,我们不应忘记,玩笑归玩笑,真正的问题还是存在的。比如那位敏感而又不好对付的农妇奥德·富雷,当她突然不再相信基督躯体的真实性时,她便觉得后果极为严重。这就不是什么玩笑了。

奥德·富雷住在梅尔维埃,这是富瓦伯爵领地的一个山村,位于拉巴尔山口北边,离萨巴泰的北部边界不远。奥德·富雷是个富有的农妇,丈夫名叫纪尧姆·富雷,家里有两个女佣和一个奶妈。梅尔维埃人管她叫夫人,不过她与农民们关系不错,经常与她的两个女佣拉家常。这两个女佣同时也是收获季节的短工,干完活就回来看她(II.98)。她的乐善好施是有名的,常常给村子里的穷人施舍(II.85),为此竟至花光了家产。

奥德娘家在北边的拉法热(II.92),如今属于奥德省;她在生活中碰到了圣体问题。与她娘家村子里的所有年轻人一样,她很晚才初领圣体,那是在她举行婚礼整整一年以后,那时她已经十八九岁了。

她17岁上结婚,谨小慎微,有点神经质,有时犯痉挛症,每当这时,她就撕扯自己的衣服。她为自己犯了罪而十分痛苦,其实她确实犯了罪还是仅仅出于她的想象,是老早犯的罪还是不久以前犯的罪,这都说不清楚;总之,她把自己的过失或所谓的过失与复活节前领圣体这件事挂起钩来了。复活节领圣体之前,她犯了一个大过失,而且没有告诉忏悔师。也许这是一种让很久以前犯下的过失不了了之的办法……可是,奥德始终受着这桩过失的折磨,不但如此,她总也摆脱不了一堆污秽的困扰。她说:"我

第二部分　蒙塔尤考古：从举止到神话

听几个女人说，一天夜里，有一个女人来不及回家，就在我们梅尔维埃村的街上生了一个女孩。我总想着女人生孩子时留下的污秽，每当神甫举扬圣体时，我就想到耶稣基督的圣体被这堆污秽弄脏了……过后我又想，这不是基督的圣体。"①

由此可见，奥德在幻觉中把圣体饼（圣体）和分娩时的污秽（胎盘等等）联系起来了。

不管怎么说，这桩没有得到洗刷的所谓罪过始终挥之不去，奥德总是疑心重重，备受折磨。奥德此时 22 岁，她始终相信天上的上帝，不相信神甫所说的做圣事时祭奠的上帝。她说："我有时候会发疯，连向上帝和圣母祈祷都不会了。"②

奥德在绝望之中把自己的痛苦告诉丈夫，她管他叫"先生"：

"先生，圣母马利亚，这是怎么回事啊，我怎么不相信上帝了呢？……到底出了什么事？教堂里举扬圣体时，我不会向圣体祈祷，也不能看圣体一眼……我想看，可是眼前总有什么东西妨碍我看。"③

是"神经性失明"吗？她的丈夫是个典型的奥克西坦尼地方的丈夫，他对此实在搞不明白。奥德觉得自己走投无路了，于是向他"忏悔"：

---

① II. 94（两件资料）。我们注意到，奥德·富雷不但称上帝或天主，有时也称基督或耶稣基督。正如我在书中多次指出的，这表明在村子里，上层人物的基督教观念比普通农民浓重。
② II. 101。应该指出，从长时段来看，因污秽而深感不安在当时是比较普遍的现象（参见马蒂诺－热尼耶《1450—1550 年法国诗歌中的死亡主题》，第一部分，第四章中"英诺森三世的悲伤"）。
③ II. 83, 85（与丈夫的两次对话）。

· 612 ·

第二十三章 沾染异端思想的人和纯洁派教士

"上帝不会饶恕我的罪过,也不会帮助我。"(Ⅱ.86)

纪尧姆·富雷不知道怎么回答好,只是掺和着"你"和"您",把老婆训了一顿:

"臭女人,怎么回事!你说这些话,是不是疯了?……我看您是完了!魔鬼要把您连灵魂一块儿带走了。您要是真像您自己说的那样,您要是不马上就忏悔,我也要把您赶走。"①

奥德·富雷得了虐待狂症和自我折磨症,她一心想要受辱;后来她果真去恳求主教当众惩罚她,让大家都羞辱她,痛骂她(Ⅱ.95)。因为,光受丈夫的辱骂,她感到远远不够。于是,她满怀希望地去找姨妈埃麦尔桑德·加洛蒂,这位姨妈准能把女人骂街的本事全都使出来。果然,姨妈除了告诉她该怎样祈祷之外,痛痛快快地臭骂了她一顿:

"臭娘儿们,怎么着,我们家,我们村,跟异端一点儿也不沾,你想让异端来玷污我们家和我们村?快点去忏悔,不然你就完蛋了。滚出去!烧死你,让火烧死你!"②

事情看起来就像是可怜的奥德心甘情愿地为自己凑了一对父母,丈夫纪尧姆扮演父亲,姨妈埃麦尔桑德扮演母亲,让他们两人联合起来训斥她。

富雷这件事属于歇斯底里病态,被牵涉进去的不光是她自己,还有她周围的一些人,亲属、女仆、奶妈等等。忏悔师没能把奥德治愈,后来她家的所有女人一起祈求圣母,这才见效;此事证明,作为妇女信仰的保证人和中介人,基督的母亲确实作用不小。

---

① Ⅱ.83,86(两件资料)。
② Ⅱ.88等若干处,奥德·富雷的谈话。

第二部分　蒙塔尤考古：从举止到神话

我们所掌握的资料通常对男性农民的不信仰宗教现象提及较多，奥德·富雷事件与此形成鲜明对比。在笛卡尔以前时代的民众心态中，吕西安·费弗尔发现了一种"对神圣的巨大渴求"。我们的资料却表明，在"落后的"山区里的少数人中，在宗教感情上患有一种"厌食症"，在村子里的一些非正式集会上，这些人时而得到听众的赞同，时而引起听众的愤怒。在仇恨方式、讥笑方式上，在性、精神和社会等方面别出心裁的方式上，男性山民不以宗教信仰为圭臬的现象相当普遍，只不过他们并非在所有事情上都不信仰宗教，而是仅在某些事情上。与这些越轨的男性相比，奥德·富雷就是极少数了，她把自己丢失了对于圣体的信仰看作巨大的不幸，被这种不幸首先压垮的如果不是一个精神官能症患者，那就几乎可以说是帕斯卡尔式的不幸了①。

---

① 关于"对神圣的巨大渴求"，参见费弗尔，《19世纪的宗教中心》，第37页；又见拉普的著作，第162页。费弗尔，《拉伯雷》，以及其他卓越的中世纪研究家，如莫拉（C.D.U.，1962年，影印本，I，第10、32、37页；1965年，影印本，I，第80—81页）和佩华（C.D.U.，I，第5页）。他们认为，中世纪和16世纪的"不信教问题"的提出与否，其依据是大多数人的心态，这种心态基本上是宗教的、超自然的、巫术的和轻信的。费弗尔在《拉伯雷》1968年版第407页中说，只是从1641年开始（那时西哈诺·贝尔热拉克声称："应该认为，人身上只有属于人的东西。"），人才可能对不可能的事有所认识，因而也就产生了理性的、不信教的观念。可是，西哈诺的这句话，实际上是蒙田在《散文集》（弗拉马里翁1946年版，卷III，第XI章第147页）中说的。可是，费弗尔在他的《拉伯雷》中只有两次引用蒙田的话，而且是在无关紧要的地方。他如果大量引用蒙田的话，也许会使他笔下的16世纪重新处于平衡状态，而他在《拉伯雷》中却是把16世纪描绘成一个相当非理性的时代。有些人认为，旧制度下的普通人和文化不甚高的人（以农民为首）不可能"不信教"，但我想提醒他们，博絮埃在怀疑圣体问题上的看法，尽管没有受到不公正的鄙视，却是相当敏锐，比费弗尔的看法更有道理。他说："上帝做了一些了不起的、（转下页）

第二十三章　沾染异端思想的人和纯洁派教士

*　　　　*　　　　*

说了那么些越轨的想法和行为后，应该说一说已为农民普遍接受的核心异端现象，那便是阿尔比派①。我们将谈到蒙塔尤和其他地方，但以蒙塔尤为主。先说明一点：纯洁派的教条不是我的研究对象，同样，天主教教条也不是我的研究对象。我的目的依然是通过伦理和信仰，研究村民们的内心世界和社会学现象。我们不应忘记，纯洁派信徒和天主教信徒之间的界线并非泾渭分明，彼此越界的事屡见不鲜，他们毫不犹豫地"在两岸钓鱼"。这种情况在很大程度上取决于一个人的周围环境，诸如与职业有关的人际关系以及亲朋等等。皮埃尔·莫里说："我想用干活挣的钱为这边的人和那边的人（指纯洁派信徒和天主教信徒）都做些好事。因为说实话，我搞不清楚这两种信仰中究竟哪一种更好。我比较倾向异端，那是因为我与异端信徒交往和谈话较多，与其他信徒交往和谈话较少。"②

（接上页）难以理解的事（如圣体变成面包和葡萄酒），但是这当中并无任何超越他的东西；人们对这种崇高的启示不予理解，并予以抵制，那是人的动物本性所致。"（博絮埃《神圣的星期四——对于福音书的思考》，巴黎，1963年，10—18，第149页。）费弗尔在这个问题上的错误，恐怕在于他没有坚持他自己的研究方法，用启蒙时代的理性主义和当代的不信教结构，去考察中世纪和文艺复兴时代的不信教问题。

① 我多次提到关于奥蒂埃兄弟在1300年后把纯洁派再引入萨巴泰和蒙塔尤的（众所周知）资料。可是，许多资料（特别是 I. 357; I. 219: 1294年后异端在蒙塔尤的传播）指出，在13世纪和此后，异端始终在这个地区传播，从未间断。

② III. 209。参见 II. 420; III. 185; III. 136（莫里在阿尔克望弥撒），III. 360—361。蒙塔尤和萨巴泰的许多人都习惯于在宗教上和政治上脚踩两只船，正如蒂尼亚克的农民娄弗尔所说："在两岸钓鱼。"（II. 109）参见皮埃尔·莫里关于双重归属的谈话：III. 234。

第二部分 蒙塔尤考古：从举止到神话

流行在蒙塔尤和萨巴泰的阿尔比派，是一种轻视今世的教派，在这一派的信徒看来，世界不好、低俗、卑劣。就此而言，撇开其中不同的教义背景（特别是有关降生问题），阿尔比派这种否定今生的观点与另一些极端分子对世界所抱的激进态度，并不绝对对立，尽管后者绝非纯洁派，而依然是狭义上的"天主教徒"。与其说两者之间有矛盾，毋宁说两者的激烈程度有异。

蒙塔尤的农民从本堂神甫起，都受到纯洁派教士的影响，当他们倾向阿尔比派时，他们确信上帝的存在，并认为上帝是精灵的创造者；他们也确信魔鬼的存在，并认为魔鬼是今生世界和终将腐烂消失的血肉之躯的创造者。因此，原则上基督不能有血肉之躯，如果耶稣有血有肉，那么，仅就他能降生这点而言，他早就应该自动变成了魔鬼。

蒙塔尤的牧人喜欢讨论神学问题，就像19—20世纪的南方乡下人非要就政治问题争出个是非不可。不过，倾向纯洁派的牧人们在一些教义上，有时显得犹豫（他们自己并不觉得），例如，撒旦是否一直与上帝共同永存（被称为"激进派"的"二元论派"就是这样想的，这种想法在朗格多克相当强烈）。又比如，魔鬼是不是上帝自己创造的，邪恶和世界是不是魔鬼创造的，这个问题离"真正"基督教教义比较近，可以算作温和的二元论。莫里家的两兄弟以及他们的老乡说话时，常常使用一些引言，既可以这样理解，也可以那样理解。鉴于我不可能在1300年召集蒙塔尤人开一个宗教大会，搞清楚他们所理解的或从奥蒂埃兄弟那里接受的教义的"真正"含义究竟是什么，所以我无法对此作更多的评述[1]。再说，教义

---

[1] 阿奈特·帕莱－高比雅尔，《1325年的富瓦伯爵领地和最初的纯洁（转下页）

第二十三章 沾染异端思想的人和纯洁派教士

应该由职业神学家们来进行解释，怎能向农民提出这个要求呢？

蒙塔尤的纯洁派教义，也是，而且首先是一种历史神话。夜晚聊天时，蒙塔尤人不慌不忙地你讲我听，我讲你听，不断增添一些不同的说法。神话从降生开始：从前，一些精灵在天堂里受了魔鬼的引诱，从天上跌落到地上以后，便被引诱者装进土壳或是用遗忘的泥土做成的肉体（III. 132）。一个肉体死了就钻进另一个肉体，一个土壳坏了便钻进另一个土壳，这些从天上掉下来的精灵就这样飞快地更换寄宿体，其中有一些陆陆续续投胎为动物或人。皮埃尔·莫里说："灵魂进入肉体后便得到了拯救，由于它最终成了异端，所以就得到了正义和真理。灵魂一旦离开外壳（肉体死亡后），就回到天上。可是，灵魂在信奉异端之前一直在游荡，从一个外壳转到另一个外壳（III. 220）。"由此可见，灵魂转世是纯洁派教义（一般）和蒙塔尤神话（特别）的核心。降落在人间的灵魂，长时间在地上反复转世，这种痛苦和折磨大体上相等于罗马天主教教义中的炼狱[①]。

神话中灵魂的轮回包括这样几个阶段：从天上降落人间，漫长而又痛苦的一再转世，皈依异端后最后一次死去，重返天上。神话一步步促成了礼仪的产生，神话为礼仪提供依据，礼仪反过来证实神话。蒙塔尤人的异端礼仪比较简单，舍繁就简，仅仅保存了最重要的那部分。慰藉是重中之重，对于村子里普通异端

（接上页）教派》（在杜兹里埃指导下于1970年前后完成的论文，未出版。）以及维达尔的那些陈旧、片面，但资料丰富的文章（1909年），都是论述1300—1324年间上阿列日和蒙塔尤人纯洁派教义的最专门、最佳的著作。

[①] I. 203, 228, 283, 472; II. 408（这份资料指出，灵魂进入动物躯体的原因，是灵魂曾"在天上"犯过罪，因而当灵魂降落人间时，要受此惩罚。）

第二部分 蒙塔尤考古：从举止到神话

"信徒"来说，慰藉是正式皈依异端的标志，得了重病离开人间之前才举行这种礼仪。1300 年前后在上阿列日尤其在蒙塔尤，举行慰藉后还要禁食，也就是慢慢饿死。禁食在教义中虽无明文规定，实际上却是做过慰藉的异端信徒对自己的最终考验，尽管总是在亲人或教士的督促下进行的。禁食往往导致死亡（在 13 世纪的朗格多克见不到或很少见到禁食），它所表示的是对肉体世界的彻底拒绝，这也正是奥蒂埃兄弟所宣扬的纯洁派的显著特点。1300 年后，禁食便成了蒙塔尤的宗教中的常规。

慰藉和禁食都是生命终结前的宗教礼仪。在蒙塔尤和其他地方的日常宗教活动中，有一种"祝圣"仪式，实际上就是由受到"崇敬"的教士为信徒祝福。接受"祝圣"之后，就成了名副其实的信徒，临死才有接受慰藉的资格。除了祝圣，还有"亲吻礼"和"祝饼礼"，这是教士与信徒共同进餐时举行的一种礼仪。前面已经提到，教士始终是沟通信徒与上帝的最佳中介人，教士的话犹如麻醉品，农妇们即使想改信天主教，也摆脱不了这些话对她们的影响（I. 238）。总之，普通信徒几乎不能自行祈祷，即使他们会念天主经，也不允许念。原则上只有教士和"虔诚的教徒"才有资格念天主经，临死做了慰藉的人被视为得到了纯化，因而获得了念天主经的资格。专家们尽管可以对过去这些基本教义作出种种不同的解释[1]，不过在我看来，蒙塔尤人把他们所信奉的纯洁派视为基督教教义的一种勇敢而又极端的变种，而不是一种非基督教的信仰。总而言之，蒙塔尤人认为，纯洁派就是纯正的基督

---

[1] 参见《方茹手册》，第 3 期，第 31 页及以下各页中由德拉路埃尔撰写的介绍默根—东达纳争论的文章。

第二十三章 沾染异端思想的人和纯洁派教士

教，而不是假基督教，即纪尧姆·贝洛所说的"法利赛人名不副实的基督教"（I.473）。尽管从教义上来看，蒙塔尤人在这一点上是错的，但这并不妨碍他们在内心里确信，他们的宗教信仰和天主教是一样的。对于研究蒙塔尤村历史的人来说，蒙塔尤人的这个信念至关重要[①]。

*　　　　*　　　　*

蒙塔尤人虽然总想着天上的事，但他们毕竟生活在地上。在这种状态下，所谓神圣的事，其实是披上神圣外衣的社会事物。越是企图掩饰这一实质，这一实质反而越发明显。在萨巴泰，纯洁派教士并非只是能拯救村民们的灵魂并把他们送进天堂的圣洁的人。皮埃尔·奥蒂埃、普拉德·塔弗涅以及所有这类教士，并非纯净无邪、以善为本、不食人间烟火的人，更不是陀思妥耶夫斯基《白痴》里的那位米什金。事实上，这些以其品德而被蒙塔尤人奉为"虔诚的基督徒"的人，也对受到他们影响的村民们负有处理种种彼此矛盾的事务的社会职能。这些虔诚的教士处在一种行政管理不善、形不成一个整体的社会中，那里始终存在着不容忽视的这家与那家、这派与那派的相互争斗，从而导致四分五裂的危险。奥蒂埃一家人的强大实力来自各种关系网，其中有朋友、信徒和自己那个享有威望的家族，这个家族既信奉异端，又家道殷实，甚至可以说已是贵族。这家人的同伙贝利巴斯特一家和普拉德·塔弗涅，门第稍逊一筹。山区的这些圣人携手合作，

[①] 参见杜比：《布汶的星期天》，第171—172页；伏歇：《中世纪的灵性》，巴黎，1975年，第122页；缪西的文章，载于《历史评论》，1975年，第1期，第52—53页。

第二部分 蒙塔尤考古：从举止到神话

维护社会价值，不让村民们越轨，他们平息暴力而不借助危险的暴力弹压，他们接受宣誓，尽力显示他们对于播种、葡萄园和他人妻子的尊重，他们还尊重土地产权。法律史学著作通常认为，当时人们没有多少土地产权观念，事实并非如此[①]。厄内斯特·热尔内有关地中海地区其他山区社会的专著在这一点上与本书看法相似。本书所研究的蒙塔尤山区的村民们愿意当基督教徒，而且愿意被别人称为基督教徒。可是，对于他们来说，被他们激化成异端的基督教或如他们所称的"真正的基督教"，主要是一种（为拯救灵魂所需的）正式身份，而不是今世生活中应该时刻遵守的行为准则。他们不但真诚地、令人感动地承认彼岸世界，承认基督教的教义和伦理的必要性，而且自相矛盾地把它极端化为阿尔比主义。然而，他们的这种承认更多表现在口头上，而不是出自内心深处，如果出自内心深处，他们本应在日常行动中有更多的虔诚的表现。另一个缺陷是这些乡民大多不识字。在萨巴泰，只要是书，肯定是宗教书籍，根本不可能有非宗教的书。所以对于乡民们来说，书是圣物，他们把书放在临死的人头上做慰藉，把手按在书上起誓。可是，书不可能成为他们的读物和帮助他们思考问题的工具。书只能让有学问的人去读，然后将书的内容告诉他们。正因为如此，蒙塔尤人不是严格按照教规行事的，这一点前面已经谈到，下面还将提及。他们依据山民自由自在的习俗行事。他们在两性关系方面固然并非淫荡下流，但显然比较随便，远非基督教教规所要求的那样严谨。他们的本堂神甫都有姘头。萨巴泰人对于基督教教规脱帽致敬，但保留不遵守的权利，直至

[①] II.75—76（誓言）；II.385（尊重财产权）。

第二十三章 沾染异端思想的人和纯洁派教士

受到惩罚,如再不煞车,就要被处死了。总之,"这些人都愿意规规矩矩,但还没有做到。"[1]正因为如此,才想出临死做慰藉这个点子来,因为有了慰藉,在世时就可以不依伦理标准而依习俗自由地做人,这样也算不得胡来。有了慰藉,就不必过于操心,因为,去往彼岸世界远游之前,只要做了慰藉,就可以洗掉一切罪恶。许多资料表明,纯洁派教士出于这种考虑,在为人做慰藉时诡谲地尽说好话:"他很好,不撒谎,不吃肉,不吃奶酪,不偷女人,不拿别人的钱财……"任何一个村民只要按规矩尊敬教士,明确地表示信奉"真正的基督教"(其实就是纯洁派),通向临死慰藉的道路就算铺好了;而做了慰藉,通向天堂的大门也就为他敞开了。我们甚至可以说,蒙塔尤人为这个由来已久的问题找到了解决办法,那就是:"不费力气地进入天堂。"可是,蒙塔尤这个佩戴黄十字的村子,为此却遭到宗教裁判所严厉的弹压,许多人为此而英勇献身;因此,我们用这种戏谑的口吻谈论此事,似有"有失恕道"之嫌。

总而言之,一个地方越是不干净、不纯洁、不道德,就越需要"圣人",这种圣人不能只是装装样子的,必须是真正的圣人,有血有肉的活人,与神圣的理想越接近越好,例如皮埃尔·奥蒂埃(他确实接近)、纪尧姆·贝利巴斯特(他表面上接近)那样的人。有了这样的人便可弥补这个地方的缺陷。虔诚的信徒虽然为数不多,却足以抵消大多数人放任自流、屡有小过失的习俗造成的后果。两三个好人就可以最终挽救一个群体中的所有成员,不让他们死时是"半个坏蛋",死后灵魂不能体面地转世,而只能变

---

[1] 热尔内的著作,1969年,第298页;1970年,全书若干处。

第二部分　蒙塔尤考古：从举止到神话

成卑劣低下的牲畜。因此，普通人无需自己规规矩矩地过日子，因为有人替他当圣人，因为他手中掌握着圣人，诸如奥蒂埃、塔弗涅、贝利巴斯特等等；于是，这些人得到的礼物就数不胜数，他们则反过来为信徒们祈祷，向上帝求情，请上帝为信徒们降福，让土地丰产，帮助他们择偶，为结婚选择吉日良辰等等[①]。纯洁派教士（例如奥蒂埃和贝利巴斯特）还是某种意义上的治安官，他们主持村子里的秘密社团，为其成员带来私下里进行某些活动的愉悦。这样一来，人们就可以保持萨巴泰古老、宽容和富有魅力的生活方式，甚至可以拒不交纳牲畜什一税，以免掏空口袋、橱柜，卖光羊群。有血有肉的当地圣人能解决一切问题，只要送些礼物即可，而送礼的开销终究比交纳什一税轻。在这种万万想不到的地方，竟然也有算盘可打。

圣人、教士、教长或好信徒，比利牛斯山区阿列日的这些"隐士"，用厄内斯特的话说，都是"边界上的精神领主"，他们负责使这个小地方与上帝之间维持良好的联系。我们这个小地方保持着自己的习俗，虽非全然基督教化，却也不是淫荡之乡；"真正基督教"的上帝则是有朝一日为拯救灵魂必须与之谈判的对象。身处此岸与彼岸边界上的教士，是上帝的"朋友"（Ⅲ.356），也是上帝的特殊顾客和关系网中的一个成员。由于纯洁派教士的存在，地方上与众不同的特殊性才得以与天主教的纯净和严格的普遍性共存。为此而付出的代价并不高……至少当宗教裁判所不来插手干涉的时候是如此。

[①] Ⅲ.104（说情）；Ⅰ.292（月亮），等等。

第二十四章

羞耻心和犯罪

说完宗教问题，很自然地要谈谈与伦理有关的问题；品行和习惯，或者说或明或暗的价值体系，是所有研究蒙塔尤专著的核心。

蒙塔尤人的言行至少部分地受纯洁派的影响，在这种情况下，从理论分析角度看，在这个村子的每个角落里，普通教徒身上的一些不符合正统天主教教规但为纯洁派所允许的言行放纵现象，是不难想见的。让·舍里尼对这种放纵现象的基础作过如下概括[①]："那里的伦理道德可以分为两个层次，大多数人的生活和品行是自由的，不受约束。纯洁派教长们则循规蹈矩，不随波逐流……他们还担负着为其他信徒（都犯有过失）做慰藉的责任，借助慰藉使他们临终之时复归正宗。"在上阿列日，慰藉之后便是禁食，直至断气。总之，一切都在生命结束前一笔勾销，而且不会重新开始。在这一天以前，什么都可以做！贝阿特

---

① 舍里尼的著作，1968年，第253页（文字经过浓缩）。

第二部分 蒙塔尤考古：从举止到神话

里斯·德·普拉尼索尔提到那位纯洁派好友皮埃尔·克莱格时说："神甫对我说，无论男女，活着的时候犯什么罪都没关系，尽管放心地满足人的四种欲望，只要临死能复归基督教就可以了。临终时教士的手在你头上一按，灵魂就能得到拯救，生前的所有罪过也得到了宽恕……"（I. 225）

皮埃尔的这番话，充分体现了他对人生的态度，犹如尼采的哲学思想。他对伦理所作的纯洁派的解释不能说是非正统的，但显得极端而且简单化。纯洁派的教士们比较审慎，他们认为，无论从实际效果还是教义角度看，放纵都是有害的，所以他们要求信徒们约束自己的言行（I. 386）。

除了罕见的例外，任何一个社会都不可能在放纵状态下正常运转，蒙塔尤更是如此。蒙塔尤人始终以萨巴泰地区的道德观念为言行准则，隐藏在这种道德观念深层的是当时流行的宗教观念，而这些宗教观念可能是天主教的，也可能是纯洁派的，可能是多数人信奉的宗教，也可能是少数人信奉的宗教。道德观念既是价值体系（伦理），又是习惯行为实体（习俗）；作为两种参照系，它们有时会发生矛盾。

这种道德仅仅部分地建立在内心的罪恶感上。当然，负罪感是存在的，一些讲究品行的人有时还挺受折磨（例如前面提到的女村民奥德·富雷[1]），但是，从根本上说，道德观念并不是每个人日常言行的唯一决定因素。上阿列日农民的伦理基础不只是个人的"负罪感"，它还建立在人们对于羞耻的共识，即社会公认什么言行是羞耻的这样一个基础之上。让我们听听蒂尼亚克的种田

---

[1] II. 97：奥德·富雷的悔恨。

第二十四章 羞耻心和犯罪

人和割草工雷蒙·德·莱尔是怎么说的。若以正统天主教来要求，此人显然是个越轨分子，可是他的极端越轨言行却极为显著地反映了一种集体的道德"情结"。这种"情结"同样存在于萨巴泰人中间，可是他们却是恪守教规的。在因循守旧的信徒中，这种"情结"的效果虽然无法否认，但是这种"情结"只是心照不宣而已，并未被明确承认，因而也未充分发挥其作用。雷蒙·德·莱尔的那番话正是在这一点上特别有意义，在别人看来是习俗的东西[①]，在他这个与众不同的人看来却是伦理，而且分量很重。别人小声嘀咕而说不清、道不明的事，他却毫无顾虑地说出来。本书前面已经谈到过他的一些"看法"，这些看法可以分成以下三点：

1）"我常常向人布施，但不是因为我爱上帝，而是为了在邻里中间有个好名声，让人说我是个好人……同样，我去忏悔并非我真有什么过错，而是让本堂神甫和邻里觉得我是个好人。"

2）"我不相信什么罪过不罪过，也不相信做了好事就能赎罪。在我看来，与母亲、女儿、姊妹或堂表姊妹乱伦也不是罪，只不过这种行为实在很丢脸。"（丑恶的行径）

3）"与远房堂姊妹睡觉，我不觉得这是犯罪，也不是丢脸的事。萨巴泰有句口头禅：'远房堂姊妹，尽管一起睡。'"（II.130）

由此可见，雷蒙·德·莱尔的"道德观念"主要是三条：邻里面前的名声[②]、羞耻心而不是负罪感、尊重当地习俗。

在"习俗"重于法这一点上，这个蒂尼亚克人与当地普遍接

[①] 参见布尔迪厄的著作，1972年。
[②] 希望在邻里中间获得好名声，不愿被别人"说三道四"，担心被世俗法庭处罚，这三件心事对犯罪起了遏制作用，参见奥蒂埃引述的皮埃尔·莫里的典型想法（III.132）。

受的一种与道德和政治都有关系的想法是一致的。纪尧姆·奥斯塔兹说:"主教以法的名义向我们征收什一税,我们则以不符合习俗为理由拒绝交纳什一税。"奥斯塔兹是奥尔诺拉克的纯洁派领地法官,他这番话反映了当地人的普遍意见(I.209)。

羞耻心是一个比较微妙的伦理问题,这个问题在上阿列日也普遍存在。阿克斯累太姆的雷蒙·维西埃尔说:"西蒙·巴拉先后把自己的两个姊妹当情妇,还在蒙塔尤的教士克莱芒和我面前夸耀。我对他说:'你犯了大罪。'

他说:'这不是罪,不过我承认,这事挺不光彩。'

于是我们就坐在同一张桌子上吃饭了①。"

最没有羞耻心的人要数萨巴泰的法官纪尧姆·贝亚尔,他胆大包天,同女人睡觉竟然找一对一对的姊妹。阿尔诺·德·贝德亚克说:"他告诉我,他与两对姊妹睡过觉,那是两家人,一对叫戈德和布朗什,另一对叫埃麦尔桑德和阿尔诺德。我问他:'怎么,你先后两次与姊妹两人睡觉?'

贝亚尔答道:'可不,要是我跟血缘不算远的女人睡觉,我可能干了可耻的事,不过,和姊妹两人睡觉算不得什么,小毛病而已。'"(III.155)

"两姊妹"以及与两姊妹共宿现象②,为我们认识乡民的羞耻心和负罪感提供了思考的实例,但这并非唯一的实例。还有人与姑妈和侄女共宿。一个下雪天,几个人坐在火边聊天时说:"雷蒙·德·普拉尼索尔起先与高苏的纪耶迈特鬼混,后来又跟纪耶

---

① I.277—278。关于羞耻心,参见 III.38。
② 参见 I.418 和 III.446。

第二十四章 羞耻心和犯罪

迈特的侄女加亚尔德偷情,这个女孩子是他家的女佣。真是罪孽啊!"

在场的高苏人埃卡·博莱却不这么看,他说:"这算什么罪。"他的这句话使他被人瞧不起,被人看作"乡巴佬"(粗人)(III. 346—347)。

埃卡·博莱本应像大家一样谴责普拉尼索尔的乱伦行为,说这事很"不光彩"(但并不是罪),那样他就不会让人说成是乡巴佬了。若是贝利巴斯特,他大概会承认这确实是件不光彩的事。因为他虽然可以不从神学角度把此事看作"罪过",但他可以不费力气地在神学外壳下面看到人类学意义上的羞耻心和人们的基本心态:看重自己在邻里中间的声望。[1]

这种羞耻心与上阿列日地区乃至伊比利亚—比利牛斯—奥克西坦尼地区人们的价值体系有关。我在前面谈到了妇女在婚姻和门第方面的"荣誉感",这种近乎苛求的观念,主要是贵族的观念,而非农民的观念。但是,普通种田人并非全然不受这种观念的影响[2],行吟诗人也经常歌颂贵族的高贵出身[3]。在社会等级的另一端,或者说在被人鄙视的末端,羞耻心与被排除、被视为不可接触等联系在一起;被视为不可接触的人中,有麻风病患者和

---

[1] III. 241 和本书第十章和第十一章;III. 132。参见 II. 411:皮埃尔·莫奥蒂埃关于性关系中的可耻和不可耻行为。

[2] 本书第十章和第十一章。

[3] 帕莱—高比雅尔未出版的论文对这一点作了进一步的阐述。关于(传统的)羞耻心问题,参见里斯曼的著作,1964 年;罗歇的著作,III. 第 40—60 页。还可参阅纪尧姆·德·图戴尔,《十字军之歌》,卷 II,节 137(1—3),节 184(33—36);paratge 的含义(帕莱—高比雅尔在其未版论文中引用,第 185 页)。

第二部分 蒙塔尤考古：从举止到神话

佩戴黄十字的异端分子①。阿克斯的一个石匠说："我有时把黄十字挂在李子树上……因为我觉得把黄十字佩戴在自己身上太丢脸了。"且不说更严重的事件，单是贫穷、卖掉了房子、经济拮据、甚至仅仅由于社会地位下降，都会令人感到羞耻、"无地自容"和丢脸②。这些情况确实会使一个人在邻里心目中的地位降低。阿尔诺·德·贝德亚克说："我因为穷而在萨巴泰被人瞧不起。"阿尔诺·西克尔说："由于我妈的过失（她卖掉了自己的家），我穷得在本乡抬不起头来。"这两段话很有意思，因为贫穷的意义其实是不确定的。当西克尔和贝德亚克说到他们的贫穷时，贫穷使他们感到羞耻。可是，从苦行主义者的理想角度看，贫穷是执意追求的目标，因而贫穷又具有了积极的意义。从这里可以看出，宗教和社会在这一点上全然对立，对比十分鲜明。如今我们还能见到类似的现象：某些知识分子面对消费社会的态度也是既肯定又否定。

在这样一个价值观外化的世界里，如果当众作了许诺，事后却食言甚至作伪，那就肯定要被人看不起，给自己招来羞耻。阿尔诺·德·贝德亚克说："我本来就因为穷而被人看不起。可是我又干了一件言而无信的事，萨巴泰人要是知道了，肯定会更加看

---

① II. 433; II. 110（与麻风病的比较）。
② II. 76；相反，皮埃尔·莫里对阿尔诺·西克尔说的话非常典型；他低声地劝说西克尔（居心不良地企图陷他于不义）向富尼埃主教揭发纪尧姆·贝利巴斯特，为此可以得到一笔钱。他说："阿尔诺，咱们是不是把那个异端分子带到萨巴泰去？我们可以得到50锂或100锂，以后就可以过上体面的生活了。那个家伙（贝利巴斯特）尽胡说。"50锂或100锂可以买一所或两所房子（每所房子价值约40锂），但不足以从此只管享福，无需劳动。这笔相当于一所房子价值的钱，对于过上体面的生活来说是够了。一个人的财产如果达不到这个水平，"体面"显然不足，就会被人看不起。

不起我。我更担心这会是一桩罪过。"① 这里我们可以看到一个有趣的逐步降级的现象:第一,因失信而失去人们的尊敬;第二,因穷而得不到人们的尊敬,但不甚要紧;第三,这个认为不应失信的人却做了言而无信的事,于是担心自己犯了基督教所不允许的罪过。

说了话不算数,言而无信(I.308),都会令人感到羞耻。在萨巴泰和蒙塔尤,遇到稍微重要一点的事,就要发誓赌咒,所以言而无信、违背誓言的事时有发生②。

* * *

价值的外化与基于邻里和对等的道德观念密不可分③。一个

---

① III. 57(贝德亚克);II. 21 和 29(西克尔)。
② 蒙塔尤的普通农妇发誓时,手放在头上(地中海地区的古老传统,参见《圣经·马太福音》,V,34—36),她们说:"手按在头上,事情就会有把握"(I. 314);蒙塔尤的牧人为复仇或某种集体行动发誓时,手按在面包和葡萄酒上(II. 171);一个女人在磨坊里发誓时,手按在面粉上,于是她被人指控为不相信复活(I. 156)。这些情况说明,人们发誓时,手按在身体的某一部分或供身体食用的某一物件上。受过教育的人……例如贵族或市民——发誓时,手按在"日历"上(日历中可能有福音书);也可以按在 4 部福音书上(在宗教裁判官面前),参见 III. 397; III. 253 等若干处。简单地作口头承诺(这种承诺很容易不兑现,参见 I. 456),或是以自己的信仰为保证作出承诺(贝阿特里斯·德·普拉尼索尔:I.308)。纯洁派信徒(其中包括贝利巴斯特)以《圣经·马太福音》,V,34—36 为理由反对发誓(II. 52; III. 117 和 202)。请与拉普的著作第 160 页进行对照。我们注意到,从遗传观点看,作为法律证据,从 11 世纪比利牛斯山区东部"封建化"时期开始,发誓就在当地具有重要意义(参见博纳西的著作,V,第 851 页)。
③ 顺便提一下,14 世纪的阿尔比派异端分子在这一点上与后来的新教徒大不相同,新教徒(包括最普通的新教徒在内)很快就将伦理道德和价值观内化了(参见塞文山区的情况)。

第二部分　蒙塔尤考古：从举止到神话

人若是很关心自己在邻里心目中的声誉，他就害怕邻里们联合起来对付他，这种担心当然不无道理。说得具体一点，一个人不应该把自己的羊群赶到邻近的他人地里去糟蹋庄稼。萨巴泰人常说："别到人家地里去割草（拿去喂自己的牲畜），也别把在你自己地里锄下来的（杂）草扔到别人家地里去。"（II.107）牧人皮埃尔·莫里经常违反这个规定，所以这个规定越发显得非执行不可。人们总是经常叮咛要搞好邻里关系，正是因为邻里关系常常不好。

更进一步的要求是不但应该做一个好邻居，还要待人殷勤，这一点对于村子里或地方上门第较高的人尤为重要。应该经常开开玩笑，逗人乐一乐，增进彼此的感情。蓬斯·巴伊和那个跳起舞来从不累的教长纪尧姆·奥蒂埃就具有这样的优点，所以他们在蒙塔尤人缘极好。纪耶迈特·奥蒂埃用以逗人的手段应有尽有；首先他有个漂亮的老婆，还有孩子、财产和好脾气，不过，如果没有老婆的姿色，别的都不会起多大作用（I.313）。当然，这一套有效的办法，其中包括聪明、殷勤、逗乐和微笑，与其说是实际生活中的习俗，毋宁说仅仅是价值理论中的伦理道德。在这个强权时代，要想在村子里获得成功，有时候就不能像纪尧姆·奥蒂埃那样单靠尊敬别人，向别人献殷勤，而要像皮埃尔·克莱格那样，凭借奥克西坦尼人特有的诡诈、粗暴、凶狠[1]。

*　　　　　*　　　　　*

家既是人（老婆孩子），又是物（房子），这种性质始终不变，

---

[1] 关于这一段，参见：I.455 和 II.106, 107：纪尧姆是个快活的好伙伴，舞跳得很好；II.107（草和邻居）；II.420 和 III.193（有效的老一套：殷勤、聪明和高贵……）；II.362 和 367：践踏他人耕地及邻里和睦相处问题（参见皮埃尔·莫里，本书上文）；I.386（尊重他人财产）；III.365 和 II.62（彼此对等关系问题）。

第二十四章　羞耻心和犯罪

所以羞耻心[①]和邻里关系等伦理问题，都与家这个中心环节有关，这一点无需赘述。所有关于羞耻的争论都离不开触犯家庭最为禁忌的乱伦问题。邻里关系则与各家的房舍紧挨、耕地或草场相邻有关。

*　　　　　*　　　　　*

从以上这些叙述中，是否可以得出结论，说蒙塔尤和萨巴泰社会是没有伦理道德的社会呢？对于偷窃和"针对物（而不是人）的犯罪"，主张彼此尊重对方财产这种外化的家庭伦理，似乎产生了很好的效果。人们在忏悔时，常常承认自己的小偷小摸行为，例如摘了别人的果子，割了人家的草，等等。让·莫里和皮埃尔·莫里把跑到自己羊群里来的别人家的1只小肥羊或3只山羊留下来了，他们为此遭到贝利巴斯特或皮埃尔·奥蒂埃的严厉训斥。奥尔诺拉克发现了一件偷东西（或偷钱？）事件，蒙戈齐圣母被请出来解决问题。在集市上，有人偷呢料（I. 156—157）。制造假币和在大路上偷窃之类事件也发生过（但是大路不多，货币也很少……）。蒙塔尤人彼此都很熟，外来的人一眼就能认出来，所以，"针对物（而不是针对人）的犯罪"为数极少。当然，人们彼此远未达到完全信任的程度，门恐怕还得上锁。羊群和人践踏别人耕地或草场而受到看守人责备的事时有发生；穷人家的女人在对方不太情愿的情况下，向邻居或亲眷"借"柴草或筛子之类

[①] 外化的价值体系是个人自我约束的基础，但更是羞耻心的基础，对于这个价值体系的问题，还可以联系当地对于撒谎和不撒谎的看法来进行探讨。蒙塔尤人把纯洁派教士看作非凡的人物，因为他们不撒谎，而一般的人都会撒谎，除非由于当着第三者的面发了誓而彼此都受到了约束（参见贝德亚克的实例）在这方面，价值的外化依然是主要原因。

第二部分 蒙塔尤考古：从举止到神话

物件的事，也能见到。虽有这些"小事"，从总体上看，蒙塔尤人对别人的财产还是尊重的。

当地有权有势的人对别人的财产就不那么尊重了。克莱格家和阿泽马家的人没收别人的耕地或畜群，归为己有。可是总的来说，这种没收是"合法"的，因为，没收是以领地法官、伯爵或领主的名义执行的，借口是对付异端。实际上，在这种借口掩盖下的是地方上的帮派之争。在这类事件中，"偷"是明火执仗的抢，可是，强占他人财产并非目的。在城市里，侵犯他人财产事件确有急剧扩展之势。但是，蒙塔尤的这种"偷"，事实上是村子里的各个家族争夺权力斗争中的一种手段或一个阶段[1]。蒲鲁东大概会就此大发议论，说"领主或领地法官就意味着偷"。这种偷确实令人憎恶，可是如果仅从习惯法的表面，而不是从习惯法的精神实质看，这种偷绝对不是"非法"的。

* * *

"针对物的犯罪"为害较小，与此相比，针对人的犯罪，或者干脆说"暴力"，在当地就是相当严重的问题了。从总体上说，以家庭为中心的伦理道德，倡导在日常生活中尊重他人的财产，但是，遇有重大事件，这种伦理道德却鼓励复仇，因而复仇事件时有发生。如果是有钱有势或贵族人家向穷人家复仇，危险性就特别大。在这种情况下，受地方上的领主，特别是他们的领地法官管辖的老百姓，可就大难临头了。

---

[1] 关于此节，参见：III. 35 和 38（罪过清单）；II. 423 和 III. 179（羊群相混合不正当的"捡拾"）；本书第二十一章（奥尔诺拉克的偷窃行为和没收）。在贝尔凯尔（索尔特的微型"城市"）似乎有职业窃贼（I. 448）。在 II. 244 中，有人提到（但此人来自卡奥堂区）路上的窃贼；参见 II. 123；修士的私生子，假币制造者。

第二十四章 羞耻心和犯罪

我们所掌握的统计资料很不准确,这些资料所提供的有权有势的人所干的坏事被夸大了,或者说有夸大的倾向。资料表明,上层人士的少量罪行被突出地列为坏事,而大量算不上罪行的非侵犯性事件却都因被视为无辜而略去了。然而,统计资料依然令人吃惊[1],尤其当我们把它与当今的人身侵犯事件进行对比时,更加令人震惊。在19—20世纪,干这种坏事的主要是下层人民,一般来说不是上层人士。

在蒙塔尤,克莱格家的领地法官和本堂神甫一度控制了全村。芒加德·莫里告发了他们(完全属实),为了惩治他,他们竟然合法地把芒加德·莫里的舌头割掉了。这一家人似乎还谋杀了阿尔诺·利齐耶(这就不合法了!),因为此人是顽固的天主教徒,而且是他们的敌对集团里的人[2]。村子里的大多数人倾向阿尔比派,大都主动或被动地作为帮凶参与了这桩谋杀。在朱纳克,领主和城堡主怀疑皮埃尔·莫里告发他们信奉纯洁派,于是亲自动手或雇佣亲信把他杀害了。除掉这个被怀疑为告发者的人之后,朱纳克的这几个大人物就矢口否认自己信奉纯洁派,堂而皇之地摇身一变,又成了货真价实的天主教徒;从此以后,谁也不敢再说一句反对他们的话。告发者通常都有被杀的危险,杀人者大多是被告发者家族中的幸存者。某人因告发而被人从桥上推下来摔死了,某人因同样原因而被警告也不得好死[3]。

---

[1] 其他地区的情况差不多,参见莫拉,《贫困史研究》,II,第535—536页。
[2] 莫尔事件是倚仗领地法官贝尔纳·克莱芒的权力制造的,因而大概是"合法"的。谋杀利齐耶事件则一点也不"合法"。
[3] II. 65 和 423;关于朱纳克的大人物们的犯罪行为,参见贝尔纳·马尔蒂的谈话,III. 253—295;又见 III. 155(年轻而富有的纪尧姆·贝利巴斯特杀人事件)。

第二部分　蒙塔尤考古：从举止到神话

有权有势人士的此类犯罪行为，无论是他们亲自出面或是由忠实的狗腿子动手，不一定都得到严厉惩处。远非如此，克莱格一家人倚仗卡尔卡松的关系网，在许多年里没有受到惩罚。普拉尼索尔一家人是贝阿特里斯的亲戚，他们不但不是白璧无瑕，而且像朱纳克的那些大人物一样，犯下了杀人罪。可是，他们却并不受到良心的谴责，下面这段对话便是证明。

高苏的雷蒙·德·贝克对普拉尼索尔家的帮凶埃卡·博莱说："雷蒙·德·普拉尼索尔犯下了大罪，他掐死了皮埃尔·普朗，埋在他父亲蓬斯·德·帕拉尔的园子里。雷蒙又把他自己的女佣加亚尔德糟蹋了，罪上加罪，真不应该啊！"

埃卡·博莱说："雷蒙和我一起杀了那个人，埋在一个没有祝过圣的地方。不过，我们都不怕，因为我们已经向富瓦伯爵领地的管家纪尧姆·库尔塔德坦白了，跟他说妥了。"（III.347）

花钱打通关节，把事情了了？大概是这样吧。我们从另一处得知，纪尧姆·库尔塔德是个见钱眼开的家伙（III.381）。

某些上层人物犯了杀人罪，花了钱就不易受到惩处。由于宗教裁判所加紧镇压，这类罪行更趋严重。上层人物为了自己不被告发，免遭监禁乃至处死，只要有点社会力量，就亲自动手或雇人动手杀人。不杀人就要被人杀。

与上面这类原因不同的另一类恶性流血事件，发生在牧人身上。牧人之间常常发生殴斗，他们也携手与牧场周围的居民殴斗，严重时（极少）就会死人。定点放牧者和游动放牧者之间的严重对立尚不包括在内。

说完了这些导致杀人和近乎杀人的各种原因后，我们应该说句公道话，蒙塔尤毕竟不是芝加哥，萨巴泰的一般老百姓并非动

第二十四章　羞耻心和犯罪

辄诉诸暴力，非打得头破血流不可。上层人士的犯罪行为，部分原因是他们特异的暴烈性所致，而这与他们当时受到的熏陶有关。在宗教裁判所实施恐怖政策这种特殊环境下，上层人士的罪行呈现日益严重、数量有所增加的趋势。但是，正如我们下面将要谈到的那样，杀人这种念头遇到非常强烈的抵抗，为当时的戒律所不允。杀人绝不像呼吸那样轻松。杀人是非常严重的事件，对于那些下层民众来说尤其如此，因为他们不像贵族和富贵家庭那样可以花钱寻求保护。一般地说，（偷偷地）杀死一个人，那就是剥夺了一个死者在祝过圣的地方安葬的权利，当然也就是剥夺了他接受临终圣事的权利。这两件事显然将迫使他的灵魂四处游荡，甚至打入地狱，不让他得到安息，更不必说得到他本应在彼岸得到的幸福了①；这就等于最终不让他的灵魂能有复活的机会。所以，当被谋杀的人一旦处于这种窘境时，他就会不顾一切地"告诉罗马，告诉全世界"，说他很不满意。阿克斯累太姆的磨工和女人们都说："瓦伦丁·巴拉被人杀死后，每天夜里在阿克斯的墓地里大吵大闹，弄得神甫们既不敢在墓地旁边的教堂里过夜，又不敢走出教堂。"（I. 151, 156）

所以，杀人之前，都得思之再三。从发出威胁到付诸行动，中间隔着一条大沟，不是轻轻松松地就能跨过去的。以同住一屋为基础的家庭结构，有时会鼓励采用一种象征性的方式复仇，而不杀人流血②。那时的蒙塔尤毕竟不是1680—1720年的科西嘉，开枪杀人简直就跟放焰火一样，一百个岛民中每年差不多总有一人

---

① 参见本书第二十六至二十七章。
② 参见本书第二章。

第二部分　蒙塔尤考古：从举止到神话

死于非命（准确的百分比是 0.75%）[1]。蒙塔尤的杀人率低得多，在全村 250 人中，整整一代人的时间里，仅仅发生了一桩杀人案（年杀人率为 0.013%）。这个比例（根据极不完全的"统计数字"计算出来的）比人最聪明的 19 世纪和 20 世纪可能略高些。可是，比起 20 世纪 70 年代初期的曼哈顿的哈莱姆区，这个数字却是低得多了[2]。

一般地说，普通百姓和农民比较喜欢以杀人来威胁别人，但是在付诸行动之前却相当犹豫[3]。他们使用暴力主要是象征性的，而不是真要置人于死地。他们身上带着刀或剑，通常只是晃一晃，让对方害怕或是回心转意，并不捅进对手的身体里去。受雇的杀手也是一些胆小鬼，把钱塞进口袋，却并不真的去杀人。也许因为他们心里明白，雇主也并不真想让他们非去杀人不可。除了极个别例外，人们对宗教裁判所也只是消极反抗，而不采用暴力，有时甚至根本不反抗。当然，这个地区有一种常见的"集体"犯罪现象，那就是以多明我会宗教裁判所罪恶的法令名义，堂区的神职人员不分昼夜地进行的镇压，镇压的对象是人、财产和思想。个人之间针对财产的罪行为数不多，而且大多数能通过村子里的领地法官比较容易地得到解决。针对人身的罪行有所增加，其原因主要是犯罪的上层人士不易受到惩罚；因而，他们掐死或勒死下属人员时的麻利远胜今日。不过，这种罪行毕竟依然没有超出

---

[1] P. 阿里吉，《科西嘉史》，图卢兹，普里瓦出版社，1971 年，第 275 页：在"美丽岛"，从 1683—1715 年，12 万人口中，每年发生 900 起谋杀事件。
[2] 参见《纽约时报》公布的 1971 年第四季度和 1972 年第一季度的犯罪率：在最危险的离中央公园不远的哈莱姆—曼哈顿区，谋杀事件与总人口之比为 0.27%。
[3] 参见上文和 III. 261。

第二十四章 羞耻心和犯罪

可容忍的范围。

*　　　　*　　　　*

我在前面没有提到蒙塔尤人对于性犯罪的容忍程度,否则我对伦理问题的论述就可以说是相当完整了。村民们对村子里所发生的性犯罪,采取比较容忍的态度,不过限定在一定程度之内。性方面的不轨行为有时是名副其实的犯罪,例如强奸,不过这种事件并不多,在蒙塔尤只发生过两起;稍微轻些的是以强奸进行威胁。我们也发现,在蒙塔尤人的价值观里,劳动和勤奋不占重要地位。从这个角度看,在由众多的人家聚集起来的蒙塔尤村里实际流行的道德观念,与近代很不相同。近代的宗教改革,无论是新教还是天主教,无论是清教还是冉森教派,都在性的问题上持不宽容的态度,都相当关注让人好好劳动。而我们的蒙塔尤人,包括天主教徒和纯洁派信徒,以及"两者之间"的人,对性和劳动都绝不厌恶。真得好好感谢上帝[①]。

[①] 关于此段,参见:III. 347(普拉尼索尔);I. 151, 156; II. 421:一个非贵族有时带一把剑,但不进行攻击。又见本书第三、四、五章(克莱格和贝利巴斯特的犯罪行为);II. 423;迪韦尔努瓦《皮埃尔·奥蒂埃》,第26页;本书第二、五章:让娜·贝费和纪尧姆·莫尔以杀人进行威胁;本书第二十三章:萝卜事件(随身带刀);II. 421(随身带剑)。弗尔采的著作,III. 41(纪耶迈特·莫里两次企图杀人,但均未付诸行动)。关于性关系上允许做的事和对卖淫(非犯罪行为)的宽容,参见 II. 246; III. 296。关于不甚看重劳动问题,参见本书第十八章。

第二十五章
/
贫穷、施舍、劳动

蒙塔尤的伦理道德通向政治,至少通向咄咄逼人甚至是富有战斗性的社会学。蒙塔尤人和他们的萨巴泰兄弟,既是天主教徒,又倾向纯洁派,他们对"财富"具有一种福音书所宣扬的厌恶情绪。这种厌恶情绪与他们处理人世间财富时以家为中心的具体态度,表现出微妙的一致性。这种厌恶情绪也与当时的社会相一致;在这个社会里,人口在增加,毛产值不高,生产发展缓慢,分配不均,因而事实上始终存在着一批处在社会边缘的穷人。贫穷之所以在那个时代是一个长久性的、长时段的问题,那是因为大家都知道,贫穷难以消灭(20 世纪的社会主义者反抗或企图反抗这种宿命论,但是,他们行动的目的是经济,因而与过去同类行动的目的不同)。

乍一看,对于浮华的财富和随之而来或作为后盾的权力,当地人相当普遍地采取谴责的态度。本堂神甫克莱格作为一个纯洁派信徒,在与女友的一次谈话中,对婚姻进行了挖苦,他说,在教堂里举行的婚礼,"只不过是世俗的一种炫耀"(Ⅰ.225)。世俗

第二十五章 贫穷、施舍、劳动

的权力（女人、土地和金钱）也是撒旦的馈赠。至少从这个小地方的阿尔比派观点来看，这种权力是可悲的，克莱格这个魔鬼对他力图说服的那些善良的人们说（根据牧人让·莫里转述的一个具有阿尔比派色彩的关于降生的神话，参见 II. 489—490）："我会让你们心爱的女人嫁给你们，你们有了一只鸟，就会有第二只鸟，有了一头牲口，就会有第二头牲口。我会让你们中的一些人当国王，当伯爵，当皇帝，或是支使别人的领主……"

普通天主教徒与纯洁派信徒一样，认为财富和财富带来的享受必然要导致犯罪。罗尔达的医生泰塞尔羁押在帕米埃的牢狱中，临死时拒不忏悔生前的过错，狱卒便对他说："阿尔诺·泰塞尔先生，你看，你一辈子过得舒舒服服，享尽荣华富贵，该玩的都玩过了，你怎么会没有罪呢？"（II. 219）

在富瓦高地，拥有财产，也就拥有权力、影响、知识、朋友和关系网。就此而言，穷人，即不拥有这些东西的人，数量很大。就广义的"穷人"而言，普通农民中的大多数都是穷人。雅克·富尼埃对当了囚犯的贝尔纳·克莱格所说的一席话，也许能为这个估计提供论据。我们知道，贝尔纳·克莱格拥有大量财富，他要求雅克·富尼埃把使他陷于囹圄的告密者的名字告诉他，富尼埃冷冰冰地拒绝了这个要求，理由是："把告密者的名字告诉你？休想！那样的话，那些告发你的穷人和弱者岂不是太危险了吗？贝尔纳，好好想一想你的权力，你的知识，想一想你给许许多多朋友施加的威胁吧！"（II. 302）

但是，在当地人的观念中，"穷人"这个词如果不是从一般意义上理解，而是仅指"缺衣少吃的人"，那么，算得上"穷人"的人为数并不很多。对于蒙塔尤人来说，穷人就是那些就地乞讨或

第二部分 蒙塔尤考古：从举止到神话

四处乞讨的乞丐①。极端贫困的人也是穷人，这些人的个人财产少于一所房子的价值（40锂），没有土地、耕畜、名副其实的羊群、真正的家，也没有手艺②。一家之主如果被宗教裁判所拆毁或没收了房子，也就成了穷人③。农村的穷人行列里按照顺序包括这样一些人：待雇的牧工和酿酒工，佣人兼帮工，女佣，小伙计，私生女，以及一般靠帮工挣钱糊口的人。贫困显然是农村社会下层的特征。以保守的估计，这些穷人可占总人数的20%—25%④。不过，正如夏尔·德·拉龙西埃尔对弗洛朗坦地区所作的分析那样⑤，穷人还有类别，一类是"自己觉着穷"，另一类是"别人看着穷"，后一类是指那些有时能得到富人、生活过得去的人或不太穷的人的帮助的穷人。萨巴泰下层农民中的许多人自认为是穷人⑥。但是，

---

① 参见纪耶迈特·莫里（III. 189）。我们在本书第三章开头已经对贫穷的含义作了说明，对这个词作了客观的研究后，我们给了它一个比较广的含义，指的是略高于赤穷的水平。
② 蒙塔尤的阿尔诺·贝洛是穷，因为他的全部财产不足15锂，而他妻子的财产多达50锂（一所房子价值40锂），所以，嫁给他确实值得褒扬。此外，阿尔诺的穷还因为他没有任何手艺：III. 64；还可参见 II. 59—60：有一个人本来并不穷，但是后来破产了，由于他没有任何手艺，无法靠劳动挣钱，于是成了穷人。真正的富人是指拥有1000锂的人（II. 42）。贝尔纳·克莱格为他的一个兄弟花掉了700锂（本书第三章）。
③ 失去家的穷人：II. 21, 29（阿尔诺·西克尔）；蒙塔尤的莫里的双亲是穷人，他们由于是异端分子，房子被毁，财产被没收：见本书第十六章；I. 236 和 II. 445。家产失尽，炉火熄灭，这就预示着要外出乞讨了（III. 366）；蒙塔尤一个私生女的贫穷：本书第二章。家庭破产后变穷的牧人（本书第四章等）。
④ 莫拉，《贫穷史研究》，I. 22。所列百分比适用于普罗旺斯山区和朗格多克农村地区。我们不掌握蒙塔尤的数字。
⑤ 莫拉前引书，II. 后面部分。
⑥ 这一点同样适用于最下层的贵族和教会人士（III. 57）。

第二十五章 贫穷、施舍、劳动

施舍是有选择的,施舍者优先考虑的是理应得到援助的"具有穷人身份的人",其中包括乞丐、无家可归者、因房屋被宗教裁判所拆毁而沦为乞丐或极端贫困的农民。一个人虽穷,但已受雇帮工,便不再被视为应予施舍的穷人(III. 356)。

　　前面讲到的是事实上对穷人所作的定义,这是一方面。现在还得说说价值观方面。贫穷本身绝非山民们的追求。可是,"反富"心态却又相当普遍。简单地说,这种心态所反对的不是一般意义上的富,而是某些特定的富人或所谓的富人,这些人成了优先攻击的对象:那就是教会。非教会人士的财富不大为人所恨,民众切齿痛恨的是教会的财富。民众的痛恨不是没有道理的,尤其是教皇,他事实上是全世界最富有的人①。贝利巴斯特在蒙塔尤的莫里一家人面前毫不隐讳地说:"教皇吸走了穷人的血汗。主教和神甫也这么干,他们有钱,有地位,有福享……可是当年圣彼得却抛弃了妻子儿女、田地、葡萄园和财产,追随基督……"② 人们谴责从穷人手中抢夺财富的教会人士,同时对圣彼得的使徒生涯大加称颂。贝利巴斯特像通常所做的那样,在谴责教会人士时,添上了斥责他们在性关系上道德败坏的内容,他说:"主教、神甫和小兄弟会士以及布道兄弟会士,走进既有钱又漂亮的女人屋子里,拿走她们的钱,要是她们不反对,就和她们一起睡觉,还要装出一副受委屈的样子。"(II. 26)纯洁派的教士们说这些带刺的话时,免不了要对天主教徒和纯洁派信徒进行比较,他们当然赞扬纯洁

---

① 拉普的著作,第52页。
② II. 25, 26, 54……注意:迪韦尔努瓦对 II. 25 作了修正,见《帕米埃的宗教裁判所》,法文版,第162页,注13。

第二部分 蒙塔尤考古：从举止到神话

派信徒，贬斥天主教徒，说"（罗马）教会对宽容的教会（阿尔比派）敲竹杠。"贝利巴斯特反对大摆排场，主张修建小型教堂，不筑围墙，不咄咄逼人。他把自己的想法概括成这样两句话："上帝的教堂就在人的心中，石砌木架的教堂没有什么价值。"（II. 53）

这种想法在蒙塔尤人、他们的朋友和转场放牧时结识的伙伴中，得到了多方面的反响。皮埃尔·莫里说："小兄弟会士或布道兄弟会士？不！他们自己说自己'小'，其实他们很大。他们不去拯救死者的灵魂，把他送上天，却在葬礼之后大吃大喝（II. 29, 30）。他们浑身上下绫罗绸缎。他们的大房子，你相信是他们自己动手盖起来的吗？这些兄弟会士，他们都是狼！他们一个个都想把我们吃掉，不管死的活的，都要吃。"听着皮埃尔·莫里这位阿列日牧人的这些话，就好像有人在一字不差地念《圣经·马太福音》[①]。由于纯洁派教士的布道，也由于罗马天主教徒的传教，福音书的这些内容能够一直传到普通教徒和文盲的耳朵里。罗马天主教的传教活动，实际上是搬起石头砸了自己的脚。

*　　　　*　　　　*

这就是说，人们怨恨教会。教会是伪君子，善心不多，胃口不小。福音书要求教会以清贫为本，教会却巧取豪夺，搜刮不信教者的钱。首先是募捐。地方上有一些深受民间传说影响的人[②]，

---

① 《圣经·马太福音》，XXIII, 6。
② 这里应该提及弗雷德里克·密斯特拉尔在《普罗旺斯—法语词典》中对Armassie 和 Animero 两词的释义。前者是西班牙文，含义是为死者灵魂得到安息而请求施舍的基督教徒，后者是（上）朗格多克语，含义是死者灵魂的民间使者，有时也可得到一些报酬（参见本书最后一章的最后一节中关于地上的人与死者灵魂的联系的叙述）。

第二十五章 贫穷、施舍、劳动

积极地为教会募捐，说是捐了钱就可以得到宽恕。他们是否可以从中按比例分得一点儿？皮埃尔·莫里说道[①]："有一天，我给了隆色伏修道院的一个募捐人 12 个铜子，正好被纪尧姆·贝利巴斯特看到，他对我说：'皮埃尔，你这几个铜子算是白丢了！你不如买几条鱼……教皇的赎罪券贵得很，可是没什么用！'"

后来在马丁·路德时代，反对赎罪券的行动声势浩大，在我们所叙述的时代已经有了相当的群众基础，就连山村里的织工们在与顾客聊天时，也反映出这种情绪。1321 年，罗尔达的纪尧姆·德·科内杨说："两年以前，快到圣灵降临节的一天，我正在为纪耶迈特·维拉织麻，她是罗尔达的阿尔诺·考古尔的老婆（这是一个充满'越轨'思想的地方，阿尔诺·考古尔是个养羊人和剪羊毛人，对纯洁派很有感情；他甚至认为〔I. 378〕，一些有害的动物不可能是上帝创造的）。这时来了一个募捐人，听他自己说，他能给我们许多赎罪券。他走了以后，纪耶迈特对我说：'你相信一个人能给别人带来宽恕，能替人赎罪吗？不能，谁也办不到。这只有上帝能办到！'

我问他：'那么教皇、主教和神甫呢，他们能吗？'

纪耶迈特没等我问完就说：'不能，谁也不能，只有上帝能。'"（II. 121—122）

维拉是个屡教不改的人！在罗尔达教堂里，本堂神甫企图廉价出售赎罪券（II. 122），维拉就曾当众戏弄他。贝利巴斯特也是这样。他在从蒙塔尤来的一些牧人面前痛斥出售赎罪券的人；这

[①] III. 238（两段文字）。富瓦伯爵领地的纯洁派反对赎罪的态度非常激烈，而比较宽容的伏多瓦派在这个问题上的态度则比较缓和（II. 64）。

第二部分　蒙塔尤考古：从举止到神话

些人从罗马教廷里把赎罪券批发来，挨家挨户去兜售，以一个铜子一千个原谅的价格卖出去，从中获利；教皇则以 10—20 图尔锂（相当于半所房子的价钱）一次就售出数万天的宽恕①。

以金钱购买赎罪券的做法遭到强烈反对，与此同时，滥行募捐和要求大量供献的做法也激起了激烈反抗，因为当时在重大节日里，教会人员总是要求信徒们向堂区的教堂大量上供。"奥尔诺拉克的副本堂神甫贝尔纳，抱怨本村村民在复活节那天上的供比平常少。纪尧姆·奥斯塔兹（在奥尔诺拉克的一个居民家中与村民们聊天时）说：'神甫们只能要求我们上供，多少不论，给他们一小片面包就够，我们就不欠什么了。'"②

当主教和神甫规定村民们做的复活节蜡烛必须重达 3 斤时，同样遭到了反抗。几个大胆的农民说："我们只做半斤重的蜡烛，而且用羊脂不用蜡。"（II. 312, 314）什一税同样引起老百姓心理上的极度反感，教会的忏悔师就像徒有虚名的心理医生那样干着急，拼命想收，就是收不上来。蒂尼亚克的让·若弗雷说："去年，我们在某人家楼上喝酒，吃杏仁，说起什一税诉讼案，萨巴泰副司铎区的教士们和当地的在俗教徒打官司……

（蒂尼亚克的让·娄弗尔说）：'尽管让教士们来讨，让他们什么都讨不着；要是把全世界的教士都绞死，该有多好！'"（II. 109）

*　　　　　*　　　　　*

从什一税遭抵制到教会采取镇压措施，只有短短的一步，神

---

① II. 24, 25, 26。关于这个时期赎罪券涨价和由此引起的反抗等一般问题，参见图萨尔的著作，第341页；弗里施的著作，卷14—2，第811页；拉普的著作，第154页；舍里尼的著作，第471页。

② I. 196。又见 I. 198 和 I. 201。

第二十五章 贫穷、施舍、劳动

甫们轻而易举地就跨过去了。萨巴泰地方的教会依照令人痛恨的常规，把还不起债的人统统革出教门。是欠在俗教徒的债？也许有时是，但主要是欠教士的债，而且主要是未缴的什一税、幼畜税和牲畜税等款项。教士们毫不手软，敲响大钟，吹灭蜡烛，断然把这些因未缴税款而犯了罪的人革出教门。从此，这些欠下了什一税的上帝的子民，就被赶出圣殿的大门，只能在野地里或打麦场上嘟嘟囔囔地发发牢骚。一些倔强的人，有时还有来自帕拉尔堂区（那里不大计较越轨行为）的神甫，对拒不交纳什一税的人悄悄地说："好汉，革出教门有什么要紧。"（I.318）因欠债而被革出教门引起的不满情绪，与对当地的高利贷的极度痛恨相差无几。蒙塔尤是一个由许多家庭组成的小世界，各家虽然贫富不等，但毕竟生活在同一个天地里，积累资本的想法被认为是一种怪异的念头，不被看好，也不被容忍。在北部地区的一些城市里，高利贷引起激烈的反犹情绪，在萨巴泰，高利贷既不普遍，也没有遭到强烈的反对。纪尧姆·奥斯塔兹在本村放高利贷时格外小心翼翼。在他当领地法官的奥尔诺拉克，他就不敢放了（I.192）。在蒙塔尤大概很少有人放高利贷，资料中没发现。什一税、未缴什一税欠下的债、因未交什一税欠债而被革出教门，这些就是上阿列日地区导致反对富人剥夺的斗争的主要原因。

* * *

从蒙塔尤的 14 世纪，经过宗教改革的 16 世纪，到革命前夜的 18 世纪的这个长"时段"里，农民反对教会什一税的斗争便是奥克西坦尼地区的特征[①]。反对赎罪券的斗争则使萨巴泰居民……

---

① 富莱什的论文；勒华拉杜里：《朗格多克的农民》，1966 年。

第二部分　蒙塔尤考古：从举止到神话

和两个世纪以后的新教徒兄弟般地结成一体，尽管他们自己不可能知道这一点。就此而言，路德就是胜利地领导了反对赎罪制度，并终于取得了成功的贝利巴斯特。除了其他众多原因以外，路德的成功也得益于谷滕堡，因为，他不仅依靠自己非凡的人品，还借助"传媒"宣传他的改革主张，而如果没有谷滕堡发明的印刷术，"传媒"便不可能达到那样大的规模。贝利巴斯特只有一张嘴，影响有限，这是无可奈何的，他只能满足于此了。

这里我想说几句离题的话。从长远看，1320年遭到失败的纯洁派与1520—1580年获得胜利的德国路德派和朗格多克的胡格诺派之间的相似之处，不仅仅是群众性的反对赎罪的斗争①。贝利巴斯特在布道时已经提出了后来为路德进一步发展的圣保罗的"信"说②。皮埃尔·莫里曾说："圣诞之夜，我们和贝利巴斯特过完节后，这位圣人说：'用水施行洗礼毫无用处，水不能拯救灵魂。只有信才能拯救灵魂。'"（III.202）

还有一种与此相似的现象：1300—1320年间，萨巴泰的普通农民对于两次为黍子锄地松土之间应该做"善事"的说法，已毫不犹豫地不加理会了③，这种"善事"后来也成了胡格诺派的重点攻击对象。很久以后的宗教改革中提出的一些基本问题，诸如反对赎罪券、反对什一税、反对"善事"等等，早在当年奥克西坦

---

① 14世纪的这场对抗运动在朗格多克地区深得民心，依据参加者的要求，"任何人不得为他人赎罪"；有关情况可参阅德维克和韦塞特，《朗格多克通史》，普里瓦版，1879年，卷VIII，第984—985栏，《邪说举要》第15条（原文写作于1300年前后）。
② 《新约·希伯来书》，38。
③ II.130; I.356（参见I.352和I.364，其中谈到持有这种观点的人确实是农民）。

第二十五章　贫穷、施舍、劳动

尼的这个山区就提出来了。那里的人既欢迎昔日的纯洁派教长，同样欢迎明日的牧师。当然，我们并不是荒谬地把纯洁派与胡格诺派说成有直接承继关系，也不是鼓吹系统地"接受祖宗的历史"。但是，我们有充分的理由肯定，在民众心理中确实长期存在着一块肥沃的土壤，在不同时期先后出现的各种异端，都在这块土壤上生根发芽，这些异端之间既有不同之处，又有相似之处。

*　　　*　　　*

让我们回到现在的中心问题，即贫穷问题上来。萨巴泰农民之所以反对什一税、反对赎罪券以及教会其他榨取钱财的手段，根本原因在于，面对在一个无所不包的社会里掌握着财富和权力的人，他们深感没有任何指望。但是，福音书中的一些内容也间接为农民们（包括最老实的种田人在内）的斗争提供了营养。福音书称，富人不能进天堂。管家雷蒙·鲁塞尔对蒙塔尤女领主说："骆驼穿不过针眼，富人不能得救。所以，富人、国王、亲王、主教和神职人员，这些人都不能进天堂。"[①]鲁塞尔说这番话是在1294年，比奥蒂埃在当地进行宣传要早，因而其意义不同一般。这表明，在蒙塔尤和普拉德的村民中，早已存在着一种兼具民主和福音的意识，具有这种意识的人不免会思考贫穷问题，更确切地说，他们会思考财富是否妨碍灵魂得到拯救的问题，而这种意识是长期存在的！在蒙塔尤，这种意识始终是人们谈论的内容之一，连

[①]　I. 219；持同一观点的奥尔诺拉克的领地法官纪尧姆·奥斯塔兹，也引用了圣经中的关于骆驼和针眼的话（I. 207—208）。管家和领地法官的这番话表明，圣经的教导在富裕的农民中间传播相当普遍，而领地法官、财产管理人以及领主的其他管理人员，大多是从这些人当中招募的；传播的中介人是纯洁派教士还是宣教师？或者这两种人都是？

情郎与美人聊天时也不例外。鞋匠维塔尔对维萨纳说:"要是拥有财富,灵魂就得不到拯救了。只有'信仰穷人'和纯洁派信徒才能得救。"(I. 457)

纪尧姆·奥斯塔兹这位奥尔诺拉克的领地法官,由于相信只有穷人能够得到拯救,竟然把彼岸世界与此岸世界看成是正好颠倒的。在一个院子里与奥尔诺拉克的一个女人谈话时,他说:"在这个世界上有钱的人,到了那个世界里就要受苦。反过来,在这个世界上受苦的人,将来就能享福。"(I. 197, 207—208)

富人们宁愿要财产,也不追求在彼岸世界里得救,所以,他们常常被看成懦夫。阿尔克的一个牧人的妻子西比尔·皮埃尔说:"布昂的撒拉克鲁老爹很喜欢异端分子,可是,他家里一旦来了异端分子,他就大声叫骂。他有钱,他怕失去财产。"(II. 425)

这就是说,财富腐蚀人心。生来就穷的人和后来变穷的人,只要安贫乐道,将来就能进入天堂。富人就不是这样,他们活着的时候要失去一些东西,由于失去了个人尊严,他们死后就会非常悲惨。这就是在信奉异端的蒙塔尤流行的极端说法(谈及主动放弃财产的人时),这种说法在周围的一些地方也能听到。就社会而言,人世间没有任何东西会导致阶级斗争,事实上,萨巴泰在俗教徒中的阶级斗争并非一触即发。

不过,难点还是有一个,那便是富有且贪婪的神甫们情况比较特殊。依照只有穷人才能得救的理论,跟所有富人——不管他们是不是教士——一样,这些家财富足的教士和非教士,死后无权得到拯救。很好,而且不仅如此,他们还因富有而遭日益强烈的敌视,而这种敌视又转而变成反对教会、反对什一税的实际行动。之所以造成这种局势,除了物质原因外,还有以下这个非

第二十五章 贫穷、施舍、劳动

常具体的原因。教士们由于巧取豪夺而获得财富，但因此而失去了死后进天堂的权利，这些居心不良的人对此当然十分不满，于是便不让他们的教民进入天堂，而且获得了成功。其实，他们金玉其外，败絮其中，本来就没有资格拯救他们教民的灵魂。西比尔·皮埃尔转述了奥蒂埃家人在阿克斯累太姆的一所房子里说的话[1]："神甫们把大家的所有财产全部偷光了。刚给孩子做完洗礼，他们就把东西藏起来，连灯和蜡烛都不留下。不管是做弥撒还是别的什么，他们都要钱，他们本不该这样干，所以他们失去了救赎自己和别人的灵魂的权利。"[2]

福音书关于安于贫穷的人可以得到拯救的说法，促使下层民众对教会人士聚敛财富丑行的不满得以蔓延。但是，这种说法反过来却又被在俗的富人所利用，成了他们防备农民反抗的避雷针。直到贫穷问题采用世俗观念的解释后（17—18世纪中，以蓝皮书形式广泛传播的教士密塞尔的传闻作出了这种解释），自古以来一直存在的，至少是有了福音书就存在的对财富的抱怨，才真正成为促成以所有富人——不管是否教会人士——为对象的阶级斗争的原因。

*　　　　*　　　　*

蒙塔尤人引以为荣的贫穷，绝非所有穷人在一视同仁基础上的贫穷。皮埃尔·莫里尽管鄙视他自己苟且地享受着的财富积累，却从物质的角度认为："贫穷是一种疾病。"（II.30）当然，在他这位好心的牧人看来，这是小毛病，稍稍机灵一点，就能把它治

---

[1] II.404。又见I.443。
[2] 请与莫拉《贫穷史研究》，卷I，第269页进行比较。

第二部分 蒙塔尤考古：从举止到神话

愈。雷蒙德·贝洛、阿尔诺·西克尔、阿尔诺·德·贝德亚克在物质生活方面不甚宽裕，他们的某些农民、小市民和贵族亲朋也有些拮据。他们与皮埃尔·莫里一样，并不认为这种状况应该受到尊敬。恰恰相反，他们为此感到"羞愧和恼火"，因为，这些亲朋中的这个那个或是另外一个，无不因为贫穷而被人瞧不起。比贫穷更糟糕的是由富变穷，因为这在经济上意味着社会地位的下降，因而被看作丢脸的事。所以，宁可一直穷，也不能由富变穷（III. 664; II. 21, 29; III. 57）。

实际上，按照一般规律受到尊重或崇敬的贫穷，即与富有、贪婪、吝啬相对的贫穷，不是笼统的贫穷，而是自愿的贫穷，确切地说，是出于宗教信仰而主动寻求因而为蒙塔尤人所钦佩的贫穷。朝圣者的情况与此有相似之处，他们四出朝圣时，心甘情愿地忍受乃至坚定地寻求清苦，并且以此为荣。换句话说，这是一种信仰贫穷，也就是在纯洁派教士身上见到的贫穷。贝阿特里斯·德·普拉尼索尔在与她的第二个情夫聊天时说："都说应该给那些朝圣者和信仰穷人做些好事，大家所说的信仰穷人，就是村子里叫作好教徒（即纯洁派教士）的那些人[①]。"

让自己变成"信仰穷人"，即完善的人，也就是要让自己成为耶稣基督那样的穷人，也就是要追随救世主的榜样，也就是想要让自己变成真正获得自由的基督。贝利巴斯特说："一个人想要当纯洁派教士，也就是说想做异端派，就得抛弃老婆、孩子、家产和金钱；这样才符合基督的教导，基督希望别人追随他的榜样。"（II. 59）蒙塔尤的"信仰穷人"最关心的当然也是灵魂拯救问题，

---

① I. 255。请与莫拉《贫穷史研究》，I. 328（穷人和朝圣者的身份）进行比较。

第二十五章 贫穷、施舍、劳动

这是不言而喻的,无需再次赘述。所谓的职业教士也好,长期卧床的或行将就木的病人也好,无一不是如此。一旦做完慰藉,病人就真的与世界上的一切财物分手了,其中甚至包括饮食。村子里那位颇有魅力的鞋匠阿尔诺·维塔尔说:"富人不可能得救,只有诚信的穷人和纯洁派信徒才能得救。"(I.457)

*　　　　*　　　　*

北部地区的天主教徒和山区的纯洁派信徒之间,不但有分歧,甚至互相敌对,然而,对于这两个教派中影响力最大的人来说,对于自愿受穷的重视,却是共同的精神遗产[①]。因此,施舍就显得很重要。施舍通常只具有援助他人的功能,只需散发给穷人即可,无需考虑接受施舍的人是否自愿受穷者。任何人都可以把施舍交给济贫院,由济贫院散发给衣食无着的穷人[②]。即使如此,蒙塔尤的施舍者也还依然怀有宗教目的,甚至可能牵扯到对上帝的爱。皮埃尔·莫里说:"一天晚上,我们在纪耶迈特·莫里家吃晚饭,她家的人也一起吃,另外还有一个穷人,纪耶迈特招待他是出于对上帝的爱。"(III.189)因此,作为去往彼岸世界的通行证,热衷于公证制度和文书的人极为重视的遗嘱制度,受到严厉的批评。[③]留遗嘱的人为了自己死后灵魂得到拯救,郑重其事地安排遗赠。可是,这种姗姗来迟的慷慨与其说是出于对上帝的爱,毋宁说是出于对死亡的恐惧。贝尔纳·弗朗卡说:"病人的施舍和馈赠不是出于爱,而是出于怕,所以毫无用处。(从这个角度看)只有

---

① 在莫拉《贫穷史研究》卷 I 和卷 II 中,图泽里埃和德·拉隆西埃尔分别强调纯洁派和兄弟会托钵僧在这方面的贡献。又见芒特费尔的著作,1970 年。
② II.515:皮埃尔·莫里关于给予济贫院和教堂的施舍的积极作用的谈话。
③ 勒高夫,《中世纪的西方文明》,1964 年。

健康人的施舍才有价值。"（I.352）不过，我们可不能把健康人的施舍说成多么纯洁无私。事实上，以人和神的慈悲之心散发的施舍，首要的动机是为自己的灵魂日后能有一个好去处。从这里不难发现萨巴泰、蒙塔尤、蒂尼亚克、罗尔达等地居民对于自己灵魂日后得救的考虑。罗尔达的小纪尧姆·德·科内扬说："我和岳父老纪尧姆·德·科内扬一起坐在他家火边守夜，他告诉我，蒂尼亚克一个名叫波尔的人对他说：

'神甫说施舍是为了灵魂得救，哪有这回事，全是瞎说。人一死，灵魂也死了，就跟牲口一样。灵魂是什么？就是血！'"（接着说了一大堆亵渎神明的话。）

且不管那一堆亵渎神明的话，我们从这段火边对话中可以清晰地（从反面）看出，对教堂和个人的施舍，确实具有拯救灵魂的功能[1]，教会的官方理论、人们对于贫穷的迫切需求、神甫们的实际宣传，都证实了施舍的这种功能。神甫们为此所作的宣传被当地民众所接受，得到广泛传播。凡是相信死后灵魂仍存和确有彼岸世界的人（大多数乡民都相信），都关心施舍问题。皮埃尔·莫里说："有时我对赎罪抱有怀疑，但从来不惜施舍。"（III.238）相反，奥尔诺拉克的农民纪耶迈特·贝内根本不相信灵魂不死，当有人劝她为自己的灵魂得救散发些布施时，她付之一笑。

由于上述原因，由于以馈赠换取灵魂得救的道路已经指明，因而，在有可能、有实力大量施舍的人当中，最慷慨的自然莫过于那些十分关心自己的灵魂拯救，却又疑虑重重，毫无把握的人。他们企图在此岸世界里以施舍换取彼岸世界里神的宽恕。奥

---

[1] II.515（皮埃尔·莫里对给予教堂的馈赠的看法）。

第二十五章 贫穷、施舍、劳动

德·富雷得了痉挛症,在枕头上来回打着滚,请求圣母马利亚帮她把对上帝的信仰找回来,她的女农工对她说:"夫人,您犯了什么罪?您瞧,您不是向村里的所有穷人发放施舍吗?"(Ⅱ.98)

发放施舍,不错。问题是给哪些人。天主教徒奥德·富雷向全村的穷人发放了施舍。纯洁派信徒纪耶迈特·莫里没那么富,她请一个过路的穷人吃了一顿饭。可是,固执的蒙塔尤人没有因为移居而改变习惯,他们依然恪守本村的正统阿尔比教规,对于他们和她们的萨巴泰兄弟来说,最好的办法是只给当地最穷的人发放施舍,其中有乞丐、流民以及被宗教裁判所弄得倾家荡产的家长,而且还要经过挑选,结果得到施舍的主要是信仰穷人,也就是纯洁派教士。原籍阿斯库的里克桑德·科尔蒂尔说:"请纯洁派教士做了慰藉后,死后灵魂就能直接上天,给他们施舍可以得到很大的回报,比给别的人施舍得到的回报大得多。"(Ⅲ.307)蒙塔尤的阿尔诺·维塔尔所说的话可谓异曲同工。他说:"给纯洁派教士施舍,行,给天主教徒施舍,不行。"(I.457)蒙塔尤的阿拉扎依·吉拉贝尔说:"纯洁派教士拯救了我兄弟纪尧姆的灵魂,他是牧羊人,刚死不久。我觉得,给他们一些施舍作为回报是正常的,尽管我妈不同意。"(I.424)因此,在蒙塔尤这个佩戴黄十字的村子里,出现了一种极不正常的情况:有时,真正的穷人,即"生活上的穷人"把从自己牙缝里抠出来的面包,送给"诚信的穷人",即纯洁派教士,尽管信徒们送的礼物堆满了他们的屋子。贝阿特里斯·德·普拉尼索尔说:"21年前,我常去蒙塔尤的阿拉扎依·莫里家烤火,她是雷蒙·莫里的老婆,皮埃尔·莫里的妈妈;她陪着我,对我说:

'只有加入纯洁派、相信纯洁派教士的人才能得到拯救。生前犯过什么罪都不要紧。只要最终被教士接受了,那就得救了。如

第二部分　蒙塔尤考古：从举止到神话

果想给教士们一点好处，最管用的就是施舍。'"（I. 235—236）

为了证实自己这番有关拯救和施舍的话，阿拉扎依向贝阿特里斯讲述了一则有关她丈夫雷蒙·莫里的小故事，他们两口子最近倒了霉，穷得要命。"你听着，我和我丈夫，穷归穷，还是要给善人（纯洁派教士）施舍。我们自己不吃，把省下来的面粉，而且是最好的面粉，送给他们。"

贝阿特里斯简直不敢相信自己的耳朵，便问阿拉扎依，在这种情况下，善人能收下他们的东西吗？阿拉扎依说，他们收下了。贝阿特里斯于是决定也要给那些善人送一些面粉去。阿拉扎依的儿子皮埃尔·莫里学他妈的榜样，毫不犹豫地节衣缩食，还卖掉了一只羊，把凑起来的钱送给了路上遇见的一个善人（II. 416）。

"诚信的穷人"收了真穷人送的这么多的礼物后，大概就变成富人了，也许富得流油（只是说说而已？）。教长纪尧姆·奥蒂埃巡回传教结束时，带回一大批金币和银币，藏在箱子里。他和他老婆时不时把脑袋探进箱子去，看着这些金银闪闪发光，心里乐滋滋的，不禁想入非非起来[1]。

很显然，蒙塔尤人的施舍是出于拯救灵魂的考虑，有时竟然十分荒唐。尽管如此，施舍在今生世界的作用却并不因此而消失。真正的穷人往往因给了施舍而得到宽慰；神明会给慷慨施舍的人降福，给他们的房子带来吉利，使他们的果树丰产；给"诚信的穷人"送麦子，土地就会高产（III. 307）；对别人倾囊相助，就是为自己装满谷仓。

*　　　　*　　　　*

---

[1] II. 417。关于同类的另一个异端宝物，参见 II. 59—60; II. 484。

第二十五章 贫穷、施舍、劳动

前面谈到了劳动问题上的伦理观念。由于施舍这种社会行为受到极高的评价，所以从另一方面又提出了劳动的伦理与非伦理问题。蒙塔尤人不是劳动狂，他们喜欢睡午觉，喜欢无事闲待，暖和天气在太阳底下捉虱子，冷的时候围着火取暖[1]。若是有可能，他们尽量缩短劳动的时间，变成半天干活，半天休息；若是得了一笔丰厚的陪嫁，他们就不想或不再下地干活，而雇佣别人干活，自己在一边指指点点。那些手上没有老茧的富裕农民就是这样，他们拿着手杖指挥别人干活[2]。可是，现实迫使体力劳动者，也就是大多数人还得干活，特别是在农忙季节或转场放牧季节。

总之，劳动本身不能赢得人们的尊敬。一个能把地侍弄好的农民，只不过表明他不是疯子而已（II.126）。对于一家之主，人们只希望他是个好邻居，并不要求他干活不要命。那时的伦理观念与后来韦伯的或新教的伦理观念尚有很大距离，与冉森派的天主教或近代天主教的伦理观念也相差甚远，这些后来的伦理观念都对勤奋劳动给予很高评价。

然而在蒙塔尤，劳动在相当程度上无疑还是受到肯定的，这还预示着在以后的日子里以不同的方式得到了加强。施舍和劳动呈现出相互排斥的倾向。戈奇娅·克莱格在万圣节那天送了一个

---

[1] I.458, 462, 464; I.324 和上文；I.327。
[2] 无需自己劳动而拥有一所房子和一个（比较）大的农庄，这是许多贫穷农民的理想（III.121）；另一方面，虽有一些人心安理得地从不从事体力劳动的中等阶级变成手工艺人或牧人，但是对于一个富人来说，这种由富变穷的情况就很难接受（II.59）。这表明，确有一些人不从事体力劳动，却享有财富和特权，因为有了财富就可以不劳动。关于繁重劳动的节奏，参见乌尔泽的著作，III，第82—83页。

第二部分　蒙塔尤考古：从举止到神话

面包给蒙塔尤的埃麦尔桑德·马尔蒂（III. 356），埃麦尔桑德对戈奇娅说："给我施舍不会给你增添光彩，因为我能劳动。"一些纯洁派教士因不能公开活动而没有收入，阿拉扎依出于灵魂得到拯救的考虑，给了他们一些施舍。她说："给善人施舍是件大好事，因为他们不敢劳动，否则就会被（宗教裁判所）抓走。"阿拉扎依说这句话时的想法显然与埃麦尔桑德一样，在她看来，如果能劳动，就不需要施舍（I. 424）。

尽管施舍和体力劳动相互排斥，尽管蒙塔尤人十分热衷于慈善性的施舍，但是这绝不意味着他们完全轻视汗流浃背的体力劳动。之所以如此，一则是他们受到乡村文化的熏陶，再则是通过布道者知道到了圣经的教诲[①]。在这一点上，蒙塔尤人又一次嘲弄了两种实际上或看起来彼此矛盾的观念。他们给教士们以施舍，原因是他们处于到处被追捕的窘境，所以无法劳动。可是，这岂不等于赞扬他们吗？因为他们与那些好吃懒做的天主教教会人士不同，他们"劳动"！皮埃尔·莫里对后来当了告密者的阿尔诺·西克尔说的一番话，非常清楚地表明了这一点："你以为布道兄弟会士们的大房子，是他们自己动手盖起来的吗？根本不是。可是我们的教士（纯洁派教士）却靠自己的劳动养活自己。"（II. 29, 30）皮埃尔·莫里的话说明，他的好朋友、好歹是个教士的贝利巴斯特是个靠劳动养活自己的人，他以制作梳子为业。通过这个人的例子可以看出，劳动与想过好日子是联系在一起的。蒙塔尤人惊喜地看到，纪尧姆·奥蒂埃尽管处于秘密活动状态，

[①]　莫拉的著作，卷 II，第 553 页（引用了施密特搜集的《旧约》和《新约》中的一些引语）。

第二十五章 贫穷、施舍、劳动

却依然毫不犹豫地做裁缝，为人补长袍，为本堂神甫克莱格缝制套裤（I.315）。贝利巴斯特不愿意游手好闲，他不理会节日不能干活的规定，信奉天主教的人都在过节时，他用两把锁把自己关在操作间里，照样跟平常一样干活（II.53）。皮埃尔·奥蒂埃认为劳动与拯救之间有直接联系，他对牧羊女西比尔·皮埃尔说："我们干活受累，不是因为日子过不下去，而是想让自己的灵魂得到拯救。"① 让·莫里在信仰上来回摇摆，今天是天主教徒，明天信奉异端。当他信奉异端时，他就想当"灵魂接受者"，也就是半个教长（II.73）。于是他就自吹自擂，说他只靠自己的劳动生活，而且到处对人说："上帝的儿子说过了，人应该靠自己的汗水养活自己。"与皮埃尔·奥蒂埃相比，让·莫里这个牧人文化水平低得多，资料表明，他的这种说法来自圣经的某些教导。这一点也适用于天主教会的神职人员，他们依据《新约》和《旧约》的教导，也从事繁重的体力劳动。两个纯洁派教士在雷蒙·莫里家里说的一番话，纪耶迈特·阿尔热利耶听后深以为是②。他们说："上帝教导我们，本堂神甫应该自食其力，不应该像他们现在那样靠别人养活。那些不让别人灵魂得救的本堂神甫，无非是为了穿好衣服好鞋子，出门有马骑，吃香的喝辣的，才这么干的。"两位教士一口气说的这番话，让纪耶迈特·阿尔热利耶听了大为吃惊，她想：本堂神甫应该劳动，应该贫穷；他们若是生活奢华，就不能拯救别人的灵魂；这些话对吗？她害怕了，终于相信了，于是直截了当地对两位教士说："要是你们真的能拯救我的灵魂，要是你们真的比本

---

① II.406（相连的两段文字）。
② III.95,96,97（相互印证的若干段文字）。

堂神甫强,我就请你们为我拯救灵魂。"①

我们注意到,如同蒙塔尤人所说的那样,贫穷问题得到了妥善的处理。之所以给纯洁派教士施舍,是因为他们自愿受穷,或者是大家认为他们自愿受穷,有时还干些活。另一方面,人们希望修士和本堂神甫(但不包括皮埃尔·克莱格)也自己劳动,放弃靠剥夺他人财富过日子的生活方式,希望他们心甘情愿地过劳累而贫穷的生活。基耶的雷蒙·德·拉比拉甚至主张教堂不必有墙,"神职人员和本堂神甫自己耕地,自己锄草。"(II.315)萨巴泰人的反教会言论总是以道出他们的真实意图告终。

* * *

作为一种理想和集体心态,蒙塔尤的贫穷问题的根源有两个,甚至三个。首先,它与这个确实十分贫穷的山乡里的人由来已久而又不曾改变的不满情绪有关②。其次,它起因于《新约》和《旧约》中的基督教教义,不过,往往是被阿尔比派曲解的基督教教义:"从《约伯记》和《新约全书》以来,基督教教义就把贫穷看作基本价值之一。"最后,它与当时的具体情况有关,也就是说,贫穷是13世纪特有的价值观之一,而且一直延续到1320年以后:"13世纪是贫穷的世纪,是托钵僧、方济各会和阿西斯的弗朗索瓦所说的'贫穷夫人'的世纪。"③

---

① 出处同上。怀西的养猪人皮埃尔·杜邦认为,无论对于犹太人、基督教徒或穆斯林来说,"自食其力"都是应该予以积极评价的好事(II.158)。
② 关于加泰罗尼亚的比利牛斯地区(离蒙塔尤不远)乡村和山区的贫穷史问题,参见博纳西的著作,卷II,第113副页。
③ 勒高夫为奥科奈尔等所著《圣路易的话》所作的序言。巴黎,加里马出版社,栏案丛书,1974年,第74页等若干处。

第二十五章 贫穷、施舍、劳动

从天堂观点看,以贫穷为理想,可以使发放施舍(在可能的条件下,把施舍发放给那些自愿受穷因而有资格接受施舍的人)的人的灵魂得到拯救。从世间观点看,崇尚贫穷(有时是自愿受穷,有时是非自愿受穷)可以使赤贫者得到一些缓解(仅此而已),使教士们衣食有着,使当时的一种空想成为理想,那就是:神职人员应该自食其力,这样,他们就可以问心无愧地接受信徒们给予他们的慷慨施舍,反过来,他们也就能保证信徒们的灵魂得到拯救。于是,这个环环相扣的圆圈也就终于画圆了。

在所有这一切中,没有任何东西具有一般的革命意义。颂扬贫穷和家庭的正常运转,与富有的家庭①给予贫穷的家庭以物质帮助,与承认艰苦劳动(这种劳动并不要求放弃午睡或在太阳底下休息)的必要性,都完全不相矛盾。对于理想化的贫穷的赞扬,却在以下这一点上引起了不满,那就是:既然只有贫穷的教会才能拯救灵魂,那么,教会人士为何要窜进萨巴泰,强行在山里剪羊毛,作为什一税拿走呢;很显然,教会人士被逼进了窘境。所以心怀不满的蒙塔尤人和萨巴泰人就宣布:与领主和睦相处,与教会势不两立。不满情绪不向当地非教会的财富和贵族门第发泄,却转向被心怀不满的人看作他们的社会最不该有的,也是最不符合灵魂拯救理想的那些人和事发泄,人们于是起而反对要价甚高却又不能拯救灵魂的教会。有时也反对那些积聚了大量财富的暴发户,因为这些暴发户打碎了原有的各个家庭之间的等级关系,

---

① 奥尔诺拉克的领地法官纪尧姆·奥斯塔兹对农村上层人物的精神状态很熟悉,他将正当获得的财产和不正当获得的财产区别对待,这在当时已是一种比较陈旧的观念了。不过,只是当他被宗教裁判所逼得走投无路时,他才作了唯一一次这样的区分;他对这种区分大体上似乎比较熟悉(I. 207—208)。

第二部分　蒙塔尤考古：从举止到神话

而且实际上是高利贷的化身。尤其反对各个托钵僧修会，因为它们被有理或无理地指控为像贪婪的狼一样，以不正当的手段致富。小兄弟会和布道兄弟会是城市主宰农村的急先锋，是帕米埃富瓦伯爵领地的这个巴比伦压迫无辜的农村的象征。其实，真正遭到攻击的不是财富本身，而是教会人士和托钵僧们等恶毒的富人们的不义之财。他们剥夺村民，但并不向农民提供进入天堂的回报，也不提供帮助和保护（帮助和保护有时几乎没有区别），而非教会的大户人家和富有的家族却经常向村民提供此类帮助和保护[1]。

*　　　*　　　*

在这个总的说来并不富有的村子里，在14世纪初期，"贫穷夫人"就是这种样子。她过着艰难的生活，却又长期在这里和那里保存着诱人的魅力，直到此前不久的时代，许多反教会的人之所以谴责教会，不是由于它是教会，而是由于它不是穷教会。因为，在一个挤满着穷人的世界里，教会越是放弃地上的财富，就越是能为穷人打开进入天堂的大门。从更普遍的意义上说，从1300年起就切实地体现在农民身上的真实而又规范的贫穷意识，始终是导致社会斗争的一个可能因素，尽管不是一个必然因素。在这种社会斗争中，教会就是地区性的首要攻击目标[2]。

---

[1] 参见收在莫拉《贫穷史研究》中里特尔的文章，1974年，卷II，第447页及以下各页。

[2] 1974年我们在蒙塔尤作了实地调查，收集到的资料表明，当年民间对贫穷的看法尚有遗存（与蒙塔尤的杜朗夫人的谈话）。当地的一则19世纪的故事说，当地的一个人应征入伍，服役多年后隐姓埋名地返回老家。这则故事令人想起关于穷人圣阿莱克西的那个有名的传说（参见收在莫拉《贫穷史研究》中的吉慈托尔的文章，卷I）。

第二十六章

民俗与鬼魂

在前面几章中我们探讨了时空观念、社会意识、宗教和伦理,从而为进一步探讨民俗作了必要的准备;我们对蒙塔尤民众思想的研究将以民俗探讨作为结束。这里所说的民俗,是指高度一体化社会中的民俗,包括城市和乡村、贵族和平民①。一些历史学家曾成功地应用了传统的研究方法,但在我们的研究中却难以应用。因为,在我们对现今阿列日地区或奥德地区的民俗研究中,这种方法本应帮助我们通过历史复原上溯到民俗的中世纪范型。可是,在民俗这个领域里,"复原"只是一种幻想,因而应用这种方法的结果只能是失望。历史一步步走过来,始终处于变动之中,从 14 世纪到 19 世纪,历史的发展深刻地改变了民俗的原有面貌。以"小阿尔贝"的秘密为例,1750—1850 年间,法语版"传奇文学"

---

① 克莱格一家(他们属于农民中的"上层社会")和普拉尼索尔一家(他们是贵族)受"迷信""感染"的程度,不亚于农民中的私生女。同样,我们在下面将要看到,蒙塔尤人和帕米埃人在相信鬼魂这一点上,没有多大区别,形式也差不多。

第二部分 蒙塔尤考古：从举止到神话

广泛传播，若干册讲述"小阿尔贝"的书传到比利牛斯地区，并以口头文学的形式世代相传，这就使离蒙塔尤不远的索尔特农民能在1970年向来自图卢兹的人类学家讲述"小阿尔贝"的秘密[①]。然而，14世纪的蒙塔尤民俗完全是另一个样！新近出版的《阿列日民间故事》中只有极少几处提及虱子和教父[②]……，这在1320年的调查中已经谈到了。这些关于现今富瓦伯爵领地的民间故事，大多数很可能是近代民间故事中尚未被人遗忘的一部分，其来源可能是北方地区，在1500—1800年间传遍阿列日地区。顺着同一思路，我还注意到，1320年前后在萨巴泰和宗教裁判所的资料中，完全没有提到有关熊的神话传说。可是，从18世纪起，熊这种讨人喜欢的动物却是比利牛斯山麓一带农民戏剧中的一个中心人物[③]。

可是，有关死亡的民俗却源远流长，根深蒂固。1300年前后就已存在的这类民俗，直到19世纪依然保存着当时的某些原貌。例如，早在14世纪，面目可憎的黑猫就围着灵床转圈，直到法国大革命以后，这类令人毛骨悚然的民俗仍然可以在朗格多克地区见到[④]。上阿列日从14世纪到19世纪，始终保持着在万圣节那天摆上食品祭奠亡灵，而后由活人享用的习俗[⑤]。因为历久不变的是家，早在皮埃尔·克莱格和雷蒙·贝洛生活的年代，家就是整个

[①] 皮尼埃斯的著作，1972年。
[②] 若伊斯坦的著作，1965年，第149页和第175页。
[③] 阿尔福特的著作；若伊斯坦的著作，第172页。
[④] 上文第510页；法布尔和拉克鲁瓦：《19世纪朗格多克农民的日常生活》，第147页。
[⑤] 博尔德纳夫的著作，第231页；上文第二十一章。

第二十六章 民俗与鬼魂

社会的基本因素,直到20世纪初,家依旧保持着这个堪称第一位的作用。民俗消失了,家依然存在①。

这些遗存虽然令人鼓舞,但是想要深入研究民俗,还其本来面目,还得再次从古老的文献中去发掘。某些问题能找到较多的资料,另一些问题却仅有一些极为简略的提示性资料。我们对民间音乐略有所知,比如,从1300年开始,牧人就吹笛子②,姑娘们从小酒店回家时喜欢哼小曲,神甫们在教堂里唱歌时几乎离不开书本(贝利巴斯特以嘲笑的口气对皮埃尔·莫里说:"神甫们下葬时穿着做弥撒的袍子,双手捧着一本书,以便在上帝面前唱歌。"③)。这些零星的资料,有些极为普通,甚至是人人皆知的,可是,除此之外,我们对阿列日人的"音乐领域"就一无所知了。

我们对涉及面甚广的民间俏皮话同样所知甚少,毫无疑问,这些俏皮话大多是讥讽教会的("神甫说的全是蠢话,尽是瞎说。"),说俏皮话既省力,效果又好,皮埃尔·克莱格就靠俏皮话赢得了能说会道的美誉(II. 422)。不过,俏皮话也只不过用来在好朋友之间开开玩笑而已,偶尔还用来打赌。"纪尧姆·奥蒂埃站在阿列日河边,手里拿着一块小石子,跟一个朋友以一块鱼饼打赌,他说:

'你不可能把这块石子扔进河里去。'

两人说定之后,纪尧姆就把石子扔进河里去了,这样一来,那位朋友当然就不可能再把同一块石子扔进河里去了。于是纪尧姆就

---
① 考拉的著作;普拉东的著作。
② 参见迪韦尔努瓦,《帕米埃的宗教裁判所》,第64页和本书上文。
③ III. 237。在半异教徒式的葬礼中,一些日用品随死者一起下葬,关于这一点,参见博尔德纳夫前引著作中有关中世纪奥克西坦尼的论述。

第二部分 蒙塔尤考古：从举止到神话

赢了，得到了鱼饼。"（II.106）听故事的人都笑得"直不起腰来"。

地方上的谚语（雅克·富尼埃为我们保留了其中一部分）常常是一些与男女关系或夫妻关系有关的顺口溜；这些顺口溜大多与这个小地方人的这种伦理观念有关，阐明了某些与世界的永恒性及其内在原因、禁止乱伦、婚姻哲理有关的基本观点。

我们在前面叙述人们的宗教态度时，已经对正统的和非正统的民间信仰进行了探讨。在这个领域里我们看到，萨巴泰人（包括蒙塔尤人）归根结蒂是基督教的虔诚信徒。然而，这并不妨碍人们始终相信某些"奇迹"。比方说，某个泉水里有一种鱼，很久以前不幸被油炸得半焦，可是至今依然活着[1]。信仰基督教也与健康和人际关系相联系，比如前面已经说过，洗礼能使婴儿皮肤细嫩，容貌漂亮，日后不会淹死，不会被狼吃掉（II.16）。人们在某些教堂里跳舞时，围观的人当中有醉汉[2]。

*　　　　*　　　　*

关于巫术、魔法，尤其是鬼魂的资料，比较详细。

在萨巴泰和蒙塔尤人的心态和实际生活中，巫术本身并无重要意义，其重要性在于它是用来采取某个行动、获得某个物件或某个信息的一种技艺。巫术的作用之一是治病，传统的男"医生"特别是女"医生"，往往把巫术当作"药"，而且并非总是无效。另一方面，巫术又是名副其实的魔法，在萨巴泰有若干踪迹可寻，但极不明显，甚至应该说是微乎其微。

---

[1] III.52和60（原有的新资料？）。关于纪尧姆·奥蒂埃做的纯洁派奇迹，参见 I.285。
[2] I.145；又见博尔德纳夫的著作，第257页。

第二十六章 民俗与鬼魂

前面我们谈到过一个名叫娜菲利亚的女"医生",不过并不知道她使用什么药和办法治病(I.337)。我们还知道,贝阿特里斯·德·普拉尼索尔曾向一个受过洗礼的犹太女人求教,这个犹太女人告诉她,她女儿的儿子的脐带能帮她打赢官司,她女儿的经血能激起未来女婿对妻子的爱。贝阿特里斯还从一个朝圣者那里得到了一粒筋骨草籽,说是有治愈她孙子癫痫病的奇效。不过,据说请教堂里的圣保罗为这个小孙子治癫痫病,效果比筋骨草籽更好。可是,她放弃筋骨草籽转而祈求圣保罗这位圣徒为其孙子治病的结果表明,筋骨草这种巫药不是骗人的,而是确实有效,甚至可以说非常有效。贝阿特里斯还提到过另一些被她当作药的巫术(I.249),据说这些巫术确有疗效,尽管使用方法有些不可思议,她却绝不认为是魔法。前女城堡主(一个犹太女人、一个朝圣者和另外一些人教给了她一些技艺)甚至可以被看作是个小巫师,她到处收集敬重神明而不是装神弄鬼的小秘方和小偏方,用来保障子孙的健康和前程。此外,她还与一个名叫加亚尔德·居克的女先知交往(I.247,257)。

蒙塔尤人中相信先知的并非贝阿特里斯一人。从蒙塔尤移居到比利牛斯山南麓的莫里部族,全都相信一个穆斯林先知,他们有事必向他求教,诸如畜禽和人的健康,外出旅行和缔结婚约等等(II.39)。男女先知都是犹太人和摩尔人,其中以犹太人最多;雅克·富尼埃忙于其他事务,无暇顾及那些先知,他保持着清醒的头脑,不把他们视为巫婆。经历几代人后,神甫们不再像富尼埃那样头脑冷静,把先知称作巫婆[①],他们这样做多少有些

---

① 米什莱,《巫婆……》,加尼埃—弗拉玛里翁出版社,第33页。

不够慎重。不过，来自比利牛斯山两侧从事巫术的人，不限于犹太教徒和穆斯林等少数宗教的信徒。阿克斯累太姆的一个公证人和一个教士，相信一种名为"圣乔治术"的巫术，他们不但自己做，也让别人做。阿克斯镇上的人借助这种巫术寻找丢失的物件（I.156），具体地说，就是让一个有特殊才能的姑娘从镜子里探知失物的去向。阿克斯的一个女人和她的女婿在富瓦集市上丢失或被偷走了两块呢料，他们想利用这种巫术把呢料找回来。为了找回失物，不一定非求助于女巫不可，神明也能帮忙。比如，蒙戈齐圣母就能让小偷心肠变软，把赃物还给失主。奥尔诺拉克的一个农妇就这样收回了失物，作为回报，这位农妇就要笃信圣母马利亚，并做祷告致谢。女人和本堂神甫不甚高明的占星术，往往与指甲屑和头发丝之类的"迷信"搅在一起；据说这种巫术可以保护家产。这些巫术花样百出，搞的人主要是妇女，但不限于妇女。

还有"找女人"①、找牧人。不怀好意的牧人把某种草放进牛奶里，牛奶就不能凝结成奶酪；把这种草放在女人的胃（？）（胃犹如奶桶）上，精子就失去"生育能力"，不能"凝结"成胎儿……这些巫术中没有任何可怕的东西，所以，忙于追捕纯洁派的雅克·富尼埃对这些小巫术不闻不问。16世纪有一种导致不育的"细绳"，被视为罪恶的魔法，遭到让·博丹等鬼神学家们的严厉追查，甚至把使用这种方法的人送上火刑台。与雅克·富尼埃相比，区别实在太大了。②

---

① 关于另一个不相信圣体的巫婆或所谓的巫婆，参见 II.305。
② 参见我那篇关于细绳的文章，载于"欧洲"杂志纪念弗洛伊德专辑（1974年3月）。关于与男性精子和凝聚问题，参见上文第十章。请比较因斯蒂托里的著作，1973年版，第438页（抗乳巫术）。

第二十六章 民俗与鬼魂

* * *

蒙塔尤有没有魔鬼撒旦？从巫术到魔法只差一步吗？这一步很容易就跨过去了吗？让我们来看一看。一是相信魔鬼，二是教会和许多人后来常把山区农妇求助妖术的前因后果归咎于魔鬼。

萨巴泰人显然认为，魔鬼附在灵魂里、人身上和财物里，就跟在自己家里一样。同情异端的男女农民见到天主教教士时常说的话是："滚到魔鬼那里去！""魔鬼，快走！""总有一天魔鬼会把一切都弄走。""圣母马利亚，我见到魔鬼了。"这些也是罗马天主教徒见到善人即纯洁派教士时常说的话。一个阿尔比派女人，一个被人认作阿尔比派的女人，一个家人希望是阿尔比派的女人，若是突然照天主教徒那样行事，周围的人马上就会知道是什么原因，那就是她被魔鬼附身了，被魔鬼抓住了。信奉阿尔比派的农民认为，我们的世界（原则上）很不好，人的一生就是折磨人的疾病；因而，他们动辄就觉得魔鬼在作祟，在我们周围打转转。一个受阿尔诺·泰塞尔的异端言论影响的山民说："魔鬼是我们的朋友。"[①]这句话与后来萨特所说的"地狱就是别人"简直如出一辙。

这就是说，魔鬼到处都有，只有当它有朝一日被教会关起来，或者说教会设法把它关起来，你才见不到它，然而，东关西关，很难关得住，信心也不足。从这里我们不难看到，巫术在日常生活中的重要性不容忽视，但是普通百姓不把巫术与魔法混为一谈，教会人士有时虽然想要把它们说成一回事，但基本上也还不把它们混为一谈。在这一点上，14世纪的比利牛斯地区与16世纪有很

[①] II. 200；关于前述，参见 I. 338, 340, 351, 364, 462; II. 73, 184, 200, 244, 365; III. 174, 175, 176, 177, 178。又见乌尔泽的著作，I. 69, 74, 75。

第二部分 蒙塔尤考古：从举止到神话

大区别。到了 16 世纪，巫婆成了打击对象，比利牛斯地区极端偏执的法官们对巫婆进行迫害，把她们用火刑烧死，视巫术为撒旦作祟。可是在 1300 年前后，绝对没有这种想法，只有纯洁派信徒才被判处火刑。

当然，以下地狱来吓唬人以达到某种目的的想法，在萨巴泰人中并非绝对没有。高苏的埃卡·博莱把一个对手投进了监狱，他的一个女干亲对他这种做法表示反对，他让她不要多管闲事，并对她说他可能求助于魔鬼。他说："别瞎说，老嫂子，魔鬼有时比上帝还管用，我得求上帝或者魔鬼帮忙。"[1] 不过，埃卡·博莱是个杀人犯，他的情况比较特殊，只是个别现象。

蒂尼亚克的庄稼汉雷蒙·德·莱尔被人指控使用了巫术。据说，牛轭从一条尚未调教好的大耕牛身上掉了下来，他在恶魔的帮助下把牛轭重新套了上去（II. 126, 373）。此事似乎也没什么了不起，无非是在调教耕牛方面有点令人不解的技巧而已。但是，对于雷蒙·德·莱尔来说，面对有根有据而且说得活灵活现的指控，这种无力的辩解能有多大分量呢？一切都取决于站在什么角度看问题。别人用来使自己受到损害的某种方法，可以被看成是魔法、妖术，然而，当自己把同样的方法使用在别人身上时，却可以说成是丝毫不带邪气的技巧。贝阿特里斯·德·普拉尼索尔对神甫巴尔泰雷米·阿米拉克怀恨在心，因为这位神甫使用魔法，让普拉尼索尔爱他爱得发疯[2]。可是，普拉尼索尔为使她未来的女婿发疯似的爱她的女儿，竟让他把未婚妻的初潮经血大口喝下去，

---

[1] III. 348；更为广泛的，则可参见 III. 347—348。
[2] I. 249。又见 III. 30，注 418。

第二十六章 民俗与鬼魂

她却一点也不认为这是魔法（I.248—249）。

总之，魔鬼在萨巴泰是个大人物，但还未被教会与当地日常的巫术活动联系起来，这种活动在一段时间中尚与魔鬼无关。当地教会和某些异端派指控巫术是撒旦的黑货[1]，只是这种做法尚未占据上风[2]……1294—1324 年，宗教裁判所在萨巴泰查处异端，但对巫婆还不大留意，单是阿尔比派就已经够主教和宗教裁判所对付的了，他们没有工夫整治山区的巫术，也不把巫术当作妖法

---

[1] 贝利巴斯特显然很想把通常归之于圣人的好事或坏事（例如被称作圣安东之火或圣马蒂亚尔之火的那种皮肤病）说成是魔鬼造成的结果，于是他把这些事都说成是撒旦在作祟（III.234）。把人无能为力的事归咎于魔鬼，这是中世纪末期和文艺复兴时期查究巫婆的主要原因之一（参见托马斯的著作，1971 年）。再者，从雅克·富尼埃企图追查南部地区麻风病人一事（II.135—137）中也可看出，他也把这种病看作与魔鬼有关，并且已经提到了后来在 15—16 世纪对巫婆的诉讼中经常提到的"魔鬼蛤蟆粉"。不过，追查麻风病人是雅克·富尼埃在法兰西王国政府的逼迫下进行的，这不是他通常的典型行为。只要他能自行做主，他就仅仅以发现麻风病人为限，不像博尔盖和博丹那样把麻风病人说成是撒旦魔鬼。

[2] 卡罗·巴罗查，《女巫和她们的世界》，巴黎，加里玛出版社，1972 年，第 102—104 页（巴罗查公布的资料表明了一种彼此相连的关系，至少在 1335 年的宗教裁判官身上可以看到这点，他们既折磨别人，自己的精神也受到折磨，这种相连的关系把人们从纯洁派的二元论引导到……羊头人身神的巫魔狂舞）。参见莱阿《西班牙宗教裁判史》，纽约，1907 年，卷 IV，第 207 页，注 1；1355 年的文献首次发表在拉蒙特一朗贡《法国宗教裁判所的历史》，卷 III，第 231 页和第 235—240 页；原始资料来自亚辛特·塞尔麦在 18 世纪末收集的《图卢兹宗教裁判所档案摘录》（据拉蒙特一朗贡前引书第 232 页）。约瑟夫·汉森《巫师幻觉史调查文献资料》，波恩，1901 年，第 449—450 页，第 451—453 页。汉森也公布了这份资料，他根据莫利尼埃所说，以为拉蒙特一朗贡公布的资料在书出以后已经丢失。但是，科恩在《欧洲的内部魔鬼》，纽约，1975 年，第 130 页中（以证据作为支持）认为，1335 年的资料是假的，是拉蒙特一朗贡本人在 19 世纪编造的。

第二部分 蒙塔尤考古：从举止到神话

进行镇压；在他们看来，蒙塔尤人另有更为严重的过失。

从总体上看，由于妖法的重要性不大，当地经常使用的小巫术利大于弊，治病救人多于置人于死命。在上阿列日，我发现既有先知和治病者，也有能让女人一见就着迷的男子，但很少有撒旦那样专干坏事的巫婆。

文化氛围与妖法不多见有关。富瓦伯爵领地中虽然到处都有魔鬼，而且总围着人转，无所顾忌。但很难"直接"与魔鬼接触。即使那些专门与鬼魂联系的"灵魂使者"（下面将要详述），也不与大量管理鬼魂的魔鬼单独对话。这就是说，在1300—1320年间，关于灵魂的传说与撒旦没有关系。也许以后发生了变化，但富尼埃的审问记录表明，那时尚未发生这种变化。

魔鬼之所以难以介入的一个原因，是在各个山乡里，男人和女人（与巫术有关的事均由女人负责）之间当时在文化上并无差距，16世纪以后设立了堂区学校，男女之间才在文化上有了差距。堂区学校教一部分男孩子识字，而绝大多数女孩却被拒之于门外；女孩子因而成了生来便是非学校的野蛮文化的保存者。识了字、有了一点知识的男人越来越不相信女人，此后只要怀疑女人，就是怀疑妖法[①]。

[①] 关于前文，参见内利的著作，1958年，第199—207页。该书主张区分"灵魂使者"和巫师。关于在本书所研究的时期中偶见于上阿列日的某些雏形的巫术，参见II.126（鬼魂、牛犊及公牛等事件）；关于雅克·富尼埃对麻风患者（他们被指控用蛤蟆粉搞巫术）的迫害，参见II.135—147。关于对巫术的打击（尤其是对女巫追查），特别是本书所研究的时期以后的这类事件，参见弗里施的著作和马丁的著作，卷XIV, 2, 第833页；拉普的著作，第161—162页；请与图萨尔的著作第363页进行比较；巴罗查前引书，1972年，第102—107页；1355年在图卢兹地区发现了最初的或真或假的羊头人身神的狂舞。

第二十六章 民俗与鬼魂

* * *

除了旨在帮助活人或召唤魔鬼的技艺（据我们所知，召唤魔鬼的技艺极为少见，甚至根本不存在）之外，还应谈一下与亡灵进行联系的技艺。在蒙塔尤和萨巴泰，范围广阔的"神话"或"神奇故事"乃至"奇迹"，在活人的村庄和死人的村庄相互联系中发挥了作用。

先说"神奇故事"，这是以超自然为基础客观地讲述的故事[①]。在我们所见到的资料中，这类故事有些是讲述者直接向雅克·富尼埃讲述的，有些则是讲述者从他人那里听来后向雅克·富尼埃转述的。这些神奇故事当然经常可以听到，在萨巴泰那些带有神话色彩的谈话中也能听到，这类谈话有时涉及官方教会，有时涉及阿尔比派异端，有时也可能与宗教无关。

神奇故事有时也会以奇迹的形式出现，不过这种情形极少。萨巴泰不是罗马天主教的基地，在这个地区里，天主教的奇迹都属于过去。在上游地区的富瓦，我们还发现一种属于异端的类似奇迹的东西。伏多瓦派分子雷蒙·德·拉考特在受火刑时，正如我们可以想见的那样，捆住双手的绳子先被烧断了，犯人于是并拢双手向上帝祈祷。事后在富瓦的小酒店里，人们围着桌子毫无顾忌地说，"这证明他的灵魂已经得到了拯救"（Ⅰ.174）。

可是，在蒙塔尤和萨巴泰，没有阿尔比派的"具体的奇迹"，换句话说，没有听说过有关纯洁派的奇迹（但有一个例外：在一次做临终慰藉时，山上出现了奇怪的光）[②]。这种不讲奇迹的情况

---

① 勒高夫的著作，1974年。
② 上文；Ⅲ.241—242，注490（末段）。又见Ⅱ.407：一个好基督徒的灵魂（信教不久）做了慰藉后直接升天。但是，这个奇迹纯粹是一种信仰，没有在事实上表现为任何异乎寻常的现象。

第二部分 蒙塔尤考古：从举止到神话

表明了一种值得注意的倾向，那就是阿尔比派传教士和受他们影响的农民（以及未受他们影响的农民）都拒不相信奇迹，都把上帝与物质世界分开（物质世界有时受魔鬼支配）。把上帝与物质世界分开的同时，人们也就摆脱了与具体的奇迹等超自然的因果关系。贝利巴斯特问上阿列日的牧人们："你们难道相信木柴能出现奇迹？"（II.55）贝利巴斯特完全不想在现今世界用纯洁派的奇迹取代罗马天主教的奇迹，他接着说："奇迹我是要搞的，不过不是在现今世界上，而是在另一个世界里。"（II.54）

更加普遍的情况是，或多或少受阿尔比派影响的萨巴泰农民都说，"庄稼开花结穗，都不是因为上帝[①]，而是因为魔鬼（有些人这样说），或是因为大自然、天气、肥料和我们的劳动（另有一些人这样说）。"这些农民的看法最终导致否认超自然力量的存在，这岂不就是一种粗陋的奥卡姆主义吗[②]？

* * *

由此可见，富瓦伯爵领地农民的神秘思想，仅仅表现在狭小的范围中，因而，这种思想的涌现尤其值得注意，这一点在探讨亡灵的去向问题时，我们还将再次提及。

这种思想往往通过一再重复的方式，达到为人们接受的

[①] I.230, 283; II.58, 503; III.347。

[②] 关于中世纪末期的"粗陋奥卡姆主义"，参见托马斯：《宗教和神奇的衰落》，伦敦，韦登费德出版社，1957年，第657—663页及以下各页（关于洛拉尔）；关于14世纪前75年，特别是前50年的巴黎唯名论者，参见布雷耶尔：《哲学史》，巴黎，阿尔康出版社，1928年，卷I，重点参见第726—727页："巴黎的唯名论者将古老的力学在事物的物理理论和宇宙的形而上学结构之间所建立的延续性割断了……这种理论使得上帝对于宇宙正常运转的一切特殊支持归于无效……"

第二十六章　民俗与鬼魂

目的，最常用的方法是应用实例进行说服。有必要重提一下雷蒙·康塔尔和罗伯特·里嘉图对此所下的定义："实例大体上是一种自成一体的故事，发生在特定的时间与空间中，其（书面）长度大多为10至20行，容易懂，容易记，听起来很有意思。这类实例被用来以生动的方式阐明、解释或补充基督教教诲。"[①] 我在这里想补充一句：这种教诲是"好基督教"式的，也就是说是异端的教诲。

在罗马天主教传教活动中，例如在北部地区周围充分展开的此类传教活动中，村妇们传来传去的"实例"，有的直接来自《金色传说》中的"实例"系列，例如，领圣体时使用的饼和葡萄酒，分别被说成是从孩子手上割下来的指头和血[②]，其目的就是劝说做饼的不信教妇女信教。这个"实例"在转述过程中经历了一系列"结构"的变化。有人说，施洗圣约翰日那天，麦客们本来不该下地干活，但他们依然去割麦子。阿尔岑（奥德）的圣多米尼克在麦地里与这些麦客展开热烈的讨论。一个不信教的麦客发现自己那捆麦子上有血，而他的双手并未受伤……不一会儿，他的伙伴们也发现麦捆上有血而手并未受伤，于是，讨论便以圣多米尼克

---

① 《神学辞典》，卷 IV—2，巴黎，博舍纳出版社，1961 年，第 1891—1892 页；勒高夫曾将他在高等实验学院举行的一年一度的研讨会用来探讨"实例"（参见高等实验学院，IV 部，教程与研讨会，1972—1973 年，第 224 页）。又见勒高夫，收入戴维·奥康奈尔的著作，1974 年；维尔特的著作，1927 年。
② 这则有意被说成"实例"的小故事（II. 84），也是《金色传说》的一部分，参见雅克·德·伏拉金：《金色传说》（维兹华翻译），巴黎，1902 年，第 174 页（教皇圣格里高利，3 月 12 日，§ XI；伏拉金的文章中缺少有关葡萄酒和血的叙述，而在奥德·富雷的陈述中提到了这两样东西，这两样东西与圣多米尼克的一生中的某些段落有关系，我在后面提到此事）。

· 673 ·

第二部分　蒙塔尤考古：从举止到神话

获胜告终……[1]

阿尔比派的教长们在传教时也大量使用这类"实例",并由庄稼汉们广泛传播。例如前面已经提到过的关于鹈鹕的神话。这种白色的大鸟(体现基督的形象,I.357—358)突然中断它对太阳的追逐,把自己身上的白色遮掩起来,躲进鸟窝(如同基督躲进其母的腹中一样),以便更方便地把魔鬼(撒旦)消灭掉,因为魔鬼想要吃掉它的雏鸟(上帝创造的美好的生命)。这则故事在萨巴泰流传,古里埃的教士兼农民贝尔纳·弗朗卡把它当作一件"实例"或"故事"讲述。在16世纪基督教讲述有关炼金术故事的绘画中,我们依然能见到这只鹈鹕[2]。

另一则广为人知的"实例"是两个异端派教士和一只猎物在网中被捕的故事。两位教士走在林子里,见到一只被网住的松鼠(第一种说法)或野鸡(第二种说法)[3],他们没有为了卖钱、自己吃或仅仅为了取乐而杀死这只猎物;他们觉得,这只猎物身上可能附有某人转世途中的灵魂,出于对人的灵魂的尊敬,他们放走了这只猎物,把与猎物的价值相当的钱放在网穴旁边,让(以狩猎为生)设置猎网的猎人不至于受到损失(II.107; III.306)。

在1300—1320年间,这则"实例"作为实有其事的故事在

---

[1] 吉罗,《中世纪的宗教裁判所》,巴黎,1935年,卷I,第356页。

[2] 参见荣格的著作,1970年,第240页及以下各页(肖像和炼金术中的鹈鹕—基督);又见芒梅尔,《基督教的象征》,里根斯堡,卷2,1954年,册II,第206—207页;皮珀,《基督艺术的神话和象征》,1847年,卷I,第363—366页(13世纪以来鹈鹕的基督肖像)。在此我要对奥里热马先生表示谢意,他为我寻找有关文献提供了线索。

[3] 加泰罗尼亚的比利牛斯山地区用网或夹子捕捉野鸡和大松鸡,由来已久,参见皮埃尔·博纳西的论文,册II,第108页。

第二十六章 民俗与鬼魂

蒙塔尤、阿斯库、高苏和蒂尼亚克等地广泛流传。说是实有其事，也许可能是这样，但是，无论如何，这则故事实际上是对阿尔比派的一个早已有之的告诫的发挥。这则告诫说："（真正的）基督教徒若是碰见一只被捕获的野兽或鸟，不必为它担心。"[1]今天我们如果把在巴黎已经流传了 10 年，或者在整个西方已经流传了 500 年的一则有趣、怪诞或不文明的故事，当作自己或自己的亲人亲身经历的故事来讲述，我们除了像中世纪的人那样对这样的"实例"感到可乐以外，还能怎么样呢？在蒙塔尤人和流亡在加泰罗尼亚的蒙塔尤人，喜欢讲述基督躯体的故事："要真是基督的身体，他就不会让神甫吃他；要是他的躯体真的跟达鲁附近的马尔加伊山一样大，那么，神甫们应该早就开始吃他了。"这显然是在说笑话，是在拿教会开玩笑；这种玩笑早在十字军东征之前就流传在朗格多克地区了[2]。关于蜥蜴的"实例"也是这样[3]。这则为牧人和教长在河边蹓跶时经常提及的故事，事实上源出中世纪的一个古老"实例"，只是在口头流传过程中发生了结构变化。一匹马在泥沼中丢了马掌的故事，也被蒙塔尤人不厌其烦地一讲再讲，那是他因为他们对于这则说法变化多端的故事所包含的教育意义十分着迷。

*　　　*　　　*

在蒙塔尤和富瓦地方，神秘思想虽然有限，却实实在在地存在着；神秘思想主要表现在亡灵的去向问题上。首先是鬼魂的

---

[1] 克莱达版《圣经》，1887 年，第 XXI—XXII 页。
[2] 皮埃尔·戴·伏·德·塞尔奈的著作，第 8 页。
[3] III. 152, 222。又见下文。

第二部分 蒙塔尤考古：从举止到神话

"水平"游荡。亡灵偷偷地在今生世界上、在活人中间游荡；这种游荡与"垂直"游荡不同，在基督教（以及一部分异端）的观念中，"垂直"游荡的亡灵像箭那样直奔天堂而去，如果有幸进入天堂，亡灵便得到了最后和最佳的归宿。①

蒙塔尤的牧人兼种田人纪尧姆·福尔对亡灵的"垂直"游荡作出了极为精确的定义，他说："我在教堂里听布道时，听过人的躯体死后能复活的说法，但我不相信，从来都不相信；因为人死后，躯体就会化作泥土或灰尘。可是，我相信，人死后灵魂依旧活着……坏人的灵魂'翻山越岭'，走上危岩和峭壁，被魔鬼推下峭壁，坠入深渊。

雅克·富尼埃问：'你为什么相信这种说法？'

纪尧姆答道：'在埃荣和索尔特，大家都知道一个住在阿莱堂区贝尔凯尔的女人阿尔诺德·里夫，她亲眼见到坏人的灵魂被魔鬼引到山岩和斜坡上，然后把这些灵魂推下深渊。'

阿尔诺德亲眼见到这些灵魂，骨肉和四肢俱全，有头，有脚，有手，还有别的器官，总之都是完完全全的躯体②；魔鬼把它们从高处推下去，它们痛苦得嗷嗷哼叫，可是它们永远不死。

贝尔凯尔的本堂神甫罗朗把阿尔诺德·里夫痛骂了一顿：

'阿尔诺德，你怎么可以这样胡说八道！'

---

① 水平与垂直的区分非常合适，参见马蒂诺－热尼耶，《1450—1550年法国诗歌中死亡的主题》，第554页；巴克蒂纳，《弗朗索瓦·拉伯雷的著作》，巴黎，加里玛出版社，1970年，第402页。
② 关于鬼魂有一个肉体形式的精神躯体的思想，在这个时期的上阿列日流传甚广，甚至不限于上阿列日，这种思想也适用于上帝、人的灵魂和好鬼等等；比如可参见III.515—516。在这个时代，平头百姓无法想象灵魂可以不具精神躯体（II.74）。

第二十六章 民俗与鬼魂

可是，贝尔凯尔的铁匠贝尔纳·唐·阿拉扎依对本堂神甫说：'我也见过，灵魂走上山岩和斜坡，被魔鬼推下深渊。'

听了这话，本堂神甫就把阿尔诺德放了。"

纪尧姆·福尔最后说："我相信贝尔凯尔的这个男人和这个女人说的都是实话……再说，在索尔特和埃荣，大家都是这样传来传去的。"(Ⅰ.447—448)

这段叙述内容太丰富了，我不可能在这里全部转述。这说明，在索尔特和埃荣等地（包括蒙塔尤在内的埃荣地方，在11世纪属于索尔特，后来由于封建领地的分割，埃荣并入富瓦，直属萨巴泰①），确实流传着一些关于亡灵的民间传说。从另一个角度来说，读者不妨再读一下纪尧姆·福尔上面这番话，从中可以看到，一个由于受到民间传说熏陶而不相信死后能复活的庄稼汉，如何在蒙塔尤的朋友和亲人们（贝内家和吉拉贝尔家的人）的影响下，逐渐成为异端的信徒，原因之一是异端也拒不相信死后复活。这是一个颇能说明问题的过程：外来的文化幼芽被嫁接在原本就具有接受能力的传统心态主干上了。从纪尧姆·福尔的话来看，他相信，无论信奉罗马天主教徒还是阿尔比派信徒，都能同样得到拯救，而他自己信奉的却是民间思想，即一种具有"非基督教"色彩乃至前基督教色彩的思想。就此而言，我们在纪尧姆·福尔身上看到的，乃是一种天下所有基督教徒都是一家的思想。这种情况实属罕见。

纪尧姆·福尔的话虽然不够精确，此外对我们来说，还不够肯定，但是他毕竟终于提到了亡灵在人间逗留问题。据他说，亡灵在人间逗留时，或是幽灵，或是鬼魂，或者既是前者，又是后

---

① 姆利的著作，1958年。

者。人在死前呼出最后一口气时把灵魂吐了出来，灵魂于是便游荡在山间无人区里（无人区在严格限定的村子区域以外），据对当地的社会学和民俗学研究表明，这个无人区是年轻的牧人、蒙面人、死人和鬼魂居住和游荡的场所，前两种人与后两种东西或多或少是分隔开来的。亡灵被赶到山区的不毛之地，而人的躯体则在耕地范围内变成肥沃的泥土。

由于亡灵逗留（在离耕地不远的）山区（普通百姓生前从来不去的地方），所以需要有一些活人专门承担中介人的使命，这些人被称作"灵魂使者"，他们的任务是与活人周围的亡灵进行联络[①]。

如果能有一两个这样的"灵魂使者"为我们现身说法，对于我们对这个专题的研究来说，那是再理想不过了。这样的人是有的，例如贝尔凯尔的那个女人和为她辩护的那个铁匠，他们当时的活动范围一直延伸到蒙塔尤。对我来说遗憾（对他们来说则是幸运）的是，这两个人不归雅克·富尼埃的宗教裁判所管辖，所以雅克·富尼埃宗教裁判记录簿里没有他们的资料。这个缺陷幸好尚能得到弥补，因为有许多迹象表明（其中包括新近的民俗研究），在富瓦伯爵领地和与之相邻的更为广阔的朗格多克地区，关于鬼魂和它们的使者的传说，是最普遍和最具有生命力的民间传说。帕米埃地区的"灵魂使者"阿尔诺·热利的陈述，将有助于我们了解和进一步明确纪尧姆·福尔以及其他人说得不够清晰的一些问题。此外，热利提供的全面模式，将使我们得以在更好的条件下，就死后灵魂存在问题，对蒙塔尤和埃荣的普拉德的男女农民所提供的不完整的资料，作出解释。

---

① 内利，《朗格多克、富瓦伯爵领地和鲁西荣》，1958年，第199页。

第二十七章

死后与彼岸世界

这就是说，热利见过亡灵。他在活人面前充当亡灵的使者，在亡灵面前则充当活人的使者。既然他见到过彼岸世界，那么他在那里见到了什么？

彼岸世界与此岸世界如同兄弟一般，那里的社会层次和此岸世界的社会层次一样明显。事实是，那里的社会层次的区分对"强者"不利。"高贵而富有的夫人们"如同生前那样，依然坐着车行进在山间和平原上，只是，拉车的不再是骡子，而是魔鬼。纪尧姆·富尔还说过，埃荣山区那些生前干坏事的人死后受到魔鬼的折磨，拉车的也就是这些折磨坏人灵魂的魔鬼（I. 544, 548）。与生前不同的不只是车子，还有这些夫人生前戴在手臂上的丝绸袖套。13世纪塞文山区开始植桑养蚕以来，丝绸在奥克西坦尼已非珍贵的物品。这些贵夫人生前戴着丝绸袖套，簌簌作响，如今死后，戴过袖套的前臂瘦骨嶙峋，像火灼一样疼痛。阿尔诺·热利还在亡灵必经的山口，碰到过阵亡的骑士，他们骑着肋骨毕露的白蹄瘦马，悄然无声地在我们的地界上游荡。致他们于死地的

第二部分　蒙塔尤考古：从举止到神话

伤口一直裂开到肚脐，整个上午都流着血，痛苦万分，到了晚上才闭合，第二天重新开始痛苦①。在彼岸世界还能碰到许多被谋杀的人，例如阿克斯累太姆的蓬斯·马莱，脸上还淌着血（I.131）。还有一些生前当医生的鬼魂，他们依然围着麻风病人转。还有戴风帽的教士，他们穿着下层亡灵的白色麻衣，与这顶教士帽很不相称（I.134）。这些教士生前若是很富有，成了亡灵后可要倒霉了，他们必须经受难熬的时刻：从地狱嘴里吐出来的四条大狗（I.535），使劲折磨一个代理主教，这个家伙生前挪用佃户欠教士的地租进行不正当的交易。帕米埃前主教贝尔纳迟迟得不到安息，因为他生前对他的两个忠实仆人非常刻薄，把他们弄得一贫如洗②。

彼岸世界里不但有社会阶级之分，还有长幼之分。某些年龄段因人员空缺而令人羡慕，比如，在既是幽灵又是鬼魂的"双重鬼"中间，见不到7岁以下（另一种说法是12岁以下）的小孩，与双重鬼进行联系的是"灵魂使者"，而那些孩子死后则直接去往"灵魂使者"不能光顾的"安息地"。热利到过的彼岸世界，与此岸世界极其相似，两代之间常有冲突，年老的亡灵备受压迫，而年轻的亡灵则盛气凌人。年轻亡灵数量很大，他们可以摇晃"椰树"，之所以如此，原因在于那时死亡年龄较低，远远低于1970年。年老的亡灵被年轻的亡灵推推搡搡，踩在脚下，或是由于身体轻得如同刺芹籽而被风吹走，落在另外一些"双重鬼"脚下，

---

① I.132和543。参见薄伽丘《十日谈》中《地狱追逐》，这个故事与此处所述有些相似。巴黎，袖珍本，1974年，第220—225页。
② 反证的民间传说（包括关于狂欢节的传说），就是关于死亡的民间的传说，维奥莱·阿尔富对于比利牛斯山传说的推测因而得到证实。

第二十七章 死后与彼岸世界

任由他们践踏①。

还应提到，彼岸世界与此岸世界一样，年轻的亡灵之间也有特殊的社交活动（I.542）。此外，女性之间的社交往来比成年男性之间的往来更加频繁。漂亮而强壮的女性亡灵成群结队地在风中走动，她们中有的衣衫褴褛，有的身怀六甲，有的腰间系着嘉布遣修会的绳子。她们追逐大大小小的仇人，据说她们还掌握着死人和活人的各种信息。活人毫不犹豫地通过职业信使，向他们的已故亲人打听这个或那个活人的消息。帕米埃的一个女人问阿尔诺·热利："真的，你常与死人往来，你能不能问问我的女儿，我那个出了远门的儿子倒是活着还是死了。他好久没有消息了，真让人急得不行。"②

犹太人在彼岸世界自成一体，如同活着的时候一样，受反犹主义的迫害，被当作狗或猪对待。他们身上散发出难闻的臭味，"双重鬼"从他们面前昂首挺胸地走过，而他们只能倒退着走路。那里也有教堂，亡灵们通常就在教堂里聚会，但是犹太亡灵却不能进教堂。富瓦伯爵领地的民间传说具有异端色彩，不是正统天主教的说法，所以在对待犹太人方面，不像罗马天主教那样严厉。热利的亡灵朋友告诉他："总有一天，犹太人也会像不信教的人那样，得到拯救。"与此相反，天主教的教士们发火时总是说，犹太人应该永远受惩罚③。圣母马利亚权势很大，也很仁慈，但是连她也没有办法拯救犹太人。

---

① 关于此事，参见 I.134, 135, 532, 543, 544, 545。
② I.538。有关这些"女性"问题，参见 I.538, 540—541, 544, 546, 547, 550。
③ 关于犹太人，参见 I.135—136, 139, 141, 542, 544, 547。

第二部分　蒙塔尤考古：从举止到神话

上述这些关于彼岸世界中等级、年龄差别的叙述，是否预示了以后若干时代中"死神舞"的某些成分呢？总之，据说亡灵在教堂里走动时手牵手（I.535）。在我们的资料中，几乎从未看到人们为骷髅和尸体分解而感到苦恼。然而，在下一个世纪中，这种苦恼却极为明显，以致在人们心灵深处被视为一种生物的和心理的极大灾祸[①]。

死后的生活质量怎么样？依据蒙塔尤的纪尧姆·富尔和帕米埃的阿尔诺·热利所想，亡灵的躯体是完整的，有脚，有头，有手，而且比天生的更好看，甚至比活人的躯体更漂亮，当然身上的伤口、流淌的血和撕破的衣衫都另作别论[②]。不过，不能想得太好了，见过许许多多亡灵的热利所说的话应该是比较可靠的。他说："我们活人的生活比亡灵的生活强。趁我们还活着，尽情地吃吧，喝吧。"死后就不能指望有好日子过了（I.135,545）。

亡灵都挨冻。到了夜里，他们就到一间存放木柴的屋子里去取暖，把活人临睡前用灰盖起来的火种重新点燃[③]。亡灵不吃饭，但喝酒，而且喝最好的酒。一到夜里，他们就把最漂亮、最干净人家的酒桶，喝个底儿朝天（据另一个说法，他们喝酒并不影响酒桶里的存量，不管他们喝了多少，桶里的酒也不会减少）。葡萄收获期前夕，热利参与了一次亡灵们的酒会，围着酒桶大喝的共有近百个亡灵。热利也喝了（也许这就是他的绰号"酒瓶子"的

---

① 有两个文件涉及这个问题，一件来自贝阿特利斯·普拉尼索尔，另一件来自纪耶梅特·奥斯塔兹，不过，这两个文件言词比较委婉，丝毫不直露（上文第595—596页）。
② I.134,136,137,139,543,548。
③ I.128,139,537,545,548。

第二十七章 死后与彼岸世界

由来[1])。

可是,穷鬼却没有任何肉体享受,这些"双重鬼"没有权利过性生活,也没有权利过完整意义上的家庭生活,虽然他们经常回去看看自己生前的家,也时而光顾别人的家,但他们都无家可归[2]。无家可归状态加强了这些亡灵以堂区为家的意识,堂区远远超出了家的范围,从而使他们更愿意依附于他们所属的教堂。因此,与活人相比,亡灵是更好的堂区教民。

亡灵死后在最终进入安息地以前,通常处于游荡状态。今天在东,明天在西,他们总是到处游荡,跟他们生前与自己的家难舍难分的情况相比,反差极大。此外还有一个反差,那就是当他们终于有了安息地以后,他们就将在那里安享舒适,不再外出。若是外出奔跑,那只是为了赎罪(参见纪尧姆·富尔的证词,据他说,魔鬼不停地追逐亡灵,把生前干过坏事的亡灵推下深渊)。罪孽深重的亡灵,尤其是高利贷者,跑得最快。他们基本上都眷恋生前住所或墓地附近的堂区圣坛,这种眷恋虽然显得有些怯懦,却是挥之不去的。因此,这些亡灵(不包括犹太人)总是从一个教堂跑到另一个教堂。他们一个接一个地朝拜许多教堂,为的是积累获得的宽恕,以便尽快得到安息。他们的赎罪方法奇特而累人,那便是奔跑(若是富婆,可以乘坐魔鬼拉的车子)。亡灵也朝圣,某些创纪录的亡灵,五天之内就可跑到圣雅克—德—康包斯泰尔。其他亡灵则去圣吉尔或罗卡马杜等地。

---

[1] I. 133, 139, 548。
[2] 热利的这一想法或看法,在中世纪末的某些诗人笔下也能见到,例如:"你的老婆孩子和房子在哪里?"(摘自皮埃尔·奈松 [1383—1422] 为一个亡人而作的一首诗,马蒂诺在他的著作中加以引用,第 132 页。)

第二部分 蒙塔尤考古：从举止到神话

为了便于亡灵光顾教堂，活人应该为圣坛设置夜间照明，可以点蜡烛，最好点油灯。亡灵喜欢油灯，一则油灯着的时间长，再则灯光比牛油或羊油做的蜡烛光稳定。

幽灵们日间不断奔跑，到了夜间才能停下来，他们就在教堂里过夜。天一亮，尤其是晴天，他们离开圣坛，又上路了。教堂就是他们过夜的家。（基督教一面假装与这种民间传说有关系，一面又对它进行歪曲，其实，这个传说的来源与基督教毫不相干，可是话又说回来，什么算是准确的来源，这能说清楚吗？）与活人一样，上午望完弥撒以后比较容易遇到亡灵，这是传统的聚会和社交时间。热利就利用这段时间与彼岸世界的"顾客"交谈。

老年亡灵体质虚弱，跑起来很费劲，难以跟上大队，这就有了问题，不但对亡灵，对活人也是问题。热利对他那些活人听众郑重其事地说："你们走路时，不要随随便便把双臂和双腿分开，肘弯子要紧贴着身子，不然就会把鬼魂摔到地上去。可别忘了，我们走路时，旁边总跟着一大帮鬼魂，只是我们自己不知道罢了，因为，谁不是灵魂使者，谁就看不见他们。"[1]

在所有这些故事中，有一样东西被遗忘了，那就是炼狱。炼狱这个死后必去的地方，是1320年前后的神学新发现，发现者是为罗马天主教界定教条的那些人。与阿尔诺·热利对话的亡灵中唯有一人经历了炼狱中烈焰的考验，此人名叫阿尔诺·杜朗，人称杜朗老爹，他对炼狱的烈焰只留下了难以名状的痛苦回忆，此外再也没有别的了。他从炼狱回来后，也与其他亡灵一样，挨个跑教堂，期待着有朝一日得到安息。从此以后，炼狱这个"发现"

---

[1] I.134—135, 533, 534, 537, 543—545, 547, 548。

在人们心目中就不是个好去处（I. 130, 131, 135）。

安息，这是件大事。地狱在热利心中不占任何位置，至少亡灵们是这样想的。原因何在？包括热利在内的老百姓没有多少罪孽不罪孽的概念？在这种崇尚宽容的氛围中，地狱是否显得过于严厉、太不留有余地了？反正事实上，地狱没有别的作用，它只是专供魔鬼使用的一个地下逗留处，他们不时走出地狱，去迫害游荡的灵魂，或是去为贵夫人们拉车。热利头脑中也没有明确的天堂概念。事实上，经过最后审判以后，天堂才提上日程，在这个重大的日子以前，亡灵与活人一样，他们的双脚始终不离地面，他们不会冒险地垂直飞升，去往天堂。

亡灵们去过一个教堂，又去一个教堂，为赎罪而奔走一段时间以后，他们就准备迎接第二次死亡。对于他们来说，第二次死亡就是进入"安息处"，安息处也在地上，是一个令人愉悦的去处，但却茫茫然不知究竟在何处。第二次死亡的日子在万圣节那天（活人们特别是穷人们，在这个节日里用佳肴敬神，然后吃掉，其原因即在于此）。热利说，第二次死亡有时由天使宣布，天使们来到游荡的"双重鬼"中间进行挑选，凡是已经赎完所有的罪，还清所有欠账的亡灵，就获得了去往安息处的资格。一旦去往安息处，就永不返回了，所以活人们要请人念弥撒，向穷人发放施舍，还清旧债，以此为故去的亲人送行。亡灵们不曾还清的债，由他们活着的亲人代还。有些亡灵尚需游荡一段时间，然后才能去往安息处。当被选中的亡灵动身前往安息处时，那些暂时还不能走的亡灵格外伤心，低声啜泣，因为同伴们一去便不复返，队伍中留下的空缺令他们伤感。这就是说，得为亲朋离去而再次承受痛苦，不过这次承受痛苦的是"双重鬼"。亡灵到达安息处后，

第二部分　蒙塔尤考古：从举止到神话

算是真的死了，从此再也不会有人想到他们了。丧事要由活人来收尾，因为灵魂使者从此也失去了联系。这样一来，灵魂使者也就失去了与地上活人的往来，活人们从此再也得不到死了两次的亲人的任何消息了。可是，还需游荡一段时间的亡灵们，却可望有朝一日再次见到先他们而去的伙伴。正如人们所说，游荡犹如把地上生活与安息处隔开的船闸，不过，在船闸这边为赎罪而奔走，也就是说两次死亡之间，可以是一段很短的时间，只不过几个礼拜（I.129）。

再说一遍，安息处远不是一个令人不快的去处，许多兼信异端和正统天主教或圣经的奥克西坦尼人，甚至把它看作是人间天堂，既不更好，也不更坏①。

*　　　*　　　*

正如皮埃尔·奈松在15世纪所说，亡灵是无家可归的鬼②。可是，人虽死了，家还活着，作为以往的家庭成员，亡灵们不可能不面对家这个重要问题。所以，有些亡灵仍然与老家保持联系，他们每逢周六就去看望依然活着的妻儿，在生前住过的房间里待一会儿。因此，活人们就应把这个房间或这所屋子尽可能搞得干干净净。对亡灵的追念于是产生了良好的卫生效果（I.137, 551）。亡灵还关心并照看尚在世上的亲人们的睡眠。热利说："亡灵来到生前的家，亲吻睡在床上的亲人，把手放在他们脸上，让他们睡

---

① 让鲁瓦的著作，黑茨编，1970年，第9页及以下各页；又见 I.129, 130, 132, 133, 135, 136, 138, 534, 535, 538；关于人间天堂，参见 I.139, 538, 541 和 551；关于万圣节的作用，参见 I.542, 547；关于天使的参与和呻吟，参见 I.542—544。
② 参见本书第695页注1。

得更香，更沉。"（I.545）老婆婆们的亡灵一看到孙子孙女就高兴，她们仔细地端详他们，紧紧地搂他们，亲他们（I.135）。总之，亡灵虽然已经没有固定的家了，但他们依旧藕断丝连，保持着与生前的家的联系，老家的境况时时牵扯着他们的心。一个女人把丈夫扔掉了，这个女人已故的母亲为自己没能把女儿劝说回到丈夫身边而怪罪自己（I.131）；一个心地善良而又善解人意的丈夫，死后通过热利告诉妻子，说他希望她再找个好男人（I.551）。很显然，对于亡灵的追念有助于维护家的一体性。

为他人尽义务也就是帮助自己。对于活人来说，帮助亡灵早日得到安息，也就是早日最终完成丧事。丧事若是久拖，就会变成一种负担，因此，让亡灵早日得到安息，对于家庭来说便是一种解脱。为此，就要请人为死去的亲人念弥撒，以此来帮助他们加速得到安息，使他们成为名副其实的死者。亡灵也能从中受惠，早日结束难熬的游荡阶段，不再整日奔跑，最终得到安息。结果是皆大欢喜！亡灵们在必要时会通过热利告诉活着的亲人，让他们请人为自己念弥撒。这些事不用说都得花钱。神甫们从中可以得到报酬。热利为当地的神职人员充当经纪人，并从神职人员的收入中分得小小的一份，大约占十分之一。神职人员的这种做法，实际上构成了民间偏离正统倾向的一部分。不知趣的雅克·富尼埃后来发现了这种做法，他认为，这种做法与其说是烧香敬神，不如说透着一股异端气息[①]。

为游荡着的可怜亡灵所做的事，不只是请人念弥撒。亡灵们抱怨死时没有穿戴像样的服饰，对于这类正当的抱怨不能听而不

[①] I.129, 135, 534, 551。

第二部分 蒙塔尤考古：从举止到神话

闻。阿尔诺·热利的亡母鲁丝就对方儒附近一个村子里的农妇雷蒙德·于贡（这位于贡是个灵魂使者，还是热利的远房表姐，此事说明充当灵魂使者的人多少有些亲属关系）作过这样的抱怨，她说："我下葬时，孩子们把洗完身子后盖在我头上的头巾拿走了，我得要回来。"（I.136）热利在这方面是个内行，于是照章办事，把一块头巾给了一个穷女人，他说："给了穷人，也就是给了亡灵。"

此事让我们想到了一个关键性的问题，那就是死者的债务或债权问题。先说债权，死者若是放高利贷的，他们死后就要经历一段难熬的时光；在那些整日到处奔跑的亡灵中间，他们位居前列，他们被看作罪孽深重，所以跑得飞快，比其他亡灵快得多，因为其他亡灵罪过较轻，抵消了一部分为赎罪而应该付出的代价。放高利贷的亡灵用他们浑身上下的汗水，偿付他们生前给债务人带来的金钱或物质上的损害[①]。

因此，生前放债时索取的利率若是超过10%，死后在两次死亡之间，即直到获得安息之前这段时间里，亡灵的日子可就不好过。然而，生前借了债没有还清，债权人并非高利贷者，而是穷人、同事或上帝，死后的日子也不好过。为此而受罚长期奔跑的亡灵，有的是生前向第三者借了麦子或金钱的人，有的是在教民向教会缴纳的捐税上做了手脚的神甫。至于那些生前没有按时念日课经的神职人员，他们在神的面前也等于没有还清债。他们如果想要在一次大死和一次小死之后进入安息处，就不得不满脸尘

[①] 关于高利贷和借款的一般性问题（不包括鬼魂问题），参见 I. 269 和 299; I. 190, 192, 194（奥斯塔兹事件）；II. 480（贝利巴斯特反对高利贷）；请比较沃尔夫，《图卢兹的贸易和商人》，第 365 页，他认为利率超过 10% 即为高利贷。

第二十七章 死后与彼岸世界

土,四段四段地赶快念日课经①。

我们于是再次看到,追念亡灵具有促成一体化的效果。这种效果不仅表现在死者的家庭里,也表现在一个村社或一个相互关联的集体中的家与家之间,这就比一个家族集团的范围更大了。巴尔扎克在他的《乡村医生》中提到过一个夜晚聊天时讲的民间故事,说的是一个卖麻女可以在她的农庄里得到好收成,条件是帮助一个亡灵(此人并非她亲人,被人谋杀分尸)申冤,从而改善他在彼岸世界的命运。热利和与他相似的人,推理过程虽然恰好和这个故事相反,说明的事实却是同一个,那就是:亡灵如能让自己的家人还清他们生前欠别人家的债,使得到还款的那家兴旺起来,他们就能在还清债务后缩短在死亡土地上逗留的时间,提前到达安息处,并因此而改善他们在彼岸世界中的处境。

由此可见,对于亡灵的追念有助于"照章办事地"合理解决家与家之间的债务,无需为此求助于耗费惊人的民事或刑事机构。作为灵魂使者的热利,其有效作用在解决债务中又一次得到了充分的显示。

如同所有迟早要死的人一样,一个殷实之家的人所能签订的最神圣的债约,无非是借给穷人的钱。热利多次提到亡灵委托给他的一项使命,这些亡灵为了自己能松一口气,请热利给他们的家捎一个口信:"请你们尽可能多给些穷人。"在这里,给予与回报的相互性至为显著,因为,正如前面已经说到的,给予穷人、乞丐或托钵僧,也就是给予亡灵自己,然后才是给予上帝②。

---

① I. 135, 136, 540, 542, 544, 548, 551。
② I. 131, 132, 133, 136, 538。

第二部分 蒙塔尤考古：从举止到神话

*　　　　　*　　　　　*

我们现在对热利所担负的中介人和协商人的职能已相当了解，他在活人与死人之间、死人与死人之间、活人与活人之间、死人与活人之间行使其职能。

热利的职业是议事司铎的仆役，兼作教堂圣器的下级管理人。他算不得穷，大概有属于自己的房子，干活不大卖力气，喜欢晒太阳（I.550）。可是，他的作用却了不得，他能让死人说话。尽管年代不同，文化各异，然而他的这种作用还是可以与当今的历史学家相比的。

热利的客户包括一定数量的家和家族，其成员可能是活人，也可能是死人。活人中有（不包括亡灵的亲属在内）这些家和家族的朋友和关系网里的人。灵魂使者与活人客户之间彼此很随便；当灵魂使者向一个女人提供彼岸世界的信息时，这个女人一边听着，一边还为一个病人做饭，而这个女人的儿子也是一边听，一边剥羊皮。灵魂使者既有来自城里的，也有来自乡村的，客户也一样，城里有，乡下也有。

同意与热利建立联系的那些亡灵，同他的关系也不拘礼节，有时灵魂使者不是如同往常那样为死人和活人相互沟通，而是在死人和死人之间充当中介人，这两个死人当然都与热利很谈得来（I.134）。对他来说，有一个不方便之处，那就是他的客户是"留在此岸世界的彼岸世界人"，这些客户始终处于你来我去的状态中，新近死去的人不断前来充实庞大的亡灵队伍，挤得像野草或谷粒一样，而那些早死的人则被黑影吞没，钻进安息处的孔隙，再也不回来了。

热利办事谨慎，严守职业秘密，除了自己知道以外，有关信

第二十七章 死后与彼岸世界

息只告诉确属应该知道的人。他的使命完成得非常出色,阴阳两界的人十分满意,都对他充分信任。

不让热利担当这种角色容易,再找一个像他这样的人很难。若是通过宗教裁判所取消专门传递秘密信息的这种灵魂使者,便再也没有中介人可雇了,这就不啻是怂恿人们直接与鬼魂打交道,这样一来,鬼魂就得时时出现在人们的住所里,就像布列塔尼常见的那样。也许就像比利牛斯山民俗专家所设想的那样[1],在活着的年轻人的支持下,鬼魂可能会竭尽全力设法回来,而这些年轻人也会在假面狂欢节或抢姑娘节离开牧场,返回村子来。[2]

更为严重的是,教会也想赶走鬼魂,代之以基督教神学中的灵魂,人一死,这些灵魂就像离弦之箭飞上天堂,飞进地狱或炼狱去了。若是把鬼魂赶走,教会就将面临另一个麻烦:活人由于再也不可能通过中介或直接与亲人的亡灵对话,会不会(出于对超自然的笃信)产生直接与魔鬼对话的念头呢?在热利和纪尧姆·富尔生活的年代里,这些魔鬼虽与死人有联系(而且只是偶尔有所接触),却并未与活人有任何接触。因而,存在着妖术盛行的危险[3]。

热利以传达亡灵的意愿(还债、施舍穷人、为亡灵念弥撒)

---

[1] 阿尔富的著作,1937年,第113页;这位作者主要利用了拉包德的《贝阿恩的狂欢节》,1914年;凡·热内普,《法国当代民俗教程》,册I,卷III,第1部分,第930页,注3。这位作者在这个问题上不同意阿尔富的看法。
[2] 巴比的著作,1972年。
[3] 有关前述,参见 I. 128, 546(乡村面貌);138(前往安息处);537(家庭场景);551(客户的家族关系);134(热利为亡灵充当中介人);136, 137, 138(乡村的灵魂使者)。

第二部分 蒙塔尤考古：从举止到神话

而无可争辩地提供了服务，因而他得到一些合理而少量的报酬。他如果向亡灵答应了在活人中完成某项使命，实际上却并未完成，亡灵们于是就用大棒子敲他（I.136,544）。活人比较讲理，他们送热利一块奶酪，或是请他喝几杯，吃顿便饭，或者送他一点钱（出于对上帝的爱，他也就不客气了）[①]。考虑到热利是冒着宗教裁判所追究的风险干这些事的，这点小意思丝毫不过分。况且，他后来到底还是被宗教裁判所抓走了。

不过，在相当长的一段时期中，热利与教会当局的关系远非那么坏，他经常到教堂去，他讲述那些亡灵的故事时，祭坛上的人和女信徒们都听得津津有味。前面已经提到，他这个灵魂使者处在供与求两者之间，一些活着的妇女想请人为死去的丈夫、父亲或孩子念弥撒，他就为她们找人；把她们领到他认识的神甫面前，而那些神甫巴不得替她们念经，赚点零花钱。热利把钱送到神甫手里，他自己分文不取。教会不时地分发赎罪券，这为热利进行宣传提供了意想不到的有力论据，据他说，亡灵最终会得到安息，然后获得天上的拯救，只是需经最后审判才能获得拯救。可是，如果相信他的宣传的话，除了以地狱为永久住所的魔鬼之外，谁也不能永久待在地狱里。热利的这种"平面"理论，实际上把死后直到最后审判的彼岸世界，始终置于此岸世界上；这种理论与教会的"垂直"理论结合得天衣无缝，因为"垂直"理论认为，天在"上"，此岸世界和地狱则分别在"下"和"最下"[②]。

活人中也有不相信热利的人，可是，普通百姓和精英分子的

[①] I.137, 538, 543, 544, 547。
[②] I.132, 133（赎罪券）；533, 534（弥撒和所需金钱）；547（弥撒经纪人热利）。

第二十七章 死后与彼岸世界

头脑中已经根深蒂固地埋下了热利的想象，何况他的实际活动于家庭和社会确有实效，所以，他不愁没有忠实的客户，其中大多是女人（I.550）。至于亡灵们，他们虽然有时会发脾气，拿大棍子敲热利这位灵魂使者，可是，能遇上这样一位有用的对话者，时刻准备替他们完成向活人们传递信息的使命，他们高兴还来不及呢。

*　　　　*　　　　*

从帕米埃到蒙塔尤，从阿尔诺·热利到纪尧姆·富尔，区别都不大。热利是城里人，富尔是乡下人，前者住在山谷，后者住在山上，两人在一些主要问题上没有分歧。他们都认为：存在着一个与此岸世界紧密相连的鬼魂世界，这些鬼魂都是"双重鬼"，一方面，亡灵的躯体不如生前那样清晰，另一方面，亡灵的躯体毕竟与有血有肉的躯体极为相似。这种民间想法传播极广。皮埃尔·莫里说："自从学会推理以来，我一直相信灵魂也有人形，有脸，有四肢，有肉，跟人的身体一模一样。不过，这可不是异端派对我说的。"[①] 当然，由于蒙塔尤和帕米埃的社会—地理条件不同，在这个问题上的说法或多或少也有些不同。帕米埃地区的人说，贵夫人的灵魂可以乘着华丽的鬼车来回游荡。蒙塔尤是山区，既没有路，更没有车，所以蒙塔尤人坚信山区人民的传统说法[②]，

---

① III.243。又见 I.264 中一个女人关于"双重鬼"从死者嘴里出来（或未出来）的话。萨巴泰人相信灵魂是有躯体的，这正是富尼埃主教责备纪尧姆·奥斯塔兹的重要原因（I.200）。可是，如果否定民间传说中关于灵魂有躯体的说法，（这种说法与民间的天主教并无冲突）就会在事实上滑向纯洁派的灵魂转世说（I.203—204）。

② 普劳普的著作，1970 年。

第二部分　蒙塔尤考古：从举止到神话

灵魂走动时要靠鸟（猫头鹰之类）帮助。两个地方，两种说法，但有一点是共同的，那就是都认为有魔鬼。这边说魔鬼会拉车，那边说魔鬼变成了猫头鹰，驮着灵魂飞。另有一种更加古老的说法，说是魔鬼把灵魂统统推下深渊，只是灵魂并不因此而摔碎。总之，魔鬼守护着高山，尤其是山口等处，这些地方都是分界区，是撒旦盘踞的好地方[①]。

蒙塔尤和普拉德的埃荣人与许多同时代人一样，对炼狱的存在持怀疑态度，其中不少人不相信人死后有可能进地狱（犹太人除外）。让·莫里说："只有魔鬼和犹大才进地狱。最后的审判结束后，犹太人，所有的犹太人都要进地狱。但是其他人都不进地狱。"[②]这表明他们的"罪孽意识"相当淡薄。可是，他们却都相信，正如热利所做的那样，死后要经过一段时间的游荡，或者说要作为"双重鬼"在一段时间里为自己赎罪，然后才能进入"安息处"[③]。一种简单化的民间神学把安息处等同于人间的天堂，这种想法来自以书面或口头形式得到普及的《旧约全书》。最后审判之

[①] I.388；III.210（不吉祥的鸟，其中包括猫头鹰）；请与普劳普前引著作第132页作比较；山上和山口的魔鬼：II.179；关于阿尔卑斯山（不再是比利牛斯山）地区山上和山顶的其他魔鬼，又见艾蒂安·德·波邦（13世纪）的文章，1877年版，第87页。

[②] II.513—514。又见格拉齐德·里齐埃和纪尧姆·奥斯塔兹的观点（I.303：地狱；I.208：炼狱）。

[③] 前引纪尧姆·富尔的供词；让·莫里（II.512）曾说，死后要在炼狱里待三天，然后进入人间天堂，在富瓦和奥克西坦尼的拉丁文本《圣经》中，人间天堂便是民间传说中的安息处。由此可以得出以下结果：

　　让·莫里：1，死亡→2，炼狱（三天）→3，人间天堂→4，天堂（最后审判之后）。

　　阿尔诺·热利：1，死亡→2，游荡（15天或更长）→3，安息（**转下页**）

第二十七章 死后与彼岸世界

后,灵魂才决定进入天堂。由此可见,在民间传说中,灵魂经历了无数周折之后,最终归宿依然符合基督教的正统神学。

然而,对于死亡和最后审判之间这段漫长的阶段,尤其对于第一次肉体死亡以后,直到"双重鬼"再次死亡后前往"安息处"之前这段较短的时期,在有关彼岸世界问题上,阿列日的民间传说保存了大量不同于基督教的说法。这些民间传说虽然实际上是一些非基督教或前基督教的说法,却不得不与基督教的说法同时并存(基督教也不得不与这些异端的说法同时并存),或是作为一种诸说混合论,与所谓的"好基督教",即阿尔比派的说法同时并存。当然,这又是另一个问题了。民间传说本身有时也把一些奇

(接上页)处,又称人间天堂→4,天堂(最后审判之后)。

纪尧姆·富尔:1,死亡→2,游荡→3,(?)。

围绕着同一个顺序问题,上述四个人的排列却各有不同。这个问题在稍后的奥克西坦尼文献中也有所反映(让鲁瓦的著作,第46—48页),甚至在原籍奥克西坦尼的教皇约翰二十二世与众不同的神学(或多或少遭到非议)中,也有所反映。约翰二十二世去世后,雅克·富尼埃继任教皇,称伯努瓦十二世,他驳斥了前任的这种神学思想。下面是各种不同排列的简要归纳:

让·莫里	1 → 2 → 3 → 4
阿尔诺·热利	1 → 2 → 3 → 4
纪尧姆·富尔	1 → 2 →……?
布斯卡尔(I.499)	……2……
让鲁瓦	1 → 2 → 3 → 4
约翰XXII世	1 →? → 3 → 4

我们还注意到,芒加德·布斯卡尔的纯洁派神学荒诞不经,而且吸收了民间思想,他认为,只有做过慰藉的人,死后才能立即去往安息处。如果不做慰藉,死后大概就得如历来所说的那样,在上天之前游荡一段时间。布斯卡尔也持这种观点。关于约翰二十二世,《基督教百科全书》中有一些浅显的材料可供参考,1910年版,1967年版,约翰二十二世条;又见维尔拉克的著作,1883年,第158页及以下各页和第215页(伯努瓦十二世后来的反应)。

·695·

第二部分 蒙塔尤考古：从举止到神话

奇怪怪的说法糅合在一起。总之，直到19世纪，阿列日人依然保留着当地特有的一些崇信亡灵的说法，诸如鬼魂会隐匿身份前来光顾一些人家，万圣节之夜特别重要，必须为亡灵提供吃喝，以及亡灵随后匆匆离去，寻找安息处等等[①]。

在加泰罗尼亚和奥克西坦尼，人们相信死亡有两次（肉体死亡后，灵魂要经历一段时间的游荡，然后再次死亡，此后才得到安息）。这种信仰与这些地区残存的古老心态是一致的，这种古老的心态中掺有某些基督教成分，但显然有别于基督教[②]。

*　　　　*　　　　*

然而，民间传说并未独霸天下，即使在它流传的范围里，当地的居民也并非人人都相信。有些持怀疑态度的人认为，灵魂不会真的具有人形，也不会具有比较苍白的"双重鬼"面容。人死之前的最后一口气并未吐出灵魂来，他们对此感到惊奇[③]。另外一些人，或者认为灵魂是面包，或者认为灵魂是风，或者认为灵魂就是临死吐出来的最后一口气。还有人认为灵魂是血。奥诺拉克

[①] 姆利，《传统和习俗……》，1972年，第61页。参见博尔德纳夫的著作，第231页。
[②] 死后三日的"人间天堂"：II. 463, 481, 511, 512；参见 I. 133，注61；对地狱的怀疑：I. 303（纪尧姆·奥斯塔兹，I. 208）；安息处：（芒加德·布斯卡尔：I. 499）；约翰二十二世：维尔拉克前引书；让鲁瓦和维尼奥《圣帕特里斯的炼狱之旅》，图卢兹，1903年，第46—48页（南方文丛，卷VIII）：1397—1398文本（中选者的路线：死亡→炼狱→安息处或人间天堂→天堂）。又见黑茨的著作中论述死亡"初始"表现的章节。
[③] 奥诺拉克的纪耶迈特·贝内（I. 264）；皮埃尔·莫里（本书第684页关于灵魂躯体的定义之后的引文）。一般地说，在灵魂死后的命运问题上，对于彼岸世界的看法多种多样，各不相同（罗马天主教、异端、民间、唯物主义等等），然而，在人间观念上却几乎没有分歧，都以家的基本作用为中心。

第二十七章 死后与彼岸世界

的纪耶迈特·贝内说：

"这件事到今年收葡萄时就三年了，那时我正在本村的园子里，从墙上脸朝地掉了下来，鼻子摔出了血，一个女人过来拉我一把，我对她说：

'这是灵魂，灵魂不是别的，就是血！'"（Ⅰ.264）

人有灵魂，人们认为，除了特殊例外，灵魂不会死。但是，人不但有灵魂，还有精灵。精灵平时附在人体内，当人在睡梦中时，精灵会逸出体外。蒙塔尤人都对做梦问题和蜥蜴的"实例"颇为着迷，皮埃尔·莫里尤其如此。库斯托萨的菲利普·达莱拉克谈到过蜥蜴[①]。中世纪的说书人在数百年里一直讲述蜥蜴的"实例"，说法各有不同[②]。后来，蜥蜴的"实例"也成了阿列日河两岸牧羊人的话题。菲利普·达莱拉克说："有一次，两个信徒来到河边，其中一个睡着了，一个醒着。醒着的人看见，从睡着的人嘴里爬出来一条蜥蜴一样的东西。河上横着一块木板（或许是漂着麦秸？），蜥蜴突然沿着木板爬到了河对岸。对岸有一块毛驴的颅骨，蜥蜴在颅骨的孔眼里爬进爬出，后来它又沿着木板爬过岸来，钻进睡着的人嘴里去了。蜥蜴这样干了一两次后，醒着的人想出了一个坏点子。蜥蜴又一次爬到对岸靠近毛驴颅骨时，他就把木板抽走了。蜥蜴钻出颅骨，回到岸边，发现木板不见了，没法过河了。这时，睡着的人浑身乱抖，却醒不过来，醒着的人想尽办法也帮不上忙。最后，醒着的人把木板重新放在河里，蜥蜴于是顺着木板爬过河来，从睡着的人嘴爬进他的体内。睡着的人立即

[①] 古斯托萨，《今日奥德》。
[②] 关于这个问题，参见卡兹纳芙写作中的巨著。

醒了过来,把刚才做的梦告诉一直醒着的那人:
'我做了一个梦,梦见我顺着一块木板过了河,走进一座宫殿,宫殿里有好多塔楼和房间。等我回到刚才出来的地方时,木板不见了,我过不了河了,若是愣过,就会淹死。于是我就(在梦中)浑身颤抖起来,后来有人把木板放回去了,我这才回来了。'
两位信徒对这桩奇遇惊奇不已,便去告诉纯洁派教长,教长的话使他们恍然大悟。教长说,'灵魂始终附在人身上,精灵却在人身上进进出出,就像那条蜥蜴,从人嘴里爬出来,爬进毛驴的颅骨,又从颅骨爬出来,爬进人嘴里。'"(III. 152)
这就是说,某些人认为,人有蜥蜴精灵,它支配着人醒着时的生活,当人睡着和做梦时,它可能会出去遛遛弯儿。人也有灵魂,灵魂具有双重形态。根据民间传说,人死后,灵魂会回来照看亲人的睡眠。

* * *

由此产生了"垂直",即拯救灵魂或精灵的念头(农民们有时弄不清究竟是灵魂还是精灵),把灵魂从魔鬼的折磨下解救出来,魔鬼和灵魂都处在我们周围的一个幽灵般的平面空间中,魔鬼以折磨灵魂取乐。农民们对于拯救灵魂的高度关注,首先提高了罗马天主教教义中天堂的身价。天堂是一所巨大的房子,是一个悬在空中的家,上下分为多层。天堂虽大,终究无法容纳所有灵魂,因为从时间存在以来,灵魂实在太多太挤了[①]。

---

① 纪尧姆·贝内那样的农民希望死后有个好去处:I. 203, 321。蒙塔尤人的宗教信仰主张拯救灵魂,这种信仰的基础是期望死后能进入天堂;参见 I. 202(纪尧姆·奥斯塔兹)。

第二十七章 死后与彼岸世界

其次，信奉纯洁派的蒙塔尤人在彼岸世界问题上又产生了另一个猜想，把彼岸世界设想成一个循环式的垂直体系；这种猜想对于山区阿尔比派的信徒和同情者具有诱惑力，尽管他们离得很远。根据这种猜想，好人的灵魂总有一天要回到天堂去。他们是从天堂来到人间的，而且有朝一日或许还会再次下到人间来，由此开始一轮新的循环，然后再回到天堂去，周而复始，永无终了[①]。

前面已经说过，在萨巴泰和加泰罗尼亚，那些彼此彬彬有礼的蒙塔尤牧人们，一再讲述精灵从天堂下降人间的神话，一个个乐此不疲[②]。据这个神话说，精灵们因受恶鬼的诱惑，从天堂的一个窟窿钻出来，落到地上，像雪一样遍地皆是。说书人在夜晚聊天时不断添油加醋，把细节讲得十分动听。他们说，上帝起初丝毫没有发觉下降的精灵如此众多，待到发现后，他大为惊奇，不明白其中缘由，最后他终于勃然大怒，用他的大脚把天堂的窟窿堵死。可是已经晚了，一大批精灵已经从天堂落到了人间。这些精灵于是落入了魔鬼为他们精心设置的圈套，披上了人的肉体外壳[③]。从此开始了神话中的第一个循环，即灵魂转世。精灵和（或）灵魂（这两个词的含义基本相同）于是在肉体死去后逸出肉体（III.221），由于受到魔鬼-火星的折磨，精灵们尽力快跑，寻找另一个肉体（这一点与萨巴泰关于魔鬼折磨灵魂的民间故事有相

[①] 雅克·富尼埃在讯问皮埃尔·莫里时，不经意地提到了"多次循环"这个奇怪的猜想，皮埃尔·莫里回答说从未听说过（III.245）。
[②] II.33—34, 199, 407; II.489, 490; III.130, 219 及以下各页。
[③] 在成书于 12 世纪末的《反命题书》（图泽里耶编，1960 年，第 206 页）中，已经提到了纯洁派关于第一次下降人间的神话，而且颇为详尽。

第二部分　蒙塔尤考古：从举止到神话

同之处）。精灵们希望尽快钻进胚胎，变成一个动物或完完全全的人。这就是真正的灵魂转世，也就是阿尔比派根深蒂固的特色[①]。然而，我们不能否认，阿尔比派的这个特色与民间传统紧密相关。从第一次转世起，灵魂经过多次"跳蚤蹦跳"，也就是说，在动物或人的肉体上多次转世之后，最终结束了转世过程。灵魂变成人后，就过苦行僧的生活，或是在晚年过异端的生活，临死前还要做慰藉。死后灵魂就回到他们原来所在的天堂[②]。多次往返的过程以回到天堂为终结，返回天堂途中先后需经七重天（III. 245）。当所有好精灵或好灵魂全都返回天堂后，地上就没有正直的人了，人间世界也就失去了一切吸引力，世界末日因而变为可能，四种元素于是相互交混。蒙塔尤牧人们对奥蒂埃兄弟的话深信不疑，他们说，这时天就掉了下来，太阳和月亮都失去了光辉，大火在海上熊熊燃烧，海浪汹涌，急剧上升的海水把大火熄灭，大地变成沥青和硫黄湖；这便是地狱，否则还能说它是什么呢。

蒙塔尤人升天的资格得到了承认，解除了痛苦的信徒们于是成了蒙塔尤人的志同道合的伙伴，在得到最终拯救的那一天，他们一起跳舞庆祝，把不信教的人统统踩在脚下，"就像羊羔在草场或收割后的麦田里蹦跳一样"（II. 32）。

正直人的灵魂最终落脚在天堂里。他们的幸福何在呢？皮埃尔·奥蒂埃对一群听得出神的牧羊人说，天堂就像一所硕大的房子，充满着爱，又像一个兄弟姊妹共同居住的家，彼此平等，相

[①] 据一种被称为"家庭转世"的说法，一个孩子死后，他的灵魂将会附在他母亲的下一个孩子身上，这种说法显然与家庭观念密不可分（I. 203, 205）。

[②] II. 411（皮埃尔·奥蒂埃）及以下各页。

互亲热（II. 411）。"任何一个灵魂都享有同样多的幸福，大家打成一片，不分你我，彼此相爱，如同爱自己的父母和子女的灵魂一样。"皮埃尔·奥蒂埃这位萨巴泰的天才哲学家，用这番话向我们泄露了天机，这番话再次证明，天堂不是别的，就是人们企盼的人间社会。皮埃尔·奥蒂埃丝毫没有提到上帝降福，至少在这番话中找不出一个字与此有关。天堂就像是蒙塔尤的一个大家庭，大家毫无隔阂，彼此相爱，如同一家人一般，父母子女，兄弟姊妹，人人都是同一个硕大无比的大家庭的成员，这个家庭也就是整个人类唯一的家庭。在皮埃尔·奥蒂埃最能诱惑当地人的思想里，有一种往复循环和上升下降的意思，即从此岸世界的家到天上的家，从村子里小而不完善的家到天堂里大而完善的家。或许正好相反，是从大而完善到小而不完善？是因为普遍乱伦吗？怎么就不可能呢，看看本堂神甫克莱格最主要的幻觉就明白了，布列塔尼的雷蒂夫的幻觉也提供了同样的证明，他离我们更近些。伏尔泰在他的题为《妇女们，顺从丈夫吧》这篇文章里，也用互相爱慕的言辞提出了天堂问题，只是有些戏谑的味道，他说："人在天堂里大概也做爱，只是方式与人世间不同。你们肯定感到了，我们在人世间做爱的方式实在是极不完善。"[①]

---

① 伏尔泰此文见于《哲学杂纂》，1773年，第148页。

第二十八章
/
家与彼岸世界

"是什么驱使此人奔跑?",当年大获成功而如今已被遗忘的一本书或一部电影的标题,就是这样提问的。在1290—1325年间,驱使蒙塔尤人行走、奔跑和心灵颤动的是什么?除了基本的生物原因(食、性)之外,是什么根本动机和主要利益,赋予人的生存以某种意义?总之,借用盎格鲁一撒克逊人的一句颇为优雅的话说,蒙塔尤人的行为动机是什么?他们赖以生存的基本物质条件,他们对生命的基本理解是什么?我经常从总体上考虑这类与旧制度下法国农民有关的问题。想要得出一个在全民族范围内贴切而有效的回答,当然是不可能的。可是,1310年前后的蒙塔尤仅仅是个小小的社区,对它的研究已经相当深入,所以我想,就蒙塔尤而言,提出这样一个问题并寻求答案,应该说并不是奢望。

我们从资料中已经了解到该村表层的封建和领主关系。研究古代农民的历史学家们满足于对这些资料作去芜取精的整理,以他们广博精深的学识,长期致力于对这种新鲜的、价值极高的表层关系的探索。透过居民群体,透过应该或实际存在的市政组织

第二十八章 家与彼岸世界

（顺便说一句，这种组织对于蒙塔尤其实是无足轻重的），透过村子里数量极少的"精英"，我们从资料中终于发现了农民和民众的基本单位，那便是人人都有的家。房舍既是建筑物又是家庭，它是将财产和人联成一体的本原[①]。与当代农民不同，那时的农民尚未为土地问题所困扰，所以对于他们来说，房舍便是头等大事。在研究过程中，我们碰到过"星座"、"运气"之类的星相问题。继承人为保留房舍而竭尽全力，他们为此力图从家长的遗体上取到一些指甲和毛发。已故房主的肉体和他的家族关系具有一致性，通过指甲和毛发，这种一致性便传给了他死后出现在家中的后人。

我们仔细观察过家长在世时的活动。家长通常是男性和父辈，女性家长极为少见，家长主宰着"家庭群体"的命运，"家庭群体"的基础是作为核心的夫妇和他们的子女。夫妇周围常有另外一些成员，诸如仆役、女佣、单身的兄弟姊妹、寡居的祖母，有时还有已婚的子女夫妇。拥有这些成员的家庭当然就是扩展型家庭了，不过除了少数特例外，这样的家还算不得是完全的大家庭。每一代女性带走的陪嫁，构成对家的威胁；一般地说，如果有儿子，那么作为继承人的儿子娶亲时女方带来的陪嫁，补偿了这种损失。

家是居住的窝，又是组织农耕的中心，让我们首先考察一下

[①] 家的观念把社会生活、农业生活和家庭生活统一起来，因此有必要再次提出家的历史渊源问题。我在本书开卷处提到了伊比利亚-巴斯克地区的基质这个老问题，更广泛地说，还包括地中海地区的这个问题。读了博纳西新近发表的关于中世纪早期加泰罗尼亚的论文后，我觉得更有必要强调伊比利亚-巴斯克的基质这个问题的重要性（博纳西的论文，油印本，卷II，第90—98页）。但是，这位作者也指出，从9—10世纪到11—12世纪，家庭结构呈现日益巩固的趋势。

· 703 ·

第二部分 蒙塔尤考古：从举止到神话

家的物质和基本条件，看看房舍的主人拥有些什么东西。厨房是"家中之家"，厨房里有火炉，此外有住房、畜舍和羊圈。畜舍和羊圈在冬季和有人得了重病时，也用作人的住房。

不过，我们还是回过头来先说说家的"人力负荷"，或称"灵魂负荷"。家的大小因时期不同而发生连环性变化。儿子因年幼而尚不能下地耕作时，家里就得雇佣农工，女儿及笄出嫁，成为蒙塔尤或蒙塔尤以外的另一家人时，就得雇请女佣。在正常情况下，这种连环性变化至少涉及三家人，有时则更多。以没有乱伦现象为前提，与青年人婚嫁直接有关的是两家。第三家则向前两家提供或从前两家接受（依据各家在连环中的地位和财产多寡而定）年轻的牧羊人、放牛娃、女佣等等。当这类受雇的年轻人达到娶亲年龄时，必要时可以招作女婿，继承家业。

相对次要但值得注意的，是把各家或各家成员的上代人联结起来的复杂结构。这里指的是村落群体、家族和亲属。村落群体约束力不大，结构松散；家族将现存的家与此前许多年中代代相传的一对对核心夫妇，连成长长的系列；亲属则因同时代的血缘关系将两个或更多的家连接起来。此外还应提到"家与家之间"的邻里、熟人和朋友、通过联姻结成的亲戚以及具有敌对性质的绝交；绝交有时可能发展成对仇家进行复仇，只是通常并不导致流血事件。宗教裁判所的沉重打击，常使因联姻而形成的牢固联系毁于一旦（克莱格、贝洛、贝内等家互相通婚，建立了良好的关系，可是，宗教裁判所的活动破坏了他们之间的和睦。这种情形不但发生在普通百姓家里，也发生在国王之间。交战状态常使翁婿兵刃相见，堂兄弟、表兄弟反目成仇）。然而，教会的这类打击，反过来却加强了各家的内部团结。文献为我们进行专题研究

第二十八章　家与彼岸世界

提供了可能，使我们终于得以了解到两个家庭清晰而有趣的内情，这便是主宰全村的克莱格家和富裕农户贝洛家。

尽管或由于我们所要进行的是专题研究，蒙塔尤这个专题使我们获得了许多线索，进而发现了对于所谓的家庭生产方式极为关心的思想家和经济学家，例如马歇尔·萨林斯，他们就此发表了许多见仁见智的论述。有必要首先研究一下"家庭"这个词，它的原意在英文中保存得比法文好，按其原意，家庭与家相近。马克思谈到古代经济体系时说："在古代经济体系中，整个经济归根结蒂包含在每一个家庭之中，每个家庭都是一个自主的生产中心。"[1] 但是，《资本论》作者的这段话指的是分散的居住结构，他认为，这种结构在远古的日耳曼占主导地位；至于他的想法是否正确，我们不作评论。地理上的分散状态意味着某些制约，或者说意味着没有制约。每个家庭的家长主持着他的农庄或孤立的家庭，各个家庭的家长之间的合作处于最低水平。然而，蒙塔尤人居住集中，甚至有些拥挤，因此家庭之间的合作虽然不很发达，但极易组织。这种合作主要表现为彼此借用器物和工具、草场禁牧、已播种地禁止通行、约定俗成地共用水泉等等。

卡尔·波兰尼的思想对我们更为适用。他受到了赫西奥德之后的亚里士多德提出的家和经济（即家庭管理）理论的启示[2]。波

---

[1] 萨林斯前引书；高德里耶，《经济人类学》，第14页（高德里耶利用了《前资本主义社会》中引用的马克思《政治经济学大纲》，巴黎，社会出版社，1970年，第180—226页）。

[2] 提到这些时代久远的著作也许令人感到惊奇。可是，我不得不承认，在"封建—中世纪"模式和沙宁模式之间，我更倾向于后者。希尔顿在他的著作（1974年）中非常出色地论述了"封建—中世纪"模式；沙宁在1974年出版的著作中论述了他提出的模式，这种模式显现在长达数百年的"农民经济"中。

第二部分 蒙塔尤考古：从举止到神话

兰尼的思想可以直接用来分析蒙塔尤的问题，因为，在这个佩戴黄十字的村庄里，家首先是取之不竭的权力和反权力的源泉，不过，人们总是容易忘记这一点。在"正常"时期中，外部和"无所不包"的权力并不具有多大强制性（富瓦伯爵行使的领主权和政治统治），所以，对于这种权力的抵制往往能取得成功，至少也不会毫无所获。但也有"例外"，那就是教会竭尽全力征收什一税，借助宗教裁判所推行集权主义的专断统治；在本书所研究的整个时期中，这种"例外"始终占据主导地位，在这种形势下，上面所说的那种权力就变得具有压迫性，令人厌恶。

一家与其他各家和经济单位间，在经济方面所发生的"自然"关系多于货币关系[①]。这种关系包括一些相互和对等的行为（转场放牧、以物易物、共同使用伯爵的磨坊），也包括有利于政治—宗教中心的对剩余农产品的再分配和强制性提取（我在这里说的提取指什一税）。当然，家在这方面表现出显著的自给自足倾向，属于糊口经济。尽管居住相对集中，蒙塔尤这个村子内部的各个经济细胞，即各家之间的合作很不发达，对此我感到十分惊奇。由于生产活动分散进行，（单个的）家庭观念得到加强，"地方观念"相当薄弱。"地方观念"若是较强，群体的公民意识本来是可以得到发展的。家与市场的接触虽然时断时续，但并非虚假，市场包括阿克斯累太姆或塔拉斯孔的羊市和谷市等。市场交换借助共同宗教信仰这种非货币因素进行。比如，一个出售谷物的女人（阿尔比派信徒）向她的买主要高价时说道："我只把便宜让给信我们教的人（当然不给你）。"（II.108）

---

① 关于以下论述，参见波兰尼的著作，1968—1971年，第17页和第99页。

第二十八章 家与彼岸世界

进一步从总体上看，我们所了解的蒙塔尤，符合恰亚诺夫在《农民经济理论》中提出的模式。他是从农民家庭经济角度来观察农村的，这种观点对于亚当·斯密以后的整个西方，几乎都是适用的。这位俄国经济学家认为，在这种类型的社会里，每个"经济人"都是一个经济单位组织者，雇工在这种经济单位中的作用相当微弱或时有时无[①]。总体经济是由这些家庭经济单位组成的。埃荣地方的家庭，其普遍特征符合"家庭体制"的性质，家庭成员按性别进行分工，女性负责火、家务、烹调、园子、取水以及人和牲畜食用的"草"[②]。男性负责田间农活、砍柴和放牧；男人忙不过来时，女人也需帮忙，帮忙者可以是自家人或当地人，或是流动的和季节性的帮工。总之，如同这方面的专家雷第夫所说，在"家庭体制"中，女"主内"，男"主外"[③]。在这种状态下，人们虽然并不忽视用于交换的剩余产品（主要是羊，其次是鸡和鸡蛋）的生产，但却偏重于自身所需物质的生产，以求大体上能（？）养家糊口，而不是"创造剩余价值积累"。换句话说，人们所从事的是"使用价值的生产"（食物和衣着），而不是从事货币积攒或"农业资本的扩大再生产"。由于日常生活很难说得上富足，所以人们完全可能步亚里士多德的后尘，无视匮乏或对匮乏泰然处之[④]。在这种体制下，人虽然并非生来就懒，但是没有什么东西可以刺激他们的劳动积极性，既没有剩余产品的诱惑，也没有资本

---

① 恰亚诺夫的著作，第226页；参见萨林斯前引书。
② "草"在这里指喂牲畜的饲草和人食用的蔬菜。
③ 雷第夫，《同时代人》，卷II，巴黎（《睁开眼睛》版），1962年，第205页（《庄稼汉的老婆》）。
④ 波兰尼前引书，第99页。

第二部分 蒙塔尤考古：从举止到神话

不断增殖所带来的愉悦。因此，当一个农民家庭有了相当多的人口，其中不乏"大龄青年"或成年劳动力（尚未婚嫁的子女，例如贝洛家、莫尔家、莫里家）时，这个家庭就在低于其能力的状态下劳动。这种情况证实了恰亚诺夫提出的法则："在家庭生产体制中，为使用价值而进行生产的劳动强度，随生产单位的劳动能力而作反向变化。"简而言之，为了保证家庭集体必不可少的最低需求得到满足，家庭中能够劳动的人越多，每个人的必需的劳动就越少[①]。长时间的午睡、晒太阳，一年之中大量不干活的节日，都证明无需过多劳动。年幼的孩子犹如劳动力蓄水池，为未来的一二十年储存着闲暇；作为家庭体制的中心，年幼的孩子们享受着无微不至的爱抚。

由于没有不断增长的剩余产品，所以人们更难承受高利贷和什一税。在一个所有的人都穷，但还活得下去，人人几乎都没有致富奢望的社会中，完全由穷人组成的那个阶级和不拥有土地的贫民，好斗性都较弱。因为一般地说，富人需要穷人为他们干活，穷人为了活下去也需要富人。迫于贫穷的蒙塔尤年轻人无怨无艾地外出为人转场放牧，汇入男性独身的牧人文明之中[②]，从而进入市场经济。此外，在蒙塔尤还可看到家庭经济体制的另一个规律，即生产者与生产工具不相分离。以家为中心的人，即便生活比较富裕，也不但拥有房舍，还拥有一块土地；牧童成年后花完了身上的钱，回到家乡时总要带回属于自己的几十只羊。

[①] 萨林斯的著作，第89页；恰亚诺夫的著作，第78页，表2—8。
[②] 关于贝恩，参见图考－夏拉，《加斯东·费比斯和贝阿尔纳子爵领地》，第197页。

第二十八章 家与彼岸世界

蒙塔尤没有阿尔卑斯山南部地区的那种大领主和大地主。在这种条件下，政治（政治与权力不同，权力是包括政治在内的更大的范畴）在"生产单位之上"发挥作用。萨林斯指出，建立在家庭这种小颗粒之上的社会结构，基本上处于无政府状态。处于这种结构中的农民，让人想到了马克思所说的土豆口袋。当然，我们不会经常使用这种比喻。每个家庭单位虽然都很强大，但由这些家庭组成的社会，其特点却是一种单独存在方式，这种方式具有孤、脏、惨、短的特征①。此外还应考虑到死亡率、瘟疫、贫困以及迫害的打击。萨林斯认为，家庭生产方式容易引起小家庭单位之间的争吵，这是一个分裂的、脆弱的、激烈争执的、具有离心倾向的世界。霍布斯说，这是一个所有的人与所有人作战的社会，我们则说，这是一个每个家庭都可能与每个家庭作战的社会（当然，由于宗教裁判所及其来自外部世界的密探的渗透，各个家庭之间的矛盾更趋尖锐）。在这种条件下，蒙塔尤这个村庄（共有250天左右）的人口不会超出一定限度。然而，由于山区的自然资源比较丰富，超出一定限度毕竟还是可能的。一旦发生这种情况，就会产生比较像样的政治结构，就会产生一种最低限度的要求，即需要一个正式或非正式的领袖。在蒙塔尤，这个领袖身份就体现在克莱格一家人身上。克莱格一家人想方设法操纵或攫取了当地权威性的位置（本堂神甫和领地法官［当时还没有设立行政长官］）。众多家庭所组成的脆弱村社不能没有领袖，因为，对外需要抵抗宗教裁判所的打击，对内需要控制分裂和离心倾向。因此，蒙塔尤有了自己的首领皮埃尔·克莱格和他的助手，即他

---

① 霍布斯的著作，萨林斯在其前引书中作了改写。

第二部分　蒙塔尤考古：从举止到神话

的哥哥贝尔纳。他们为大家出了力，使村民们在 20 来年中得以拥有相对安全，村民们则以女色回报他们，保证他们可以亲近看中的女人。

　　走出由家庭细胞组成的世界，我们来到牧人中间。没有家室的年轻牧人们，跋涉在高山牧场和加泰罗尼亚的转场放牧区里。他们是自由自在的雇工，比固守家门的父辈和兄弟更解放，更"现代"。牧人们远离人间的种种享受，虽然不是为外力所迫，却是无可奈何地与贫穷相伴。不过，他们时而也能成功地摆脱这位难缠的伴侣。宗教裁判所四面出击，竟然使以四海为家的牧人们摆脱了他们的后方基地。宗教裁判所给了皮埃尔·莫里这样的牧人们一种诱人的自主。牧人们的窝棚与村子里的家形成强烈的反差，牧人之间的义气也与常常产生龃龉的邻里关系大不相同。

*　　　　*　　　　*

　　在研究行为举止、激情和爱情过程中，我们从彼此友好和具有一定自由度的民风中，注意到了配偶组合的各种问题。配偶是家庭每个阶段的社会（和生物）再生产的保障。我们意外地发现，与历史学家们关于对儿童漠不关心的传统理论完全不同，作为预想中的继承人和未来的劳动力，孩子们充分享受着并非溺爱的爱。

　　其次是死亡问题，在出生和婚姻之后，死亡是蒙塔尤人口问题的最后一个环节。村民们对待死亡和迎接死亡的态度，使我们看到了村民们行为动机中的另一个"家外"基本问题。在离开各有其家的此岸世界之后，便来到彼岸世界，那里有令人发愁的死后游荡和灵魂拯救问题。这就是通常所说的：无家之后需拯救。

　　关于文化，我们的调查表明，书籍的作用虽然微不足道，却

第二十八章 家与彼岸世界

促使奥蒂埃一家走上了一条艰险的道路，而他们一家的经历对于萨巴泰来说，则是至关重要的。文化基本上通过非书籍的途径传播，其中主要是家和夜晚聊天，此外还有更为简便的途径，那就是几个人坐在厨房或小屋里的火边闲扯。

由于没有帮会组织（大概在北部地区或城里才有这类组织[①]），于是就出现了一些非正式的小集团，其中有男人的（他们争论并作出决定），有女人的（她们说东道西并传播消息），有年轻人的（他们在暗中和背后搞鬼）。这些小集团的形成，表明人们希望在家庭网络以外和以上进行社会交往的要求。全体性（男人、女人和年轻人）的社交活动主要在周日的弥撒和做完弥撒后的一段时间里进行。但是，这个村子缺乏牢固的凝聚力，村民分成多数派和少数派、天主教和纯洁派两种倾向。村子远非"有机群体"，而是停留在"机械集体"阶段，被两派人牵着鼻子，时而往东，时而向西。两派人互相撕扯，把蒙塔尤搞得四分五裂。两派的人数你增我减，我减你增。借用当时上阿列日人的话说，克莱格和阿泽马分别组成了"党"和"反对党"。他们都给自己挂上宗教派别的名目，其实这些既是他们的根本行为动机，也是变化无常的借口，可以换来换去的招牌。正如常言所说：商品盖住了货船。村子里存在着不同的社会经济阶层，若干相对富有的家庭处于中等和贫穷家庭的上面，有的贫穷家庭甚至没有牛轭。这两个小集团受到这种社会经济阶层的影响。

对于没有亲身经历的空白范畴（空间与时间）的研究，揭示

[①] 据我统计，帮会兄弟一词在雅克·富尼埃的审判记录中仅出现一次（II.32）。而且是作为广义使用的，上下文使蒙塔尤没有直接关系。

第二部分 蒙塔尤考古：从举止到神话

了远近各个时代的宗教特征和名副其实的历史时期的短暂性。人们对于历史的了解，例如上代家族和当今家庭之间，一般不超过两到四代。人们对于空间的了解局限于个人周围的东西，例如躯体、房舍、本村、本乡等等。所谓本乡，就是萨巴泰或富瓦伯爵领地。对于蒙塔尤人来说，除了本村那些互不相爱的当地人以外，本乡就是他们所属的更大人群，他们这样想既是自觉的也是不自觉的。作为基本单位，人的躯体和家始终是衡量世界的空间和时间的尺度。躯体与家又是什么关系呢？无非是原子和分子的关系。

在"空间"分析结束之前，有必要考察一下，家是以什么方式把自己置于一个由水平和垂直两维所组成的范围之中的。

如果我们丢掉浪漫情调，不犯搞错时代的错误，我们就会在村民们的身上看到，命运意识已经侵入他们的自然情感，它表明微观与宏观的联系。有人就人对各种动物的态度进行了专题研究，人们喜欢一些动物，讨厌另一些动物，对另一些动物则既不喜欢也不讨厌。这个专题研究确定了人与动物的分界线，有了这些分界线，人与最亲近的家畜（它们也被象征性地禁止乱伦）区分开来了，人与距离较远的危险或令人厌恶的野兽也区分开来了，这些野兽属于第三类，遭人讨厌和咒骂，第一类是招人喜欢的动物，第二类是人们既不喜欢也不讨厌的动物。

我们随后研究了社会与政治伦理，研究了人们对于该做的事和不该做的事的态度，对于在一定程度上为许多人所共有的对于贫穷的态度。在这几个方面我们发现，家庭、不进行财富积累和良好的邻里关系，都具有无可争辩的价值。邻里关系的作用在于传递他人的敬重或蔑视。萨巴泰人没有原罪意识，但他们在必要时，懂得羞耻和荣誉。

第二十八章 家与彼岸世界

当我们对宗教和神话进行简短的考察时，再次遇到了民间文化这头五脚羊，一只脚踏在罗马天主教中，一只脚踏在阿尔比派信仰里，一只脚踏在一种农民的唯物主义或自然主义中（我找不到更确切的词称呼它，只得把它叫作粗陋的斯宾诺莎主义），另外两只脚则踏在民俗中。所有一切都受制于彼岸世界。[1] 有些人把这个彼岸世界变成民间传说，有些人对它持根本否定态度。天主教徒和纯洁派信徒以不同的方式，把死后才有的彼岸世界提前到人间世界来了。死后依然具有人形的"双重鬼"失去了住所，到处游荡，萨巴泰人和蒙塔尤人一想起这些鬼魂就心神不宁，纷纷寻找解决办法。办法多种多样，"水平"的解决办法就是如民间传说所说的那样让鬼魂回到人间来，"垂直"的解决办法则是让亡灵进入天主教的天堂。纯洁派把这两种办法融合调和，提出了自己独特的办法：在"水平"方向上，让灵魂通过转世依附在动物或人躯体上，在"垂直"方向上，让鬼魂最终进入高高在上的彼岸世界。拯救灵魂是许多人最关心的事。萨巴泰的一个村民说[2]："我对于上帝的全部了解，就是他是为了拯救我们才存在的。"从以人为中心的思想出发，神明被天真地设想为接受了拯救灵魂的使命。

---

[1] 家在蒙塔尤人头脑中的重要性是无可争辩的，我们的文献（宗教裁判所和教会的文献）则（人为地）强调了彼岸世界的重要性。对于这个反驳，我的回答如下：如果说，如同有人所说的那样，农民在宗教问题的思想，基本上是朝向一个希望给土地带来肥力的与农业有关的信仰，那么，我们所掌握的关于偏离官方基督教的各种异端思想的详尽资料，却让我们看到了这种异端倾向是特别顽固。事实正是如此，资料表明，在作为乡村文化的一个重要方面的村民宗教（或非宗教）中，彼岸世界有着头等重要的作用，人们以各种方法描述彼岸世界，有时也予以否定。

[2] II. 120。这句话又一次把一般意义上的上帝与特指的基督混为一谈了。

第二部分 蒙塔尤考古：从举止到神话

在一个无穷无尽的时期里，先是在家里，以后在外面，人们敬重上帝，归根结蒂是爱护自己；爱你自己，天也会爱你。

简单化地说，人间的家和彼岸世界里的天堂，就是蒙塔尤人的理想。在尊重以人为中心的自然主义前提下，这种理想实际上是一种关心拯救灵魂的人道主义[1]。这种人道主义当时尚未受到蛊惑人心的尸体分解说的损害，这种蛊惑在下一个世纪才更加困扰人心[2]。

人间和天上、家里和天堂里、此岸世界和彼岸世界，这两种因素不但会发生矛盾，甚至会发生冲突。比如对于一个异端分子来说，这两种因素就无法调和，一个人不可能既要家又要拯救灵魂，两者只能舍一保一。

但是，人们做出了努力，企图调和甚至融合家与彼岸世界。在本书所涉及的时代很久以后，在年轻人的支持下，戴着假面具的亡灵在狂欢节那天，回到家里享用佳肴；亡灵们有时根据性别和季节转换的需要，把自己打扮成"小姐"。于是，在花样繁多的转换过程中，亡灵由死变活，由活变死。可是，在反对派和民间思想终于猛醒（以19世纪阿列日地区的"假面具之战"或"小姐之战"为标志）之前，阿尔诺·热利明确地预见到，亡灵会经常来探望他们生前的家，因为家里始终有活人住着。农妇里克桑德·科蒂尔把土地的肥力与被纯洁派教长拯救的灵魂联系起来，认为没有后者，便没有前者。此外还有一些两者融合的迹象：在

---

[1] 参见马蒂诺的著作。关于双重关注：家和拯救、地和天，参见贝内之父在他儿子死后的反应（上文第十二章）。
[2] 马蒂诺的著作，1974年。

第二十八章 家与彼岸世界

阿尔比派看来，罗马天主教的天堂就像是一个巨大的家，所有灵魂都可以进入这个家，大家彼此相爱，如同兄弟姊妹和父母子女一样。雅克·富尼埃甚至提出过这样的问题：蒙塔尤的牧人是否不相信，在人间的小家和天堂的大家之间，可以去而复来，永无休止？可是没人能回答这个问题。宗教裁判所为了给予双重打击，把罪犯家的房舍捣毁，罪犯若已死亡，还要把他的棺材捣毁，这样做的目的是不让他在彼岸世界得到安息处。

* * *

如果要对在蒙塔尤传播的这种两极体系作出一个总体评价，那就只能强调指出它出色的再生产能力，它深深立足并扎根于萨巴泰土地之上的能力。1290年以前的70余年中发生了些什么？1308—1325年间残酷的镇压，在此后的年月里大概逐渐得到了缓和，最后终于消失。不过，有几段时间仍然非常严酷，非常悲惨，1348年黑死病肆虐（我们不知道上阿列日地区是否受到很大损失，也许很小？），接着又是别的传染病，此后还有军人、士兵的抢劫……1390年，蒙塔尤仅剩23家，比1300—1320年间至少减少了一半[①]。尽管流了血，死了人，尽管宗教裁判所严厉镇压，瘟疫和战争造成巨大损失，蒙塔尤的主要家庭却挺过来了。在1390年，我们依然可以在蒙塔尤的居民中找到下面这些人家：贝内、克莱格、莫里、费里埃、巴伊、富尔、阿泽马、普塞尔、里夫、奥蒂埃、阿热里埃。这些人家在世纪之初就已住在蒙塔尤，经受了苦难之后幸存下来了。新来的也许只有一家？家都保存下来了，由于山区不具吸引力，没有移民前来改变这个山乡的面貌。蒙塔尤

---

① 迪富·德·马吕凯的著作，第137页。

第二部分 蒙塔尤考古：从举止到神话

始终是蒙塔尤。到了 20 世纪 70 年代，蒙塔尤还有一个姓克莱格的人，从电话号码簿上可以查到。这个村子走过了漫长的岁月，却没有历史，只有许许多多故事，从建立村子（加洛林王朝时期？）直到当代的故事。以往的思想迫害和有害微生物的侵害，并未使住所损毁，可是如今由于放弃了山上的农田，古老住所的稳定性却受到了威胁。我们已经看到，蒙塔尤的文化趋向简单再生产，趋向保存自己，使家在这个世界上永存。除了转场放牧之外，这个村子的经济在 1305 年没有任何增长可言；有所增长的唯一因素与死亡后的彼岸世界有关，与以阿尔比派的天堂为中心的精神升华有关。阿尔比派笃信与众不同的"好基督教"，他们是具有异端倾向的基督教徒，他们的信仰是偏离的、越轨的、扭曲的。

众所周知，主教和宗教裁判官雅克·富尼埃挑起了全面整顿的任务。纯洁派是一颗已经熄灭的星，五百年后的今天，我们重新瞥见了它那冰冷而又诱人的光芒。但是，蒙塔尤虽然在 1320 年遭到思想警察令人发指的迫害，它却远不只是一个短命和勇敢的偏离正统天主教的村庄，它是小人物创造的历史，是生命的颤动。如今，一部堪称典范的镇压异端的文献把它活生生地重现在我们面前，而这部用拉丁文写成的文献，也成了奥克西坦尼文献中一件珍品。蒙塔尤就是皮埃尔和贝阿特里斯的爱情；蒙塔尤就是皮埃尔·莫里的羊群；蒙塔尤就是家所散发的体温和农民心目中去而复回的彼岸世界[1]，两者互在对方之中，两者互为支撑。

---

[1] 参见拉德克里夫-布朗，《原始社会的结构和功能》，第 162 页。库朗日《古代城邦》的前数章。

资料来源和鸣谢

本书的若干注释要求参见一些附录。但由于 1975 年印刷成本较高，出版者作出了与本书的体量不相称的限制，因此我不得不把这些附录塞进一篇文章中，此文准备交由《农村研究》杂志发表。

我仅就把这个时期（1294—1324 年）蒙塔尤的人口定为 200—250 人这个问题作一点说明。雅克·富尼埃经详细调查，统计出蒙塔尤总人口为 204 人[①]，这个不完全的数字是这位主教挨家挨户统计出来的。但是，他并未进行人口普查，因此我们也无法得到通过普查取得的数字。受到雅克·富尼埃审问的蒙塔尤证人和被告，可能没有提到某几个成年人，他们还肯定把许多婴儿甚至儿童都忽略了。可是，从另一方面来说，这 204 人却又显得太多了，因为这些人并未同时生活在蒙塔尤（其中有些人在这个时期开始时就已经死亡或移居别处，另一些人则是在这些人死亡或

[①] 这个数字包括迪韦尔努瓦在人名索引中列出的所有蒙塔尤人（参见《雅克·富尼埃宗教裁判所审讯记录簿》，卷 III 末尾），此外还包括人名索引中所无而由本人在审讯记录中发现的几个人。

资料来源和鸣谢

移居之后才出生或来到蒙塔尤的）。权衡统计中的不足与过量之后，我们把总人口定为200—250人，看来是不无道理的。1390年蒙塔尤的人口仅剩"一百来人"，那是因为1348年前后的瘟疫、战争和其他灾祸使蒙塔尤人口大减（损失50%以上）（参见迪富的著作，1898年），而我们确定的数字是远在1390年以前的该村人口。

下面是参考文献。我所使用的主要资料是雅克·富尼埃的审讯记录（参见本书前言和参考文献）。不过，我还参考了一些档案，这些档案所涉及的时期大多晚于本书所研究的时期。其中有几件与雅克·富尼埃的审讯记录属于同一时期，有的甚至早于这个时期，这便是热弗鲁瓦·达布里的审讯记录（1308—1309年，巴黎国立图书馆拉丁手抄本部，件号4269），这份档案与蒙塔尤的关系甚微。我所利用的晚期档案资料有如下这些：

——阿列日省档案，J79（17世纪在蒙塔尤征收的领地税，但这是一种典型的中世纪税：参见本书第一章）。

——蒙塔尤镇档案，这些几乎全是19世纪和20世纪的档案（户口、姓名录、纳税清单、非常珍贵的1820年土地册，参见阿列日省档案中的与蒙塔尤有关的某些姓名录〔在10M43〕）。

*　　　　　　*　　　　　　*

最后，我要对向我提出过建议从而给了我许多帮助的诸位表示谢意，其中特别是：让·迪韦尔努瓦、让-马克·娄文、乔治·杜比、阿兰·贝藏松、于格·内弗、弗朗索瓦·吉罗、帕特里克·奥弗雷、安东奈特·沙穆、皮埃尔·费诺、米歇尔·德·拉普拉代尔、达尼埃尔·法布尔、J.拉克鲁瓦，此外还有蒙塔尤镇镇长、杜朗夫人以及蒙塔尤的许多村民。

参考书目

（以作者姓氏为序）

这当然不是一份齐全的关于纯洁派的书目，尽管纯洁派的理论在蒙塔尤是那样重要。如果读者想得到这样一份书目，请参见 Grundmann 在 Le Goff 主编的 *Hérésies* ... 一书中的介绍，以及 C. Thouzellier 的 *Catharisme*..., 1965, p.469−501。

W. ABEL, *Crises agraires en Europe, XIIIe-XXe siècles* (trad.), Paris, 1973.

L. D'ACHERY, *Spicilegium* ... , Paris, 1666, Vol. VII (p. 34).

P. ADAM, *La Vie paroissiale en France au XIVe siècle*, Paris, 1964.

M. AGULHON, *Pénitents et francs-maçons dans l'ancienne Provence*, Paris, 1968.

V. ALFORD, *Pyrenean Festivals...*, Londres, 1937.

M. T. ANDRIEU, *La Doctrine néo-cathare en haute Ariège*, D. E. S. d'hist. (Univ. Toulouse), sous la direction de G. Caster, 1967.

Archéologie du village déserté, Cahier des Annales, n°27, Paris, 1970.

PH. ARIÈS, *Le Temps de l'histoire*, Monaco, 1954.

PH. ARIÈS, *L'Enfant et la vie familiale sous l'Ancien Régime*, Paris, 1973 (nouvelle édition).

J. P. ARON, P. DUMONT, E. LE ROY LADURIE, *Anthropologie du conscrit français*, Paris, 1972.

参考书目

F. BABY, *La Guerre des demoiselles*, Éditions de la revue *Folklore*, automne 1972, Carcassonne.

M. BAKHTINE, *L'Œuvre de François Rabelais* (trad. du russe), Paris, 1970.

C. BARRIÈRE-FLAVY (des travaux de cet historien, relatifs au comté de Foix, on retiendra surtout: la *Baronnie de Miglos*, Toulouse 1894; le *Censier du pays de Foix en 1385*, Toulouse, 1898; le *Dénombrement du comté de Foix sous Louis XIV, étude...* suivie du texte du dénombrement, Toulouse, 1889 [fondamental, sur Montaillou]; *Histoire de Saverdun*, Toulouse, 1890).

A. BAUDRLLART, voir *Dictionnaire d'histoire...*

P. BEC, *Les Inter férences linguistiques entre gascon et languedocien dans les parlers du Comminges et du Couserans*, Paris, 1968 (important, pour tracer la frontière linguistique au sud-ouest du Sabarthès).

N. BELMONT, *Mythes et croyances dans l'ancienne France*, Paris, 1973.

B. BENNASSAR《 Mentalités... et croyances pyrénéennes 》, contribution au recueil collectif *Les Pyrénées*, Privat éditeur, Toulouse, 1974.

L. BERKNER, 《 The stem family... in Eighteenth Century Austria 》, *American historical Review*, avril 1972.

A. BESANÇON, *L'Histoire psychanalytique*, Paris-La Haye, 1974.

M. BLOCH, *La France sous les derniers Capétiens*, 1223–1328, Paris, éd. 1964.

M. BLOCH, *La Société féodale*, Paris, 1939–1940.

M. BLOCH, *Caractères originaux de l'histoire rurale française*, Paris, éd. 1952.

G. BOLLÈME, *Les Almanachs populaires aux XVIIe et XVIIIe siècles*, Paris, 1969.

M. BONNASSIE, article dans le recueil édité par J. Schneider (voir ce nom).

M. BONNASSIE, *Thèse* d'État (inédite) sur l'histoire sociale de la Catalogue médiévale, Univ. de Toulouse-Le Mirail, 1972.

F. BONNEY, *Jean Gerson et l'enfance*, Thèse de 3e cycle (inédite), Université de Bordeaux-III.

J. BORDENAVE et M. VIALELLE, *La Mentalité religieuse des paysans de l'Albigeois médiéval*, Toulouse, 1973.

A. BORST, *Die Katharer*, Stuttgart, 1953 (trad. française: Paris, 1974).

B. BOSSUET, *Le Jeudi saint, méditations sur L'Évangile*, Paris, éd. 1963.

G. BOUCHARD, *Le Village immobile*, Paris, 1972.

E. de BOURBON, *Anecdotes historiques... apologues*, publiés par A. Lecoy de la Marche, Soc. de l'Hist. de France, Paris, 1877.

P. BOURDIEU, *Esquisse d'une théorie de la pratique*, Genève, 1972.

P. BOURDIEU, 《 Les Stratégies matrimoniale 》, *Annales*, juillet 1972.

P. BOURDIEU, *Sociologie de l'Algérie*, Paris, 1961, et nouvelle éd., 1973.

R. BOUTRUCHE, *La Crise d'une société. Seigneurs et paysans du Bordelais pendant la guerre de Cent ans*, Paris, 1947.

R. BOUTRUCHE, *Seigneurie et féodalité*, vol. II, Paris, 1970.

F. BRAUDEL, *La Méditerranée... au temps de Philippe II*, Paris, 1966.

E. BRÈHIER, *Histoire de la philosophie*, vol. I, Paris, 1938.

Cahiers de Fanjeaux, édités à Toulouse, chez Privat. J'ai utilisé notamment, parus de 1966 à 1973, les volumes I, II, III, IV, VI et VIII.

J. CARO BAROJA, *Les Sorcières et leur monde* (trad.), Paris, 1972.

C. CAROZZI, Contribution aux *Cahiers de Fanjeaux*, vol. 8 (1973).

M. CASTAING-SICARD, *Monnaies féodales et circulation monétaire en Langusdoc*, Toulouse, 1961.

G. CASTER et J. SEGUY, comptes rendus du *Registre* de Jacques Fournier et de la publication de J. Duvernoy, dans *Annales du Midi*, 1968, p. 92–94.

The Catholic Encyclopedia, New York, 1907 et années suivantes; et *New Catholic Encyclopedia*, New York 1967 (notamment l'article de G. Mollat sur Benoît XII).

Catholicisme... Encyclopédie... voir Jacquemet.

CAZENAVE (A. M.), *Thèse*, en cours, sur le catharisme en France méridionale. Voir aussi l'article de cet auteur sur《 Les Ordres mendiants dans l'Ariège 》, dans *Cahiersde Fanjeaux*, n°8, 1973; ainsi que ses《 Cathares en Sabarthès 》 *Comité des trav. hist. et scientif., Bull. hist. et philol., jusqu'à* 1610 (1969 [paru en 1972]).

Chanson de la Croisade, voir E. Martin-Chabot.

G. CHASTELAIN, 《 Miroir de mort 》, dans *œuvres complètes*, Bruxelles, 1862–1866 (texte utilisé par C. Martineau: Voir ce nom).

A. CHAYANOV, *Theory of peasant economy*, trad. anglaise, Homewood, Illinois, U. S. A., 1966.

J. CHELINI, *Histoire religieuse de l'Occident médiéval*, Paris, 1968.

M. CHEVALIER, *La Vie humaine dans les Pyrénées ariégeoises*, Paris, 1956 (fondamental).

V. CHOMEL, 《 La pratique religieuse en Narbonnais aux XVe-XVIe siècles 》, *Bibliothèque de l'École des Chartes*, 1957.

L. CLÉDAT, édition du *Nouveau Testament, traduit an XIIIe siècle en langue provençale, suivi d'un rituel cathare* (notamment page XXI-XXII), Paris, 1887 (Bibl. de la Fac. des Lettres de Lyon. vol. IV).

N. COHN, *The Pursuit of millenium*, New York, éd. 1961.

L. COLAS, *La Tombe basque*, Bayonne, 1923.

P. COSTE, 《 Vie pastorale en Provence au XIVe siècle 》, *Études rurales*, avril 1972.

N. COULET, 《 Pourrières, 1368–1430 》, *Études rurales*, juillet 1973.

P. DEFFONTAINES, *L'Homme et sa maison*, Paris, 1972.

E. DELARUELE, Contribution aux *Cahiers de Fanjeaux*, n°3, 1968 (à propos des études récentes sur le catharisme, et de la controverse Morghen-Dondaine).

E. DELARUELLE, 《 Dévotion populaire... au Moyen Age 》 (voir J. Le Goff, *Hérésies* ...).

E. DELARUELLE, voir A. Fliche.

M. DELCOR, *Les Vierges romanes de Cerdagne et Conflent*, Barcelone, 1970.

J. DELUMEAU, *Le Catholicisme entre Luther et Voltaire*, Paris, 1971.

J. DEMOS, 《 Thèmes dans la sorcellerie... 》, dans A. Besancon (voir ce nom).

E. DERMENGHEM, *Le Culte des Saints dans l'Islam maghrébin*, Paris, 1954 (notamment, p. 165 sq.).

J. P. DESAIVE, 《 Revenus des prêtres de campagne au nord de Paris 》, *Rev. d'hist. mod. et cont.*, oct. 1970.

E. DESCHAMPS, 《 Ballade sur les jurons 》, dans *œuvres complètes*, Paris, 1878, vol. I (texte utilisé par C. Martineau, voir ce nom).

G. DEVAILLY, *Le Berry (Xe-XIIIe siècles)*, Paris-La-Haye, 1973.

C. DEVIC et J. VAISSETTE, *Histoire générale de Languedoc*, t. 9 (1 et 2) et 10 (1 et 2), Toulouse, édition de 1886.

Dictionnaire d'histoire et de géographie ecclésiastiques, par A. Baudrillart et ses collaborateurs, Paris, 1935, vol. 8 (art. Benoît XII).

Dictionnaire de spiritualité voir M. Viller.

Noël du FAIL, *Propos rustiques* (dans *Conteurs français du XVIe siècle*, Paris, [Pléiade, N. R. F.], éd. 1965).

I. DOLLINGER, *Beiträge zur Sektengeschichte des Mittelalters*, vol. II, Munich, 1890.

A. DONDAINE, 《 Le *Registre* de J. Fournier, à propos d'une édition récente 》(compte rendu critique), *Rev. de l'hist. des religions*, oct. 1970.

Y. DOSSAT, *Les Crises de l'Inquisition toulousaine au XIVe siècle*, Bordeaux, 1959.

C. DOUAIS (Mgr), *Documents pour... l'histoire de l'Inquisition dans le Languedoc*, Paris, 1900 (p. 104 sq: analyse du *Registre* de Fournier).

G. DUBY, *Fondements d'un nouvel humanisme, 1280–1440*, Genève, Paris, 1966.

G. DUBY, *Le Dimanche de Bouvines*, Paris, 1973.

G. DUBY, 《 Techniques ... dans les Alpes du Sud en 1338 》, *Annales du Midi*, 1958.

G. DUBY, 《 Lignage, noblesse et chevalerie au XIIe siècle dans la région mâconnaise 》, *Annales*, 1972.

G. DUBY, *Hommes et structures du Moyen Age*, Paris-La Haye, 1973.

G. et A. DUBY, *Les Procès de Jeanne d'Arc*, Paris, 1973.

H. DUCLOS, *Histoire des Ariégeois*, Paris, 1885–1887.

A. de DUFAU de MALUQUER, 《 Le pays de Foix sous Gaston Phœbus. Rôle des feux du comté de Foix en 1390 》, *Bull. de la soc. des sciences, lettres et arts de Pau*, 2e série, t. 28, 1898–1899 (Foix, 1901).

G. DUMEIGE, *La Foi catholique*, Paris, 1969.

A. DUPRONT, 《 La religion, anthropologie religieuse 》, dans J. LE GOFF et P. NORA, *Faire de l'Histoire*, vol. II (voir ces noms).

A. DUPRONT, 《 Vie et création religieuse dans la France moderne (XIVe-XVIIIe siècles) 》 dans M. François, *La France et les Français*, Paris, 1972.

E. DURKHEIM, *Le Suicide*, Paris, 1897.

J. DUVERNOY, voir Jacques Fournier.

J. Duvernoy, *Inquisition à Pamiers*, Toulouse, 1966.

J. Duvernoy, 《 La noblesse du comté de Foix au début du xive siècle 》, *XVIe Congrès de la Fédération des sociétés académiques et savantes, Languedoc, Pyrénées, Gascogne*, Auch, 1961. Parmi les autres publications de J. D., citons notamment sa 《 Nourriture en Languedoc à l'époque cathare 》 (*ibid.*, 24e Congrès de 1968, édité à Carcassonne en 1970); et son 《 Pierre Authié 》 (*Cahiers d'études cathares*, automne 1970). Voir aussi ses *Corrections* à l'édition du *Registre* de Fournier (Toulouse, Privat éditeur, opuscule, 1972).

N. Elias, *La Civilisation des mœurs*, vol. I (trad.), Paris 1973.

M. Escalon de Fonton, *Préhistoire de la Basse-Provence ...*, Martigues, 1968.

Expilly (Abbé), *Dictionnaire géographique des Gaules et de la France*, Paris, 6 volumes, 1762–1770 (notamment l'article *Comté de Foix*).

N. Eymerich et F. Peña, *Le Manuel des inquisiteurs*, éd. et trad. par L. Sala-Molins, Paris-La Haye, 1973 (ce *Manuel*, élaboré après l'époque que nous étudions, reflète une *théorie* nettement plus atroce que la *pratique* de Jacques Fournier, laquelle n'avait pourtant rien d'idyllique).

D. Fabre et J. Lacroix, *La Vie quotidienne des paysans du Languedoc au XIXe siècle*, Paris, 1973.

J. Favier, *Finances et fiscalité au bas Moyen Age*, Paris, 1971.

L. Febvre, *Au cœur religieux du XVIe siècle*, Paris, 1957.

L. Febvre, *Le Problème de l'incroyance an XVIe siècle*, Paris, 1942 (éd. 1968).

Ph. de Felice, *L'autre monde...*, *le purgatoire de saint Patrice*, Paris, 1906.

J. -L. Flandrin, *L'Église et le contrôle des naissances*, Paris, 1970.

J. -L. Flandrin, *Les Amours paysannes. Amour et sexualité dans les campagnes de l'ancienne France* (*XVIe-XIXe siècle*), Paris, 1975.

J. -L. Flandrin, 《 Contraception, mariage et relations amoureuses dans l'Occident chrétien 》, *Annales*, nov. 1969.

M. Fleury et P. Valmary, 《 Les progrès de l'instruction élémentaire de Louis XIV à Napoléon III 》, *Population*, 1957.

A. Fliche et V. Martin, *Histoire de l'Église*, vol. X, XII, XIII et XIV (sur la période qui globalement va de 1198 à 1449). Particulièrement précieuses nous ont été les contributions de C. Thouzellier (vol. X) et de E. Delaruelle (vol.

XIV).

R. Foreville, 《 Les statuts synodaux et le renouveau pastoral du XIIIe siècle dans le Midi de la France 》, *Cahiers de Fanjeaux*, n°6, 1971.

R. Fossier, *La Terre et les hommes en Picardie jusqu'à la fin du XIIIe siècle*, Paris-Louvain, 1968.

R. Fossier, *Histoire sociale de l'Occident médiéval*, Paris, 1970.

M. Foucault, *L'Ordre du discours*, Paris, 1971.

J. Fournier, *Le Registre d'Inquisition de Jacques Fournier, évêque de Pamiers* (1318-1325), manuscrit latin n°4030 de la Bibliothèque vaticane, édité par Jean Duvernoy, Toulouse, 1965, 3 vol. (voir aussi, *supra*, Duvernoy, 1972).

P. Fournier, 《 Jacques Fournier (Benoît XII) 》, *Histoire littéaire de la France*, vol. XXXVII, 1938, p. 174-209.

G. Fourquin, *Les Campagnes de la région parisienne à la fin du Moyen Age*, Paris, 1964.

G. Fourquin, *Seigneurie et féodalité au Moyen Age*, Paris, 1970.

G. Fourquin, *Le Paysan d'Occident an Moyen Age*, Paris, 1972.

G. Fourquln, *Histoire économique de l'Occident médiéval*, Paris, 1969.

G. Frèche, *La Région toulousaine* (1670-1789), thèse de droit, Paris-Droit, 1969.

F. Furet et W. Sachs, 《 Alphabétisation en France 》, *Annales*, mai-juin 1974.

N. Fustel de Coulanges, *La Cité antique*, Paris, 1864.

A. Garrigou (les recherches très variées de cet érudit et historien ariégeois sont contenues dans ses *Études historiques sur l'ancien pays de Foix*, Toulouse 1845 [incluant une *Notice sur la chapelle de Sabart*]; dans ses *Études historiques* ... [même titre], 1843-1863, 3 vol. ; dans son *Histoire de l'Église de Sabar* [t], Sabart, 1849).

H. Gaussen, *Végétation de la moitié orientale des Pyrénées*, Toulouse, 1926 (important, quant au Sabarthès).

E. Gellner, *Saints of the Atlas*, Londres, 1969 (et du même auteur, un article, sur ce sujet, dans *Annales*, mai 1970).

L. Génicot, *Le XIIIe siècle européen*, Paris, 1968.

A. Gieysztor, Contribution à *Histoire de la pauvreté* (voir M. Mollat).

参考书目

F. GIRAUD, *Hérésie et société paysanne à Montaillou*, D. E. S. d'hist. (Univ. Paris-VII), 1971.

D. GLASS et D. EVERSLEY, *Population in history*, recueil d'articles, Londres, 1965 (y consulter notamment l'article de J. Hajnal sur l'âge an mariage).

J. GLÉNISSON et collaborateurs, *Histoire de la France, 1300–1450*, Paris, 1971.

M. GODELIER, *Un domaine contesté, l'anthropologie économique*, Paris-La Haye, 1974.

J. GOODY et collaborateurs, *Literacy in traditional societies*, Cambridge, 1968.

P. GOUBERT, *Beauvais et le Beauvaisis au XVIIe siècle*, Paris, 1960.

A. GOURON, *Les Métiers en Languedoc au Moyen Age*, Genève, 1958.

M. GRAMAIN (de l'Université de Tours), thèse, an préparation, sur l'histoire rurale de la région de Béziers aux XIIIe-XIVe siècles.

M. GRAMAIN, 《 Demographie de la viguerie de Béziers vers 1300–1340 》, dans *La Démographie médiévale, Annales Fac. Let. Nice*, n° 17, 1972.

E. GRIFFE, *Le Languedoc cathare de 1140 à 1229*, Paris 1969–1973, 3 vol. (événementiel, et utile en tant que tel).

B. GUENÉE, *L'Occident aux XIVe et XVe siècles*, Paris, 1971.

G. GUI, *Manuel de l'inquisiteur*, éd. par G. Mollat, Paris 1926, 2 vol.

GUILLAUME de TUDÈLE, voir TUDÉLE.

E. GUILIAUMIN, *Le Syndicat de Baugignoux*, Paris, éd. 1959.

B. GUILLEMAIN, *La Cour pontificale d'Avignon*, Paris, 1962 (voir aussi, du même auteur, sur Jacques Fournier devenu pape, *La Politique bénéficiale de Benoît XII*, Paris, 1952).

J. GUIRAUD, *Histoire de l'Inquisition au Moyen Age*, 2 vol., Paris, 1935, 1938.

A. GUREVIC, 《 La notion de propriété pendant le Moyen Age 》, *Annales*, Mai 1972.

J. HAJNAL, voir D. Glass.

J. HEERS, *L'Occident aux XIVe et XVe siècles, aspects économiques et sociaux*, Paris, 1963.

J. HEERS, *Le Clan familial au Moyen Age*, Paris, 1974 (notamment p. 23, 137, et *passim*).

C. HEFELE, *Histoire des conciles*, Paris, 1913, notamment le volume V-2.
R. HERTZ, *Sociologie religieuse et folklore*, Paris, 1970 (réédition).
R. HILTON, 《 Medieveval peasants 》, *Journal of peasant Studies*, janv. 1974.
A. HIRSCHMANN, *The Strategy of economic development*, Yale, Univ. Press, New Haven, 1958.
Histoires et légendes du Chat, textes recueillis par K. Alpar-Ashton, Introduction par R. Laufer, Paris, Tchou, 1973 (ce recueil contient plusieurs contes en provenance de l'aire occitane. et qui recoupent nos documents).
P. IMBART DE LA TOUR, *Origines religieuses de la France. Les paroisses rutales ...*, Paris, 1900.
H. INSTITORIS et J. SPRENGER, *Le Marteau des sorcières*, trad. par A. Danet, Paris, 1973.
K. JACOB, *Studien über Papst Benedikt XII*, Berlin, 1910 (étude solidement documentée).
G. JACQUEMET et collaborateurs, *Catholicisme ... Encyclopédie*, Paris, 1948, et années suivantes.
E. JARRY, 《 La Chrétienté médiévale 》, dans M. François, *La France et les Français*, Paris, 1972.
A. JEANROY et A. VIGNAUX, édition du *Voyage an purgatoire de saint Patrice*, Toulouse, 1903 (Bibliothèque méridionale, vol. 8).
C. JOISTEN, *Conies populaires de l'Ariège*, Paris, 1965.
D. JULIA, Contribution à J. Le Goff et P. Nora (voir cette référence).
C. J. JUNG, *Psychologie et alchimie*, Paris (trad.), 1970.
E. H. KANTOROWICZ, *The King's two bodies*, Princeton, 1957.
G. KELLER, *Le Petit Chat miroir* (thème du chat et de la chouette), conte fantastique reproduit dans le recueil d'A. et H. Richter, *L'Allemagne fantastique*, Verviers-Paris (Marabout), 1973.
C. KLAPISCH, 《 Fiscalité et émographie en Toscane 》, *Annales*, nov. 1969 (notamment sur les problèmes de l'âge au mariage).
C. KLAPISCH, 《 L'enfance en Toscane au début du xve siècle 》, *Annales de démog. historique*, 1973.
J. LACAZE, *Les Vaudois d'après le Registre de Jacques Fournier*, D. E. S. hist. (Univ. Toulouse), sous la direction de G. Caster, s. d.

参考书目

R. Lafont: parmi les nombreux ouvrages de cet auteur, utiles à toute compréhension (historique également)de la prise de conscience occitane (ancienne et moderne), on peut citer *Clefs pour l'Occitanie* (Paris, 1971), *Lettre ouverle aux Français* (1973), *La Revendication occitane* (1974).

E. de Lamothe-Langon, *Histoire de l'Inquisition en France*, Paris, 1829 (peu sérieux).

P. Laslett, *The World we have lost*, Londres, éd. 1970 (voir aussi le recueil collectif, sous la direction de P. Laslett, *Household and family in past time*, Cambridge, 1972).

A. Latreille, E. Delaruelle, J.-R. Palanque, *Histoire du catholicisme en France*, vol. II, Paris, 1963.

E. Lavisse, *Histoire de France*, vol. 6 et 7 (par C. Langlois et A. Coville), Paris, 1911.

M. Lazar, *Amour courtois et Fin'Amors*, Paris, 1964.

E. Leach, 《Anthropological aspects of language: animal categories and verbal abuse》, dans *New directions in the Study of language* édité par E. Lenneberg, M. I. T. Press, Cambridge (U. S. A.), 1966.

F. Lebrun, *Les Hommes et la mort en Anjou, aux XVIIe et XVIIIe siècles*, Paris. 1971.

J. Le Goff, *La Civilisation médiévale*, Paris, 1964.

J. Le Goff, 《Au Moyen Age, temps de l'Église et temps du marchand》, *Annales*, mai-juin 1960.

J. Le Goff, préface à D. O'Connell, *Les Propos de Saint Louis*, Paris, 1974.

J. Le Goff, et collaborateurs, *Hérésies et Sociétés*, Paris-La Haye, 1968.

J. Le Goff, 《Le Christianisme médiéval en Occident ... 》, dans *Histoire des religions*, vol. II, Encycl. de la Pléiade, Paris, 1972.

J. Le Goff, articles dans *Annales*, juillet 1970, et dans *Cahiers de Fanjeaux*, n°8, 1973, sur la distribution géographique des couvents des ordres mendiants, notamment dans la France du Sud.

J. Le Goff, 《Le Merveilleux dans l'Occident médiéval》, communication inédite présentée au colloque de 1974, sur *Le Merveilleux arabo-musulman médiéval*, tenu au Collège de France par l'*Assoc. pour l'avancement des ét. islamiques.*

参考书目

J. Le Goff et P. Nora, *Faire de l'Histoire*, Paris, 1974 (voir notamment, an volume III, l'article de D. Julia, 《 Histoire religieuse 》, p. 156–167).

E. Le Roy Ladurie, *Les Paysans de Languedoc*, Paris, 1966.

E. Le Roy Ladurie, 《 La verdeur du bocage 》, Introduction à A. Tollemer, *Un sire de Gouberville ...*, Paris-La Haye, 1972. Cette introduction a été reproduite dans *Le Territoire de l'historien* (ci-après).

E. Le Roy Ladurie, *Le Territoire de l'historien*, Paris, 1973.

E. Le Roy Ladurie, 《 L'aiguillette 》, *Europe*, mars 1974 (numéro spécial sur Freud).

C. Lévi-Strauss, *Tristes Tropiques*, Paris, 1955.

A. De Lille, voir J. -P. Migne.

C. Limborch, *Liber sententiarum Inquisitionis tholosanae, Historia Inquisitionis*, Amsterdam, 1962.

M. T. Lorcin, *Les Campagnes de la région lyonnaise aux XIVe et XVe siècles*, Lyon, 1974.

Malleus maleficarum, voir: Institoris.

R. Manselli, *L'Eresia del male*, Naples, 1963 (voir aussi, du même auteur, une contribution aux *Cahiers de Fanjeaux*, vol. 8).

G. Mansi, *Sacrorum conciliorum nova et amplissima collectio*, Florence, 1759–1798.

T. Manteuffel, *Naissance d'une hérésie..., la pauvreté volontaire...*, Paris-La Haye, 1970.

E. Martin-Chabot, édition de la *Chanson de la Croisade*; vol. I : 《 chanson de Guillaume de Tudèle 》; vol. II : 《 poème de l'auteur anonyme 》; Paris, 1931 et 1957.

C. Martineau-Genieys, *Le Thème de la mort dans la poésie française de 1450 à 1550*, importante thèse d'État (inédite), soutenue en 1974, à l'Université Paul-Valéry de Montpellier.

Y. Maurin, *L'Élevage ovin en Languedoc, 1800–1850*, thèse (inédite), Montpellier, 1973. (Voir aussi sur un sujet voisin de 《 notre 》 transhumance, A. Duplat, *Élevage dans les Pyrénées orientales*, D. E. S., Montpellier, 1963.)

M. Mauss, *Essais de sociologie*, Paris, éd. 1968–1969.

W. Menzel, *Christliche Symbolik*, Regensburg, 1854.

J. MESLIER, *Œuvres*, Paris, 3 vol. éd. 1970.

J. -P. MIGNE, *Patrologie latine*, vol. 210, Paris, 1855 (*Œuvres* d'Alain de Lille).

Ch. MOLINIER, *L'Inquisition dans le Midi de la France au XIIIe et au XIVe siècle*, Toulouse, 1880 (ce livre concerne de trèis près notre région).

Ch. MOLINIER, *L'Éndura ...*, Bordeaux, 1881 (tiré à part, B. N.).

Ch. MOLINIER《Étude sur quelques manuscrits des bibliothèques d'Italie》, *Arch. des missions scientif. et littéraires*, vol. XIII (tiré à part B. N.), Paris, 1887 (p. 89–151: analyse du *Registre* de Fournier).

M. MOLLAT, *La Vie et la pratique religieuses aux XIVe et XVe siècles*, Paris, C. D. U., fascicules de 1962 et 1963.

M. MOLLAT, *Études sur l'histoire de la pauvreté*, Paris, 1974.

E. MORIN, *L'Homme et la mort*, éd. de 1970, notamment p. 137 et suiv. (sur les problèmes du *double*, après la mort).

E. MORIN, *La Rumeur d'Orléans*, Paris, 1969.

E. MORIN, *Le Paradigme perdu*, Paris, 1973.

A. MOULIS (cet érudit ariégeois, bien informé sur le folklore régional, a donné de nombreux opuscules, tels que: *L'Ariège et ses châteaux*, Toulouse, 1964; *Vieux sanctuaires ariégeois*, Verniolle, 1967–1972; *Visages d'Ariège, ibid.*, 1964; *Ax-les-Thermes, ibid.*, 1964; *Tradition ... de mon terroir, ibid.*, 1972; *Vie et mort d'une maison en montagne, ibid.*, 1974).

P. MOULIS, *Le Pays de Sault*, Narbonne, 1958 (quelques données sur le pays d'Ailion).

R. NELLI, *Le Languedoc, le comté de Foix et le Roussillon*, Paris, 1958 (l'un des livres essentiels de R. Nelli, quant au folklore occitan).

R. NELLI, *L'Érotique des troubadours*, Toulouse, 1963 (et réédition récente, en《10–18》).

H. NEVEUX, *Les Grains du Cambrésis*, thèse inédite (Université de Paris-IV), 1973.

J. T. NOONAN, *Contraception, a history* ... Cambridge, U. S. A., 1966; et trad. française (*Contraception et mariage*), Paris, 1969.

ORIGÈNE, *Entretien avec Héraclide*, édité par J. Scherer, (notamment pp. 77–82), Paris, 1960.

PALÈS-GOBILLARD (M.), *Le Comté de Foix et le catharisme des origines à 1325*, thèse inédite, préparée sous la direction de Mlle C. Thouzellier; et, du même auteur, thèse d'État en préparation, sous la direction de M. Mollat, sur *Le Catharisme au comté de Foix*.

F. PASQUIER (parmi les nombreuses publications de ce grand érudit des problèmes d'Ariège, citons, pour comparaison avec les libertés montalionaises, 《 Servage... au comté de Foix, XIe-XVIe siècles 》, *Bull. périodique de la Soc. ariégeoise des Sciences, Lettres et Arts*, vol. XV, n°67, Foix, 1907).

R. PASTOR de TOGNERI, article sur《 La laine en Espagne avant la Mesta 》, dans son recueil *Conflictos sociales ... en la España medieval*, Barcelone (Ariel), 1973.

E. PATLAGEAN, 《 Sur la limitation de la fécondité 》, *Annales*, nov. 1969.

J. PERISTIANY et collaborateurs, *Honour and shame*, Londres, Weidenfeld, 1965.

E. PERROY, *La Vie religieuse an XIIIe siècle*, Paris, C. D. U., 1960.

J. M. PESEZ, voir *Archéologie du village déserté...*

B. PIERRY, *Montaillou d'après Jacques Fournier*, D. E. S. d'hist. (Univ. Toulouse), sous la direction de G. Caster, 1969.

J. P. PINIÈS, 《 Note sur le livre de magie 》, dans *Aspects des collectivités rurales en domaine occitan, étude anthropologique en pays de Sault*, édité par D. Fabre et J. Lacroix, t. I, 1972 (Institut pyrénéen d'études anthropologiques, Université de Toulouse-III).

F. PIPER, *Mythologie der christlichen Kunst*, Weimar, 1847.

F. PIPONNIER, Recherches (inédites)sur les inventaires après décès en Bourgogne à la fin du Moyen Age.

J. PITT-RIVERS, *People of the sierra*, Chicago, 1961.

G. PLATON, 《 Du droit de la famille dans ses rapports avec le régime des biens en droit andorran 》, *Bull. des sciences économiques et sociales du Comité des travaux historiques et scientifiques*, 1902 (publié en 1903: tiré a part B. N.).

A. POITRINEAU, *La Vie rurale en basse Auvergne an XVIIIe siècle*, Paris, 1965.

K. POLANYI, *Primitive, archaic and modern economics*, présenté par G. Dalton. Beacon Press, Boston, 1971.

M. POSTAN, *Essays on medieval agriculture and general problems of the medie-*

val economy (recueil d'articles), Cambridge, 1973.

J. POUMARÈDE, *Les Successions dans le sud-ouest de la France an Moyen Age*, Paris, 1972 (important, sur le problème de l'*ostal ou oustau*).

J. POUX, édition des《 Lettres de Philippe le Bel pour le Sabarthès 》, *Bulletin historique et philologique...*, 1900 (tiré à part, B. N. Paris, 1901).

V. PROPP, *Morphologie du conte*, Paris, 1970.

A. RADCLIFFE-BROWN, *Structure and function in primitive society*, New York, 1965.

F. RAPP, *L'Église et la vie religieuse en Occident à la fin du Moyen Age*, Paris, 1971.

R. REDFIELD, monographies villageoises sur *Tepotzlan, a mexican village* (Univ. of Chicago, 1930)et sur *Chan Kom, a Maya village* (Washington, D. C., 1934).

R. REDFIELD, *The Little Community*, et *Peasant Society and Culture*; en un volume, University of Chicago, 1962.

N. RÉTIF DE LA BRETONNE, *La Vie de mon père* (texte présenté par G. Rouger), Paris, 1970.

D. RIESMAN, *La Foule solitaire*, Paris (trad.), 1964.

P. RIESMAN, *Société et liberté chez les Peul ...*, Paris-La Haye, 1974.

U. ROBERT, 《 Les signes d'infamie ... ; hérétiques, cagots... 》, *Mém. de la Soc. nat. des antiquaires de France*, vol. 49 (1889).

G. ROCHER, *Introduction à la sociologie généale*, Paris, 1968.

C. de la RONCIÈRE, Contribution à *Histoire de la pauvreté* (voir M. Mollat).

D. de ROUGEMONT, *L'Amour et l'Occident, Paris*, 1939 (et la réédition récente: 1972).

S. RUNCIMAN, *Le Manichéisme médiéval*, Paris, nouvelle éd., 1972.

M. SAHLINS, *Stone age economics*, Chicago-New York, 1972 (voir aussi, sur les mêmes thèmes, un article de cet auteur dans *Les Temps modernes*, oct. 1968).

A. SARRAMON, *Les Paroisses ... de Comminges en 1786*, Paris, 1968 (Coll. doc. inéd. hist. écon. de la Révol. française).

C. SAUGRAIN, *Dictionnaire universel de la France*, Paris, 1726; et *Nouveau dénombrement du royaume*, Paris, 1720.

J. -C. SCHMITT, Contribution à *Histoire de la pauvreté* (voir M. Mollat,

1974).

J. Schneider et collaborateurs, *Les Structures sociales de l'Aquitaine, du Languedoc et de l'Espagne an premier âge féodal*, éd. du C. N. R. S. (colloques internationaux), Paris, 1969.

G. Schnurer, *L'Église et la civilisation au Moyen Age*, trad., Paris, 1933–1938.

P. Sébillot, *Le Folklore de la France*, 4 vol., Paris, 2e édition, 1968.

J. Séguy, *Atlas linguistique de la Gascogne*, C. N. R. S., Paris, 1954–1974.

J. Séguy, voir G. Caster.

O. de Serres, *Théâtre d'agriculture*, Paris, 1600.

Sexualité humaine, recueil collectif avec P. Antoine, etc., Paris (Aubier-Moutaigne), 1970 (voir notamment l'article de L. Thoré).

T. Shanin, 《 Peasant economy 》, *The Journal of peasant studies*, janv. 1974.

E. Shorter, 《 Amour, sensibilité et classes sociales depuis 1750 》, *Annales*, juillet 1974.

H. Soderberg, *La Religion des cathares*, Upsala, 1949.

J. -F. Soulet, *Traditions et réformes religieuses dans les Pyrénées centrales...*, Pau, 1974.

J. -F. Soulet, *La Vie quotidienne dans les Pyrénées sous l'Ancien Régime...*, Paris, 1974.

M. Spanneut, *Le Stoïcisme des Pères de l'Église*, Paris, 1957 (notamment pp. 181–182).

K. Thomas, *Religion and the decline of magic*, Londres, 1971.

L. Thoré, voir *Sexualité humaine*.

C. Thouzellier, voir Fliche.

C. Thouzellier, articles relatifs au《 Liber antiheresis 》, parus dans *Rev. d'hist. de l'Egl.*, 1960; et dans *Arch. d'hist. doctr. et litt. du Moyen Age*, t. 27 (1960), surtout p. 206.

C. Thouzellier, *Une somme anticathare, le*《 Liber contra Manicheos 》... Texte publié par C. T., Louvain, 1964.

C. Thouzellier, *Catharisme et valdéisme en Languedoc à la fin du XIIe et au début du XIIIe siècle*, Paris, 1965.

C. Thouzellier, *Livre des deux principes* (texte du XIIIe siècle, édité et présenté par C. T.), Paris, 1973.

C. THOUZELLIER, Contribution à *Histoire de la pauvreté* (voir M. Mollat).

C. TILLY, *La Vendée*, Paris (trad.), 1970.

F. TONNIES, *Gemeinschaft und Gesellschaft*, Darmstadt, nouvelle édition, 1963.

J. TOUSSAERT, *Le Sentiment religieux en Flandre à la fin du Moyen Age*, Paris, 1963.

P. TUCOO-CHALA, *Gaston Fébus et le vicomté de Béarn*, Bordeaux, 1959.

G. de TUDÈLE, voir E. Martin-Chabot.

A. van GENNEP, *Manuel du folklore français contemporain*, Paris, 1937–1958.

R. VAULTIER, *Le Folklore... d'après les lettres de rémission*, Paris, 1965.

P. des VAUX de CERNAY, *Histoire de l'hérésie des Albigeois*, éd. Guizot, Coll. mém. tel. hist. France, t. XIV, Paris, 1824.

V. VERLAQUE, *Jean XXII*, Paris, 1883.

M. VICAIRE, Études sur saint Dominique, dans *Cahiers de Fanjeaux* (voir ce mot), vol. I, 1966 (voir aussi, du même auteur, un livre sur *Saint Dominique, la vie a postolique*, Paris, 1965).

J. M. VIDAL, 《 Une secte ... à Pamiers en 1320 》, *Annales de Saint-Louis-des-Français*, Rome, 3e année, fasc. 3, avril 1899 (important sur le procès d'A. Gélis).

J. M. VIDAL, 《 Origines de la province ecclés. de Toulouse 》, *Annales du Midi*, XV, 1903 (concerne notamment la formation du diocèse de Pamiers).

J. M. VIDAL, *Le Tribunal d'Inquisition de Pamiers*, Toulouse, 1906 (fondamental). Volume extrait des *Annales de Saint-Louis-des-français à Moscou*, 8e à 10e année, 1904–1905.

J. M. VIDAL, 《 Doctrine et morale des derniers ministres albigeois 》, *Rev. des quest. hist.*, vol. 85 et 86, de l'année 1909.

J. M. VIDAL, *Bullaire de l'Inquisition française au XIVe siècle*, Paris, 1913 (notamment p. 104–105: sur Jacques Fournier).

J. M. VIDAL, *Note sur la parenté de Jacques Fournier-Benoît XII*, Foix, 1929 (tiré à part, B. N., égaré ...).

J. M. VIDAL, 《 Histoire des évêques de Pamiers 》, *1312–1467*, Castillon, *Bull. hist. du dioc. de Pamiers*, 1932.

M. Viller et collaborateurs, *Dictionnaire de spiritualité*, Paris, 1937 et années suivantes.

J. de Voragine, *La Légende dorée*, trad. de M. Wizewa, Paris, 1902.

B. Vourzay, *L'Émigration des Cathares occitans en Catalogne, d'après le Registre de J. Fournier*, D. E. S. Aix, dirigé par G. Duby, 1969 (inédit).

M. Vovelle, *Piété baroque et déchristianisation*, Paris, 1973.

M. Wachtel, *Compte rendu de mission en Bolivie*, inédit, 1973 (important pour l'étude historico-structurale d'un village).

M. Wakefield, *Heresy... in Southern France*, Londres, 1974.

P. Weaver, *Familia Caesaris...*, Cambridge (Angleterre), 1972.

Th. Welter, *L'Exemplum dans la littérature religieuse et didactique du Moyen Age*, Toulouse, 1927.

A. Wemyss, *Les Protestants du mas d'Azil*, Toulouse, 1961.

E. Wolf, *Peasants*, Prentice Hall (U. S. A.), 1966.

Ph. Wolff, *Commerce et marchands de Toulouse*, Paris, 1954.

L. Wylie, *Un village en Vaucluse*, trad., Paris, 1968.

L. Wylie, *Chanzeaux, village d'Anjou*, Paris (traduit de l'anglais), 1970.

Y. Yver, *Essai de géographie coutumière*, Paris, 1966.

A. Zink, *Azereix*, Paris, 1969.

A. Vauchez 的专著 *Spiritualité du Moyen Age* 和 J. Musy 的论文 *Mouvements populaires et hérésies au XIe siècle* (*Rev. hist.* Jan. 1975)，都很精彩，但出版时间较晚，本书未能利用。

图书在版编目(CIP)数据

蒙塔尤：1294—1324年奥克西坦尼的一个山村/(法)埃马纽埃尔·勒华拉杜里著；许明龙，马胜利译. —北京：商务印书馆，2023(2024.11重印)
(新文化史名著译丛)
ISBN 978-7-100-21562-6

Ⅰ.①蒙… Ⅱ.①埃…②许…③马… Ⅲ.①基督教史—史料—法国②乡村—社会生活—史料—法国③农村社会学—史料—法国 Ⅳ.① B979.565 ② C912.82

中国版本图书馆CIP数据核字(2022)第150335号

权利保留，侵权必究。

新文化史名著译丛
蒙塔尤
——1294—1324年奥克西坦尼的一个山村

〔法〕埃马纽埃尔·勒华拉杜里　著

许明龙　马胜利　译

商　务　印　书　馆　出　版
(北京王府井大街36号　邮政编码100710)
商　务　印　书　馆　发　行
北京通州皇家印刷厂印刷
ISBN 978-7-100-21562-6

2023年8月第1版	开本 880×1230 1/32
2024年11月北京第2次印刷	印张 23 3/8

定价：116.00元